KB091388

자바 객체지향 프로그래밍 입문

2/e

자바 객체지향 프로그래밍 입문

2/e

음두헌 지음

에이콘

지은이 소개

음두헌 (dheum@duksung.ac.kr)

미국 오리건^{Oregon} 주립대학교에서 석사와 박사 학위를 취득했다. 한국전자통신연구원을 거쳐 현재는 덕성여자대학교 소프트웨어 전공 교수로 재직 중이다. 저서로는 『C++를 이용한 객체지향 프로그래밍』(생능출판, 1995), 『카드게임으로 배우는 C++ 프로그래밍』(사이텍미디어, 2008), 『모던 C++ 프로그래밍 입문』(가메출판, 2016)이 있고, 역서로는 『데이터베이스 시스템 7/e』(홍릉과학, 2018)이 있다.

지은이의 말

이 책을 저술하기 전에 책의 콘셉트를 잡고자 나름대로 시장조사를 수행했다. 그 결과, 거의 모든 자바 입문서가 자바를 첫 언어로 시작하는 독자를 대상으로 기초 프로그래밍부터 시작하는 문법 위주의 구성을 채택하고 있음을 알게 됐다. 교육 경험상, 자바는 첫 언어로 시작하기에는 진입 장벽이 조금 높은 편이다. 또한 문법 위주의 구성은 객체지향 프로그래밍의 개념과 활용을 학습하는 데 적절하지 못하다고 판단했다. 따라서 기초 프로그래밍을 학습한 독자들을 대상으로 제대로 된 객체지향 프로그래밍 기법과 자바 문법 요소들을 전달해서 두 마리 토끼를 한번에 잡는 것으로 이 책의 콘셉트를 설정했다. 이를 위해서 이 책이 채택한 구성은 다음의 두 가지 특징을 가진다. 첫째, 카드게임의 작성 과정을 시나리오로 삼고 그 안에서 문법 요소들을 충실히 다루는 구성을 선택했다. 둘째, 독자들이 쉽고 재미있게 이 구성에 접근할 수 있도록 비주얼한 실습을 제공하는 기본 코드 틀을 책의 앞부분부터 도입해서 활용했다. 세상엔 공짜가 없듯이 이 두 가지 구성 방식이 예제 프로그램을 다소 길고 복잡하게 만드는 요인이지만 동영상 강의를 제공해서 부드럽고 효율적으로 학습을 진행할 수 있도록 보완했다.

그간의 프로그래밍 교육 경험에 의하면 프로그래밍 언어는 예제를 중심으로 다루는 것이 가장 효과적이라고 생각한다. 따라서 100개가 넘는 예제 프로그램들을 제공해서 접근성을 높였고 직관적인 설명을 위해서 그림을 많이 활용했다. 나 역시 초보 시절에는 다른 사람이 작성한 프로그램을 분석해 보는 과정을 통해서 프로그래밍에 대한 틀이 잡히고 실력도 크게 향상됐던 것으로 기억한다. 책을 펼쳐 보면 빡빡하게 채워진 텍스트가 먼저 눈에 들어와서 첫인상은 비호감(?)일지 모르겠다. 하지만 이는 동영상 강의를 통해 혼자서도 학습할 수 있는 자습서 형식의 진행을 선택해서 설명이 많기 때문이고 비주얼한 실습 과정이 오히려 흥미로울 것으로 생각한다.

차례

에이콘출판의 기틀을 마련하신 故 정완재 선생님 (1935-2004)

들어가며

이 책은 시중에 나와 있는 대부분의 자바 프로그래밍 입문서와 비교해 다음과 같은 차별성을 가진다.

첫째 **대부분의 책은 자바 언어의 문법책이지만 이 책은 자바 언어를 사용하는 논술책이다.**

자바도 언어이기 때문에 영어와 유사한 점이 많다. 영어를 10년 배워도 영작과 회화는 초보 수준인 경우가 많다. 이는 영문법에 치중한 공부를 해왔기 때문이다. 영작과 회화를 먼저 배우면서 그 안에서 자연스럽게 문법을 배우는 10년을 보냈다면 미국 사람과 대등한 영어 실력을 갖출 수 있지 않았을까? 시중에 출간된 자바 책들은 문법 위주의 바텀업buttom-up 구성인 반면에 이 책은 이어지는 실습으로 카드게임을 완성해 나가면서 그 안에서 필수 문법을 다루는 톱다운top-down 구성이다. 영어 자격증 시험에서는 여전히 문법의 비중이 크지만 현업에서 개발자의 실력은 문법으로 판가름 나지 않는다. 그렇다고 문법에 대한 기초 없이 좋은 논술이 작성될 수 없으므로 이 책은 문법 요소들도 소홀히 다루지 않는다.

둘째 **대부분의 책은 콘솔 프로그램 예제를 사용하지만 이 책은 비주얼한 윈도우 프로그램 예제를 사용한다.**

많은 책이 사용하는 예제들은 거의 텍스트 기반으로 동작하는 콘솔 프로그램들로 책의 후반부에 가서나 비주얼한 예제들을 다룬다. 비주얼 시대에 텍스트 입출력은 지루하기만 하다. 이 책은 쉽고 재미있는 실습을 위해서 2장부터 시각적인 실습을 진행할 수 있는 기본 코드 틀을 제시해서 활용한다. 일부 책들은 자바가 제공하는 시각 사용자 인터페이스 라이브러리를 다루지 않고 언어와 일반 라이브러리의 기능에만 치중한 구성을 제공하지만 필자는 객체지향 개념과 자바 고급 기능을 모두 활용해서 구현된 사용자 인터페이스 라이브러리를 활용하고 시각적으로 확인해 보는 것이 객체지향 개념을 제대로 이해하는 데 필수라고 생각한다.

셋째　이 책은 동영상 강의를 제공한다.

문법 위주의 구성이 문법 요소별로 끊어져 구성이 간결하지만 자바를 활용한 객체지향 프로그래밍의 개념과 테크닉 향상에는 크게 도움이 되지 못한다는 필자의 교육 경험에 의한 신념을 이 책에 반영했다. 카드게임의 완성을 위해 3장부터는 내용이 이어진다. 이어지는 실습으로 카드게임을 완성해 나가고 시각 사용자 인터페이스 라이브러리를 활용한다는 것은 장을 거듭할수록 예제 프로그램이 길고 복잡해진다는 것을 의미하지만 이 책이 제공하는 동영상 강의가 이 문제의 많은 부분을 해결해 줄 것으로 판단한다.

이 책의 대상 독자

이 책은 다음과 같은 독자에게 유용하다.

- 기초 프로그래밍 학습 이후 자바로 객체지향 프로그래밍에 입문하고자 하는 독자
- 자바를 학습한 적은 있지만 막상 객체지향 프로그래밍이라고 하면 그 개념이 잘 와 닿지 않는 독자
- 모바일 프로그래밍, 게임 프로그래밍, 서버 프로그래밍 등을 배우기 전에 객체지향 개념과 기술을 확고하게 정립해서 첫 단추를 잘 끼우고 싶은 독자

이 책의 구성

이 책은 단계적으로 이어지는 실습 과제들을 중심으로 구성됐다. 1장에서는 실습 환경을 구축하고 클래스와 객체의 개념을 소개해서 간단한 콘솔 입출력 기반의 응용프로그램들을 작성해 본다. 2장에서는 이 책에서 제시하는 기본 코드 틀을 이용해서 간단한 윈도우 기반 응용프로그램을 작성하는 방법을 실습한다. 3장에서는 사각형 클래스를 정의해서 활용해 보고 클래스와 객체의 개념을 정립한다. 4장에서는 이 사각형 클래스를 상속받는 카드 클래스를 정의해서 활용해 보고 상속의 개념을 정립한다. 5장에서는 4장의

카드 클래스를 포함하는 카드 파일^{Card Pile} 클래스를 작성해서 활용해 보고 다형성의 개념을 정립한다. 6장에서는 5장의 카드 파일 클래스를 상속받는 네 종류의 카드 파일 클래스들을 정의하고, 앞선 장들에서 정립한 개념들을 종합해서 활용하는 카드게임을 완성한다. 자바의 문법적인 요소들은 실습 과정에서 접할 때마다 설명하고, 보충 문법절에서 추가로 다룬다.

각 장의 구성은 같으며 절들의 연관 관계는 다음과 같다.

실습 과제: 1장부터 6장까지 Hello-Pen-Rectangle-Card-Pile-Game 응용프로그램의 실습으로 이어져서 카드게임을 완성(기초 문법을 다룸)

응용 과제: 장별 실습 과제를 발전시키는 4~8개의 과제(필수 문법을 다룸)

보충 문법: 장별로 추가적인 주요 문법을 예제 위주로 다룸

연습 문제: 장별로 실습 과제와 응용 과제에서 설명한 개념과 문법을 발전시킴

도전 과제: 3장부터 6장까지 이어져 각 장에서 학습한 내용을 단계별로 발전시켜 캐논볼 게임을 완성

1장. Hello 응용프로그램	2장. Pen 응용프로그램
1.1 Hello 응용프로그램 실습	2.1 Pen 응용프로그램 실습
1.2 응용 과제	2.2 응용 과제
1.3 보충 문법	2.3 보충 문법
연습 문제	연습 문제

3장. Rectangle 응용프로그램	4장. Card 응용프로그램	5장. Pile 응용프로그램	6장. Game 응용프로그램	
3.1 Rectangle 응용프로그램 실습	4.1 Card 응용프로그램 실습	5.1 Pile 응용프로그램 실습	6.1 Game 응용프로그램 실습	연속
3.2 응용 과제	4.2 응용 과제	5.2 응용 과제	6.2 응용 과제	
3.3 보충 문법	4.3 보충 문법	5.3 보충 문법	6.3 보충 문법	
연습 문제	연습 문제	연습 문제	연습 문제	
도전 과제	도전 과제	도전 과제	도전 과제	연속

이 책의 콘셉트와 문맥 때문에 부록 A.1절에 배치한 객체지향 소프트웨어의 설계는 사실 5장쯤에 배치해서 살펴보고 싶었던 내용이다. 부록 A.1절에서는 가장 객체지향적이고 직관적인 설계 기법인 CRC 설계 방식을 설명하고, 이 책에서 구현한 카드게임에 적용해서 설계하는 과정을 다뤘다.

이 책의 실습 환경

이 책의 실습 환경은 다음과 같이 윈도우나 맥OS 운영체제상에 설치된 Java 17과 eclipse IDE 2022-03 이후 버전을 기준으로 한다.

- Java SE Development Kit 17 이후 버전
- eclipse IDE 2022-03 이후 버전
- 64비트 Windows 10 또는 macOS Monterey(인텔 칩, 애플 실리콘 M 계열)

이 기준은 이 책에서 제공하는 프로그램 파일들이 작성된 환경이며 이 파일들은 최신 버전으로 테스팅 과정을 거쳤다. 1장에서 실습 환경을 구축할 때는 윈도우 환경을 기준으로 진행하므로 맥OS 사용자는 부록 A.2절에 제공된 설치 가이드를 참조해서 실습 환경을 구축한다. 실습 환경이 구축되면 윈도우나 맥OS 환경과 상관없이 실습 과정이 같다. Java SE Development Kit와 eclipse IDE를 제공하는 회사가 업그레이드 버전을 한 해에 두어 번씩 제공하는 정책을 펴고 있지만 호환성이 보장되기 때문에 그때그때 최신 버전을 사용해도 이 책의 실습을 진행하는 데는 문제가 없을 것이다.

이 책에서 제공하는 자료

다음과 같이 http://www.acornpub.co.kr/book/java-00p2-2e의 도서 소개 상단에 이 책에서 제공하는 자료를 다운로드받고 동영상 강의를 시청할 수 있는 링크가 제공된다.

ws.zip 압축 파일을 다운로드받아 압축을 풀면 자료를 담은 폴더를 얻을 수 있다. 이 폴더의 내용은 다음과 같고 이 자료를 활용하는 방법은 본문에서 설명한다.

- 실습 과제 소스 프로그램
- 응용 과제 소스 프로그램
- 보충 문법절 예제 소스 프로그램
- 연습 문제 짝수 번 소스 프로그램
- 도전 과제 소스 프로그램
- 6장에서 사용할 카드의 이미지 파일
- 연습 문제 홀수 번 실행 파일
- 동영상 강의에서 제시한 과제 실행 파일

3장에 대한 자료 중 실습 과제, 응용 과제, 보충 문법절 예제, 연습 문제(짝수 번), 도전 과제의 프로젝트 파일을 제공하는 chapter3 워크스페이스 폴더의 내용은 다음과 같다. 워크스페이스란 이클립스에서 사용하는 프로그램 폴더들을 모아 놓은 폴더를 말한다. 나머지 장들의 워크스페이스 폴더도 같은 구조를 가진다. 연습 문제 홀수 번 실행 파일은 연습 문제를 작성하기 전에 문제에서 요구된 사항들을 시각적으로 확인해 보는 용도로 사용한다. 동영상 과제 실행 파일도 동영상에서 제시한 과제를 시각적으로 확인해 보는 용도로 사용한다.

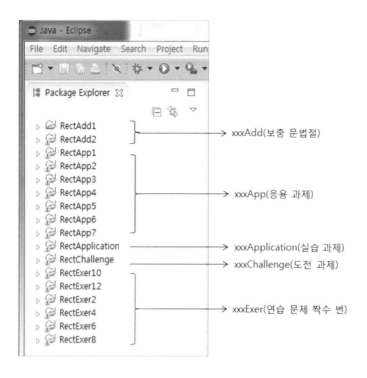

동영상 강의는 1강부터 60강까지 이어지며 시각 사용자 인터페이스 요소보다 자바의 문법적인 요소에 방점을 둬 구성했다.

동영상 강의	내용
1강	소프트웨어 부품
2강	실습 환경의 설치(윈도우, 맥OS)
3강	프로젝트의 설정과 실행
4강	Hello 실습 과제
5강	소스 다운로드(윈도우, 맥OS)
6강	Hello 응용 과제 1
7강	Hello 응용 과제 2
8강	Hello 응용 과제 3, 열거형
9강	Hello 응용 과제 4
10강	String 클래스
11강	소프트웨어 응용 프레임워크

동영상 강의	내용
12강	Pen 실습 과제
13강	Pen 응용 과제 1, 2
14강	Pen 응용 과제 3
15강	Pen 응용 과제 4
16강	Graphics 클래스
17강	Pen 응용 과제 5
18강	구조체 배열
19강	Rectangle 실습 과제 (1)
20강	Rectangle 실습 과제 (2)
21강	Rectangle 응용 과제 1, 2
22강	Rectangle 응용 과제 3
23강	Rectangle 응용 과제 4
24강	Rectangle 응용 과제 5, 6
25강	Rectangle 응용 과제 7
26강	Math 클래스, 래퍼 클래스
27강	상속의 개념
28강	Card 실습 과제 (1)
29강	Card 실습 과제 (2)
30강	Card 응용 과제 1 (1)
31강	Card 응용 과제 1 (2)
32강	Card 응용 과제 2
33강	메소드 호출과 메소드의 동적 결합
34강	Card 응용 과제 3
35강	Card 응용 과제 4
36강	Card 응용 과제 5, 복사 생성자
37강	Card 응용 과제 6
38강	Pile 실습 과제 (1)
39강	Pile 실습 과제 (2)
40강	Pile 응용 과제 1

동영상 강의	내용
41강	Pile 응용 과제 2
42강	Pile 응용 과제 3
43강	내부 클래스
44강	Pile 응용 과제 4
45강	익명 클래스
46강	람다식 (1)
47강	람다식 (2)
48강	Game 실습 과제 (1)
49강	Game 실습 과제 (2)
50강	Game 응용 과제 1
51강	Game 응용 과제 2
52강	Game 응용 과제 3
53강	제네릭 클래스와 제네릭 메소드의 정의
54강	Game 응용 과제 4
55강	컬렉션 프레임워크
56강	Game 응용 과제 7
57강	스레드의 활용
58강	어노테이션
59강	Game 응용 과제 8
60강	CRC 객체지향 설계

강의 자료

이 책은 실습 위주의 구성이다. 강의와 실습을 병행할 경우를 위해서 강의 자료(ppt 자료)를 강사들에게 제공한다. 또한 강사들에게는 연습 문제 홀수 번 소스 프로그램과 함께 과제, 실습 퀴즈, 실습 시험 등에 활용할 수 있는 장별 추가 과제에 대한 소스 프로그램도 모두 제공한다. 필요하다면 동영상 강의에서 제시한 과제 소스도 제공한다.

정오표

정오표는 에이콘출판사의 도서정보 페이지 http://www.acornpub.co.kr/book/java-oop2-2e에서 볼 수 있다.

문의

책의 내용에 관한 질문은 에이콘출판사 편집 팀(editor@acornpub.co.kr)이나 지은이의 이메일로 문의하길 바란다.

1장
Hello 응용프로그램

객체지향 기술의 필요성을 설명하려면 우선 소프트웨어의 생명 주기^{Life Cycle}를 생각해 봐야 한다. 그림 1-1은 대형 소프트웨어(수십만 또는 수백만 라인 단위)가 개발돼서 테스팅 과정을 거친 후 상품화되고 사용과 수정 단계를 반복한 다음 폐기될 때까지의 주기를 보여준다. 여기서 수정이라 함은 사용 중에 발견된 오류를 고치는 작업과 응용 환경의 변화에 따른 갱신 작업을 말한다. 한 연구 결과에 따르면 대형 소프트웨어인 경우 철저한 테스팅을 거쳤다 하더라도 100개의 프로그램 문장마다 평균 세 개 내지 다섯 개의 오류를 포함한다고 한다. 오류에는 컴파일 오류와 실행 오류가 있는데 여기서는 실행 시 예상하지 못한 오동작을 말한다. 수정 단계가 필요하지 않은 완벽한 소프트웨어를 구현하는 작업은 불가능하므로 수정 작업을 최소화하는 것이 최선이라 할 수 있다.

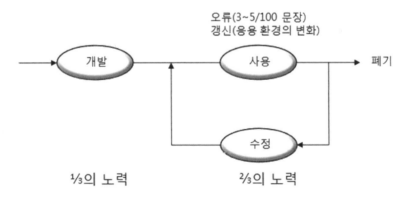

그림 1-1 소프트웨어의 생명 주기

25

하나의 소프트웨어가 개발돼 관리되다 수명을 다할 때까지 드는 전체 노력(주로 인건비)을 1로 본다면 개발 작업에 1/3, 수정 작업에 2/3 정도의 노력이 배분된다. 물론 전체 노력의 1/3이 개발 시 단기간에 집중적으로 필요하지만 한 소프트웨어의 수명을 5년 정도라고 볼 때 이 기간 동안 수정 작업에 드는 2/3의 노력을 줄이는 것이 소프트웨어 회사 입장에서는 무엇보다 중요하다고 할 수 있다.

수정 작업에 드는 노력을 줄이기 위한 연구는 소프트웨어 엔지니어들에 의해 계속돼 왔다. 개발 단계와 수정 단계의 연관 관계를 분석해 본 결과, 개발 단계에서 좀 더 구조화된 소프트웨어를 구현하기 위한 작은 노력이 수정 단계에 미치는 보상 효과가 상당히 크다는 것을 인식하게 됐다. 다른 사람이 작성한 프로그램 코드를 분석해서 수정해 본 경험이 있다면 이를 쉽게 이해할 수 있을 것이다. 다른 사람이 작성한 프로그램에서 수정해야 할 부분을 찾아내는 작업도 쉽지 않지만 이보다 더한 것은 찾아낸 부분의 수정을 위해 그것과 연관된 모든 부분에 손을 대야 하는 것이다. 잘 구조화된 프로그램인 경우에는 수정이 필요한 부분만을 이해하고 수정하면 되지만 구조화된 프로그램이 아닌 경우에는 간단한 수정을 위해서도 전체 프로그램의 흐름을 완벽하게 이해해야 한다. 대형 소프트웨어일수록 이런 수정 단계에서의 보상 효과는 더 커지고 전체 소프트웨어의 생명 주기를 통해 볼 때 노력의 큰 절감을 가져올 수 있다. 따라서 수정 작업에 드는 노력을 줄이기 위한 최선책은 개발 단계에서 가능한 한 독립적인 소프트웨어 부품^{Software Component} 단위로 소프트웨어를 설계하고 구현하는 것이다. 이를 위한 연구가 계속돼 왔으며 그 결과, 객체지향 기술^{Object-Oriented Technology}로 발전하기에 이르렀다.

가정에서 사용하는 냉장고의 예를 들어 소프트웨어 부품의 중요성을 설명해 보자. 냉장고는 모터, 온도조절기, 실내등, 선반 등과 같은 여러 부품들의 조립품이며 각 부품은 냉장고의 전체 기능 중 일부를 담당한다. 그림 1-2는 냉장고의 온도조절기와 온도조절기 부품을 이 책에서 사용하게 될 부품 표기 방식으로 나타낸 것이다.

온도조절기는 성에 제거, 1단, 2단 등의 기능을 실행하는 기능적인 면과 제품번호^{NO}, 무게^{WEIGHT}, 제조사 등의 데이터적인 면을 함께 갖고 있다. 사용자가 사용하는 데 필요한 기능적인 속성들은 외부에 표시되고, 사용자가 사용하는 데 필요하지 않은 데이터적인 속성들은 뒷면에 표시되거나 부품 내부에 존재한다. 이 책의 부품 표기 방식은 이런 면의 반영을 위해 그림과 같이 기능적인 속성들은 부품의 외부 원에 도출해서 표기하고,

데이터적인 속성들은 부품 내부 원에 표기한다. 냉장고의 모터, 실내등, 선반 등과 같은 나머지 부품들도 이와 같이 표기할 수 있다.

부품들을 조립해서 생산하는 냉장고의 관리 측면을 생각해 보자. 우리는 냉장고를 구입해 사용하다 고장이 나면 냉장고 제조사의 서비스를 받게 된다. 이때 문제가 생긴 부품은 나머지 부품들과는 상관없이 교체되는 것이 일반적이다. 온도조절기가 문제를 발생시키면 새로운 온도조절기로 교체하면 된다. 소프트웨어도 수정 작업을 해야 할 때 문제가 생긴 소프트웨어 부품에 대한 수정 작업을 나머지 부분에 영향을 주지 않고 해당 부품 내에서 할 수 있다면 좋을 것이다. 냉장고의 예를 더 확장시켜 냉장고의 설계 및 제조 과정을 살펴보자. 신형 냉장고는 모든 부품들을 처음부터 다시 설계해서 조립한 것이 아니며 기존의 부품들에 새로 개발된 부품이 추가 조립돼 만들어진다. 소프트웨어도 이와 같이 기존의 소프트웨어 부품들을 그대로 활용하고 새로운 부품을 추가해 소프트웨어 제품을 만들 수 있다면 생산성이 크게 향상될 것이다.

객체지향 기술이 지향하는 이상적인 소프트웨어의 제작과 관리 환경은 그림 1-3에 나타낸 것과 같다.

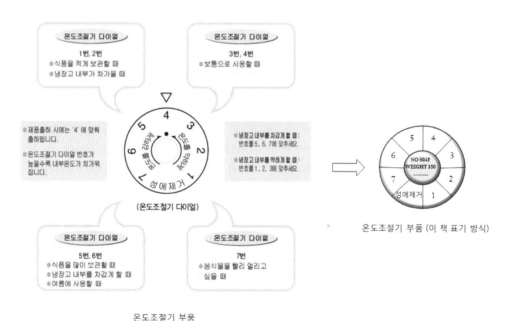

온도조절기 부품

온도조절기 부품 (이 책 표기 방식)

그림 1-2 이 책의 부품 표기 방식

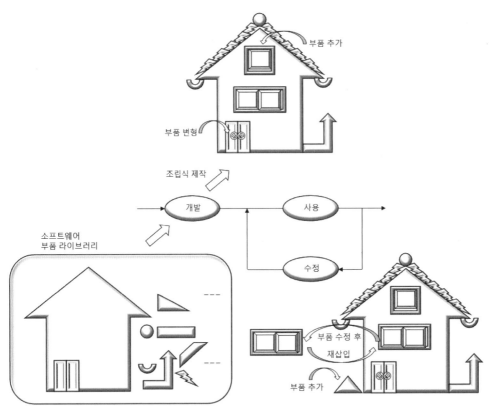

그림 1-3 소프트웨어의 조립식 생산과 수정

    소프트웨어 제작을 집 짓는 과정에 비유해 보자. 소프트웨어의 생산은 소프트웨어 부품 라이브러리로부터 필요한 부품들을 이용하고, 없는 부품은 제작해서 조립식으로 이뤄진다. 라이브러리의 부품을 변형해서 사용하는 것도 가능하다. 당연히 제작 기간이 짧아져 생산성이 증대될 것이며 라이브러리 내의 검증된 부품들을 사용하기 때문에 소프트웨어의 질도 높아질 것이다. 소프트웨어의 수정은 문제를 일으킨 부품을 빼내 수정한 후 다시 넣어주고, 기능이 더 필요하다면 부품을 추가하면 될 것이다. 따라서 관리 비용과 생산 비용을 크게 줄일 수 있다. 객체지향 기술은 이와 같이 재사용이 가능한 소프트웨어 부품(소프트웨어 재사용성^{Software Reusability})을 작성하기 위한 방법으로 소프트웨어를 설계하고 구현할 때 적용해야 할 기술로 자리잡았다. 결론적으로 객체지향 기술은 소프트웨어를 냉장고처럼 부품들을 조립하는 방식으로 제작하고 관리할 수 있는 기술이다. 그리고 자바, C#, C++ 등과 같은 객체지향 언어는 객체지향 기술을 적용해 소프트웨어를 제작하는 도구다.

1장에서는 자바 17과 이클립스 2022-03 버전을 차례대로 설치해서 실습 환경을 구축하고, 이 실습 환경에서 자바 응용프로그램을 작성하는 과정과 콘솔 윈도우에 Hello 문자열을 출력하는 Hello 응용프로그램을 작성해 본다. 콘솔 윈도우란 윈도우 운영체제인 경우에는 명령 창을 의미하고, 맥OS 운영체제인 경우에는 터미널을 의미한다. Hello 응용프로그램은 자바가 제공하는 System.out이라는 소프트웨어 부품을 사용해서 콘솔 윈도우에 문자열을 출력하게 되는데 이 System.out 부품이 우리가 사용할 첫 번째 소프트웨어 부품이다. 자바는 System.out 부품 외에 다양하고 방대한 소프트웨어 부품 라이브러리를 제공하므로 이 책의 실습 과제들을 진행하면서 핵심 부품들을 활용해 보고 부품들을 직접 제작도 해서 그림 1-3과 같이 소프트웨어 부품들로 구성되는 카드게임을 완성해 나간다.

이 책은 C 언어와 같은 기초 프로그래밍 언어를 학습하고 자바를 두 번째 언어로 시작하는 객체지향 프로그래밍 입문자를 대상으로 한다. 어떤 언어를 첫 프로그래밍 언어로 경험했든지 간에 변수와 형(타입)의 개념, 연산자, 프로그램 실행을 제어하는 조건문과 반복문 정도를 이해하고 있다면 이 책의 내용을 습득하기에 무리가 없을 것이다. 어느 정도 객체지향 프로그래밍의 경험이 있는 독자라면 필요한 장부터 시작해도 무방하다.

1.1 | Hello 응용프로그램 실습

[콘솔 출력, 클래스와 객체, 패키지, 접근자, static 멤버]

콘솔 윈도우에 그림 1-4와 같이 Hello 문자열을 출력하는 응용프로그램을 작성한다.

그림 1-4 Hello 응용프로그램의 실행

자바 응용프로그램을 작성하려면 우선 자바 개발 키트^{JDK, Java Development Kit}를 설치한다. JDK는 윈도우, 맥OS, 리눅스 등의 다양한 운영체제에서 사용할 수 있는 개발 도구, API^{Application Programming Interface} 라이브러리 그리고 자바 가상 기계^{JVM, Java Virtual Machine}를 묶어서 에디션 형태로 제공한다. 에디션에는 기본 에디션^{SE, Standard Edition}과 서버용 에디션^{EE, Enterprise Edition}이 있다. JDK는 오라클 사이트(https://www.oracle.com/java/technologies/downloads)에서 무료로 다운로드받을 수 있다. 이미 자바 11 이전 버전이 설치돼 있다면 제거하고 최신 버전을 설치하는 것이 좋다. 서로 다른 자바 버전의 충돌로 나중에 설치할 이클립스 환경이 제대로 실행되지 않는 경우가 있기 때문이다.

오라클 사이트에 접속해서 페이지를 아래로 내려보면 Java 18 버전과 Java 17 버전을 선택할 수 있는 탭이 보이는데 자바 17 버전이 오랜 기간 업데이트 서비스가 지원되는 LTS^{Long-Term Support} 버전이므로 그림 1-5처럼 **Java 17** 탭을 클릭해서 자바 17 버전을 선택하기로 하자. 페이지를 조금 더 내려보면 운영체제별로 선택 탭이 마련돼 있다. 우리는 윈도우 운영체제를 가정하고 설치를 진행한다. 맥OS를 사용하는 독자는 부록 A.2절에 제공된 설치 가이드를 따라 설치하고 **[과정 04]**로 간다. **Windows** 탭을 클릭하고 그림처럼 x64 Installer 항목에 연계된 링크를 클릭해서 설치 파일을 다운로드받는다.

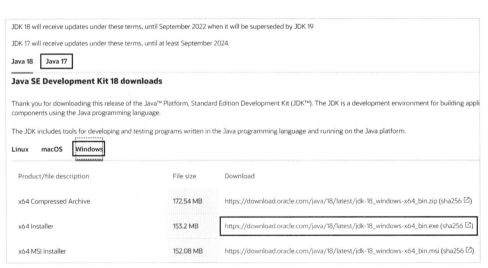

그림 1-5 JDK의 다운로드

다운로드가 완료되면 다운로드된 설치 파일을 더블클릭해서 JDK의 설치를 시작한다. 설치 중 설치 옵션을 지정하는 화면들이 나오면 Next 버튼을 클릭해서 기본 설정으로 진행한다. 그림 1-6은 설치 화면 중 하나인데 JDK는 JRE^{Java Runtime Environments}를 포함한다는 문구가 보인다. JDK에는 프로그램 실행에 필요한 자바 가상 기계, API 라이브러리, 프로그램 개발에 필요한 컴파일러 등의 개발 도구가 포함되고, JRE에는 프로그램 실행에 필요한 자바 가상 기계와 API 라이브러리만 포함된다.

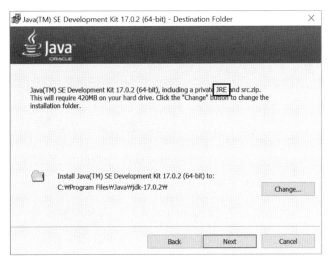

그림 1-6 JDK의 설치

JDK가 설치된 자바 개발 환경은 그림 1-7과 같다. 확장자 *.java 파일의 자바 소스 프로그램을 컴파일러(javac.exe로 실행)로 컴파일하면 완전한 기계어가 아닌 확장자 *.class 파일의 바이트 코드라는 중간 단계의 코드가 생성된다. 운영체제는 이 바이트 코드 형태의 프로그램을 바로 실행시킬 수 없다. 따라서 운영체제별로 설치돼 바이트 코드를 해석하고 기계어로 번역해서 운영체제로 넘길 수 있는 자바 가상 기계^{JVM}라는 가상의 운영체제(윈도우용 JVM, 맥OS용 JVM)가 필요하다. JVM은 기계가 아니라 기계를 시뮬레이션하는 프로그램이다.

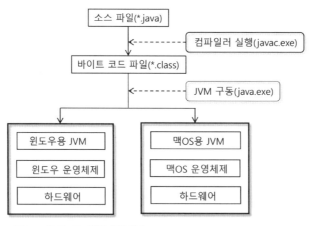

그림 1-7 응용프로그램의 실행 환경

운영체제별로 프로그램을 실행하는 방법과 기계어가 다르기 때문에 운영체제별로 자바 프로그램을 따로 작성하는 대신 이런 실행 환경에 운영체제와 프로그램을 중계하는 역할의 JVM(java.exe로 구동)을 둬서 운영체제와 상관없이 소스 프로그램을 작성할 수 있게 한다. 이와 같이 자바 가상 기계는 서로 다른 실행 환경을 갖는 시스템 간에 바이트 코드 형태의 컴파일된 자바 프로그램을 그대로 옮겨 실행할 수 있게 함으로써 프로그램의 이식성을 높일 수 있다. 물론 자바 가상 기계는 그림과 같이 운영체제에 맞는 버전들이 제공된다.

JDK의 설치가 완료되면 잘 설치됐는지 테스트해 보자. 우선 그림 1-8과 같이 바탕 화면의 검색 창에 '명령 프롬프트'라고 입력하고 검색된 명령 프롬프트 앱을 클릭해서 실행한다.

그림 1-9와 같이 명령 프롬프트 윈도우(명령 창)가 생성되면 사용자의 명령어를 받는 C:\Users\계정명〉의 프롬프트에 javac -version 명령어를 입력하고 **Enter** 키를 누른다. 그림처럼 자바 컴파일러의 버전이 표시되면 설치가 잘된 것이다. 자바 소스 파일을 작성하고 명령 창에서 javac 명령어로 컴파일한 후 java 명령어로 JVM을 기동시켜 프로그램을 실행하는 방법은 **[과정 11]**에서 다룬다.

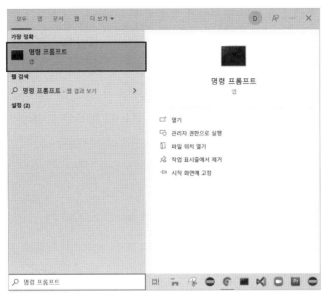

그림 1-8 명령 프롬프트 앱의 실행

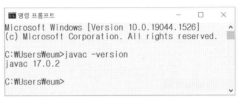

그림 1-9 자바 컴파일러의 실행

과정 02 **이클립스 설치**

소스 코드를 작성할 때 프로젝트 생성 기능, 코딩 실수를 줄여주기 위한 키워드별 색깔 구분 기능, 자동 코드 완성 기능, 디버깅 기능 등을 제공하는 이클립스 통합 개발 환경 IDE, Integrated Development Environments 도구를 사용하면 편리하다. 디버깅이란 코드의 오류를 찾아 수정하는 작업을 말한다. 이클립스의 설치는 설치 파일을 사용하는 방식과 압축 파일을 푸는 방식이 있다. 설치 파일을 사용하는 방식은 이번 과정에서 소개하고, 압축 파일을 푸는 방식은 다음 과정에서 소개한다. 설치하는 컴퓨터의 계정명에 한글이 포함된 경우 설치 파일로 설치가 되지 않는다. 이런 경우에는 **[과정 03]**의 압축 파일을 푸는 방식으로 진행한다. 맥OS를 사용하는 독자는 부록 A.2절에 제공된 설치 가이드를 따라 설치하고 **[과정 04]**로 간다.

이클립스는 자바로 구현한 도구이기 때문에 이클립스를 실행하려면 자바 가상 기계가 필요하다. 이미 자바 가상 기계를 포함하는 JDK를 설치했기 때문에 이클립스 사이트에서 설치 파일을 다운로드받아 설치를 진행한다. 그림 1-10과 같이 https://www.eclipse.org/downloads 사이트로 이동하면 사이트에서는 접속한 컴퓨터의 운영체제를 감지하고 그에 맞는 Download 버튼을 표시한다. 이 버튼을 클릭하면 표시되는 페이지의 Download 버튼을 다시 클릭해서 설치 파일을 다운로드받는다.

그림 1-10 이클립스 설치 파일 다운로드

다운로드받은 설치 파일을 실행하면 그림 1-11과 같은 이클립스 버전 선택 창이 표시된다. Eclipse IDE for Java Developers 버전을 선택하면 되지만 네트워크 환경에서 웹 응용프로그램의 작성까지 고려한다면 Eclipse IDE for Enterprise Java and Web Developers 버전을 선택한다. 우리는 Eclipse IDE for Java Developers 버전을 사용하기로 하자.

그림 1-11 이클립스 버전 선택

그림 1-12와 같이 사용할 JDK 버전을 선택하는 윈도우가 생성되면 우리가 설치한 JDK 버전을 그림처럼 확인해서 선택한 후 설치 폴더는 설정된 기본 설치 폴더를 그대로 놔두고 INSTALL 버튼을 클릭한다. 이클립스가 다른 버전의 내장된 JRE도 지원하지만 우리는 명령 창도 사용해서 프로그램을 작성해 볼 것이기 때문에 우리가 설치한 JDK를 사용한다.

그림 1-12 JDK 버전 선택

라이선스 동의 윈도우가 표시되면 Accept Now 버튼을 클릭해서 설치를 계속 진행한다. 설치에 다소 긴 시간이 소요될 수 있다. 설치 완료 창이 생성되면 LAUNCH 버튼을 클릭해서 [과정 04]로 간다. 바탕 화면에 생성된 이클립스의 실행 아이콘은 이클립스의 다음 실행부터 사용한다.

과정 03 **이클립스 설치(압축 파일 풀기 방식)**

그림 1-13과 같이 https://www.eclipse.org/downloads 사이트로 이동해서 Download 버튼 대신 **Download Packages** 링크를 클릭한다.

그림 1-13 이클립스 압축 파일 다운로드

그림 1-14와 같이 이클립스 버전과 운영체제 선택 윈도우가 표시된다. Eclipse IDE for Java Developers 버전을 설치하면 되지만 네트워크 환경에서 웹 응용프로그램의 작성까지 고려한다면 Eclipse IDE for Enterprise Java and Web Developers 버전을 설치한다. 우리는 Eclipse IDE for Java Developers 버전을 사용하기로 하자. 윈도우 운영체제인 경우 그림처럼 **x86_64** 링크를 클릭해서 압축 파일을 다운로드받는다.

그림 1-14 이클립스 버전과 운영체제의 선택

다운로드받은 압축 파일은 원하는 폴더에 풀기만 하면 된다. 압축 파일을 풀어 생성된 eclipse 폴더를 윈도우 운영체제인 경우 C:\ 밑으로 배치한다. eclipse 폴더를 열면 그림 1-15와 같이 이클립스의 실행 파일 아이콘이 존재하는데 이 아이콘을 선택하고 마우스 오른쪽 버튼을 클릭한 후 **보내기 > 바탕 화면에 바로 가기 만들기** 항목을 선택해서 바탕 화면에 이클립스 실행 아이콘을 생성한다. 실행 아이콘을 더블클릭해서 이클립스를 실행한다.

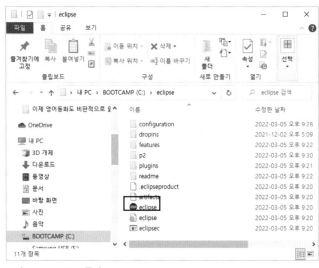

그림 1-15 eclipse 폴더

과정 04 이클립스 환경

이클립스를 실행하면 그림 1-16과 같이 Eclipse IDE Launcher 윈도우가 생성된다.

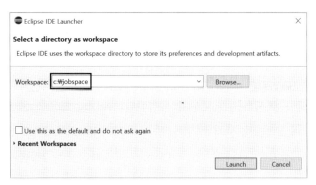

그림 1-16 워크스페이스 설정

워크스페이스^{workspace}란 이클립스에서 생성한 프로젝트 폴더들이 저장되는 작업 폴더를 말한다. Browse 버튼을 클릭해서 폴더를 선택하거나 직접 텍스트 필드에 입력해서 C:\jobspace로 설정하기로 하자. 아래쪽의 Use this as the default and do not ask again 체크 박스를 선택하면 이클립스 시작 시 이 대화 상자가 보이지 않고 지금 설정한 워크스페이스를 바로 사용할 수 있다. 우리는 해제된 상태를 유지하고 Launch 버튼을 클릭한다. 이클립스가 실행돼서 Welcome 윈도우가 표시되면 이 윈도우를 닫는다.

이클립스의 응용프로그램 작성 환경은 그림 1-17과 같이 작은 윈도우들로 구성되는데 이 작은 윈도우를 뷰^{view}라고 하고, 전체 화면 구성을 퍼스펙티브^{perspective}라고 한다.

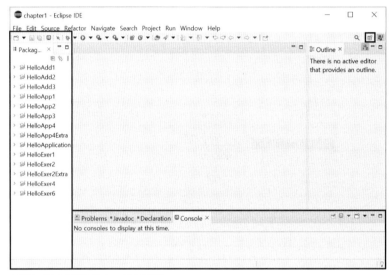

그림 1-17 이클립스의 Java 퍼스펙티브

퍼스펙티브에 따라 구성되는 메뉴, 뷰의 종류, 뷰의 구성이 달라진다. 이클립스의 대표적인 퍼스펙티브로는 Java 퍼스펙티브와 Debug 퍼스펙티브가 있다. 그림 1-17의 화면 구성은 자바 프로그램 개발 작업에 적합한 기능들을 뷰로 구성한 Java 퍼스펙티브로 표시된 것이다. 오른쪽 위에 사각형 테두리로 표시한 버튼을 클릭하면 추가할 수 있는 퍼스펙티브 항목들을 표시하는 윈도우가 생성된다. Debug 항목을 선택하면 Debug 퍼스펙티브 버튼이 퍼스펙티브 선택 버튼 옆에 추가돼서 Java 퍼스펙티브와 Debug 퍼스펙티브를 버튼 클릭으로 전환할 수 있다. Debug 퍼스펙티브는 2장에서 살펴보기로 하고 우선 기본 Java 퍼스펙티브를 유지한다.

왼쪽에 표시된 Package Explorer 뷰는 프로젝트를 관리하며 자바 소스 파일을 생성하고 삭제하는 작업을 할 때 사용한다. 아래쪽의 콘솔^{console} 뷰도 많이 사용한다. 콘솔 뷰는 윈도우 운영체제인 경우 그림 1-9의 명령 창 역할을 담당하며 데이터의 입출력 수단으로 사용한다. 맥OS인 경우는 터미널의 역할을 담당한다. 콘솔 뷰가 혹시 표시되지 않았으면 메뉴에서 Window ➤ Show View ➤ Console 항목을 선택해서 표시한다. 나머지 뷰들은 실습을 진행하면서 설명한다.

압축 파일 풀기 방식으로 이클립스를 설치한 경우 이클립스가 자바 프로그램을 실행할 수 있는 내장 JRE를 지원하지만 우리는 JDK를 따로 설치했기 때문에 우리가 설치한 JDK가 지원하는 JRE를 사용하도록 설정하자. 이클립스 메뉴에서 Window ➤ Preferences 항목을 선택한 후 그림 1-18과 같이 설정 윈도우의 Java 항목을 전개한 다음 Installed JREs 항목을 선택한다.

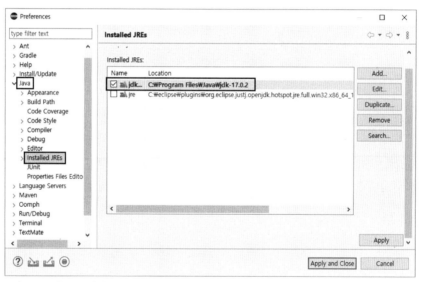

그림 1-18 기본 JRE의 변경

압축 파일 풀기 방식으로 설치한 경우는 C:\eclipse\plugins...의 JRE만 표시된다. Add 버튼을 클릭하면 표시되는 JRE Type 윈도우에서 Standard VM 항목을 선택하고 Next 버튼을 클릭한다. Add JRE 윈도우가 생성되면 JRE home 섹션의 **Directory** 버튼을 클릭한다. 그림 1-19와 같이 폴더 선택 윈도우가 표시되면 C: ➤ Program Files ➤ Java ➤ jdk-17.0.2 폴더를 차례대로 선택하고 **폴더 선택** 버튼을 클릭한 후 Finish 버튼을 클릭한다.

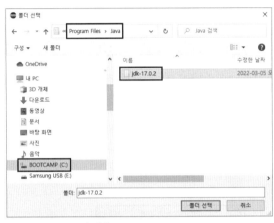

그림 1-19 JRE 폴더 선택

그림 1-18과 같이 C:\Program Files\Java\jdk-17.0.2의 항목이 표시되면 체크 버튼을 클릭해서 선택하고 **Apply and Close** 버튼을 클릭한다. 압축 파일 풀기 방식으로 설치한 경우 우리가 설치한 JDK의 JRE가 기본 JRE로 잡히지 않기 때문에 이 책에서 제공하는 chapter1, chapter2, ..., chapter6 워크스페이스를 사용할 때 JRE 설정을 이와 같이 변경한다.

과정 05 **프로젝트 생성**

이클립스에서 자바 소스 파일을 작성하려면 우선 자바 프로젝트를 생성한다. 메뉴에서 File ➤ New ➤ Java Project 항목을 선택해서 그림 1-20과 같이 New Java Project 윈도우를 생성한다.

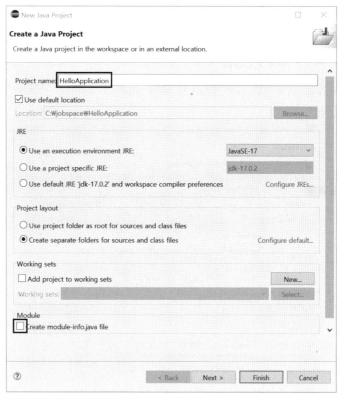

그림 1-20 자바 프로젝트의 생성

Project name 필드에 HelloApplication이라고 입력한다. 프로젝트 폴더는 기본
적으로 워크스페이스 폴더의 하위 폴더로 생성된다. 위치를 변경하려면 Use default
location 체크 박스를 해제하고 **Browse** 버튼을 클릭해서 지정한다. JRE 섹션에는 프로
젝트를 실행할 때 사용할 JRE 버전을 표시하는데 자바 17을 설치했기 때문에 기본적으
로 JavaSE-17로 지정된다. Project layout 섹션을 보면 자바 소스 파일(*.java)과 컴파일
된 바이트 코드 파일(*.class)을 분리 저장하도록 기본 설정돼 있다. HelloApplication 프
로젝트 폴더 밑에 자바 소스 파일은 src 폴더에, 바이트 코드 파일은 bin 폴더에 분리 저
장된다. 이클립스의 Package Explorer 뷰에는 src 폴더만 표시된다. Module 섹션의
Create module-info.java file 항목은 6장에서 다루게 될 모듈 생성을 원할 때 체크하
는데 그때까지는 체크를 해제해서 모듈 작업 없이 프로젝트를 생성하기로 하자. **Finish**
버튼을 클릭해서 기본 설정으로 HelloApplication 프로젝트를 생성하고 Package
Explorer 뷰에 생성된 프로젝트를 확인한다.

Package Explorer 뷰에서 HelloApplication 프로젝트 폴더를 펼쳐서 src 폴더를 선택하고, 메뉴에서 File ❯ New ❯ Class 항목을 선택하거나 마우스 오른쪽 버튼을 클릭하고 New ❯ Class 항목을 선택하면 그림 1-21과 같이 New Java Class 윈도우가 생성된다.

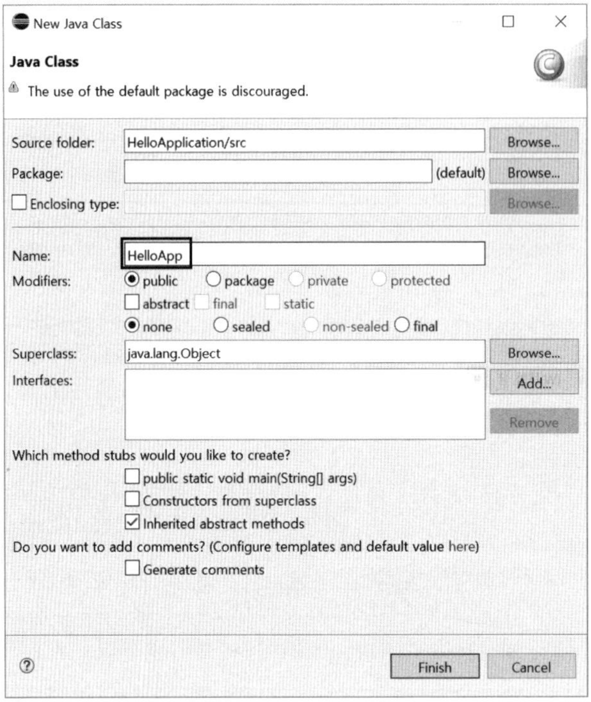

그림 1-21 소스 파일 생성

    Package 필드는 빈칸으로 남겨서 default 패키지를 사용하기로 하자. 패키지의 개념은 아래 과정에서 다루고, 나머지 섹션들에 대해서는 이 책의 실습을 진행하면서 그 내용을 다룬다. **Name** 필드에 HelloApp이라고 입력하고 **Finish** 버튼을 클릭한다. Package Explorer 뷰에 HelloApp.java 소스 파일이 생성되고 이 파일을 편집할 수 있도록 편집기가 오른쪽 편집 뷰에서 실행된다. 소스 파일의 기본 골격은 자동으로 생성된 상태이다. 소스 코드 작성 시 줄 번호가 매우 유용하기 때문에 표시돼 있지 않다면 메뉴에서 **Window ❯ Preferences** 항목을 클릭하고 그림 1-22와 같이 왼쪽 트리 메뉴에서 **General ❯ Editors ❯ Text Editors** 항목을 선택한 후 Show line numbers 항목을 체크해서 줄 번호를 표시한다.

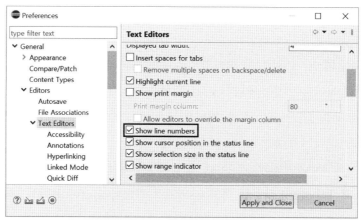

그림 1-22 줄 번호 표시 설정

과정 07 **코드 작성**

Package Explorer 뷰에 열거된 파일을 더블클릭하면 편집 뷰에 그 파일을 편집할 수 있는 코드 에디터가 파일 이름 탭과 함께 표시된다. 편집기는 자바 키워드를 고딕체로 표시하고 변수는 파란색으로 표시하는 등 문자열의 종류별로 다른 체와 색깔을 써서 표시한다. 자바 코드의 대문자와 소문자는 구분되므로 주의를 요한다. HelloApp.java 파일에 리스트 1-1의 코드를 입력한다.

리스트 1-1 HelloApplication 프로젝트의 HelloApp.java

```
01 //============================================================
02 // Simple Hello Application in Java
03 //============================================================
04
05 import java.lang.*;
06
07 public class HelloApp {
08
09   public static void main(String[] args) {
10     System.out.println("Hello");
11   }
12 }
```

1번째 줄의 //는 이후의 내용을 그 라인 끝까지 주석으로 간주하는 한 줄짜리 주석문을 만들며 프로그램의 실행에 영향을 주지 않는다. /*와 */를 짝으로 명시하면 /*와

*/ 사이의 모든 범위가 주석으로 처리되는 범위 주석문이 되지만 //의 사용을 권장한다. 주석이 여러 줄일 경우는 1~3번째 줄처럼 각 줄을 //로 시작한다. 일반적으로 프로그램의 디버깅 과정에서는 /*와 */를 편리하게 사용하지만 최종본에서는 //를 사용해서 코드를 깔끔하게 정리하는 것이 좋다. 한글로 주석을 다는 것도 허용된다.

자바는 방대한 소프트웨어 부품 라이브러리(API^{Application Programming Interface})를 제공하는데 이 라이브러리는 종류별로 모듈^{module}이라는 단위로 구성되고, 각 모듈은 다시 패키지^{package}라는 단위로 세분화돼 구성된다. 모듈의 개념은 6장의 응용 과제 8에서 다루고 그때까지는 패키지만 사용하기로 하자. 패키지는 관리와 접근이 용이하도록 서로 관련 있는 부품들을 계층적으로 묶어 놓은 것인데 자바가 지원하는 주요 패키지들은 표 1-1과 같다. 각 계층은 마침표(.)로 구분되고 실제 시스템 폴더들로 구성된다.

표 1-1 자바의 주요 패키지

패키지	설명
java.lang	모든 프로그램에 필요한 기본 부품 제공
java.util	많은 프로그램에 유용한 유틸리티 부품 제공
java.io	파일 또는 네트워크 입출력 전담 부품 제공
java.awt	윈도우 프로그램용 시각 사용자 인터페이스 부품 제공
javax.swing	개선된 사용자 인터페이스 부품 제공
java.net	네트워크 통신 전담 부품 제공

import문은 이런 패키지들 중 프로그램에서 사용할 패키지나 패키지 내의 부품을 명시한다. 5번째 줄은 콘솔 윈도우에 문자열을 출력하는 데 필요한 System.out(10번째 줄에서 사용)이라는 콘솔 출력 전담 부품을 사용하고자 이 부품이 속한 java.lang 패키지 내의 전 부품을 *로 명시함으로써 사용할 수 있게 하겠다는 선언이다. java.lang 패키지는 모든 프로그램에서 필요로 하는 기본 부품들을 제공하는 패키지이기 때문에 5번째 줄처럼 명시하지 않아도 기본적으로 제공된다. 패키지에 대한 상세한 설명은 이어지는 장들에서 계속된다.

System.out은 우리가 사용할 첫 번째 소프트웨어 부품이다. 그림 1-2에서 냉장고 온도조절기가 여러 단계의 냉각 기능을 제공하는 것처럼 System.out 부품은 그림 1-23과 같이 print, println, format 등의 기능적인 속성을 제공한다. print와 println은 콘솔 윈도우에 문자열을 출력할 때 사용되는데 출력 형식은 System.out 부품이 문자열, 정수, 실수 등의 출력 대상에 따라 자동적으로 결정한다. format은 System.out의 자동 출력 형식 대신 출력 형식을 지정하고 싶을 때 사용한다. System.out 부품은 이외에도 여러 기능들을 제공한다. System.out 부품은 데이터적인 속성으로 out을 갖고 있는데 온도조절기의 부품번호나 무게가 온도조절기를 사용할 때 필요 없듯이 우리가 직접 사용할 일은 없다.

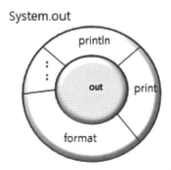

그림 1-23 System.out 콘솔 출력 전담 부품

자바와 같은 객체지향 언어에서는 System.out과 같은 소프트웨어 부품을 객체object라고 한다. 객체는 클래스class로부터 생성된다. 클래스는 그림 1-24와 같이 붕어빵을 만들어 내는 붕어빵 틀처럼 소프트웨어 부품을 찍어 내듯 만들 수 있는 부품 원판이라 할 수 있고, 이런 부품 원판으로부터 생성된 소프트웨어 부품(붕어빵)을 객체라고 한다. 붕어빵 틀이 같은 모양과 맛을 지닌 붕어빵들을 찍어 내지만 이 붕어빵들은 정확한 무게나 만든 시간이 서로 다를 수 있다. 클래스 또한 부품 원판이기 때문에 기능적인 속성과 데이터적인 속성이 동일한 객체들을 몇 개라도 생성할 수 있지만 이 객체들의 데이터적인 속성값들은 서로 다를 수 있다. 객체들의 기능은 동일하다.

그림 1-24 붕어빵 틀과 붕어빵

그림 1-25는 이 책에서 사용하는 표기 방식으로 System.out 객체와 이 객체를 생성하는 PrintStream이라는 클래스를 붕어빵과 붕어빵 틀처럼 음양각을 살려 나타낸 것이다. PrintStream 클래스가 붕어빵 틀이라면 이 클래스로부터 생성된 System.out 객체는 붕어빵이다. 클래스는 붕어빵 틀처럼 음각으로 표기하고, 객체는 붕어빵처럼 양각으로 표기한다. 따라서 앞에서 설명한 자바의 패키지는 소프트웨어 부품 라이브러리라기보다는 소프트웨어 부품들을 생성할 수 있는 클래스 라이브러리Class Library이다. System.out 객체는 PrintStream 클래스로부터 생성되지만 java.lang 패키지 내에 존재하는 System이라는 클래스가 제공하는 객체이다. 따라서 System.out은 System 클래스에 속한 객체라는 의미이다. 마침표(.)의 의미는 문법을 다뤄 가면서 자연스럽게 이해될 것이고 System. out 객체에 대한 정확한 표현은 3장의 응용 과제 3에서 설명한다. 자바에서는 System. out 객체의 print, println 등의 기능적인 속성을 메소드method라고 하고, out과 같은 데이터적인 속성을 필드field라고 한다. 클래스에 대한 상세한 개념은 3장에서 다룬다.

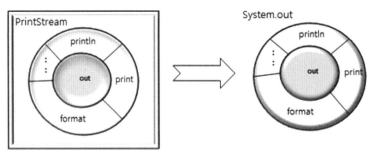

그림 1-25 클래스와 객체

자바 응용프로그램은 한 개 이상의 클래스 정의로 구성되며 변수, 함수 등의 모든 프로그램 요소들이 클래스 정의 내에 존재한다. 클래스 정의란 그림 1-25의 PrintStream 클래스처럼 객체를 생성하는 클래스를 정의하는 것을 말하며 붕어빵 틀을 제작하는 것이라고 생각하면 된다. 자바 프로그램도 다른 언어의 프로그램처럼 프로그램의 진입점인 main 함수가 있어야 하는데 모든 프로그램의 요소가 클래스 정의 내에 존재해야 하기 때문에 main 함수를 포함하는 클래스를 주 클래스라고 한다. java.exe로 JVM을 구동시키면 JVM은 제일 먼저 main 함수를 찾아서 실행시킨다. 따라서 자바 프로그램은 main 함수를 포함하는 주 클래스와 나머지 클래스들로 구성된다. 연관된 클래스들을 묶어 놓은 것이 패키지이기 때문에 이클립스에서는 개발자가 따로 패키지를 정의하지 않으면 프로그램을 구성하는 클래스들을 정의한 파일들을 그림 1-26과 같이 기본 패키지^{Default} Package 내에 묶어 놓는다. 이 그림은 6장에서 최종적으로 완성할 카드게임 프로그램 (GameApplication 폴더)을 구성하는 클래스 파일들이 이클립스가 제공하는 기본 패키지 내에 배치된 것을 나타낸 것이다. 따라서 GameApp 주 클래스가 정의된 GameApp.java 파일과 함께 나머지 클래스들을 정의한 파일들이 이 패키지에 놓이게 된다. 4장의 응용 과제 6에서는 두 개의 패키지를 정의하고 클래스 정의를 담은 파일들을 이 두 패키지에 배분해서 프로그램을 구성하는 방법을 다룬다. 자바가 제공하는 기본 패키지의 실체도 함께 설명한다.

그림 1-26 기본 패키지

클래스 정의는 헤더와 바디로 나눠진다. 그러므로 한 개의 주 클래스로만 구성되는 Hello 응용프로그램은 7번째 줄에 정의된 헤더와 같은 줄의 {와 12번째 줄의 }로 이뤄 지는 바디로 구성된다. 헤더에는 public class 키워드와 함께 HelloApp이라는 클래스명 을 명시한다. 자바에서 클래스명 HelloApp은 이 클래스를 정의한 파일명 HelloApp.java 와 정확하게 일치해야 한다. public은 접근자^{Access Modifier}라고 하는데 클래스를 public으 로 지정함으로써 외부에서 HelloApp 클래스에 접근해서 사용할 수 있도록 하겠다는 의 미가 된다. 여기서 외부란 같은 패키지 내나 다른 패키지에 속한 클래스들을 말한다. 자 바 가상 기계가 외부에서 HelloApp 클래스 내의 main 함수를 호출해서 프로그램이 시작 되기 때문에 main 함수를 포함하는 주 클래스는 반드시 public으로 선언돼야 한다. 클래 스 정의 시 접근자를 생략하면 기본 접근^{Default Access}이 허용되는데 같은 패키지 내의 클 래스들만이 이 클래스에 접근할 수 있다. private로 지정하면 클래스 접근이 제한된다.

클래스의 바디는 한 개 이상의 멤버^{member}들로 구성되는데 멤버는 멤버 변수일 수도 있고 멤버 함수일 수도 있다. 자바에서는 멤버 변수를 필드라고 하고, 멤버 함수를 메소드라고 한다. 필드는 이 클래스로부터 생성될 객체의 데이터적인 속성을 나타내고, 메소드는 객체가 수행할 수 있는 기능적인 속성을 나타낸다. HelloApp 클래스에는 필드가 없고 9~11번째 줄처럼 main 메소드 한 개만 존재한다. main 함수도 HelloApp 클래스에 속한 멤버이기 때문에 main 메소드라고 부른다. 응용 과제 3에서는 클래스에 필드를 정의해서 활용한다. 클래스는 기본적으로 객체를 생성하려고 정의하지만 1장에서 다루는 주 클래스는 객체를 생성하지 않고 main 메소드를 포함하고 멤버들을 정의해서 사용하는 용도로만 사용된다. 2장부터는 주 클래스로부터 객체를 생성해서 활용한다.

메소드도 클래스처럼 9번째 줄에 정의된 헤더와 같은 줄의 {와 11번째 줄의 }로 지정되는 바디로 구성된다. 헤더는 접근자, static 키워드, 반환형, 메소드명 그리고 () 내의 인자 리스트^{arguments}로 구성되는데 main 메소드의 헤더에는 public 접근자와 static 키워드가 명시되고 반환형은 반환할 값이 없다는 의미의 void로 명시된다. main 메소드인 경우는 접근자와 static 키워드의 명시가 선택 사항인 다른 메소드와 달리 이 세 가지의 명시가 필수이다.

멤버(필드와 메소드)에 지정하는 접근자는 그림 1-27과 같이 네 가지이다. public 멤버인 경우는 같은 패키지 내나 다른 패키지에 속하는 클래스들의 접근이 모두 허용된다. protected 멤버인 경우와 접근자를 지정하지 않으면 주어지는 default(기본) 멤버인 경우는 같은 패키지 내에 속하는 클래스들의 접근만 허용된다. private 멤버인 경우는 모든 접근이 제한된다. protected 멤버인 경우는 4장에서 상속을 다룰 때 default 멤버인 경우와 다른 점을 설명한다.

7번째 줄에서 HelloApp 클래스가 public으로 지정됐고, 9번째 줄에서 main 메소드가 public으로 지정됐기 때문에 외부에서 자바 가상 기계가 HelloApp 클래스를 통해 내부의 main 메소드에 접근해서 호출할 수 있게 하겠다는 의미가 된다.

일반적으로 클래스의 필드나 메소드는 클래스로부터 객체가 생성된 후 객체 상태에서 접근해서 사용한다. 그러나 static 키워드로 명시된 필드나 메소드는 객체의 생성 없이 클래스 상태에서도 접근해서 사용할 수 있다. 자바 가상 기계가 호출하는 main 메소드는 프로그램 실행의 진입점으로 main 메소드가 속한 HelloApp 클래스로부터 객체의 생성 없이도 호출이 이뤄져야 하기 때문에 반드시 static 메소드로 지정한다. static 키워드의 용도에 대한 자세한 설명은 3장에서 다룬다. 자바의 main 메소드는 항상 한 개의 인자(args로 명명된)를 취한다. 이 인자는 문자열 배열로 그 활용과 설명은 1장의 응용 과제 4에서 다룬다.

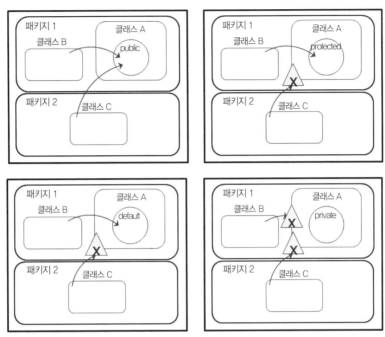

그림 1-27 네 가지 접근자

메소드의 바디에는 메소드가 호출되면 실행될 실행문들을 명시하게 되는데 9번째 줄의 main 메소드인 경우는 바디가 콘솔 윈도우에 Hello 문자열을 출력하는 10번째 줄의 한 문장으로 이뤄진다. System.out 객체는 println 메소드가 호출되면 () 내의 문자열을 콘솔 윈도우에 출력하는 기능을 하는 소프트웨어 부품(객체)이다. 그림 1-28과 같이 화살표로 표시된 자바의 메소드 호출문은 10번째 줄처럼 메소드를 실행할 객체를 명시하고, 마침표(.)와 함께 호출할 메소드명을 인자와 함께 명시하면 된다. 따라서 System.out.println에서 System.out까지는 객체를 의미하고, .println은 메소드 호출을 의미한다. 메소드의 호출은 그림 1-2의 온도조절기에서 사용자가 다이얼을 돌려 성에 제거나 원하는 냉각 기능을 선택하는 것에 비유할 수 있다.

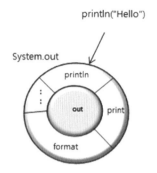

println("Hello")

System.out

System.out.println("Hello");

그림 1-28 메소드의 호출

프로젝트 컴파일

이클립스는 컴파일을 위한 메뉴가 따로 없다. 파일을 저장하면 내부적으로 javac.
exe 컴파일러가 자동 실행돼서 컴파일 작업을 수행한다. 컴파일에 성공하면 Package
Explorer 뷰에는 표시되지 않지만 bin 폴더에 바이트 코드 파일이 생성된다. 편집기는
마침표(.)를 찍을 때마다 그림 1-29와 같이 코드 선택 박스를 표시해서 오타의 발생을
사전에 방지하도록 도와준다.

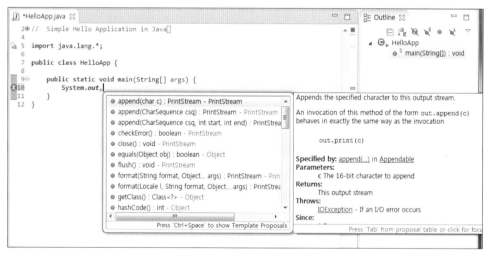

그림 1-29 편집기의 코드 선택 박스

50

문법적으로 오류가 있는 문장에는 그림 1-30과 같이 빨간 밑줄이 그어지고 줄 왼쪽에 빨간색 아이콘이 표시된다. 이 아이콘에 마우스를 대면 오류 내용을 표시하고 아이콘을 클릭하면 오류가 발생한 곳으로 이동한다.

그림 1-30 편집기의 문법 오류 표시

과정 09 프로젝트 실행

Package Explorer 뷰에서 HelloApp.java 소스 파일을 선택하거나 HelloApplication 프로젝트를 선택하고 마우스 오른쪽 버튼을 클릭한 후 Run As ＞ Java Application 항목을 선택해서 Hello 응용프로그램을 실행시킨다. 그림 1-31과 같이 툴바에서 실행 버튼을 클릭해도 실행된다. 내부적으로 java.exe가 JVM을 구동시키고 JVM이 컴파일된 바이트 코드를 실행해서 그림 1-4와 같은 결과를 Console 뷰에 출력한다.

그림 1-31 툴바의 실행 버튼

과정 10 프로그램의 종료

프로그램 실행 중에 종료하고 싶으면 그림 1-32와 같이 콘솔 윈도우의 종료 버튼을 클릭한다.

그림 1-32 프로그램 종료

이클립스를 사용하지 않고 Hello 응용프로그램을 작성해서 실행시켜 보자. 바탕 화면 왼쪽 아래에 있는 검색 창에서 '메모장'을 입력한다. 검색된 메모장 앱 아이콘을 선택하고 오른쪽 마우스 버튼으로 클릭한다. 표시되는 항목 중 **관리자 권한으로 실행** 항목을 선택한다. 맥OS인 경우는 부록 A.2절을 참조하고 텍스트 편집기를 사용해서 실습을 진행한다. 메모장이 실행되면 메뉴에서 **파일 > 다른 이름으로 저장** 항목을 선택해서 그림 1-33과 같이 다른 이름으로 저장 윈도우를 생성한다.

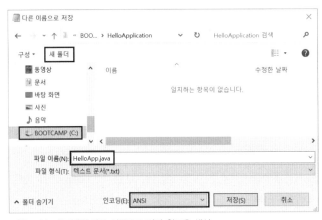

그림 1-33 메모장의 다른 이름으로 저장 윈도우 생성

　그림의 왼쪽처럼 C: 드라이브를 선택한 후 위쪽의 **새 폴더** 버튼을 클릭해서 Hello Application이라는 폴더를 생성한다. 생성된 HelloApplication 폴더를 더블클릭해서 파일의 저장 위치를 C:\HelloApplication 폴더로 변경한다. 파일 이름 필드에는 Hello App.java라고 입력하고, 밑의 인코딩 필드를 전개해서 ANSI 항목을 선택한 후 **저장** 버튼을 클릭한다. ANSI 인코딩 방식의 선택은 영어 이외의 문자를 표현하기 위함인데 ANSI 인코딩은 한글도 무난하게 표현한다. 우리의 Hello 응용프로그램은 한글을 사용하지 않지만 프로그램에서 한글을 사용하는 경우를 위해 ANSI 인코딩을 지정하기로 하자. HelloApplication 폴더는 이클립스 프로젝트 폴더의 역할을 담당한다.

이클립스를 실행하고 HelloApplication 프로젝트의 HelloApp.java 파일을 더블클릭해서 그림 1-34의 왼쪽 그림처럼 편집 창에 코드를 표시한다.

그림 1-34 코드 복사

마우스 드래깅으로 전체 코드를 선택하고 마우스 오른쪽 버튼을 클릭한 후 copy 항목을 선택해서 코드를 복사한다. 오른쪽 그림처럼 메모장의 편집 창에서 마우스 오른쪽 버튼을 클릭하고 붙여넣기 항목을 선택해서 코드를 붙여넣는다. 클래스명과 파일명이 일치해야 하는 것은 이클립스의 경우와 같다. 메모장의 메뉴에서 **파일 > 저장** 항목을 선택한 후 메모장을 종료한다.

과정 13 **명령 창에서 폴더 이동**

명령 창을 실행하고 cd C:\HelloApplication 명령어로 HelloApplication 폴더로 그림 1-35와 같이 이동한다. 메모장으로 작성한 HelloApp.java 파일이 있는지 dir 명령어로 확인한다.

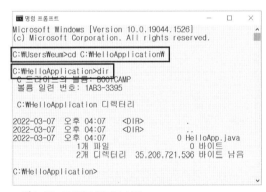

그림 1-35 프로젝트 폴더로 이동

그림 1-36과 같이 javac HelloApp.java 명령어로 소스 파일을 컴파일한다. 파일명에 확장자 java를 명시한다. dir 명령어로 HelloApp.class 파일이 생성됐는지 확인한다.

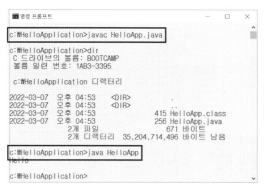

그림 1-36 소스 파일의 컴파일과 실행

HelloApp.class 파일의 실행을 위해 java HelloApp 명령어를 입력해서 자바 가상 기계를 구동시킨다. 파일명에는 확장자를 붙이지 않는다. 명령 창에 Hello 문자열이 출력되는 것을 확인한다.

명령 창에서 그림 1-37과 같이 cd C:\jobspace\HelloApplication\bin 명령어로 이클립스로 생성한 HelloApp.class 파일이 있는 bin 폴더로 이동한다. java HelloApp 명령어로 자바 가상 기계를 구동시킨다. 명령 창에 Hello 문자열이 출력되는 것을 확인한다.

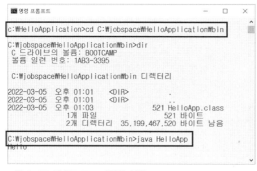

그림 1-37 바이트 코드 파일의 실행

1.2 | 응용 과제

이번 절에서는 실습 과제를 응용하고 자바의 필수 문법을 다루는 네 개의 응용 과제를
다룬다.

1.2.1 응용 과제 1

[기본 데이터형, 참조형과 참조 변수, 콘솔 입력, Scanner 클래스, String 클래스]

실습 과제를 발전시킨다. 그림 1-38과 같이 콘솔 윈도우에서 이름과 현재 연도를 입력
하면 이를 이용해서 환영 메시지를 출력한다.

그림 1-38 콘솔 윈도우를 통한 입출력

    프로젝트명은 HelloApp1으로 하고 HelloApp.java 소스 파일을 생성한다. Hello
App.java 파일에 리스트 1-2의 코드를 입력하고 실행시킨다. 워크스페이스에 프로젝트
폴더가 두 개 이상 존재하면 Package Explorer 뷰에서 실행시키고자 하는 프로젝트를
마우스로 먼저 선택하고 실행 버튼을 클릭해서 실행시킨다.

리스트 1-2 HelloApp1 프로젝트의 HelloApp.java

```
01  //=============================================================
02  // Simple Hello Application in Java
03  // 콘솔 입출력
04  //=============================================================
05
06  import java.util.Scanner;
07
08  public class HelloApp {
09
10      public static void main(String[] args) {
11          int year = 2015;
12          String name;
13          Scanner s;
```

```
14
15        s = new Scanner(System.in);
16
17        System.out.print("이름을 입력하세요: ");
18        name = s.next();
19        System.out.print("현재 연도를 입력하세요: ");
20        year = s.nextInt();
21
22        String hello = "Hello ";
23        System.out.println(hello + name);
24        System.out.println("Good Luck in " + year);
25        s.close();
26    }
27 }
```

자바는 객체를 생성하는 다양한 클래스들을 패키지 형태로 지원함과 동시에 기본 데이터형^{Primitive Data Types}을 지원한다. 가장 기본적인 데이터형은 11번째 줄의 int 키워드로 명시되는 정수형이며, year 정수형 변수는 명시적으로 초기화되지 않으면 0으로 초기화된다. 11번째 줄에서는 정수 2015로 초기화된다. 정수형으로는 short와 long형도 지원된다. 실수형 변수는 float나 double 키워드로 선언되고, 문자형 변수는 char 키워드로 선언된다. 논리형 변수는 boolean형으로 선언되는데 논리형 변수는 true 아니면 false값을 가진다. void 키워드는 주로 값을 반환하지 않는 함수의 반환형에 사용된다.

자바에서 문자열은 String이라는 클래스로부터 생성되는 객체로 표현된다. 12번째 줄에 선언된 main 메소드의 지역 변수 name은 String 클래스형으로 선언됐는데 이와 같은 클래스형 변수를 참조 변수^{Reference Variable}라고 하고, 클래스형을 참조형^{Reference Type}이라고 한다. 참조 변수에 대한 설명은 아래에서 이어진다. String 클래스는 java.lang 패키지 내에 존재하기 때문에 import문 없이 바로 사용할 수 있다. String 클래스는 많이 사용되는 클래스이기 때문에 '보충 문법'절에서 자세하게 다룬다.

int, long, short, float, double, char, boolean 등과 같은 기본 데이터형들은 소문자로 시작하는 반면에 String과 같이 자바의 클래스 라이브러리에서 제공하는 클래스형들은 대문자로 시작한다. 12, 7, 34.5, true 등과 같은 기본 데이터형의 값들은 객체가 아닌 반면에 문자열은 String 클래스가 생성하는 객체이기 때문에 구분하기 위함이다. 13번째 줄에서 name 변수는 명시적으로 초기화되지 않았기 때문에 null값으로 초기화된다. int

기본 데이터형의 변수가 0으로 초기화되듯이 클래스형 참조 변수는 기본값인 null로 초기화된다.

6번째 줄에서 사용하겠다고 선언하고 13번째 줄에서 사용한 Scanner 클래스는 입력에 필요한 소프트웨어 부품을 생성하는 클래스다. Scanner 클래스는 java.util 패키지 내에 존재한다. util은 'utility'를 줄인 표현으로써 여러 유용한 클래스들이 util 패키지에 모여 있다. java.util 패키지 내의 모든 클래스들을 의미하는 java.util.* 표현을 사용하는 대신 java.util.Scanner 표현을 사용함으로써 util 패키지의 Scanner 클래스의 사용만을 명시한다. 출력을 위해 System.out 객체가 기본적으로 제공되는 것과 마찬가지로 입력을 위해 System.in 객체가 제공되기는 하지만 System.in 객체는 바이트 단위로만 입력을 받아들이기 때문에 Scanner 객체가 바이트 단위의 입력 데이터를 정수, 실수, 문자열 등으로 변환해서 프로그램에 전달하는 기능을 수행한다. Scanner 클래스가 지원하는 주요 메소드들은 표 1-2와 같다.

표 1-2 Scanner 클래스의 주요 메소드

메소드	설명
String next()	다음 입력 항목을 문자열 객체로 변환해서 반환
byte nextByte()	다음 입력 항목을 byte형으로 변환해서 반환
short nextShort()	다음 입력 항목을 short형으로 변환해서 반환
int nextInt()	다음 입력 항목을 int형으로 변환해서 반환
long nextLong()	다음 입력 항목을 long형으로 변환해서 반환
float nextFloat()	다음 입력 항목을 float형으로 변환해서 반환
double nextDouble()	다음 입력 항목을 double형으로 변환해서 반환
String nextLine()	한 라인 전체를 문자열 객체로 변환해서 반환

13번째 줄에서 Scanner 클래스형 변수 s는 일단 null로 초기화된다. Scanner 클래스의 객체는 System.out이나 System.in 객체처럼 기본적으로 제공되지 않기 때문에 15번째 줄처럼 new 연산자 다음에 클래스명을 명시함으로써 그림 1-39와 같이 생성된다.

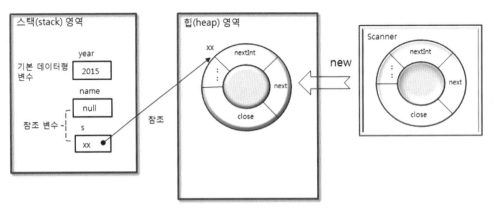

그림 1-39 기본 데이터형 변수와 참조 변수

　11~13번째 줄처럼 기본 데이터형 변수와 참조 변수를 선언하면 그림과 같이 메모리의 스택^{stack} 영역에 메모리 방이 생성된다. 기본 데이터형 변수와 참조 변수의 차이점은 저장되는 값에 있다. 11번째 줄처럼 int 기본 데이터형 변수 year에는 실제 값 2015가 저장되는 반면에 13번째 줄의 참조 변수 s에는 메모리의 주소 값이 저장된다. 15번째 줄에서 new 연산자는 그림과 같이 Scanner 클래스로부터 객체를 메모리의 힙^{heap} 영역에 생성하고 객체가 차지하는 메모리의 실제 주소 값 xx를 반환한다. 실제 주소 값을 xx라고 가정하면 이 값은 배정문에 의해 변수 s에 저장된다. 자바에서는 xx를 참조 값_{Reference Value}이라고 하고, 참조 값을 저장하는 s와 같은 변수를 메모리의 주소 값을 참조한다는 의미로 참조 변수라고 한다. 12번째 줄의 참조 변수 name에는 아직 객체의 주소값이 배정되지 않았기 때문에 null값이 저장된다. 15번째 줄에서 클래스명을 따르는 ()내에는 System.in 객체를 인자로 명시하는데 이에 대해서는 3장에서 생성자를 다룰 때 설명하기로 한다. 지금은 바이트 단위로 입력을 처리하는 System.in 객체를 Scanner 객체로 씌워서 System.in 객체가 입력한 바이트 단위의 데이터를 정수, 실수, 문자열 등의 필요한 데이터로의 변환을 위해 System.in 객체를 인자로 취하는 것으로 생각하자.

　이 책에서는 그림 1-40과 같이 스택 영역과 힙 영역을 구분하지 않고 참조 변수가 객체를 참조한다는 의미로 참조 변수 s로부터 Scanner 객체로 화살표를 그어 표기하기로 한다. 참조 값 xx는 필요할 때만 명시하도록 하자. 자바에서 객체는 int, float, boolean형의 53, 45.7, false값들과 똑같이 취급되기 때문에 함수의 인자로 전달될 수도 있고, 변수에 배정될 수도 있고, 함수의 반환값이 될 수도 있다. 그러나 내부적으로 객체에 대해서는 객체의 참조 값을 인자로 전달하고, 참조 값을 변수에 저장하거나 함수의 반환값으로 사용한다. 이에 대해서는 다음 응용 과제에서 설명한다. 따라서 올바른 자바 프로그램을 작성하려면 참조 값(주소 값) 원리를 잘 이해하고 있어야 한다.

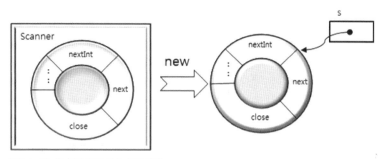

그림 1-40 이 책의 참조 변수 표기 방식

17번째 줄의 문장은 그림 1-38과 같이 '이름을 입력하세요: ' 문자열을 콘솔 윈도우에 출력하고, 같은 줄에서 'Eum'값을 입력받으려고 System.out 객체의 println 메소드 대신 print 메소드를 호출한다. println 메소드는 문자열을 출력한 후 줄을 바꾸고, print 메소드는 문자열만 출력한다. 18번째 줄에 있는 배정문의 오른쪽 항에서는 s가 참조하는 Scanner 객체의 next 메소드를 호출한다. 이 next 메소드는 System.in 객체를 이용해서 사용자가 입력한 'Eum'값을 바이트 단위로 읽어 String 클래스형의 문자열 객체로 변환하고 이 객체의 참조 값을 반환한다. 반환된 문자열 객체의 참조 값은 그림 1-41과 같이 name 참조 변수에 저장된다. 따라서 name 참조 변수는 초깃값인 null 대신에 생성된 문자열 객체의 참조 값을 갖게 된다.

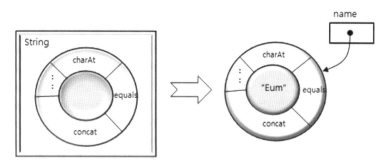

그림 1-41 Scanner 객체의 next 메소드 기능

그림 1-41에서 String 클래스의 객체는 실제 문자열 'Eum'을 필드의 값으로 가진다. String 클래스에서 equals 메소드는 두 문자열 객체가 같은지를 판단해서 같으면 true 값을, 다르면 false값을 반환하는 기능을 수행한다. concat 메소드는 두 문자열 객체를 하나로 연결해서 반환하는 기능을 수행한다. charAt 메소드는 문자열 중에서 3번째, 5번째 문자와 같이 지정된 순차의 문자를 반환하는 기능을 수행한다. String 클래스에 대한 자세한 설명은 '보충 문법'절에서 다룬다.

19번째 줄의 문장은 '현재 연도를 입력하세요:' 문자열을 출력하고, 20번째 줄의 배정문에서 오른쪽 항의 nextInt 메소드는 '2015'를 받아 이를 정수 2015로 변환해서 반환한다. 따라서 year 정수형 변수에는 정수 2015가 저장된다. 22번째 줄처럼 배정문의 오른쪽에 'Hello ' 문자열을 직접 명시하면 그림 1-42와 같이 String 클래스형의 문자열 객체가 생성되는데 이와 같이 new 연산자를 사용하지 않고 코드에서 직접 입력돼 생성된 문자열 객체를 리터럴 객체^{Literal Object}라고 한다. 리터럴 객체의 참조 값은 hello 참조 변수에 저장된다.

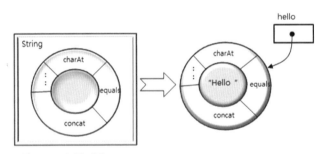

그림 1-42 리터럴 객체

23번째 줄의 () 내에서 hello가 참조하는 'Hello ' 문자열 객체와 name이 참조하는 'Eum' 문자열 객체는 + 연산자로 연결돼 'Hello Eum' 문자열 객체가 돼 출력된다. + 연산자는 두 문자열 객체를 연결한 새로운 문자열 객체의 참조 값을 반환한다. 24번째 줄에서는 () 내의 year 정수형 변수에 저장된 2015가 먼저 '2015' 문자열 객체로 자동 변환되고, + 연산자에 의해 'Good Luck in' 문자열 객체와 연결돼서 출력된다. 25번째 줄처럼 Scanner 객체의 사용이 끝났으면 close 메소드를 호출해서 Scanner 객체를 소멸시킨다.

1.2.2 응용 과제 2

[상수, 메소드 오버로딩, 정수 배열, 값 전달 호출과 참조 전달 호출]

응용 과제 1을 발전시킨다. 그림 1-43과 같이 값들을 입력받아 값들 중에서 최솟값을 출력한다.

그림 1-43 최솟값 출력

프로젝트명은 HelloApp2로 하고 GetminApp.java 소스 파일을 생성한다. Getmin App.java 파일에 리스트 1-3의 코드를 입력하고 실행시킨다.

리스트 1-3 HelloApp2 프로젝트의 GetminApp.java

```
01  //============================================================
02  // GetMin Application in Java
03  // 값 입력, 입력된 값들 중 최솟값 출력
04  //============================================================
05
06  import java.util.Scanner;
07
08  public class GetminApp {
09
10    public static void main(String[] args) {
11      final int ARRAY_SIZE = 5;
12      Scanner s = new Scanner(System.in);
13
14      int n, m;
15      System.out.print("두 개의 정수를 입력하세요 : ");
16      n = s.nextInt();
17      m = s.nextInt();
18      System.out.println("최솟값은 " + getMin(n, m) + " 입니다.");
19
```

```
20        double o, p;
21        System.out.print("두 개의 실수를 입력하세요 : ");
22        o = s.nextDouble();
23        p = s.nextDouble();
24        System.out.println("최솟값은 " + getMin(o, p) + " 입니다.");
25
26        String t1=null, t2=null;
27        System.out.print("두 개의 문자열을 입력하세요 : ");
28        t1 = s.next();
29        t2 = s.next();
30        System.out.println("최솟값은 " + getMin(t1, t2) + " 입니다.");
31
32        int arr[] = {1, 1, 1, 1, 1};
33        System.out.print("정수 배열의 5개 원소 : ");
34        for(int i = 0; i < ARRAY_SIZE; i++)
35          arr[i] = s.nextInt();
36        System.out.println("최솟값은 " + getMin(arr) + " 입니다.");
37
38        s.close();
39      }
40
41      static int getMin(int a, int b) {
42        return a < b ? a : b;
43      }
44
45      static double getMin(double x, double y) {
46        return x < y ? x : y;
47      }
48
49      static String getMin(String s1, String s2) {
50        return s1.compareTo(s2) < 0 ? s1 : s2;
51      }
52
53      static int getMin(int[] a) {
54        int min = a[0];
55        for(int i = 0; i < a.length; i++)
56          if(a[i] < min)
57            min = a[i];
58        return min;
59      }
60    }
```

11번째 줄의 final 키워드는 int형인 ARRAY_SIZE가 상수명이고 5로 고정됨을 의미한다. 이 상수는 34번째 줄에서 for문의 상한값으로 사용된다. 일반적으로 상수명은 모두 대문자를 사용하고, 변수나 필드명은 소문자로 시작하며, 클래스명은 대문자로 시작하는 것이 관례이다. 12번째 줄은 다음과 같이 참조 변수 s를 선언하고 Scanner 객체를 생성해서 그 참조 값을 s에 배정하는 두 문장을 한 문장으로 명시한 것이다.

```
Scanner s;
s = new Scanner(System.in);
```

8번째 줄의 GetminApp 주 클래스는 10번째 줄의 main 메소드와 네 개의 getMin 메소드들(41, 45, 49, 53번째 줄)로 구성된다. 네 개의 getMin 메소드들과 같이 자바는 두 개 이상의 메소드가 같은 메소드명을 사용하는 것을 허용한다. 이를 자바와 같은 객체지향 언어에서 메소드 오버로딩^{Method Overloading}이라고 한다. static으로 선언된 main 메소드에서 이 메소드들을 호출하려면 이 메소드들도 모두 static으로 선언돼야 한다. static 메소드에 대해서는 3장에서 자세히 다룬다.

메소드 오버로딩은 같은 이름을 갖고 서로 다른 인자 리스트를 갖는 메소드들을 정의하는 것을 말한다. 여기서 인자 리스트가 다르다는 것은 개수가 다르거나 개수가 같다면 형이 하나라도 다른 것을 말한다. 코드에서 네 개의 getMin 메소드들은 최솟값을 구한다는 동일한 의미를 갖기 때문에 같은 메소드명을 붙여주는 것이 자연스럽다. 처음 세 개의 getMin 메소드는 인자가 모두 두 개이지만 형이 다르고, 네 번째 getMin 메소드는 인자가 한 개이므로 네 개의 getMin 메소드의 인자 리스트는 모두 다르다. 18, 24번째 줄처럼 println 메소드의 () 내에서 getMin 메소드를 호출하면 자바 컴파일러는 네 개의 getMin 메소드들 중 인자 리스트가 같은 형의 getMin 메소드를 골라 호출한다. 다음과 같이 반환형만 다르고 인자 리스트가 같은 경우는 오버로딩할 수 없다.

```
double getMin(double n1, double n2) {...}
int getMin(double n1, double n2) {...}
```

16, 17번째 줄에서 Scanner 객체는 사용자가 입력하는 값을 공백('\t', '\n', ' ', '\f')으로 구분되는 입력 항목 단위로 읽는다. 그림 1-43의 첫 줄에서 사용자가 입력한 '43 34' 값은 빈칸으로 끊어서 '43'과 '34'로 읽어 들이기 때문에 두 번 읽게 된다. 18번

째 줄에서 println 메소드의 () 내에서 호출한 getMin 메소드는 네 개의 getMin 메소드들 중 인자 리스트가 같은 41번째 줄의 메소드이며, 이 메소드가 반환한 정수 값이 문자열 객체로 변환된 후 앞뒤 문자열들과 연결돼 출력된다. 42번째 줄에서 사용한 연산인 ?:은 삼항 연산자라고 한다. 세 개의 항을 사용하는 삼항 연산자의 형식은 '조건식 ? 값 또는 연산식 : 값 또는 연산식'의 형식을 가진다. 삼항 연산자는 ? 앞의 조건식의 결과가 true이면 : 앞의 값 또는 연산이 실행되고, false이면 : 뒤의 값 또는 연산이 실행된다. 따라서 a < b 조건식의 결과가 true이면 a의 값이 반환되고, false이면 b의 값이 반환되기 때문에 두 수 중에서 작은 값이 반환된다. 22, 23번째 줄처럼 실수를 읽어 들일 때는 Scanner 객체의 nextDouble 메소드를 호출한다. 26번째 줄에서 String 클래스의 참조 변수 t1과 t2는 명시적으로 null값으로 초기화하지 않아도 null값이 배정된다. 30번째 줄에서 호출한 49번째 줄의 getMin 메소드의 실행은 아래에서 설명한다.

32번째 줄에서 정수형 배열인 arr을 선언하면서 다섯 개의 원소를 모두 1로 초기화한다. 자바의 배열은 선언할 때는 크기를 지정하지 않고 []만을 명시한다. 오른쪽 항의 {} 내에서 다섯 개의 초깃값에 의해 크기가 5임이 결정된다. 자바의 배열은 클래스로부터 생성되는 객체이지만 그 클래스의 실체는 숨겨져 있다. 따라서 배열 객체의 생성은 일반 클래스처럼 new 연산자를 사용하지만 일반 클래스로부터 객체를 생성하는 방법과 조금 다르다. 일반 클래스로부터 객체를 생성하는 과정은 3장에서 자세히 다룬다. 32번째 줄처럼 초기화 문법을 사용하지 않고, 다음과 같이 세 개의 문장으로 배열 객체를 생성한 후 원소들을 초기화시킬 수도 있다.

```
int arr[];
arr = new int[5];
for(int i = 0; i < 5; i++)
  arr[i] = 1;
```

일반 클래스로부터 객체를 생성할 때는 12번째 줄처럼 new 연산자 다음에 그 클래스를 명시하지만 실체가 숨겨진 배열 클래스로부터 배열 객체를 생성할 때는 클래스를 명시하지 않고 대신 배열 원소의 형을 명시한다. 배열 객체의 생성은 그림 1-44와 같이 두 단계로 이뤄진다. 먼저 배열 객체에 대한 참조 변수 arr을 원소의 형만 명시하고 크기는 지정하지 않은 채 선언한다. 배열 객체가 아직 생성되지 않았고 참조 변수 arr만 생성된다. 이후 new 연산자로 배열 객체를 생성할 때 다시 원소의 형을 명시하고 [ ] 내에 크기를 지정한다. new 연산자가 반환하는 참조 값은 arr에 저장된다. 이 책의 클래스와 객체의 표기 방식에서 숨겨져 있는 배열 클래스는 표시하지 않기로 한다. 이어지는 for문으로 배열의 각 원소를 1로 초기화한다. 크기가 작은 기본 데이터형 배열인 경우는 32번째 줄처럼 초기화 문법을 사용하는 것이 편리하다. 초기화 문법으로 배열 객체의 생성과 초기화가 한번에 수행된다. 배열 객체는 크기 5인 정수 배열을 갖고, 크기 5는 배열 객체의 length 필드에 저장된다. 2차원 배열은 '보충 문법'절에서 다룬다.

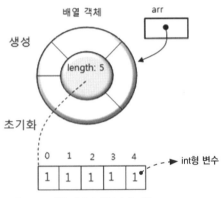

그림 1-44 배열 객체의 생성과 초기화

자바에서 메소드를 호출할 때 기본 데이터형의 값은 18번째 줄이나 24번째 줄처럼 값 전달 호출call-by-value 방식으로 메소드의 인자에 전달되고, 객체는 30번째 줄이나 36번째 줄처럼 참조 전달 호출call-by-reference 방식으로 전달된다. 먼저 값 전달 호출의 경우를 살펴보자. 그림 1-45와 같이 18번째 줄에서 getMin 메소드를 main 메소드에서 호출하면 main 메소드의 지역 변수인 n과 m에 저장된 43과 34의 값은 getMin 메소드의 인자 변수인 a와 b에 복사돼서 넘어간다. 43과 34의 값이 직접 복사돼서 전달되기 때문에 값 전달 호출이라고 한다. getMin 메소드에서 사용하는 인자 변수 a와 b에 대한 메모리 방은 getMin 메소드를 호출할 때 생성되고, getMin 메소드가 종료되면 소멸된다.

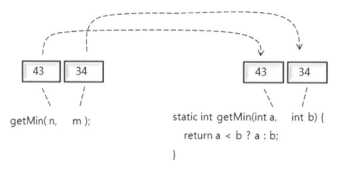

그림 1-45 값 전달 호출

이제 참조 전달 호출의 경우를 살펴보자. 34, 35번째 줄처럼 main 메소드에서 for문으로 다섯 개의 정수를 읽어 arr 변수가 참조하는 배열 객체에 저장한 후 36번째 줄처럼 arr 변수를 인자로 해서 53번째 줄의 getMin 메소드가 그림 1-46과 같이 호출된다. 53번째 줄의 인자 리스트에서도 a 인자에 대한 형은 int[]만 명시할 뿐 배열의 크기는 지정하지 않는다. getMin 메소드의 a 인자 변수에 main 메소드의 arr 참조 변수의 참조 값 xx가 배정돼 넘어간다. 따라서 a는 main 메소드의 배열 객체를 참조하게 된다. 이와 같이 자바에서 메소드 호출 시 객체가 전달되는 경우 객체에 대한 참조 값이 복사돼서 전달되지, 값 호출 전달 방식처럼 객체가 통째로 복사돼 전달되지 않는다. getMin 메소드 내에서는 이 배열 객체의 원소들의 값을 비교해서 최종적으로 최솟값을 반환한다. 54번째 줄에서 배열의 첫 번째 원소 값인 43을 지역 변수 min에 저장하고, 55번째 줄의 for문에서 min 변수의 값을 차례대로 나머지 원소 값들과 비교해서 원소의 값이 더 작은 값이면 min 변수의 값을 그 값으로 갱신한다. 55번째 줄에서 for문의 () 내에서 선언된 정수형 변수 i의 유효 범위는 for문의 블록인 55번째 줄과 57번째 줄 사이이다. 배열 객체는 생성될 때 length 필드에 자신의 크기 값이 배정된다. 따라서 55번째 줄에서 a.length (a가 참조하는 배열 객체의 length 필드)에 저장된 5가 for문의 상한값으로 사용된다. for문이 끝나면 min 변수에는 최솟값이 저장된다. 다섯 개의 정수 중 최솟값이 58번째 줄처럼 반환돼서 36번째 줄에서 출력된다. min 변수나 a 인자 변수는 getMin 메소드가 호출되면 생성되고, 종료되면 소멸된다. 참고로 정수 배열 객체를 반환하는 메소드인 경우 메소드의 반환형은 메소드의 인자형과 같이 int[]로 명시하면 된다.

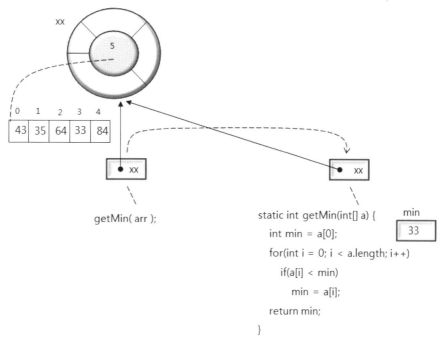

getMin(arr);

```
static int getMin(int[] a) {
    int min = a[0];
    for(int i = 0; i < a.length; i++)
        if(a[i] < min)
            min = a[i];
    return min;
}
```

min

33

그림 1-46 참조 전달 호출

28, 29번째 줄에서 main 메소드의 t1 참조 변수는 입력된 'eum' 문자열 객체를, t2 참조 변수는 입력된 'doo' 문자열 객체를 그림 1-47과 같이 참조한다고 가정하자. 30번째 줄에서 getMin 메소드를 호출하면 getMin 메소드(49번째 줄)의 인자 변수인 s1과 s2는 t1과 t2의 참조 값인 xx와 yy를 참조 전달 방식으로 제공받는다. 따라서 그림과 같이 s1과 t1은 같은 'eum' 문자열 객체를 참조하고, s2와 t2는 같은 'doo' 문자열 객체를 참조하게 된다. 50번째 줄에서 s1.compareTo(s2)는 s1이 참조하는 'eum' 문자열 객체의 compareTo 메소드를 호출하면서 s2가 참조하는 'doo' 문자열 객체의 참조 값을 인자로 제공한다. 역시 참조 전달 방식이 사용된다. String 클래스로부터 생성된 문자열 객체의 compareTo 메소드는 자신과 인자로 제공된 문자열을 사전적으로 비교해서 같으면 0, 자신이 앞에 나오면 음수, 뒤에 나오면 양수를 반환한다. 이 경우 삼항 연산자에서 조건식의 결과는 'eum' 문자열 객체의 compareTo 메소드가 양수를 반환하기 때문에 false가 된다. 결과적으로 50번째 줄은 s2에 저장된 참조 값 yy를 반환한다. 49번째 줄의 getMin 메소드의 반환형은 문자열 객체의 참조 값의 반환을 위해 String 클래스형으로 지정됐다. 30번째

줄에서는 반환된 참조 값을 갖는 'doo' 문자열 객체가 앞뒤 문자열 객체들과 + 연산자로 결합돼서 그림 1-43처럼 '최솟값은 doo입니다.'가 출력된다.

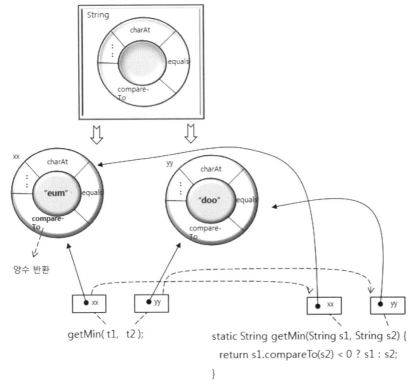

그림 1-47 두 문자열의 비교

자바에서 객체는 기본 데이터형의 값들과 똑같이 취급되기 때문에 메소드의 인자로 전달될 수도 있고, 변수에 배정될 수도 있고, 메소드의 반환값이 될 수도 있다. 그러나 내부적으로 객체에 대해서는 객체의 참조 값이 참조 전달 방식으로 인자에 전달되고 객체의 참조 값이 참조 변수에 저장되며 객체의 참조 값이 메소드의 반환값으로 사용된다.

1.2.3 응용 과제 3
[필드와 변수의 유효 범위]

응용 과제 2를 발전시킨다. 그림 1-48과 같이 다섯 명의 국어와 수학 성적을 입력받아 국어와 수학의 최고점, 최저점, 총점, 평균을 구해 출력한다.

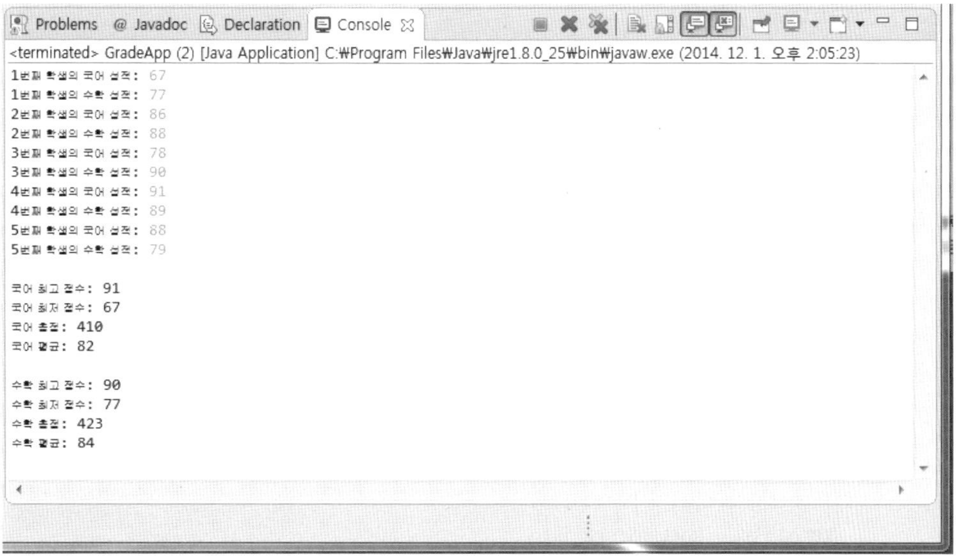

그림 1-48 최고점, 최저점, 총점, 평균 구하기

프로젝트명은 HelloApp3로 하고 GradeApp.java 소스 파일을 생성한다. Grade App.java 파일에 리스트 1-4의 코드를 입력하고 실행시킨다.

리스트 1-4 HelloApp3 프로젝트의 GradeApp.java

```
01  //===========================================================
02  // Grade Application in Java
03  // 5명의 국어와 수학 점수 입력,  각 과목의 최고점, 최저점, 총점, 평균 구함
04  //===========================================================
05
06  import java.util.Scanner;
07
08  public class GradeApp {
09    final static int COUNT = 5;
10    static String course;
11
12    public static void main(String[] args) {
13      // final int COUNT = 5;
14      int koreanMax = 0;
15      int koreanMin = 100;
16      int mathMax = 0;
17      int mathMin = 100;
18      int koreanSum = 0;
```

```java
19      int mathSum = 0;
20      int koreanScore[] = {-1, -1, -1, -1, -1};
21      int mathScore[] = {-1, -1, -1, -1, -1};
22      Scanner scan = new Scanner(System.in);
23
24      for(int i = 0; i < COUNT;  i++) {
25        System.out.print((i+1) + "번째 학생의 국어 성적 ");
26        koreanScore[i] = scan.nextInt();
27        System.out.print((i+1) + "번째 학생의 수학 성적 ");
28        mathScore[i] = scan.nextInt();
29      }
30      scan.close();
31
32      for(int i = 0; i < COUNT; i++) {
33        if(koreanScore[i] > koreanMax)
34          koreanMax = koreanScore[i];
35        if(koreanScore[i] < koreanMin)
36          koreanMin = koreanScore[i];
37        koreanSum = koreanSum + koreanScore[i];
38      }
39
40      for(int i = 0; i < COUNT; i++) {
41        if(mathScore[i] > mathMax)
42          mathMax = mathScore[i];
43        if(mathScore[i] < mathMin)
44          mathMin = mathScore[i];
45        mathSum = mathSum + mathScore[i];
46      }
47
48      course = "국어";
49      printScore(course, koreanMax, koreanMin, koreanSum);
50      course = "수학";
51      printScore(course, mathMax, mathMin, mathSum);
52    }
53
54    static void printScore(String c, int max, int min, int sum) {
55      System.out.println();
56      System.out.println(c + " 최고 점수 " + max);
57      System.out.println(c + " 최저 점수 " + min);
58      System.out.println(c + " 총점 " + sum);
59      System.out.println(c + " 평균 " + sum/COUNT);
```

```
60      }
61    }
```

자바 클래스의 멤버는 필드와 메소드다. GradeApp 클래스는 9, 10번째 줄의 COUNT 와 course 필드, 12, 54번째 줄의 main과 printScore 메소드로 구성된다. COUNT 필드는 final 키워드로 상수 필드로 선언된다. main과 printScore 메소드가 static 메소드이기 때문에 이 메소드에서 사용하는 필드들도 static으로 선언돼야 한다. static 필드와 메소드는 3장에서 자세히 다룬다. 필드나 변수의 유효 범위란 프로그램 내에서 정의된 필드나 변수에 접근할 수 있는 범위를 말한다. GradeApp 클래스의 필드로 선언된 COUNT와 course는 그 유효 범위가 GradeApp 클래스 내이기 때문에 main 메소드 내에서 사용되고 printScore 메소드 내에서도 59번째 줄처럼 사용될 수 있다. 하지만 13번째 줄에서 주석 처리된 문장처럼 COUNT 상수가 main 메소드의 지역 상수로 선언되면 main 메소드 블록을 벗어난 printScore 메소드에서는 사용할 수 없다. main 메소드 블록이란 12번째 줄의 {로 시작해서 이와 짝이 되는 52번째 줄의 }까지의 바디를 의미한다.

14~21번째 줄에서 선언된 main 메소드의 지역 변수들은 49, 51번째 줄처럼 그 값들이 인자로 printScore 메소드에 전달돼 사용된다. 24~29번째 줄은 Scanner 객체를 사용해서 점수를 koreanScore가 참조하는 배열과 mathScore가 참조하는 배열에 입력받는 것이고, 32~38번째 줄과 40~46번째 줄은 각각 국어와 수학 성적의 최고점, 최저점, 총점을 구하는 블록이다. 일단 14번째 줄에서 국어의 최고점을 저장할 koreanMax 변수를 0으로 초기화하고, 15번째 줄에서는 국어의 최저점을 저장할 koreanMin 변수를 100으로 초기화한 다음 18번째 줄에서 국어의 총점을 저장할 koreanSum 변수를 0으로 초기화한다. 32번째 줄의 for문에서 koreanMax 변수의 값을 차례대로 koreanScore가 참조하는 배열의 원소 값들과 비교해서 원소의 값이 더 크면 koreanMax 변수의 값을 그 값으로 갱신한다. 또한 koreanMin 변수의 값을 차례대로 koreanScore가 참조하는 배열의 원소 값들과 비교해서 원소의 값이 더 작으면 koreanMin 변수의 값은 그 값으로 갱신한다. 37번째 줄에서는 국어 점수를 koreanSum 변수에 누적시킨다. for문이 종료되면 국어의 최고점은 koreanMax 변수에, 최저점은 koreanMin 변수에, 총점은 koreanSum 변수에 각각 저장된다.

49, 51, 54번째 줄에서 course가 참조하는 String 객체는 참조 전달 호출 방식으로 객체의 참조 값이 c 인자 변수에 전달되고, 기본 데이터형인 koreanMax, koreanMin, koreanSum 등은 값 전달 호출 방식으로 그 값이 max, min, sum 인자 변수에 전달된다. c, max, min, sum 인자 변수들의 유효 범위는 printScore 메소드 내이다. 55번째 줄은 한 줄 띄워서 출력하기 위함이고, 나머지 문장들은 최고점, 최저점, 총점, 평균을 출력한다. 평균은 59번째 줄처럼 총점을 COUNT 상수 필드로 나눠서 구한다.

자바에서는 모든 변수와 함수가 클래스 내에 정의돼야 하기 때문에 main 메소드를 포함하는 주 클래스를 하나 정의하고, 이 클래스 내에서 필요한 필드와 메소드들을 작성해 나가면 C 프로그램 스타일로 프로그램을 작성할 수 있다. C 프로그램의 전역 상수와 변수는 클래스의 상수 필드나 필드로 선언해서 사용하면 된다. 그러나 C 언어에는 없는 접근자와 static 키워드에 대한 이해는 필요하다.

1.2.4 응용 과제 4
[문자열 배열, main 메소드의 인자, 래퍼 클래스]

실습 과제를 발전시킨다. 그림 1-49와 같이 프로그램의 실행과 함께 main 메소드에 제공된 세 정수의 합을 콘솔 윈도우에 출력한다.

그림 1-49 main 메소드의 인자를 이용한 출력

프로젝트명은 HelloApp4로 하고 ArgsApp.java 소스 파일을 생성한다. ArgsApp. java 파일에 리스트 1-5의 코드를 입력하고 실행시킨다.

리스트 1-5 HelloApp4 프로젝트의 ArgsApp.java

```
01  //============================================================
02  // Simple Hello Application in Java
03  // 정수들을 main의 인자로 전달받아 합을 구함
04  //============================================================
05
```

```
06  public class ArgsApp {
07
08    public static void main(String[] args) {
09      int sum = 0;
10
11      for(int i = 0; i < args.length; i++)
12        sum = sum + Integer.parseInt(args[i]);
13
14      System.out.println("합: " + sum);
15    }
16  }
```

그림 1-50은 명령 창에서 ArgsApp 응용프로그램을 java ArgsApp 54 44 64 명령어로 실행시키는 것을 보여준다. 54, 44, 64는 자바 가상 기계에 의해 프로그램 실행의 진입점인 main 메소드의 인자로 전달된다.

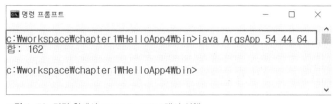

그림 1-50 명령 창에서 ArgsApp 프로그램의 실행

프로그램의 실행과 함께 main 메소드에 인자로 전달되는 54, 44, 64를 명령행 인자 Command Line Argument 라고 한다.

이클립스에서는 메뉴의 Run ➤ Run Configurations 항목을 선택해 표시되는 그림 1-51의 윈도우에서 Main 탭을 클릭한다. Project 필드에 HelloApp4라고 입력하고 Main class 필드에는 HelloApp4 프로젝트의 주 클래스인 ArgsApp을 입력한다. 이어서 Arguments 탭을 클릭한다. Program arguments 필드에 54 44 64를 입력하고 Apply 버튼을 클릭한 후 Run 버튼을 클릭한다.

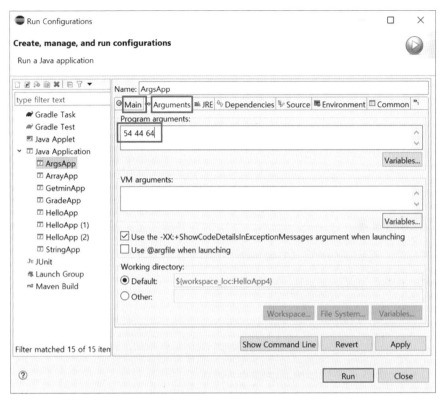

그림 1-51 이클립스에서 ArgsApp 프로그램의 실행

　자바 가상 기계에 의해 프로그램이 시작되기 전에 세 개의 명령행 인자들은 그림 1-52와 같이 모두 하나의 문자열 배열에 저장된다. 8번째 줄에서 main 메소드의 args 인자는 이 문자열 배열의 참조 값을 넘겨받는다.

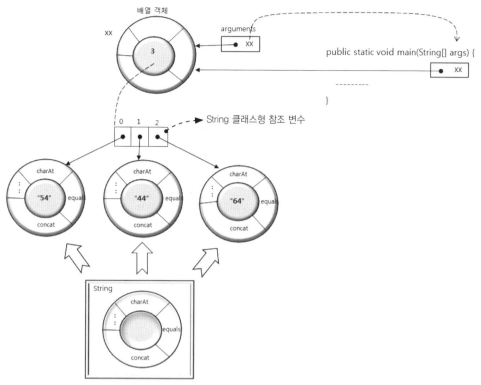

그림 1-52 main 메소드의 args 인자

 args 인자가 참조하는 배열은 int와 같은 기본 데이터형의 값을 저장하는 배열이 아니라 String 클래스형의 객체를 저장하는 배열이다. 정확하게는 String 클래스형의 객체의 참조 값을 저장하는 배열이다. 배열 내의 원소가 모두 int형 변수인 그림 1-44의 정수 배열과 비교해서 문자열 배열 내의 원소는 모두 문자열 객체를 String 클래스형을 참조하는 참조 변수이다. 그림 1-44의 정수 배열은 다음과 같은 과정을 거쳐 생성되고 모두 1로 초기화된다.

```
int arr[];
arr = new int[3];
for(int i = 0; i < 5; i++)
  arr[i] = 1;
```

main 메소드에 인자로 전달되는 문자열 배열은 자바 가상 기계가 다음과 같은 과정을 거쳐 생성하고 초기화한다.

```
String arguments[];
arguments = new String[3];
arguments[0] = "54";
arguments[1] = "44";
arguments[2] = "64";
```

문자열 배열 객체의 생성은 두 단계로 이뤄진다. 먼저 배열에 대한 참조 변수 arguments를 String 클래스형만 명시하고 크기는 지정하지 않은 채 선언한다. 배열 객체가 아직 생성되지 않았고 참조 변수만 생성된다. 이후 new 연산자로 배열 객체를 생성할 때 다시 String 클래스형을 명시하고 [] 내에 크기를 지정한다. 그림 1-52에서 new 연산자가 반환하는 참조 값 xx는 arguments에 저장된다. 세 개의 배열 원소를 '54', '44', '64' 리터럴 문자열 객체의 참조 값으로 초기화한다. 자바 가상 기계가 main 메소드를 호출할 때 참조 전달 호출 방식으로 xx의 값이 args 인자로 전달돼 args 인자도 이 배열 객체를 참조한다.

11번째 줄의 for문에서 사용한 args.length의 표현은 args가 참조하는 배열의 length 필드에 저장된 값의 의미로 3이 된다. 따라서 for문은 명령행 인자의 개수만큼 반복된다. 12번째 줄에서 사용한 Integer.parseInt(args[i])는 Integer 클래스의 parseInt 메소드를 호출해서 args 배열의 각 문자열을 정수로 변환한다. 자바가 제공하는 Integer 클래스를 래퍼 클래스^{Wrapper Class}라고 한다. int형, double형 등의 기본 데이터형은 클래스가 아니다. 따라서 5, 7.6 등의 기본 데이터형의 값도 객체가 아니다. 기본 데이터형의 값을 객체화시켜 사용할 수 있도록 해주는 클래스가 래퍼 클래스다. 부엌에서 음식물을 보관할 때 씌우는 랩을 생각하면 이해가 쉽다. 기본 데이터형의 값에 객체화 랩을 씌워 사용한다는 의미로 래퍼 클래스란 이름을 붙였다. 자바는 여덟 개 기본 데이터형에 대한 여덟 개 래퍼 클래스를 제공한다. 래퍼 클래스는 3장의 '보충 문법'절에서 자세하게 다룬다. Integer 클래스의 parseInt 메소드를 객체 생성 없이 클래스명만으로 호출하는 것으로 봐 parseInt는 main 메소드처럼 static 메소드라고 추정할 수 있다. static 메소드는 3장에서 자세히 다룬다.

11, 12번째 줄은 다음과 같이 자바의 개선된 for문 스타일로도 표현이 가능하다. 이 for문에서 () 내의 의미는 args가 참조하는 배열의 각 원소 s로 해석하면 된다. s 앞에는 s의 형을 명시하면 되는데 여기서는 String 클래스형이다.

```
for(String s : args)
  sum = sum + Integer.parseInt(s);
```

개선된 for문을 사용할 때 주의할 점은 for문의 바디가 배열의 원소 개수만큼 무조건 반복된다는 것이다. 배열의 크기가 10인데 현재 다섯 개까지만 객체가 채워져 있고 나머지 원소는 null값으로 채워져 있다면 나머지 원소에 대해 객체가 존재하지 않는데 for문의 바디에서 메소드를 호출하는 결과를 가져와 오류가 발생된다. 따라서 개선된 for문은 꽉 채워져 있는 배열을 다룰 때만 사용한다.

1.3 | 보충 문법

이 절에서는 String 클래스를 자세히 살펴보고, 응용 과제 2와 4에서 다룬 1차원 배열에 이어서 2차원 배열을 설명한다. 배열과 함께 많이 사용되는 자바의 열거형$^{\text{Enumeration Type}}$도 소개한다.

1.3.1 String 클래스

String 클래스를 정식으로 설명하려면 3장에서 다룰 클래스의 개념과 세부 설명이 필요하다. 여기서는 String 클래스를 문자열 소프트웨어 부품을 생성하는 부품 원판의 입장에서 사용에 초점을 맞춰 설명하기로 한다. String 클래스로부터 문자열 객체를 생성하는 방법에는 다음 두 가지가 많이 사용된다.

```
String myName = "Doohun Eum";
String yourName = new String("Youngmi Kim");
```

첫 번째 방법은 문자열 리터럴(문자열 상수)로 문자열 객체를 생성하는 것이고, 두 번째 방법은 new 연산자로 String 클래스로부터 객체를 생성할 때 원하는 문자열을 인자로 제공하는 것이다.

String 클래스의 주요 메소드는 표 1-3과 같다.

표 1-3 String 클래스의 주요 메소드

메소드	설명
char charAt(int index)	지정된 index에 있는 문자를 반환
String concat(String str)	현 문자열과 str이 참조하는 문자열을 연결한 새로운 문자열을 생성해서 그 참조 값을 반환
int length()	문자열의 길이를 반환
int compareTo(String str)	현 문자열과 str이 참조하는 문자열을 사전적 순서로 비교해서 같으면 0, 사전적으로 앞에 나오면 음수, 뒤에 나오면 양수를 반환
String substring(int beginIndex)	지정된 beginIndex부터 시작하는 문자열을 생성해서 그 참조 값을 반환
String substring(int start, int end)	지정된 start부터 end-1까지의 문자열을 생성해서 그 참조 값을 반환
String replace(char old, char new)	old 문자를 new 문자로 대체한 문자열을 생성해서 그 참조 값을 반환
String toLowerCase()	현 문자열을 모두 소문자로 변경한 문자열을 생성해서 그 참조 값을 반환
String toUpperCase()	현 문자열을 모두 대문자로 변경한 문자열을 생성해서 그 참조 값을 반환
int indexOf(int ch)	현 문자열에서 ch 문자가 나타나는 처음 인덱스를 반환
boolean equals(Object obj)	현 문자열과 obj가 참조하는 문자열을 비교해서 같으면 true, 다르면 false를 반환
String trim()	앞뒤의 공백 문자들을 제거한 문자열을 생성해서 그 참조 값을 반환

concat, substring, replace, toLowerCase, toUpperCase 등의 문자열을 반환하는 메소드들은 현 문자열에서 새로운 문자열을 생성해서 그 참조 값을 반환하며 현 문자열은 수정되지 않는다. 사실상 문자열 객체는 한 번 생성되면 다시 그 내용을 수정할 수 없다. 두 개의 substring 메소드는 메소드명과 반환형은 같지만 인자의 개수가 다르기 때문에 두 메소드가 오버로딩된 것이다.

리스트 1-6의 코드는 String 클래스의 여러 메소드들을 활용해 보는 예제이고, 그림 1-53은 이 코드의 실행 결과다.

리스트 1-6 HelloAdd1 프로젝트의 StringApp.java

```
01  //===========================================================
02  // String class Example
03  //===========================================================
04
```

```
05 public class StringApp {
06   public static void main(String[] args) {
07     String snum = "20151234";
08     String sname = new String("임양미");
09     String dept = "디지털미디어학과";
10     String hobby = new String("reading");
11
12     String snumSname = snum.concat(sname);
13     System.out.println(snumSname);
14     System.out.println(snum.compareTo("20151234"));
15     System.out.println(snum.compareTo("20153333"));
16     System.out.println(sname.replace('임', '강'));
17     System.out.println(sname);
18     System.out.println(dept.substring(0, 6));
19     System.out.println(dept.substring(6));
20     System.out.println(dept.length());
21     System.out.println(hobby.indexOf('a'));
22     System.out.println(hobby.concat(" books"));
23     System.out.println(hobby.toUpperCase());
24     System.out.println(dept.equals("디지털미디어학과"));
25     sname = snumSname;
26     System.out.println(sname);
27   }
28 }
```

그림 1-53 문자열 조작

그림 1-54는 12번째 줄에서 String 클래스의 concat 메소드가 수행하는 작업을 보여준 것이다.

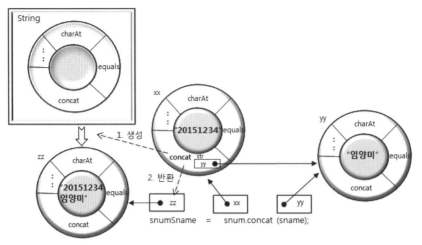

그림 1-54 String 클래스의 concat 메소드

그림에서 '20151234' 문자열 객체는 7번째 줄에서 생성돼 그 참조 값 xx가 참조 변수 snum에 저장된다. '임양미' 문자열 객체는 8번째 줄에서 생성돼 그 참조 값 yy가 참조 변수 sname에 저장된다. 객체는 참조 전달 호출 방식으로 메소드에 전달된다. 따라서 12번째 줄의 배정문에서 오른쪽 항에 의해 snum이 참조하는 객체에게 concat 메소드를 호출하면서 sname에 저장된 yy값이 인자로 전달된다. 이 값은 concat 메소드의 str 인자 변수에 전달되고, str 인자 변수는 sname 참조 변수와 같이 '임양미' 문자열 객체를 참조한다.

snum 변수가 참조하는 '20151234' 문자열 객체의 concat 메소드는 자기 자신과 str이 참조하는 '임양미' 문자열 객체를 이어 붙인 '20151234임양미' 문자열 객체를 그림의 1번과 같이 String 클래스로부터 생성한다. concat 메소드는 생성된 새로운 문자열 객체의 참조 값 zz를 그림의 2번과 같이 반환하고, 이 참조 값은 배정문에 의해 snumSname 참조 변수에 저장된다. 따라서 snumSname 참조 변수는 새로운 문자열 객체를 참조하게 된다. 12번째 줄의 문장이 실행된 후 snum과 sname 변수가 참조하는 문자열 객체들에는 변화가 없고 두 문자열을 이어 붙인 새로운 문자열 객체는 snumSname 변수가 참조한다. 13번째 줄에서 이 문자열을 출력하면 그림 1-53의 첫 번째 줄의 결과를 얻는다.

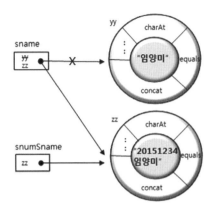

그림 1-55 참조 변수의 배정

16, 17번째 줄에서 알 수 있듯이 16번째 줄의 replace 메소드는 '임양미' 문자열을 '강양미' 문자열로 수정하는 것이 아니라 '임양미' 문자열은 그대로 놔두고 '강양미' 문자열 객체를 새로 생성해서 반환한다. 25번째 줄의 배정문에 의해 그림 1-55와 같이 sname 참조 변수의 값이 yy에서 zz로 변경된다. 따라서 sname 변수가 참조하는 객체가 변경돼 sname과 snumSname 참조 변수가 같은 문자열 객체를 참조한다.

나머지 문장들은 표 1-3을 참조해서 결과를 확인한다.

1.3.2 2차원 배열

자바는 다차원 배열을 지원한다. 1차원 배열은 이미 응용 과제 2와 4에서 다뤘다. 일반적으로 3차원 배열 이상은 잘 사용하지 않기 때문에 이 절에서는 2차원 배열을 설명하기로 한다. 2차원 배열도 1차원 배열처럼 참조 변수의 선언과 객체 생성의 두 단계로 이뤄진다. 정수 배열인 경우 참조 변수의 선언은 다음과 같이 두 가지 형태가 가능하다. 참조 변수의 선언에서 배열의 크기는 지정하지 않는다.

```
int intArray[][];
int[][] intArray;
```

2행 5열의 정수 배열 객체는 다음과 같이 크기를 지정해서 생성한다.

```
intArray = new int[2][5];
```

이 두 단계는 다음과 같이 한 문장으로 표현할 수 있다.

```
int intArray[][] = new int[2][5];
int[][] intArray = new int[2][5];
```

다음과 같이 초기화 문법을 사용하면 2차원 배열 객체의 생성과 초기화를 한번에 할 수도 있다.

```
int intArray[][] = {{0, 1, 2, 3, 4}, {5, 6, 7, 8, 9}};
int[][] intArray = {{0, 1, 2, 3, 4}, {5, 6, 7, 8, 9}};
```

그림 1-56은 이 책의 표기 방식으로 이 배열 객체를 보여준 것이다.

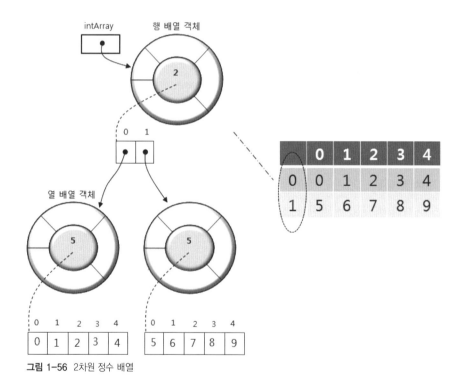

그림 1-56 2차원 정수 배열

2차원 배열에서 첫 번째 []는 행을 나타내고, 두 번째 []는 열을 나타낸다. 그림에서 행 배열 객체의 원소는 열 배열 객체에 대한 참조 변수로 생성된다. 따라서 intArray. length는 2이고, intArray[0].length와 intArray[1].length는 각각 5다.

리스트 1-7의 코드는 2차원 배열을 활용해서 네 명 학생의 국어, 영어, 수학 점수를 처리한 예이고, 그림 1-57은 그 출력 결과다.

리스트 1-7 HelloAdd2 프로젝트의 ArrayApp.java

```
01  //============================================================
02  // 2차원 배열 Example
03  //============================================================
04
05  public class ArrayApp {
06
07      public static void main(String[] args) {
08          int scoreArray[][] = {{87, 90, 78},    // 첫 번째 학생의 국어,영어,수학 점수
09                                {90, 88, 80},    // 두 번째 학생의 국어,영어,수학 점수
10                                {95, 88, 85},    // 세 번째 학생의 국어,영어,수학 점수
11                                {77, 89, 93}};   // 네 번째 학생의 국어,영어,수학 점수
12
13          for(int i = 0; i < scoreArray.length; i++) {
14              double total = 0;
15              for(int j = 0; j < scoreArray[i].length; j++)
16                  total = total + scoreArray[i][j];
17              System.out.println((i+1) + "번째 학생의 총점: " + total);
18              System.out.println((i+1) + "번째 학생의 평균: " + total/scoreArray[i].length);
19          }
20      }
21  }
```

그림 1-57 2차원 배열의 활용

8~11번째 줄은 초기화 문법으로 2차원 배열 객체를 생성하고 네 명의 국어, 영어, 수학 점수로 초기화한다. 행은 네 명의 학생을 나타내고, 열은 국어, 영어, 수학 점수를 나타내기 때문에 4행 3열의 배열 객체가 생성된다. 13번째 줄에서 for문의 상한값은

scoreArray.length의 값인 4이고, 15번째 줄의 내포된 for문의 상한값은 scoreArray[i].length이기 때문에 3이다. 14번째 줄의 **total** 변수에는 각 학생의 국어, 영어, 수학 점수가 누적돼 17번째 줄처럼 출력되고 18번째 줄은 평균 점수를 출력한다.

1.3.3 열거형

봄, 여름, 가을, 겨울이나 월, 화, 수, 목, 금, 토, 일과 같이 몇 개로 한정된 데이터를 다룰 경우가 많다. 이와 같이 한정된 값만을 갖는 데이터형을 열거형$^{Enumeration\ Type}$이라고 하고, 봄, 여름, 가을, 겨울과 같은 값을 열거 상수$^{Enumeration\ Constant}$라고 한다. 열거형은 배열과 같이 클래스형이기 때문에 대문자로 시작하고, 열거 상수는 관례적으로 모두 대문자로 지정한다. 리스트 1-8의 코드는 계절 열거형을 활용한 예이고, 그림 1-58은 그 실행결과다.

리스트 1-8 HelloAdd3 프로젝트의 EnumApp.java

```
01  //=========================================================
02  // 열거형 example
03  //=========================================================
04
05  enum Season {SPRING, SUMMER, FALL, WINTER}
06
07  public class EnumApp {
08
09      public static void main(String[] args) {
10          Season aSeason = null;
11          aSeason = Season.WINTER;
12          Season theSeason = Season.SUMMER;
13
14          String seasonName = aSeason.name();
15          System.out.println(seasonName);
16
17          int diff = aSeason.compareTo(theSeason);
18          System.out.println(diff);
19          System.out.println(theSeason.compareTo(aSeason));
20
21          int ordinal = theSeason.ordinal();
22          System.out.println(ordinal);
23      }
24  }
```

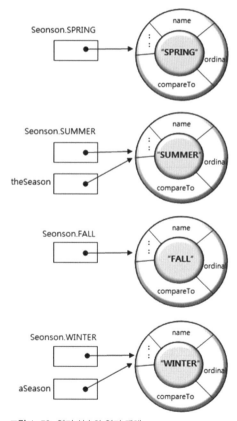

그림 1-58 열거형의 활용

5번째 줄에서 enum 키워드로 Season 열거형을 선언하고 {} 내에 열거 상수인 SPRING, SUMMER, FALL, WINTER를 선언하면 그림 1-59와 같이 열거 객체들이 생성되고 각 열거 상수는 해당 객체를 참조한다. 열거 상수도 상수이기 때문에 한 번 설정된 참조 값은 변경할 수 없다. 열거 상수는 단독으로 사용할 수 없고 Season.SPRING과 같이 열거형명.열거 상수명과 같이 사용한다. 열거 객체들은 필드 값으로 열거 상수의 문자열을 가진다.

그림 1-59 열거 상수와 열거 객체

10번째 줄에서는 Season 열거형 참조 변수 aSeason을 선언하고 null값으로 초기화한다. 11번째 줄에서는 aSeason 변수에 Season.WINTER 열거 상수의 참조 값을 배정함으로써 그림 1-59와 같이 aSeason 참조 변수와 Season.WINTER 열거 상수는 같은 열거 객체를 참조한다. 12번째 줄처럼 theSeason 참조 변수를 선언하면서 Season.SUMMER 열거 상수의 참조 값으로 초기화하면 theSeason 변수와 Season.SUMMER 열거 상수는 같은 객체를 참조한다.

14번째 줄에서 aSeason이 참조하는 열거 객체에게 name 메소드를 호출하면 이 객체는 자신의 필드 값인 WINTER 문자열을 담은 문자열 객체의 참조 값을 반환한다. 이 참조 값은 seasonName 변수에 저장된다. 15번째 줄처럼 문자열 객체를 출력하면 그림 1-58의 첫 번째 줄처럼 WINTER 문자열이 출력된다.

17번째 줄처럼 aSeason이 참조하는 열거 객체에게 compareTo 메소드를 호출하면서 theSeason의 값을 인자로 제공하면 두 열거 객체의 순번 차이 값을 반환한다. 5번째 줄에서 열거형을 정의할 때 열거 상수의 순번은 0, 1, 2, 3으로 매겨지고 Season.WINTER로부터 Season.SUMMER의 순번은 2 차이가 있기 때문에 2가 반환된다. 19번째 줄처럼 거꾸로 비교하면 -2가 반환된다. 21, 22번째 줄에서 theSeason이 참조하는 열거 객체에게 ordinal 메소드를 호출하면 순번이 1이기 때문에 1이 반환돼 출력된다.

1. 응용 과제 1을 발전시킨다. 그림 1-60과 같이 원의 반지름을 실수로 입력받아 면적을 계산하고 출력한다.

그림 1-60 원의 면적 구하기

2. 응용 과제 1을 발전시킨다. 그림 1-61과 같이 콘솔 윈도우에서 두 실수를 입력받고 +, -, *, / 연산 중 원하는 연산의 번호를 입력받아 그 연산의 결괏값을 출력한다.

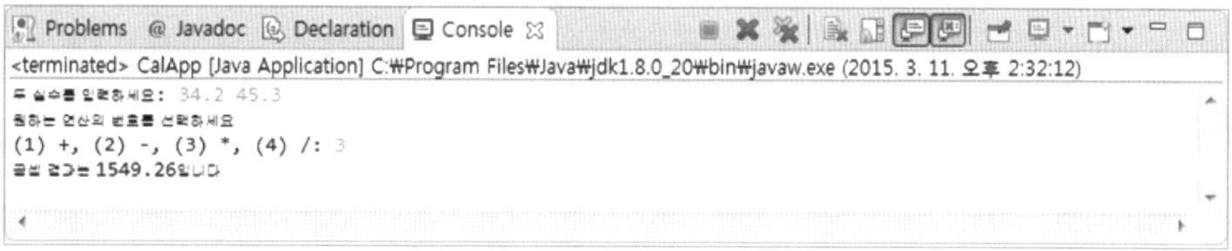

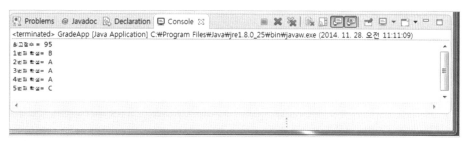

그림 1-61 +, -, *, / 연산

3. 응용 과제 2를 발전시킨다. 다섯 명 학생의 점수 83점, 90점, 95점, 88점, 72점에 대해 그림 1-62와 같이 최고점과 각 학생의 학점을 출력한다. 학점은 90점 이상은 A, 80점 이상은 B, 70점 이상은 C 등으로 한다.

그림 1-62 최고점과 학점 구하기

4. 응용 과제 3을 발전시킨다. 그림 1-63과 같이 학생 수를 입력받아 학생 수 크기의 정수 배열을 생성한다. 학생 수만큼 점수를 입력받아 배열에 저장한다. 저장된 배열로부터 점수의 합과 평균을 구하고 각 점수에 대해 평균 이상이면 pass!, 미만이면 fail!이라는 문자열을 출력한다.

그림 1-63 평균을 기준으로 점수와 pass 또는 fail 출력

> **힌트** 다음과 같이 Scanner 객체를 이용해서 배열의 크기를 입력받고 그 크기의 정수 배열을 생성한다.
>
> ```
> int size = s.nextInt();
> int score[] = new int[size];
> ```

5. 응용 과제 3을 발전시킨다. 다섯 명 학생의 국어와 수학 점수를 입력받아 그림 1-64와 같이 국어와 수학의 최고점, 최저점, 총점, 평균과 함께 각 학생의 석차를 출력한다.

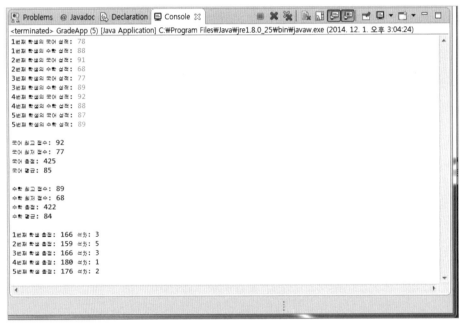

그림 1-64 점수 통계 구하기

> **힌트** 다음과 같이 석차를 나타내는 정수형 배열을 생성해서 활용한다. 초깃값은 모두 1등을 나타내는 1로 초기화하고 내포된 for문으로 각 학생의 석차를 결정한다.
>
> ```
> int rank[] = {1, 1, 1, 1, 1};
> ```

6. 응용 과제 4를 발전시킨다. 다섯 개의 실수를 main 메소드의 인자로 전달받아 그 합과 평균을 그림 1-65와 같이 구한다.

그림 1-65 main 메소드의 인자로 제공된 다섯 개 실수의 합과 평균 구하기

7. 응용 과제 3과 응용 과제 4를 발전시킨다. 학생 수를 입력받아 그 크기의 학생 이름과 점수 배열을 생성한다. 그림 1-66과 같이 학생 수만큼 콘솔 윈도우에서 이름과 점수를 입력받아 점수의 평균을 구하고 각 학생의 점수가 평균 이상이면 이름과 함께 pass! 문자열을, 평균 미만이면 이름과 함께 fail! 문자열을 출력한다.

그림 1-66 평균을 기준으로 각 학생의 pass와 fail 가리기

2장
Pen 응용프로그램

1장의 실습 과제에서 작성한 Hello 응용프로그램은 간단하지만 전형적인 텍스트 기반 프로그램의 예다. 모든 입출력이 콘솔 윈도우에서 텍스트 기반으로 이뤄진다. 반면에 윈도우, 리눅스상의 X-윈도우, 맥OS 등의 시각 사용자 인터페이스^{GUI, Graphical User Interface} 환경에서 윈도우 기반으로 실행되는 프로그램은 텍스트 기반의 프로그램에 비해 윈도우, 메뉴, 버튼 등의 시각적인 GUI 요소들이 추가돼 매우 다르고 복잡하게 구현된다. 윈도우 운영체제인 경우 우리에게 익숙한 흔글, 익스플로러, 메신저 등 거의 모든 응용프로그램들이 윈도우 기반으로 실행된다. 1장에서 작성한 텍스트 기반의 Hello 응용프로그램은 8줄짜리인 반면에 윈도우를 생성하고 그 윈도우에 Hello 문자열을 출력하는 C 응용프로그램은 60줄 이상으로 작성된다.

응용 프레임워크^{Application Framework} 또는 소프트웨어 프레임워크라고 불리는 클래스 라이브러리가 이와 같이 추가되는 복잡성을 간략화시킬 수 있다. 응용 프레임워크는 응용프로그램이 필요로 하는 GUI 요소의 초기화, 윈도우 생성과 출력 등의 굵직한 작업을 대신해 주는 기본적인 서비스를 클래스 형태로 제공한다. 응용 프레임워크는 프레임워크(뼈대 작업)라는 단어가 의미하듯이 응용프로그램이 갖춰야 할 뼈대를 제공하며, 응용프로그램은 응용 프레임워크로부터 뼈대를 받고 여기에 필요한 살을 자신에게 맞게 추가 제공해서 완성된다.

그림 2-1에서 보면 윈도우 API^{Application Programming Interface} 응용프로그램들은 주로 C 언어로 작성되며 윈도우 운영체제가 제공하는 함수 라이브러리를 이용한다. 윈도우 운영체제가 제공하는 윈도우 API는 함수 레벨의 API이며 윈도우 운영체제와 연계되는 응용

프로그램의 구동 원리를 잘 이해해야 작성이 가능하다. 윈도우 기반의 Hello 응용프로그램을 작성하려면 C 언어로 60줄 이상의 복잡한 코딩이 필요하다. 반면에 윈도우 기반의 자바 응용프로그램은 윈도우 운영체제가 제공하는 함수 API를 클래스들로 모델링(표현)해 구축한 자바 API상에서 구현된다. 자바가 제공하는 API는 클래스 레벨의 API이다. 1장에서 자바 API는 연관된 클래스들을 패키지라는 단위로 묶은 클래스 라이브러리라고 했다. 자바 API 중 java.awt 패키지는 윈도우 기반 응용프로그램의 작성에 뼈대를 제공하는 응용 프레임워크이고, java.net 패키지는 네트워크 응용프로그램의 작성에 뼈대를 제공하는 응용 프레임워크이다. java.awt 패키지를 활용하면 객체지향 환경에서 윈도우 기반의 Hello 응용프로그램을 15줄 이내로 쉽게 작성할 수 있다. 맥OS에서도 맥용 자바 가상 기계와 자바 API가 같은 원리로 적용되기 때문에 비슷하다.

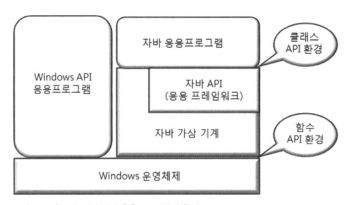

그림 2-1 윈도우 기반 자바 응용프로그래밍 환경

2장에서는 java.awt 패키지를 사용해서 윈도우에 마우스로 선을 그리는 윈도우 기반 자바 응용프로그램을 작성한다. 윈도우 기반 응용프로그램에 뼈대를 제공하는 java.awt 응용 프레임워크의 동작 원리를 이해하고 활용하려면 객체지향 프로그래밍에 대한 보다 깊은 이해가 필요하다. 우리는 이 동작 원리를 5장에서 다룬다. 따라서 4장까지는 그림 2-2의 윈도우 기반 자바 응용프로그램의 기본 코드 틀을 그대로 받아들여 시각적인 실습을 진행하기로 하자. 이 기본 코드 틀은 java.awt 패키지로부터 뼈대를 받는 코드 틀이다.

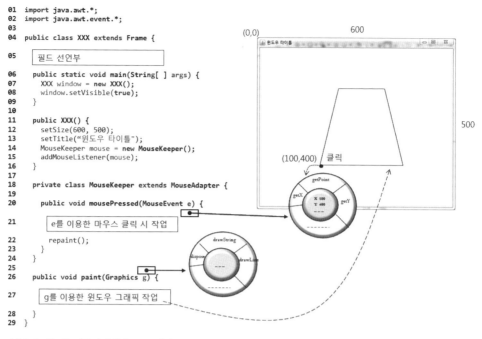

```
01  import java.awt.*;
02  import java.awt.event.*;
03
04  public class XXX extends Frame {
05      필드 선언부
06      public static void main(String[ ] args) {
07          XXX window = new XXX();
08          window.setVisible(true);
09      }
10
11      public XXX() {
12          setSize(600, 500);
13          setTitle("윈도우 타이틀");
14          MouseKeeper mouse = new MouseKeeper();
15          addMouseListener(mouse);
16      }
17
18      private class MouseKeeper extends MouseAdapter {
19
20          public void mousePressed(MouseEvent e) {
21              e를 이용한 마우스 클릭 시 작업
22              repaint();
23          }
24      }
25
26      public void paint(Graphics g) {
27          g를 이용한 윈도우 그래픽 작업
28      }
29  }
```

그림 2-2 윈도우 기반 자바 응용프로그램의 기본 코드 틀

    기본 코드 틀에서 1번째와 2번째 줄의 import문은 java.awt 패키지와 java.awt.event 라는 패키지를 사용하겠다는 선언이다. 4번째 줄의 **XXX**는 파일명과 일치하는 주 클래스 명이다. 주 클래스이기 때문에 6번째 줄의 **main** 메소드를 포함한다. **XXX** 클래스명은 기본 코드 틀에서 세 번(4, 7, 11번째 줄) 사용된다. 4번째 줄에서 사용한 extends 키워드 이하는 그대로 작성한다. **main** 메소드도 **XXX** 클래스명을 이용해서 제시된 코드 그대로 작성한다. 주 클래스 내부 전체가 유효 범위인 필드들은 5번째 줄의 필드 선언부에 선언한다.

    생성될 윈도우의 크기 지정, 윈도우의 타이틀 달기 등과 같이 프로그램의 실행 초기에 한 번만 실행시킬 문장들은 11번째 줄의 **XXX** 메소드 내에 기술한다. 이 메소드는 반환형을 명시하지 않는다. 12번째 줄의 문장은 윈도우의 폭과 높이를 픽셀Picture Element 단위로 명시하는 것인데 폭 600픽셀, 높이 500픽셀 크기를 그대로 사용하기로 하자. 픽셀은 모니터 화면에서 한 점을 나타내는 화소Picture Element를 말한다. 13번째 줄의 문장은 생성될 윈도우의 타이틀바에 표시될 문자열을 지정하는 것이다. 원하는 문자열로 대체해도 좋다. 14, 15번째 줄은 그대로 입력한다.

18번째 줄의 MouseKeeper 내부 클래스^{Inner Class}에서 20번째 줄의 mousePressed 메소드는 사용자가 마우스를 클릭할 때마다 호출된다. 내부 클래스란 MouseKeeper 클래스처럼 XXX 클래스 내부에 선언된 클래스를 말한다. 내부 클래스에 대해서는 실습 과제에서 설명하고, 5장의 '보충 문법'절에서 자세하게 다룬다. 사용자가 마우스를 클릭했을 때 해야 할 작업을 mousePressed 메소드에 코딩한다. 사용자의 마우스 클릭은 자바 가상 기계에 의해 그림과 같이 소프트웨어 부품으로 모델링돼 그 참조 값이 인자 변수 e에 전달되며, e 인자 변수는 이 객체를 참조하게 된다. 메소드 내에서 e가 참조하는 이 객체를 이용해서 마우스 클릭점, 클릭 시점 등의 정보를 얻어 활용할 수 있다.

26번째 줄의 paint 메소드에는 윈도우에 그래픽 작업을 하는 문장들을 담는다. 그래픽 작업을 위해 선 긋기, 색 변경 등을 수행하는 그래픽 전담 부품이 자바 가상 기계에 의해 생성돼 그 참조 값이 g 인자 변수에 전달된다. 따라서 g는 그림과 같이 그래픽 전담 객체를 참조하게 된다. paint 메소드 내에서 g가 참조하는 그래픽 전담 객체를 이용해서 윈도우에 마름모꼴 그리기 등의 그래픽 작업을 수행한다. 기본 코드 틀의 자세한 분석은 5장에서 다룬다.

그림 2-3은 그림 2-2의 기본 코드 틀을 이용해서 작성한 윈도우 버전의 Hello 응용프로그램의 실행을 보여준 것이다. 프로그램을 실행시키면 윈도우가 생성되고 윈도우 왼쪽 위에 Hello 문자열이 출력된다.

그림 2-3 윈도우 버전의 Hello 응용프로그램 실행

리스트 2-1은 기본 코드 틀로 작성한 윈도우 버전의 Hello 응용프로그램 코드다.

리스트 2-1 HelloWinApplication 프로젝트의 HelloWinApp.java

```java
01 import java.awt.*;
02 import java.awt.event.*;
03
04 public class HelloWinApp extends Frame {
05
06   public static void main(String[ ] args) {
07     HelloWinApp window = new HelloWinApp();
08     window.setVisible(true);
09   }
10
11   public HelloWinApp() {
12     setSize(600, 500);
13     setTitle("Hello Window 응용");
14     MouseKeeper mouse = new MouseKeeper();
15     addMouseListener(mouse);
16   }
17
18   private class MouseKeeper extends MouseAdapter {
19
20     public void mousePressed(MouseEvent e) {
21       repaint();
22     }
23   }
24
25   public void paint(Graphics g) {
26     g.drawString("Hello", 100, 100);
27   }
28 }
```

그림 2-2의 기본 코드 틀과 대조해서 살펴본다. 기본 코드 틀에서 클래스명 **XXX**는 **HelloWinApp**이다. 이 프로그램에서 필요한 필드는 없기 때문에 필드 선언부는 5번째 줄처럼 공백이나. 마우스 클릭 시 할 작업도 없기 때문에 20번째 줄의 **mousePressed** 메소드는 repaint 메소드의 호출문만 가진다. 사실상 마우스 클릭을 처리할 경우 14, 15, 18~23번째 줄은 이 프로그램에서 생략이 가능하다.

25번째 줄의 paint 메소드는 26번째 줄처럼 g가 참조하는 그래픽 전담 객체의 drawString 메소드(그림 2-2의 그래픽 전담 객체 참고)를 호출해서 Hello 문자열을 윈도우 왼쪽 위 꼭짓점으로부터 픽셀 단위로 (100, 100) 위치에 출력한다. drawString 메소드는 실습 과제에서 설명한다. 그림 2-3의 윈도우는 java.awt 패키지로부터 뼈대를 받아 작성됐기 때문에 윈도우 운영체제의 다른 윈도우들처럼 크기 조정이 가능하고, 타이틀 바를 드래깅해서 이동도 가능하며, 아이콘화도 되는 등 윈도우로서 갖춰야 할 기본적인 기능들을 별도의 코딩 작업 없이 가진다.

2.1 | Pen 응용프로그램 실습

[MouseEvent 클래스, Graphics 클래스, 내부 클래스, Color 클래스]

그림 2-4와 같이 윈도우를 생성하고 그 윈도우 내에서 마우스 버튼을 클릭해서 윈도우의 왼쪽 위 꼭짓점에서 클릭점까지 선을 그리고, 이어지는 다른 점에서의 마우스 클릭에 대해서는 전 점에서 새로운 점으로 선을 그리는 프로그램을 작성한다. 선의 끝점에는 Hello 문자열을 빨간색으로 표시한다.

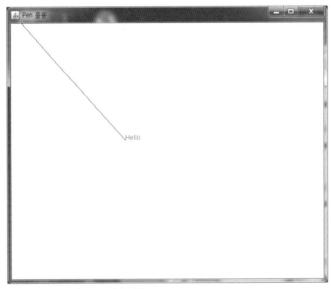

그림 2-4 Pen 응용프로그램의 실행

이 책에서 제공하는 ws.zip 압축 파일을 풀면 그림 2-5와 같이 네 개의 폴더가 존재한다.

그림 2-5 이 책이 제공하는 폴더

네 개 중 _MACOSX는 맥OS에서 압축한 폴더이기 때문에 생성된 군더더기 폴더로 무시해도 좋다. workspace 폴더는 1~6장까지의 이클립스 프로젝트 폴더들을 계층적으로 제공하고, CardImage 폴더는 6장에서 사용할 카드 이미지 파일들을 담고 있다. Exer_odd 폴더는 연습 문제 홀수 번과 동영상 강의에서 제시한 추가 과제에 대한 실행 파일을 담고 있다. 실행 파일을 실행시키기 전에 Exer_odd 폴더에 포함된 ReadMe.pdf 파일의 내용을 반드시 확인한다. workspace 폴더는 더블클릭해 펼쳐 보면 그림 2-6과 같이 각 장의 워크스페이스를 포함하고 있으며, 각각의 워크스페이스에는 그 장에서 사용할 실습 과제, 응용 과제, 연습 문제 짝수 번, 도전 과제(3장부터) 프로젝트 폴더가 들어 있다.

그림 2-6 workspace 폴더

이클립스는 실행될 때 워크스페이스에 적용하는 메타데이터를 .metadata 하위 폴더에 저장한다. 처음 워크스페이스가 생성되면 이 폴더가 자동적으로 생성된다. 이클립스를 사용하면서 변경되는 사항들이 이 폴더에 기록돼서 이클립스가 이 워크스페이스에서 다시 실행될 경우 이전 작업들을 반영할 수 있도록 한다. 이 폴더를 강제로 삭제하고 재시작하면 이클립스는 이 폴더를 초기화 상태로 다시 생성한다. 그림 2-6의 각 폴더들은 세부 워크스페이스이기 때문에 .metadata 하위 폴더를 포함한다.

윈도우 운영체제인 경우 그림 2-5의 workspace 폴더를 C:\ 밑으로 복사한다. 맥OS 사용자는 부록 A.2절의 설치 가이드를 따른다.

과정 02 **워크스페이스 이식**

이클립스를 실행시키면 그림 2-7과 같이 1장에서 사용했던 C:\jobspace가 기본 워크스페이스로 표시된다.

그림 2-7 워크스페이스 변경

Browse 버튼을 클릭해서 그림 2-8과 같이 워크스페이스 선택 대화 상자를 표시한다.

트리 구조의 선택 윈도우에서 C:\workspace\chapter2를 선택하고 **확인** 버튼을 클릭한다. 그림 2-7의 윈도우에서 OK 버튼을 클릭하면 그림 2-9와 같이 이클립스가 실행되면서 Package Explorer 뷰에 2장의 프로젝트 폴더들이 표시된다. 이클립스 버전이 업그레이드되면서 이전 버전의 워크스페이스에 대한 업데이트 여부를 묻는 윈도우가 생성되는 경우 Continue 버튼을 클릭해서 업데이트를 수용하기로 하자. 프로젝트 폴더명들 중 Add로 끝나는 것들은 '보충 문법'절에서 다루는 예제들을 나타내고, App으로 끝나는 것들은 응용 과제들을 나타낸다. 또한 Application으로 끝나는 것은 실습 과제를 나타내며, Exer로 끝나는 것들은 연습 문제를 나타낸다.

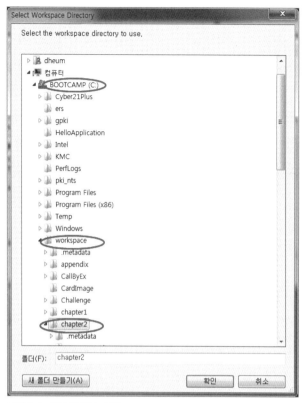

그림 2-8 워크스페이스 선택

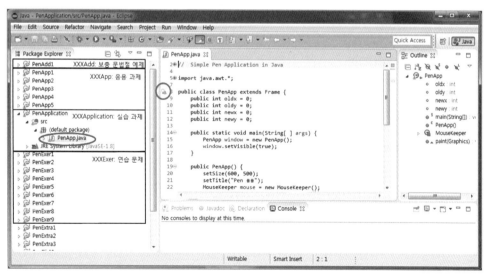

그림 2-9 chapter2 워크스페이스

PenApplication 폴더, src 폴더, default package 폴더를 차례대로 전개시키고 PenApp.java 소스 파일을 더블클릭해서 그 내용을 편집 뷰에 표시한다. PenApp 클래스의 소스 코드에서 PenApp 클래스의 정의 앞에 노란색 경고 아이콘이 표시되는데 이 아이콘에 마우스 커서를 가져가면 serialVersionUID 필드가 선언되지 않았다는 경고 메시지가 표시된다. serialVersionUID는 5장의 응용 과제 5에서 설명하는 객체 직렬화[Object Serialization]에 사용되는 클래스의 고유 아이디로 선언하지 않으면 자바 컴파일러에 의해 기본 아이디가 자동 생성된다. 따라서 선언하지 않아도 동작하는 데 문제가 없다.

과정 03 코드 분석

리스트 2-2는 기본 코드 틀을 이용해서 작성한 윈도우 기반 Pen 응용프로그램의 코드다.

리스트 2-2 PenApplication 프로젝트의 PenApp.java

```
01  //============================================================
02  // Simple Pen Application in Java
03  //============================================================
04
05  import java.awt.*;
06  import java.awt.event.*;
07
08  public class PenApp extends Frame {
09    public int oldx = 0;
10    public int oldy = 0;
11    public int newx = 0;
12    public int newy = 0;
13
14    public static void main(String[ ] args) {
15      PenApp window = new PenApp();
16      window.setVisible(true);
17    }
18
19    public PenApp() {
20      setSize(600, 500);
21      setTitle("Pen 응용");
22      MouseKeeper mouse = new MouseKeeper();
23      addMouseListener(mouse);
24    }
25
```

```
26    private class MouseKeeper extends MouseAdapter {
27
28      public void mousePressed(MouseEvent e) {
29        newx = e.getX();
30        newy = e.getY();
31        repaint();
32      }
33    }
34
35    public void paint(Graphics g) {
36      g.drawLine(oldx, oldy, newx, newy);
37      g.setColor(Color.red);
38      g.drawString("Hello", newx, newy);
39      oldx = newx;
40      oldy = newy;
41    }
42  }
```

5, 6번째 줄의 import문은 윈도우 기반 프로그램을 작성하는 데 필요한 응용 프레임워크인 java.awt와 java.awt.event라는 패키지를 사용하겠다는 선언이다. 8번째 줄의 PenApp이라는 주 클래스를 선언하면서 java.awt 패키지 내의 Frame이라는 클래스를 확장하겠다는 의미로 extends라는 키워드를 사용한다. PenApp은 윈도우 기반 자바 응용프로그램에서 기본 윈도우를 만드는 클래스다. 9~12번째 줄은 PenApp 클래스의 전 영역에서 유효한 oldx, oldy, newx, newy의 필드들을 선언하면서 0으로 초기화하는 문장들이다. 사용자가 윈도우 내에서 마우스를 클릭했을 때 그 위치를 저장하기 위한 필드들을 선언하고 초기화하는 것이다.

윈도우나 맥OS 운영체제에는 그림 2-10과 같이 윈도우 좌표계와 응용 좌표계가 있다. 윈도우 좌표계는 모니터 화면의 왼쪽 위 꼭짓점을 시작점으로 해서 x축과 y축으로 픽셀 단위로 증가한다. 왼쪽 아래 꼭짓점이 시작점인 수학에서 사용하는 좌표계와 y축이 반대이다. 응용 좌표계는 응용프로그램이 생성한 윈도우의 왼쪽 위 꼭짓점을 시작점인 (0, 0)점으로 해서 윈도우 좌표계처럼 x축과 y축을 사용한다. Pen 응용프로그램에서 선은 직전에 클릭한 (oldx, oldy)점으로부터 새로 클릭한 (newx, newy)점으로 그어진다. oldx, oldy, newx, newy 필드들을 여기에 선언하는 이유는 28번째 줄의 mousePressed 메소드와 35번째 줄의 paint 메소드가 이들을 사용하기 때문이다.

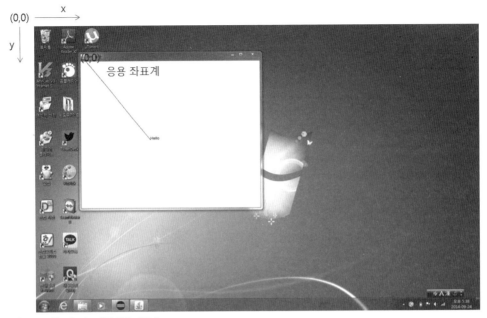

윈도우 좌표계

(0,0) ——— x ——→

y ↓

(0,0)

응용 좌표계

Hello

그림 2-10 윈도우 좌표계와 응용 좌표계

PenApp 클래스는 14번째 줄의 main, 19번째 줄의 PenApp, 35번째 줄의 paint 메소드들과 26~33번째 줄의 MouseKeeper라는 내부 클래스의 정의로 구성된다. 내부 클래스 MouseKeeper는 자신을 둘러싼 외부 클래스 PenApp의 newx, oldy, paint 등과 같은 모든 멤버(필드와 메소드)들을 접근해서 사용할 수 있다. 내부 클래스에 대한 자세한 설명은 5장의 '보충 문법'절에서 다룬다. main 메소드는 1장의 Hello 응용프로그램에서 설명한 것과 같이 프로그램의 시작 포인트이다. PenApp 메소드는 생성자라고 하며 프로그램 실행 초기에 한 번만 실행시킬 문장들을 넣는다. 생성자에 대해서는 3장에서 자세하게 다룬다. paint 메소드는 윈도우에 표시할 그래픽 문장들을 기술한다.

기본 코드 틀로 작성한 이 프로그램은 5장에서 자세히 분석하기로 하고, 여기서는 우선 프로그램의 굵직한 흐름을 살펴보자. 프로그램의 시작 포인트인 main 메소드의 15번째 줄의 new 연산자는 그림 2-11의 1번과 같이 PenApp 클래스로부터 윈도우 부품을 생성해서 이 윈도우 객체의 참조 값을 window라는 PenApp 클래스형의 참조 변수에 저장한다. 그림에서 윈도우는 이 윈도우 객체가 모니터 화면에 표시된 것을 나타낸다. 이

때 그림의 2번과 같이 19번째 줄의 PenApp 메소드가 자동적으로 실행된다. 20번째 줄의 setSize 메소드는 윈도우의 크기를 폭 600픽셀, 높이 500픽셀로 지정하며, 21번째 줄의 setTitle 메소드는 윈도우의 타이틀바에 표시될 타이틀인 'Pen 응용'을 지정한다. 22번째 줄의 new 연산자는 MouseKeeper 내부 클래스로부터 마우스 클릭 감지 부품을 생성해서 이 객체의 참조 값을 MouseKeeper 클래스형의 mouse 참조 변수에 저장하고, 23번째 줄의 addMouseListener 메소드는 이 mouse가 참조하는 마우스 클릭 감지 및 처리 객체를 윈도우에 부착시킨다. 따라서 사용자의 마우스 클릭을 감지하는 객체가 부착된 윈도우를 얻게 된다. PenApp 메소드의 실행이 끝나면 프로그램의 실행은 16번째 줄로 복귀된다. 16번째 줄에서 window 변수가 참조하는 윈도우 객체에게 setVisible 메소드를 호출해서 윈도우를 모니터 화면에 표시한다. 윈도우가 처음으로 화면에 표시될 때 그림의 3번과 같이 paint 메소드가 자동적으로 호출된다. oldx, oldy, newx, newy 필드의 값이 모두 0이기 때문에 시작점과 끝점이 같아서 36번째 줄에서 선을 그려도 우리 눈에는 보이지 않고, 38번째 줄에서 (0, 0)점에 Hello 문자열을 그려도 윈도우의 타이틀바에 가려 보이지 않는다. paint 메소드에 대한 자세한 설명은 뒤에서 이어진다. paint 메소드의 실행이 끝나면 프로그램의 흐름은 16번째 줄로 복귀돼서 java.awt 응용 프레임워크가 제공하는 무한 루프를 돌면서 프로그램이 종료될 때까지 사용자의 마우스 클릭에 대비한다. 프로그램에는 무한 루프의 실체가 없지만 자바 가상 기계에 의해 내부에서 실행된다.

내부 클래스인 MouseKeeper는 사용자의 마우스 클릭에 반응하는 마우스 클릭 감지 부품을 만드는 클래스이다. 그림 2-11의 4번과 같이 사용자가 마우스를 클릭했다고 가정하자. 마우스가 클릭되면 자바 가상 기계는 이를 감지하고 윈도우에 부착된 마우스 클릭 감지 객체의 mousePressed 메소드(28번째 줄)를 호출하는데 이 메소드에는 마우스 클릭 시 원하는 작업들을 수행하는 문장들을 담는다. mousePressed 메소드에는 그림 2-12와 같이 자바 가상 기계에 의해 사용자의 마우스 클릭을 모델링한 소프트웨어 부품이 생성돼 그 참조 값이 인자 변수 e에 전달된다.

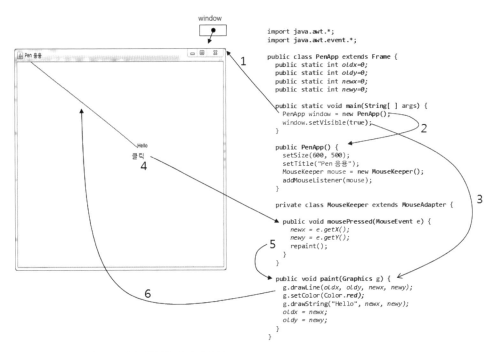

```
                          import java.awt.*;
                          import java.awt.event.*;

                          public class PenApp extends Frame {
                            public static int oldx=0;
                            public static int oldy=0;
                            public static int newx=0;
                            public static int newy=0;

                            public static void main(String[ ] args) {
                              PenApp window = new PenApp();
                              window.setVisible(true);
                            }

                            public PenApp() {
                              setSize(600, 500);
                              setTitle("Pen 응용");
                              MouseKeeper mouse = new MouseKeeper();
                              addMouseListener(mouse);
                            }

                            private class MouseKeeper extends MouseAdapter {

                              public void mousePressed(MouseEvent e) {
                                newx = e.getX();
                                newy = e.getY();
                                repaint();
                              }
                            }

                            public void paint(Graphics g) {
                              g.drawLine(oldx, oldy, newx, newy);
                              g.setColor(Color.red);
                              g.drawString("Hello", newx, newy);
                              oldx = newx;
                              oldy = newy;
                            }
                          }
```

그림 2-11 Pen 응용프로그램의 실행 윈도우와 기본 틀 코드

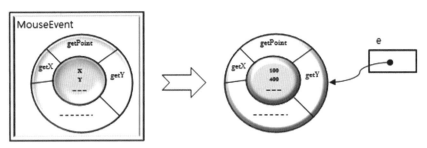

그림 2-12 마우스 클릭을 모델링한 MouseEvent 객체

사용자의 마우스 클릭을 모델링한 객체는 MouseEvent 클래스로부터 생성된다. MouseEvent 클래스의 주요 메소드는 표 2-1과 같이 사용자가 마우스를 클릭했을 때의 상황 정보를 제공한다. MouseEvent 클래스는 java.awt.event 패키지 내에 존재한다.

표 2-1 MouseEvent 클래스의 주요 메소드

메소드	설명
int getX()	클릭점의 x 좌표 반환
int getY()	클릭점의 y 좌표 반환
Point getPoint()	클릭점에 대해 Point 객체를 생성하고 그 참조 값을 반환
int getClickCount()	클릭 횟수 반환
int getButton()	클릭된 버튼의 번호를 반환(왼쪽 버튼은 BUTTON1, 오른쪽 버튼은 BUTTON3 상수를 반환)

29번째 줄에서는 e가 참조하는 MouseEvent 객체의 getX 메소드를 호출해서 마우스 클릭점의 x 좌표를 얻어 newx에 배정하고, 30번째 줄에서는 getY 메소드를 호출해서 클릭점의 y 좌표를 얻어 newy에 배정한다.

31번째 줄의 repaint 메소드 호출에 의해 그림 2-11의 5번과 같이 paint 메소드가 간접 호출된다. repaint 메소드는 자바 가상 기계에게 paint 메소드의 호출을 요청하고, 자바 가상 기계는 그래픽 전담 객체를 그림 2-13과 같이 Graphics 클래스로부터 생성해서 그 참조 값을 paint 메소드의 g 인자 변수에 전달하면서 paint 메소드를 호출하는데 이 과정을 간접 호출이라고 한다.

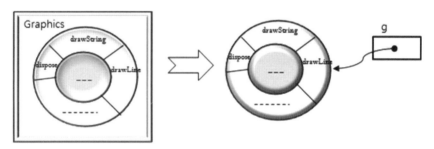

그림 2-13 Graphics 클래스로부터 생성된 그래픽 전담 객체

paint 메소드는 프로그램 내에서 직접 호출되는 것이 아니라 자바 가상 기계의 협력 하에 repaint 메소드에 의해 간접 호출되는 방식을 취한다. paint 메소드는 다음과 같이 repaint 메소드에 의해 간접 호출될 뿐만 아니라 16번째 줄에서 윈도우가 처음 모니터 화면에 모습을 나타낼 때도 호출되며, 사용자에 의해 윈도우의 크기가 변경되거나 다른 윈도우에 가려졌다가 다시 나타날 때도 자동 호출된다. 정리하면 다음과 같다.

1. repaint 메소드에 의해 호출

2. 프로그램 실행 초기에 윈도우가 처음으로 표시될 때 호출

3. 윈도우의 크기가 변경되거나 다른 윈도우에 가려졌다가 다시 나타날 때 자동 호출

36번째 줄에서 그림 2-11의 6번과 같이 g가 참조하는 그래픽 전담 객체에게 drawLine 메소드를 호출해서 윈도우의 (oldx, oldy)점으로부터 (newx, newy)점까지 선을 그린다. (oldx, oldy)점이 (0, 0)이고, (newx, newy)점은 클릭점이기 때문에 윈도우의 왼쪽 위 꼭짓점에서 클릭점까지 선이 그려진다. 37번째 줄에서 g가 참조하는 그래픽 전담 객체의 setColor 메소드를 호출해서 펜의 색을 기본색인 검은색에서 빨간색으로 변경한다.

Color 열거체는 java.awt 패키지에 존재하며 각종 색상을 지원한다. 흰색, 검은색, 파란색 등과 같이 자주 사용되는 색상은 표 2-2와 같이 1장의 '보충 문법'절에서 설명한 열거 상수로 제공된다. Color.WHITE와 같이 대문자로도 지정할 수 있다.

표 2-2 Color 클래스의 주요 색상

상수
Color.white
Color.black
Color.blue
Color.yellow
Color.red
Color.pink
Color.orange
Color.green
Color.gray
Color.lightGray
Color.darkGray
Color.margenta
Color.cyan

이런 색상들은 선, 문자열, 배경 화면 등의 색을 표시하는 데 사용된다. 임의의 색상을 생성하는 방법은 3장에서 다룬다.

38번째 줄에서는 drawString 메소드를 호출해서 (newx, newy)점에 변경된 빨간색으로 'Hello' 문자열을 출력한다. 39, 40번째 줄은 newx와 newy의 값을 다음 선의 시작점이 될 oldx와 oldy에 배정한다. 다음 마우스 클릭부터는 그림 2-11의 4~6번의 과정이 반복된다. 그래픽 전담 객체를 생성하는 Graphics 클래스는 '보충 문법'절에서 자세하게 다룬다.

과정 04 **Pen 응용프로그램의 실행**

Pen 응용프로그램을 실행시키고 그림 2-4와 같이 마우스를 클릭해서 선을 그려 본다. 경우에 따라서 그림 2-14와 같은 윈도우가 나타나기도 하는데 Java Application을 선택하면 된다.

그림 2-14 Java Application의 선택

과정 05 **Pen 응용프로그램의 종료**

그림 2-4의 실행 윈도우 타이틀바의 종료 버튼을 클릭해도 프로그램이 종료되지 않을 경우 이 버튼으로 종료시키려면 프로그램 작업을 조금 더 해야 한다. 종료 버튼을 동작시키는 방법은 5장에서 다룬다. 지금은 아래쪽의 Console 뷰에서 그림 2-15와 같이 빨

간색 종료 버튼을 클릭해서 프로그램을 종료시킨다. 명령 창에서는 Ctrl-c키를 눌러 종료한다.

그림 2-15 프로그램의 종료

과정 06 **프로젝트 폴더의 복사**

이 책의 연습 문제는 실습 과제나 응용 과제를 발전시키는 형태이다. 연습 문제 2번은 실습 과제를 발전시킨다. 연습 문제 2번의 수행을 위해 실습 과제의 프로젝트 폴더를 복사해 보자. Package Explorer 뷰에서 PenApplication 폴더를 선택한 후 마우스 오른쪽 버튼을 클릭하고 copy 항목을 선택한다. Package Explorer 뷰의 여백에서 마우스 오른쪽 버튼을 클릭하고 paste 항목을 선택하면 그림 2-16의 대화 상자가 표시된다.

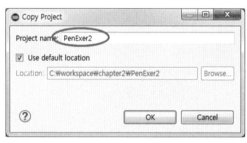

그림 2-16 프로젝트 폴더의 복사

Project name 필드에 연습 문제 2번을 의미하는 PenExer2라고 입력하고 OK 버튼을 클릭하면 Package Explorer 뷰에 PenExer2 프로젝트 폴더가 생성된다. 새로운 프로젝트 폴더에서 소스 파일을 더블클릭해 편집 뷰에 표시하고, 문제에서 요구한 대로 기존 소스를 수정한다.

과정 07 **워크스페이스 변경**

작업 도중 다른 워크스페이스로 변경하고 싶으면 메뉴에서 File ❯ Switch Workspace ❯ Other 항목을 선택하고 [과정 02]와 동일한 방법으로 변경한다.

과정 08 **디버깅을 위한 중단점 설정**

컴파일 오류는 프로그램 작성 과정에서 컴파일러가 실시간으로 검증해 주기 때문에 간단히 해결할 수 있다. 프로그램 실행 오류는 이클립스의 디버깅 모드를 활용하면 도움을 받을 수 있다. 디버깅 모드는 실행 중 소스 코드를 보면서 필드나 변수들의 값을 조사해서 오류를 찾아 수정할 수 있는 모드이다. 소스 코드에서 오류가 발생한 줄이나 의심이 가는 줄에 그림 2-17과 같이 중단점$^{Break Point}$을 설정한다.

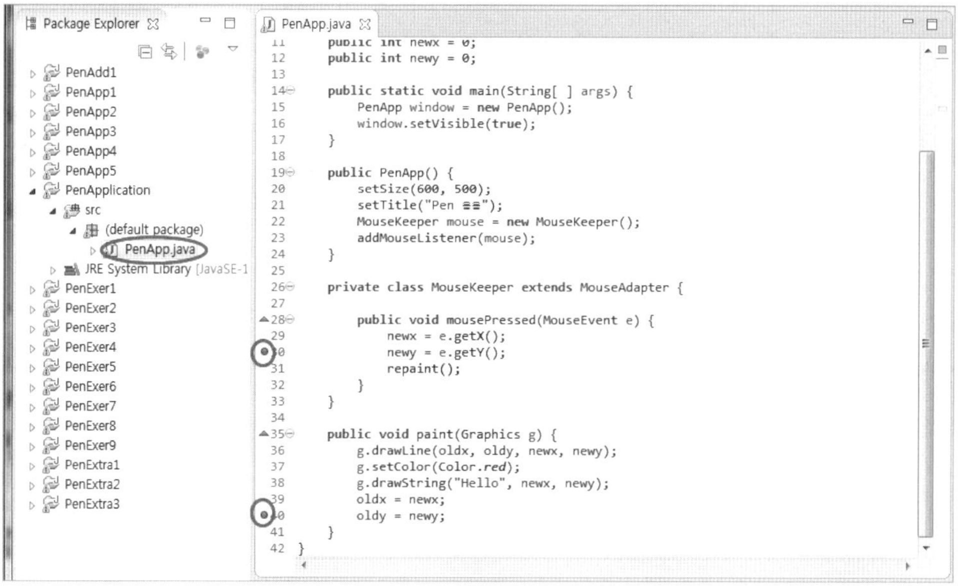

그림 2-17 중단점 설정

　　Pen 응용프로그램은 실행 오류가 없지만 디버깅 과정의 설명을 위해 그대로 사용한다. 중단점이 설정된 줄에서 프로그램이 멈추게 되고 이 상태에서 필드나 변수들의 값을 조사할 수 있다. 우리는 30번째 줄과 40번째 줄의 왼쪽 여백에서 더블클릭하거나 마우스 오른쪽 버튼을 클릭하고 Toggle Breakpoint 항목을 선택해서 중단점을 두 개 설정한다. 중단점에는 파란색 원이 표시된다. 설정된 중단점에서 다시 더블클릭하면 중단점이 해제된다.

Package Explorer 뷰의 PenApp.java 파일에서 마우스 오른쪽 버튼을 클릭하고
Debug As ➤ Java Application 항목을 선택하면 그림 2-18과 같이 Debug 퍼스펙티브로
전환할지를 묻는 대화 상자가 표시된다.

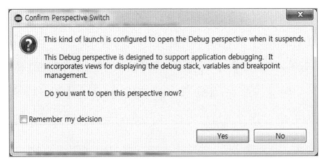

그림 2-18 Debug 퍼스펙티브로 전환

Yes 버튼을 클릭하면 그림 2-19와 같이 Debug 퍼스펙티브로 전환된다.

과정 09 이클립스의 Debug 퍼스펙티브

1장의 실습 과제 [과정 04]에서 소개했듯이 Debug 퍼스펙티브는 그림 2-19와 같이 프
로그램의 디버깅 작업에 적합한 기능들을 뷰로 구성한 것을 말한다.

그림 2-19 Debug 퍼스펙티브

112

그림 2-11에서 설명한 Pen 응용프로그램의 실행 순서를 염두에 두고 디버깅 작업을 진행한다. 프로그램이 실행되면 윈도우가 처음으로 화면에 표시된 후 paint 메소드가 호출된다. paint 메소드 내의 40번째 줄에 중단점을 설정했기 때문에 실행 윈도우가 표시된 후 프로그램은 40번째 줄에서 그림 2-19와 같이 멈춘다. 중단점 표시를 자세히 들여다보면 중단점을 표시하는 파란색 원 외에 화살표 표시도 있는데 이 화살표 표시를 현재 명령어 포인터Current Instruction Pointer라고 한다. 현재 명령어 포인터는 프로그램 제어의 흐름에서 현재 제어점의 위치를 표시한다.

디버깅의 편의를 위해 실행 윈도우의 크기를 조절한 후 타이틀바를 드래깅해서 그림 2-19와 같이 Debug 퍼스펙티브 윈도우 밑에 배치한다. 그림에서 콜 스택을 표시하는 Debug 뷰에는 현재 실행 중인 프로그램의 부분을 보여주고 어떻게 상호 연계되는지를 나타낸다. 이 뷰의 내용을 분석하려면 자바 프로그래밍에 대한 많은 경험이 필요하기 때문에 이 책에서는 다루지 않는다. 퍼스펙티브 전환 버튼은 프로그램 작성에 적합한 Java 퍼스펙티브와 프로그램 디버깅에 적합한 Debug 퍼스펙티브를 전환할 때 클릭한다.

Variable 뷰는 프로그램의 중단 상태에서 필드나 변수의 상태를 확인할 때 사용한다. this라고 표시된 변수를 전개한 후 밑으로 내려서 그림 2-20과 같이 newx와 newy 필드의 현재 값을 확인한다. this 변수는 3장에서 다룬다.

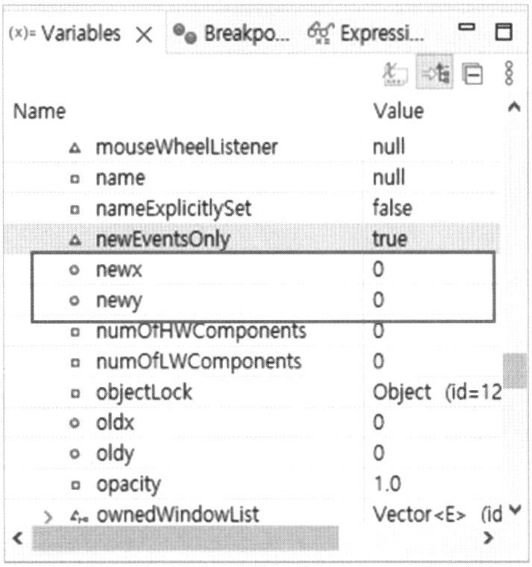

그림 2-20 Value 뷰

newx와 newy 필드의 값은 0으로 초기화됐기 때문에 0이 표시된다.

과정 10 실행 조정

이클립스는 디버깅하는 프로그램의 실행을 제어할 수 있는 그림 2-21과 같은 버튼들을 툴바에 제공한다. 버튼 대신 **F5~F8**의 키를 사용할 수도 있는데 그 의미는 표 2-3과 같다.

그림 2-21 실행 제어 버튼

표 2-3 실행 제어 키

키	설명
F5	Step into: 현재 줄 실행. 다음 줄이 메소드 호출인 경우는 그 메소드 내의 첫 줄로 현재 명령어 포인터를 이동
F6	Step over: 현재 줄 실행. 다음 줄이 메소드 호출인 경우는 메소드를 실행하고 현재 명령어 포인터를 메소드 호출문 다음 줄로 이동
F7	Step return: 현재 줄이 포함된 메소드를 끝내고 이 메소드를 호출한 줄의 다음 줄로 현재 명령어 포인터를 이동
F8	재시작: 현재 명령어 포인터를 다음 중단점을 만날 때까지 진행

현재 명령어 포인터가 40번째 줄을 떠날 때까지 재시작 버튼을 클릭하거나 F8키를 누른다. 제어는 자바 가상 기계가 실행하는 무한 루프로 들어가서 사용자의 마우스 클릭에 대비한다. 실행 윈도우의 타이틀바를 클릭해서 실행 윈도우를 선택하고, 실행 윈도우 내의 한 점에서 마우스를 클릭하면 프로그램의 흐름은 마우스가 클릭되면 호출되는 mousePressed 메소드로 진입하게 되고 30번째 줄의 중단점에서 그림 2-22와 같이 멈춘다.

과정 11 필드 값 확인

그림 2-22의 Value 뷰에서 newx 필드의 값을 확인하면 사용자가 클릭한 클릭점의 x 좌푯값을 표시한다.

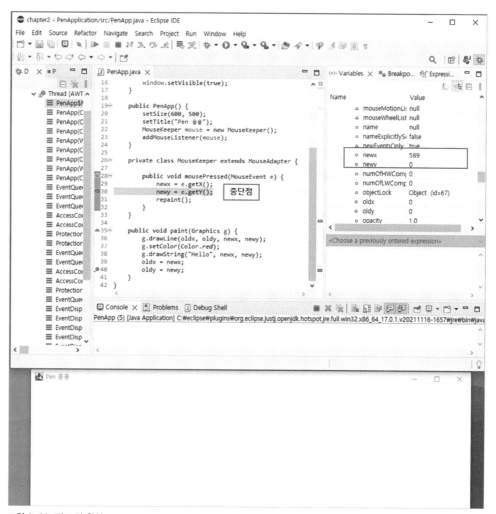

그림 2-22 필드 값 확인

newy의 값은 30번째 줄이 아직 실행되지 않은 시점이기 때문에 0이다. Value 뷰를 밑으로 더 내리면 oldx와 oldy 필드의 값도 확인할 수 있다.

과정 12 **재시작**

다시 재시작 버튼을 클릭하거나 F8키를 누르면 그림 2-23과 같이 paint 메소드 내의 중단점(40번째 줄)에서 프로그램이 멈추고 실행 윈도우에는 (0, 0)점에서 클릭점까지 선이 그려진다.

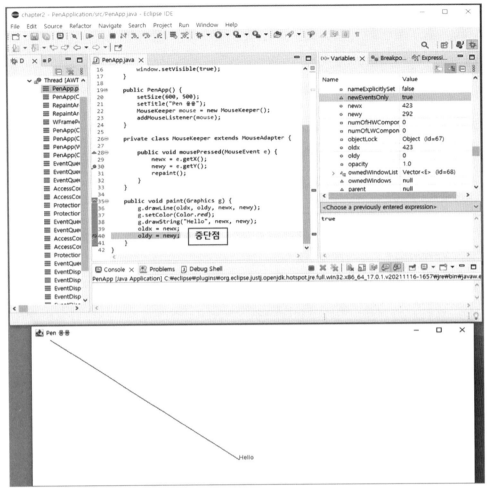

그림 2-23 선 그리기 확인

Value 뷰에서 oldx, oldy, newx, newy 필드의 값을 확인해 보고 **[과정 10]~[과정 12]**의 내용을 반복하면서 디버깅 작업을 수행한다.

과정 13 **디버깅 모드 종료**

디버깅을 종료하려면 그림 2-21의 Stop 버튼을 클릭하고, Java 퍼스펙티브로 복귀하려 면 Java 퍼스펙티브 전환 버튼을 클릭한다.

println 디버깅

복잡한 여러 상황들이 맞물려 발생하는 실행 오류가 아니라면 System.out 객체를 활용
해서 오류를 쉽게 찾을 수 있다. 그림 2-24는 Pen 응용프로그램의 조사하고 싶은 줄에
서 필드나 변수들의 값을 출력할 때 println 메소드를 활용한 예이고, 그림 2-25는 콘
솔 윈도우에 출력된 결과이다.

```java
11    public int newx = 0;
12    public int newy = 0;
13
14    public static void main(String[ ] args) {
15        PenApp window = new PenApp();
16        window.setVisible(true);
17    }
18
19    public PenApp() {
20        setSize(600, 500);
21        setTitle("Pen 윈도");
22        MouseKeeper mouse = new MouseKeeper();
23        addMouseListener(mouse);
24    }
25
26    private class MouseKeeper extends MouseAdapter {
27
28        public void mousePressed(MouseEvent e) {
29            newx = e.getX();
30            System.out.println(newx + " in mousePressed " + newy);
31            newy = e.getY();
32            repaint();
33        }
34    }
35
36    public void paint(Graphics g) {
37        g.drawLine(oldx, oldy, newx, newy);
38        g.setColor(Color.red);
39        g.drawString("Hello", newx, newy);
40        oldx = newx;
41        System.out.println(newx + " in paint " + newy);
42        oldy = newy;
43    }
44 }
```

그림 2-24 println 디버깅

```
🄿 Problems  @ Javadoc  🔍 Declaration  🖥 Console ⊠
<terminated> PenApp [Java Application] C:\Program Files\Java\jdk1.8.0_25\bin\javaw.exe (2015. 5. 7. 오후 2:07:33)
0 in paint 0
212 in mousePressed 0
212 in paint 272
```

그림 2-25 콘솔 윈도우 디버깅

2.2 | 응용 과제

이번 절에서는 실습 과제를 응용하고 자바의 필수 문법을 다루는 다섯 개의 응용 과제들을 다룬다.

2.2.1 응용 과제 1

[NullPointerException 예외]

실습 과제를 발전시킨다. 콘솔 윈도우를 통해 입력된 문자열을 선의 끝점에 그림 2-26과 같이 표시한다.

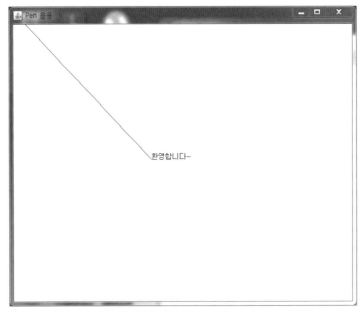

그림 2-26 콘솔 윈도우를 통해 입력된 문자열 표시

리스트 2-3의 코드를 실행시킨 후 그림 2-27과 같이 콘솔 윈도우에 원하는 문자열을 입력한다.

리스트 2-3 PenApp1 프로젝트의 PenApp.java

```
01  //=========================================================
02  // Simple Pen Application in Java
03  // 클릭점에 콘솔을 통해 입력된 문자열 출력
04  //=========================================================
```

```
05
06  import java.awt.*;
07  import java.awt.event.*;
08  import java.util.Scanner;
09
10  public class PenApp extends Frame {
11    public int oldx = 0;
12    public int oldy = 0;
13    public int newx = 0;
14    public int newy = 0;
15    public String message = null;
16
17    public static void main(String[ ] args) {
18      PenApp window = new PenApp();
19      window.setVisible(true);
20    }
21
22    public PenApp() {
23      setSize(600, 500);
24      setTitle("Pen 응용");
25      MouseKeeper mouse = new MouseKeeper();
26      addMouseListener(mouse);
27
28      Scanner s = new Scanner(System.in);
29      System.out.print("출력할 메시지를 입력하세요: ");
30      message = s.next();
31    }
32
33    private class MouseKeeper extends MouseAdapter {
34
35      public void mousePressed(MouseEvent e) {
36        newx = e.getX();
37        newy = e.getY();
38        repaint();
39      }
40    }
41
42    public void paint(Graphics g) {
43      g.drawLine(oldx, oldy, newx, newy);
44      g.drawString(message, newx, newy);
45      oldx = newx;
```

```
46        oldy = newy;
47    }
48 }
```

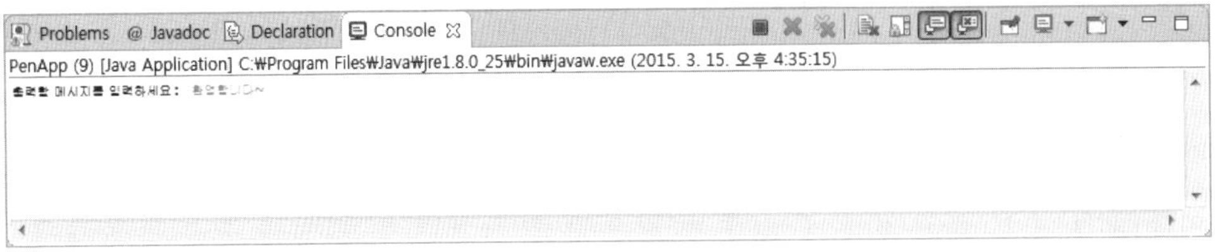

그림 2-27 콘솔 윈도우를 통한 문자열 입력

8번째 줄에서 콘솔 윈도우를 통해 문자열을 입력받으려면 Scanner 클래스의 사용을 선언한다. 15번째 줄에서는 사용자가 입력한 문자열 객체의 참조 값을 저장할 message 필드를 선언하고 null값으로 초기화한다. 프로그램 실행 초기에 한 번만 실행되는 PenApp 메소드 내에서 28번째 줄처럼 Scanner 객체를 생성하고 그 참조 값을 s 지역 변수에 저장한다. 30번째 줄에서 사용자가 입력한 문자열 객체의 참조 값을 message 필드에 저장한다. 일반적으로 Scanner 객체는 사용 후 close 메소드를 호출해서 소멸시키는 것이 좋지만 s 변수가 PenApp 메소드의 지역 변수로 선언됐기 때문에 PenApp 메소드가 종료되면 자동 소멸된다. PenApp 메소드가 종료되면 프로그램의 흐름은 19번째 줄로 복귀되고 setVisible 메소드에 의해 윈도우가 모니터 화면에 표시되며 42번째 줄의 paint 메소드가 자동적으로 호출된다. 43번째 줄의 drawLine 메소드가 선을 그리지만 oldx, oldy, newx, newy 필드의 값이 모두 0이기 때문에 시작점과 끝점이 같아 우리 눈에 그 선은 보이지 않는다. message 필드가 참조하는 문자열도 (0, 0)점에 그려지지만 타이틀바에 가려 보이지 않는다. 이후 사용자의 마우스 클릭에 의해 선과 문자열을 그리는 과정은 실습 과제와 같다.

이제 마우스를 클릭할 때마다 새로운 문자열을 입력받아 선과 그 문자열을 그릴 수 있도록 28~30번째 줄을 37번째 줄과 38번째 줄 사이로 옮긴 후 실행시켜 보자. 실행시키면 바로 오류 메시지를 받고 프로그램이 중단된다. paint 메소드는 38번째 줄의 repaint 메소드에 의해 간접 호출되지만 프로그램 실행 초기에 윈도우가 처음으로 화면에 표시될 때도 호출된다. 변경된 프로그램에서 이 시점에는 아직 15번째 줄의 message 필드의 값이 null이다. 44번째 줄에서 message 필드가 참조하는 문자열 객체가 아직 없는데 그리기를 시도하기 때문에 발생하는 오류다. 44번째 줄을 다음의 문장으로 대체할 경우 message 필드의 값이 null이 아니면, 즉 입력된 문자열이 존재할 때만 그 문자열을 클릭점((newx, newy))에 그리게 되기 때문에 오류를 수정할 수 있다.

```
if(message != null)
  g.drawString(message, newx, newy);
```

기본 코드 틀로 프로그램을 작성할 때 프로그램 초기에 윈도우가 화면에 표시된 후 paint 메소드가 호출된다는 사실을 반드시 유념해야 한다.

참조 변수는 객체를 참조하지 않는다는 의미로 null값을 가질 수 있다. 자바는 프로그램 실행 도중에 발생하는 오류를 예외exception라고 부른다. 참조 변수를 사용하면서 자주 발생하는 예외 중 하나가 NullPointerException이다. 참조 변수를 사용한다는 것은 곧 참조 변수가 참조하는 객체를 사용하겠다는 의미인데 참조할 객체가 없기 때문에 예외가 발생하는 것이다. NullPointerException은 실습 과정에서 자주 접하는 예외 중 하나이다. 예외가 발생된 곳에서 객체를 참조하지 않은 상태로 사용되고 있는 참조 변수를 추적해서 올바른 객체를 참조하도록 수정한다. 예외에 대한 자세한 설명은 5장의 응용 과제에서 다룬다.

2.2.2 응용 과제 2

[static 필드의 효과]

실습 과제를 발전시킨다. 그림 2-28과 같이 윈도우를 두 개 생성시켜 각각 클릭점에 따라 선을 그리게 한다. 프로그램을 실행시키면 두 개의 윈도우가 생성된다. 이 두 개가 정확하게 일치돼 생성되기 때문에 한 개처럼 보이지만 윈도우 타이틀바를 드래깅해서 이동시키면 밑에 숨어 있던 다른 윈도우가 나타난다.

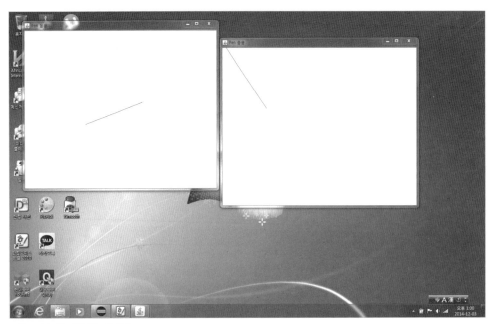

그림 2-28 두 개의 윈도우 생성

리스트 2-4의 코드를 실행시킨 후 각 윈도우에서 마우스를 클릭해 독립적인 선을 그린다.

리스트 2-4 PenApp2 프로젝트의 PenApp.java

```
01  //========================================================
02  // Simple Pen Application in Java
03  // 멀티 윈도우
04  //========================================================
05
06  import java.awt.*;
07  import java.awt.event.*;
08
09  public class PenApp extends Frame {
10      public int oldx = 0;
11      public int oldy = 0;
12      public int newx = 0;
13      public int newy = 0;
14
15      public static void main(String[ ] args) {
16          PenApp window1 = new PenApp();
```

```
17      PenApp window2 = new PenApp();
18      window1.setVisible(true);
19      window2.setVisible(true);
20    }
21
22    public PenApp() {
23      setSize(600, 500);
24      setTitle("Pen 응용");
25      MouseKeeper mouse = new MouseKeeper();
26      addMouseListener(mouse);
27    }
28
29    private class MouseKeeper extends MouseAdapter {
30
31      public void mousePressed(MouseEvent e) {
32        newx = e.getX();
33        newy = e.getY();
34        repaint();
35      }
36    }
37
38    public void paint(Graphics g) {
39      g.drawLine(oldx, oldy, newx, newy);
40      oldx = newx;
41      oldy = newy;
42    }
43  }
```

실습 과제에서 PenApp 클래스는 윈도우를 생성하는 클래스라고 했다. 이 클래스로부터 두 개의 윈도우 객체를 생성해서 화면에 표시하고 마우스로 선을 그려 본다. 16, 17번째 줄에서 윈도우 객체 두 개를 생성해서 그 참조 값을 각각 window1과 window2 변수에 저장한다. 18, 19번째 줄에서는 setVisible 메소드를 호출해서 두 윈도우를 화면에 표시한다. 나머지 코드는 실습 과제와 같다. 자세한 윈도우 객체의 생성 과정은 3장과 5장의 내용을 필요로 한다. 여기서는 PenApp 주 클래스가 윈도우 객체를 생성하는 클래스라는 감만 익히도록 한다.

10~13번째 줄의 필드 선언에 다음과 같이 static 키워드를 붙여 수정한 후 실행시키고, 어떤 변화가 있는지 관찰해 보자.

```
public static int oldx = 0;
public static int oldy = 0;
public static int newx = 0;
public static int newy = 0;
```

두 윈도우에서 선이 각각 독립적으로 그려지던 것이, 이제는 윈도우만 두 개이지 윈도우와 상관없이 먼저 선의 끝점이 새로운 선의 시작점이 된다. static 키워드로 명시된 필드는 static 필드라고 한다. static 필드와 메소드는 3장의 응용 과제 3에서 설명한다. 여기서는 단지 10~13번째 줄의 필드를 static 필드로 선언했을 때 어떤 변화가 있는지 관찰해서 기억해 두도록 하자.

2.2.3 응용 과제 3

[Point 클래스, 가비지 컬렉션]

실습 과제를 발전시킨다. 그림 2-29와 같이 마우스 오른쪽 버튼 클릭에는 빨간 선을 그린다.

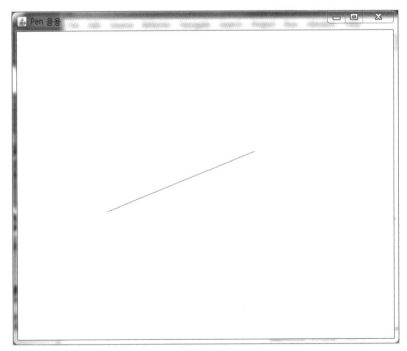

그림 2-29 마우스 오른쪽 버튼 클릭에 빨간 선 그리기

리스트 2-5의 코드를 실행시킨다.

리스트 2-5 PenApp3 프로젝트의 PenApp.java

```
01  //========================================================
02  // Simple Pen Application in Java
03  // 마우스 오른쪽 버튼 클릭에 빨간 선 그림
04  // java.awt.Point 사용
05  //========================================================
06
07  import java.awt.*;
08  import java.awt.event.*;
09
10  public class PenApp extends Frame {
11    public Point oldPoint = null;
12    public Point newPoint = null;
13    public boolean redPen = false;
14
15    public static void main(String[ ] args) {
16      PenApp window = new PenApp();
17      window.setVisible(true);
18    }
19
20    public PenApp() {
21      setSize(600, 500);
22      setTitle("Pen 응용");
23      MouseKeeper mouse = new MouseKeeper();
24      addMouseListener(mouse);
25
26      oldPoint = new Point();
27      newPoint = new Point();
28  }
29
30    private class MouseKeeper extends MouseAdapter {
31
32      public void mousePressed(MouseEvent e) {
33        newPoint = e.getPoint();
34
35        if(e.getButton() == MouseEvent.BUTTON3)
36          redPen = true;
37        else
38          redPen = false;
```

```
39
40        repaint();
41      }
42    }
43
44    public void paint(Graphics g) {
45      if(redPen)
46        g.setColor(Color.red);
47      else
48        g.setColor(Color.black);
49
50      g.drawLine(oldPoint.x, oldPoint.y, newPoint.x, newPoint.y);
51      oldPoint = newPoint;
52    }
53  }
```

실습 과제에서 선의 시작점과 끝점의 x와 y 좌푯값을 저장하는 데 사용한 정수 필드들을 java.awt.Point 클래스의 객체들로 대체한다. 7번째 줄의 import문에서 java.awt.*로 명시했기 때문에 java.awt 패키지 내에 존재하는 Point 클래스는 따로 선언 없이 바로 사용할 수 있다. 11, 12번째 줄에서 Point 클래스로부터 두 개의 객체를 생성해서 그 참조 값을 저장할 필드 oldPoint와 newPoint를 선언하고 초깃값으로 null을 배정한다. 13번째 줄에서는 그릴 선이 빨간색인지 아니면 기본색인 검은색인지를 지정하는 boolean형 필드 redPen을 선언하고, 검은색을 의미하는 false값으로 초기화한다.

26, 27번째 줄에서는 Point 클래스로부터 그림 2-30과 같이 두 개의 객체를 생성하고 그 참조 값을 oldPoint와 newPoint 필드에 저장한다. 클래스명 Point 다음에는 ()의 빈 괄호를 명시한다. 이 괄호의 역할은 3장의 실습 과제에서 다룬다. 두 Point 객체의 x와 y 필드는 0으로 초기화된다. Point 객체는 x와 y의 좌표점을 데이터적인 속성(필드)으로 갖고 x값을 반환하는 getX, y값을 반환하는 getY, 좌표점을 이동시키는 move 등의 기능적인 속성(메소드)을 제공하는 소프트웨어 부품(객체)이다.

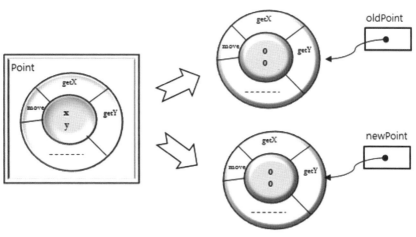

그림 2-30 Point 객체의 생성

Point 클래스의 주요 메소드는 표 2-4와 같다.

표 2-4 Point 클래스의 주요 메소드

메소드	설명
double getX()	점의 x 좌표를 실수로 반환
double getY()	점의 y 좌표를 실수로 반환
void move(int newx, int newy)	(newx, newy)점으로 이동
Point getLocation()	현 점과 같은 Point 객체를 생성해서 그 참조 값을 반환
void setLocation(int newx, int newy)	(newx, newy)점으로 변경
void setLocation(double newx, double newy)	실수 좌표 (newx, newy)점으로 변경
String toString()	점의 좌표를 나타내는 문자열 객체를 생성해서 그 참조 값을 반환
boolean equals(Object obj)	현 점과 obj가 참조하는 점이 같은 점이면 true, 다른 점 이면 false값 반환

마지막 equals 메소드의 인자 변수 obj의 형인 Object는 4장에서 다룬다.

33번째 줄에서는 e가 참조하는 객체에게 getPoint 메소드를 호출해서 반환되는 Point 객체의 참조 값을 newPoint 필드에 배정한다. 마우스에는 보통 세 개의 버튼, 즉 왼쪽 버튼, 오른쪽 버튼 그리고 휠 버튼이 있는데 mousePressed 메소드는 이 중 어느 것이라도 클릭하면 호출된다. 마우스 버튼의 종류를 구분해서 처리하려면 35번째 줄처럼 e가 참조하는 MouseEvent 객체에 getButton 메소드를 호출해서 반환되는 값이 MouseEvent 클래스에 정의된 상수인 BUTTON1(왼쪽 버튼), BUTTON2(휠 버튼), BUTTON3(오른쪽 버튼) 중 어느 것인지 조사하면 된다. 오른쪽 버튼이 클릭됐으면 36번째 줄처럼 redPen 에 true값을 배정하고, 왼쪽 또는 휠 버튼이면 38번째 줄처럼 false값을 배정한다.

40번째 줄에서 repaint 메소드를 호출하면 44번째 줄의 paint 메소드가 간접 호출 되고, 45번째 줄처럼 redPen의 값을 조사해서 선을 그릴 펜의 색을 setColor 메소드를 호출해 지정한다. 50번째 줄에서는 선의 시작점으로 oldPen 객체의 x와 y값을 제공하고 끝점으로 newPoint가 참조하는 객체의 x와 y값을 제공해서 선을 그린다.

51번째 줄에서는 그림 2-31과 같이 새로운 클릭점의 저장을 위해 선의 끝점을 저장 하고 있는 newPoint 필드의 참조 값 yy를 oldPoint 필드에 저장한다. 이 배정문에 의해 oldPoint 필드에 저장돼 있던 직전 Point 객체에 대한 참조 값 xx를 잃게 되고 oldPoint 와 newPoint 필드는 이제 같은 Point 객체를 참조한다. 직전 Point 객체는 메모리에 존 재하나 그 참조 값을 갖고 있는 필드나 변수가 없기 때문에 접근해서 사용할 수 없게 된 다. 이와 같이 더 이상 사용하지 않는 객체는 자바 가상 기계에 의해 주기적으로 감지되 고 객체가 차지하고 있던 메모리는 가용 메모리로 자동 환원된다. 이처럼 자바의 자동 메모리 관리 기능을 가비지 컬렉션Garbage Collection이라고 한다.

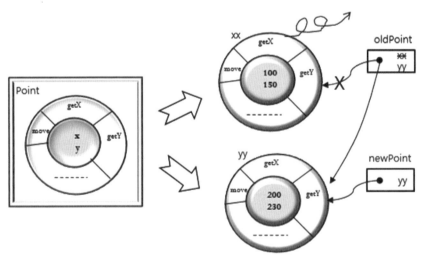

그림 2-31 참조 변수끼리의 배정

C++ 언어는 자바와 함께 많이 사용되는 객체지향 언어다. C++ 언어는 자바처럼 객체의 생성을 위해 new 연산자를 사용한다. 객체를 소멸시켜 객체가 차지하고 있던 메모리를 가용 메모리로 환원시킬 때 delete 연산자도 지원한다. C++ 언어에서는 개발자가 코드 내에서 객체의 소멸 시점을 결정해 delete 연산자로 명시적으로 메모리를 환원시킨다. 자바는 delete 연산자를 지원하지 않는 대신에 자동 가비지 컬렉션 기능을 제공한다. 가비지 컬렉션 기능을 수행하는 가비지 컬렉터는 프로그램 실행 중 더 이상 필드나 변수에 의해 참조되지 않는 객체(가비지)들을 감지해서 그 메모리를 가용 메모리로 환원시킨다. 이와 같이 메모리 관리를 자동으로 해주므로 개발자 입장에서 편리하기는 하지만 프로그램 실행 중에 가비지 컬렉션 작업이 물밑에서 이뤄지기 때문에 프로그램의 성능이 조금 떨어지게 된다.

2.2.4 응용 과제 4
[구조체]

응용 과제 3을 발전시킨다. 그림 2-32와 같이 마우스의 두 번 클릭으로 선을 그린다. 첫 번째 클릭점은 선의 시작점이고, 두 번째 클릭점은 선의 끝점이 된다.

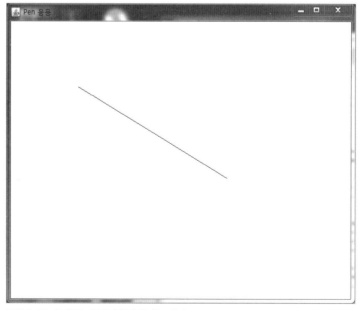

그림 2-32 두 번의 마우스 클릭으로 선 그리기

리스트 2-6의 코드를 실행시킨다.

리스트 2-6 PenApp4 프로젝트의 PenApp.java

```
01 //==========================================================
02 // Simple Pen Application in Java
03 // 두 번의 마우스 클릭으로 선을 정의
04 // Point 클래스를 정의해서 사용
05 //==========================================================
06
07 import java.awt.*;
08 import java.awt.event.*;
09
10 class Pt {
11   int x;
12   int y;
13 }
14
15 public class PenApp extends Frame {
16   public Pt startPoint = null;
17   public Pt endPoint = null;
18   public boolean firstClick = true;
19
20   public static void main(String[] args) {
21     PenApp window = new PenApp();
22     window.setVisible(true);
23   }
24
25   public PenApp() {
26     setSize(600, 500);
27     setTitle("Pen 응용");
28     MouseKeeper mouse = new MouseKeeper();
29     addMouseListener(mouse);
30
31     startPoint = new Pt();
32     endPoint = new Pt();
33   }
34
35   private class MouseKeeper extends MouseAdapter {
36
37     public void mousePressed(MouseEvent e) {
38       if(firstClick) {
```

```
39          startPoint.x = e.getX();
40          startPoint.y = e.getY();
41          firstClick = false;
42        }
43      else {
44          endPoint.x = e.getX();
45          endPoint.y = e.getY();
46          firstClick = true;
47          repaint();
48        }
49      }
50    }
51
52    public void paint(Graphics g) {
53      g.drawLine(startPoint.x, startPoint.y, endPoint.x, endPoint.y);
54    }
55  }
```

응용 과제 3에서는 java.awt.Point 클래스를 활용해 봤다. 이번 과제에서는 10~13번째 줄처럼 포인트 클래스를 정의해서 사용해 본다. class 키워드를 사용한 클래스 정의이기는 하나 메소드는 없고 x와 y 두 개의 정수 필드만 정의했기 때문에 C 언어의 구조체와 성격이 비슷하다. 클래스명을 Pt라고 한 것은 java.awt.Point 클래스와 이름 충돌을 피하기 위함이다. class 키워드 앞에 접근자를 지정하지 않았기 때문에 기본^{default} 접근자가 지정된다. x와 y의 필드들도 기본 접근자가 지정된다. 기본 접근자는 같은 패키지 내의 PenApp 클래스로부터의 접근이 허용된다.

Pt 클래스는 구조체의 성격을 갖고 있지만 클래스이기 때문에 16, 17번째 줄처럼 이 클래스로부터 생성될 객체의 참조 값을 저장할 startPoint와 endPoint 참조 필드를 선언하고 null값으로 초기화한다. 문제에서 주어졌듯이 두 번의 마우스 클릭으로 선이 정의되므로 시작점 객체의 참조 값을 startPoint 필드에, 끝점 객체의 참조 값을 endPoint 필드에 저장하려면 18번째 줄처럼 firstClick이라는 boolean형 필드를 선언해서 첫 번째 클릭과 두 번째 클릭을 구분한다. 초깃값은 첫 번째 클릭을 의미하는 true값이 배정된다.

31, 32번째 줄에서는 그림 2-33과 같이 Pt 클래스로부터 두 개의 객체를 생성해서 그 참조 값을 startPoint와 endPoint 필드에 저장한다. 그림에서 Pt 클래스는 메소드가 없기 때문에 외부 원을 생략함으로써 일반 클래스와 구분한다. 두 Pt 객체의 필드 x와 y는 0으로 초기화된다.

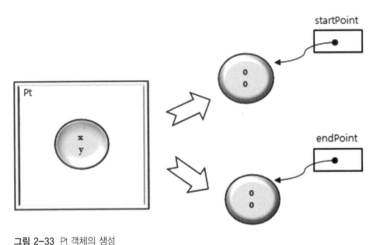

그림 2-33 Pt 객체의 생성

38번째 줄에서는 사용자의 클릭이 선의 시작점인지 아니면 선의 끝점인지를 구분해 클릭점의 좌표를 startPoint와 endPoint가 참조하는 Pt 객체에 저장한다. 응용 과제 3에서는 e가 참조하는 객체의 getPoint 메소드를 호출해서 반환되는 java.awt.Point 클래스형 객체의 참조 값을 바로 배정받았지만 Pt 클래스는 사용자가 정의한 클래스형이므로 getX와 getY 메소드를 호출해서 반환되는 정수를 Pt 객체의 필드에 저장한다. 41번째 줄에서는 시작점의 처리가 끝났으므로 다음 클릭이 끝점으로 인식되도록 firstClick 필드의 값을 false로 변경한다. 이제 끝점의 처리도 끝났으므로 선을 그릴 준비가 됐기 때문에 47번째 줄에서는 repaint 메소드를 호출해서 paint 메소드를 간접 호출한다. 53번째 줄에서는 첫 번째 클릭점을 시작점으로 하고, 두 번째 클릭점을 끝점으로 하는 선을 그린다.

2.2.5 응용 과제 5

[개선된 for문]

응용 과제 4를 발전시킨다. 마우스로 클릭한 점들을 잇는 선이 그림 2-34와 같이 다섯 개까지 그려진다. 이 선들은 윈도우의 크기 조정에도 유지된다.

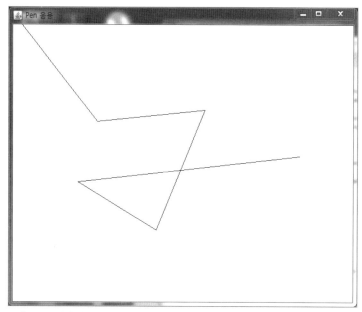

그림 2-34 다섯 개의 연속된 선 그리기

리스트 2-7의 코드를 실행시킨다.

리스트 2-7 PenApp5 프로젝트의 PenApp.java

```
01  //==========================================================
02  // Simple Pen Application in Java
03  // 마우스의 왼쪽 버튼 클릭점을 잇는 선이 연속적으로 5개까지 그려지며
04  // 이 선들은 윈도우의 크기 조정에도 유지됨
05  // Point 구조체를 정의해서 사용
06  //==========================================================
07
08  import java.awt.*;
09  import java.awt.event.*;
10
11  class Pt {
```

```
12    int x;
13    int y;
14  }
15
16  public class PenApp extends Frame {
17    final public int MAX_LINES = 5;
18    public int lineCount = 0;
19    public Pt [] points;
20
21    public static void main(String[ ] args) {
22      PenApp window = new PenApp();
23      window.setVisible(true);
24    }
25
26    public PenApp() {
27      setSize(600, 500);
28      setTitle("Pen 응용");
29      MouseKeeper mouse = new MouseKeeper();
30      addMouseListener(mouse);
31
32      points = new Pt[MAX_LINES];
33      for(int i = 0; i < MAX_LINES; i++)
34        points[i] = new Pt();
35    }
36
37    private class MouseKeeper extends MouseAdapter {
38
39      public void mousePressed(MouseEvent e) {
40        if(lineCount < MAX_LINES) {
41          points[lineCount].x = e.getX();
42          points[lineCount].y = e.getY();
43          lineCount++;
44          repaint();
45        }
46      }
47    }
48
49    public void paint(Graphics g) {
50      for(int i = 0; i < lineCount; i++)
51        if(i == 0)
52          g.drawLine(0, 0, points[0].x, points[0].y);
```

```
53        else
54          g.drawLine(points[i-1].x, points[i-1].y,
55                      points[i].x, points[i].y);
56    }
57  }
```

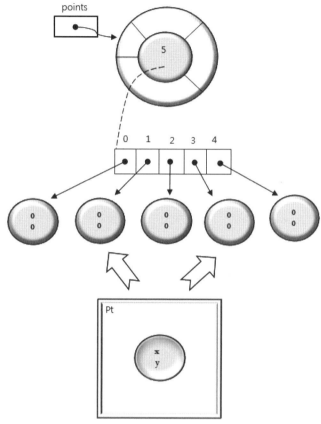

그림 2-35 Pt 배열 객체의 초기화

17번째 줄에서 선의 개수를 최대 다섯 개로 제한하도록 MAX_LINES 상수 필드를 선언한다. 18번째 줄에서는 생성된 선의 개수를 카운트할 수 있게 lineCount라는 정수 필드를 선언하고 0으로 초기화한다. 19번째 줄에서 Pt 객체들을 저장할 points라는 Pt 클래스형 배열의 참조 필드를 선언한다.

32번째 줄에서 그림 2-35와 같이 다섯 개의 원소를 갖는 배열 객체를 생성하고 그 참조 값을 points 필드에 저장한다. 33, 34번째 줄에서는 Pt 객체를 다섯 개 생성해서 배열의 원소에 참조 값들을 저장한다. 이때 각 Pt 객체의 x와 y 필드들은 모두 0으로 초기화된다. 이와 같이 객체들의 참조 값을 저장하는 배열을 객체 배열이라고 한다.

사용자의 마우스 클릭에 의해 호출되는 mousePressed 메소드에서 40번째 줄의 if문은 생성된 선의 개수가 다섯 개 이하인 경우 41, 42번째 줄처럼 클릭점의 x와 y 좌푯값을 배열 내의 해당 Pt 객체의 필드에 저장한다. 43번째 줄에서는 선의 개수를 1만큼 증가시킨다. 44번째 줄의 repaint 메소드에 의해 새로 추가된 선을 그릴 경우 49번째 줄의 paint 메소드가 간접 호출된다.

paint 메소드는 호출될 때마다 기본적으로 현재 생성된 선을 모두 그릴 수 있도록 50번째 줄의 for문으로 lineCount 필드에 저장된 개수만큼 선 그리기를 반복한다. 첫 번째 선의 시작점은 (0, 0)점이기 때문에 51번째 줄에서 첫 선인지의 여부를 조사해서 첫 선이면 (0, 0)점을 시작점으로 하는 선을 그리고, 첫 선이 아니면 54번째 줄처럼 직전 점을 시작점으로 하고 현재 점을 끝점으로 하는 선을 그린다. 프로그램 초기에 윈도우가 처음으로 화면에 표시될 때도 paint 메소드가 호출되는데 이때는 lineCount 필드의 값이 0이기 때문에 for문의 실행 없이 paint 메소드가 종료된다. 사용자가 실행 윈도우의 크기를 조정하거나 실행 윈도우가 다른 윈도우의 밑에 있다가 다시 표시될 때 자바 가상 기계가 실행 윈도우를 다시 그려야 함을 감지하고 paint 메소드를 직접 호출한다. paint 메소드는 생성된 모든 선들을 다시 그리기 때문에 실행 윈도우에 그려진 선들의 모습이 이런 경우에도 유지된다.

33, 34번째 줄을 주석 처리하고, 40번째 줄과 41번째 줄 사이에 다음의 문장을 삽입한 후 실행시켜 본다.

```
points[lineCount] = new Pt();
```

실행 결과는 똑같지만 내부적으로는 그림 2-35와 같이 다섯 개의 Pt 객체를 프로그램 실행 초기에 먼저 생성해서 이들을 이용하느냐 아니면 사용자가 마우스를 클릭할 때마다 그림 2-36과 같이 Pt 객체를 생성해서 배열의 원소에 참조 값을 배정해 나갈 것이냐의 차이가 있다.

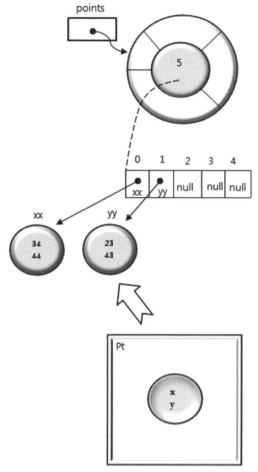

그림 2-36 마우스 클릭 때마다 생성되는 Pt 객체

1장의 응용 과제 4에서 개선된 for문을 소개했는데 그림 2-35의 경우에는 배열이 처음부터 꽉 차기 때문에 문제가 없으나 그림 2-36의 경우에는 채워져 나가는 형태이기 때문에 개선된 for문을 사용할 수 없다.

2.3 │ 보충 문법

이번 절에서는 그래픽 전담 객체를 생성하는 Graphics 클래스를 살펴본다.

2.3.1 Graphics 클래스

그래픽 전담 객체를 생성하는 Graphics 클래스는 java.awt 패키지 내에 존재한다. Graphics 객체는 그림을 그리는 데 필요한 각종 기능을 제공한다. 선, 사각형, 타원, 원호와 같이 다양한 형태를 그리는 메소드들과 폰트, 문자열, 색상, 이미지에 관련된 메소드들을 제공한다. 이미지 그리기에 대해서는 6장의 응용 과제 5에서 설명하고, 여기서는 표 2-5와 같은 나머지 기능들을 살펴본다.

표 2-5 Graphics 클래스의 메소드

메소드	설명
void setColor(Color color)	펜의 색을 color로 설정. 기본 색은 검은색
void setFont(Font font)	폰트를 font가 참조하는 폰트 객체로 설정
void drawString(String str, int x, int y)	str이 참조하는 문자열을 (x, y) 좌표에 그림
void drawLine(int x_1, int y_1, int x_2, int y_2)	(x_1, y_1)에서 (x_2, y_2)까지 선을 그림
void drawRect(int x, int y, int w, int h)	왼쪽 위 꼭짓점이 (x, y), 폭이 w, 높이가 h인 사각형을 그림
void fillRect(int x, int y, int w, int h)	왼쪽 위 꼭짓점이 (x, y), 폭이 w, 높이가 h인 사각형을 칠함
void drawOval(int x, int y, int w, int h)	왼쪽 위 꼭짓점이 (x, y), 폭이 w, 높이가 h인 사각형에 내접하는 타원을 그림
void fillOval(int x, int y, int w, int h)	왼쪽 위 꼭짓점이 (x, y), 폭이 w, 높이가 h인 사각형에 내접하는 타원을 칠함
void drawRoundRect(int x, int y, int w, int h, int arcWidth, int arcHeight)	왼쪽 위 꼭짓점이 (x, y), 폭이 w, 높이가 h인 사각형을 그림. 네 모서리는 arcWidth와 arcHeight를 이용해서 원호로 처리
void fillRoundRect(int x, int y, int w, int h, int arcWidth, int arcHeight)	왼쪽 위 꼭짓점이 (x, y), 폭이 w, 높이가 h인 사각형을 칠함. 네 모서리는 arcWidth와 arcHeight를 이용해서 원호로 처리
void drawArc(int x, int y, int w, int h, int startAngle, int arcAngle)	왼쪽 위 꼭짓점이 (x, y), 폭이 w, 높이가 h인 사각형에 내접하는 타원에서 startAngle에서 arcAngle만큼의 원호를 그림
void fillArc(int x, int y, int w, int h, int startAngle, int arcAngle)	왼쪽 위 꼭짓점이 (x, y), 폭이 w, 높이가 h인 사각형에 내접하는 타원에서 startAngle에서 arcAngle만큼의 원호를 칠함
void drawPolygon(int[] x, int[] y, int n)	x와 y가 참조하는 배열에 저장된 점들 중 n개를 연결하는 폐다각형을 그림
void fillPolygon(int[] x, int[] y, int n)	x와 y가 참조하는 배열에 저장된 점들 중 n개를 연결하는 폐다각형을 칠함

리스트 2-8은 기본 코드 틀을 이용해서 Graphics 클래스의 여러 메소드들을 활용해 보는 예이고, 그림 2-37은 이 코드의 실행 결과의 설명을 위해 안내선을 추가한 것이다.

리스트 2-8 PenAdd1 프로젝트의 GraphicsApp.java

```
01  //=========================================================
02  // Graphics Application Example
03  //=========================================================
04
05  import java.awt.*;
06  import java.awt.event.*;
07
08  public class GraphicsApp extends Frame {
09
10    public static void main(String[ ] args) {
11      GraphicsApp window = new GraphicsApp();
12      window.setVisible(true);
13    }
14
15    public GraphicsApp() {
16      setSize(400, 700);
17      setTitle("Graphics 응용");
18      MouseKeeper mouse = new MouseKeeper();
19      addMouseListener(mouse);
20    }
21
22    private class MouseKeeper extends MouseAdapter {
23
24      public void mousePressed(MouseEvent e) {
25        repaint();
26      }
27    }
28
29    public void paint(Graphics g) {
30      // 문자열
31      g.setFont(new Font("Arial", Font.ITALIC, 20));
32      g.drawString("Graphics", 40, 60);
33      // 선
34      g.setColor(Color.red);
35      g.drawLine(40, 100, 120, 130);
36      // 사각형
```

```java
37      g.setColor(Color.blue);
38      g.drawRect(40, 150, 70, 50);
39      g.fillRect(200, 150, 70, 50);
40      // 타원
41      g.setColor(Color.green);
42      g.drawOval(40, 230, 70, 50);
43      g.setColor(Color.pink);
44      g.fillOval(200, 230, 70, 70);
45      // 둥근 사각형
46      g.setColor(Color.black);
47      g.drawRoundRect(40, 330, 70, 50, 20, 30);
48      g.fillRoundRect(200, 330, 70, 50, 20, 30);
49      // 원호
50      g.setColor(Color.magenta);
51      g.drawArc(40, 430, 70, 70, 90, 270);
52      g.setColor(Color.yellow);
53      g.fillArc(210, 430, 70, 70, 90, 270);
54      g.setColor(Color.black);
55      g.drawArc(210, 430, 70, 70, 90, 270);
56      // 폐다각형
57      g.setColor(Color.red);
58      int x[] = {80, 40, 80, 120};
59      int y[] = {540, 590, 640, 590};
60      g.drawPolygon(x, y, 4);
61      for(int i = 0; i < 4; i++)
62        x[i] = x[i] + 160;
63      g.fillPolygon(x, y, 4);
64    }
65  }
```

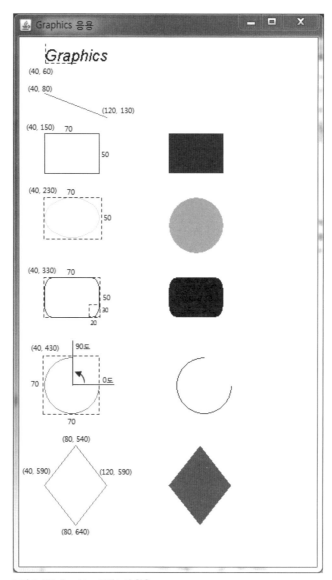

그림 2-37 Graphics 클래스의 활용

16번째 줄에서 윈도우의 크기를 400×700으로 조정한다. 31번째 줄은 다음의 두 문장을 한 문장으로 표현한 것이다.

```
Font font = new Font("Arial", Font.ITALIC, 20);
g.setFont(font);
```

java.awt.Font 클래스는 폰트(문자체)를 모델링한 클래스다. new 연산자로 Font 객체를 생성하려고 () 내의 첫 번째 인자로는 'Arial', 'Times New Roman' 등과 같이 폰트명을 문자열로 명시하고, 두 번째 인자로는 Font.BOLD(고딕체), Font.ITALIC(이탤릭체), Font.PLAIN(일반체)의 상수로 폰트의 스타일을 명시한다. 마지막 인자는 픽셀 단위의 폰트 크기이다. paint 메소드의 g 인자 변수가 참조하는 그래픽 전담 객체의 setFont 메소드를 호출해서 생성된 Font 객체를 설정한다. 32번째 줄의 drawString 메소드는 'Graphics' 문자열을 이 폰트로 (40, 60) 위치에 그린다. 이 점은 그림 2-37에 안내선으로 나타낸 것과 같이 문자열의 왼쪽 아래 점을 지정한다.

34번째 줄에서 setColor 메소드를 호출해서 펜의 색을 빨간색으로 변경한다. 35번째 줄의 drawLine 메소드는 (40, 100)의 시작점에서 (120, 130)의 끝점까지 빨간 선을 그린다.

37번째 줄에서 펜의 색을 파란색으로 변경하고, 38번째 줄에서는 drawRect 메소드를 호출해서 파란색 사각형을 그린다. drawRect 메소드의 첫 번째와 두 번째 인자로 명시된 (40, 150)점은 사각형의 왼쪽 위 꼭짓점이고, 세 번째와 네 번째 인자는 사각형의 폭과 높이이다. 39번째 줄에서는 이 사각형의 오른쪽 (200, 150) 위치에 파란색으로 내부가 칠해진 사각형을 그린다.

41번째 줄에서 펜의 색을 초록색으로 변경하고, 42번째 줄에서는 drawOval 메소드를 호출해서 초록색 타원을 그린다. drawOval 메소드의 인자로는 타원이 내접할 사각형을 명시한다. 첫 번째와 두 번째 인자로 명시된 (40, 230)은 이 사각형의 왼쪽 위 꼭짓점이고, 세 번째와 네 번째 인자는 사각형의 폭과 높이이다. 43번째 줄에서 펜의 색을 핑크색으로 변경하고, 오른쪽 (200, 230) 위치에 핑크색으로 내부가 칠해진 원을 그린다. 폭과 높이가 70으로 같기 때문에 원으로 칠해진다.

46번째 줄에서 펜의 색을 검은색으로 변경하고, 47번째 줄에서는 drawRoundRect 메소드를 호출해서 모서리가 둥근 사각형을 그린다. drawRoundRect 메소드의 처음 네 인자는 drawRect 메소드와 같이 사각형을 명시하고, 다섯 번째와 여섯 번째 인자는 네 모서리를 원호로 처리할 때 타원이 내접할 사각형(그림 2-37)의 가로 반지름(20)과 세로 반지름(30)을 명시한다. 48번째 줄에서는 이 둥근 사각형의 오른쪽 (200, 330) 위치에 검은색으로 내부가 칠해진 둥근 사각형을 그린다.

50번째 줄에서 펜의 색을 마젠타(자홍색)로 변경하고, 51번째 줄에서는 drawArc 메소드를 호출해서 원호를 그린다. drawArc 메소드의 처음 네 인자로는 drawRect 메소드와 같이 원호가 내접할 사각형을 지정한다. 다섯 번째와 여섯 번째 인자는 사각형에 내접할 타원 중 원호가 그려질 부분을 각도로 명시한다. 그림 2-37의 원호에서 이 각도는 3시 방향을 기점으로 해서 51번째 줄처럼 시계 반대 방향으로 90도(다섯 번째 인자)에서 시작해 270도(여섯 번째 인자)만큼 회전한 곳까지를 지정한다. 여섯 번째 인자가 음수이면 시계 방향으로 회전한 곳까지를 의미한다. 52~55번째 줄은 그림의 오른쪽 원호와 같이 내부를 53번째 줄처럼 노란색으로 칠하고 검은색으로 55번째 줄처럼 테두리를 그린다. 내부와 테두리를 다른 색으로 그릴 때는 내부부터 칠하고 테두리를 그리는 것이 보기에 더 깔끔하다.

57번째 줄에서 펜의 색을 빨간색으로 변경하고, 60번째 줄에서는 drawPolygon 메소드를 호출해서 폐다각형을 그린다. 58, 59번째 줄의 두 정수 배열은 drawPolygon 메소드가 그릴 폐다각형의 네 점에 대한 x와 y 좌표인 (80, 540), (40, 590), (80, 640), (120, 590)을 저장한다. 이 두 배열을 drawPolygon 메소드의 첫 번째와 두 번째 인자로 제공하고, 세 번째와 네 번째 인자로는 네 점을 연결하는 폐다각형을 그릴 것을 지정한다. 61, 62번째 줄의 for문은 네 점의 x 좌표를 160씩 이동시킨 위치에 63번째 줄처럼 fillPolygon 메소드를 호출해서 폐다각형을 칠하기 위함이다.

1. 실습 과제를 발전시킨다. 그림 2-38과 같이 600×500 윈도우에 큰 대각선으로 X를 그린다.

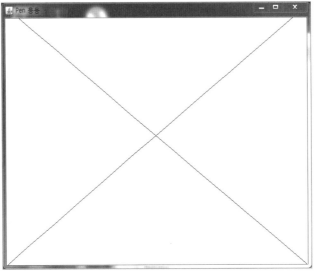

그림 2-38 윈도우에 큰 X 그리기

2. 실습 과제를 발전시킨다. 실습 과제처럼 마우스 클릭에 선이 이어 그려지면서 그림 2-39와 같이 몇 번째 선인지를 나타내는 문자열을 선의 끝점에 표시한다.

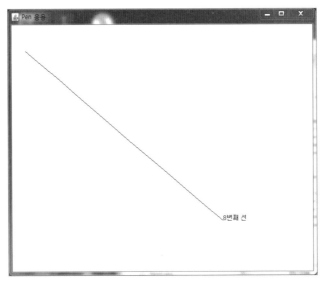

그림 2-39 몇 번째 선인지 표시하기

3. 응용 과제 1을 발전시킨다. 그림 2-40과 같이 선의 시작점과 끝점을 콘솔 윈도우에서 입력받고, 그 선을 그림 2-41과 같이 윈도우에 그린다.

그림 2-40 선의 시작점과 끝점 입력

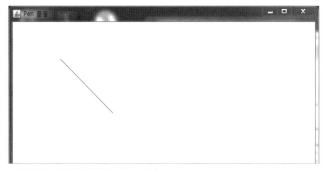

그림 2-41 좌표점 입력으로 선 그리기

4. 응용 과제 3을 발전시킨다. 마우스 왼쪽 버튼 클릭에 응용 과제 3과 같이 동작하지만, 마우스 오른쪽 버튼 클릭에는 직전 선을 지운다. 이어지는 왼쪽 버튼 클릭에 그림 2-42와 같이 지운 선의 시작점에 서 클릭점까지 선을 그린다.

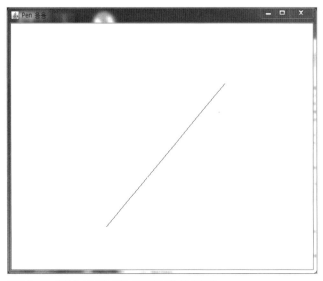

그림 2-42 마우스 오른쪽 버튼 클릭에 직전 선 지우기

5. 응용 과제 4를 발전시킨다. 그림 2-43과 같이 두 번의 마우스 클릭으로 선을 그린다. 단, 오른쪽 마우스 버튼 클릭에는 빨간 선을 그린다.

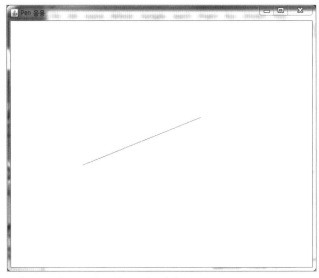

그림 2-43 마우스 클릭 두 번으로 선 그리기

6. 응용 과제 4를 발전시킨다. 그림 2-44와 같이 두 번의 마우스 클릭으로 빨간 사각형을 그린다. 첫 번째 클릭점은 사각형의 왼쪽 위 꼭짓점이고, 두 번째 클릭점은 사각형의 오른쪽 아래 꼭짓점이다.

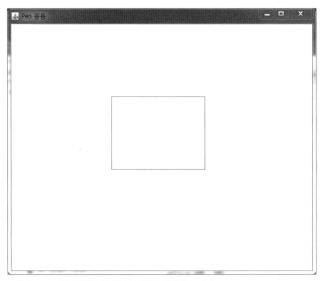

그림 2-44 마우스 클릭 두 번으로 빨간 사각형 그리기

7. 응용 과제 4를 발전시킨다. 그림 2-45와 같이 두 번의 마우스 클릭으로 원을 그린다. 첫 번째 클릭점은 원점이고, 두 번째 클릭점은 원주상의 한 점이 된다.

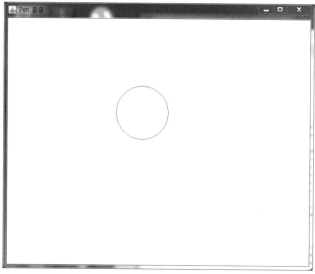

그림 2-45 마우스 클릭 두 번으로 원 그리기

힌트 다음은 반지름을 구해서 원을 그리는 코드다. 첫 번째와 두 번째 줄은 (x_1, y_1)점과 (x_2, y_2)점 간의 길이를 계산하는 코드이다. 두 점 간의 거리는 $(x_2-x_1)^2 + (y_2-y_1)^2$의 제곱근이다. sqrt와 pow 함수는 Math 클래스의 메소드로 제공된다. sqrt와 pow 메소드는 실수 값을 인자로 취하기 때문에 명시적으로 double형으로 변환해 주고, 최종 거리를 정수형 변수 distance에 저장할 때 int형으로 형 변환을 한다. Math 클래스는 java.lang 패키지 내에 존재하므로 import문 없이 바로 사용할 수 있다. Math 클래스는 3장의 '보충 문법' 절에서 자세하게 다룬다. (x_1, y_1)점이 원점이고 (x_2, y_2)점이 원주상의 한 점이면 distance는 반지름 값이 된다.

```
int distance = (int) Math.sqrt(Math.pow((double)(x₂-x₁), 2.0) +
                              Math.pow((double)(y₂-y₁), 2.0));
g.drawOval(x₁-distance, y₁-distance, 2*distance, 2*distance);
```

g가 참조하는 그래픽 전담 객체의 메소드인 drawOval은 인자로 사각형의 왼쪽 위 꼭짓점과 폭, 높이 값을 취해 이 사각형에 내접하는 타원을 그린다. 사각형이 세 번째 줄처럼 정사각형이면 내접하는 원을 그린다.

8. 응용 과제 5를 발전시킨다. 두 번의 마우스 클릭으로 그림 2-46과 같이 선을 그린다. 첫 번째 클릭점은 선의 시작점이고, 두 번째 클릭점은 선의 끝점이다. 선은 총 다섯 개까지 생성된다.

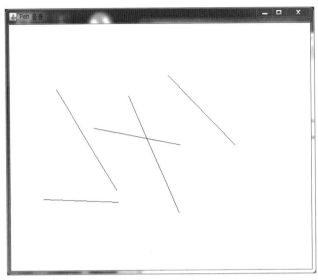

그림 2-46 다섯 개의 선 그리기

9. 응용 과제 5를 발전시킨다. 두 번의 마우스 클릭으로 그림 2-47과 같이 원을 그린다. 첫 번째 클릭점은 원의 원점이고, 두 번째 클릭점은 원주상의 한 점이다. 원은 총 다섯 개까지 생성된다.

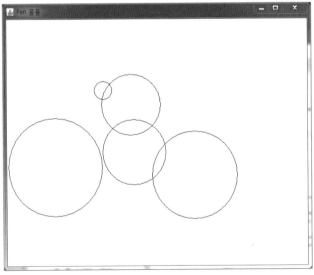

그림 2-47 다섯 개의 원 그리기

3장
Rectangle
응용프로그램

일반적으로 부품이란 데이터적인 속성들과 기능적인 속성들이 결합된 하드웨어 장치를 말한다. CD 플레이어, DVD 플레이어, 캠코더, TV, 스피커, 앰프 등으로 구성되는 홈시어터 시스템을 생각해 보면 CD 플레이어는 홈시어터 시스템을 구성하는 부품이라 할 수 있다. CD 플레이어가 완제품이기는 하지만 홈시어터 시스템을 구성하는 입장에서 보면 하나의 부품이라 생각할 수 있다. CD 플레이어는 데이터적인 속성들로 일련번호, 제조사, 모델명, 가격, 무게 등을 갖고, 기능적인 속성들로는 재생, 정지, 일시 정지, 앞으로 빨리 감기, CD 꺼내기 등을 갖는 부품이다. 이런 CD 플레이어는 제조 공장에서 설계에 의해 생산된다. 설계에 의해 같은 형의 여러 CD 플레이어들이 생산된다. 따라서 자바 용어로 CD 플레이어의 설계를 1장에서 소개한 클래스라 할 수 있고, CD 플레이어들을 객체라고 할 수 있다.

CD 플레이어 생산 공장인 경우 일반적으로 CD 플레이어만 생산하는 것이 아니라 DVD 플레이어, 캠코더 등도 생산한다. 이들 플레이어들은 많은 데이터적인 속성들과 기능적인 속성들을 공유한다. 예를 들면 모두가 제조사, 모델명, 가격, 무게 등의 데이터적인 속성들과 플레이어 켜기, 끄기, 재생, 정지, 일시 정지, 앞으로 빨리 감기, 미디어 꺼내기 등의 기능적인 속성들을 공통적으로 가진다. 그렇다면 이 플레이어들을 가가 처음부터 설계하는 것이 아니라 공통인 속성들을 뽑아 공통 모델을 설계하고, 이 공통 설계를 바탕으로 각 플레이어에 맞게 설계를 발전시키면 효율적일 것이다. 여기서는 이런 공통 설계로 제작된 플레이어를 그림 3-1의 기본 플레이어라고 하자.

그림 3-1 기본 플레이어

　기본 플레이어는 기능적인 속성들 중에서 모든 플레이어에 대해 같은 작업을 수행하는 플레이어 켜기, 끄기, 미디어 꺼내기 등은 완전한 기능을 갖춘 버튼을 구비하고, DVD, CD 등의 미디어에 종속되는 재생, 앞으로 빨리 감기 등은 기능이 구현되지 않은 채 버튼만 갖추게 된다. 기본 플레이어를 발전시켜 DVD 플레이어, CD 플레이어, 캠코더 등이 제작될 때 각 미디어에 맞는 재생, 앞으로 빨리 감기 등의 기능이 해당 버튼에 연계돼 제작된다. 기본 플레이어에 없는 기능이 필요하다면 버튼을 추가해 필요한 기능을 연계시키면 된다. 기본 플레이어에 추가로 필요한 데이터적인 속성이 있다면 이들도 추가해 주면 된다. 따라서 기본 플레이어는 모든 플레이어를 제작할 때 재사용이 가능한 기본 부품이 된다.

　기본 플레이어는 사용자가 사용하는 데 있어 알 필요 없는 데이터적인 속성들과 기능적인 속성들의 동작 원리가 박스 처리된 깔끔한 사용자 인터페이스User Interface를 제공한다. 사용자 인터페이스란 플레이어가 사용자와 대화하는 방식을 말하며, 기본 플레이어는 켜기, 끄기, 재생, 정지, 일시 정지 등의 버튼으로 자신이 어떤 기능을 할 수 있는지와 관련된 사항만을 사용자 인터페이스로 제공한다. 사용자가 켜기 버튼을 누르는 것은 기본 플레이어에게 플레이어 켜기 기능을 요청하는 것이고, 플레이어가 박스 안에서 어떻게 그 기능을 수행하는지(기능적인 속성들의 동작 원리)와 모델명, 가격, 무게 등이 무엇이고 얼마인지(데이터적인 속성)는 사용자의 관심사가 아니다.

　기본 플레이어와 같은 개념의 기본 소프트웨어 부품을 만드는 경우를 생각해 보자. 우선 무엇을 어떻게 부품화할 것인지 알아야 한다. 하드웨어 부품인 DVD 플레이어, CD 플레이어, 캠코더와 비유할 수 있는 흔글, 익스플로러, 파워포인트 응용프로그램들이 동시에 실행되는 그림 3-2의 화면에서 힌트를 얻어 보자.

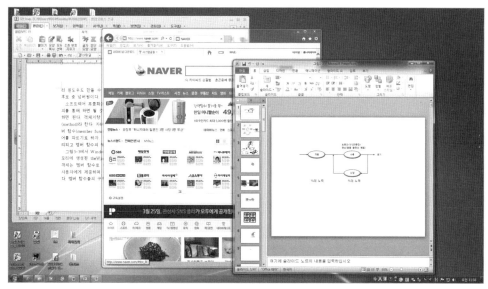

그림 3-2 윈도우 응용프로그램 실행

　　모든 응용프로그램들은 윈도우를 기반으로 실행된다. 윈도우는 한 개의 응용프로그램이 동작하는 기본 단위가 된다. 따라서 흔글, 익스플로러, 파워포인트 윈도우들로부터 공통적인 속성들을 뽑아 부품화한다면 이 부품은 기본 플레이어와 같은 역할을 하는 기본 윈도우가 될 것이다. 기본 윈도우란 윈도우의 기본 기능은 갖췄지만 윈도우에 표시하는 내용은 아직 없는 빈 윈도우를 말한다. 기본 윈도우는 화면상의 위치가 있고 폭과 높이가 있으며 바탕색도 설정돼 있다. 이런 속성들을 기본 윈도우의 데이터적인 속성들로 설정하면 된다. 또한 기본 윈도우는 크기 조정이 가능하며 마우스로 타이틀바를 끌면 이동한다. 타이틀바의 ⊠ 버튼을 클릭하면 사라지기도 한다. 이런 속성들은 기본 윈도우의 기능적인 속성들이 된다. 이와 같은 기본 윈도우를 소프트웨어 부품화해서 모든 응용프로그램들이 활용한다면 효율적일 것이라는 생각이 든다. 기본 윈도우를 발전시켜 문서 편집 기능을 추가하면 흔글 윈도우를 만들 수 있고, 웹 탐색 기능을 추가하면 익스플로러 윈도우도 만들 수 있다. 따라서 이런 기본 윈도우는 재사용이 가능한 소프트웨어 부품화 후보 중 넘버원이다.

　　소프트웨어 부품화는 어떻게 하면 될까? 소프트웨어 부품의 데이터적인 속성들은 변수 정의를 통해 하면 되고, 기능적인 속성들은 해당 기능을 실행하는 함수들을 통해 구현하면 된다. 객체지향 용어로 이런 데이터를 애트리뷰트^{attribute}라고 하고, 함수를 메소드^{method}라고 한다. 자바의 용어로는 데이터를 필드, 함수를 메소드라고 하며, 필드와 메소드를 멤버라고 한다. 우리는 자바의 용어를 따르기로 하자.

자바는 java.awt 패키지 내에 이와 같은 기본 윈도우를 모델링한 그림 3-3의 Window 클래스를 제공한다.

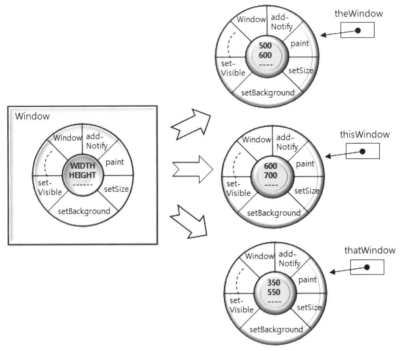

그림 3-3 Window 클래스와 기본 윈도우 객체

Window 클래스는 1장에서 소개한 부품 원판이고, theWindow, thisWindow, thatWindow 참조 변수들이 참조하는 기본 윈도우 객체들은 Window 클래스로부터 생성된 부품들이다. 기본 윈도우 객체는 필드로는 폭(WIDTH), 높이(HEIGHT), 화면상의 좌표, 바탕색 등을 갖고, 메소드로는 윈도우 표시하기(setVisible), 윈도우 크기 설정하기(setSize), 바탕색 칠하기 (setBackground) 등을 가진다. 필드들은 private 접근자로 지정하고, 메소드들은 public 접근자로 지정한다면 기본 윈도우 객체에서 필드들과 메소드들의 구현(메소드 바디)은 내부 원에 존재해 캡슐화되고 메소드의 헤더만이 외부 원에 제공돼 깔끔한 인터페이스를 제공한다. 이는 기본 플레이어의 데이터적인 속성과 기능적인 속성의 동작 원리가 박스 내에 존재하고, 기능 버튼만이 외부 인터페이스로 제공되는 것과 같은 이치다.

3장에서는 윈도우에 마우스 버튼을 클릭해서 사각형을 그리는 Rectangle 응용프로그램을 작성한다. Window 클래스에 비해 규모가 작은 사각형 클래스를 작성해 보고, 이 클래스로부터 사각형 객체를 생성해서 활용한다.

3.1 | Rectangle 응용프로그램 실습

[클래스와 객체, 생성자, 필드의 내부 접근과 외부 접근]

프로그램을 실행시키면 빈 윈도우가 생성되고, 윈도우 내에서 마우스를 클릭하면 그 점을 왼쪽 위 꼭짓점으로 하고 폭 70, 높이 50인 파란색 사각형이 그림 3-4와 같이 그려진다. 생성된 사각형 내에서 마우스를 클릭하면 그 점으로 사각형이 이동된다. 사각형 외부에서의 클릭은 무시된다. 이 과정이 반복되는 프로그램을 작성한다.

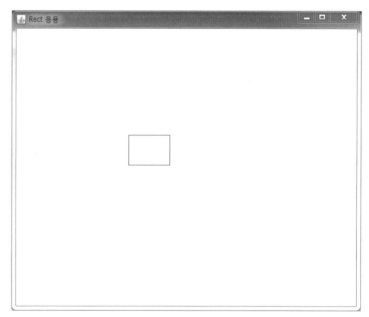

그림 3-4 Rectangle 응용프로그램의 실행

과정 01 Rect 클래스

Rectangle 응용프로그램은 Rect 클래스를 정의한 Rect.java와 RectApp 클래스를 정의한 RectApp.java의 두 파일로 구성된다. RectApp 클래스가 main 메소드를 포함하기 때문에 주 클래스가 된다. 이 두 파일은 기본 패키지에 위치한다. 다음은 사각형 객체를 생성하

는 Rect 클래스의 정의이다. Rect 클래스는 이어지는 장들에서 계속 사용되고 다른 응용 프로그램에서도 이용될 가능성이 높은 클래스이기 때문에 독립된 Rect.java 파일에 정의한다. 독립된 파일에 정의하면 클래스의 재사용성(이식성)이 높아진다. 독립된 파일에 클래스를 정의할 때는 그 클래스의 접근자를 public으로 명시하고 클래스명은 파일명과 일치해야 한다. Rect 클래스를 RectApp 클래스와 함께 RectApp.java 파일에 정의하려면 Rect 클래스를 2장 응용 과제 4의 Pt 클래스처럼 기본 접근자로 지정한다. 한 파일에 여러 클래스를 정의할 경우 public 접근자로 지정하는 클래스는 파일명과 일치하는 클래스 한 개뿐이어야 한다. 이클립스의 Package Explorer 뷰에서 Rect.java 파일을 더블클릭해서 그 내용을 리스트 3-1과 같이 편집 뷰에 표시한다.

리스트 3-1 RectApplication 프로젝트의 Rect.java

```
01  // Rect class
02
03  import java.awt.Color;
04  import java.awt.Graphics;
05
06  public class Rect {
07    // 필드
08    public int upperLeftX;
09    public int upperLeftY;
10    public int lowerRightX;
11    public int lowerRightY;
12
13    // 생성자
14    public Rect(int ulx, int uly, int lrx, int lry) {
15      upperLeftX = ulx;
16      upperLeftY = uly;
17      lowerRightX = lrx;
18      lowerRightY = lry;
19    }
20
21    // 메소드
22    public void moveTo(int ulx, int uly) {
23      int width = lowerRightX - upperLeftX;
24      int height = lowerRightY - upperLeftY;
25      upperLeftX = ulx;
26      upperLeftY = uly;
```

```
27        lowerRightX = ulx + width;
28        lowerRightY = uly + height;
29    }
30
31    public void draw(Graphics g) {
32        g.setColor(Color.blue);
33        int width = lowerRightX - upperLeftX;
34        int height = lowerRightY - upperLeftY;
35        g.drawRect(upperLeftX, upperLeftY, width, height);
36    }
37
38    public boolean includes(int x, int y) {
39        if((upperLeftX<x) && (lowerRightX>x))
40            if((upperLeftY<y) && (lowerRightY>y))
41                return true;
42        return false;
43    }
44 }
```

Rect 클래스는 사각형의 데이터적인 속성과 기능적인 속성들을 필드와 메소드들로 모델링해서 클래스로 표현한 것이다. 하나의 사각형을 규정할 수 있는 데이터적인 속성은 여러 가지 방법이 가능하다. 그림 3-5와 같이 사각형의 왼쪽 위 꼭짓점과 오른쪽 아래 꼭짓점을 데이터적인 속성으로 잡을 수도 있고, 왼쪽 위 꼭짓점, 폭, 높이를 데이터적인 속성으로 잡을 수도 있다. 우리는 왼쪽 위 꼭짓점의 x(8번째 줄의 upperLeftX)와 y(9번째 줄의 upperLeftY) 좌표를 나타내는 두 개의 정수 필드와 오른쪽 아래 꼭짓점의 x(10번째 줄의 lowerRightX)와 y(11번째 줄의 lowerRightY) 좌표를 나타내는 두 개의 정수 필드로 표현한다. 사각형의 왼쪽 위 꼭짓점, 폭(width), 높이(height)로 모델링하는 경우도 일반적이다. 두 경우 모두 한 개의 사각형을 규정하기에 적합하다.

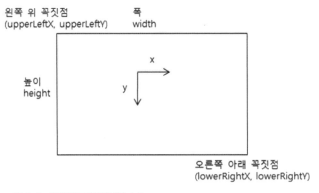

그림 3-5 사각형의 데이터적인 속성

클래스 정의에서 필드는 일반적으로 private 또는 protected 접근자가 지정되나 여기서는 예제 코드의 길이를 줄일 수 있도록 8~11번째 줄처럼 public 접근자를 지정하도록 하자. 3장의 응용 과제 1에서는 Rect 클래스의 필드들을 private 접근자로 지정해서 기본 플레이어처럼 깔끔한 인터페이스를 제공하도록 Rect 클래스를 다시 정의한다.

메소드들은 Rect 클래스로부터 생성될 사각형 객체들의 기능을 표현한다. 사각형 객체는 어떤 기능을 가져야 하는지 생각해 보자. 14번째 줄의 클래스명 Rect와 같은 이름의 메소드를 생성자constructor라고 한다. 2장에서 소개한 기본 코드 틀에서는 프로그램 초기에 한 번만 실행되는 클래스명과 같은 메소드가 생성자였다. 생성자 메소드에 대해서는 아래에서 설명한다. 사각형 객체는 기본 코드 틀이 제공하는 GUI 환경에서 사용될 객체이므로 객체 스스로 자신을 그릴 수 있어야 하고(31번째 줄의 draw 메소드), 자신의 위치를 이동시킬 수 있어야 한다(22번째 줄의 moveTo 메소드). 여기에 더해 사용자가 마우스를 클릭했을 때 그 클릭점이 자신의 내부점인지 아니면 외부점인지를 판단하는 능력도 부여하자(38번째 줄의 includes 메소드). 그림 3-6은 이 책의 표기 방식으로 Rect 클래스를 표현한 것이다. Rect 클래스로부터 생성된 사각형 객체를 그림 3-1의 기본 플레이어와 비유해 보면 사각형 객체는 draw, moveTo, includes라는 버튼을 가지며 박스 내에는 upperLeftX, upperLeftY, lowerRightX, lowerRightY가 존재한다. 또한 버튼들의 기능도 박스 내에서 구현된다.

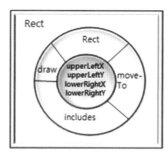

그림 3-6 Rect 클래스

14번째 줄의 생성자는 클래스로부터 객체를 생성할 때 자동적으로 실행되는 메소드를 말한다. 이 메소드의 주된 작업은 15~18번째 줄처럼 생성된 객체의 필드들을 인자 값들(ulx, uly, lrx, lry)로 초기화하는 것이다. 생성자는 반환값이 없으므로 반환형을 명시하지 않는다. 일반적으로 클래스를 정의할 때 초기화하고 싶은 필드의 개수에 따라 두 개 이상의 생성자를 오버로딩한다. 이렇게 정의한 생성자 메소드가 언제 호출되는지는 [과정 02]에서 설명하는 RectApp 클래스에서 Rect 클래스로부터 객체를 생성할 때 설명한다.

22번째 줄의 moveTo 메소드는 이동할 점의 x와 y 좌표를 인자로 받는다. 이 점은 이동된 사각형의 새로운 왼쪽 위 꼭짓점이 된다. 새로운 오른쪽 아래 꼭짓점을 계산하려면 23, 24번째 줄처럼 현재 사각형의 폭(width)과 높이(height)를 구한다. ulx와 uly는 moveTo 메소드의 인자 변수이고, width와 height는 moveTo 메소드의 지역 변수이기 때문에 moveTo 메소드가 호출되면 생성되고 moveTo 메소드가 종료되면 소멸된다. 그림 3-7에서 오른쪽 아래 꼭짓점의 x 좌표에서 왼쪽 위 꼭짓점의 x 좌표를 빼서 폭을 구하고, 오른쪽 아래 꼭짓점의 y 좌표에서 왼쪽 위 꼭짓점의 y 좌표를 빼서 높이를 구한다. 25, 26번째 줄에서는 인자로 받은 점으로 왼쪽 위 꼭짓점을 설정한다. 27, 28번째 줄처럼 새로운 오른쪽 아래 꼭짓점은 이 점에 width와 height값을 더하면 얻을 수 있다.

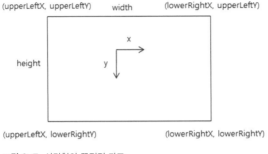

그림 3-7 사각형의 꼭짓점 좌표

31번째 줄의 draw 메소드는 그래픽 전담 객체인 Graphics 객체의 참조 값을 인자 변수 g로 받는다. g가 참조하는 Graphics 객체를 이용해 사각형 자신의 모습을 그린다. 과제에서 주어진 조건이 파란 사각형이므로 32번째 줄에서 Graphics 객체의 setColor 메소드를 호출해서 펜의 색을 파란색으로 설정한다. 사각형은 35번째 줄처럼 Graphics 객체의 drawRect 메소드를 호출해서 그리게 되는데 drawRect 메소드는 그릴 사각형의 왼쪽 위 꼭짓점, 폭, 높이를 인자로 취한다. 우리는 사각형을 왼쪽 위 꼭짓점과 오른쪽 아래 꼭짓점으로 모델링했기 때문에 33번째 줄처럼 폭을 구하고 34번째 줄처럼 높이를 구해서 drawRect 메소드의 인자 값으로 제공한다.

38번째 줄의 includes 메소드는 사용자가 클릭한 클릭점의 x와 y의 좌푯값을 인자로 받아 이 점이 사각형 객체가 차지하는 영역 내에 존재하면 true값을, 그렇지 않으면 false값을 반환한다. 클릭점이 내부점이려면 클릭점의 x 좌표가 사각형의 upperLeftX값과 lowerRightX값 사이에 있어야 하고, y 좌표도 upperLeftY값과 lowerRightY값 사이에 있어야 한다. 클릭점이 두 조건을 만족하면 41번째 줄처럼 true값을 반환한다.

과정 02 RectApp 클래스

2장에서 소개한 기본 코드 틀을 기반으로 해서 작성한 리스트 3-2의 RectApp 클래스는 Rect 클래스로부터 사각형 객체를 생성해서 활용한다. 이클립스의 Package Explorer 뷰에서 RectApp.java 파일을 더블클릭해서 그 내용을 편집 뷰에 표시한다.

리스트 3-2 RectApplication 프로젝트의 RectApp.java

```
01  //=========================================================
02  // Simple Rectangle Application in Java
03  //=========================================================
```

```java
04
05  import java.awt.*;
06  import java.awt.event.*;
07
08  public class RectApp extends Frame {
09    public Rect theRectangle = null;
10
11    public static void main(String[ ] args) {
12      RectApp window = new RectApp();
13      window.setVisible(true);
14    }
15
16    public RectApp() {
17      setSize(600, 500);
18      setTitle("Rect 응용");
19      MouseKeeper mouse = new MouseKeeper();
20      addMouseListener(mouse);
21    }
22
23    private class MouseKeeper extends MouseAdapter {
24
25      public void mousePressed(MouseEvent e) {
26        int x = e.getX();
27        int y = e.getY();
28
29        if(theRectangle == null) {
30          theRectangle = new Rect(x, y, x+70, y+50);
31        }
32        else {
33          if(theRectangle.includes(x, y))
34            theRectangle.moveTo(x, y);
35        }
36        repaint();
37      }
38    }
39
40    public void paint(Graphics g) {
41      if(theRectangle != null)
42        theRectangle.draw(g);
43    }
44  }
```

Rectangle 응용프로그램에서 사각형 객체는 9번째 줄의 theRectangle 필드가 참조하는 것 하나만 존재한다. theRectangle 필드는 25번째 줄의 mousePressed 메소드와 40번째 줄의 paint 메소드에서 사용하기 때문에 기본 코드 틀의 필드 선언부에서 선언한다.

25번째 줄의 mousePressed 메소드는 사용자가 윈도우 내에서 마우스를 클릭했을 때 이 클릭을 모델링한 MouseEvent 객체의 참조 값이 e 인자로 전달되면서 호출된다. 사용자가 마우스를 클릭했을 때 해야 할 작업을 이곳에 코딩한다. 26, 27번째 줄에서 클릭점의 x와 y 좌푯값을 mousePressed 메소드의 지역 변수인 x와 y에 저장한다. 29번째 줄의 if문에서 theRectangle 필드의 값이 null인지 조사해서 null이면 현재 생성된 사각형 객체가 없다는 의미이므로 30번째 줄이 실행돼 사각형 객체가 생성된다.

30번째 줄은 그림 3-8과 같이 세 단계 작업을 수행한다. new 연산자의 사용은 클래스명과 함께 생성자 메소드에 전달될 인자 값들을 ()로 묶어 나열한다. 첫 번째 단계에서 그림 3-8의 1번과 같이 new 연산자에 의해 Rect 클래스로부터 메모리에 사각형 객체가 생성된다. 두 번째 단계에서 new 연산자는 생성된 사각형 객체의 Rect 생성자 메소드를 그림 3-8의 2번과 같이 자동적으로 호출한다. 사용자의 클릭점이 (100, 100)인 경우 100, 100, 170, 150의 값이 ulx, uly, lrx, lry 인자로 전달된다. Rect 생성자 메소드가 실행돼 생성된 사각형 객체의 필드들(upperLeftX, upperLeftY, lowerRightX, lowerRightY)이 100, 100, 170, 150으로 초기화된다. new 연산자의 반환값은 생성된 객체에 대한 참조 값인데 여기서는 그 값이 pp라고 가정하자. 마지막 단계로는 이 반환값이 그림 3-8의 3번과 같이 theRectangle 참조 필드에 배정돼서 theRectangle 필드가 생성된 사각형 객체를 참조하게 된다.

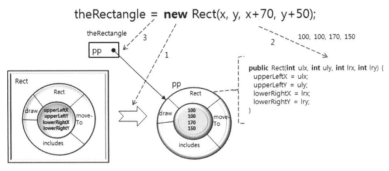

그림 3-8 객체의 생성과 초기화

다시 29번째 줄의 if문으로 돌아가서 theRectangle 필드의 값이 null이 아니면 이미 생성된 사각형 객체가 존재한다는 의미이므로 이제 클릭점이 그 사각형 객체의 내부점인지를 33번째 줄의 if문으로 판단한다. if문의 조건절인 theRectangle.includes(x, y)의 의미는 그림 3-9와 같이 theRectangle이 참조하는 객체에게 includes라는 메소드를 호출하는 것으로 theRectangle이 참조하는 객체가 사각형 객체이므로 Rect 클래스의 includes 메소드가 호출된다. 이때 클릭된 (x, y)점이 includes 메소드의 인자로 제공된다. theRectangle이 참조하는 사각형 객체를 그림 3-1의 기본 플레이어와 비유해 보면 includes 메소드의 호출은 기본 플레이어의 includes 버튼을 누르는 것이다.

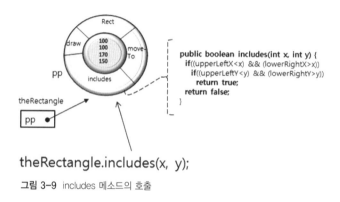

그림 3-9 includes 메소드의 호출

includes 메소드의 반환값이 true이면 클릭점이 내부점이라는 의미이므로 34번째 줄처럼 theRectangle 필드가 참조하는 사각형 객체에 moveTo 메소드를 호출해서 클릭점으로 이동시킨다. 클릭점이 사각형의 외부점이면 그냥 if문을 빠져나온다. 이동된 사각형 객체를 시각적으로 그릴 paint 메소드를 호출하려면 36번째 줄처럼 repaint 메소드를 호출한다.

윈도우에 사각형을 그리는 작업은 40번째 줄의 paint 메소드에 코딩한다. 이 paint 메소드는 프로그램 내에서 repaint 메소드에 의해 호출될 뿐만 아니라 프로그램 실행 초기에 윈도우를 화면에 처음 표시할 때도 호출된다. 초기에는 사용자가 마우스를 클릭해서 사각형 객체를 생성하기 전이기 때문에 41번째 줄처럼 theRectangle 필드의 값이 null이 아닌지 조사하는 if문이 반드시 필요하다. if문이 없으면 존재하지 않는 사각형 객체에게 42번째 줄처럼 draw 메소드가 호출되기 때문에 NullPointerException 예외가 발생한다. theRectangle의 값이 null이 아니고 참조하는 사각형 객체가 있으면 42번째 줄처럼 그 사각형 객체에게 draw 메소드를 호출하면서 그래픽 전담 객체를 참조하는 g 인자 변수의 값을 인자로 보낸다. 참조 전달 호출 방식이기 때문에 객체가 아닌 참조 값이 사각형 객체의 draw 메소드로 넘어간다. 따라서 사각형 객체의 draw 메소드의 g 인자 변수도 같은 그래픽 전담 객체를 참조하게 된다.

그림 3-10과 같이 Rect 클래스의 메소드인 Rect, draw, moveTo, includes에서 내부의 필드인 upperLeftX, upperLeftY, lowerRightX, lowerRightY에 접근하는 것을 필드의 내부 접근이라고 한다. 내부 접근은 필드의 접근자 지정과 상관없이 내부의 멤버에 접근하는 것이기 때문에 항상 가능하다. 같은 패키지 내의 RectApp 클래스에서 theRectangle. upperLeftX나 theRectangle.lowerRightX 등과 같이 객체명.필드명의 표현을 필드의 외부 접근이라고 한다. 외부 접근은 필드가 public이나 default 접근자로 지정됐을 때만 가능하다. 이제 사용자가 마우스를 클릭할 때마다 25번째 줄의 mousePressed 메소드가 호출되고, 36번째 줄의 repaint 메소드에 의해 40번째 줄의 paint 메소드가 호출되는 패턴이 반복된다.

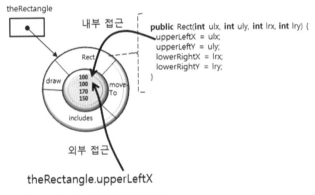

그림 3-10 필드의 내부 접근과 외부 접근

과정 03 ▪ 자바 API 도큐먼트

1장의 실습 과제에서 자바 API는 모듈이라는 단위로 구성되고 각 모듈은 다시 패키지라는 단위로 세분돼 구성된다고 했다. 또한 패키지는 클래스들로 구성되는 클래스 라이브러리라고도 했다. 따라서 자바 API는 거대한 클래스 라이브러리인 셈이다. 자바 API 도큐먼트는 자바 API의 클래스들에 대한 설명을 쉽게 찾아볼 수 있도록 계층적으로 문서화한 것을 말한다. 소프트웨어 부품 사용 설명서라고 생각하면 된다. 자바 개발자에게 사용하는 소프트웨어 부품들에 대한 부품 설명서는 항시 참조해야 하는 중요한 문서다. 웹 브라우저를 실행하고 그림 3-11과 같이 오라클에서 제공하는 https://docs.oracle. com/en/java/javase/17/docs/api 사이트를 방문한다. 웹 브라우저의 즐겨찾기에 이 사이트를 등록해 두면 앞으로 편리하게 이 사이트를 이용할 수 있다.

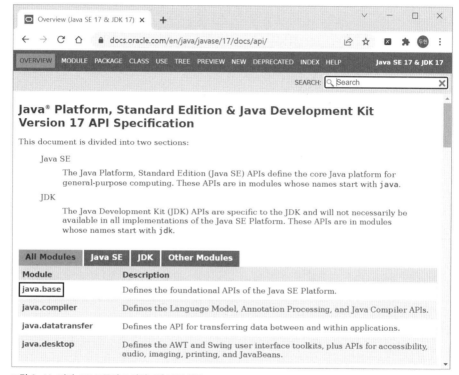

그림 3-11 자바 API 도큐먼트 사이트의 모듈 목록

페이지를 조금 내려보면 모듈 목록이 나타나는데 java.base 모듈은 모든 프로그램이 필요로 하는 java.lang, java.io, java.util 등과 같은 기본 패키지들을 담고 있다. java. base 링크를 클릭해서 이 모듈이 담고 있는 패키지 목록 페이지를 그림 3-12와 같이 표시한다.

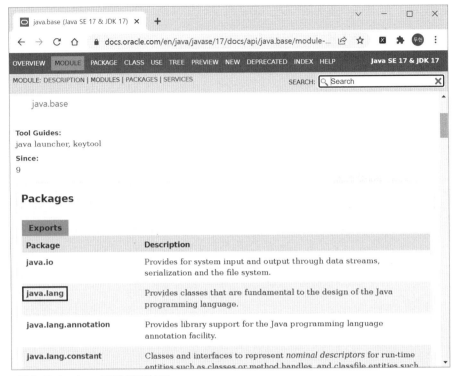

그림 3-12 java.base 모듈의 패키지 목록

페이지를 조금 내려보면 패키지 목록이 나타나는데 java.lang 패키지는 모든 프로그램이 필요로 하는 System, String, Integer, Math 등과 같은 기본 클래스들을 담고 있다. java.lang 링크를 클릭해서 이 패키지가 담고 있는 클래스 목록 페이지를 표시한다.

과정 04 String 클래스 도큐먼트

우리는 String 클래스 페이지를 방문해서 살펴볼 것인데 클래스 목록은 알파벳순으로 나열돼 있기 때문에 페이지를 많이 내려서 그림 3-13과 같이 String 클래스의 링크를 확인한다.

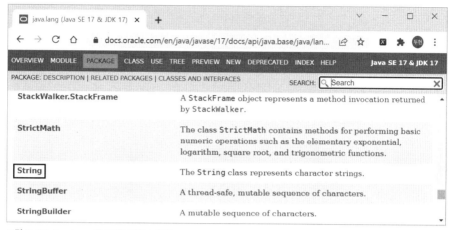

그림 3-13 java.lang 패키지의 클래스 목록

String 링크를 클릭하면 그림 3-14와 같이 String 클래스에 대한 설명이 나타나는데 이 페이지는 String 클래스의 사용 예, 필드, 생성자, 메소드 순으로 정리돼 있다.

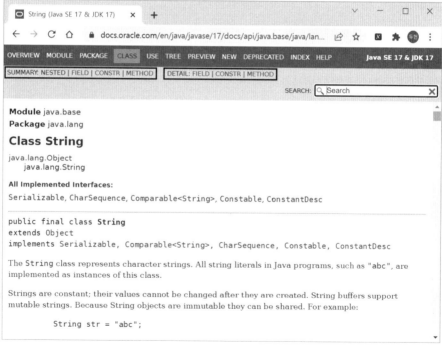

그림 3-14 String 클래스 도큐먼트

위쪽 부분에는 클래스가 포함된 모듈과 패키지, 클래스 상속 관계, 인터페이스 구현 정보 등을 표시한다. 상속 관계와 인터페이스는 4장에서 다룬다. 이어서 클래스에 대한 설명과 간략한 사용 방법을 소개한다. 자바 API 도큐먼트에서 클래스명은 java.lang.Obejct, java.lang.String 등과 같이 패키지명.클래스명으로 명시한다. 아래로 내리면 클래스의 필드, 생성자, 메소드에 대한 간략 기술 섹션과 상세 기술 섹션으로 구성되는 부분이 나타난다. 이 부분은 길기 때문에 윈도우 상단에 바로가기 탭이 제공된다. SUMMARY란의 탭을 클릭하면 필드, 생성자, 메소드의 간략 기술 섹션으로 바로 가고, DETAIL란의 탭을 클릭하면 필드, 생성자, 메소드의 상세 기술 섹션으로 바로 간다.

지금 단계에서는 도큐먼트 내용 중 낯선 용어와 설명이 많겠지만 이 책의 실습 과제들을 진행하면서 익숙해질 것이다. 이번 과제에서 작성해 본 Rect 클래스의 개념을 기반으로 String 클래스의 필드, 생성자, 메소드들을 훑어보도록 한다. 1장의 '보충 문법'절에서 설명한 String 클래스의 주요 메소드들(표 1-3)은 이 String 클래스 도큐먼트에 기술된 메소드 중 많이 사용되는 것들을 소개한 것이다.

과정 05 이클립스에서 도큐먼트 직접 보기

이클립스에서도 자바 API 도큐먼트를 직접 볼 수 있다. 그림 3-15와 같이 편집 뷰의 String 클래스명에 마우스 커서를 위치하고 F1키를 누르면 오른쪽에 Help 뷰가 표시되면서 String 클래스에 대한 자바 API 도큐먼트의 링크가 표시된다.

그림 3-15 이클립스에서 API 도큐먼트 직접 보기

Javadoc for 'java.lang.String' 링크를 클릭하면 Help 뷰에 그림 3-14의 String 클래스 도큐먼트가 표시된다. Help 뷰 상단 오른쪽에 있는 버튼들을 활용해서 뷰의 크기를 조절할 수 있다.

과정 06 Help 뷰 종료

그림 3-16과 같이 Help 뷰의 탭을 클릭해서 Help 뷰를 닫는다.

그림 3-16 Help 뷰 종료

3.2 | 응용 과제

이번 절에서는 실습 과제를 응용하고 자바의 필수 문법을 다루는 일곱 개의 응용 과제들을 다룬다.

3.2.1 응용 과제 1

[기본 생성자, 생성자 오버로딩, 접근 메소드와 변경 메소드]

실습 과제를 발전시킨다. Rectangle 응용프로그램을 마우스 왼쪽 버튼에만 동작하게 한다. 첫 번째 마우스 클릭에는 실습 과제처럼 클릭점에 사각형을 생성하는 것이 아니라 그림 3-17과 같이 (100, 100) 좌표점에 폭 50, 높이 70인 사각형을 생성한다. 이후 마우스 클릭에는 실습 과제처럼 동작한다. 또한 마우스 클릭 때마다 사각형의 왼쪽 위 꼭짓점을 그림 3-18과 같이 콘솔 윈도우에 출력한다.

그림 3-17 기본 생성자로 생성한 사각형

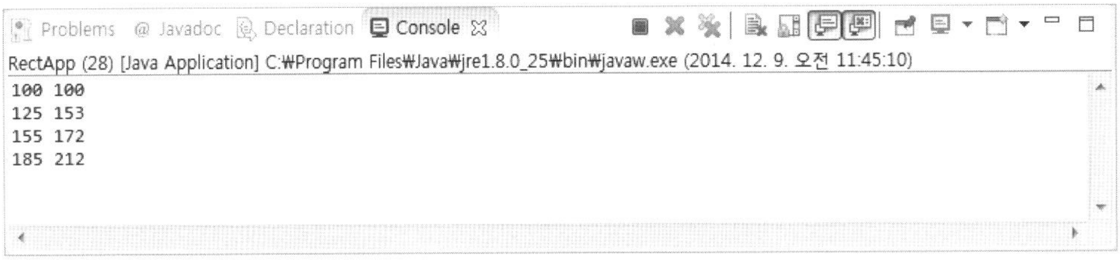

```
100 100
125 153
155 172
185 212
```

그림 3-18 사각형의 왼쪽 위 꼭짓점 출력

수정된 Rect 클래스는 리스트 3-3과 같다.

리스트 3-3 RectApp1 프로젝트의 Rect.java

```java
01  // Rect class
02
03  import java.awt.Color;
04  import java.awt.Graphics;
05
06  public class Rect {
07    // 필드
08    private int upperLeftX;
09    private int upperLeftY;
10    private int lowerRightX;
11    private int lowerRightY;
12
13    // 생성자 오버로딩
14    public Rect() {
15      upperLeftX = 100;
16      upperLeftY = 100;
17      lowerRightX = 150;
18      lowerRightY = 170;
19    }
20    public Rect(int ulx, int uly, int lrx, int lry) {
21      upperLeftX = ulx;
22      upperLeftY = uly;
23      lowerRightX = lrx;
24      lowerRightY = lry;
25    }
26
27    // 접근 메소드와 변경 메소드
28    public int getUpperLeftX() {
29      return upperLeftX;
```

```
30      }
31      public int getUpperLeftY() {
32        return upperLeftY;
33      }
34      public int getLowerRightX() {
35        return lowerRightX;
36      }
37      public int getLowerRightY() {
38        return lowerRightY;
39      }
40      public void setUpperLeftX(int a) {
41        upperLeftX = a;
42      }
43      public void setUpperLeftY(int a) {
44        upperLeftY =a;
45      }
46      public void setLowerRightX(int a) {
47        lowerRightX = a;
48      }
49      public void setLowerRightY(int a) {
50        lowerRightY = a;
51      }
52
53      public void moveTo(int ulx, int uly) {
54        int width = lowerRightX - upperLeftX;
55        int height = lowerRightY - upperLeftY;
56        upperLeftX = ulx;
57        upperLeftY = uly;
58        lowerRightX = ulx + width;
59        lowerRightY = uly + height;
60      }
61
62      public void draw(Graphics g) {
63        g.setColor(Color.blue);
64        int width = lowerRightX - upperLeftX;
65        int height = lowerRightY - upperLeftY;
66        g.drawRect(upperLeftX, upperLeftY, width, height);
67      }
68
69      public boolean includes(int x, int y) {
70        if((upperLeftX<x) && (lowerRightX>x))
```

```
71        if((upperLeftY<y) && (lowerRightY>y))
72            return true;
73        return false;
74    }
75 }
```

실습 과제의 Rect 클래스에서 개선된 것은 크게 세 가지다. 첫 번째로 8~11번째 줄의 필드들의 접근자가 public에서 private로 변경됐다. 두 번째로 28~51번째 줄에 접근 메소드^{accessor} 네 개와 변경 메소드^{mutator} 네 개가 추가됐다. 마지막으로 14~19번째 줄처럼 인수를 취하지 않는 생성자 메소드가 추가됐다.

8~11번째 줄처럼 필드의 접근자를 private로 지정한 것은 객체지향 기술의 캡슐화를 지켜 그림 3-1의 기본 플레이어처럼 박스 처리로 깔끔한 인터페이스를 제공하기 위함이다. 필드들을 private 접근자로 지정하면 우리의 객체 표기 방식에서 필드들이 내부 원에 존재하게 돼 깨지지 않는 단단한 사각형 부품을 만들 수 있다. 이는 외부에서 필드들에 직접 접근해서 값을 변경할 수 있다면 사각형 부품이 쉽게 깨질 수 있다는 의미다. 외부에서 필드의 값이 필요할 경우(외부 접근)를 위해 그 값을 반환하는 getUpperLeftX, getUpperLeftY, getLowerRightX, getLowerRightY의 접근 메소드들을 28~39번째 줄처럼 public 접근자로 지정해서 제공한다. 접근 메소드명은 일반적으로 get으로 시작하고 필드명을 붙여 사용한다. 접근 메소드는 필드의 값을 반환하는 단순 작업을 수행한다. 접근 메소드와 짝을 이루는 40~51번째 줄의 변경 메소드는 외부에서 필드 값의 변경을 허용할 때 제공한다. 변경 메소드명은 일반적으로 set으로 시작한다. 변경 메소드는 인자로 제공된 값으로 필드의 값을 변경한다. 접근 메소드와 변경 메소드를 그냥 getter와 setter라고 부르기도 한다. 이런 접근 메소드와 변경 메소드의 사용은 RectApp 클래스를 설명할 때 다룬다.

1장의 응용 과제 2에서 설명했듯이 자바는 메소드의 오버로딩을 지원한다. 일반적으로 생성자 메소드는 오버로딩해서 많이 정의한다. 14번째 줄과 20번째 줄의 두 생성자는 메소드명은 같지만 인자의 개수가 다르다. 20번째 줄의 생성자는 실습 과제에서 이미 다뤘고, 14번째 줄의 생성자는 인자를 취하지 않으며 15~18번째 줄처럼 필드들을 정해진 값으로 초기화한다.

개선된 Rect 클래스를 활용하는 RectApp 클래스의 정의는 리스트 3-4와 같다.

```java
01  //===========================================================
02  // Simple Rectangle Application in Java
03  // getter와 setter 정의, 사각형의 왼쪽 위 꼭짓점을 콘솔에 출력
04  // Rect 클래스의 생성자 오버로딩, 마우스 왼쪽 버튼에만 동작
05  //  첫 사각형은 기본 생성자로 생성
06  //===========================================================
07
08  import java.awt.*;
09  import java.awt.event.*;
10
11  public class RectApp extends Frame {
12      public Rect theRectangle = null;
13
14      public static void main(String[ ] args) {
15          RectApp window = new RectApp();
16          window.setVisible(true);
17      }
18
19      public RectApp() {
20          setSize(600, 500);
21          setTitle("Rect 응용");
22          MouseKeeper mouse = new MouseKeeper();
23          addMouseListener(mouse);
24      }
25
26      private class MouseKeeper extends MouseAdapter {
27
28          public void mousePressed(MouseEvent e) {
29              int x = e.getX();
30              int y = e.getY();
31
32              if(e.getButton() == MouseEvent.BUTTON1) {
33                  if(theRectangle == null) {
34                      theRectangle = new Rect();
35                  }
36                  else {
37                      if(theRectangle.includes(x, y))
38                          theRectangle.moveTo(x, y);
39                  }
40                  repaint();
```

```
41            }
42         }
43      }
44
45      public void paint(Graphics g) {
46         if(theRectangle != null) {
47            theRectangle.draw(g);
48            System.out.print(theRectangle.getUpperLeftX() + " ");
49            System.out.println(theRectangle.getUpperLeftY());
50         }
51      }
52   }
```

　　실습 과제와 다른 점은 34번째 줄에서 new 연산자의 클래스명 뒤에 빈 괄호(())가 명시된다는 것이다. 그림 3-8의 객체의 생성과 초기화 중 빈 괄호이기 때문에 초기화를 위해 호출되는 생성자는 Rect 클래스의 두 생성자 중에서 인자를 취하지 않는 생성자이다. 이 생성자는 upperLeftX, upperLeftY, lowerRightX, lowerRightY 필드의 값을 100, 100, 150, 170으로 초기화한다.

　　이번에는 Rect 클래스의 두 생성자를 모두 /*와 */로 주석 처리한 후 실행시켜 보자. 윈도우 내에서 마우스로 클릭해도 아무 변화가 없다. 이와 같이 클래스 정의 시 생성자를 한 개도 명시하지 않으면 자바의 컴파일러에 의해 자동적으로 다음과 같은 기본 생성자Default Constructor가 제공된다.

```
public Rect() {
  upperLeftX = 0;
  upperLeftY = 0;
  lowerRightX = 0;
  lowerRightY = 0;
}
```

　　기본 생성자는 인자를 취하지 않으며 필드들의 값을 모두 0으로 초기화한다. 사각형의 왼쪽 위 꼭짓점과 오른쪽 아래 꼭짓점을 모두 (0, 0)으로 하는 것은 사각형이 성립되지 않기 때문에 34번째 줄에 의해 사각형 객체는 생성되나 왼쪽 위 꼭짓점과 오른쪽 아래 꼭짓점이 모두 (0, 0)점이다. 47번째 줄에서 이 사각형을 그려도 왼쪽 위 꼭짓점과 오른쪽 아래 꼭짓점이 같아 윈도우에 표시되지 않는다. 의미 있는 기본 생성자가 필요하다면 인수를 취하지 않는 생성자를 정의해서 사용한다. Rect 클래스에서 주석 처리된 생성자들을 모두 복원시킨다.

32번째 줄의 if문은 33~40번째 줄을 둘러싸서 마우스 왼쪽 버튼에만 사각형 객체가 생성되고 이동되도록 한다. 48, 49번째 줄의 출력문은 사각형 객체가 존재할 경우 그 사각형 객체의 왼쪽 위 꼭짓점을 콘솔 윈도우에 출력한다. RectApp 클래스의 메소드인 paint에서 사각형 객체의 필드에 대한 접근이기 때문에 외부 접근이고, upperLeftX 필드의 접근자가 private로 지정됐기 때문에 theRectangle.upperLeftX의 표현으로 직접 접근할 수 없다. 따라서 public 접근자로 명시된 접근 메소드 getUpperLeftX를 호출해서 왼쪽 위 꼭짓점의 x값을 반환받아 출력한다. 12번째 줄의 theRectangle 필드는 RectApp 클래스 내부에서만 사용하기 때문에 private 접근자로 지정해도 무방하다.

3.2.2 응용 과제 2

[Line 클래스의 모델링]

실습 과제를 발전시킨다. 2장의 Pen 응용프로그램을 Line 클래스를 정의해서 구현한다. Line 클래스는 독립된 Line.java 파일에 구현한다. Line 클래스의 정의는 리스트 3-5와 같다.

리스트 3-5 RectApp2 프로젝트의 Line.java

```
01  // Line class
02
03  import java.awt.Color;
04  import java.awt.Graphics;
05
06  public class Line {
07      // 필드
08      public int startX;
09      public int startY;
10      public int endX;
11      public int endY;
12
13      // 생성자
14      Line(int sx, int sy, int ex, int ey) {
15          startX = sx;
16          startY = sy;
```

```
17      endX = ex;
18      endY = ey;
19    }
20
21    // 메소드
22    void moveTo(int sx, int sy) {
23      int deltaX = endX - startX;
24      int deltaY = endY - startY;
25      startX = sx;
26      startY = sy;
27      endX = sx + deltaX;
28      endY = sy + deltaY;
29    }
30
31    void draw(Graphics g) {
32      g.setColor(Color.blue);
33      g.drawLine(startX, startY, endX, endY);
34    }
35  }
```

선을 클래스로 모델링해 보자. 선의 데이터적인 속성으로는 당연히 선의 시작점 좌표와 끝점 좌표가 기본이다. 8~11번째 줄에서 정수 필드를 이용해서 시작점을 (startX, startY)로, 끝점을 (endX, endY)로 표현한다. 2장의 응용 과제 3에서 사용해 봤던 java.awt.Point 클래스를 사용해서 시작점과 끝점을 표현해도 좋다. 선의 색, 굵기 등의 데이터적인 속성을 추가할 수도 있다. 14번째 줄의 생성자는 시작점과 끝점 좌푯값을 인자로 받아 필드들을 초기화한다.

선의 기능적인 속성으로는 우선 선 객체 스스로 자기 모습을 그릴 수 있어야 하기 때문에 31번째 줄의 draw 메소드를 정의한다. 이동할 수 있는 기능으로 22번째 줄의 moveTo 메소드도 추가한다. 길이 구하기, 색 변경하기, 굵기 변경하기 등의 기능적인 속성을 추가할 수도 있다. 그림 3-19는 모델링된 Line 클래스를 보여준 것이다. Line 클래스의 메소드들은 모두 접근자를 지정하지 않았기 때문에 default 접근자로 지정된다.

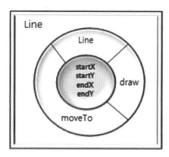

그림 3-19 Line 클래스

22번째 줄에서 인자 sx와 sy는 이동될 선의 새로운 시작점이다. 이동될 선의 끝점을 구하려면 23, 24번째 줄에서는 현재 선의 x값의 차(x 증분)와 y값의 차(y 증분)를 구해 deltaX와 deltaY 지역 변수에 저장해 놓는다. 25, 26번째 줄은 시작점에 인자 값을 배정하고, 27, 28번째 줄에서는 이동될 선의 끝점으로 새로운 시작점에 이미 계산해 놓은 deltaX와 deltaY의 값을 더한 값을 배정한다.

32번째 줄에서 펜의 색을 기본색인 검은색에서 파란색으로 변경하고, 33번째 줄에서는 g가 참조하는 Graphics 객체에 drawLine 메소드를 호출해 선을 그린다. drawLine 메소드는 그릴 선의 시작점과 끝점의 x와 y 좌푯값을 인자로 취한다.

Line 클래스를 활용하는 PenApp 클래스의 정의는 리스트 3-6과 같다.

리스트 3-6 RectApp2 프로젝트의 PenApp.java

```
01  //=========================================================
02  // Simple Line Application in Java
03  // 2장의 Pen 응용을 Line 클래스를 정의해서 구현
04  //=========================================================
05
06  import java.awt.*;
07  import java.awt.event.*;
08
09  public class PenApp extends Frame {
10    public Line theLine = null;
11
12    public static void main(String[ ] args) {
13      PenApp window = new PenApp();
14      window.setVisible(true);
15    }
16
```

```
17    public PenApp() {
18      setSize(600, 500);
19      setTitle("Line 응용");
20      MouseKeeper mouse = new MouseKeeper();
21      addMouseListener(mouse);
22    }
23
24    private class MouseKeeper extends MouseAdapter {
25
26      public void mousePressed(MouseEvent e) {
27        int x = e.getX();
28        int y = e.getY();
29
30        if(theLine == null) {
31          theLine = new Line(0, 0, x, y);
32        }
33        else {
34          int tmpX = theLine.endX;
35          int tmpY = theLine.endY;
36          theLine = new Line(tmpX, tmpY, x, y);
37        }
38        repaint();
39      }
40    }
41
42    public void paint(Graphics g) {
43      if(theLine != null)
44        theLine.draw(g);
45    }
46  }
```

10번째 줄에서 Line 객체의 참조 값을 저장할 theLine 필드를 선언한다. 마우스 클릭에 호출되는 mousePressed 메소드에서 27, 28번째 줄처럼 일단 클릭점의 x와 y의 값을 지역 변수 x와 y에 저장한다. 30번째 줄에서 Line 객체가 존재하지 않으면 31번째 줄처럼 시작점을 (0, 0)으로 하고 끝점을 (x, y)로 하는 Line 객체를 생성해서 그 참조 값을 theLine 필드에 저장한다. 선 객체가 이미 존재하면 새로운 선의 시작점이 현재 선의 끝점이어야 하기 때문에 현재 선의 끝점을 34, 35번째 줄처럼 임시 변수 tmpX와 tmpY에 저장한다.

36번째 줄에 의해 수행되는 작업은 그림 3-20과 같다. new 연산자에 의해 Line 클래스로부터 새로운 Line 객체가 생성되고 Line 생성자가 자동 호출돼 필드들이 초기화된다. 직전 Line 객체의 끝점인 (200, 200)은 tmpX와 tmpY 변수에 저장돼 새로운 Line 객체의 시작점이 되고, 끝점은 클릭점인 (280, 300)이 된다. theLine 필드는 새로운 선 객체를 참조하게 되고, 직전 선 객체는 참조하는 필드나 변수가 없으므로 가비지 컬렉터에 의해 가용 메모리로 환원된다. 38번째 줄의 repaint 메소드에 의해 42번째 줄의 paint 메소드가 호출되면 44번째 줄에서 새로운 선을 그린다.

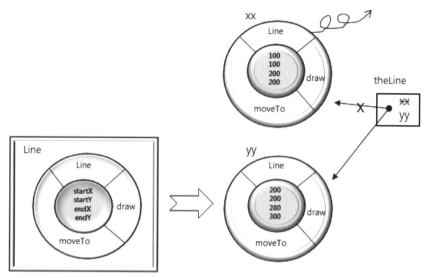

그림 3-20 theLine 필드가 참조하는 Line 객체의 변경

3.2.3 응용 과제 3

[static 멤버]

실습 과제를 발전시킨다. 두 번의 마우스 클릭으로 파란색의 첫 번째 사각형을 생성해서 그리고, 이어지는 두 번의 마우스 클릭으로 두 번째 사각형을 생성한다. 첫 번째 클릭점은 사각형의 왼쪽 위 꼭짓점이 되고, 두 번째 클릭점은 사각형의 오른쪽 아래 꼭짓점이 된다. 두 번째 사각형이 생성되면 두 개의 사각형 중에서 큰 것은 그림 3-21과 같이 빨간 사각형으로 변경되고, 작은 것은 초록 사각형으로 변경된다. 두 사각형의 면적을 비교하려면 Rect 클래스에 area 메소드를 추가해서 사용한다.

그림 3-21 사각형 비교하기

수정된 Rect 클래스는 리스트 3-7과 같다.

리스트 3-7 RectApp3 프로젝트의 Rect.java

```
01  // Rect class
02
03  import java.awt.Color;
04  import java.awt.Graphics;
05
06  public class Rect {
07    // 필드
08    public int upperLeftX;
09    public int upperLeftY;
10    public int lowerRightX;
11    public int lowerRightY;
12    public Color color;
13
14    // 생성자
15    public Rect(int ulx, int uly, int lrx, int lry) {
16      upperLeftX = ulx;
17      upperLeftY = uly;
18      lowerRightX = lrx;
```

```java
19      lowerRightY = lry;
20      color = Color.blue;                    // or new Color(r, g, b);
21    }
22
23    // 메소드
24    public void moveTo(int ulx, int uly) {
25      int width = lowerRightX - upperLeftX;
26      int height = lowerRightY - upperLeftY;
27      upperLeftX = ulx;
28      upperLeftY = uly;
29      lowerRightX = ulx + width;
30      lowerRightY = uly + height;
31    }
32
33    public void draw(Graphics g) {
34      g.setColor(color);
35      int width = lowerRightX - upperLeftX;
36      int height = lowerRightY - upperLeftY;
37      g.drawRect(upperLeftX, upperLeftY, width, height);
38    }
39
40    public boolean includes(int x, int y) {
41      if((upperLeftX<x) && (lowerRightX>x))
42        if((upperLeftY<y) && (lowerRightY>y))
43          return true;
44      return false;
45    }
46
47    // 면적 구하는 메소드 추가
48    public int area() {
49      return (lowerRightX-upperLeftX) * (lowerRightY-upperLeftY);
50    }
51  }
```

12번째 줄에서 Rect 클래스의 필드로 Color 클래스의 참조 변수 color를 추가한다. 각 사각형 객체는 데이터적인 속성으로 이제 자기의 색 데이터를 갖게 된다. 사각형 객체가 생성되면 필드들을 초기화하는 15번째 줄의 생성자에서 color 필드의 초깃값으로 20번째 줄처럼 파란색 객체의 참조 값을 저장한다.

draw 메소드로 사각형을 그릴 때 각 사각형 객체는 자신의 color 필드의 값에 따라 펜을 설정해서 그려야 하기 때문에 34번째 줄처럼 g가 참조하는 Graphics 객체의 setColor 메소드를 호출해서 자신의 color 필드의 값으로 펜의 색을 설정한다. 48번째 줄에 추가된 area 메소드는 사각형의 폭(lowerRightX - upperLeftX)과 높이(lowerRightY - upperLeftY)를 곱해 얻은 면적값을 반환한다.

RectApp 클래스의 정의는 리스트 3-8과 같다.

리스트 3-8 RectApp3 프로젝트의 RectApp.java

```
01  //========================================================
02  // Simple Rectangle Application in Java
03  // 윈도우 내에서 두 번의 마우스 클릭으로 첫 번째 사각형을 그리고
04  // 이어지는 두 번의 마우스 클릭으로 두 번째 사각형을 그림
05  // 사각형 중 큰 것은 빨간색으로 표시되고 작은 것은 초록색으로 표시
06  // Rect 클래스에 color 필드와 area 메소드 추가
07  //========================================================
08
09  import java.awt.*;
10  import java.awt.event.*;
11
12  public class RectApp extends Frame {
13     public Rect firstRect = null;
14     public Rect secondRect = null;
15     public int firstX, firstY, secondX, secondY;
16     public int thirdX, thirdY, fourthX, fourthY;
17     public int clickCount = 0;
18
19     public static void main(String[ ] args) {
20        RectApp window = new RectApp();
21        window.setVisible(true);
22     }
23
24     public RectApp() {
25        setSize(600, 500);
26        setTitle("Rect 응용");
27        MouseKeeper mouse = new MouseKeeper();
28        addMouseListener(mouse);
29     }
30
31     private class MouseKeeper extends MouseAdapter {
```

```
32
33      public void mousePressed(MouseEvent e) {
34        int x = e.getX();
35        int y = e.getY();
36
37        switch(clickCount) {
38          case 0: firstX = x; firstY = y; clickCount++; break;
39          case 1: secondX = x; secondY = y; clickCount++;
40                  firstRect = new Rect(firstX, firstY, secondX, secondY);
41                  repaint();
42                  break;
43          case 2: thirdX = x; thirdY = y; clickCount++; break;
44          case 3: fourthX = x; fourthY = y; clickCount = 0;
45                  secondRect = new Rect(thirdX, thirdY, fourthX, fourthY);
46                  repaint();
47        }
48      }
49    }
50
51    public void paint(Graphics g) {
52      if(firstRect != null)
53        firstRect.draw(g);
54      if(secondRect != null)
55        secondRect.draw(g);
56
57      if(firstRect != null && secondRect != null) {
58        if(firstRect.area() > secondRect.area()) {
59          firstRect.color = Color.red;
60          secondRect.color = Color.green;
61        }
62        else {
63          firstRect.color = Color.green;
64          secondRect.color = Color.red;
65        }
66        firstRect.draw(g);
67        secondRect.draw(g);
68        firstRect = null;
69        secondRect = null;
70      }
71    }
72  }
```

13, 14번째 줄처럼 생성될 두 사각형 객체의 참조 값을 저장할 필드 firstRect와 secondRect를 선언하고 null값으로 초기화한다. 네 번의 마우스 클릭으로 두 개의 사각형이 정의돼야 하므로 15, 16번째 줄에서 각 클릭점을 저장할 여덟 개의 정수 필드를 선언한다. 사용자의 클릭이 몇 번째 클릭인지 구분해야 하기 때문에 17번째 줄처럼 정수 필드 clickCount를 선언하고 일단 0으로 초기화한다. 이 값이 0이면 첫 번째 클릭, 1이면 두 번째 클릭, 2이면 세 번째 클릭, 3이면 네 번째 클릭으로 한다.

37번째 줄에서는 switch문으로 clickCount의 값을 조사해서 몇 번째 클릭인지를 가린다. 첫 번째 클릭인 경우는 38번째 줄처럼 클릭점을 (firstX, firstY)에 저장하고 clickCount의 값을 증가시킨다. 두 번째 클릭인 경우는 39번째 줄처럼 클릭점을 (secondX, secondY)에 저장하고 clickCount의 값을 증가시킨다. 첫 번째 사각형의 왼쪽 위 꼭짓점과 오른쪽 아래 꼭짓점이 확보됐으므로 40번째 줄처럼 사각형 객체를 생성하고 그 참조 값을 firstRect 필드에 저장한다. 첫 번째 사각형을 그릴 준비가 됐으므로 repaint 메소드를 호출한다. 세 번째와 네 번째 클릭인 경우도 비슷하게 처리되는데 두 번째 사각형 객체가 생성되고 다음 클릭을 다시 첫 번째 클릭으로 인식하려면 44번째 줄처럼 clickCount의 값을 0으로 한다.

paint 메소드에서는 53, 55번째 줄처럼 각 사각형 객체가 존재하면 그 사각형을 그린다. 두 사각형 객체의 면적을 비교하려면 두 개의 사각형 객체가 57번째 줄처럼 모두 존재해야 한다. 58번째 줄에서는 두 사각형 객체의 area 메소드를 호출해서 반환되는 면적값을 비교한다. 첫 번째 사각형이 더 크면 59번째 줄처럼 첫 번째 사각형 객체의 color값을 빨간색 객체의 참조 값으로 변경하고, 두 번째 사각형의 color값을 초록색 객체의 참조 값으로 변경한다. 사각형 객체의 color 필드는 public 접근자로 선언됐기 때문에 firstRect.color 표현과 같이 직접 접근이 가능하다. 두 번째 사각형이 더 클 경우도 비슷하게 처리된다. 66, 67번째 줄처럼 두 사각형을 변경된 색으로 그린 후 새롭게 사각형 객체들의 생성을 위해 기존의 사각형 객체들은 68, 69번째 줄처럼 참조 필드 firstRect와 secondRect에 null값을 배정함으로써 가비지 컬렉터가 할당된 메모리를 환원시킬 수 있게 한다.

이제 Rect 클래스의 12번째 줄에서 public 키워드와 Color 키워드 사이에 static 키워드를 끼워 넣어 다음과 같이 수정한 후 프로그램을 실행시켜 본다.

```
public static Color color;
```

첫 번째 사각형이 두 번째 사각형보다 크면 두 사각형 모두 초록색으로 표시되고, 첫 번째 사각형이 두 번째 사각형보다 작으면 모두 빨간색으로 표시된다.

static 키워드를 붙임으로써 color 필드는 인스턴스 필드 [Instance Field] 또는 객체 필드에서 static 필드 또는 클래스 필드로 변경된다. 우리는 객체 필드와 static 필드라는 용어를 사용하기로 한다. 따라서 Rect 클래스의 왼쪽 위 꼭짓점과 오른쪽 아래 꼭짓점을 나타내는 나머지 필드들은 객체 필드로 선언되고, color 필드는 static 필드로 선언된 것이다. 그림 3-22의 위 그림은 원래대로 color 필드가 객체 필드로 선언된 경우를 보여준 것이고, 아래 그림은 static 키워드를 지정함으로써 static 필드로 선언된 경우를 보여준 것이다.

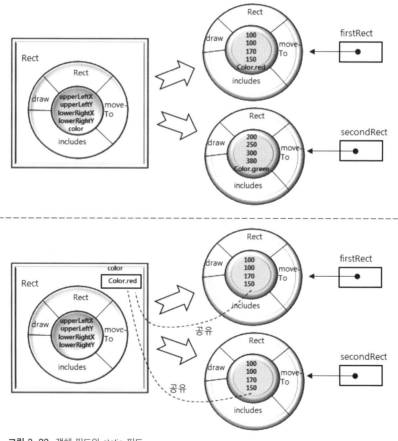

그림 3-22 객체 필드와 static 필드

객체 필드는 클래스로부터 객체들이 생성되면 각 객체 내에 존재해서 객체 소속인 필드를 말하고, static 필드는 객체가 생성되기 전이라도 클래스만 정의되면 클래스 내에 존재해서 클래스 소속인 필드를 말한다. color 필드가 객체 필드이면 객체마다 별도의 color 필드에 독립적인 색을 가질 수 있고, static 필드이면 클래스당 한 개만 생성되기 때문에 모든 사각형 객체들이 이 필드를 공유한다. 우리의 객체 표기 방식에서 color 필드가 객체 필드로 선언되면 다른 필드들과 같이 객체의 내부 원에 그리고, static 필드로 선언되면 클래스 원판상에 그린다.

객체 필드는 객체가 생성돼야 존재하기 때문에 객체 생성 후 사용할 수 있지만, static 필드는 객체 생성 전이라도 클래스만 존재한다면 다음과 같이 클래스명으로 접근해서 사용할 수 있다.

```
Rect.color = Color.blue;
```

Rect 클래스로부터 사각형 객체가 생성돼 그 참조 값이 firstRect 참조 필드에 저장된 경우라면 객체 필드의 접근처럼 static 필드를 다음과 같이 접근해서 사용할 수도 있다. 그러나 자바에서 static 필드는 클래스명으로 접근하는 것을 권장한다.

```
firstRect.color = Color.blue;
```

RectApp 클래스의 58번째 줄에서 첫 번째 사각형이 두 번째 사각형보다 크면 59, 60번째 줄이 실행되는데 color가 static 필드라서 한 개만 존재하기 때문에 최종적으로 색을 변경하는 60번째 줄에 의해 사각형의 색은 초록색으로 설정된다. 첫 번째 사각형이 두 번째 사각형보다 작은 경우는 반대로 64번째 줄에 의해 빨간색으로 설정된다.

리스트 3-9의 두 메소드를 Rect 클래스에 추가한다.

리스트 3-9 RectApp3 프로젝트의 Rect.java(추가)

```
01    public static void setColor(Color newColor) {
02        color = newColor;
03    }
04
05    public static void printColor() {
06        if(color == Color.blue)
07            System.out.println("사각형의 색은 파란색으로 고정");
```

```
08      else if(color == Color.green)
09          System.out.println("사각형의 색은 초록색으로 고정");
10      else if(color == Color.red)
11          System.out.println("사각형의 색은 빨간색으로 고정");
12      else
13          System.out.println("사각형의 색은 다른색으로 고정");
14  }
```

메소드에 static 키워드를 붙임으로써 setColor와 printColor 메소드는 static 메소드 또는 클래스 메소드로 선언된다. 기존의 draw, includes, moveTo 메소드들은 인스턴스 메소드^Instance Method 또는 객체 메소드라고 하고, static 필드와 static 메소드를 클래스의 static 멤버라고 한다. 우리의 객체 표기 방식에서 static 메소드는 static 필드처럼 클래스 원판상에 그림 3-23과 같이 표시한다.

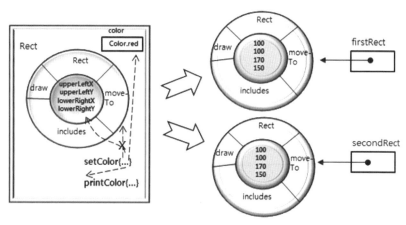

그림 3-23 static 메소드

객체 메소드는 객체가 생성돼야 존재하기 때문에 객체 생성 후 호출할 수 있지만, static 메소드는 객체 생성 전이라도 클래스만 존재한다면 다음과 같이 클래스명으로 호출해서 사용할 수 있다.

```
Rect.setColor(Color.red);
```

static 메소드는 객체가 생성되지 않은 상황에서도 호출이 가능하기 때문에 객체에 속한 객체 필드나 객체 메소드를 사용하지 못하고 static 필드, 인자 변수, 다른

static 메소드를 사용해야 한다. Rect 클래스로부터 사각형 객체가 생성돼 그 참조 값이 firstRect 참조 필드에 저장된 경우라면 객체 메소드의 호출처럼 static 메소드를 다음과 같이 호출할 수도 있다. 그러나 자바에서 static 메소드는 클래스명으로 호출하는 것을 권장한다.

```
firstRect.setColor(Color.red);
```

추가된 setColor static 메소드는 인자로 제공된 색으로 static 필드인 color를 설정한다. printColor static 메소드는 color static 필드의 값에 따라 6~13번째 줄처럼 콘솔 윈도우에 설정된 색을 문자열로 출력한다. 다음의 문장을 RectApp 클래스의 69번째 줄과 70번째 줄 사이에 삽입하고 실행시키면 콘솔 윈도우에 설정된 색이 출력된다.

```
Rect.printColor();
```

2장의 응용 과제 2에서는 두 개의 윈도우를 생성하고 각 윈도우에서 마우스 클릭으로 선을 그려 봤다. 선의 좌표점을 저장하는 필드를 객체 필드로 선언했을 경우에는 각 윈도우마다 좌표점을 나타내는 객체 필드가 생성돼서 독립적인 선을 그릴 수 있었고, static 필드로 선언했을 경우에는 좌표점을 나타내는 static 필드가 한 개만 생성돼서 공유되기 때문에 윈도우와 상관없이 종속적인 선이 그려졌다. 이번 과제의 내용을 기반으로 2장의 응용 과제 2를 다시 한 번 살펴보자.

지금까지 사용해 왔던 콘솔 출력 전담 소프트웨어 부품인 그림 1-23의 System.out 객체는 엄격하게 표현하면 java.lang 패키지에 속한 System 클래스의 static 필드인 out이 참조하는 객체이다. System 클래스는 프로그램의 종료, 키보드로부터의 입력, 콘솔로의 출력, 메모리 정리, 현재 시간 읽기 등의 시스템 관련 기능들을 static 필드와 메소드들로 지원하는 클래스이다. System.out과 같이 System.in 객체도 System 클래스의 static 필드인 in이 참조하는 객체이다. System.exit는 프로그램을 강제 종료시키는 System 클래스의 static 메소드로 다음과 같이 인자 값을 정수로 지정하는데 이 값을 종료 상태 값이라고 한다. 정상 종료일 경우는 0을 지정하고, 비정상 종료일 경우는 0이 아닌 다른 값을 지정한다.

```
System.exit(0);
```

두 개 이상의 클래스로 구성되는 자바 프로그램에서 모든 필드, 변수, 메소드들은 클래스 내부에 존재한다. 전체 프로그램이 유효 범위인 전역 변수$^{Global Variable}$와 전역 함수$^{Global Function}$ 같은 역할이 필요한 경우 자바 프로그램에서는 static 필드와 static 메소드를 public 접근자로 지정해서 활용한다. 한 클래스에서 static으로 선언된 멤버는 그 클래스로부터의 객체 생성 유무와 관계없이 다른 클래스에서 언제든지 클래스명으로 사용할 수 있기 때문에 전역 변수와 전역 함수의 역할을 할 수 있다. 프로그램의 시작점인 main 메소드는 자바 가상 기계가 호출한다. main 메소드는 자신이 속한 주 클래스로부터 객체 생성 없이도 호출할 수 있는 전역 함수여야 하기 때문에 반드시 public static 속성을 부여해서 선언한다. static 멤버는 한 클래스로부터 생성된 모든 객체들이 공유하는 멤버가 필요할 경우에도 자주 사용된다. static 멤버는 5장과 6장에서 많이 사용된다.

Rect 클래스의 생성자에서 20번째 줄을 다음과 같이 임의 색의 색 객체를 생성해서 그 참조 값을 저장하는 문장으로 대체하고 실행시켜 본다.

```
color = new Color(170, 100, 190);
```

임의 색의 색 객체를 생성하려면 new 연산자와 함께 Color 클래스를 명시하고, Color 생성자에 전달되는 () 내의 인자로 red, green, blue의 값을 정수로 지정한다. red, blue, green의 값은 0~255 사이의 정수를 지정하는데 red, green, blue가 빛의 삼원색이기 때문에 정수로 명시된 red, blue, green의 농도에 따라 섞인 색을 갖는 색 객체가 생성된다.

3.2.4 응용 과제 4
[this() 함수, this 참조 변수]

응용 과제 3을 발전시킨다. 마우스 왼쪽 버튼의 첫 번째 클릭점을 원점으로 하고 반지름이 40인 빨간 원을 생성해 그림 3-24와 같이 그린다. 이후 왼쪽 버튼의 클릭점이 원의 내부점이면 원점을 클릭점으로 이동시킨다. 오른쪽 버튼 클릭에는 클릭점으로 원점을 이동시키고 반지름이 10픽셀만큼 커진다.

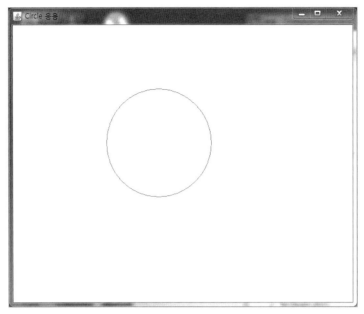

그림 3-24 Circle 응용의 실행

Circle 클래스는 독립된 Circle.java 파일에 구현한다. Circle 클래스의 정의는 리스트 3-10과 같다.

리스트 3-10 RectApp4 프로젝트의 Circle.java

```
01  // Circle class
02
03  import java.awt.Color;
04  import java.awt.Graphics;
05  import java.awt.Point;
06
07  public class Circle {
08    // 필드
09    private Point center;
10    private int radius;
11    private Color color;
12
13    // 생성자
14    public Circle() {
15      center = new Point(100, 100);
16      radius = 40;
17      color = Color.blue;
```

190

```java
18    }
19    public Circle(Point p) {
20      center = p;
21      radius = 40;
22      color = Color.blue;
23    }
24    public Circle(Point p, int r) {
25      center = p;
26      radius = r;
27      color = Color.blue;
28    }
29    public Circle(Point p, int r, Color c) {
30      this(p, r);
31      color = c;
32    }
33
34    // 접근 메소드와 변경 메소드
35    public Point getCenter() {
36      return center;
37    }
38    public int getRadius() {
39      return radius;
40    }
41    public void setColor(Color newColor) {
42      color = newColor;
43    }
44    public void setRadius(int r) {
45      radius = r;
46    }
47
48    // 메소드
49    public void moveTo(Point p) {
50      center = p;
51    }
52
53    public void moveEnlarge(Point p, int delta) {
54      this.moveTo(p);
55      int radius;
56      radius = this.radius;
57      radius = radius + delta;
58      this.radius = radius;
```

```
59    }
60
61    public boolean includes(Point p) {
62      int dist = (int) Math.sqrt(Math.pow((double)(p.x-center.x), 2.0) +
63                            Math.pow((double)(p.y-center.y), 2.0));
64      if(dist <= radius)
65        return true;
66      return false;
67    }
68
69    public void draw(Graphics g) {
70      g.setColor(color);
71      g.drawOval(center.x-radius, center.y-radius, 2*radius, 2*radius);
72    }
73  }
```

원을 클래스로 모델링해 보자. 원의 원점과 반지름을 그림 3-25와 같이 데이터적인 속성으로 잡는다. 원의 색도 추가한다.

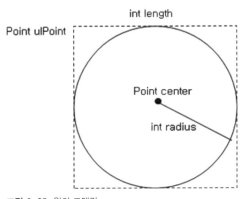

그림 3-25 원의 모델링

5번째 줄에서 java.awt.Point 클래스의 사용을 명시하고, 9번째 줄에서 원점을 이 Point 클래스의 참조 필드 center로 표현한다. 10번째 줄에서 반지름을 정수 필드 radius로 설정하고, 11번째 줄에서는 원의 색을 나타내는 color 필드를 선언한다. 세 필드는 모두 private 접근자로 지정한다. 그림 3-25와 같이 원을 외접하는 정사각형의 왼쪽 위 꼭짓점(ulPoint)과 한 변의 길이(length)를 데이터적인 속성으로 잡아도 좋다.

14번째 줄의 인자를 취하지 않는 기본 생성자를 포함해서 생성자 세 개(19, 24, 29번째 줄), 즉 생성자 네 개를 오버로딩해서 정의한다. 기본 생성자는 원점을 (100, 100)점으로 초기화하고 반지름을 40으로 초기화하며 색은 파란색으로 초기화한다. 19번째 줄의 생성자는 원점을 인자 p로 받아 center 필드를 초기화한다. 24번째 줄의 생성자는 원점과 반지름을 인자 p와 r로 받아 center와 radius 필드를 초기화한다. 29번째 줄의 생성자는 원점, 반지름, 색을 인자 p, r, c로 받아 원점과 반지름은 30번째 줄처럼 this() 함수로 초기화한다. this() 함수는 한 클래스 내에서 다른 생성자를 호출할 때 사용한다. this() 함수의 인자로 p와 r을 명시했기 때문에 나머지 세 개의 생성자 중 24번째 줄의 생성자가 실행돼 원점과 반지름을 초기화한다. this() 함수는 30번째 줄처럼 생성자의 첫 줄에 사용해야 한다. color 필드는 31번째 줄처럼 c값으로 초기화한다. 일반적으로 필드를 선택적으로 초기화하고 싶을 때 생성자를 이와 같이 여러 개 오버로딩한다.

원의 기능적인 속성 면에서는 원 스스로 이동할 수 있어야 하기 때문에 49번째 줄처럼 moveTo 메소드를 정의한다. 53번째 줄의 moveEnlarge 메소드는 원의 이동과 확대 기능을 함께 제공할 경우 정의한다. 클릭점이 내부점인지를 판단하는 기능은 61번째 줄처럼 includes 메소드를 정의해서 지원한다. 원 객체 스스로 자기 모습을 그릴 수 있어야 하기 때문에 69번째 줄처럼 draw 메소드도 정의한다. 35~46번째 줄의 접근 메소드와 변경 메소드는 필드들이 private 접근자로 지정됐기 때문에 제공한다. 그림 3-26은 Circle 클래스를 이 책의 클래스 표기 방식으로 정리한 것이다.

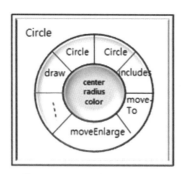

그림 3-26 Circle 클래스

49번째 줄의 moveTo 메소드는 인자로 주어진 p점으로 50번째 줄처럼 center점을 옮긴다. 53번째 줄의 moveEnlarge 메소드는 리스트 3-11의 CircleApp 클래스에서 이 메소드를 사용할 때 설명한다. 61번째 줄의 includes 메소드는 원점인 center점과 인자로 주어진 p점 간의 거리를 62번째 줄처럼 구한다. (center.x, center.y)점과 (p.x, p.y)점 간의 거리는 $(p.x-center.x)^2 + (p.y-center.y)^2$의 제곱근이다. sqrt와 pow 함수는 Math 클래스의 static 메소드로 제공되기 때문에 클래스명으로 호출한다. sqrt와 pow static 메소드는 실수 값을 인자로 취하기 때문에 명시적으로 double형으로 변환해 주고, 최종 거리는 정수 변수 dist에 저장을 위해 int형으로 형 변환을 한다. Math 클래스는 java.lang 패키지 내에 존재하므로 import문 없이 바로 사용이 가능하다. Math 클래스에 대해서는 '보충 문법'절에서 자세히 설명한다. 이 dist 변수의 값이 반지름 radius 필드의 값보다 작으면 인자로 주어진 점은 원의 내부점이므로 65번째 줄처럼 true값을 반환하고 그 외의 경우는 false값을 반환한다. 69번째 줄의 draw 메소드에서 g가 참조하는 Graphics 객체의 메소드인 drawOval은 인자로 원이 내접할 사각형의 왼쪽 위 꼭짓점, 폭, 높이를 취해 이 사각형 내에 접하는 타원을 그린다. 그림 3-25와 같이 원점의 x와 y 좌표에서 반지름 값을 빼면 원을 외접하는 정사각형의 왼쪽 위 꼭짓점을 얻을 수 있고, 반지름의 두 배인 지름은 이 정사각형의 한 변의 길이가 된다. 71번째 줄처럼 정사각형을 인자로 주면 drawOval 메소드는 내접하는 원을 그린다.

Circle 클래스를 활용하는 CircleApp 클래스의 정의는 리스트 3-11과 같다.

리스트 3-11 RectApp4 프로젝트의 CircleApp.java

```
01  //=========================================================
02  // Simple Circle Application in Java
03  // 클릭점을 원점으로 하고 반지름이 40인 빨간 원을 생성해 그림
04  // 이후 클릭점이 원의 내부점이면 원점을 이동
05  // 오른쪽 버튼 클릭에는 클릭점으로 이동과 동시에 반지름을 10만큼 키움
06  //=========================================================
07
08  import java.awt.*;
09  import java.awt.event.*;
10
11  public class CircleApp extends Frame {
12      public Circle theCircle = null;
13
```

```
14    public static void main(String[ ] args) {
15      CircleApp window = new CircleApp();
16      window.setVisible(true);
17    }
18
19    public CircleApp() {
20      setSize(600, 500);
21      setTitle("Circle 응용");
22      MouseKeeper mouse = new MouseKeeper();
23      addMouseListener(mouse);
24    }
25
26    private class MouseKeeper extends MouseAdapter {
27
28      public void mousePressed(MouseEvent e) {
29        Point p = e.getPoint();
30        if(e.getButton() == MouseEvent.BUTTON3) {
31          if(theCircle != null)
32            theCircle.moveEnlarge(p, 10);
33        }
34        else {
35          if(theCircle == null) {
36            theCircle = new Circle(p, 40, Color.red);
37          }
38          else {
39            if(theCircle.includes(p))
40              theCircle.moveTo(p);
41          }
42        }
43        repaint();
44      }
45    }
46
47    public void paint(Graphics g) {
48      if(theCircle != null)
49        theCircle.draw(g);
50    }
51  }
```

    Circle 응용프로그램에서 원 객체는 12번째 줄의 theCircle 필드가 참조하는 것 하나만 존재한다. 28번째 줄의 mousePressed 메소드는 29번째 줄처럼 e가 참조하는

MouseEvent 객체의 getPoint 메소드를 호출해서 반환되는 Point 객체의 참조 값을 지역 변수 p에 저장한다. 30번째 줄의 if문에서 클릭된 버튼이 오른쪽 버튼인지를 MouseEvent 객체의 getButton 메소드를 호출해서 조사한다. 오른쪽 버튼이면 31번째 줄처럼 이미 생성된 원 객체가 있는지 조사한다. 프로그램을 실행시키자마자 사용자가 왼쪽 버튼을 클릭해서 원 객체를 생성하기 전에 오른쪽 버튼부터 클릭할 수 있다. 이는 원 객체가 없는데 32번째 줄의 moveEnlarge 메소드가 호출돼 NullPointerException 예외가 발생하는 것을 방지하기 위함이다.

Circle 클래스의 moveEnlarge 메소드는 그림 3-27과 같이 원을 첫 번째 인자로 명시된 점으로 이동시키면서 두 번째 인자로 명시된 크기만큼 반지름을 늘려 확대시키는 메소드다.

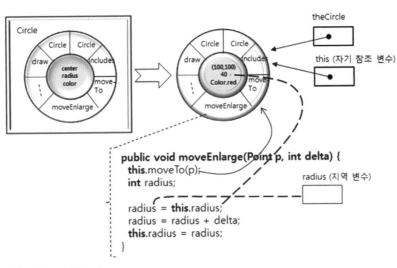

그림 3-27 this 참조 변수

자바 프로그램은 클래스들로 구성되고, 프로그램을 실행시키면 그 흐름은 main 메소드에서 시작된다. 이후 흐름은 클래스들로부터 생성된 객체들이 각자의 메소드를 실행시키면서 다른 객체를 생성하거나 다른 객체의 메소드를 호출하면서 객체들끼리 상호작용하는 패턴으로 진행된다. 5장부터는 객체들의 이런 상호작용 패턴이 확실해진다. 그러나 실행 중 한 시점을 놓고 볼 때 메소드를 실행하고 있는 객체는 하나이다. 자바가 시스템 변수로 제공하는 this 참조 변수는 어느 한 시점에 메소드를 실행하고 있는 객체의 참조 값을 갖도록 내부에서 상시 조정된다. 그림 3-27은 원 객체가 32번째 줄에 의해 moveEnlarge 메소드를 실행하고 있는 시점의 상황이다. 따라서 이 시점에 this 참조 변수는 theCircle 필드와 같이 moveEnlarge 메소드의 실행 주체인 원 객체의 참조 값을 가진다. 개발자 입장에서 보면 개발자가 현재 작업하고 있는 메소드가 속한 객체의 참조 변수가 this라고 생각하면 된다. 그림 3-27의 moveEnlarge 메소드 내에서 첫 번째 줄의 의미는 this가 참조하는 객체에게 moveTo 메소드를 호출하는 것이다. this는 현재 원 객체 자신에 대한 참조 값을 갖고 있기 때문에 moveTo 메소드의 내부 호출을 의미하며 따라서 this.은 생략이 가능하다.

그림 3-27의 moveEnlarge 메소드 내에서 두 번째 줄은 radius 지역 변수를 선언하는데 이 변수는 객체의 radius 필드와 이름이 같다. 세 번째 줄의 배정문에서 왼쪽 항은 지역 변수 radius를 의미하고, 오른쪽 항의 this.radius는 this가 참조하는 원 객체의 radius 필드(값이 40)를 의미한다. 오른쪽 항에서 this.이 없다면 왼쪽 항과 오른쪽 항 모두 지역 변수 radius를 의미하게 된다. 네 번째 줄에서는 지역 변수 radius의 값에 인자로 제공된 delta의 값을 더한다. 다섯 번째 줄에서는 필드 radius의 값을 지역 변수 radius의 값으로 변경해서 사각형 객체의 반지름 값을 갱신한다. 이와 같이 moveEnlarge 메소드에서 this 참조 변수는 지역 변수와 필드의 이름이 같은 경우에 둘을 구분하는 데 주로 사용된다.

클릭된 버튼이 오른쪽 버튼이 아니면 리스트 3-11의 35번째 줄처럼 생성된 원 객체가 있는지 조사해서 없으면 36번째 줄처럼 원 객체를 생성한다. 생성자에 전달될 인자 값으로 세 개를 명시했기 때문에 컴파일러에 의해 Circle 클래스에 정의된 네 개의 생성자 중 인자를 세 개 취하는 네 번째 생성자가 실행된다. 생성된 원 객체가 이미 존재하면 39번째 줄처럼 클릭점이 원의 내부점인지 조사해서 내부점이면 40번째 줄처럼 클릭점으로 원을 이동시킨다.

43번째 줄의 repaint 메소드에 의해 호출되는 47번째 줄의 paint 메소드는 프로그램 초기에 윈도우가 처음 표시될 때도 호출되기 때문에 48번째 줄처럼 그릴 원 객체가 존재하는지 조사해서 존재하면 49번째 줄처럼 theCircle 필드가 참조하는 원 객체의 draw 메소드를 호출해서 원을 그린다.

3.2.5 응용 과제 5

[객체 배열]

응용 과제 4를 발전시킨다. 그림 3-28과 같이 첫 번째 클릭에는 클릭점을 왼쪽 위 꼭짓점으로 해서 폭 70, 높이 50인 사각형을 그리고, 다음 클릭부터는 클릭점이 직전 사각형의 내부점이면 클릭점을 왼쪽 위 꼭짓점으로 하는 사각형을 총 20개까지 생성해서 그린다.

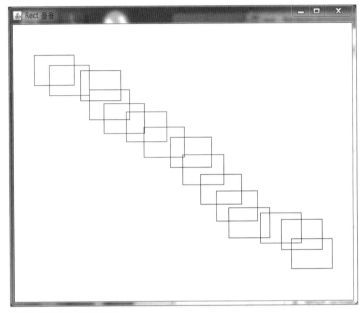

그림 3-28 멀티 사각형 응용

Rect 클래스는 실습 과제의 Rect 클래스와 같고, RectApp 클래스는 리스트 3-12와 같다.

리스트 3-12 RectApp5 프로젝트의 RectApp.java

```
01  //=======================================================
02  // Simple Rectangle Application in Java
03  // 20개까지 멀티 사각형 생성 및 유지
04  //=======================================================
05
06  import java.awt.*;
07  import java.awt.event.*;
```

```
08
09   public class RectApp extends Frame {
10     final public int MAXRECTS = 20;
11     public Rect rects[];
12     public int rectCount = 0;
13
14     public static void main(String[ ] args) {
15       RectApp window = new RectApp();
16       window.setVisible(true);
17     }
18
19     public RectApp() {
20       setSize(600, 500);
21       setTitle("Rect 응용");
22       MouseKeeper mouse = new MouseKeeper();
23       addMouseListener(mouse);
24       rects = new Rect[MAXRECTS];
25     }
26
27     private class MouseKeeper extends MouseAdapter {
28
29       public void mousePressed(MouseEvent e) {
30         int x = e.getX();
31         int y = e.getY();
32
33         if(rectCount < MAXRECTS) {
34           if(rectCount == 0) {
35             rects[0] = new Rect(x, y, x+70, y+50);
36             rectCount = 1;
37           }
38           else {
39             if(rects[rectCount-1].includes(x, y)) {
40               rects[rectCount] = new Rect(x, y, x+70, y+50);
41               rectCount++;
42             }
43           }
44           repaint();
45         }
46       }
47     }
```

```
49    public void paint(Graphics g) {
50        for(int i = 0; i < rectCount; i++)
51            rects[i].draw(g);
52    }
53 }
```

10번째 줄에서 사각형의 최대 개수를 지정하는 MAXRECTS 상수 필드를 20으로 한다. 11번째 줄에서 사각형 객체들의 참조 값을 저장할 배열의 참조 필드 rects를 선언한다. 12번째 줄에서는 생성된 사각형의 개수를 저장할 rectCount 정수 필드를 선언하고 0으로 초기화한다. 프로그램 초기에 한 번 실행되는 RectApp 생성자에서 24번째 줄처럼 크기 20의 배열 객체를 생성해서 그 참조 값을 rects 필드에 저장한다. 배열의 원소들은 null값으로 초기화된다.

마우스 클릭 때마다 호출되는 mousePressed 메소드에서 30, 31번째 줄은 클릭점의 x와 y 좌표를 지역 변수 x와 y에 저장한다. 33번째 줄의 if문은 사각형을 최대 20개까지만 생성하도록 rectCount의 값을 조사한다. 생성된 사각형의 개수가 20보다 작으면 34번째 줄처럼 첫 번째 클릭인지 조사한다. 첫 번째 클릭이면 35번째 줄처럼 클릭점을 왼쪽 위 꼭짓점으로 하고, 오른쪽 아래 꼭짓점은 왼쪽 위 꼭짓점에서 폭 70, 높이 50만큼 더한 점으로 하는 사각형을 생성한다. rectCount 필드의 값을 36번째 줄처럼 1로 한다.

첫 번째 클릭이 아니면 39번째 줄처럼 클릭점이 직전 사각형의 내부점인지 조사한다. rectCount 필드의 값은 생성된 사각형의 개수와 다음 사각형 객체의 참조 값이 삽입될 배열 내 인덱스 값을 지정하는 목적으로 사용된다. 따라서 rectCount-1의 값은 직전 사각형 객체의 배열 내 인덱스 값이다. 클릭점이 직전 사각형의 내부점이면 40번째 줄처럼 클릭점을 왼쪽 위 꼭짓점으로 하는 새로운 사각형 객체를 생성해서 그 참조 값을 그림 3-29와 같이 배열의 rectCount 필드의 값 위치에 삽입한다. 그림은 rectCount 필드의 값이 3일 경우이다. 41번째 줄에서는 rectCount의 값을 증가시킨다.

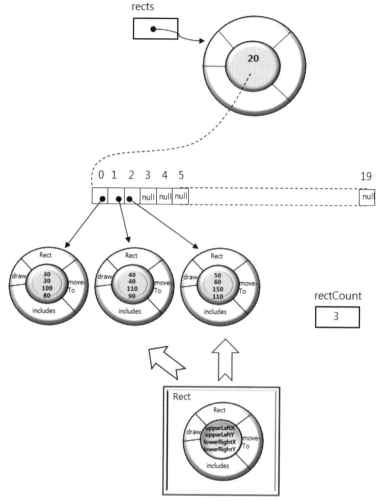

그림 3-29 사각형 객체 배열

44번째 줄의 repaint 메소드에 의해 호출되는 49번째 줄의 paint 메소드는 프로그램 초기에 윈도우가 처음 표시될 때도 호출된다. 따라서 50번째 줄처럼 for문으로 rectCount에 저장된 사각형의 개수만큼 사각형 객체에게 51번째 줄처럼 draw 메소드를 호출해서 사각형들을 그린다. 프로그램 초기에 호출될 때는 rectCount 필드의 값이 0이기 때문에 for문을 그냥 빠져나온다.

3.2.6 응용 과제 6

[객체 배열의 활용]

응용 과제 5를 발전시킨다. 응용 과제 5와 같이 동작하고 마우스 오른쪽 버튼 클릭에는 생성된 사각형들을 클릭점으로 그룹 이동시킨다.

Rect 클래스는 실습 과제의 Rect 클래스와 같고, RectApp 클래스에서 수정된 MouseKeeper 내부 클래스는 리스트 3-13과 같다.

리스트 3-13 RectApp6 프로젝트의 RectApp.java(일부)

```
01    private class MouseKeeper extends MouseAdapter {
02
03      public void mousePressed(MouseEvent e) {
04        int x = e.getX();
05        int y = e.getY();
06
07        if(e.getButton() != MouseEvent.BUTTON3) {
08          if(rectCount < MAXRECTS) {
09            if(rectCount == 0) {
10              rects[0] = new Rect(x, y, x+70, y+50);
11              rectCount = 1;
12            }
13            else {
14              if(rects[rectCount-1].includes(x, y)) {
15                rects[rectCount] = new Rect(x, y, x+70, y+50);
16                rectCount++;
17              }
18            }
19          }
20        }
21        else {
22          int firstRectX = rects[0].upperLeftX;
23          int firstRectY = rects[0].upperLeftY;
24          for(int i = 0; i < rectCount; i++) {
25            int deltaX = rects[i].upperLeftX - firstRectX;
26            int deltaY = rects[i].upperLeftY - firstRectY;
27            rects[i].moveTo(x+deltaX, y+deltaY);
28          }
29        }
30        repaint();
```

```
31        }
32    }
```

mousePressed 메소드에서 7번째 줄처럼 오른쪽 버튼 클릭인지 조사해서 오른쪽 버튼
클릭이 아니면 8~19번째 줄처럼 응용 과제 5와 같다. 오른쪽 버튼 클릭이면 21번째 줄
의 else절이 실행된다. 그림 3-30은 세 개의 사각형 객체가 생성됐고, 오른쪽 버튼이 클
릭된 상황을 나타낸다.

22, 23번째 줄에서 첫 번째 사각형 객체의 왼쪽 위 꼭짓점을 firstRectX와
firstRectY 지역 변수에 저장한다. 이 점이 그룹 이동의 기준점이고, 그림에서 (x, y)점
은 4, 5번째 줄에서 구한 클릭점이다. 24번째 줄의 for문은 그림의 상황에서 세 번 실행
된다. 25, 26번째 줄에서는 기준점인 (firstRectX, firstRectY)에서 각 사각형 객체의 왼
쪽 위 꼭짓점까지의 증분 deltaX와 deltaY를 구해 저장한다. 첫 번째 사각형은 기준점이
자신의 왼쪽 위 꼭짓점이기 때문에 deltaX와 deltaY의 값이 0이다. 따라서 각 사각형 객
체가 이동될 새로운 왼쪽 위 꼭짓점은 (x+deltaX, y+deltaY)점이 된다. 27번째 줄에서는
각 사각형 객체를 (x, y) 클릭점에서 delatX와 deltaY만큼 더한 위치로 moveTo 메소드를
호출해서 이동시킨다. paint 메소드에서 사각형들을 다시 그릴 때 이동된 사각형들이
시각적으로 반영된다.

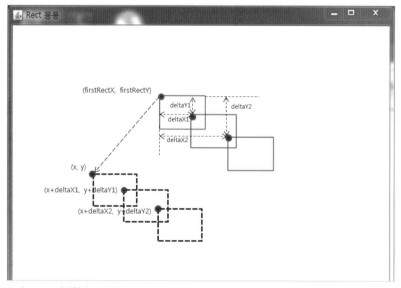

그림 3-30 사각형의 그룹 이동

3.2.7 응용 과제 7

[Rectangle 클래스, Graphics2D 클래스]

응용 과제 6을 발전시킨다. java.awt.Rectangle 클래스를 사용해서 응용 과제 6을 다시 작성한다.

 Rect 클래스를 사용하는 대신 java.awt 패키지 내의 Rectangle 클래스를 사용하기 때문에 리스트 3-14와 같이 RectApp 클래스만 수정된다.

리스트 3-14 RectApp7 프로젝트의 RectApp.java

```
01  //=========================================================
02  // Simple Rectangle Application in Java
03  // 20개까지 멀티 사각형 생성 및 유지
04  // 오른쪽 버튼 클릭에는 클릭점으로 사각형들을 그룹 이동
05  // java.awt.Rectangle 클래스 사용
06  //=========================================================
07
08  import java.awt.*;
09  import java.awt.event.*;
10
11  public class RectApp extends Frame {
12    final public int MAXRECTS = 20;
13    public Rectangle rects[];
14    public int rectCount = 0;
15
16    public static void main(String[ ] args) {
17      RectApp window = new RectApp();
18      window.setVisible(true);
19    }
20
21    public RectApp() {
22      setSize(600, 500);
23      setTitle("Rect 응용");
24      MouseKeeper mouse = new MouseKeeper();
25      addMouseListener(mouse);
26      rects = new Rectangle[MAXRECTS];
27    }
28
29    private class MouseKeeper extends MouseAdapter {
30
```

```
31      public void mousePressed(MouseEvent e) {
32          int x = e.getX();
33          int y = e.getY();
34
35          if(e.getButton() != MouseEvent.BUTTON3) {
36            if(rectCount < MAXRECTS) {
37              if(rectCount == 0) {
38                rects[0] = new Rectangle(x, y, 70, 50);
39                rectCount = 1;
40              }
41              else {
42                if(rects[rectCount-1].contains(x, y)) {
43                  rects[rectCount] = new Rectangle(x, y, 70, 50);
44                  rectCount++;
45                }
46              }
47            }
48          }
49          else {
50            int firstRectX = rects[0].x;
51            int firstRectY = rects[0].y;
52            for(int i = 0; i < rectCount; i++) {
53              int deltaX = rects[i].x - firstRectX;
54              int deltaY = rects[i].y - firstRectY;
55              rects[i].setLocation(x+deltaX, y+deltaY);
56            }
57          }
58          repaint();
59        }
60    }
61
62    public void paint(Graphics g) {
63      g.setColor(Color.blue);
64      for(int i = 0; i < rectCount; i++)
65        g.drawRect(rects[i].x, rects[i].y,
66                    rects[i].width, rects[i].height);
67    }
68  }
```

그림 3-31의 왼쪽 클래스는 실습 과제에서 사각형을 모델링해서 구현한 Rect 클래스이고, 오른쪽 클래스는 자바가 java.awt 패키지에 제공하는 Rectangle 클래스이다.

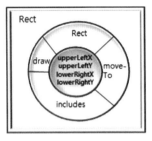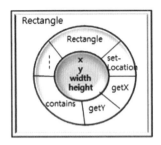

그림 3-31 Rect 클래스와 java.awt.Rectangle 클래스

Rect 클래스는 사각형의 데이터적인 속성이 왼쪽 위 꼭짓점과 오른쪽 아래 꼭짓점으로 모델링되고, Rectangle 클래스는 왼쪽 위 꼭짓점((x, y)), 폭(width), 높이(height)로 모델링됐다. Rect 클래스는 인자를 네 개 취하는 생성자를 한 개 제공하는 반면에 Rectangle 클래스는 일곱 개의 생성자들을 제공한다. Rectangle 클래스의 주요 생성자는 표 3-1과 같다.

표 3-1 Rectangle 클래스의 주요 생성자

생성자	설명
Rectangle()	왼쪽 위 꼭짓점((0, 0)), 폭 0, 높이 0으로 초기화
Rectangle(int width, int height)	왼쪽 위 꼭짓점((0, 0)), 폭 width, 높이 height로 초기화
Rectangle(int x, int y, 　　　　int width, int height)	왼쪽 위 꼭짓점((x, y)), 폭 width, 높이 height로 초기화
Rectangle(Point p)	왼쪽 위 꼭짓점을 p가 참조하는 점, 폭 0, 높이 0으로 초기화
Rectangle(Rectangle r)	r이 참조하는 사각형으로 초기화

Rect 클래스는 moveTo, includes, draw의 세 개 메소드를 제공하는 반면에 Rectangle 클래스는 30개 이상의 메소드들을 제공한다. Rectangle 클래스의 주요 메소드는 표 3-2와 같다.

표 3-2 Rectangle 클래스의 주요 메소드

메소드	설명
double getX()	왼쪽 위 꼭짓점의 x 좌표를 실수로 반환
double getY()	왼쪽 위 꼭짓점의 y 좌표를 실수로 반환
boolean contains(int x, int y)	(x, y)점이 내부점이면 true값을, 외부점이면 false값을 반환
boolean contains(Point p)	p가 참조하는 점이 내부점이면 true값을, 외부점이면 false값을 반환
void setLocation(int x, int y)	(x, y)점으로 이동
void setLocation(Point p)	p가 참조하는 점으로 이동
boolean intersects(Rectangle r)	r이 참조하는 사각형과 교차하면 true값을, 아니면 false값을 반환
void setSize(int width, int height)	폭 width, 높이 height로 조정

Rect 클래스의 moveTo, includes 메소드는 Rectangle 클래스의 setLocation, contains 메소드에 해당한다. Graphics 객체가 Rectangle 객체를 직접 그릴 수 있기 때문에 Rectangle 객체는 자신을 그리는 메소드는 필요하지 않다.

응용 과제 6과 다른 부분만 설명한다. 8번째 줄에서 java.awt 패키지 내의 모든 클래스를 사용하겠다고 선언했기 때문에 13번째 줄처럼 Rectangle 클래스를 명시하고 배열의 참조 필드 rects를 선언한다. 38번째 줄에서는 Rectangle 객체를 생성하는 데 인자로 사각형의 왼쪽 위 꼭짓점의 x와 y 좌표, 폭, 높이를 명시했기 때문에 표 3-1의 Rectangle 클래스의 오버로딩된 생성자 중에서 인자를 네 개 취하는 세 번째 생성자가 실행된다. 42번째 줄에서는 Rect 클래스의 includes 메소드 대신 Rectangle 클래스의 contains 메소드를 사용한다. 사각형 객체의 이동은 55번째 줄처럼 moveTo 메소드 대신 setLocation 메소드에 의해 실행된다.

paint 메소드에서 65, 66번째 줄은 Rectangle 객체의 필드들이 public 접근자로 지정됐기 때문에 이들에 접근해서 Graphics 객체의 drawRect 메소드로 사각형들을 그린다. paint 메소드를 다음의 코드로 수정하고 실행시켜도 좋다.

```java
public void paint(Graphics g) {
  Graphics2D g2d = (Graphics2D) g;
  g2d.setColor(Color.blue);
  for(int i = 0; i < rectCount; i++)
```

```
        g2d.draw(rects[i]);
}
```

    Graphics2D 클래스는 Graphics 클래스의 자식 클래스로 정의된 것으로 고수준의 2D(평면) 그래픽 환경을 지원한다. 두 번째 줄에서는 Graphics 객체를 참조하는 g 참조 변수를 Graphics2D 클래스형의 참조 변수 g2d로 형 변환한다. 이제 g2d 변수는 Graphics2D 객체를 참조하게 된다. Graphics2D 객체는 다섯 번째 줄처럼 사각형 객체를 인자로 취해 직접 그릴 수 있다. 클래스의 형 변환과 자식 클래스에 대한 자세한 설명은 4장에서 다룬다.

3.3 │ 보충 문법

이번 절에서는 응용 과제 4에서 소개한 Math 클래스를 설명하고, 1장의 응용 과제 4에서 사용했던 래퍼 클래스^{Wrapper Class}를 살펴본다.

3.3.1 Math 클래스

산술 연산을 static 메소드 형태로 제공하는 Math 클래스는 java.lang 패키지 소속이기 때문에 기본적으로 포함된다. static 메소드는 객체 생성 없이 클래스명으로 접근해서 사용하는 것을 권장한다. Math 클래스는 표 3-3의 static 상수 필드도 제공한다.

표 3-3 Math 클래스의 상수

상수	설명
final static double E	수학의 오일러 상수 e(2.71828182...)
final static double PI	수학의 파이 π(3.1415926535...)

    표 3-4는 Math 클래스의 주요 static 메소드들이다.

표 3-4 Math 클래스의 주요 메소드

메소드	설명
static double abs(double a)	실수 a의 절댓값 반환
static int abs(int a)	정수 a의 절댓값 반환

메소드	설명
static double sin(double a)	라디안 실수 a의 sin값 반환
static double cos(double a)	라디안 실수 a의 cos값 반환
static double tan(double a)	라디안 실수 a의 tan값 반환
static double pow(double a, double b)	실수 a와 b에 대해 a^b값 반환
static double sqrt(double a)	실수 a의 제곱근 반환
static double random()	0.0보다 크거나 같고 1.0보다 작은 임의의 실수 반환
static double max(double a, double b)	두 실수 a와 b 중 큰 수 반환
static double min(double a, double b)	두 실수 a와 b 중 작은 수 반환

리스트 3-15는 Math 클래스의 여러 static 메소드들을 활용해 보는 예제이고, 그림 3-32는 이 코드의 실행 결과다.

리스트 3-15 RectAdd1 프로젝트의 MathApp.java

```
01  //===========================================================
02  // Math class Example
03  //===========================================================
04
05  public class MathApp {
06
07    public static void main(String[] args) {
08      System.out.println(Math.PI);
09
10      double v = -3.456879;
11      System.out.println(Math.abs(v));
12
13      System.out.println(Math.sqrt(16.0));
14
15      System.out.println(Math.pow(3.0, 2.0));
16
17      double angle = 89.7;
18      double radianAngle = angle * Math.PI / 180.0;
19      System.out.println(Math.sin(radianAngle));
20      System.out.println(Math.cos(radianAngle));
21    }
22  }
```

그림 3-32 Math 클래스의 활용

18번째 줄에서 **89.7**에 대한 라디안 값을 구해서 19, 20번째 줄처럼 이 라디안 값의 sin과 cos값을 출력한다.

3.3.2 래퍼 클래스

자바는 java.lang 패키지에 byte, short, integer, long, char, float, double, boolean의 기본 데이터형의 값을 해당 객체로 변환하는 Byte, Short, Integer, Long, Character, Float, Double, Boolean 클래스들을 제공한다. 래퍼는 포장지를 의미하며 래퍼 클래스는 기본 데이터형의 값을 객체로 포장하는 클래스라는 의미를 나타낸다. 여덟 개의 래퍼 클래스는 다소 차이는 있지만 사용법은 대부분 비슷하다. 래퍼 객체는 기본 데이터형의 값을 인자로 해서 해당 래퍼 클래스의 valueOf static 메소드를 호출해서 생성한다.

가장 많이 사용되는 Integer 클래스의 주요 메소드는 표 3-5와 같다.

표 3-5 Integer 클래스의 주요 메소드

메소드	설명
int intValue()	Integer 객체에 해당하는 int값을 반환
double doubleValue()	Integer 객체에 해당하는 double값을 반환
long longValue()	Integer 객체에 해당하는 long값을 반환
static Integer valueOf(int i)	정수 i에 해당하는 Integer 객체를 생성해서 그 참조 값을 반환
static Integer valueOf(String s)	문자열 객체(s가 참조하는)에 해당하는 Integer 객체를 생성해서 그 참조 값을 반환
static int parseInt(String s)	문자열 객체(s가 참조하는)에 해당하는 int값을 반환
static String toString(int i)	정수 i에 해당하는 문자열 객체를 생성해서 그 참조 값을 반환

리스트 3-16은 래퍼 클래스의 여러 메소드들을 활용해 보는 예제이고, 그림 3-33은 이 코드의 실행 결과이다.

리스트 3-16 RectAdd2 프로젝트의 WrapperApp.java

```java
01 //========================================================
02 // Wrapper class Example
03 //========================================================
04
05 public class WrapperApp {
06
07   public static void main(String[] args) {
08     int i = 100;
09     Integer j = Integer.valueOf(i);
10     Integer k = Integer.valueOf("200");
11     System.out.println(j.doubleValue());
12     System.out.println(Integer.parseInt("-123"));
13
14     Double d = Double.valueOf(5.6);
15     Double e = Double.valueOf("9.5");
16     System.out.println(d.toString());
17     System.out.println(e.intValue());
18
19     Boolean a = Boolean.valueOf(true);
20     Boolean b = Boolean.valueOf("false");
21     System.out.println(a.toString());
22
23     char c = 'q';
24     Character cc = Character.valueOf('5');
25     System.out.println(Character.toUpperCase(c));
26     if(Character.isDigit(cc))
27       System.out.println(Character.getNumericValue(cc));
28
29     // auto boxing, unboxing
30     k = i;
31     System.out.println("Integer 객체: " + k);
32     i = k + 20;
33     System.out.println("int: " + i);
34   }
35 }
```

그림 3-33 래퍼 클래스의 활용

9번째 줄에서 기본 데이터형인 정수 값을 valueOf static 메소드의 인자로 제공해서 Integer 객체를 생성하고 그 참조 값을 j 참조 변수에 저장한다. 10번째 줄에서는 정수 200을 문자열 형태로 제공해서 Integer 객체를 생성한다. 11번째 줄은 j가 참조하는 Integer 객체에게 doubleValue 메소드를 호출해서 변환된 실수 값을 그림 3-33과 같이 출력한다. 12번째 줄은 Integer 클래스의 static 메소드인 parseInt를 호출해서 문자열 '-123'을 정수 -123으로 변환해서 출력한다.

15번째 줄처럼 실수도 문자열 형태로 valueOf 메소드의 인자로 제공할 수 있다. 16번째 줄에서는 d가 참조하는 Double 객체에게 toString 메소드를 호출해서 반환되는 문자열 '5.6'을 출력한다. 17번째 줄처럼 e가 참조하는 Double 객체에게 intValue 메소드를 호출하면 소수점 이하를 버린 정수를 반환한다.

19, 20번째 줄처럼 Boolean 클래스도 true나 false값을 인자로 취하는 valueOf 메소드와 'false'와 같이 문자열을 인자로 취하는 valueOf 메소드를 모두 지원한다. 21번째 줄에서는 a가 참조하는 Boolean 객체에게 toString 메소드를 호출해서 문자열 'true'를 출력한다.

25번째 줄에서 Character 클래스의 static 메소드 toUpperCase를 호출해서 소문자 'q'를 대문자 'Q'로 변환한다. 26번째 줄에서는 static 메소드 isDigit로 cc가 참조하는 문자 객체가 숫자인지 조사해서 숫자이면 27번째 줄처럼 static 메소드 getNumericValue를 호출해서 문자를 숫자로 변환한다.

30번째 줄에서 기본 데이터형인 int 변수 i의 값을 클래스형인 Integer 변수 k에 배정한다. 이와 같이 기본 데이터형의 값을 래퍼 객체로 만드는 과정을 박싱[boxing]이라고 하고, 반대로 래퍼 객체에서 기본 데이터형의 값을 얻어내는 과정을 언박싱[unboxing]이라고 한다. 기본 데이터형인 int형에서 Integer 래퍼 클래스형으로의 형 변환은 다음과 같은 문장이 내부적으로 수행돼서 자동으로 이뤄진다. Integer 객체가 생성되고 그 참조 값이 k에 저장되는 것이다.

```
Integer k = Integer.valueOf(i);
```

32번째 줄은 반대의 경우로 k가 참조하는 Integer 객체가 언박싱돼 정수 값으로 변환된 후 20과 더해져 결괏값이 정수 변수 i에 저장된다. 언박싱도 다음과 같은 문장이 내부적으로 수행돼서 자동으로 이뤄진다.

```
int i = k.intValue() + 20;
```

3.3.3 클래스와 객체의 실체

Rect 클래스를 정의하고 Rect 클래스로부터 객체를 생성하면, 이 객체의 필드와 메소드는 메모리 내에서 실제 어떤 형태로 구성되는지 살펴보자. 그림 3-34는 Rect 클래스로부터 a, b, c의 세 개 객체를 생성한 경우, 메모리 내의 상황을 보인 것이다.

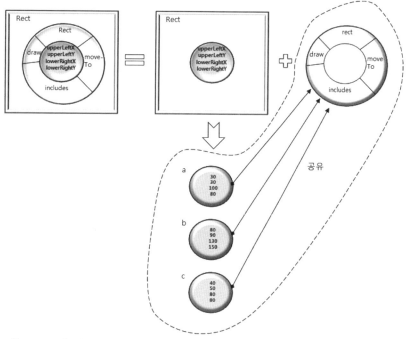

그림 3-34 클래스와 사각형 객체의 구성

클래스의 정의는 필드의 정의와 메소드의 정의로 구분된다. 객체가 생성되면 필드들은 객체 내에 존재한다. 그러나 메소드는 메소드 영역Method Area이라는 메모리의 한 공간에 존재해서 이 클래스로부터 생성된 모든 객체가 공유하게 된다. 그러나 이 책의 클래스와 객체의 표기법처럼 메소드가 객체 내에 같이 존재해서 캡슐을 이룬다고 생각하는 것이 프로그래밍할 때 개념적으로 더 편하다.

1. 실습 과제를 발전시킨다. 그림 3-35와 같이 두 번의 마우스 클릭으로 사각형을 생성해서 그린다. 첫 번째 클릭점은 사각형의 왼쪽 위 꼭짓점이 되고, 두 번째 클릭점은 사각형의 오른쪽 아래 꼭짓점이 된다.

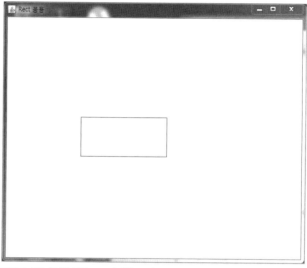

그림 3-35 두 번 클릭으로 사각형 그리기

2. 응용 과제 1을 발전시킨다. 그림 3-36과 같이 실습 과제처럼 동작하나 사각형 내의 마우스 오른쪽 클릭에는 사각형의 폭과 높이가 5픽셀만큼 증가한다. 접근 메소드와 변경 메소드를 사용한다.

그림 3-36 오른쪽 버튼으로 사각형 키우기

3. 실습 과제를 발전시킨다. 그림 3-37과 같이 사각형 내에서의 클릭에는 사각형이 3픽셀씩 커지고, 사각형 외부에서의 클릭에는 클릭점으로 사각형이 이동한다.

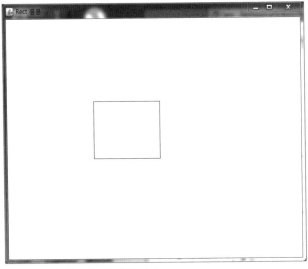

그림 3-37 사각형 키우기와 이동시키기

4. 응용 과제 2를 발전시킨다. 그림 3-38과 같이 두 번의 클릭으로 선을 정의한다. 첫 번째 클릭점은 선의 시작점이고, 두 번째 클릭점은 선의 끝점이다.

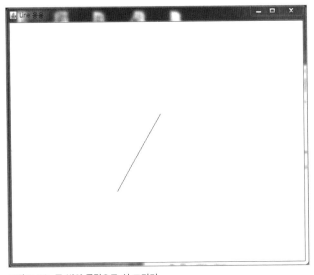

그림 3-38 두 번의 클릭으로 선 그리기

216

5. 응용 과제 4를 발전시킨다. 첫 번째 클릭점을 원점으로 하고, 두 번째 클릭점을 원주상의 한 점으로 하는 원을 생성해서 그린다. 이후 클릭점이 원의 내부점이면 클릭점으로 이동시킨다. 원 내에서 마우스 오른쪽 버튼을 클릭하면 그림 3-39와 같이 클릭할 때마다 원의 색이 검은색, 빨간색, 초록색으로 변경된다.

그림 3-39 원의 색 변경시키기

6. 응용 과제 4를 발전시킨다. 그림 3-40과 같이 사각형 내에서 마우스 왼쪽 버튼을 클릭하면 클릭점으로 사각형이 이동하며 10픽셀 커진다. 사각형 내에서 오른쪽 버튼을 클릭하면 빨간 사각형으로 변경되고 10픽셀 작아진다. Rect 클래스에 color 필드를 추가하고 moveEnlarge 메소드를 사용한다.

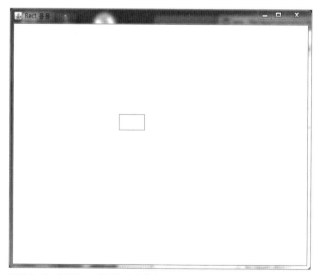

그림 3-40 사각형 크기와 색 변경하기

7. 응용 과제 2와 5를 발전시킨다. 그림 3-41과 같이 두 번의 마우스 클릭으로 파란 선을 10개까지 그린다. 첫 번째 클릭점은 선의 시작점이고, 두 번째 클릭점은 선의 끝점이다. 마우스 오른쪽 버튼 클릭에는 마지막 선이 클릭점으로 이동한다.

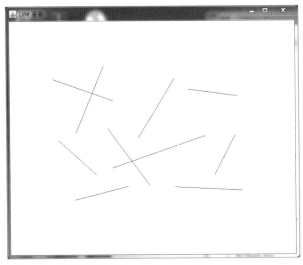

그림 3-41 10개까지 선 그리기

8. 응용 과제 5를 발전시킨다. 그림 3-42와 같이 두 번의 클릭으로 파란 사각형들을 생성해서 그린다. 마우스 오른쪽 버튼 클릭에는 빨간 사각형을 생성해 그린다. 첫 번째 클릭점은 사각형의 왼쪽 위 꼭짓점이 되고, 두 번째 클릭점은 오른쪽 아래 꼭짓점이 된다. 사각형의 최대 개수는 10개로 한다. Rect 클래스에 color 필드를 추가한다.

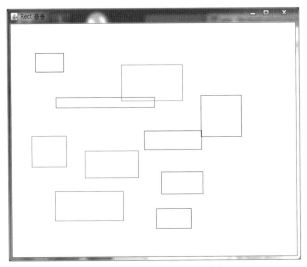

그림 3-42 두 번의 클릭으로 사각형을 10개까지 그리기

9. 응용 과제 6을 발전시킨다. 그림 3–43과 같이 사각형을 10개까지 생성해서 그린다. 중간에 마우스 오른쪽 버튼을 클릭하면 첫 사각형부터 차례대로 지워진다.

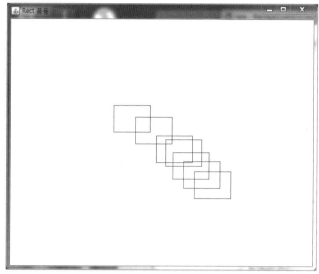

그림 3-43 사각형 지우기

> **힌트** 첫 사각형을 지우는 코드는 다음과 같다.

```
if(rectCount > 0) {
  rects[0] = null;
  for(int i = 0; i < rectCount-1; i++)   // rectCount-1에 주의!
    rects[i] = rects[i+1];
  rectCount--;
}
```

두 번째 줄처럼 첫 사각형을 지우고 이 빈 자리를 메꿀 때 배열의 원소들을 한 자리씩 앞으로 옮긴다.

10. 응용 과제 6을 발전시킨다. 그림 3-44와 같이 두 번의 클릭으로 사각형들이 생성되며, 생성된 사각형들 중에서 한 개를 마우스 오른쪽 클릭으로 선택하면 선택된 사각형이 초록 사각형으로 변한다.

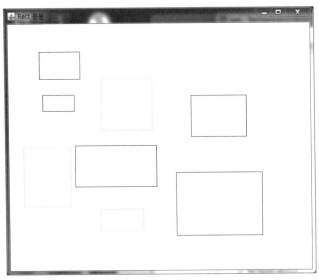

그림 3-44 사각형 선택하기

11. 응용 과제 6을 발전시킨다. 그림 3-45와 같이 두 번의 클릭으로 사각형을 10개까지 생성해서 그린다. 마우스 오른쪽 버튼을 클릭하면 생성된 사각형들 중 최대 면적을 갖는 사각형만 남는다. 이후 클릭에는 같은 동작이 반복된다. Rect 클래스에 area 메소드를 추가한다.

그림 3-45 최대 면적의 사각형 구하기

12. 응용 과제 4와 6을 발전시킨다. 클릭점을 원점으로 하고 반지름이 40인 파란 원들을 생성해서 그린다. 이후 클릭점이 원의 내부점이면 20개까지 원을 생성해서 유지한다. 그림 3-46과 같이 마우스 오른쪽 버튼 클릭이 원의 내부점이면 클릭된 원까지 모두 빨간색으로 변경하고, 외부점이면 모두 파란색으로 변경한다.

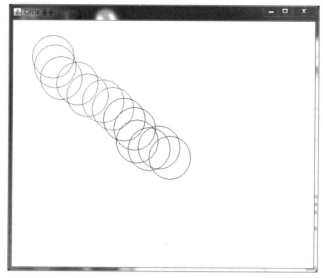

그림 3-46 원 선택하기

그림 3-47과 같이 프로그램을 실행시키면 600×400 크기의 윈도우가 생성되고 (200, 100) 위치에 반지름이 10인 파란 공(2D)이 생성돼 움직인다. 공은 애니메이션되면서 윈도우의 네 면과 부딪치면 튕긴다. 일정 시간 동안 공의 움직임이 애니메이션된 후 프로그램이 종료된다. 애니메이션 중간에 마우스를 클릭하면 클릭점으로 공이 이동되고 그 점에서 애니메이션은 계속된다.

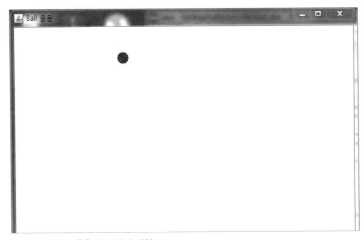

그림 3-47 Ball 응용프로그램의 실행

프로그램은 공을 Ball 클래스로 모델링한 Ball.java 파일과 공을 생성해서 애니메이션시키는 **BallApp** 클래스를 구현한 BallApp.java 파일로 구성된다. 공 객체를 생성하는 **Ball** 클래스의 인터페이스는 표 3-6, 3-7, 3-8과 같다.

표 3-6 Ball 클래스의 필드

필드	설명
Point center	공의 중심점
int radius	공의 반지름
Color color	공의 색
double dx	한 번 이동 시 x 증분
double dy	한 번 이동 시 y 증분

표 3-7 Ball 클래스의 생성자

생성자	설명
Ball(Point p, int r)	공의 시작점과 반지름을 인자로 지정된 값으로 초기화. 공의 색은 파란색, 증분값들은 0.0으로 초기화

표 3-8 Ball 클래스의 메소드

메소드	설명
void setColor(Color newColor)	공의 색을 인자로 지정된 색으로 변경
void setMotion(double ndx, double ndy)	x 증분, y 증분을 인자로 지정된 값으로 변경
void move()	공을 x 증분, y 증분만큼 이동
void moveTo(Point p)	공을 인자로 지정된 점으로 이동
void draw(Graphics g)	공을 그래픽 처리

　　BallApp 클래스의 구현은 리스트 3-17과 같다. BallApp 클래스를 잘 살펴보고 이에 맞는 Ball 클래스를 구현해서 프로그램을 완성한다.

리스트 3-17 RectChallenge 프로젝트의 BallApp.java

```
01  import java.awt.*;
02  import java.awt.event.*;
03
04  public class BallApp extends Frame {
05    final public static int FrameWidth = 600;
06    final public static int FrameHeight = 400;
07    // 필드
08    private Ball aBall;
09    private int counter = 0;
10
11    public static void main(String[ ] args) {
12      BallApp window = new BallApp();
13      window.setVisible(true);
14    }
15
16    // 생성자
17    public BallApp() {
18      setSize(FrameWidth, FrameHeight);
19      setTitle("Ball 응용");
```

```java
20      addMouseListener(new MouseKeeper());
21      aBall = new Ball(new Point(200,100), 10);
22      aBall.setMotion(3.0, 6.0);
23    }
24
25    // 마우스 클릭 처리
26    private class MouseKeeper extends MouseAdapter {
27
28      public void mousePressed(MouseEvent e) {
29        Point p = e.getPoint();
30        aBall.moveTo(p);
31        if(aBall.color == Color.blue)
32          aBall.setColor(Color.red);
33        else
34          aBall.setColor(Color.blue);
35        repaint();
36      }
37    }
38
39    // 메소드
40    public void paint(Graphics g) {
41      aBall.draw(g);
42      aBall.move();
43      if((aBall.center.x < 0) || (aBall.center.x > FrameWidth))
44        aBall.setMotion(-aBall.dx, aBall.dy);
45      if((aBall.center.y < 0) || (aBall.center.y > FrameHeight))
46        aBall.setMotion(aBall.dx, -aBall.dy);
47      counter = counter + 1;
48      // 10ms delay
49      try {
50        Thread.sleep(10);
51      } catch (InterruptedException e) {
52        return;
53      }
54      if(counter < 1000)
55        repaint();
56      else
57        System.exit(0);
58    }
59 }
```

5, 6번째 줄에서 윈도우를 고정 크기로 지정하려면 상수 필드 FrameWidth와 Frame
Height를 600과 400으로 설정한다. Ball 클래스로부터 생성될 공 객체의 참조 값을 저장
할 필드 aBall을 8번째 줄처럼 정의한다. 공의 움직임을 애니메이션하려면 40번째 줄의
paint 메소드에서 공을 x 증분, y 증분만큼 이동시키고 그리기를 1000번 반복한다. 9번
째 줄에서 0으로 초기화된 counter 필드는 공의 움직임 횟수를 측정하는 데 필요하다.

21번째 줄에서는 (200, 100)점의 Point 객체를 생성해서 그 참조 값과 공의 반지름을
지정하는 10을 인자로 Ball 객체를 생성한다. Ball 객체의 참조 값은 aBall 필드에 저장
된다. 공은 한 번 움직일 때마다 x축과 y축으로 지정된 증분만큼 이동하게 Ball 클래스
에 모델링한다. 한 번 움직일 때마다 이동할 x 증분값과 y 증분값을 저장하는 dx와 dy 필
드를 Ball 클래스에 선언한다. 공이 처음 생성될 때 이 크기는 실수 0.0이다. 22번째 줄
에서는 Ball 객체의 setMotion 메소드를 호출해서 x축 이동 거리(x 증분값)를 3.0으로 하
고, y축 이동 거리(y 증분값)를 6.0으로 지정한다. 이제 공은 한 번 움직일 때마다 현 위
치에서 x축으로는 3.0만큼, y축으로는 6.0만큼 이동하게 된다. 큰 값을 지정하면 공의
움직임이 빨라질 것이다. 이 값으로 공의 속도와 방향을 정할 수 있다.

29번째 줄에서 e가 참조하는 MouseEvent 객체에게 getPoint 메소드를 호출해서 클
릭점을 얻어온다. 30번째 줄에서는 애니메이션되고 있는 Ball 객체에게 moveTo 메소드
를 호출해서 클릭점으로 이동시킨다. 31~34번째 줄은 클릭점으로 이동될 때마다 공의
색이 빨간색에서 파란색으로, 파란색에서 빨간색으로 번갈아 변경되도록 Ball 객체의
setColor 메소드를 호출한다. 35번째 줄에서는 repaint 메소드를 호출해서 paint 메소
드가 애니메이션 작업을 계속할 수 있게 한다.

40번째 줄의 paint 메소드는 프로그램 실행 초기에 호출돼서 간단한 애니메이션 작
업을 수행한다. 애니메이션 작업 중 마우스가 클릭되면 mousePressed 메소드를 실행한
후 애니메이션은 계속된다. 9번째 줄에서 선언된 counter 필드는 윈도우 객체가 소멸되
기 전까지는 paint 메소드가 종료돼도 지정된 값을 유지했다가 다음 paint 메소드 호출
때 유지된 값이 사용된다. 먼저 54번째 줄의 if문부터 살펴보기로 하자. counter 필드
는 9번째 줄에서 0으로 초기화되고, 47번째 줄에서 1만큼 증가된다. counter의 값이 54
번째 줄에서 1000보다 작으면 repaint 메소드를 호출하고, 1000 이상이면 System.exit
메소드로 프로그램이 종료된다. 55번째 줄의 repaint 메소드는 paint 메소드를 호출하

는 메소드다. 따라서 paint 메소드 내에서 paint 메소드를 호출하는 재귀 호출^{Recursive Call}의 효과를 내지만 일반적인 재귀 호출과는 동작 원리가 정확하게 일치하지는 않는다. counter는 필드이므로 paint 메소드 호출 때마다 증가된 값을 계속 유지한다.

paint 메소드는 그림 3-48과 같이 첫 paint 메소드의 실행이 완료된 후 두 번째 paint 메소드가 실행되고, 두 번째 paint 메소드가 완료된 후 세 번째 paint 메소드가 실행되는 형식으로 진행되며, 1001번째 paint 메소드가 종료되면 일반 재귀 함수의 호출과 같이 풀려 나오는 과정 없이 종료된다. counter 필드가 재귀 호출의 횟수를 제어하는 역할을 한다.

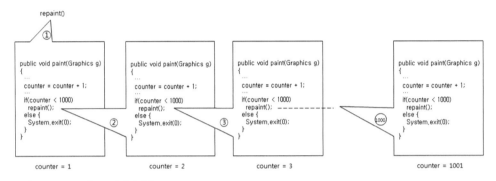

그림 3-48 paint 메소드의 재귀 호출

이제 41번째 줄로 돌아가 보자. 41번째 줄에서 공을 그리고, 42번째 줄에서는 공을 x축으로 3.0, y축으로 6.0만큼 이동시키는 move 메소드를 호출한다. 따라서 41, 42번째 줄은 1000개의 애니메이션 장면 중 한 장면을 그린다. 43번째 줄의 if문은 이동시킨 후 공 중심의 x 좌표가 윈도우의 왼쪽 벽(x 좌표가 0)이나 오른쪽 벽(x 좌표가 FrameWidth)을 벗어나지 않았는지 조사한다. 벗어난 경우는 44번째 줄처럼 현재 공의 x 증분값의 반대 값과 y 증분값으로 인자를 제공하면서 setMotion 메소드를 호출해서 공이 부딪힌 방향과 반대 방향으로 튕겨 나가는 효과를 낸다. x 증분값이 반대가 되면 공은 다음 이동부터는 지금까지 진행했던 x축 방향과 반대 방향으로 이동된다. y축 방향의 이동은 변함이 없기 때문에 튕겨지는 효과를 낸다. 45, 46번째 줄에서는 같은 조사를 윈도우의 위쪽과 아래쪽 면에 대해 수행하고, 공 중심의 y 좌표가 이들을 벗어난 경우 y 증분값을 반대로 지정해서 튕겨 나가는 효과를 낸다.

49~53번째 줄은 애니메이션 효과를 실감나게 즐기도록 슬로모션 효과를 낸다. 프로그램의 흐름을 각 paint 메소드 호출마다 10밀리초 동안 중단시키는 것인데(잠을 재우는 것) 5장에서 다룰 예외 처리의 개념이 필요하기 때문에 지금 단계에서는 그대로 try-catch 블록을 사용해서 코딩하기로 하자. 따라서 1000 장면 중 장면과 장면 사이에 10밀리초의 지연 시간을 두게 된다. 6장에서 다룰 Thread 클래스의 sleep 메소드의 인자는 50번째 줄처럼 밀리초 단위를 지정한다.

4장
Card 응용프로그램

3장의 도입 글에서 java.awt 패키지 내의 Window 클래스(그림 3-3)를 소개했다. Window 클래스는 모든 응용프로그램에서 재사용되는 기본 윈도우 객체를 생성한다. 이번에는 java.awt 패키지 내의 Frame 클래스와 Dialog 클래스를 살펴보자. 우리가 윈도우 환경에서 흔글, 익스플로러, 파워포인트 응용프로그램들을 동시에 실행시키는 경우 그림 3-2와 같이 한 응용프로그램당 한 개의 메인 윈도우가 생성된다. 한 개의 응용프로그램은 메인 윈도우 한 개와 이 메인 윈도우에 딸려서 프로그램 실행 중에 생성됐다가 소멸되는 여러 개의 자식 윈도우들로 구성된다. 그림 4-1은 흔글의 메인 윈도우와 자식 윈도우들 중 하나인 인쇄 윈도우를 보여준 것이다.

흔글의 메인 윈도우는 기본적인 문서 편집 기능을 제공하고, 인쇄 윈도우와 파일 불러오기 윈도우 등의 자식 윈도우들은 사용자와의 대화(다이얼로그)를 통해 인쇄, 파일 불러오기 등의 특정 기능들을 제공한다.

java.awt 패키지의 Frame 클래스는 메인 윈도우의 기본적인 속성들에 대한 부품 원판을 제공하고, Dialog 클래스는 자식 윈도우의 기본적인 속성들에 대한 부품 원판을 제공한다. 메인 윈도우와 자식 윈도우는 모두 윈도우이므로 윈도우로서 가져야 할 폭(WIDTH), 높이(HEIGHT), 모니터 화면상의 위치, 바탕색 등의 네이터적인 속성들을 공동직으로 가지며, 윈도우 표시하기(setVisible), 윈도우 내용 그리기(paint), 위치 변경 등의 기능적인 속성들도 공통적으로 가진다. 그러나 세부적인 면에서는 각각 몇 개의 서로 다른 기능들을 더 가진다. 메인 윈도우와 자식 윈도우가 공유하는 이와 같은 공유 속성들은 이미 기본 윈도우를 생성할 수 있는 Window 클래스로 모델링됐다. 따라서 이 Window

그림 4-1 훈글의 메인 윈도우와 자식인 인쇄 윈도우

클래스를 이용해서 Frame 클래스와 Dialog 클래스를 정의할 수 있다면 효율적일 것이다. 자바에서는 두 클래스를 부모-자식 관계로 맺어주면 부모 클래스의 데이터적인 속성(필드)들과 기능적인 속성(메소드)들이 자식 클래스에게 그대로 상속^inheritance되도록 하는 기능을 제공하고 있다. java.awt 패키지는 이와 같은 상속 기능을 이용해서 Frame 클래스와 Dialog 클래스를 Window 클래스의 두 자식 클래스로 정의하고, 그림 4-2와 같이 클래스 계층 구조^Class Hierarchy를 형성한다. 클래스 계층 구조는 부모와 자식 클래스 간에 자식으로부터 부모로 향하는 속이 빈 화살표로 표시한다.

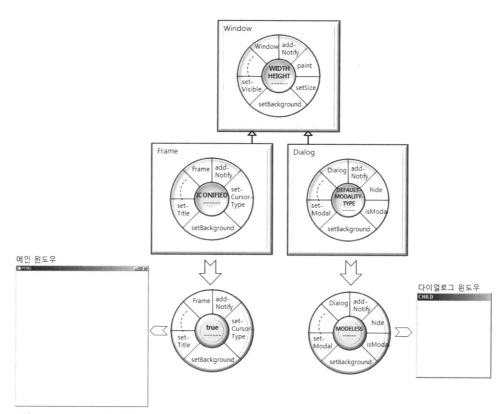

그림 4-2 Window 클래스의 세분화

Window 클래스의 필드와 메소드들이 자식인 Frame 클래스와 Dialog 클래스에 상속되고, Frame 클래스와 Dialog 클래스는 필드와 메소드를 추가하거나 Window 클래스의 메소드를 재정의함으로써 세분화된다. 부모 클래스의 메소드를 자식 클래스에서 오버로딩한 것을 메소드의 재정의 또는 오버라이딩Method Overriding이라고 한다. 그림 4-2에서 Frame 클래스의 addNotify나 setBackground와 같이 부모 클래스인 Window에서 이미 정의된 메소드를 재정의하면 그 메소드는 상속받지 않고 메인 윈도우에 적합하게 재정의된 메소드를 사용하겠다는 의미가 된다. Frame 클래스의 setTitle 메소드는 윈도우에 타이틀을 달 수 있게 추가된 메소드이고, 클래스명과 같은 Frame 메소드는 생성자이다. Frame 클래스의 ICONIFIED는 메인 윈도우의 아이콘화 상태를 나타낼 수 있게 추가된 필드이다.

따라서 그림 4-2와 같이 기본 윈도우를 생성하는 Window 클래스는 메인 윈도우 객체를 생성하는 Frame 클래스와 자식 윈도우 객체를 생성하는 Dialog 클래스로 세분화된다.

Frame 객체가 화면상에 표시된 메인 윈도우는 타이틀바에 최소화, 최대화, 닫기 버튼 등이 있는 반면에 Dialog 객체가 화면상에 표시된 자식 윈도우는 이런 버튼들이 없다. 따라서 Dialog 객체는 독립적으로 생성되고 소멸될 수 없으며 메인 윈도우의 제어를 받게 된다.

클래스들의 부모-자식 관계는 '자식 클래스 이즈-어[is-a] 부모 클래스'라고 말을 붙여 봐서 의미가 통할 때 맺어 주는 것이 좋다. 'Frame 클래스 이즈-어 Window 클래스'와 'Dialog 클래스 이즈-어 Window 클래스'는 메인 윈도우가 윈도우이고 자식 윈도우도 윈도우이므로 의미가 통한다. 이와 같이 부모-자식 관계는 이즈-어 관계가 성립될 때 맺어지게 된다.

4장에서는 카드 객체를 생성해서 윈도우에 표시하고 마우스 클릭으로 이 카드 객체를 뒤집는 Card 응용프로그램을 작성한다. 카드는 사각형 형태이기 때문에 '카드 이즈-어 사각형'의 의미가 통한다. 따라서 3장에서 구현한 Rect 클래스를 상속받는 Card 클래스를 정의해서 활용한다.

4.1 | Card 응용프로그램 실습

[상속, super() 함수, super 키워드, 상속 관계에서의 생성자, 객체의 형 변환, 메소드의 동적 결합, 다형성과 다형 변수]

프로그램을 실행하면 그림 4-3과 같이 한 개의 사각형과 두 개의 카드가 뒷면인 상태로 윈도우에 나란히 표시된다. 두 카드 내에서 마우스 버튼을 클릭하면 클릭할 때마다 뒤집어져서 앞면과 뒷면이 번갈아 표시된다.

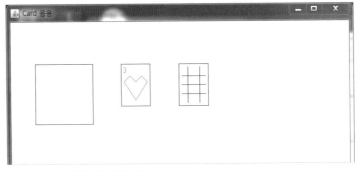

그림 4-3 Card 응용프로그램의 실행

Rect 클래스는 3장 실습 과제의 Rect 클래스를 그대로 사용하고, 그림 4-4와 같이 카드를 표현하는 Card 클래스를 Rect 클래스의 자식으로 정의한다. 그림은 Card 클래스로부터 생성된 카드 객체가 윈도우상에 표시된 상황을 함께 나타낸다.

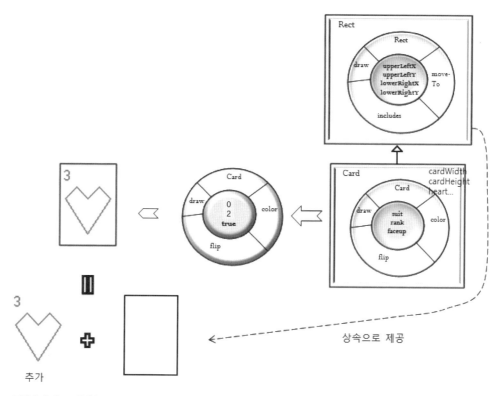

그림 4-4 Card 클래스

Card 클래스는 Rect 클래스의 자식이므로 Rect 클래스에 정의된 네 개의 필드들 (upperLeftX, upperLeftY, lowerRightX, lowerRightY)과 두 개의 메소드들(moveTo, includes)을 상속받는다. 생성자는 상속되지 않기 때문에 Card 생성자는 따로 정의한다. draw 메소드는 Card 클래스에서 재정의(오버로딩)하기 때문에 Rect 클래스로부터 상속받지 않고 Card 클래스에서 재정의한 것이 사용된다. 카드는 사각형 모양이고 윈도우상에서 사각형과 같은 위치와 크기를 갖기 때문에 '카드 이즈-어 사각형'의 상속 관계가 성립된다. 따라서 그림과 같이 카드의 사각형적인 속성들을 그대로 상속받는다.

그렇다면 카드는 사각형과 달리 어떤 데이터적인 속성들이 더 필요할까? 카드는 사각형의 데이터적인 속성에 더해 무늬(suit)와 숫자(rank) 값을 가진다. 하트(heart), 스페이드(spade), 다이아몬드(diamond), 클로버(club)의 네 개 무늬를 0에서 3까지의 정수 값으로 표현하고, 13개의 숫자(에이스ace, 2, 3, ... , 10, 잭jack, 퀸queen, 킹king)는 0에서 12까지의 정수 값으로 표현하자. 또한 카드는 윈도우상에서 앞면과 뒷면의 두 가지 상태(faceup) 중 하나를 가진다. 앞면인 상태를 true, 뒷면인 상태를 false로 하는 boolean형으로 faceup의 값을 표현하자. 따라서 Card 클래스는 Rect 클래스에 비해 세 개의 필드들(suit, rank, faceup)을 추가로 가진다. 카드의 색도 데이터적인 속성으로 추가할 수 있다. 다이아몬드와 하트는 빨간색이고, 클로버와 스페이드는 검은색이다. 그러나 색 속성은 무늬 값에 의해 결정될 수 있기 때문에 독립적인 필드로 정의하지 않고 무늬에 의해 색을 결정하는 color 메소드로 처리한다. 각 카드의 크기(폭과 높이)는 일정하므로 따로 객체 필드로 잡지 않고 모든 카드 객체들이 공유하는 cardWidth와 cardHeight의 static 상수로 선언한다.

이번에는 Rect 클래스에 비해 Card 클래스가 어떤 기능적인 속성들을 더 가져야 하는지 생각해 보자. 생성자 메소드 외에 Card 클래스에 세 개의 메소드들이 추가 정의된다. 우선 윈도우상에서 카드는 자신의 이미지를 스스로 그릴 수 있어야 한다. Rect 클래스의 draw 메소드로는 카드의 테두리만 그릴 수 있기 때문에 Rect 클래스로부터 draw 메소드를 상속받지 않고 draw 메소드를 재정의해서 테두리뿐 아니라 무늬와 숫자도 그릴 수 있게 한다. 카드가 뒷면인 상태이면 뒷면 이미지를 그려야 한다. 각 카드는 자신의 앞뒷면 상태를 변경해서 뒤집는 기능을 제공해야 한다. 이 기능을 수행하는 메소드를 flip이라고 하자. flip 메소드는 인자를 취하지 않고 현재 앞면이면 뒷면으로, 뒷면이면 앞면인 상태로 변경한다. color 메소드는 자신의 무늬에 따라 색을 결정해서 반환하는 기능을 수행한다. Rect 클래스와 이를 상속받는 Card 클래스의 메소드들은 표 4-1과 같다. 표에서 ○는 정의됨을 의미하고, ×는 정의되지 않음을 의미한다.

표 4-1 Rect 클래스와 Card 클래스의 메소드

클래스 \ 메소드	includes	moveTo	flip	color	draw
Rect	○	○	×	×	○
Card	×	×	○	○	○

Card 클래스는 includes 메소드와 moveTo 메소드를 상속받고 flip 메소드와 color 메소드를 추가하며 draw 메소드를 재정의한다.

Card 응용프로그램은 Rect 클래스를 구현한 3장 실습 과제의 Rect.java, 앞에서 모델링된 Card 클래스를 구현한 Card.java, 두 클래스를 활용하는 CardApp 클래스를 구현한 CardApp.java의 세 파일로 구성된다. 이 세 파일은 기본 패키지에 함께 위치한다. Card 클래스는 이어지는 장들에서 계속 사용되고, 카드를 사용하는 다른 응용프로그램에서도 이용될 가능성이 높은 클래스이기 때문에 독립된 파일에 구현한다. 독립된 파일에 클래스를 정의할 때는 그 클래스의 접근자를 public으로 명시하고 클래스명은 파일명과 일치해야 한다. Card 클래스를 구현한 Card.java 파일의 내용은 리스트 4-1과 같다.

리스트 4-1 CardApplication 프로젝트의 Card.java

```
001  // Card class
002
003  import java.awt.Color;
004  import java.awt.Graphics;
005
006  public class Card extends Rect {
007      // 카드의 폭, 높이, 각 무늬를 static 상수로 지정
008      final public static int cardWidth = 50;
009      final public static int cardHeight = 70;
010      final public static int heart = 0;
011      final public static int spade = 1;
012      final public static int diamond = 2;
013      final public static int club = 3;
014      // 각 카드의 앞뒷면 상태, 숫자, 무늬를 필드로 선언
015      public boolean faceup;
016      public int rank;
017      public int suit;
018
019      // 생성자
020      public Card(int xv, int yv, int sv, int rv) {
021          super(xv, yv, xv+cardWidth, yv+cardHeight);
022          suit = sv; rank = rv; faceup = false;
023      }
024
025      // 메소드
026      public void flip() {
```

```
027       faceup = ! faceup;
028     }
029
030     public Color color() {
031       if (faceup)
032         if (suit == heart || suit == diamond)
033           return Color.red;
034         else
035           return Color.black;
036       return Color.blue;
037     }
038
039     public void draw(Graphics g) {
040       String names[] = {"A", "2", "3", "4", "5", "6",
041                         "7", "8", "9", "10", "J", "Q", "K"};
042       // 카드 면 확보와 경계선 그리기
043       g.clearRect(upperLeftX, upperLeftY, cardWidth, cardHeight);
044       super.draw(g);
045       // 각 카드의 이미지 그리기
046       g.setColor(color());
047       if (faceup) {
048         g.drawString(names[rank], upperLeftX+3, upperLeftY+15);
049         if (suit == heart) {
050           g.drawLine(upperLeftX+25, upperLeftY+30,
051                     upperLeftX+35, upperLeftY+20);
052           g.drawLine(upperLeftX+35, upperLeftY+20,
053                     upperLeftX+45, upperLeftY+30);
054           g.drawLine(upperLeftX+45, upperLeftY+30,
055                     upperLeftX+25, upperLeftY+60);
056           g.drawLine(upperLeftX+25, upperLeftY+60,
057                     upperLeftX+5, upperLeftY+30);
058           g.drawLine(upperLeftX+5, upperLeftY+30,
059                     upperLeftX+15, upperLeftY+20);
060           g.drawLine(upperLeftX+15, upperLeftY+20,
061                     upperLeftX+25, upperLeftY+30);
062         }
063         else if (suit == spade) {
064           g.drawLine(upperLeftX+25, upperLeftY+20,
065                     upperLeftX+40, upperLeftY+50);
066           g.drawLine(upperLeftX+40, upperLeftY+50,
067                     upperLeftX+10, upperLeftY+50);
068           g.drawLine(upperLeftX+10, upperLeftY+50,
```

```
069                         upperLeftX+25, upperLeftY+20);
070             g.drawLine(upperLeftX+23, upperLeftY+45,
071                         upperLeftX+20, upperLeftY+60);
072             g.drawLine(upperLeftX+20, upperLeftY+60,
073                         upperLeftX+30, upperLeftY+60);
074             g.drawLine(upperLeftX+30, upperLeftY+60,
075                         upperLeftX+27, upperLeftY+45);
076         }
077         else if (suit == diamond) {
078             g.drawLine(upperLeftX+25, upperLeftY+20,
079                         upperLeftX+40, upperLeftY+40);
080             g.drawLine(upperLeftX+40, upperLeftY+40,
081                         upperLeftX+25, upperLeftY+60);
082             g.drawLine(upperLeftX+25, upperLeftY+60,
083                         upperLeftX+10, upperLeftY+40);
084             g.drawLine(upperLeftX+10, upperLeftY+40,
085                         upperLeftX+25, upperLeftY+20);
086         }
087         else if (suit == club) {
088             g.drawOval(upperLeftX+20, upperLeftY+25, 10, 10);
089             g.drawOval(upperLeftX+25, upperLeftY+35, 10, 10);
090             g.drawOval(upperLeftX+15, upperLeftY+35, 10, 10);
091             g.drawLine(upperLeftX+23, upperLeftY+45,
092                         upperLeftX+20, upperLeftY+55);
093             g.drawLine(upperLeftX+20, upperLeftY+55,
094                         upperLeftX+30, upperLeftY+55);
095             g.drawLine(upperLeftX+30, upperLeftY+55,
096                         upperLeftX+27, upperLeftY+45);
097         }
098     }
099     else { // 뒷면
100         g.drawLine(upperLeftX+15, upperLeftY+5,
101                     upperLeftX+15, upperLeftY+65);
102         g.drawLine(upperLeftX+35, upperLeftY+5,
103                     upperLeftX+35, upperLeftY+65);
104         g.drawLine(upperLeftX+5, upperLeftY+20,
105                     upperLeftX+45, upperLeftY+20);
106         g.drawLine(upperLeftX+5, upperLeftY+35,
107                     upperLeftX+45, upperLeftY+35);
108         g.drawLine(upperLeftX+5, upperLeftY+50,
109                     upperLeftX+45, upperLeftY+50);
110     }
```

```
111    }
112  }
```

6번째 줄에서 extends 키워드로 Card 클래스를 Rect 클래스의 자식으로 선언해서 Rect 클래스로부터 네 개의 필드와 두 개의 메소드들을 상속받는다. 모든 카드의 폭(cardWidth)과 높이(cardHeight)가 같으므로 8, 9번째 줄에서는 폭과 높이를 모든 카드가 공유하는 static 상수로 지정한다. 카드의 무늬도 고정된 값이므로 10~13번째 줄처럼 하트, 스페이드, 다이아몬드, 클로버에 static 상수로 0부터 3까지 배정한다. 17번째 줄의 무늬(suit), 16번째 줄의 숫자(rank), 15번째 줄의 앞뒷면 상태(faceup) 값은 각 카드가 각자 자신의 값을 가져야 하기 때문에 정수 필드와 boolean형 필드로 선언한다. 카드의 숫자(에이스, 2, 3, …, 잭, 퀸, 킹)는 0부터 12까지의 정수를 사용한다.

생성자는 상속 대상이 아니기 때문에 Card 클래스도 필드들을 초기화하는 20번째 줄의 생성자를 독립적으로 정의한다. Card 클래스의 생성자는 네 개의 정수 인자를 취한다. 처음 두 개(xv, yv)는 카드의 왼쪽 위 꼭짓점의 x와 y 좌푯값이다. 모든 카드의 크기가 cardWidth × cardHeight로 일정하므로 오른쪽 아래 꼭짓점은 (xv+cardWidth, yv+cardHeight)점이 된다. 나머지 두 개의 인자는 무늬(sv)와 숫자(rv) 값을 나타낸다. 카드의 앞뒷면 상태가 초기에 뒷면인 상태라 가정한다면 인자로 제공받을 필요가 없다. Card 클래스는 Rect 클래스로부터 왼쪽 위 꼭짓점((upperLeftX, upperLeftY))과 오른쪽 아래 꼭짓점((lowerRightX, lowerRightY))을 나타내는 네 개의 필드들을 상속받고, 무늬(suit), 숫자(rank), 앞뒷면 상태(faceup)를 나타내는 세 개의 필드들을 추가해서 총 일곱 개의 필드들을 가진다. Rect 클래스의 Rect 생성자가 상속되지는 않지만 일곱 개의 필드들 중 Rect 클래스가 상속하는 네 개의 필드들을 초기화하는 코드를 갖고 있다. 21번째 줄의 super() 함수는 부모 클래스의 생성자를 호출하는 함수로 Rect 생성자를 호출해서 상속받은 네 개의 필드들을 초기화한다. 인자로는 카드의 왼쪽 위 꼭짓점과 오른쪽 아래 꼭짓점을 제공한다. 3장의 응용 과제 4에서 설명한 this() 함수는 한 클래스 내의 다른 생성자를 호출할 때 사용하고, super() 함수는 부모 클래스의 생성자를 호출할 때 사용한다. super() 함수도 생성자 내의 첫 줄에 사용해야 한다. Card 생성자의 바디에서는 suit와 rank 필드에 22번째 줄처럼 인자 값 sv와 rv를 배정해서 suit와 rank 필드를 초기화한다. faceup 필드는 뒷면인 상태를 나타내는 false값으로 초기화한다.

26번째 줄의 flip 메소드는 카드 자신의 상태(faceup)가 앞면(true)이면 뒷면(false)으로, 뒷면이면 앞면으로 ! 연산자를 사용해서 변경한다. 30번째 줄의 color 메소드는 31번째 줄에서 카드가 현재 앞면인지 조사해서 앞면이면 32~35번째 줄처럼 자신의 무늬가 하트나 다이아몬드인지 조사한다. 하트나 다이아몬드이면 빨간색을 반환하고, 아니면(스페이드나 클로버) 검은색을 반환한다. 뒷면이면 36번째 줄처럼 파란색을 반환한다.

Rect 클래스의 draw 메소드를 재정의한 39번째 줄의 draw 메소드는 Graphics 객체의 참조 값을 참조 전달 호출 방식으로 g 인자로 받는다. 카드의 모양은 그림 4-3과 같이 그래픽으로 처리한다. 6장의 응용 과제 5에서는 카드 이미지 파일을 사용하는 방법을 다룬다. 40, 41번째 줄에서 정의한 names가 참조하는 문자열 배열은 카드의 숫자가 0부터 12의 정수 값으로 모델링됐기 때문에 배열의 인덱스에 해당하는 숫자를 'A', '2', '3', ..., 'J', 'Q', 'K'의 문자열로 표시하는 데 사용한다.

카드를 그리는 작업은 카드의 테두리 그리기, 카드 면 확보하기, 확보된 면에 카드 내용 그리기의 세 단계로 나눠 생각할 수 있다. 카드 면 확보를 위해 43번째 줄처럼 g가 참조하는 Graphics 객체의 clearRect 메소드를 호출하면서 카드의 왼쪽 위 꼭짓점, 폭, 높이를 인자로 제공하면 카드 영역을 바탕색으로 지우면서 면이 확보된다. 카드의 테두리를 그리는 코드는 Rect 클래스의 draw 메소드가 갖고 있다. Card 클래스의 draw 메소드가 Rect 클래스의 draw 메소드를 재정의했지만 44번째 줄처럼 super 키워드로 부모 클래스인 Rect의 draw 메소드를 호출해서 사용할 수 있다. 인자로 받은 g를 다시 참조 전달 호출 방식으로 전달하면서 Rect 클래스의 draw 메소드를 호출하기 때문에 Graphics 객체의 참조 값만 넘어간다. 3장의 응용 과제 4에서 다룬 this 참조 변수가 현 메소드를 실행하고 있는 객체(자신)의 참조 값을 항시 갖는 시스템 변수이듯이 super는 자신의 부모를 의미하는 시스템 변수이다.

카드 내용의 출력은 카드가 앞면일 경우와 뒷면일 경우가 다르다. 47번째 줄에서 뒷면인 경우(99번째 줄의 else절)에는 그림 4-3과 같이 네 개의 가로 선과 두 개의 세로 선을 100~109번째 줄처럼 drawLine 메소드를 호출해서 그린다. 선의 색은 46번째 줄의 color 메소드가 반환하는 파란색으로 설정되기 때문에 파란색이 사용된다. 카드가 앞면인 경우에는 46번째 줄에서 설정된 색으로 48번째 줄처럼 숫자를 문자열로 그리고 49, 63, 77, 87번째 줄과 같이 무늬에 따라 drawLine과 drawOval 메소드로 하트, 스페이드,

다이아몬드, 클로버 무늬를 그려서 카드의 앞면 이미지를 완성한다. 숫자와 무늬의 그래픽 처리는 각 카드의 왼쪽 위 꼭짓점을 기준으로 상대적으로 이뤄진다.

과정 02 CardApp 클래스

이제 Rect 클래스와 Card 클래스로부터 사각형 객체와 카드 객체를 생성하고, 이들을 활용하는 CardApp 클래스를 기본 코드 틀 기반으로 정의한다. CardApp 클래스를 구현한 CardApp.java 파일의 내용은 리스트 4-2와 같다.

리스트 4-2 CardApplication 프로젝트의 CardApp.java

```
01  //===================================================
02  // Simple Card Application in Java
03  //===================================================
04
05  import java.awt.*;
06  import java.awt.event.*;
07
08  public class CardApp extends Frame {
09    public Rect a;
10    public Card b;
11    public Rect c;
12
13    public static void main(String[ ] args) {
14      CardApp window = new CardApp();
15      window.setVisible(true);
16    }
17
18    public CardApp() {
19      setSize(600, 500);
20      setTitle("Card 응용");
21      MouseKeeper mouse = new MouseKeeper();
22      addMouseListener(mouse);
23
24      a = new Rect(50, 100, 150, 200);
25      b = new Card(200, 100, 0, 2);
26      c = new Card(300, 100, 3, 12);
27    }
28
29    private class MouseKeeper extends MouseAdapter {
30
```

```
31    public void mousePressed(MouseEvent e) {
32        int x = e.getX();
33        int y = e.getY();
34
35        if(b.includes(x, y))
36          b.flip();
37
38        if(c.includes(x, y)) {
39          Card card = (Card) c;
40          card.flip();
41        }
42        repaint();
43      }
44    }
45
46    public void paint(Graphics g) {
47        a.draw(g);
48        b.draw(g);
49        c.draw(g);
50      }
51  }
```

9~11번째 줄에서 Rect 객체의 참조 값을 저장할 필드 a와 c, 그리고 Card 객체의 참조 값을 저장할 필드 b를 선언한다. 24번째 줄에서는 왼쪽 위 꼭짓점이 (50, 100), 오른쪽 아래 꼭짓점이 (150, 200)인 Rect 객체를 생성해서 그 참조 값을 필드 a에 저장한다. 25번째 줄에서 왼쪽 위 꼭짓점이 (200, 100), 무늬가 하트, 숫자는 3인 Card 객체를 생성해서 그 참조 값을 필드 b에 저장한다. 무늬가 0이고 숫자가 3인 카드 객체는 무늬와 숫자가 0부터 모델링됐기 때문에 실제로는 하트 3 카드를 표현한다. 자바에서 부모 클래스형의 참조 변수는 자식 클래스에서 생성된 객체의 참조 값을 저장할 수 있다. 26번째 줄에서는 Rect 클래스형의 참조 필드 c에 왼쪽 위 꼭짓점이 (300, 100), 무늬가 클로버, 숫자는 13인 Card 객체를 생성해서 그 참조 값을 저장한다.

그림 4-5는 25번째 줄의 문장이 실행될 때 생성자들의 실행 순서를 보여준 것이다. 그림에서 Card 클래스는 Rect 클래스로부터 상속받은 필드와 메소드들을 모두 표시했다.

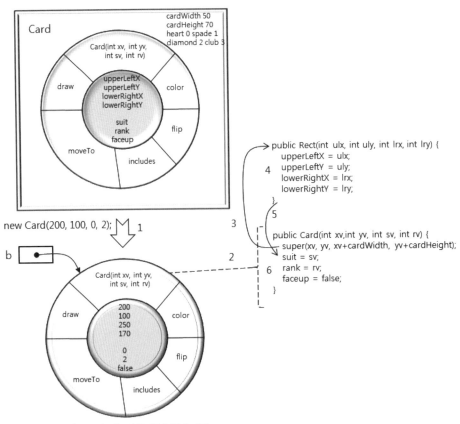

그림 4-5 super() 함수가 있는 생성자들의 연계 과정

그림의 각 번호에 대한 설명은 다음과 같다.

1. Card 객체가 메모리에 생성돼 일곱 개의 필드들에 대한 메모리 공간이 할당되고, b 필드가 Card 객체를 참조하게 된다.

2. 자동적으로 Card 클래스의 Card(int xv, int yv, int sv, int rv) 생성자가 호출된다. 전달되는 인자 값은 200, 100, 0, 2이다.

3. super() 함수에 의해 Rect 클래스의 Rect(int ulx, int uly, int lrx, int lry) 생성자가 호출된다. 전달되는 인자 값은 200, 100, 250, 170이다.

4. Rect 생성자의 바디가 실행돼 상속받은 upperLeftX, upperLeftY, lowerRightX, lowerRightY 필드를 200, 100, 250, 170으로 초기화한다.

5. super() 함수 다음 문장으로 복귀한다.

6. 나머지 문장들이 실행돼 suit, rank, faceup 필드를 0, 2, false로 초기화한다.

사용자가 두 개의 Card 객체 내에서 마우스 버튼을 클릭하면 클릭된 Card 객체가 뒤집기를 수행하도록 31번째 줄의 mousePressed 메소드를 작성한다. 35번째 줄처럼 클릭점이 b가 참조하는 Card 객체의 내부점인지 조사하려고 if문의 조건절에서 이 객체에게 includes 메소드를 호출한다. includes는 Rect 클래스로부터 상속받은 메소드이다. 내부점이면 36번째 줄처럼 b가 참조하는 Card 객체에게 flip 메소드를 호출해서 스스로 뒤집게 한다. 42번째 줄에서는 repaint 메소드로 paint 메소드를 간접 호출해서 뒤집어진 카드 객체가 시각적으로 반영되도록 한다.

38번째 줄에서 c가 참조하는 Card 객체의 경우는 c 필드가 Card 객체를 참조하고 있지만 Card 클래스형인 b 필드와 달리 Rect 클래스형이기 때문에 이 Card 객체에게 36번째 줄처럼 flip 메소드를 바로 호출하면 컴파일러는 flip 메소드를 Rect 클래스에서 찾게 된다. Rect 클래스에는 flip 메소드의 정의가 없기 때문에 컴파일러는 오류를 발생시킨다. 따라서 39번째 줄처럼 c 필드를 Card 클래스형으로 형 변환을 해서 Card 클래스형의 참조 변수인 card에 그 참조 값을 저장한다. 참조 변수의 형 변환은 변수명 앞의 () 내에 변환하고자 하는 클래스명을 명시한다. 이와 같이 부모 클래스형의 변수를 자식 클래스형의 변수로 형 변환하는 것을 다운캐스팅^{down-casting}이라고 한다. 이제 40번째 줄처럼 card 변수가 참조하는 객체에게 flip 메소드를 호출하면 컴파일러는 card가 Card 클래스형이기 때문에 flip 메소드를 Card 클래스에서 찾게 돼서 컴파일 오류 없이 card가 참조하는 Card 객체는 뒤집기를 수행한다.

반대로 다음과 같이 자식 클래스형의 변수를 부모 클래스형의 변수로 형 변환하는 것을 업캐스팅^{up-casting}이라고 한다.

Rect d = b;

Card 클래스형인 필드 b가 참조하는 객체가 Card 객체이지만 업캐스팅으로 Rect 클래스형의 변수 d에 배정됐기 때문에 d가 참조하는 객체도 Card 객체이다. 하지만 그 객체의 flip, color 등의 메소드를 사용할 수 없다. 11, 26번째 줄을 합치면 다음의 문장이 되는데 이 경우도 c 필드가 업캐스팅된 경우라고 할 수 있다.

```
public Rect c = new Card(300, 100, 3, 12);
```

다운캐스팅은 명시적으로 39번째 줄처럼 () 안에 변환할 자식 클래스형을 지정하는 반면에 업캐스팅은 배정문에 의해 형 변환이 자동적으로 처리된다. '보충 문법'절에서는 업캐스팅과 다운캐스팅 문제를 자세히 다룬다.

그림 4-6은 46~50번째 줄의 paint 메소드의 실행 과정을 보여준 것이다.

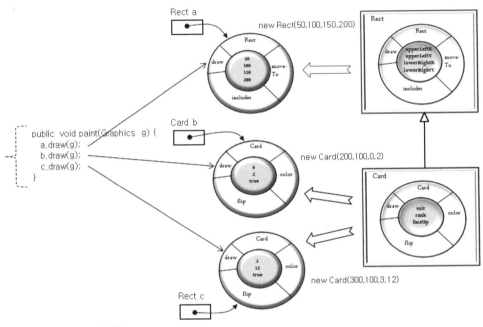

그림 4-6 paint 메소드의 실행

paint 메소드는 a, b, c 필드가 참조하는 객체들에게 draw 메소드를 호출해서 각자 자신의 모습을 그리게 한다. draw 메소드는 Rect 클래스와 Card 클래스에 한 개씩 두 개가 존재한다. 이 중 어느 draw 메소드를 실행시킬지에 대한 자바 가상 기계의 결정은 다음과 같다. 47번째 줄의 draw 메소드 호출문에서 a가 참조하는 객체가 사각형 객체이므로 자바 가상 기계는 이 객체를 생성한 Rect 클래스에 가서 draw 메소드를 실행시켜 그림 4-3의 첫 번째 사각형 그림을 얻게 된다. 48번째 줄에서는 b가 참조하는 객체가 Card 객체이므로 Card 클래스로 가서 draw 메소드를 찾게 된다. 따라서 Card 클래스의 draw 메소드가 실행돼 그림 4-3의 가운데 카드 그림을 얻게 된다. 49번째 줄의 호출문에 대해서는 업캐스팅된 c 필드가 Rect 클래스형이라고 해도 c가 참조하는 객체가 Card 객체이기 때문에 Card 객체를 생성한 Card 클래스로 가서 draw 메소드를 찾게 된다. 따라서 Card 클래스의 draw 메소드가 실행돼 그림 4-3의 세 번째 카드 그림을 얻게 된다. 이와 같이 메소드 호출에 대해 해당 메소드를 찾아 실행시키는 과정을 메소드 호출에 대한 해당 메소드의 동적 결합Dynamic Binding이라고 한다. 자바 가상 기계가 paint 메소드를 실행시키기 전에 컴파일러는 c 필드의 형인 Rect 클래스에 draw 메소드가 있는지 먼저 검사하기 때문에 Rect 클래스에도 draw 메소드의 정의가 있어야 한다. Card 응용프로그램인 경우 Rect 클래스에도 draw 메소드가 존재하기 때문에 컴파일러를 통과한다. 메소드 호출에 대해서 클래스 계층 구조를 따라 해당 메소드를 찾는 동적 결합 과정과 변수의 업캐스팅 문제는 연계시켜 생각해야 하기 때문에 '보충 문법'절에서 자세하게 다룬다. 이 시점에 '보충 문법'절의 메소드 호출과 메소드의 동적 결합에 대한 내용을 확실하게 학습하고 다음으로 진행할 것을 권장한다.

paint 메소드에서는 Rect 클래스의 사각형 객체(a가 참조하는)와 Card 클래스의 카드 객체(b가 참조하는)에게 같은 이름의 draw 메소드를 호출해서 각자 자신의 모습을 그리게 한다. 이와 같은 기능을 객체지향 언어의 다형성polymorphism이라고 한다. 다형성은 '많은poly'과 '형태morphism'의 복합어로 프로그래밍 언어에서는 같은 코드로 여러 형의 데이터를 처리할 수 있는 기능을 말한다. 다형성 기능에 의해 Rect 클래스형의 데이터(a가 참조하는 객체)와 Card 클래스형의 데이터(b가 참조하는 객체)를 같은 메소드 호출문으로 처리할 수 있게 된다. 자바와 같은 객체지향 언어에서 다형성은 두 개 이상의 클래스에 메소드를 같은 이름으로 오버로딩함으로써 실현된다. Rect와 Card 클래스에서 draw란 이름에 두 개의 서로 다른 메소드의 구현이 연계됨으로써 다형성의 근간이 마련됐다. 여기서 Rect 객체도 참조할 수 있고 Card 객체도 참조할 수 있는 c와 같은 필드를 다형 변수Polymorphic Variable라고 한다. 다형성의 활용은 이어지는 장들에서 좀 더 자세하게 다룬다.

과정 03 **기본 생성자의 연계 과정**

자식 클래스의 생성자에서 super() 함수를 사용하지 않으면 어떻게 될까? 이를 실험해 보려면 우선 다음의 생성자를 Card 클래스에 추가해서 생성자를 오버로딩시킨다. 이 생성자는 첫 번째 줄처럼 카드의 무늬와 숫자만 인자로 제공받고 super() 함수를 사용하

지 않는다. 생성자의 바디에서는 Card 클래스에서 추가된 필드들만 인자 값으로 초기화
한다.

```
public Card(int sv, int rv) {
  suit = sv;
  rank = rv;
  faceup = false;
}
```

CardApp 클래스의 11번째 줄과 12번째 줄 사이에 다음 문장을 추가한다. 이 문장은
필드 d를 선언하면서 Card 객체를 바로 생성해서 그 참조 값을 저장한다. 인자 3과 11은
무늬와 숫자로 앞에서 추가한 생성자가 실행돼 클로버 퀸 객체를 생성한다. 왼쪽 위 꼭
짓점은 지정하지 않는다.

```
public Card d = new Card(3, 11);
```

CardApp 클래스의 paint 메소드에 다음의 코드를 49번째 줄과 50번째 줄 사이에 추
가한다. 첫 번째 줄처럼 d가 참조하는 Card 객체를 뒤집어 앞면으로 하고, 두 번째 줄
처럼 그린다.

```
d.flip();
d.draw(g);
```

이 상태에서는 컴파일 오류가 발생된다. 이는 클래스들이 부모-자식 관계로 연계돼
있을 때 그림 4-7과 같이 자식 클래스인 Card의 생성자에서 super() 함수를 호출하는
문장이 없어도 그림의 3번처럼 부모 클래스인 Rect 클래스의 인자를 취하지 않는 기본
생성자가 자동 호출되는데 Rect 클래스에는 기본 생성자가 존재하지 않기 때문이다. 3
장의 실습 과제에서 설명했듯이 클래스를 정의할 때 생성자를 한 개라도 정의하면 컴파
일러가 제공하는 기본 생성자는 생성되지 않는다. 따라서 Rect 클래스에 기본 생성자의
정의가 필요하다. Rect 클래스에 다음의 기본 생성자를 추가해서 실행시켜 본다.

```
public Rect() {
  upperLeftX = 300;
  upperLeftY = 300;
```

```
    lowerRightX = 350;
    lowerRightY = 370;
}
```

　이 생성자의 바디에서 왼쪽 위 꼭짓점은 (300, 300)점으로 초기화되고, 오른쪽 아래 꼭짓점은 (350, 370)점으로 초기화된다.

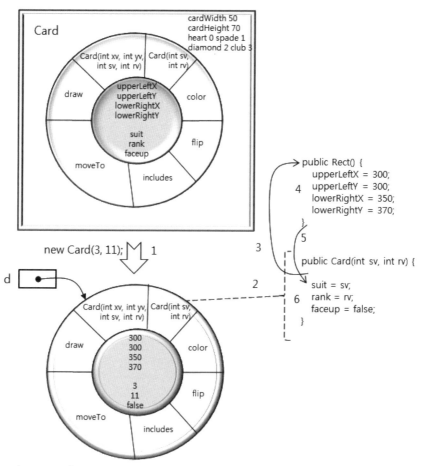

그림 4-7 super() 함수가 없는 생성자들의 연계 과정

　그림 4-7에서 생성자가 호출되는 순서는 다음과 같다.

1. Card 객체가 메모리에 생성돼 일곱 개의 필드들에 대한 메모리 공간이 할당되고, d 필드가 Card 객체를 참조하게 된다.

2. 자동적으로 Card 클래스의 Card(int sv, int rv) 생성자가 호출된다. 전달되는 인자 값은 3과 11이다.

3. super() 호출문이 없으므로 Rect 클래스의 인자를 취하지 않는 기본 생성자가 호출된다.

4. Rect 생성자의 바디가 실행돼 상속받은 upperLeftX, upperLeftY, lowerRightX, lowerRightY 필드를 지정된 값으로 초기화한다.

5. Card 생성자의 첫 문장으로 복귀한다.

6. Card 생성자의 바디가 실행돼 suit, rank, faceup을 3, 11, false로 초기화한다.

결론적으로 super() 함수의 사용과 무관하게 부모 클래스의 생성자가 먼저 실행되고 자식 클래스의 생성자가 실행되는 과정을 거친다. 세 개 이상의 클래스들이 계층 구조를 이룰 때도 계층 구조상의 제일 상위 클래스의 생성자부터 실행돼 제일 하위 클래스의 생성자의 실행으로 이어진다.

과정 04 명령 창에서 컴파일

실습 과제 프로그램을 명령 창에서 컴파일하고 실행시켜 본다. 윈도우 운영체제인 경우 C:\CardApplication이라는 폴더를 생성하고 윈도우 탐색기로 이클립스의 C:\workspace\chapter4\CardApplication\src 폴더로 이동해서 그림 4-8과 같이 세 개의 소스 파일들을 C:\CardApplication 폴더로 복사한다. 맥OS 사용자는 [과정 04]~[과정 06]을 생략한다.

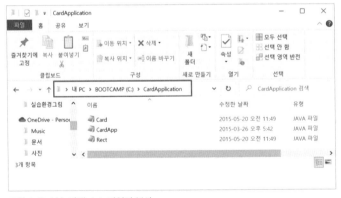

그림 4-8 실습 과제 소스 파일의 복사

그림 4-9와 같이 명령 창을 실행하고 cd C:\CardApplication 명령어로 소스 파일들이 있는 CardApplication 폴더로 이동한다.

세 개의 소스 파일들을 한번에 컴파일하려면 javac *.java 명령어를 실행시킨다. 컴파일한 후 dir 명령어로 현재 폴더의 내용을 살펴보면 소스 파일들과 함께 *.class 파일들이 생성된다. CardApp 클래스의 내부 클래스인 MouseKeeper 클래스도 독립적인 파일에 컴파일되는 것을 확인할 수 있다.

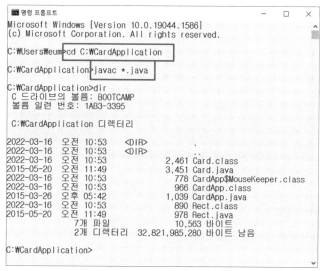

그림 4-9 명령 창에서 소스 파일의 컴파일

과정 05 **명령 창에서 실행**

그림 4-10과 같이 명령 창에서 main 메소드를 포함하는 주 클래스 CardApp을 명시하면서 java CardApp 명령어를 실행시킨다.

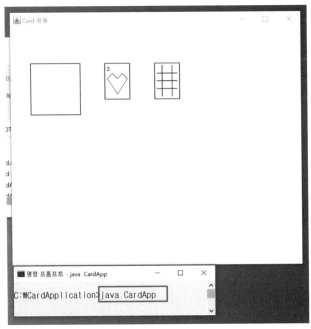

그림 4-10 명령 창에서 실습 과제의 실행

과정 06 **명령 창에서 종료**

명령 창에서 Ctrl-c키를 눌러 종료시킨다.

4.2 | 응용 과제

이번 절에서는 실습 과제를 응용하고 자바의 필수 문법을 다루는 여섯 개의 응용 과제를 다룬다.

4.2.1 응용 과제 1

[Object 클래스, 객체의 비교, 리플렉션, Class 클래스, instanceof 연산자]

3장의 실습 과제와 3장의 응용 과제 7을 발전시킨다. java.awt.Rectangle 클래스를 상속받는 MyRect 클래스를 정의하고, 이 MyRect 클래스를 사용해서 3장의 실습 과제를 다시 작성한다. 마우스 오른쪽 버튼 클릭에는 그림 4-11과 같이 3장의 실습 과제에서 작성한 Rect 클래스의 객체들과 MyRect 클래스의 객체를 java.lang.Object 클래스에서 상속받은 메소드를 이용해서 비교한다.

그림 4-11 Object 클래스의 메소드를 이용한 객체 비교

3장 실습 과제의 Rect.java 파일에 다음의 import문이 추가된다.

```java
import java.awt.Rectangle;
```

Rect.java 파일은 Rect 클래스의 정의에 이어서 리스트 4-3의 MyRect 클래스의 정의를 포함한다. 따라서 Rect.java 파일에는 사각형 객체를 생성할 수 있는 3장의 Rect 클래스와 java.awt.Rectangle 클래스를 상속받는 MyRect 클래스가 함께 존재한다.

리스트 4-3 CardApp1 프로젝트의 Rect.java(일부)

```java
01  class MyRect extends Rectangle {
02    // 생성자
03    MyRect(int ulx, int uly, int lrx, int lry) {
04      super(ulx, uly, lrx-ulx, lry-uly);
05    }
06
07    // 메소드
08    public void moveTo(int ulx, int uly) {
09      setLocation(ulx, uly);
10    }
11
12    void draw(Graphics g) {
13      g.setColor(Color.blue);
14      g.drawRect(x, y, width, height);
15    }
16
17    public boolean includes(int x, int y) {
18      if(contains(x, y))
19        return true;
```

```
20      return false;
21    }
22  }
```

3장의 응용 과제 7에서 사용했던 Rectangle 클래스는 다양한 메소드들을 지원하지만 정작 우리의 실습 과제에서 필요한 draw 메소드는 제공하지 않는다. draw 메소드를 추가하고 MyRect 클래스의 인터페이스가 Rect 클래스의 인터페이스와 같도록 구현해 보자. 인터페이스가 같다는 의미는 두 클래스가 같은 이름의 메소드들과 인자들을 제공해서 사용하는 입장에서 보면 똑같이 사용할 수 있다는 것이다.

우선 1번째 줄처럼 MyRect 클래스를 Rectangle 클래스의 자식으로 선언해서 Rectangle 클래스의 필드와 메소드들을 상속받는다. 생성자는 상속 대상이 아니므로 3번째 줄처럼 MyRect 생성자를 따로 정의한다. 3장에서 작성했던 Rect 클래스의 필드는 왼쪽 위 꼭짓점((upperLeftX, upperLeftY))과 오른쪽 아래 꼭짓점((lowerRightX, lowerRightY))인 반면에 Rectangle 클래스로부터 상속받은 MyRect 클래스의 필드는 왼쪽 위 꼭짓점((x, y)), 폭(width), 높이(height)이다. 따라서 MyRect 클래스의 생성자는 3번째 줄처럼 왼쪽 위 꼭짓점과 오른쪽 아래 꼭짓점 좌푯값을 인자로 제공받아 4번째 줄처럼 super() 함수로 Rectangle 클래스의 생성자를 호출할 때 lrx-ulx로 폭을 구하고 lry-uly로 높이를 구해 이 값들을 세 번째와 네 번째 인자로 전달한다.

8번째 줄의 moveTo 메소드는 상속받은 setLocation 메소드를 호출하면서 인자로 받은 클릭점의 좌표를 인자로 전달한다. 따라서 moveTo 메소드는 setLocation 메소드명을 moveTo 메소드명으로 변경하는 역할을 한다. 12번째 줄의 draw 메소드는 14번째 줄처럼 Graphics 객체의 drawRect 메소드를 호출하면서 상속받은 x, y, width, height 필드 값들을 인자로 제공해서 사각형을 그린다. 17번째 줄의 includes 메소드는 moveTo 메소드와 같이 메소드명을 contains에서 includes로 변경하는 역할을 한다. 따라서 MyRect 클래스의 인터페이스는 Rect 클래스의 인터페이스와 같게 된다.

자바의 모든 클래스는 명시하지 않더라도 무조건 java.lang.Object라는 최상위 클래스의 자식으로 선언된다. 객체로서 가져야 할 기본적인 속성들을 제공하는 Object 클래스의 주요 메소드는 표 4-2와 같다.

표 4-2 Object 클래스의 주요 메소드

메소드	설명
Object clone()	현재 객체와 똑같은 객체를 생성해서 그 참조 값을 반환
boolean equals(Object obj)	obj를 현재 객체의 참조 값과 비교해서 같으면 true값을 반환
Class getClass()	현재 객체의 실행 클래스 객체를 반환
int hashCode()	현재 객체에 대한 해시 코드 값을 반환
String toString()	현재 객체에 대한 정보를 담은 문자열 객체를 생성해서 그 참조 값을 반환
void finalize()	재정의해서 객체 소멸 전 필요한 작업을 수행

프로그램을 작성하다 보면 두 객체가 같은 객체인지 비교해야 할 경우가 있다. 자바에서는 기본 데이터형의 비교를 위해 사용되는 == 연산자를 객체 비교를 위해 사용할 수 있고 Object 클래스의 equals 메소드를 사용할 수도 있다. 아래에서 설명하겠지만 두경우 모두 객체를 참조하는 참조 변수의 값(참조 값)을 단순 비교하기 때문에 클래스를 정의할 때 의미 있는 비교 작업이 필요하다면 Object 클래스의 equals 메소드를 재정의해서 사용한다. Rect.java 파일에서 Rect 클래스는 리스트 4-4의 equals 메소드가 추가돼 Object 클래스의 equals 메소드를 재정의한다.

리스트 4-4 CardApp1 프로젝트의 Rect.java(일부)

```
01    // java.lang.Object 클래스의 equals 메소드 재정의
02    public boolean equals(Rect r) {
03      if(upperLeftX == r.upperLeftX)
04        if(upperLeftY == r.upperLeftY)
05          if(lowerRightX == r.lowerRightX)
06            if(lowerRightY == r.lowerRightY)
07              return true;
08      return false;
09    }
```

2번째 줄에서 참조 전달 호출 방식으로 받은 r이 참조하는 Rect 객체와 현재 객체가 내용상 같은지를 판단한다. 두 사각형이 같으려면 왼쪽 위 꼭짓점과 오른쪽 아래 꼭짓점이 같으면 된다. 따라서 3~7번째 줄처럼 네 개의 필드가 같은지를 조사해서 모두 같으면 true값을, 이 중 어느 하나라도 다르면 8번째 줄처럼 false값을 반환한다.

MyRect 클래스에도 equals 메소드를 리스트 4-5와 같이 재정의해서 Rect 클래스와 같은 인터페이스를 유지한다.

리스트 4-5 CardApp1 프로젝트의 Rect.java(일부)

```
01   // java.lang.Object 클래스의 equals 메소드 재정의
02   public boolean equals(MyRect r) {
03     if(x == r.x)
04       if(y == r.y)
05         if(width == r.width)
06           if(height == r.height)
07             return true;
08     return false;
09   }
```

필드로 x, y, width, height를 사용하기 때문에 이 네 개가 모두 같으면 true값을, 이 중 어느 하나라도 다르면 8번째 줄처럼 false값을 반환한다.

Rect와 MyRect 객체를 활용하는 RectApp 클래스의 내용은 리스트 4-6과 같다.

리스트 4-6 CardApp1 프로젝트의 RectApp.java

```
01   //=========================================================
02   // Simple Rectangle Application in Java
03   // java.awt.Rectangle 클래스를 상속받은 MyRect 클래스를 사용
04   // java.lang.Object 클래스 실험
05   //=========================================================
06
07   import java.awt.*;
08   import java.awt.event.*;
09
10   public class RectApp extends Frame {
11     public MyRect theRectangle = null;
12     public Rect aRectangle, bRectangle, cRectangle;
13
14     public static void main(String[ ] args) {
15       RectApp window = new RectApp();
16       window.setVisible(true);
17     }
18
19     public RectApp() {
20       setSize(600, 500);
```

```java
21      setTitle("Rect 응용");
22      MouseKeeper mouse = new MouseKeeper();
23      addMouseListener(mouse);
24    }
25
26    private class MouseKeeper extends MouseAdapter {
27
28      public void mousePressed(MouseEvent e) {
29        if(e.getButton() != MouseEvent.BUTTON3) {
30          int x = e.getX();
31          int y = e.getY();
32
33          if(theRectangle == null) {
34            theRectangle = new MyRect(x, y, x+70, y+50);
35          }
36          else {
37            if(theRectangle.includes(x, y))
38              theRectangle.moveTo(x, y);
39          }
40          repaint();
41        }
42        else {
43          aRectangle = new Rect(100, 100, 200, 200);
44          bRectangle = new Rect(100, 100, 200, 200);
45          cRectangle = new Rect(150, 150, 300, 300);
46
47          System.out.println(aRectangle.toString());
48          System.out.println(bRectangle.toString());
49          System.out.println(cRectangle);
50          System.out.println("---------------");
51
52          if(aRectangle == bRectangle)
53            System.out.println("a = b");
54          if(aRectangle.equals(bRectangle))
55            System.out.println("a equals b");
56          System.out.println("---------------");
57
58          bRectangle = aRectangle;
59          if(aRectangle == bRectangle)
60            System.out.println("a = b");
61          if(aRectangle.equals(bRectangle))
```

```
62          System.out.println("a equals b");
63        System.out.println("--------------");
64
65        Class cls = cRectangle.getClass();
66        System.out.println(cls.getName());
67        if(theRectangle != null)
68          System.out.println(theRectangle.getClass().getName());
69        System.out.println("--------------");
70
71        if(cRectangle instanceof Rect)
72          System.out.println("cRectangle이 참조하는 객체는 Rect 객체");
73        if(theRectangle != null)
74          if(theRectangle instanceof MyRect)
75            System.out.println("theRectangle이 참조하는 객체는 MyRect 객체");
76      }
77    }
78  }
79
80  public void paint(Graphics g) {
81    if(theRectangle != null)
82      theRectangle.draw(g);
83  }
84 }
```

11번째 줄에서 3장의 실습 과제와 달리 Rect 클래스가 아닌 MyRect 클래스의 참조 필드로 theRectangle을 선언한다. 12번째 줄에서는 Object 클래스의 실습을 위해 Rect 클래스의 참조 필드 aRectangle, bRectangle, cRectangle을 선언한다.

마우스 버튼 클릭에 호출되는 28번째 줄의 mousePressed 메소드는 크게 오른쪽 버튼 클릭 시와 왼쪽 버튼 클릭 시로 구분해서 29, 42번째 줄의 if-else문으로 나눠진다. 왼쪽 버튼 클릭 시는 30~40번째 줄처럼 3장의 실습 과제와 같다. 이때 사용되는 theRectangle 필드가 참조하는 객체는 34번째 줄처럼 Rect 객체가 아니라 MyRect 객체 이지만 두 클래스의 인터페이스가 같기 때문에 클래스명만 다를 뿐 객체 생성과 사용 방식은 정확하게 일치한다.

MyRect 클래스의 부모는 Rectangle 클래스이고, 그 위로는 몇 단계 클래스들을 더 거쳐 Object 클래스를 최상위 클래스로 갖는 그림 4-12의 클래스 계층 구조를 이룬다. 34 번째 줄과 같이 MyRect 객체를 생성하면 실습 과제에서 설명했듯이 클래스 계층 구조의 최상위 클래스의 생성자부터 차례대로 생성자들이 실행돼 필드들을 초기화한다. 따라서 아무 작업도 수행하지 않는 Object 클래스의 기본 생성자가 그림의 1번과 같이 먼저 실행되고, 그 하위 클래스들의 기본 생성자들의 실행을 거쳐 Rectangle 클래스의 인자를 네 개 취하는 생성자가 그림의 2번과 같이 실행되며, 마지막으로 MyRect 클래스의 생성자가 그림의 3번과 같이 실행된다. Rectangle 클래스의 상위 클래스들의 생성자들은 아무 작업도 수행하지 않는 기본 생성자들이기 때문에 무시해도 좋다.

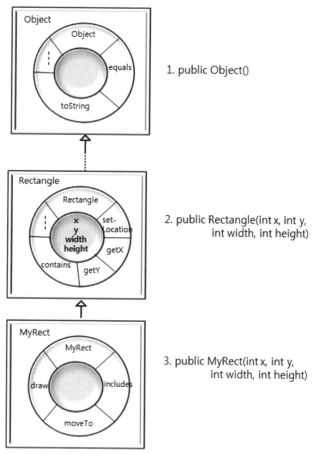

그림 4-12 MyRect 클래스의 클래스 계층 구조

오른쪽 버튼 클릭 시는 43~45번째 줄처럼 세 개의 Rect 객체를 생성해서 aRectangle, bRectangle, cRectangle 필드에 그림 4-13과 같이 그 참조 값(xx, yy, zz)을 저장한다. aRectangle과 bRectangle이 참조하는 Rect 객체는 왼쪽 위 꼭짓점이 (100, 100)점이고 오

른쪽 아래 꼭짓점이 (200, 200)점이기 때문에 내용상 같은 객체이지만 참조 값은 서로 다른 값을 가진다. cRectangle이 참조하는 Rect 객체는 이들과 내용 및 참조 값이 모두 다른 객체이다.

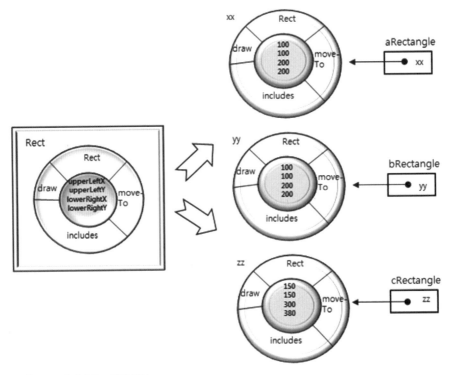

그림 4-13 세 개의 Rect 객체 생성

47, 48번째 줄에서 사용된 toString 메소드는 Object 클래스로부터 상속된 것으로 현재 객체의 클래스명을 얻어 와서 @를 붙이고, 다시 객체의 해시 코드 값을 16진수로 변환해서 연결한 문자열을 그림 4-11의 첫 번째 줄과 두 번째 줄처럼 반환한다. 해시 코드란 자바에 의해 객체가 생성될 때 객체들을 구분할 수 있게 주어진 유일한 정수 아이디 값을 말한다. 49번째 줄에서는 System.out.println 메소드가 cRectagnle이 참조하는 객체를 문자열로 출력해야 하기 때문에 컴파일러는 cRectangle이 참조하는 객체에게 toString 메소드를 호출하는 문장을 자동적으로 삽입해 준다.

52번째 줄에서 aRectangle이 참조하는 객체와 bRectangle이 참조하는 객체를 자바의 기본 데이터형의 비교 연산자인 == 연산자로 비교한다. == 연산자는 두 필드의 값을 비교한다. 그림 4-13과 같이 xx와 yy값이 다르기 때문에 내용상 같은 사각형 객체라고 해도 다른 객체로 취급되기 때문에 53번째 줄의 문장이 실행되지 않는다. Object 클래스의 equals 메소드(표 4-2)도 두 필드의 값을 비교한다. 54번째 줄에서 호출된 equals 메소드는 Object 클래스의 equals 메소드를 Rect 클래스에서 재정의한 equals 메소드이다. 이 equals 메소드는 내용적으로 두 사각형의 왼쪽 위 꼭짓점과 오른쪽 아래 꼭짓점을 비교하기 때문에 aRectangle과 bRectangle 필드가 참조하는 두 Rect 객체가 같은 것으로 판명돼 true값이 반환되고, 55번째 줄의 문장이 실행돼서 그림 4-11과 같이 'a equals b' 문자열이 출력된다.

58번째 줄의 배정문에 의해 그림 4-14와 같이 bRectangle 필드의 참조 관계가 변경된다. 이제 aRectangle과 bRectangle 필드는 같은 객체를 참조하기 때문에 59, 61번째 줄에서 if문의 조건절은 모두 true값을 반환하게 되므로 그림 4-11과 같은 출력 결과를 얻게 된다. bRectangle 필드가 참조했던 객체의 메모리는 가비지 컬렉터에 의해 시스템에 환원된다.

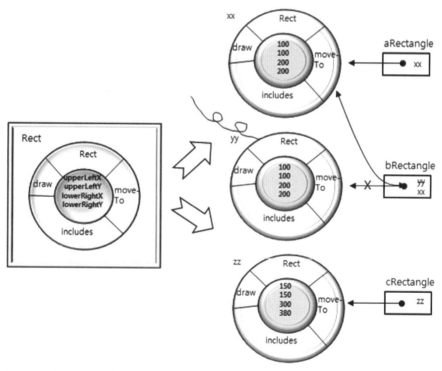

그림 4-14 참조 관계의 변경

자바는 프로그램에서 실행(사용)되는 클래스에 대한 정보를 java.lang 패키지에 소속된 Class 클래스의 객체로 관리한다. 클래스에 대한 정보란 클래스명, 생성자 정보, 필드 정보, 메소드 정보 등을 의미한다. 클래스에 대한 정보를 실행 시 얻는 기능을 리플렉션^{reflection}이라고 하는데 이에 대해서는 '보충 문법'절의 어노테이션을 다룰 때 자세하게 설명한다. 실행 중인 프로그램에서 Class 객체를 얻으려면 65, 68번째 줄처럼 Object 클래스로부터 상속받은 getClass 메소드를 호출하면 된다. Object는 모든 클래스의 최상위 클래스이므로 모든 객체에게 getClass 메소드를 호출할 수 있다. Class 객체에게 Class 객체의 getName 메소드를 호출하면 그림 4-11과 같이 cRectangle이 참조하는 객체의 클래스형(Rect)과 theRectangle이 참조하는 객체의 클래스형(MyRect)을 문자열로 얻을 수 있다. 67번째 줄의 if문은 사용자가 프로그램이 실행되자마자 오른쪽 버튼을 클릭할 경우 theRectangle이 참조하는 객체가 없어서 68번째 줄에서 실행 오류가 발생되는 것을 방지하기 위함이다.

참조 변수가 참조하는 객체가 어떤 클래스형인지 조사할 경우를 위해 자바는 instanceof 연산자도 제공한다. instanceof 연산자는 이항 연산자로 71번째 줄처럼 조사하고자 하는 참조 변수 다음에 instanceof 연산자를 명시하고 클래스명을 명시한다. instanceof 연산자는 조사 결과에 따라 boolean형의 true 또는 false값을 반환한다.

4.2.2 응용 과제 2

[protected 접근자, Random 클래스]

실습 과제와 3장의 응용 과제 3을 발전시킨다. 프로그램 실행 초기에 그림 4-15와 같이 카드에 대한 정보를 콘솔 윈도우에 출력하고, 마우스 버튼 클릭에는 그림 4-16과 같이 임의의 카드를 20개까지 생성해서 그린다.

그림 4-15 카드 정보 출력

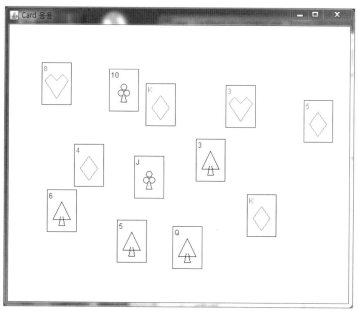

그림 4-16 임의의 카드 그리기

우선 실습 과제의 Rect 클래스에서 필드들의 public 접근자를 다음과 같이 protected 접근자로 변경된다.

```
protected int upperLeftX;
protected int upperLeftY;
protected int lowerRightX;
protected int lowerRightY;
```

실습 과제의 Card 클래스에서는 필드들의 public 접근자가 다음과 같이 private 접근자로 변경된다.

```
private boolean faceup;
private int rank;
private int suit;
```

그림 4-17은 클래스에 정의된 멤버(필드와 메소드)의 접근자에 따라 같은 패키지와 다른 패키지 내의 일반 클래스나 자식 클래스가 이 멤버에 접근이 가능한지를 나타낸 것이다. public 접근자로 명시된 멤버는 모든 패키지의 모든 클래스에게 접근이 허용된

다. protected 접근자로 명시된 멤버는 같은 패키지 내에서는 모든 클래스에게 접근이 허용되고, 다른 패키지 내에서는 자식 클래스에게만 접근이 허용된다. 접근자를 명시하지 않으면 기본default 접근자가 지정되는데 기본 접근자로 명시된 멤버는 같은 패키지 내의 모든 클래스에게 접근이 허용되고, 다른 패키지 내의 모든 클래스에게는 접근을 허용하지 않는다. private 접근자로 명시된 멤버는 모든 패키지의 모든 클래스들에게 접근을 허용하지 않는다. private 멤버는 자식 클래스라도 접근이 허용되지 않는다. 따라서 접근자는 public, protected, default, private 순으로 접근 허용 범위가 좁아진다. 다른 패키지 입장에서 보면 protected 접근자는 자식 클래스에게는 public 접근자와 같고, 일반 클래스에게는 private 접근자와 같은 역할을 한다. protected 접근자에 대한 실험은 응용 과제 6에서 클래스들을 두 개의 패키지로 나눠 구성할 때 하기로 한다.

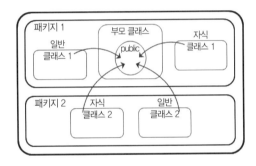
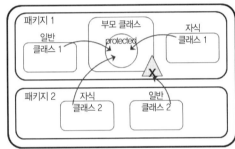
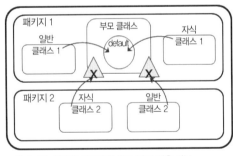
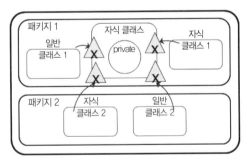

그림 4-17 멤버의 접근자에 따른 접근 허용 여부

Rect 클래스의 필드들에게는 protected 접근자를 지정하고 메소드들에게는 public 접근자를 지정했기 때문에 필드들은 같은 패키지 내의 모든 클래스들이나 다른 패키지 내의 자식 클래스들에게 접근을 허용하고 메소드들은 모든 패키지 내의 모든 클래스들에게 접근을 허용한다. Card 클래스의 필드들에게는 private 접근자를 지정하고 메소드

들에게는 public 접근자를 지정했기 때문에 필드들은 모든 패키지 내의 모든 클래스에게 접근을 허용하지 않지만 메소드들은 모든 패키지의 모든 클래스에게 접근을 허용한다.

이 과제의 세 클래스인 Rect 클래스, Card 클래스, CardApp 클래스로 좁혀서 생각해 보면 세 클래스는 모두 기본 패키지 내에 존재하기 때문에 Rect 클래스의 protected 접근자로 지정된 필드들은 일반 클래스인 CardApp 클래스와 자식 클래스인 Card 클래스에게 접근이 허용된다. public 접근자로 지정된 메소드들은 두 클래스에게 접근이 허용된다. 따라서 Rect 클래스의 모든 멤버를 두 클래스에서 마음대로 사용할 수 있다. Card 클래스의 private 접근자로 지정된 필드들은 일반 클래스인 CardApp 클래스나 부모 클래스인 Rect 클래스에게 모두 접근이 허용되지 않는다. public 접근자로 지정된 메소드들은 두 클래스에서 접근이 허용된다. 따라서 Card 클래스에서 필드들은 두 클래스에게 접근을 허용하지 않고 메소드들은 두 클래스에게 접근을 허용한다. Card 클래스의 필드들에 대한 접근을 허용하려면 public 접근자로 지정된 접근 메소드와 변경 메소드를 Card 클래스에 추가하는 것이 바람직하다.

Card 클래스인 경우 각 카드의 무늬와 숫자 값이 고정돼서 생성되며, 실행 중에 이 값을 변경할 일은 없을 것이다. 따라서 다음의 접근 메소드만 추가된다.

```
public int getRank() {
  return rank;
}

public int getSuit() {
  return suit;
}

public boolean getFaceup() {
  return faceup;
}
```

Card 클래스에는 리스트 4-7의 static 메소드 cardSize도 추가된다.

```
01    // static 메소드
02    public static void cardSize() {
03      System.out.println("폭: " + cardWidth);
04      System.out.println("높이: " + cardHeight);
05    }
```

3, 4번째 줄에서 static 상수 필드로 선언된 cardWidth와 cardHeight값을 콘솔 윈도우에 출력한다. static 메소드는 객체 메소드와 달리 오직 static 멤버(필드와 메소드)와 인자 변수만 사용할 수 있다.

수정된 CardApp 클래스는 리스트 4-8과 같다.

```
01  //=====================================================
02  // Simple Card Application in Java
03  // 마우스 클릭에 임의의 카드 20개 생성
04  //=====================================================
05
06  import java.awt.*;
07  import java.awt.event.*;
08  import java.util.Random;
09
10  public class CardApp extends Frame {
11    public static Random random;
12    final public int MAXCARDS = 20;
13    public Card cards[];
14    public int cardCount = 0;
15
16    public static void main(String[ ] args) {
17      CardApp window = new CardApp();
18      window.setVisible(true);
19    }
20
21    public CardApp() {
22      setSize(600, 500);
23      setTitle("Card 응용");
24      MouseKeeper mouse = new MouseKeeper();
25      addMouseListener(mouse);
26
```

```
27      random = new Random();
28      cards = new Card[MAXCARDS];
29
30      System.out.println("카드 정보");
31      System.out.println("-------------");
32      Card.cardSize();
33      System.out.print("Heart:" + Card.heart);
34      System.out.print(" Spade:" + Card.spade);
35      System.out.print(" Dianond:" + Card.diamond);
36      System.out.print(" Club:" + Card.club);
37    }
38
39    private class MouseKeeper extends MouseAdapter {
40
41      public void mousePressed(MouseEvent e) {
42        int x = e.getX();
43        int y = e.getY();
44
45        if(cardCount < MAXCARDS) {
46          Card c = new Card(x, y,
47                            random.nextInt(4), random.nextInt(13));
48          c.flip();
49          cards[cardCount] = c;
50          cardCount++;
51        }
52        repaint();
53      }
54    }
55
56    public void paint(Graphics g) {
57      for(int i = 0; i < cardCount; i++)
58        cards[i].draw(g);
59    }
60  }
```

8번째 줄에서 임의로 Card 객체를 생성하려고 난수 발생기 클래스인 java.util. Random 클래스의 사용을 선언하고, 11번째 줄에서는 이 클래스로부터 생성될 난수 발생기 객체를 참조할 필드 random을 선언한다. java.util 패키지는 자바 프로그램에서 사용할 수 있는 각종 유틸리티 클래스들을 제공한다. 12번째 줄에서 최대 카드 개수인 20을 상수 필드로 선언하고, 13번째 줄에서는 Card 객체들의 참조 값을 저장할 Card 클래스형 배열의 참조 필드 cards를 선언한다. 14번째 줄처럼 cardCount 정수 필드를 선언해서 생성된 Card 객체의 개수를 관리한다. 27번째 줄에서 난수 발생기 객체를 생성해서 그 참조 값을 random에 저장하고, 28번째 줄에서는 20개짜리 Card 클래스형 배열 객체를 생성해서 그 참조 값을 cards에 저장한다.

30~36번째 줄은 프로그램 실행 초기에 카드에 대한 정보를 콘솔 윈도우에 출력한다. 32번째 줄에서 static 메소드를 호출하는데 아직 Card 객체가 한 개도 생성되지 않은 시점이기 때문에 클래스명으로 cardSize 메소드를 호출한다. 33~36번째 줄에서는 클래스명으로 static 상수 필드에 접근해서 각 무늬에 배정된 정수 값을 그림 4-15와 같이 콘솔 윈도우에 출력한다.

마우스 클릭에 반응하는 mousePressed 메소드 내에서 45번째 줄처럼 현재 생성된 카드의 개수가 최대 카드 개수인 20을 넘지 않으면 46, 47번째 줄처럼 임의의 Card 객체를 생성한다. 이때 사용된 난수 발생기 Random 객체의 nextInt 메소드는 0부터 인자로 주어진 숫자보다 하나 작은 범위에서 임의의 정수를 반환한다. 따라서 그림 4-18과 같이 0부터 3까지의 임의의 무늬 값과 0부터 12까지의 임의의 숫자 값을 갖는 Card 객체가 생성된다. 그림은 임의의 카드 객체가 세 개 생성된 상황을 보여준 것이다.

생성된 카드는 초기에 뒷면인 상태이기 때문에 48번째 줄처럼 뒤집어서 앞면인 상태로 변경한다. 49번째 줄처럼 생성된 Card 객체를 cards가 참조하는 배열 객체에 삽입한 후 50번째 줄처럼 cardCount의 값을 1만큼 증가시킨다. cardCount 필드는 현재 Card 객체의 개수를 나타내면서 다음 Card 객체가 삽입될 배열 내 인덱스 값을 나타낸다.

Random 클래스의 생성자는 표 4-3과 같고, 주요 메소드는 표 4-4와 같다.

표 4-3 Random 클래스의 생성자

생성자	설명
Random()	현재 시간 정보로 시드 값을 지정
Random(long seed)	실수 seed로 시드 값을 지정

표 4-4 Random 클래스의 주요 메소드

메소드	설명
double nextDouble()	0.0에서 1.0 미만의 임의 double형 실수 반환
float nextFloat()	0.0에서 1.0 미만의 임의 float형 실수 반환
int nextInt()	임의 정수 반환
int nextInt(int n)	0에서 n−1까지의 임의 정수 반환
long nextLong()	임의 long형 정수 반환
void setSeed(long seed)	실수 seed로 시드 값 지정

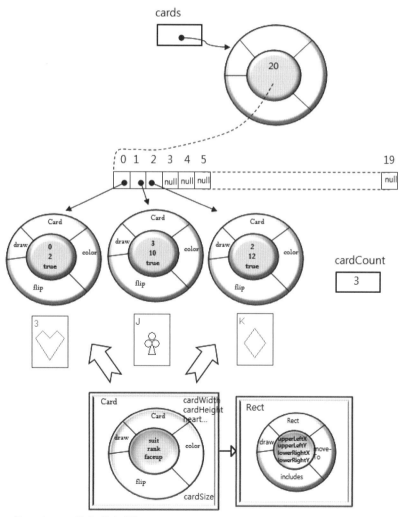

그림 4-18 Card 클래스형의 배열

4.2.3 응용 과제 3

[추상 클래스, 다형 변수, 다형성]

실습 과제를 발전시킨다. 그림 4-19와 같이 마우스의 오른쪽 버튼으로 카드, 원, 사각형의 도형을 선택한다. 오른쪽 버튼을 클릭할 때마다 (40, 70) 위치에 선택된 도형을 나타내는 문자열이 표시된다. 왼쪽 버튼은 선택된 도형이 카드이면 클릭점을 왼쪽 위 꼭짓점으로 하는 임의의 카드를 생성하고, 원이면 클릭점이 원점이고 반지름이 40인 원을 생성하며, 사각형이면 클릭점을 왼쪽 위 꼭짓점으로 하고 클릭점에서 x축으로 70, y축으로 50만큼 더한 점을 오른쪽 아래 꼭짓점으로 하는 사각형을 생성한다. 최대 도형의 개수는 20개다.

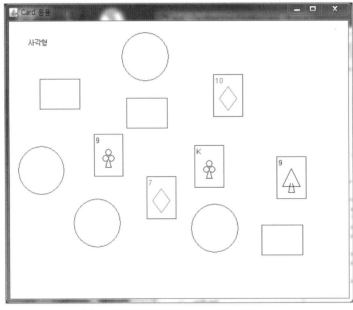

그림 4-19 도형 그리기

실습 과제는 사각형 객체를 생성하는 Rect 클래스와 카드 객체를 생성하는 Card 클래스를 제공한다. 이번 과제에서는 원 객체를 생성하는 Circle 클래스를 추가한다. 원 객체를 생성하는 Circle 클래스의 데이터적인 속성에는 무엇이 있을까를 먼저 생각해 보자. 원점((x, y))과 반지름(radius)을 필드로 잡으면 될 것이다. 원이 내접하는 사각형의 왼쪽 위 꼭짓점과 한 변의 길이를 데이터적인 속성으로 잡아도 무방하다. 색과 선의 굵기 등을 추가할 수도 있다.

기능적인 속성으로는 Card 클래스나 Rect 클래스와 같이 자기 자신을 스스로 그릴 수 있어야 하고 이동할 수 있어야 하며 클릭점이 자신의 내부점인지 판단할 수 있어야 한다. 이외에도 자신의 면적을 계산해서 그 값을 반환하는 기능 등을 추가할 수 있다. 자바에서는 메소드의 오버로딩이 가능하므로 자신을 그리는 메소드를 Rect 클래스나 Card 클래스와 같이 draw로, 이동하는 메소드는 moveTo로, 클릭점이 내부점인지를 판단하는 메소드는 includes로 지정하면 자연스러울 것이다.

이와 같이 필드와 메소드들을 정의하고 보니 Circle 클래스는 Rect 클래스나 Card 클래스와 유사한 점이 많다. 여기서 상속의 개념을 사용하면 보다 효율적으로 Circle 클래스를 정의할 수 있을 것이라는 생각이 든다. 원과 사각형(카드)을 포함할 수 있는 개념이 도형이므로 Figure 클래스를 정의해서 공통 속성들은 Figure 클래스에 정의하고 Rect 클래스와 Circle 클래스는 Figure 클래스의 자식으로 정의하면 그림 4-20과 같은 클래스 계층 구조를 설정할 수 있다. Rect 클래스와 Circle 클래스는 공통 속성을 Figure 클래스로부터 상속받고 데이터와 기능을 추가하거나 재정의한다면 효율적일 것이다. 부모 클래스로부터 이와 같이 세분화하는 자식 클래스들을 정의하는 것을 클래스의 세분화라고 한다.

Figure 클래스를 정의하면서 기존의 Rect 클래스도 약간 수정하자. 필드인 왼쪽 위 꼭짓점((upperLeftX, upperLeftY))과 오른쪽 아래 꼭짓점((lowerRightX, lowerRightY))으로 사각형을 표현하는 대신 왼쪽 위 꼭짓점((x, y)), 폭(width), 높이(height)로 표현하기로 한다. 이렇게 하면 Rect 클래스의 왼쪽 위 꼭짓점은 Circle 클래스의 원점((x, y))과 점이라는 면에서 같으므로 Figure 클래스에서 (x, y)점을 정의하고 두 클래스가 상속받으면 효율적이다. 점을 이동시키는 Rect 클래스와 Circle 클래스의 moveTo 메소드도 Figure 클래스로 올릴 수 있다.

Circle 클래스의 includes 메소드는 응용 과제 5에서 추가하기로 하고, 우선 Circle 클래스에는 생성자와 draw 메소드만 구현하자. 뒤집는 기능인 flip은 카드에만 적용되는 개념이므로 Card 클래스에만 정의한다. 이제 자기 모습을 그리는 draw 메소드는 각 클래스에 하나씩 정의돼 네 개가 존재한다. Circle 클래스의 draw 메소드는 자신의 (x, y) 점을 원점으로 하고 반지름이 radius인 원을 그리게 구현한다.

Figure 클래스의 draw 메소드는 abstract 키워드를 붙여 추상 메소드^{Abstract Method}로 선언한다. 추상 메소드란 바디가 없이 헤더만 선언하는 메소드로 Figure 클래스의 자식 클래스들은 반드시 이 draw 추상 메소드를 재정의해서 구현해야 함을 명시하는 목적으로 사용된다. Figure 클래스의 draw 추상 메소드는 바디가 없기 때문에 Figure 클래스는 객체를 생성할 수 없는 추상 클래스^{Abstract Class}가 된다. 우리의 클래스와 객체 표기 방식 에서 Figure 추상 클래스는 객체를 생성하지 못한다는 의미로 그림과 같이 입체 효과 없이 그리기로 하자. 메소드들 중 한 개라도 추상 메소드로 정의되면 그 클래스는 추상 클래스가 된다. 추상 클래스를 상속받는 클래스는 추상 클래스의 필드와 구현된 메소드는 상속받고, 추상 메소드는 반드시 재정의해서 구현한다.

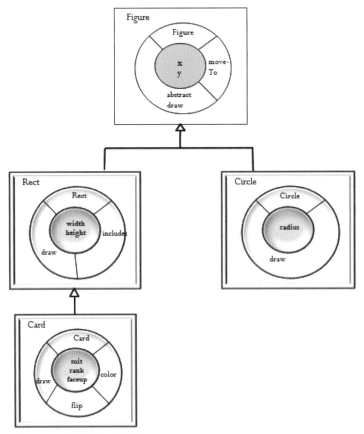

그림 4-20 도형 클래스의 계층 구조

그림 4-20의 모델링을 Figure.java 파일에 구현한 Figure, Rect, Circle 클래스들의 정의는 리스트 4-9와 같다. 이번 과제는 세 개 파일로 구성된다. Figure.java 파일에는 Figure 추상 클래스, Rect 클래스, Circle 클래스가 구현된다. Card 클래스는 실습 과제의 Card.java 파일을 조금 수정해서 사용한다. 이 클래스들을 활용하는 CardApp 클래스는 CardApp.java 파일에 구현된다.

리스트 4-9 CardApp3 프로젝트의 Figure.java

```
01  // class Figure, Rect, Circle
02
03  import java.awt.Color;
04  import java.awt.Graphics;
05
06  public abstract class Figure {
07      // 필드
08      public int x;
09      public int y;
10
11      // 생성자
12      public Figure(int xv, int yv) {
13          x = xv;
14          y = yv;
15      }
16
17      // 메소드
18      public void moveTo(int xv, int yv) {
19          x = xv;
20          y = yv;
21      }
22
23      // 추상 메소드
24      public abstract void draw(Graphics g);
25  }
26
27  // 왼쪽 위 꼭짓점, 폭, 높이로 모델링
28  class Rect extends Figure {
29      // 필드
30      int width;
31      int height;
32
```

```
33      // 생성자
34      Rect(int xv, int yv, int wid, int hgt) {
35          super(xv, yv);
36          width = wid;
37          height = hgt;
38      }
39
40      // 메소드
41      public void draw(Graphics g) {
42          g.setColor(Color.blue);
43          g.drawRect(x, y, width, height);
44      }
45
46      boolean includes(int xv, int yv) {
47          if((x<xv) && (x+width>xv))
48              if((y<yv) && (y+height>yv))
49                  return true;
50          return false;
51      }
52  }
53
54  // default 가시성
55  class Circle extends Figure {
56      // 필드
57      int radius;
58
59      // 생성자
60      Circle(int xv, int yv, int rv) {
61          super(xv, yv);
62          radius = rv;
63      }
64
65      // 메소드
66      public void draw(Graphics g) {
67          g.setColor(Color.white);
68          g.fillOval(x-radius, y-radius, 2*radius, 2*radius);
69          g.setColor(Color.blue);
70          g.drawOval(x-radius, y-radius, 2*radius, 2*radius);
71      }
72  }
```

자바에서 한 파일에 여러 클래스들을 정의할 경우 파일명과 같은 클래스가 이들 중 대표 클래스가 되며 접근자는 대표 클래스만 public으로 명시한다. 따라서 Figure 클래스만 public 접근자로 지정하고 나머지 클래스들은 접근자를 지정하지 않는 기본 접근자를 사용하기로 하자. 멤버들도 Figure 클래스의 멤버들만 public 접근자로 지정하고 나머지 클래스들의 멤버들은 편의상 모두 기본 접근자로 선언한다. 이는 설명을 위해 코드가 길어지는 것을 피하기 위함이다. 실제 응용프로그램 작성에서 필드는 protected 또는 private, 메소드는 public 접근자를 지정하고 필요하다면 필드들에 접근할 수 있는 접근 메소드들을 정의하는 것이 바람직하다.

6번째 줄에서 Figure 클래스는 abstract 키워드로 추상 클래스임을 명시한다. 8, 9번째 줄에서는 윈도우상의 한 점을 나타내는 필드 x와 y를 선언한다. 12번째 줄의 Figure 생성자는 두 개의 인자를 제공받아 x와 y값을 초기화한다. 18번째 줄의 moveTo 메소드는 인자로 제공된 점으로 도형을 이동시키는 것으로 Rect, Card, Circle 클래스에 그대로 상속돼 사용된다. 24번째 줄의 draw 메소드는 abstract 키워드로 추상 메소드임을 명시하고 메소드의 바디는 제공하지 않는다.

28번째 줄에서 Rect 클래스는 Figure 클래스의 자식으로 선언된다. 30, 31번째 줄에서 사각형의 폭(width)과 높이(height)를 나타내는 필드를 추가한다. 34번째 줄의 Rect 생성자는 인자를 네 개 취하는데 실습 과제의 Rect 생성자와 비교해서 세 번째 인자가 폭(wid)이고 네 번째 인자가 높이(hgt)라는 점이 다르다. 35번째 줄에서는 super() 함수로 왼쪽 위 꼭짓점을 인자로 제공하면서 Figure 생성자를 호출한다. 41, 46번째 줄의 draw와 includes 메소드는 사각형의 모델링이 왼쪽 위 꼭짓점, 폭, 높이로 변경된 것을 반영해서 수정된다.

55번째 줄에서 Circle 클래스는 Figure 클래스를 상속받는다. 60번째 줄의 Circle 생성자 함수는 세 개의 인자를 받는데 앞의 두 개는 원점((xv, yv))이고, 마지막 인자는 반지름(rv)이다. 66번째 줄의 draw 메소드에서 펜을 67번째 줄처럼 하얀색으로 변경해 fillOval 메소드로 원의 면을 확보하고, 파란색 펜으로 70번째 줄처럼 원의 테두리를 그린다.

독립적인 Card.java 파일에 정의된 Card 클래스의 수정된 부분은 리스트 4-10과 같다.

```
01    // 생성자
02    public Card(int xv, int yv, int sv, int rv) {
03      // super(xv, yv, xv+cardWidth, yv+cardHeight);
04      // 주의!! 사각형의 표현이 왼쪽 위 꼭짓점, 폭, 높이로 변경
05      super(xv, yv, cardWidth, cardHeight);
06      suit = sv; rank = rv; faceup = false;
07    }
08
09    public void draw(Graphics g) {
10      String names[] = {"A", "2", "3", "4", "5", "6",
11                        "7", "8", "9", "10", "J", "Q", "K"};
12      // 카드 면 확보와 경계선 그리기
13      g.clearRect(x, y, cardWidth, cardHeight);
14      super.draw(g);
15      // 각 카드의 이미지 그리기
16      g.setColor(color());
17      if (faceup) {
18        g.drawString(names[rank], x+3, y+15);
19        if (suit == heart) {
20          g.drawLine(x+25, y+30, x+35, y+20);
21          g.drawLine(x+35, y+20, x+45, y+30);
22          g.drawLine(x+45, y+30, x+25, y+60);
23          g.drawLine(x+25, y+60, x+5, y+30);
24          g.drawLine(x+5, y+30, x+15, y+20);
25          g.drawLine(x+15, y+20, x+25, y+30);
26        }
27        else if (suit == spade) {
28      // 이하 생략
29    }
```

부모 클래스인 Rect 클래스의 모델링이 x, y, width, height로 변경된 데 따른 수정이다. 5번째 줄의 super() 함수와 13번째 줄의 clearRect 메소드의 호출에서 세 번째와 네 번째 인자는 이제 cardWidth와 cardHeight의 static 상수 값을 제공하면 된다. 카드의 모습을 그리는 draw 메소드에서는 18~25번째 줄처럼 실습 과제의 Card 클래스에 비해 좌표점 계산이 달라진 것을 반영한다. 이하 생략된 코드도 같은 방식으로 수정된다.

CardApp 클래스를 구현하는 CardApp.java 파일의 내용은 리스트 4-11과 같다.

```
01  //===========================================================
02  // Card Application in Java
03  // 오른쪽 버튼으로 카드, 원, 사각형을 선택
04  // 클릭 때마다 (40, 70) 위치에 선택 도형 출력
05  // 왼쪽 버튼은, 선택이 카드이면 클릭점을 왼쪽 위 꼭짓점으로 하는 임의의 카드 생성
06  // 원이면 클릭점이 원점이고 반지름이 40인 원 생성
07  // 사각형이면 클릭점을 왼쪽 위 꼭짓점으로 하고
08  // 클릭점에서 70, 50만큼 더한 점을 오른쪽 아래 꼭짓점으로 하는 사각형 생성
09  // 최대 도형 개수는 20개
10  //===========================================================
11
12  import java.awt.*;
13  import java.awt.event.*;
14  import java.util.Random;
15
16  public class CardApp extends Frame {
17    public static Random random;
18    final public int MAXFIGURES = 20;
19    public Figure figures[];
20    public int figureCount = 0;
21
22    public int clickCount = 0;              // 0 카드, 1 원, 2 사각형
23    public String selectionMsg = "카드";
24
25    public static void main(String[ ] args) {
26      CardApp window = new CardApp();
27      window.setVisible(true);
28    }
29
30    public CardApp() {
31      setSize(600, 500);
32      setTitle("Card 응용");
33      MouseKeeper mouse = new MouseKeeper();
34      addMouseListener(mouse);
35
36      random = new Random();
37      figures = new Figure[MAXFIGURES];
38    }
39
40    private class MouseKeeper extends MouseAdapter {
```

```
41
42    public void mousePressed(MouseEvent e) {
43        int x = e.getX();
44        int y = e.getY();
45
46        if(e.getButton() == MouseEvent.BUTTON3) {
47          switch(clickCount) {
48          case 0: selectionMsg = "원";
49                  clickCount = 1;
50                  break;
51          case 1: selectionMsg = "사각형";
52                  clickCount = 2;
53                  break;
54          case 2: selectionMsg = "카드";
55                  clickCount = 0;
56          }
57        }
58        else {
59          if(figureCount < MAXFIGURES) {
60            switch(clickCount) {
61            case 0: Card card = new Card(x, y,
62                              random.nextInt(4), random.nextInt(13));
63                    card.flip();
64                    figures[figureCount] = card;
65                    figureCount++;
66                    break;
67            case 1: Circle circle = new Circle(x, y, 40);
68                    figures[figureCount] = circle;
69                    figureCount++;
70                    break;
71            case 2: Rect rect = new Rect(x, y, 70, 50);
72                    figures[figureCount] = rect;
73                    figureCount++;
74            }
75          }
76        }
77        repaint();
78      }
79    }
80
81    public void paint(Graphics g) {
```

```
82        g.drawString(selectionMsg, 40, 70);
83        for(int i = 0; i < figureCount; i++)
84          figures[i].draw(g);
85      }
86  }
```

　도형들을 생성해서 참조 값들을 저장할 배열을 19번째 줄처럼 Figure 클래스형으로 선언한다. 실습 과제에서 Rect 클래스형의 c 필드는 사각형 객체를 참조할 수 있고 카드 객체도 참조할 수 있는 다형 변수였다. 그림 4-20에서 Figure는 최상위 클래스이기 때문에 Figure 클래스형의 figures 배열 필드도 다형 변수로 배열의 각 원소는 사각형 객체, 원 객체, 카드 객체를 참조할 수 있다. 22번째 줄의 clickCount 정수 필드는 마우스 오른쪽 버튼의 클릭 횟수를 저장한다. 초깃값으로는 0이 주어지는데 이 값이 0이면 카드, 1이면 원, 2이면 사각형을 의미한다. 23번째 줄의 selectionMsg 필드는 윈도우의 (40, 70) 위치에 사용자의 선택을 문자열로 표시하는 문자열 객체를 참조한다. 초깃값은 '카드' 문자열 객체를 참조한다.

　46번째 줄의 if문으로 오른쪽 버튼 클릭인 경우와 왼쪽 버튼 클릭인 경우로 나눠진다. 오른쪽 버튼의 클릭인 경우 47~56번째 줄에서 clickCount의 값에 따라 0이면 selectionMsg가 참조하는 문자열을 원으로 변경하고 clickCount의 값을 1로 조정한다. 사각형과 카드의 경우도 비슷하게 처리된다. 왼쪽 버튼의 클릭인 경우 59~76번째 줄처럼 clickCount의 값에 따라 임의의 Card 객체, Circle 객체, Rect 객체를 생성해서 figures가 참조하는 배열에 그 참조 값을 저장한다. Card 객체인 경우는 63번째 줄처럼 앞면인 상태로 변경해서 저장한다. 그림 4-21은 figures가 참조하는 배열이 다섯 개의 도형 객체들을 저장한 상태를 보여준 것이다. 20번째 줄에 선언된 figureCount 필드는 생성된 도형의 개수와 다음 도형의 저장 위치를 나타낸다.

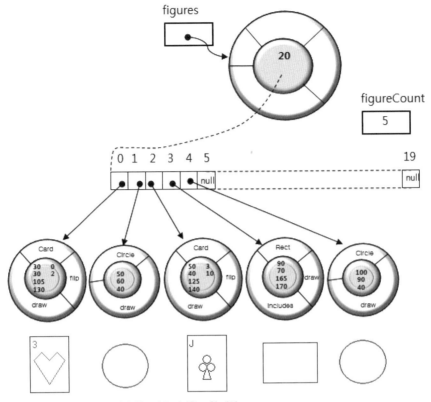

그림 4-21 다섯 개 도형 객체의 참조 값을 저장한 도형 배열

81번째 줄의 paint 메소드는 82번째 줄처럼 사용자가 선택한 도형을 (40, 70) 위치에 문자열로 표시한다. 83, 84번째 줄에서는 figures가 참조하는 배열에 저장된 도형들을 차례대로 그린다. draw 메소드는 네 개가 존재하는데 실습 과제와 '보충 문법'절에서 설명했듯이 84번째 줄에서 배열 내의 각 객체의 종류에 따라 카드 객체이면 Card 클래스의 draw, 원 객체이면 Circle 클래스의 draw, 사각형이면 Rect 클래스의 draw가 동적 결합돼 실행된다.

세 줄짜리 paint 메소드치고는 많은 일을 한다. 이것이 객체지향 프로그래밍에서 말하는 다형성 기능의 파워이다. 84번째 줄의 문장 하나로 Card 클래스형의 데이터(객체), Circle 클래스형의 데이터(객체), Rect 클래스형의 데이터(객체)를 함께 처리할 수 있다. Card, Circle, Rect 클래스에서 draw라는 이름에 세 개의 서로 다른 바디가 오버로딩되고 draw 메소드의 동적 결합으로 코드가 간결해진다. 다형성을 사용하려면 figures와 같은 다형 변수를 이용한다. 다형성은 이어지는 장들의 실습에서도 계속 활용된다. 결론적으로 다형성은 메소드의 오버로딩, 다형 변수의 사용, 메소드의 동적 결합으로 구현된다.

4.2.4 응용 과제 4

[인터페이스, final 키워드의 활용, 어노테이션]

응용 과제 3을 발전시킨다. 그림 4-22와 같이 오른쪽 버튼으로 카드, 원, 정삼각형의 도형을 선택한다. 마우스 오른쪽 버튼을 클릭할 때마다 (40, 70) 위치에 선택된 도형을 표시하는 문자열이 표시된다. 왼쪽 버튼은 선택된 도형이 카드이면 클릭점을 왼쪽 위 꼭짓점으로 하는 임의의 카드를 생성하고, 원이면 클릭점이 원점이고 반지름이 40인 원을 생성하며, 정삼각형이면 클릭점을 위 꼭짓점으로 하고 한 변의 길이가 100인 정삼각형을 생성한다. 최대 도형의 개수는 20개다.

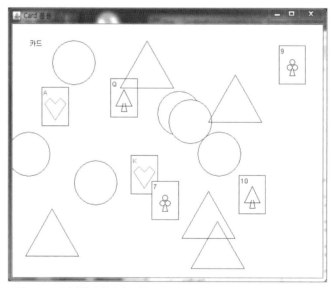

그림 4-22 정삼각형이 추가된 도형 그리기

응용 과제 3에서는 Figure 추상 클래스를 상속받는 Rect 클래스와 Circle 클래스를 정의해서 활용했다. 이번 과제에서는 그림 4-23과 같이 Figure를 인터페이스^{interface}로 정의하고 이를 구현한 Rect, Circle, Triangle 클래스들을 활용한다. Line 클래스는 이번 과제에서는 사용하지 않지만 이어지는 과제에서 사용하기 때문에 이번 과제에서 Line 클래스도 구현해 두기로 하자.

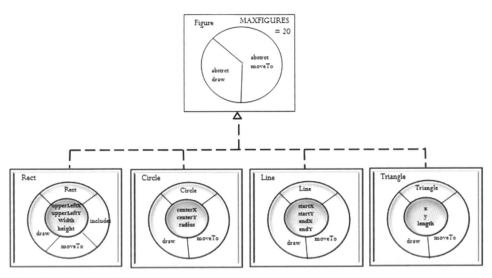

그림 4-23 도형 클래스의 구현 관계

　규격화된 소프트웨어 부품을 만드는 데 사용되는 자바의 인터페이스는 추상 클래스와 유사하며 interface 키워드를 사용해 선언한다. 추상 클래스의 자식 클래스는 추상 클래스를 '상속한다^extends'라는 표현을 사용하고, 그림 4-23에서 인터페이스의 하위 클래스는 인터페이스를 '구현한다^implements'라는 표현을 사용한다. 이번 과제에서 인터페이스는 모든 도형 객체들의 인터페이스를 같게 해서 규격화시키기 위한 목적으로 사용된다. 모든 도형 객체들의 인터페이스가 같다는 것은 이 도형 객체들을 사용하는 방법이 동일하다는 의미이고, 그 결과로 도형들을 사용하는 코드가 간결해지고 사다리꼴, 타원 등의 도형들도 쉽게 추가할 수 있기 때문에 프로그램의 확장성도 용이해진다.

　인터페이스는 추상 메소드와 static 상수만으로 구성된다. 모든 추상 메소드는 인터페이스 정의 시 명시하지 않더라도 public 접근자로 지정되며, 상수 또한 명시하지 않더라도 final public static으로 지정된다. 인터페이스는 추상 클래스와 마찬가지로 객체를 생성할 수 없고 인터페이스끼리는 상속 관계를 설정할 수 있다. 6장의 3.3절에서 컬렉션 프레임워크를 설명할 때 인터페이스끼리의 상속 관계를 살펴본다. 자바 8부터는 기본 메소드^Default Method와 static 메소드를 인터페이스에 정의할 수 있지만 기본 메소드는 특별한 경우에만 사용하기 때문에 이 책에서는 다루지 않는다.

인터페이스는 필드를 가질 수 없고 객체를 생성할 수 없기 때문에 우리의 클래스와 객체 표기 방식에서는 이를 반영해서 그림 4-23의 Figure 인터페이스와 같이 내부 원을 그리지 않고 음양각 처리도 하지 않는다. 인터페이스를 구현하는 클래스는 인터페이스를 구현한다는 의미로 구현 클래스로부터 인터페이스로 향하는 속이 빈 점선 화살표로 표기한다. Figure 인터페이스는 draw와 moveTo의 추상 메소드와 MAXFIGURES 상수를 가진다. 인터페이스에서 선언된 추상 메소드들은 이를 구현하는 클래스에서 모두 구현해야 한다. 따라서 Rect, Circle, Line, Triangle 클래스에서 draw와 moveTo 메소드를 모두 구현한다.

Rect 클래스의 필드는 왼쪽 위 꼭짓점((upperLeftX, upperLeftY)), 폭(width), 높이(height)로 모델링되고, Circle 클래스의 필드는 원점((centerX, centerY))과 반지름(radius)으로 모델링된다. Line 클래스는 시작점((startX, startY))과 끝점((endX, endY))으로 모델링되고, 정삼각형을 표현한 Triangle 클래스는 위 꼭짓점((x, y))과 한 변의 길이(length)로 모델링된다.

Figure 인터페이스와 이를 구현한 Rect, Circle, Line, Triangle 클래스는 리스트 4-12와 같이 Figure.java 파일에 정의된다. 인터페이스는 클래스로 취급되기 때문에 Figure.java 파일에서 파일명과 같고 public 접근자로 지정되는 대표 클래스의 역할을 맡는다.

리스트 4-12 CardApp4 프로젝트의 Figure.java

```
001  // interface Figure, class Rect, Circle, Line, Triangle
002
003  import java.awt.Color;
004  import java.awt.Graphics;
005
006  public interface Figure {
007      // 상수 필드
008      final public static int MAXFIGURES = 20;
009      // 추상 메소드
010      abstract public void moveTo(int xv, int yv);
011      abstract public void draw(Graphics g);
012  }
013
014  // 왼쪽 위 꼭짓점, 폭, 높이로 모델링
```

```
015  class Rect implements Figure {
016    // 필드
017    int upperLeftX;
018    int upperLeftY;
019    int width;
020    int height;
021
022    // 생성자
023    Rect(int xv, int yv, int wid, int hgt) {
024      upperLeftX = xv;
025      upperLeftY = yv;
026      width = wid;
027      height = hgt;
028    }
029
030    // 메소드
031    public void moveTo(int xv, int yv) {
032      upperLeftX = xv;
033      upperLeftY = yv;
034    }
035
036    public void draw(Graphics g) {
037      g.setColor(Color.blue);
038      g.drawRect(upperLeftX, upperLeftY, width, height);
039    }
040
041    boolean includes(int xv, int yv) {
042      if((upperLeftX<xv) && (upperLeftX+width>xv))
043        if((upperLeftY<yv) && (upperLeftY+height>yv))
044          return true;
045      return false;
046    }
047  }
048
049  // default 접근자
050  class Circle implements Figure {
051    // 필드
052    int centerX;
053    int centerY;
054    int radius;
055
```

```
056     // 생성자
057     Circle(int xv, int yv, int rv) {
058       centerX = xv;
059       centerY = yv;
060       radius = rv;
061     }
062
063     // 메소드
064     public void moveTo(int xv, int yv) {
065       centerX = xv;
066       centerY = yv;
067     }
068
069     public void draw(Graphics g) {
070       g.setColor(Color.white);
071       g.fillOval(centerX-radius, centerY-radius, 2*radius, 2*radius);
072       g.setColor(Color.blue);
073       g.drawOval(centerX-radius, centerY-radius, 2*radius, 2*radius);
074     }
075 }
076
077 // Line 클래스
078 class Line implements Figure {
079     // 필드
080     int startX;
081     int startY;
082     int endX;
083     int endY;
084
085     // 생성자
086     Line(int sx, int sy, int ex, int ey) {
087       startX = sx;
088       startY = sy;
089       endX = ex;
090       endY = ey;
091     }
092
093     // 메소드
094     public void moveTo(int sx, int sy) {
095       int deltaX = endX - startX;
096       int deltaY = endY - startY;
```

```
097        startX = sx;
098        startY = sy;
099        endX = sx + deltaX;
100        endY = sy + deltaY;
101     }
102
103     final public void draw(Graphics g) {
104        g.setColor(Color.blue);
105        g.drawLine(startX, startY, endX, endY);
106     }
107  }
108
109  // Triangle 클래스
110  final class Triangle implements Figure {
111     // 필드
112     int x;
113     int y;
114     int length;
115
116     // 생성자
117     Triangle(int xv, int yv, int len) {
118        x = xv;
119        y = yv;
120        length = len;
121     }
122
123     // 메소드
124     public void moveTo(int xv, int yv) {
125        x = xv;
126        y = yv;
127     }
128
129     public void draw(Graphics g) {
130        int dx;
131        int dy;
132        dx = (int) (length * Math.cos(60 * 3.14 / 180));
133        dy = (int) (length * Math.sin(60 * 3.14 / 180));
134        int [] xv = {x, x-dx, x+dx};
135        int [] yv = {y, y+dy, y+dy};
136        g.setColor(Color.blue);
137        g.drawPolygon(xv, yv, 3);
```

```
138      }
139  }
```

8번째 줄에서 선언된 MAXFIGURES 상수는 final public static으로 지정되며 final public static을 생략해도 이 속성이 지정된다. 10, 11번째 줄에서 선언된 moveTo와 draw 추상 메소드는 public으로 지정되며 public을 생략해도 이 속성이 지정된다. 15번째 줄에서 Rect 클래스는 implements 키워드를 사용해서 Figure 인터페이스를 구현한다. 인터페이스의 구현이란 인터페이스의 모든 추상 메소드들을 구현하는 것을 말한다.

17~20번째 줄에서 사각형을 왼쪽 위 꼭짓점((upperLeftX, upperLeftY)), 폭(width), 높이 (height)로 표현한다. 31, 36번째 줄에서는 Figure 인터페이스의 추상 메소드들인 moveTo와 draw를 구현한다. 이때 이 메소드들의 접근자는 인터페이스의 추상 메소드를 구현하는 것이기 때문에 Figure 인터페이스의 추상 메소드들과 같이 public으로 명시해야 한다. 50~75번째 줄에서는 Figure 인터페이스를 구현하는 Circle 클래스를 정의하고, 78~107번째 줄에서는 Line 클래스를 정의한다. 103번째 줄에서 draw 메소드 앞에 붙인 final 키워드는 Line의 자식 클래스에서 draw 메소드를 재정의할 수 없음을 명시한다.

110번째 줄에서 Triangle 클래스 앞에 붙인 final 키워드는 더 이상 자식 클래스를 둬 확장할 수 없음을 명시한다. 112, 113번째 줄의 x와 y 필드는 그림 4-24와 같이 정삼각형의 위 꼭짓점의 좌표를 나타내고, 114번째 줄의 length는 한 변의 길이를 나타낸다. 정삼각형이기 때문에 왼쪽 아래와 오른쪽 아래의 꼭짓점은 계산에 의해 구할 수 있다. 129번째 줄의 draw 메소드에서 그림 4-24의 dx와 dy는 132, 133번째 줄처럼 Math 클래스의 sin과 cos static 메소드를 사용해서 구한다. 134, 135번째 줄에서는 위 꼭짓점, dx, dy를 이용해서 세 점의 x 좌표끼리 모아 정수 배열 xv에 저장하고, y 좌표끼리 모아 정수 배열 yv에 저장한다. sin과 cos 메소드는 인자로 라디안 값을 취한다. 137번째 줄에서 Graphics 객체의 drawPolygon 메소드는 x 좌표점들을 저장한 배열과 y 좌표점들을 저장한 배열을 인자로 취해서 이 점들을 잇는 폐다각형을 그린다. 세 번째 인자로는 그릴 점의 개수인 3을 제공한다.

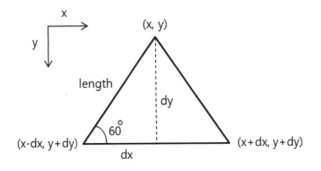

$$dx = length * cos(60*3.14/180)$$
$$dy = length * sin(60*3.14/180)$$

그림 4-24 정삼각형의 위 꼭짓점으로부터 왼쪽 아래와 오른쪽 아래 꼭짓점 구하기

이클립스에서 인터페이스를 생성하려면 Package Explorer 뷰에서 인터페이스를 포함할 패키지(우리의 경우는 기본 패키지)를 선택하고, 메뉴에서 File ➤ New ➤ Interface 항목을 선택하거나 마우스 오른쪽 버튼을 클릭한 후 New ➤ Interface 항목을 선택해서 그림 4-25의 대화 상자를 표시한다.

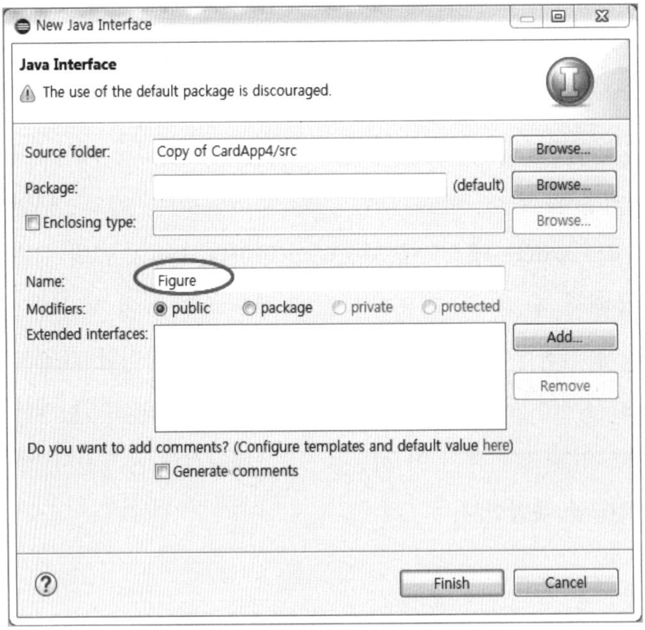

그림 4-25 인터페이스 생성 대화 상자

Name 필드에 Figure라고 입력하고 Finish 버튼을 클릭하면 Figure.java 파일이 생성되고 Figure 인터페이스의 틀이 제공된다. 이 틀에 상수와 추상 메소드를 선언해서 Figure 인터페이스의 정의를 완성한다.

이클립스는 인터페이스의 추상 메소드들에 대한 구현 메소드들의 틀을 생성해 주는 기능도 제공한다. 그림 4-26과 같이 Figure 인터페이스를 정의하고 Rect 클래스의 틀을 implements 키워드로 정의한 후 마우스 커서를 Rect 클래스의 내부에 위치시킨다.

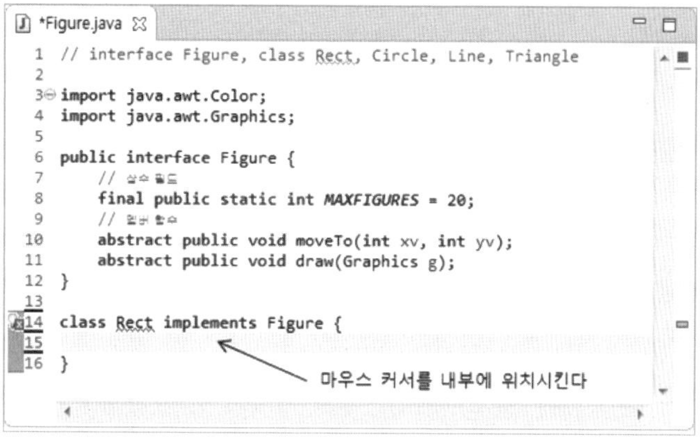

```
J *Figure.java 23
 1  // interface Figure, class Rect, Circle, Line, Triangle
 2
 3⊖ import java.awt.Color;
 4  import java.awt.Graphics;
 5
 6  public interface Figure {
 7      // 상수 필드
 8      final public static int MAXFIGURES = 20;
 9      // 없음 함수
10      abstract public void moveTo(int xv, int yv);
11      abstract public void draw(Graphics g);
12  }
13
14  class Rect implements Figure {
15
16  }
```
← 마우스 커서를 내부에 위치시킨다

그림 4-26 구현 메소드 틀의 자동 생성

메뉴에서 Source ▶ Override/Implement Methods 항목을 선택하면 그림 4-27과 같은 대화 상자가 표시된다.

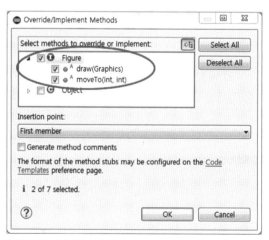

그림 4-27 추상 메소드의 선택

구현하고자 하는 추상 메소드들을 선택하고 OK 버튼을 클릭하면 그림 4-28과 같이 구현 메소드들의 틀이 자동 생성된다.

```
15  class Rect implements Figure {
16
17⊝      @Override
△18      public void moveTo(int xv, int yv) {
⚿19          // TODO Auto-generated method stub
20
21      }
22
23⊝      @Override
△24      public void draw(Graphics g) {
⚿25          // TODO Auto-generated method stub
26
27      }
28  }
```

그림 4-28 자동 생성된 구현 메소드의 틀

자동 생성된 구현 메소드의 틀에는 @Override라는 어노테이션[annotation]이 붙는데 이는 Figure 인터페이스의 추상 메소드에 대한 정확한 구현 메소드인지를 컴파일러에게 검증하라는 지시어이다. 생략해도 되지만 잘못된 구현 메소드가 발생하지 않도록 해주기 때문에 유지해 주는 것이 좋다. 어노테이션은 @로 시작한다. 이외에도 컴파일 과정과 실행 과정에서 여러 상황을 지시하는 어노테이션들이 존재한다. '보충 문법'절(4.3.3절)에서 어노테이션을 자세하게 다룬다.

응용 과제 3에서 Rect 클래스를 상속받는 Card 클래스는 왼쪽 위 꼭짓점으로 (x, y)를 사용했다. 이번 과제에서는 Rect 클래스의 왼쪽 위 꼭짓점이 (upperLeftX, upperLeftY)로 변경됐기 때문에 응용 과제 3의 Card 클래스에서 모든 x와 y가 upperLeftX와 upperLeftY로 변경된다.

도형들을 생성해 활용하는 CardApp 클래스는 응용 과제 3의 CardApp 클래스를 수정한다. 우선 상수로 지정된 다음의 문장은 Figure 인터페이스의 static 상수로 선언됐기 때문에 삭제한다.

```
final public int MAXFIGURES = 20;
```

따라서 CardApp 클래스 내에서 두 번 사용된 MAXFIGURES는 Figure.MAXFIGURES로 변경한다. CardApp 클래스에서 사용된 두 개의 switch문에서 사각형에 대한 코드는 정삼각형에 해당하는 코드로 대체한다. 다음은 정삼각형 객체를 생성하는 문장으로 위 꼭짓점 (x, y)와 한 변의 길이 100을 생성자의 인자로 제공한다.

```
Triangle triangle = new Triangle(x, y, 100);
```

응용 과제 3에서 Figure 추상 클래스형 배열의 참조 필드 figures는 이번 과제에서는 Figure 인터페이스형 배열의 참조 필드로 사용된다. 자바에서는 클래스형이 사용될 수 있는 자리에 인터페이스형이 그대로 사용될 수 있다. Figure 인터페이스를 구현한 사각형, 원, 카드, 정삼각형, 선 객체들이 규격화돼서 사용하는 방법이 동일하기 때문에 코드가 간결해진다. 또한 Figure 인터페이스가 제시하는 규격(추상 메소드들)을 준수하는 사다리꼴, 타원 등의 구현 클래스를 추가해서 프로그램을 쉽게 확장시킬 수 있다. 이렇게 확장해도 도형들을 활용하는 FigureApp 클래스에서 도형들을 사용하는 방법이 균일하기 때문에 수정 사항이 거의 없다.

4.2.5 응용 과제 5

[추상 클래스의 확장]

응용 과제 3을 발전시킨다. 그림 4-29와 같이 마우스 오른쪽 버튼으로 카드, 원, 도형 선택을 선택한다. 오른쪽 버튼을 클릭할 때마다 (40, 70) 위치에 선택을 나타내는 문자열이 표시된다. 선택된 도형이 카드이면 왼쪽 버튼의 클릭점을 왼쪽 위 꼭짓점으로 하는 임의의 카드를 생성하고, 원이면 왼쪽 버튼의 클릭점이 원점이고 반지름이 40인 원을 생성하며, 도형 선택이면 왼쪽 버튼으로 선택된 도형이 초록색으로 변경된다. 카드의 경우 테두리만 초록색으로 변경한다. 최대 도형의 개수는 20개다.

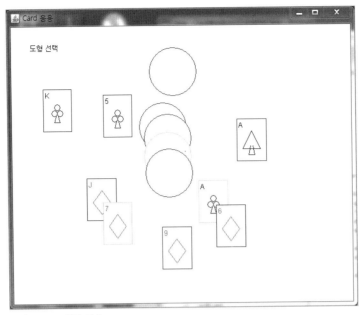

그림 4-29 도형의 선택

선택된 도형이 초록색으로 변경되려면 각 도형이 자신의 색 데이터를 가져야 한다. 따라서 응용 과제 3의 Figure 추상 클래스에 다음의 필드가 추가된다.

```
public Color color;
```

추가된 color 필드를 파란색으로 초기화하는 다음의 문장이 Figure 생성자에 추가된다.

```
color = Color.blue;
```

Rect 클래스의 draw 메소드 내에서 펜의 색을 설정하는 g.setColor(Color.blue); 문장을 다음 코드처럼 변경해서 사각형의 색을 나타내는 필드 값으로 펜의 색을 설정한다.

```
g.setColor(color);
```

사용자가 카드를 선택하면 카드의 테두리만 초록색으로 변경하기 때문에 Card 클래스의 부모 클래스인 Rect 클래스의 draw 메소드만 앞서와 같이 수정하면 된다. Circle 클래스의 draw 메소드도 g.setColor(color); 문장을 추가해서 원의 색을 나타내는 color 필드 값으로 펜의 색을 설정한다.

마우스로 도형을 선택할 경우 클릭점이 자신의 내부점인지 판단하는 기능이 도형마다 있어야 하기 때문에 다음의 includes 추상 메소드 정의가 Figure 클래스에 추가된다.

```java
public abstract boolean includes(int xv, int yv);
```

Rect 클래스에는 이미 includes 메소드가 존재하고 Card 클래스에 상속돼 Card 객체의 선택에 사용된다. Circle 클래스에는 리스트 4-13의 includes 메소드가 추가된다.

리스트 4-13 CardApp5 프로젝트의 Figure.java(일부)

```java
01    public boolean includes(int xv, int yv) {
02        int distance = (int) Math.sqrt(Math.pow((double)(xv-x), 2.0) +
03                          Math.pow((double)(yv-y), 2.0));
04        if(distance <= radius)
05          return true;
06        return false;
07    }
```

1번째 줄에서 클릭점이 인자로 제공되면 Figure 클래스로부터 상속받은 원점((x, y))과 클릭점((xv, yv)) 사이의 거리를 2번째 줄처럼 구해서 distance 지역 변수에 저장한다. 두 점 (x, y)와 (xv, yv) 사이의 거리는 $(xv-x)^2 + (yv-y)^2$의 제곱근이다. Math 클래스의 static 메소드인 sqrt와 pow는 제곱근과 지수승의 값을 구하는 메소드이다. sqrt와 pow 메소드는 실수를 인자로 취하기 때문에 명시적으로 double형으로 형 변환을 해주고 최종 거리를 정수 변수 distance에 저장하려면 int형으로 형 변환을 한다. 이 거리가 자신의 반지름보다 작거나 같으면 클릭점은 내부점이기 때문에 5번째 줄처럼 true값을 반환하고 그렇지 않으면 6번째 줄처럼 false값을 반환한다.

응용 과제 3의 CardApp 클래스에서 mousePressed 메소드는 리스트 4-14와 같이 수정된다.

리스트 4-14 CardApp5 프로젝트의 CardApp.java(일부)

```java
01    public void mousePressed(MouseEvent e) {
02        int x = e.getX();
03        int y = e.getY();
04
05        if(e.getButton() == MouseEvent.BUTTON3) {
```

```
06          switch(clickCount) {
07          case 0: selectionMsg = "원";
08                  clickCount = 1;
09                  break;
10          case 1: selectionMsg = "도형 선택";
11                  clickCount = 2;
12                  break;
13          case 2: selectionMsg = "카드";
14                  clickCount = 0;
15          }
16        }
17        else {
18          switch(clickCount) {
19          case 0: if(figureCount < MAXFIGURES) {
20                    Card card = new Card(x, y,
21                            random.nextInt(4), random.nextInt(13));
22                    card.flip();
23                    figures[figureCount] = card;
24                    figureCount++;
25                  }
26                  break;
27          case 1: if(figureCount < MAXFIGURES) {
28                    Circle circle = new Circle(x, y, 40);
29                    figures[figureCount] = circle;
30                    figureCount++;
31                  }
32                  break;
33          case 2: for(int i = figureCount-1; i >= 0; i--) {
34                    if(figures[i].includes(x, y)) {
35                      figures[i].color = Color.green;
36                      break;
37                    }
38                  }
39          }
40        }
41      repaint();
42    }
43  }
```

오른쪽 버튼의 클릭 횟수를 저장하는 clickCount의 값이 1이면 10번째 줄처럼 selectionMsg가 참조하는 문자열 객체의 값을 '도형 선택'으로 변경하고 clickCount의 값을 2로 한다. 사용자가 오른쪽 버튼으로 도형 선택을 선택하고 왼쪽 버튼을 클릭하면 33번째 줄의 for문이 실행된다. 카드나 원은 그림 4-30과 같이 면이 확보된 도형이기 때문에 서로 겹쳤을 경우를 감안하면 클릭점이 어느 도형에서 클릭됐는지를 판단할 때 33번째 줄의 for문처럼 제일 마지막에 생성된 도형부터 시작해서 첫 번째 도형으로 34번째 줄처럼 includes 메소드를 호출해서 조사해야 한다.

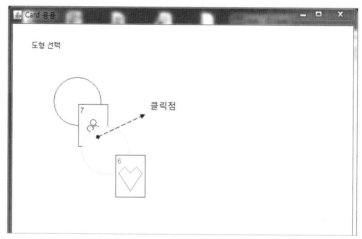

그림 4-30 겹친 도형의 선택

그림에서 클릭점은 두 번째 생성된 도형인 카드와 세 번째 생성된 도형인 원이 겹친 영역 내이다. 겹친 상태로 봐서 원이 카드보다 나중에 생성된 것이고 사용자가 선택하고 싶은 도형은 원일 것이다. 클릭점을 갖고 처음 생성된 도형부터 이 점이 도형의 내부점인지를 조사한다면 이 경우 두 번째 생성된 카드의 내부점으로 판단돼 카드를 선택하게 된다. 내부점인지에 대해 마지막에 생성된 도형부터 조사한다면 사용자의 의도대로 세 번째 생성된 원을 선택하게 된다.

figures 필드는 다형 변수이기 때문에 저장된 도형의 종류에 상관없이 includes 메소드의 호출문으로 일관되게 처리할 수 있다. 클릭점이 내부점이라고 true값을 반환하는 도형이 있으면 그 도형의 색을 35번째 줄처럼 초록색으로 변경하고 36번째 줄의 break문으로 for문을 빠져나온다. break문이 없으면 for문은 끝까지 반복 실행돼서 두 번째 생성된 도형인 카드도 초록색으로 변경하게 된다. 41번째 줄에서 repaint 메소드에 의해 paint 메소드가 호출되면 선택된 도형이 초록색으로 표시된다.

4.2.6 응용 과제 6

[멀티 패키지, 접근자의 활용]

응용 과제 4를 발전시킨다. 마우스 오른쪽 버튼을 클릭하면 그림 4-31과 같이 콘솔 윈도우에 도형 선택 메뉴가 출력되고, 도형을 번호로 선택하면 그림 4-32와 같이 윈도우의 (40, 70) 위치에 선택 사항이 표시된다. 윈도우 내에서 왼쪽 버튼을 클릭하면 선택된 도형이 응용 과제 4와 같이 생성된다. 그림 4-33과 같이 CardApp6 프로젝트에 app 패키지와 lib 패키지를 생성하고 파일들을 두 개의 패키지에 나눠 저장한다.

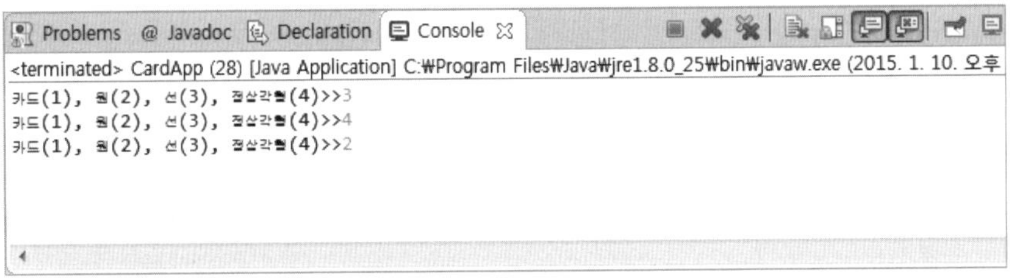

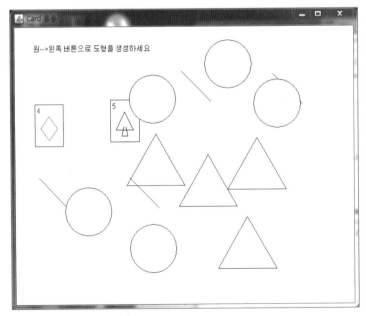

그림 4-31 도형 선택 메뉴

그림 4-32 응용 과제 6의 실행

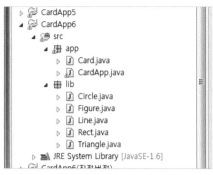

그림 4-33 멀티 패키지 생성

지금까지의 과제에서는 클래스 작성 시 패키지 선언을 전혀 사용하지 않았다. 패키지를 지정하지 않는 경우 클래스들은 기본 패키지^{Default Package}에 속하게 되며 이런 클래스들은 특정 패키지에 종속되지 않기 때문에 실행될 때 같은 기본 패키지 내에 있으면 된다. 기본 패키지란 사실상 가상의 패키지로 이클립스인 경우 클래스 파일들을 패키지 없이 src 폴더에 모아 놓는 것을 의미한다. 패키지는 클래스를 컴파일할 때 자동적으로 생성되는 시스템 폴더이기 때문에 패키지와 폴더를 같이 생각해도 무방하다. 이번 과제에서는 그림 4-33과 같이 app(application)과 lib(library) 패키지들을 src 폴더 밑에 생성해서 클래스 파일들을 두 패키지에 분산시켜 보자.

이 책에서 제공하는 CardApp6 프로젝트는 프로젝트명을 변경해서 보관하고 새롭게 CardApp6 프로젝트를 생성해서 작업하기로 하자. Package Explorer 뷰에서 이 책에서 제공하는 CardApp6 프로젝트를 선택한 후 마우스 오른쪽 버튼을 클릭하고 **Refactor ▶Rename** 항목을 선택해서 그림 4-34의 대화 상자를 표시한다.

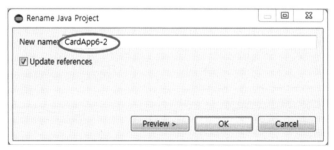

그림 4-34 프로젝트명 변경

New name 필드에 CardApp6-2라고 입력하고 **OK** 버튼을 클릭하면 CardApp6 프로젝트명이 CardApp6-2로 변경된다.

이제 이클립스에서 CardApp6 프로젝트를 새롭게 생성하고 클래스 파일들을 배정하는 과정을 살펴본다. 메뉴에서 **File › New › Project** 항목을 선택해서 CardApp6 프로젝트를 생성한다. Package Explorer 뷰에서 CardApp6 프로젝트의 src 폴더가 선택된 상태에서 메뉴의 **File › New › Package** 항목을 선택하거나 마우스 오른쪽 버튼을 클릭한 후 **New › Package** 항목을 선택한다. 그림 4-35의 패키지 생성 윈도우에서 **Name** 필드에 app이라고 입력하고 **Finish** 버튼을 클릭해서 app 패키지를 생성한다. lib 패키지도 같은 방법으로 생성한다. 그림 4-33과 같이 app과 lib의 두 패키지가 src 폴더 밑에 생성된 것을 확인한다.

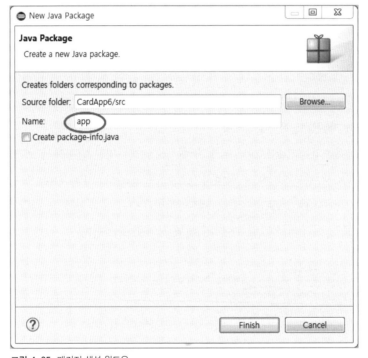

그림 4-35 패키지 생성 윈도우

Package Explorer 뷰의 응용 과제 4의 폴더(CardApp4)에서 CardApp.java 파일과 Card.java 파일을 선택하고 마우스 오른쪽 버튼을 클릭해서 복사하기^{copy}를 선택한다. CardApp6의 app 패키지 아이콘에서 마우스 오른쪽 버튼을 클릭해서 붙여넣기^{paste}를 선택한다. 이클립스에 의해 패키지에 붙여넣기를 한 파일의 첫 줄에는 다음의 패키지 선언문이 자동적으로 삽입된다.

```
package app;
```

패키지 선언문은 파일 내에 구현될 클래스들이 포함될 패키지명을 선언하는 것이다. 패키지 선언문은 파일의 첫 문장이어야 한다. 이 선언문은 CardApp 클래스와 Card 클래스의 경로명이 app.CardApp과 app.Card임을 의미한다. 따라서 다른 패키지에 있는 클래스에서 CardApp이나 Card 클래스에 접근해서 사용하려면 app.CardApp이나 app.Card 클래스명으로 접근해야 한다. 다른 패키지 입장에서 보면 app 패키지는 CardApp이나 Card 클래스명의 일부로 간주된다. 응용 과제 4의 폴더에서 Figure.java 파일을 같은 방법으로 lib 패키지에 복사해서 붙여넣는다. Figure.java 파일에도 다음의 패키지 선언문이 자동적으로 삽입된다.

```
package lib;
```

응용 과제 4에서 작성한 Figure.java 파일을 그림 4-33과 같이 인터페이스 또는 클래스별로 독립적인 파일로 나눈다. app 패키지 내의 CardApp 클래스와 Card 클래스는 lib 패키지 내의 Figure 인터페이스, Rect 클래스, Circle 클래스, Line 클래스, Triangle 클래스에 접근해서 사용할 수 있어야 하기 때문에 이 클래스들은 public 접근자로 지정돼야 한다. 그러나 한 파일에는 대표 클래스만이 public 접근자를 갖기 때문에 Figure.java 파일을 인터페이스와 클래스별로 독립적인 파일로 나눈다.

Package Explorer 뷰의 lib 패키지 아이콘이 선택된 상태에서 메뉴의 File ❯ New ❯ Class 항목을 선택하거나 마우스 오른쪽 버튼을 클릭한 후 New ❯ Class 항목을 선택한다. 그림 4-36의 클래스 생성 윈도우에서 클래스명을 Rect로 지정하고 Finish 버튼을 클릭한다.

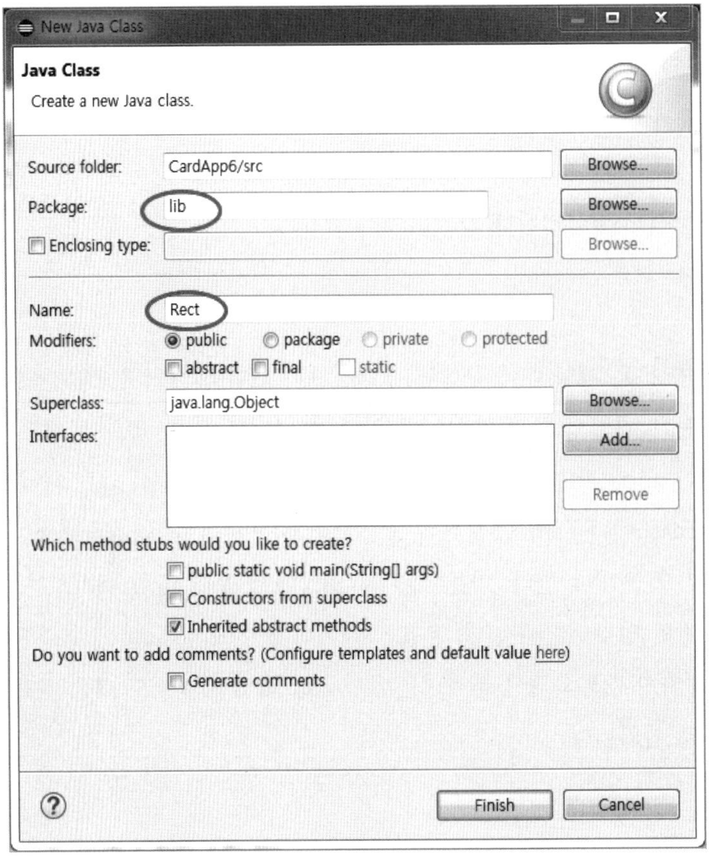

그림 4-36 Rect 클래스의 생성

편집 뷰에 Figure.java 파일과 새로 생성된 Rect.java 파일을 더블클릭해서 펼친다. Rect.java 파일의 첫 번째 줄에는 이미 패키지 선언문이 자동적으로 삽입됐다. Figure. java 파일에서 Rect 클래스 부분을 잘라내고[cut] Rect.java 파일에 붙여넣는다[paste]. 리스트 4-15와 같이 7번째 줄의 Rect 클래스 정의와 15번째 줄의 생성자 정의에 public 접근자를 지정해서 app 패키지의 Card 클래스가 접근할 수 있도록 허용한다.

리스트 4-15 CardApp6 프로젝트의 Rect.java

```
01  package lib;
02
03  import java.awt.Color;
04  import java.awt.Graphics;
05
```

```
06  // 왼쪽 위 꼭짓점, 폭, 높이로 모델링
07  public class Rect implements Figure {
08    // 필드
09    int upperLeftX;
10    int upperLeftY;
11    int width;
12    int height;
13
14    // 생성자
15    public Rect(int xv, int yv, int wid, int hgt) {
16      upperLeftX = xv;
17      upperLeftY = yv;
18      width = wid;
19      height = hgt;
20    }
21
22    // 메소드
23    public void moveTo(int xv, int yv) {
24      upperLeftX = xv;
25      upperLeftY = yv;
26    }
27
28    public void draw(Graphics g) {
29      g.setColor(Color.blue);
30      g.drawRect(upperLeftX, upperLeftY, width, height);
31    }
32
33    public boolean includes(int xv, int yv) {
34      if((upperLeftX<xv) && (upperLeftX+width>xv))
35        if((upperLeftY<yv) && (upperLeftY+height>yv))
36          return true;
37      return false;
38    }
39  }
```

Circle 클래스, Line 클래스, Triangle 클래스도 같은 방법으로 독립적인 파일로 분리시킨다. Figure.java 파일에는 리스트 4-16과 같이 Figure 인터페이스 정의만 남게 된다. 이제 **java.awt.Color** 클래스의 import문은 필요하지 않기 때문에 삭제한다.

```
01  // interface Figure, class Rect, Circle, Line, Triangle
02
03  package lib;
04
05  import java.awt.Graphics;
06
07  public interface Figure {
08      // 상수 필드
09      final public static int MAXFIGURES = 20;
10      // 추상 메소드
11      abstract public void moveTo(int xv, int yv);
12      abstract public void draw(Graphics g);
13  }
```

app 패키지 내의 Card 클래스는 lib 패키지 내의 Rect 클래스의 자식이다. 따라서 Card.java 파일에 다음의 import문을 삽입해서 Rect 클래스의 사용을 선언한다.

```
import lib.Rect;
```

app 패키지 내의 CardApp 클래스는 같은 패키지 내의 Card 클래스로부터 객체를 생성하고 lib 패키지 내의 Circle 클래스와 Triangle 클래스로부터 객체를 생성해서 활용한다. 따라서 CardApp.java 파일에 다음의 import문을 삽입해서 Circle 클래스와 Triangle 클래스의 사용을 선언한다.

```
import lib.*;
```

이 상태에서는 Card 클래스에서 컴파일 오류가 발생한다. 그림 4-37은 Rect 클래스를 중심으로 본 접근 허용 범위를 나타낸 것이다.

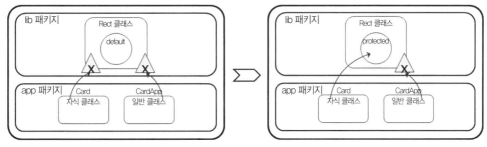

그림 4-37 Rect 클래스를 중심으로 본 접근 허용 범위

Card 클래스의 부모인 Rect 클래스에서 필드들의 접근자가 현재 기본[default]으로 설정돼 있기 때문에 그림 4-37의 왼쪽 그림과 같이 Rect 클래스는 접근이 가능해도 그 필드들에게는 접근이 허용되지 않는다. Rect 클래스의 접근자를 다음과 같이 protected로 변경하고 프로그램을 다시 실행시키면 Rect 클래스의 자식인 Card 클래스에서 부모의 protected 필드들에 접근할 수 있게 돼서 오류가 발생하지 않는다.

```
protected int upperLeftX;
protected int upperLeftY;
protected int width;
protected int height;
```

Rect 클래스의 필드들의 접근자를 변경하면서 Card 클래스의 필드들에 대한 접근자도 protected나 private로 변경하는 것이 바람직하다.

완성된 CardApp 클래스의 정의는 리스트 4-17과 같다. CardApp 클래스는 직접 입력해서 수정하는 대신 앞에서 보관해 둔 CardApp6-2 프로젝트의 CardApp.java 파일을 복사해 오기로 하자. CardApp6 프로젝트의 CardApp.java 파일을 선택하고 마우스 오른쪽 버튼을 클릭한 후 Delete 항목을 선택해 삭제한 후 CardApp6-2 프로젝트의 CardApp.java 파일을 복사해 온다.

리스트 4-17 CardApp6 프로젝트의 CardApp.java

```
01  //=========================================================
02  // Card Application in Java
03  // 오른쪽 버튼으로 콘솔에 도형 선택 메뉴 출력
04  // 윈도우 (40, 70) 위치에 선택 도형 출력 및 왼쪽 버튼으로 도형 생성
05  // 최대 도형 개수는 20개
```

```
06  // package lib와 app 사용
07  //========================================================
08
09  package app;
10
11  import java.awt.*;
12  import java.awt.event.*;
13  import java.util.Random;
14  import java.util.Scanner;
15
16  import lib.*;
17
18  public class CardApp extends Frame {
19    public static Random random;
20    final public int MAXFIGURES = 20;
21    public Figure figures[];
22    public int figureCount = 0;
23
24    public int choice = 1;              // 1 카드, 2 원, 3 선, 4 정삼각형
25    public String selectionMsg = "카드-->왼쪽 버튼으로 도형을 생성하세요";
26    public Scanner s;
27
28    public static void main(String[ ] args) {
29      CardApp window = new CardApp();
30      window.setVisible(true);
31    }
32
33    public CardApp() {
34      setSize(600, 500);
35      setTitle("Card 응용");
36      MouseKeeper mouse = new MouseKeeper();
37      addMouseListener(mouse);
38
39      random = new Random();
40      figures = new Figure[MAXFIGURES];
41      s = new Scanner(System.in);
42    }
43
44    private class MouseKeeper extends MouseAdapter {
45
46      public void mousePressed(MouseEvent e) {
```

```java
47        int x = e.getX();
48        int y = e.getY();
49
50        if(e.getButton() == MouseEvent.BUTTON3) {
51          System.out.print("카드(1), 원(2), 선(3), 정삼각형(4)>>");
52          choice = s.nextInt();
53          switch(choice) {
54          case 1: selectionMsg = "카드->왼쪽 버튼으로 도형을 생성하세요";
55                  break;
56          case 2: selectionMsg = "원->왼쪽 버튼으로 도형을 생성하세요";
57                  break;
58          case 3: selectionMsg = "선->왼쪽 버튼으로 도형을 생성하세요";
59                  break;
60          case 4: selectionMsg = "정삼각형->왼쪽 버튼으로 도형을 생성하세요";
61                  break;
62          default: System.out.println("입력오류");
63          }
64        }
65        else {
66          if(figureCount < MAXFIGURES) {
67            switch(choice) {
68            case 1: Card card = new Card(x, y,
69                            random.nextInt(4), random.nextInt(13));
70                    card.flip();
71                    figures[figureCount] = card;
72                    figureCount++;
73                    break;
74            case 2: Circle circle = new Circle(x, y, 40);
75                    figures[figureCount] = circle;
76                    figureCount++;
77                    break;
78            case 3: Line line = new Line(x, y, x+50, y+50);
79                    figures[figureCount] = line;
80                    figureCount++;
81                    break;
82            case 4: Triangle triangle = new Triangle(x, y, 100);
83                    figures[figureCount] = triangle;
84                    figureCount++;
85            }
86          }
87        }
```

```
88        repaint();
89     }
90   }
91
92   public void paint(Graphics g) {
93     g.drawString(selectionMsg, 40, 70);
94     for(int i = 0; i < figureCount; i++)
95       figures[i].draw(g);
96   }
97 }
```

16번째 줄에서 lib 패키지 내의 클래스들을 사용할 수 있게 import문으로 lib 패키지 내의 모든 클래스들의 사용을 명시한다. 24번째 줄에서 사용자의 선택을 나타내는 choice 필드를 선언하고 카드를 지정하는 1로 초기화한다. 25번째 줄에서는 사용자에게 표시할 초기 메시지 문자열을 준비한다.

마우스를 클릭하면 호출되는 46번째 줄의 mousePressed 메소드에서 50~64번째 줄은 오른쪽 버튼을 클릭했을 때 콘솔 윈도우에 51번째 줄처럼 선택 메뉴를 출력하고 52번째 줄처럼 사용자의 선택을 정수 필드 choice에 저장한다. 53번째 줄에서는 switch문으로 각 도형에 대한 메시지를 준비한다.

왼쪽 버튼을 클릭했을 때는 65~89번째 줄처럼 응용 과제 4와 같이 도형의 개수가 MAXFIGURES보다 작을 경우 choice 필드의 값에 따라 사용자가 선택한 도형을 생성해서 figures가 참조하는 배열에 그 참조 값을 저장하고 figureCount의 값을 1만큼 증가시킨다. 88번째 줄에서 repaint 메소드를 호출해서 변경된 사항을 시각적으로 표시한다. 92번째 줄의 paint 메소드에서는 93번째 줄처럼 준비된 메시지를 (40, 70) 위치에 표시하고, 94번째 줄의 for문으로 생성된 모든 도형을 그린다.

이번 과제처럼 별도의 패키지를 생성한 경우 프로그램을 명령 창에서 실행시키려면 그림 4-38과 같이 프로젝트 폴더 내의 bin 폴더(C:\workspace\chapter4\CardApp6\bin)로 이동한 후 패키지명.클래스명(app.CardApp)으로 실행시켜야 한다. 맥OS 사용자는 이 과제의 남은 과정을 생략한다.

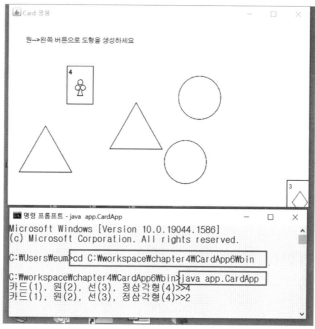

그림 4-38 별도의 패키지로 구성된 프로그램의 실행

패키지는 클래스명의 일부이므로 *.class 파일이 있는 폴더가 아닌 패키지가 시작하는 폴더인 bin 폴더에서 `java app.CardApp` 명령어를 사용한다.

패키지 선언이 포함된 이번 과제 프로그램을 명령 창에서 컴파일하고 실행시켜 본다. 윈도우 운영체제인 경우 C:\CardApp6라는 폴더를 생성하고, 윈도우 탐색기로 이클립스의 C:\workspace\chapter4\CardApp6\src 폴더로 이동해서 app과 lib 하위 폴더 내의 모든 소스 파일들을 C:\CardApp6 폴더로 그림 4-39와 같이 복사한다.

그림 4-39 소스 파일의 복사

그림 4-40과 같이 명령 창을 실행하고 cd C:\CardApp6 명령어로 소스 파일들이 있는
CardApp6 폴더로 이동한다.

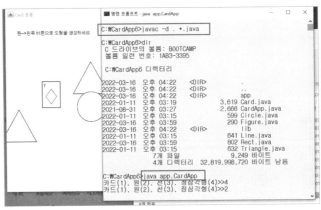

그림 4-40 명령 창에서 응용 과제 6을 컴파일하고 실행

여러 소스 파일들을 한번에 컴파일할 경우 javac *.java 명령어를 실행시키면 되지
만 이 명령어로는 소스 파일에 패키지 선언문이 있다고 해도 패키지 폴더들이 자동적으
로 생성되지는 않는다. 패키지 선언문에 의해 패키지 폴더들을 자동적으로 생성시키려
면 -d 옵션을 명시해서 javac -d . *.java 명령어를 실행시킨다. 이때 -d 다음에는 생성
할 패키지 폴더들의 부모 폴더를 명시하는데 현재 폴더를 나타내는 마침표(.)를 명시해
서 현재 폴더 밑에 패키지 폴더들을 생성하라고 지시한다.

컴파일에 성공한 후 dir 명령어로 현재 폴더의 내용을 살펴보면 app과 lib 폴더가 자
동적으로 생성된 것을 확인할 수 있다. 이 폴더들에는 컴파일된 *.class 해당 파일들이
놓이게 된다. main 메소드를 포함하는 주 클래스 app.CardApp을 명시하면서 java app.
CardApp 명령어로 실행시켜 본다. *.class 파일이 있는 app 폴더에서 실행시키는 것이
아니라 이제 CardApp 클래스명이 app.CardApp으로 변경됐기 때문에 패키지가 시작되는
C:\CardApp6 폴더에서 실행시켜야 한다.

4.3 | 보충 문법

실습 과제에서 설명한 객체의 형 변환(업캐스팅, 다운캐스팅)과 메소드의 동적 결합은 상호 연관된 것이기 때문에 같이 고려해야 한다. 이번 절에서는 이 두 개를 연계시켜 프로그램을 작성하는 방법을 설명한다. 또한 클래스를 정의할 때 생성자의 인자로서 자신의 클래스형 참조 값을 취하는 복사 생성자^{Copy Constructor}와 개발자가 소스 코드에 추가하는 정보인 어노테이션^{annotation}을 설명한다.

4.3.1 메소드 호출과 메소드의 동적 결합

실습 과제에서 살펴본 객체의 업캐스팅, 다운캐스팅, 메소드 탐색 과정은 연계돼 있기 때문에 같이 고려해야 한다. 우선 실습 과제의 paint 메소드의 실행을 다시 생각해 보자. paint 메소드는 리스트 4-18과 같이 a, b, c 필드가 참조하는 세 객체에게 draw 메소드를 호출해서 각 객체가 자신의 모습을 그리게 한다.

리스트 4-18 CardApplication 프로젝트의 CardApp.java(일부)

```
01    public void paint(Graphics g) {
02        a.draw(g);
03        b.draw(g);
04        c.draw(g);
05    }
```

자바는 2~4번째 줄의 각 문장을 두 단계를 거쳐 처리한다. 두 단계란 프로그램을 작성하면서 컴파일러에 의해 이뤄지는 문법 검증 단계와 컴파일러를 통과해 자바 가상 기계가 프로그램을 실행시킬 때 이뤄지는 해당 메소드의 탐색 단계를 말한다. draw 메소드는 Rect 클래스와 Card 클래스에 한 개씩 두 개가 존재한다. 탐색 단계에서는 이 중 어느 draw 메소드를 실행시켜야 하는지를 탐색해서 결정한다.

4번째 줄의 문장에서 Rect 클래스형 필드인 c는 다음과 같이 Card 객체의 참조 값을 배정받기 때문에 업캐스팅된 변수이다.

```
public Rect c;
c = new Card(300, 100, 3, 12);
```

4번째 줄을 처리하는 두 단계는 다음과 같다. 첫 단계는 컴파일러가 필드 c의 형에 주목한다. 필드 c의 형이 Rect 클래스형이기 때문에 Rect 클래스에 가서 draw 메소드의 존재를 확인한다. Rect 클래스에 draw 메소드가 정의돼 있으므로 컴파일러를 통과한다. 실행 시 이뤄지는 두 번째 단계에서는 자바 가상 기계가 필드 c가 참조하는 객체의 형에 주목한다. 필드 c가 Rect 클래스형이지만 실제 참조하는 객체는 Card 객체이다. 따라서 Card 객체를 생성한 Card 클래스로부터 클래스 계층 구조를 따라 올라가면서 draw 메소드를 탐색한다. Card 클래스와 Rect 클래스로 이뤄지는 탐색 경로에서 첫 번째로 만나는 draw 메소드는 Card 클래스의 draw 메소드이다. 따라서 자바 가상 기계는 Card 클래스의 draw 메소드를 4번째 줄의 draw 메소드 호출문에 대해 실행시킬 메소드로 결정하고 이 메소드를 실행시켜 카드 모습을 그리게 된다. 이와 같이 메소드 호출에 대한 해당 메소드를 실행할 때 탐색해서 수행시키는 과정을 메소드의 동적 결합이라고 한다.

그림 4-41의 클래스 계층 구조는 메소드 호출문의 처리를 좀 더 자세히 설명하려고 일반화시킨 예이다.

이 클래스 계층 구조에서 클래스 A는 최상위 클래스이고, 클래스 B와 C는 클래스 A의 자식이며, 클래스 D와 E는 클래스 C의 자식이다. 각 클래스는 필드를 갖지 않으며 A, B, C 등의 메소드는 컴파일러에 의해 제공되는 기본 생성자를 의미하고, x, y, z 등은 메소드를 의미한다. 그림의 1, 2, 3, 4번은 네 가지 경우의 객체 생성과 메소드 호출을 보여준 것이다.

그림의 1번에서 D 클래스로부터 객체를 생성해서 그 참조 값을 d1 변수에 저장하고 d1이 참조하는 D 객체에게 y 메소드를 호출한다. 이 메소드 호출문의 처리는 두 단계로 이뤄진다. 프로그램 작성 단계에서 컴파일러는 d1 변수의 형에 주목한다. D 클래스형이므로 D 클래스로 가서 y 메소드의 존재를 확인한다. y 메소드는 D 클래스에는 없으나 A-C-D의 클래스 경로를 따라 A 클래스로부터 상속이 명시됐기 때문에 D 클래스에 존재하는 것으로 간주된다. 따라서 컴파일러를 통과한다. 이 문장의 실행 시 탐색 단계에서는 자바 가상 기계가 d1 변수가 참조하는 D 객체의 형에 주목한다. D 클래스형이기 때문에 D 클래스를 시작 클래스로 해서 계층 구조를 따라 올라가면서 y 메소드를 탐색한다. 탐색 결과 A 클래스에서 첫 번째로 y 메소드를 만나게 되고, 이 메소드를 실행시킬 메소드로 결정하고 실행시킨다.

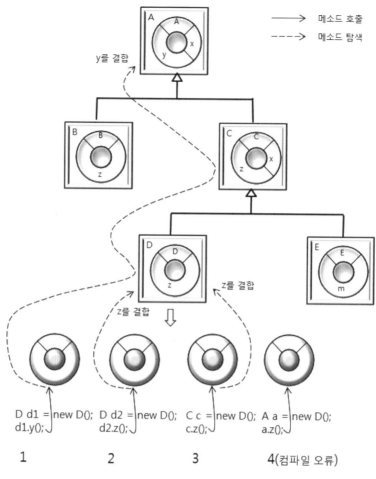

그림 4-41 동적 결합 과정

그림의 2번에서 D 클래스로부터 객체를 생성해서 그 참조 값을 d2 변수에 저장하고 d2가 참조하는 D 객체에게 z 메소드를 호출한다. 이 메소드 호출문의 처리는 두 단계로 이뤄진다. 프로그램 작성 단계에서 컴파일러는 d2 변수의 형에 주목한다. D 클래스형이 므로 D 클래스로 가서 z 메소드의 존재를 확인한다. z 메소드는 D 클래스에 존재하기 때문에 컴파일러를 통과한다. 이 문장의 실행 시 탐색 단계에서는 자바 가상 기계가 d2 변수가 참조하는 D 객체의 형에 주목한다. D 클래스형이기 때문에 D 클래스를 시작 클래스로 해서 계층 구조를 따라 올라가면서 z 메소드를 탐색한다. 탐색 결과 D 클래스에서 첫 번째로 z 메소드를 만나게 되고, 이 메소드를 실행시킬 메소드로 결정하고 실행시킨다.

그림의 3번에서 D 클래스로부터 객체를 생성해서 그 참조 값을 c 변수에 저장하고 c가 참조하는 D 객체에게 z 메소드를 호출한다. c는 업캐스팅된 변수이다. 이 메소드 호출문의 처리는 두 단계로 이뤄진다. 프로그램 작성 단계에서 컴파일러는 c 변수의 형에 주목한다. C 클래스형이므로 C 클래스로 가서 z 메소드의 존재를 확인한다. z 메소드는 C 클래스에 존재하기 때문에 컴파일러를 통과한다. 이 문장의 실행 시 탐색 단계에서는 자바 가상 기계가 c 변수가 참조하는 D 객체의 형에 주목한다. D 클래스형이기 때문에 D 클래스를 시작 클래스로 해서 계층 구조를 따라 올라가면서 z 메소드를 탐색한다. 탐색 결과 D 클래스에서 첫 번째로 z 메소드를 만나게 되고, 이 메소드를 실행시킬 메소드로 결정하고 실행시킨다.

그림의 4번에서 D 클래스로부터 객체를 생성해서 그 참조 값을 a 변수에 저장하고, a 가 참조하는 D 객체에게 z 메소드를 호출한다. a는 업캐스팅된 변수이다. 이 메소드 호출문의 처리는 두 단계로 이뤄진다. 프로그램 작성 단계에서 컴파일러는 a 변수의 형에 주목한다. A 클래스형이므로 A 클래스로 가서 z 메소드의 존재를 확인한다. z 메소드는 A 클래스에 없고 A 클래스가 최상위 클래스라서 상속받을 여지도 없으므로 컴파일 오류를 발생시킨다.

이와 같이 부모-자식 클래스 간의 상속은 부모의 메소드들에 대한 코드가 자식에게 물리적으로 복제된다는 것이 아니라 클래스 계층 구조를 따라 올라가면서 첫 번째 만나는 메소드를 사용함으로써 상속의 효과를 본다는 것이다. 또한 자식 클래스가 부모 클래스의 메소드를 재정의하면 자식 클래스로부터 메소드 탐색이 이뤄지기 때문에 부모 클래스의 메소드를 상속받지 않고 자식 클래스에서 재정의된 메소드가 실행된다. 따라서 재정의에 의해 상속을 받지 않는 효과도 보게 된다. 그러나 자식 클래스에서 재정의된 것을 제외하고 부모 클래스의 필드와 메소드들이 물리적으로 상속돼서 자식 클래스에 존재하는 것으로 생각하고 프로그래밍을 진행하는 것이 개념적으로는 더 쉬울 수 있다. 실제로 이 책에서는 후자의 경우로 설명하고 있다.

리스트 4-19는 이 계층 구조를 자바 코드로 구현한 것이고, 그림 4-42는 이 코드의 실행 결과를 나타낸 것이다.

리스트 4-19 CardAdd1 프로젝트의 BindingApp.java

```
01  //========================================================
02  // Method Binding Example
03  //========================================================
04
05  class A {
06    void x() {
07      System.out.println("A::x");
08    }
09    void y() {
10      System.out.println("A::y");
11    }
12  }
13
14  class B extends A {
15    void z() {
16      System.out.println("B::z");
17    }
18  }
19
20  class C extends A {
21    void x() {
22      System.out.println("C::x");
23    }
24    void z() {
25      System.out.println("C::z");
26    }
27  }
28
29  class D extends C {
30    void z() {
31      System.out.println("D::z");
32    }
33  }
34
35  class E extends C {
36    void m() {
37      System.out.println("E::m");
38    }
39  }
40
```

```
41  public class BindingApp {
42    public static void main(String[] args) {
43      D d1 = new D();
44      d1.y();
45
46      D d2 = new D();
47      d2.z();
48
49      C c = new D();
50      c.z();
51
52      A a = new D();
53  //  a.z();
54    }
55  }
```

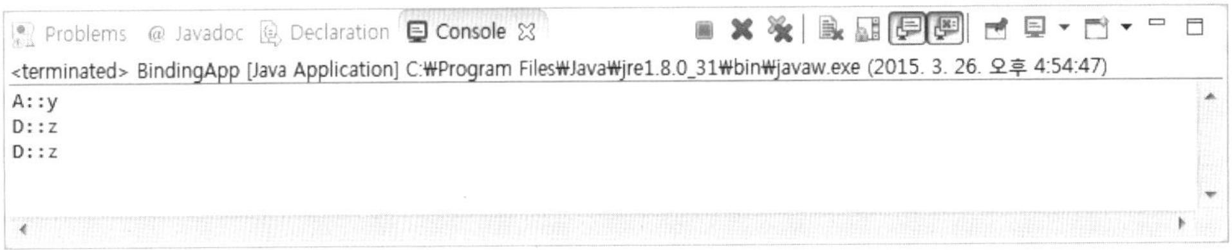

```
Problems  @ Javadoc  Declaration  Console ☒          ■ ✖ ✖ | ▣ ▣ 🖉🖉 | ▱ ▱ ▾ ▱ ▾ □ □
<terminated> BindingApp [Java Application] C:\Program Files\Java\jre1.8.0_31\bin\javaw.exe (2015. 3. 26. 오후 4:54:47)
A::y
D::z
D::z
```

그림 4-42 BindingApp 프로그램의 실행

5번째 줄의 클래스 A의 구현에서 6, 9번째 줄의 x와 y 메소드는 콘솔 윈도우에 클래스명::메소드명을 출력하는 메소드로 구현한다. 나머지 클래스들의 메소드들도 같은 방식으로 구현한다. 그림 4-41에서 살펴본 대로 프로그램이 실행돼서 그림 4-42의 출력 결과를 얻게 된다. 53번째 줄은 그림 4-41에서 설명한 대로 컴파일 오류를 발생시키기 때문에 주석 처리한 것이다.

업캐스팅과 다운캐스팅을 실험해 보는 리스트 4-20의 코드를 53번째 줄과 54번째 줄 사이(프로그램의 마지막)에 추가하고 다시 실행시켜 본다.

리스트 4-20 CardAdd1 프로젝트의 BindingApp.java(추가)

```
01      // 다운캐스팅
02      C c2 = (C) a;
03      c2.z();
04      // 업캐스팅
05      C c3 = d2;
```

```
06      c3.z();
07      A a2 = d2;
08      //  a2.z();
```

2번째 줄에서 c2 변수는 A 클래스형의 a 변수를 C 클래스형으로 다운캐스팅해서 그 참조 값을 가진다. 3번째 줄의 메소드 호출문 처리는 두 단계로 이뤄진다. 프로그램 작성 단계에서 컴파일러는 c2 변수의 형에 주목한다. C 클래스형이므로 C 클래스로 가서 z 메소드의 존재를 확인한다. z 메소드는 C 클래스에 존재하기 때문에 컴파일러를 통과한다. c2 변수는 a 변수의 참조 값을 배정받았기 때문에 a 변수가 참조하는 D 객체를 참조한다. 이 호출문의 실행 시 탐색 단계에서는 자바 가상 기계가 c2 변수가 참조하는 D 객체의 형에 주목한다. D 클래스형이기 때문에 D 클래스를 시작 클래스로 해서 계층 구조를 따라 올라가면서 z 메소드를 탐색한다. 탐색 결과 D 클래스에서 첫 번째로 z 메소드를 만나게 되고, 이 메소드를 실행시킬 메소드로 결정하고 실행시킨다.

5번째 줄에서 c3 변수는 D 클래스형의 d2 변수를 C 클래스형으로 업캐스팅해서 그 참조 값을 가진다. 업캐스팅은 2번째 줄의 다운캐스팅과 달리 (C)의 명시 없이 자동적으로 수행된다. 6번째 줄의 메소드 호출문 처리는 두 단계로 이뤄진다. 프로그램 작성 단계에서 컴파일러는 c3 변수의 형에 주목한다. C 클래스형이므로 C 클래스로 가서 z 메소드의 존재를 확인한다. z 메소드는 C 클래스에 존재하기 때문에 컴파일러를 통과한다. c3 변수는 d2 변수의 참조 값을 배정받았기 때문에 d2 변수가 참조하는 D 객체를 참조한다. 이 호출문의 실행 시 탐색 단계에서는 자바 가상 기계가 c3 변수가 참조하는 D 객체의 형에 주목한다. D 클래스형이기 때문에 D 클래스를 시작 클래스로 해서 계층 구조를 따라 올라가면서 z 메소드를 탐색한다. 탐색 결과 D 클래스에서 첫 번째로 z 메소드를 만나게 되고, 이 메소드를 실행시킬 메소드로 결정하고 실행시킨다.

7번째 줄에서 a2 변수는 D 클래스형의 d2 변수를 A 클래스형으로 업캐스팅해서 그 참조 값을 가진다. 8번째 줄의 메소드 호출문 처리는 두 단계로 이뤄진다. 프로그램 작성 단계에서 컴파일러는 a2 변수의 형에 주목한다. A 클래스형이므로 A 클래스로 가서 z 메소드의 존재를 확인한다. z 메소드는 A 클래스에 없고 A 클래스가 최상위 클래스이기 때문에 상속받을 여지도 없어서 컴파일 오류를 발생시킨다.

4.3.2 복사 생성자

다음의 문장은 그림 4-43과 같이 b가 참조하는 카드 객체를 같이 참조하는 tempCard 참조 변수를 선언하는 것이다.

```
Card tempCard = b;
```

b가 참조하는 카드가 같은 객체이기 때문에 tempCard 참조 변수를 통한 카드 객체의 조작은 b가 참조하는 객체도 변경되는 효과를 가져온다.

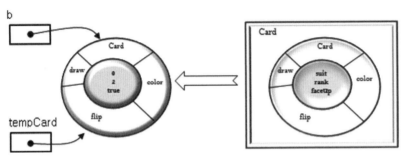

그림 4-43 배정문에 의한 참조 변수의 복사

개발자의 의도가 그림 4-44와 같이 b가 참조하는 객체의 복사본을 생성해서 이 복사본 객체를 tempCard가 참조하게 하는 데 있다면 실습 과제의 Card 클래스에 Card 클래스형의 인자를 취하는 리스트 4-21의 복사 생성자Copy Constructor를 추가해서 복사 방식을 지정해 준다.

리스트 4-21 CardAdd2 프로젝트의 Card.java(일부)

```
01    // 복사 생성자
02    public Card(Card c) {
03        super(c.upperLeftX, c.upperLeftY,
04                c.upperLeftX+cardWidth, c.upperLeftY+cardHeight);
05        suit = c.suit;
06        rank = c.rank;
07        faceup = false;
08    }
```

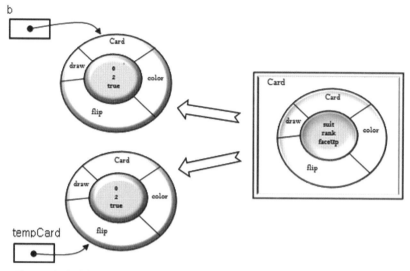

그림 4-44 복사 생성자에 의한 객체 복사

2번째 줄에서 Card 생성자는 Card 클래스형 인자 c로 Card 객체의 참조 값을 제공받는다. 3번째 줄에서 super() 함수를 이용해 부모인 Rect 클래스의 생성자를 호출하면서 c가 참조하는 카드 객체의 왼쪽 위 꼭짓점과 오른쪽 아래 꼭짓점을 제공한다. 5, 6번째 줄은 c가 참조하는 카드 객체의 무늬와 숫자 값으로 suit와 rank 필드를 초기화한다. 이 복사 생성자를 이용해서 b가 참조하는 객체의 복사본 객체를 tempCard가 참조하게 만들려면 다음과 같이 객체를 생성하면서 b에 저장된 참조 값을 인자로 제공한다. 위의 복사 생성자가 실행돼서 tempCard는 복사본 객체를 참조하게 된다.

```
Card tempCard = new Card(b);
```

CardApp 클래스의 paint 메소드를 리스트 4-22와 같이 수정해서 복사 생성자를 활용해 보자.

리스트 4-22 CardAdd2 프로젝트의 CardApp.java(일부)

```
01    public void paint(Graphics g) {
02        a.draw(g);
03 //   Card tempCard = b;
04        Card tempCard = new Card(b);
05        tempCard.suit = 3;
```

```
06        b.draw(g);
07        c.draw(g);
08     }
```

우선 3번째 줄을 주석 처리하고 실행시켜 보면 4번째 줄에 의해 새로운 카드 객체가
생성되고 복사 생성자에 의해 b가 참조하는 객체와 똑같은 복사본 객체가 생성되기 때
문에 5번째 줄에서 tempCard가 참조하는 카드 객체의 무늬를 변경해도 6번째 줄처럼 b
가 참조하는 카드 객체는 영향을 받지 않는다. 이번에는 3번째 줄을 복원시키고 4번째
줄을 주석 처리해서 실행시켜 본다. b 필드와 tempCard 변수가 같은 객체를 참조하기 때
문에 5번째 줄에 의해 이 카드 객체의 무늬가 하트에서 클로버로 변경된다. 따라서 6번
째 줄은 클로버 3의 모습을 그리게 된다.

4.3.3 어노테이션

어노테이션^{annotation}은 개발자가 소스 코드에 추가하는 정보로 컴파일 과정에서 코드를
어떻게 처리할지를 컴파일러에게 지시하는 용도, 프로그램의 빌드나 배치 과정에서 필
요한 코드를 자동 생성할 수 있도록 개발 도구에게 지시하는 용도 그리고 프로그램의
실행 과정에서 자바의 리플렉션^{reflection} 기능을 통해서 실행에 영향을 줄 용도로 활용한
다. 어노테이션은 개발자가 코드에 붙이는 포스트잇과 같은 스티커로 생각하면 이해가
쉽다. 1장에서 예로 들었던 냉장고의 온도조절기에 '강도 5 이상 사용 금지'라는 스티
커를 붙인 경우 이 스티커는 온도조절기나 전체 냉장고의 기능에는 영향을 주지 않지만
사용자에게 유익한 추가적인 정보를 제공한다. 컴파일러나 개발 도구는 이 스티커에 담
긴 개발자의 메모를 읽어 지시한 사항을 처리한다. 또한 프로그램의 실행 중 자바의 리
플렉션 기능을 사용하면 코드에 붙인 이 스티커로부터 메모 내용을 추출할 수 있는데
개발자는 이 내용을 코드에 활용해서 프로그램의 실행에 영향을 줄 수도 있다. 어노테
이션을 잘 활용하면 개발자는 회원 검증이나 회원에게만 특정 기능 노출 등과 같은 기
능을 코드만으로 작성하는 것보다 깔끔하게 처리할 수 있다. 프로그램이 통상 처리하는
성적, 주가, 회원 명단 등과 같은 응용 데이터와 구분하려고 어노테이션을 메타데이터
^{metadata}라고도 부른다.

어노테이션은 클래스, 인터페이스, 메소드, 필드 등의 코드 단위에 적용할 수 있는데 다음 코드는 메소드에 적용한 어노테이션의 예다.

```
@Override
void someMethod(int k, String s) {
  // do something
}
```

어노테이션은 적용할 대상 직전에 @로 시작하고 Override와 같은 어노테이션명을 명시해서 적용한다. @Override 어노테이션은 부모 클래스에 정의된 메소드를 자식 클래스에서 재정의할 때 사용하는 것으로 컴파일러에게 부모 클래스의 someMethod 메소드의 원형과 비교해서 올바른 원형인지 검증하라는 지시 사항이다. 컴파일러는 부모 클래스에 void someMethod(int, String)의 원형을 갖는 메소드가 존재하며 개발자가 자식 클래스에 정의하는 현재 메소드가 같은 원형을 갖는지 검증한다. 개발자가 someMethod(int k)와 같은 원형으로 메소드를 정의하려고 하면 컴파일러는 이를 새로운 메소드로 간주하지 않고 재정의하는 메소드로 간주하기 때문에 컴파일 오류를 발생시켜 개발자에게 알린다.

컴파일러에게 지시하는 용도의 어노테이션과 실행 프로그램에서 활용할 용도의 어노테이션을 살펴보기로 하자.

컴파일러에게 지시하는 용도

컴파일러에게 지시하는 용도의 어노테이션으로 @Override, @Deprecated, @Functional Interface, @SuppressWarnings 등이 지원된다.

@Override 어노테이션

다음 코드는 부모 클래스의 메소드를 자식 클래스에서 재정의하면서 @Override 어노테이션을 적용한 예다.

```
public class ParentClass {
  public void aMethod(int a, String b) {
    System.out.println("parent" + b);
  }
```

```
}

public class ChildClass extends ParentClass {
  @Override
  public void aMethod(int a, String b) {
    System.out.println("child" + a + b);
  }
}
```

@Override 어노테이션을 사용하면 가독성이 좋아지고 부모 클래스의 메소드 원형을 변경하는 경우 자식 클래스에서 재정의한 메소드도 변경해야 하는 것을 컴파일러가 알려주기 때문에 개발자의 실수를 줄일 수 있어 편리하다.

@Deprecated 어노테이션

클래스, 인터페이스, 메소드, 필드를 지금 당장은 사용하지만 앞으로 사용하지 말 것을 권장할 때 @Deprecated 어노테이션을 적용한다. 다음 코드는 @Deprecated 어노테이션을 메소드에 적용한 예이다. 프로그램에서 anyMethod 메소드를 사용할 때마다 컴파일러가 경고를 발생시킨다.

```
@Deprecated
public void anyMethod(){
  // do something
}
```

@FunctionalInterface 어노테이션

@FunctionalInterface 어노테이션은 함수 인터페이스를 지정할 때 사용하는데 함수 인터페이스란 추상 메소드를 한 개만 가진 인터페이스를 의미한다. 함수 인터페이스는 5.3.5절의 람다식을 다룰 때 다시 설명한다. 다음 코드는 @FunctionalInterface를 적용한 인터페이스의 정의인데 개발자가 SomeInterface 인터페이스에 함수 인터페이스 어노테이션을 적용하면서 추상 메소드를 두 개 정의하고 있기 때문에 컴파일러는 컴파일 오류를 발생시킨다.

```
@FunctionalInterface
public interface SomeInterface {
  public void get();
  public void put();
}
```

　　개발자가 이 인터페이스에 @FunctionalInterface 어노테이션을 적용하지 않을 경우 컴파일러는 오류 발생 없이 SomeInterface를 두 개의 추상 메소드가 정의된 일반 인터페이스로 간주한다.

@SuppressWarnings 어노테이션

다음 코드는 @SuppressWarnings 어노테이션을 메소드에 적용한 예인데 메소드 내에서 @Deprecated 어노테이션이 지정된 anyMethod 메소드를 사용하더라도 컴파일러에게 경고를 발생시키지 말라는 지시이다. @SuppressWarnings 어노테이션이 적용된 코드 내에서 발생하는 모든 경우의 경고가 무시된다.

```
@SuppressWarnings("deprecation")
void myMethod() {
  myObject.anyMethod();
}
```

실행 프로그램에서 활용하는 용도

프로그램 실행 중 어노테이션을 활용하려면 개발자는 어노테이션을 먼저 정의해야 한다. 어노테이션형을 정의하는 방법은 인터페이스형을 정의하는 방법과 유사하다. 우리는 @MyAnnot이라는 어노테이션형을 정의하고 이를 활용하는 코드를 작성해 보자. 이클립스에서 어노테이션형을 정의하려면 Package Explorer 뷰에서 어노테이션을 포함할 패키지를 선택하고 메뉴의 File > New > Annotation 항목을 선택해서 그림 4-45와 같이 Annotation Type 윈도우를 표시한다. 우리의 경우는 기본 패키지에 어노테이션형을 정의한다.

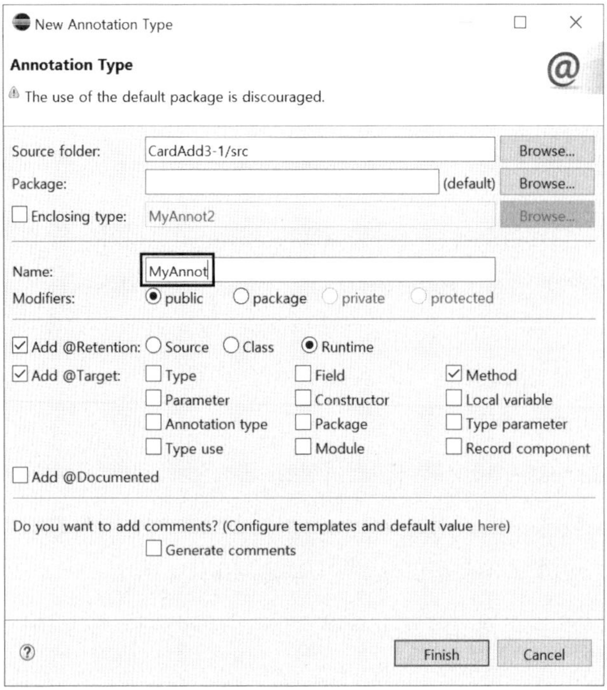

그림 4-45 어노테이션형의 정의

Name 필드에 MyAnnot라고 입력하고 그림과 같이 항목들을 선택한 후 Finish 버튼을 클릭해서 리스트 4-23의 MyAnnot.java 파일을 생성한다.

리스트 4-23 CardAdd3-1 프로젝트의 MyAnnot.java

```
01  // custom annotation MyAnnot
02
03  import java.lang.annotation.ElementType;
04  import java.lang.annotation.Retention;
05  import java.lang.annotation.RetentionPolicy;
06  import java.lang.annotation.Target;
07
08  @Target({ ElementType.METHOD })
09  @Retention(RetentionPolicy.RUNTIME)
10  public @interface MyAnnot {
11    int age() default 18;
12    String name();
13    String major() default "CS";
14  }
```

어노테이션형의 정의는 10번째 줄처럼 @interface 다음에 어노테이션명을 명시해서 시작한다. 어노테이션형은 11~13번째 줄처럼 원소^{element}를 가질 수 있는데 이 원소는 인자를 취하지 않는 메소드의 원형과 비슷한 형태로 정의하고 default 값을 지정할 수 있다. 원소의 형으로는 기본 데이터형, 열거형, 클래스형(String형 포함) 그리고 이들의 배열형을 다음 코드와 같이 사용할 수도 있다.

```
public @interface MyCustomAnnotation {
    int count();
    String[] books();
}
```

그림 4-45와 같이 세부 항목들을 체크해서 선택하면 8, 9번째 줄처럼 자바가 지원하는 @Target과 @Retention 어노테이션이 자동으로 삽입된다. @Target, @Retention 등과 같은 어노테이션은 @MyAnnot과 같은 어노테이션에 적용하는 어노테이션이기 때문에 메타 어노테이션이라고도 부른다. 자동 생성된 4, 6번째 줄은 java.lang.annotation 패키지에 존재하는 Retention과 Target 어노테이션형의 사용을 선언하고, 3, 5번째 줄은 ElementType과 RetentionPolicy 열거형의 사용을 선언한다. @Target과 @Retention 외에 @Documented와 @Inherited 어노테이션을 사용할 수 있다.

@Target 어노테이션

@MyAnnot과 같은 어노테이션은 클래스, 인터페이스, 메소드, 필드 등에 적용할 수 있는데 @Target 어노테이션은 이들 중 어느 대상에 적용할지를 java.lang.annotation. ElementType 열거형의 열거 상수로 지정할 때 사용한다. 8번째 줄처럼 대상형^{Target Type}을 ElementType.METHOD 열거 상수로 지정하면 @MyAnnot 어노테이션은 메소드에 한해 적용할 수 있다. 지정할 수 있는 열거 상수로는 ElementType.PACKAGE, ElementType.PARAMETER, ElementType.TYPE, ElementType.ANNOTATION_TYPE, ElementType.CONSTRUCTOR, ElementType.LOCAL_VARIABLE, ElementType.FIELD 등이 있다. 8번째 줄처럼 {} 내에 열거 상수를 나열하는 이유는 대상이 여러 개일 경우 이들을 배열의 원소들로 나타내기 위함이다. @Target 어노테이션을 적용하지 않으면 어떤 대상에든 @MyAnnot 어노테이션을 적용할 수 있다.

@Retention 어노테이션

@Retention 어노테이션은 대상에 적용된 어노테이션을 어느 시점까지 유지할지를 지정한다. 9번째 줄처럼 RetentionPolicy.RUNTIME 열거 상수로 지정하면 @MyAnnot 어노테이션은 실행 때까지 유지되고 자바의 리플렉션 기능을 사용해서 접근할 수 있다. RetentionPolicy.CLASS로 지정하면 소스 파일이 컴파일된 .class 파일에는 존재하지만 실행 때 사용할 수 없다. RetentionPolicy.SOURCE로 지정하면 소스 파일에만 존재하게 된다.

@Documented와 @Inherited 어노테이션

@Documented 어노테이션은 어노테이션이 적용된 대상을 JavaDoc를 사용해서 도큐먼트를 작성하는 경우 적용된 어노테이션도 포함할지를 지정한다. @Inherited 어노테이션은 어노테이션이 적용된 클래스가 자식 클래스로 확장되는 경우 이 어노테이션을 자식 클래스에게도 적용할 것을 지정한다.

리스트 4-24는 @MyAnnot 어노테이션형을 활용하는 MyClass 클래스의 정의를 보여준 것이다.

리스트 4-24 CardAdd3-1 프로젝트의 MyClass.java

```
01  // MyClass class that uses MyAnnot annotation
02
03  public class MyClass {
04    public void method1() {
05      System.out.println("method1");
06    }
07
08    @MyAnnot(name = "Doohun")
09    public void method2() {
10      System.out.println("method2");
11    }
12
13    public void method3() {
14      System.out.println("method3");
15    }
16
17    @MyAnnot(age = 19, name = "Youngmi")
18    public void method4() {
```

```
19        System.out.println("method4");
20    }
21 }
```

네 개의 메소드로 구성되는 MyClass 클래스를 정의하면서 8, 17번째 줄처럼 method2 메소드와 method4 메소드에 대상이 메소드로 한정된 @MyAnnot 어노테이션을 적용한다. 리스트 4-23의 12번째 줄처럼 name 원소에 기본값을 지정하지 않았기 때문에 8, 17번 째 줄에는 반드시 괄호 내에 name 원소의 값을 지정해 줘야 한다. 8번째 줄에서 age와 major 원소에는 기본값인 18과 'CS' 문자열이 지정된다.

어노테이션형은 다음 코드와 같이 value라는 기본 원소를 가질 수 있다.

```
public @interface MyCustomAnnotation {
    String value();
    int count() default 5;
}
```

value 원소를 가진 어노테이션을 대상 타입에 적용할 때는 다음 코드와 같이 값만 지정할 수 있다. 또한 value 원소가 아니라도 원소를 한 개 갖는 어노테이션도 값만 지정할 수 있다.

```
@MyCustomAnnotation("Doohun");
```

count 원소에 기본값이 아닌 값을 지정하고 싶을 때는 다음 코드와 같이 정상적인 방법으로 값을 지정한다.

```
@MyCustomAnnotation(value = "Doohun", count = 7);
```

리스트 4-25는 @MyAnnot 어노테이션이 적용된 MyClass 클래스를 활용하는 AnnotApp 클래스의 정의를 보여준 것이고, 그림 4-46은 그 실행 결과이다.

리스트 4-25 CardAdd3-1 프로젝트의 AnnotApp.java

```
01 //==============================================================
02 // annotation example that uses reflection and annotation
03 //==============================================================
04
```

```
05  import java.lang.reflect.Method;
06
07  public class AnnotApp {
08    public static void main(String[] args) {
09      MyClass myObject = new MyClass();
10      Method[] methods = myObject.getClass().getDeclaredMethods();
11      for (Method method : methods) {
12        MyAnnot annos = method.getAnnotation(MyAnnot.class);
13        if (annos != null) {
14          System.out.println(annos.name());
15          System.out.println(annos.age());
16          System.out.println(annos.major());
17        }
18      }
19    }
20  }
```

```
🖳 Problems  ▪Javadoc  ▪Declaration  ▢ Console
<terminated> AnnotApp [Java Application] C:₩Program Files₩Java₩jdk-16.0.2₩bin₩javaw.exe
Doohun
18
CS
Youngmi
19
CS
```

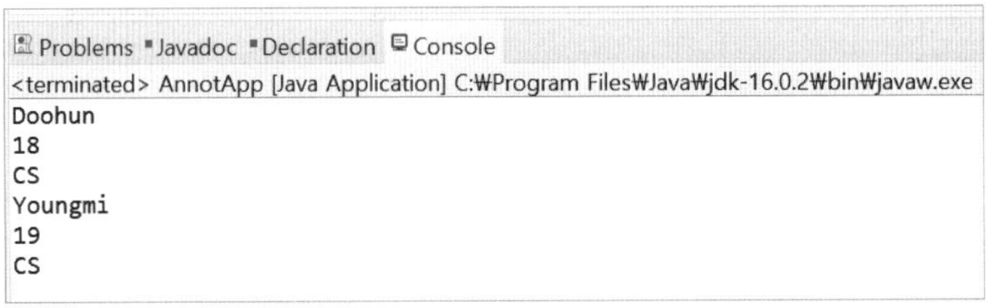

그림 4-46 어노테이션의 활용

자바의 리플렉션이란 실행 시 클래스의 메타데이터를 얻는 기능을 말한다. 클래스의 메타데이터란 클래스에 정의된 필드, 생성자, 메소드, 적용된 어노테이션 등에 관한 정보를 의미한다. 어노테이션은 프로그램의 실행에 영향을 주지 않고 원소의 형태로 추가 정보만 갖고 있다. 그러나 프로그램 실행 시 리플렉션 기능을 사용하면 어노테이션 적용 여부와 원소의 값을 읽어 적절히 활용할 수 있다. 따라서 어노테이션을 코드에 붙인 스티커에 비유하고 어노테이션의 원소 값들을 스티커에 작성한 메모에 비유할 수 있다.

응용 과제 1에서 java.lang.Class 클래스를 활용하는 방법을 다뤘다. 클래스에 적용된 어노테이션의 정보를 얻으려면 Class 클래스를 이용하면 되지만 메소드, 생성자, 필드에 적용된 어노테이션의 정보를 얻으려면 두 단계를 거친다. 첫 번째 단계는 표 4-5에 보여준 Class 클래스의 메소드들을 사용해서 이 메소드들이 반환하는 Field,

Constructor, Method 클래스형의 배열을 반환받는 것이다. java.lang.reflect 패키지는 Field, Constructor, Method 클래스들을 포함한다.

표 4-5 Class 클래스의 메소드

반환형	메소드	설명
Field[]	getFields()	필드 정보를 담은 필드 객체의 배열을 반환
Constructor[]	getConstructors()	생성자 정보를 담은 생성자 객체의 배열을 반환
Method[]	getDeclaredMethods()	메소드 정보를 담은 메소드 객체의 배열을 반환

두 번째 단계는 표 4-6에 보여준 Class, Field, Constructor, Method 클래스의 메소드들을 사용해서 적용된 어노테이션 정보를 얻는 것이다.

표 4-6 Class, Field, Constructor, Method 클래스의 메소드

반환형	메소드	설명
boolean	isAnnotationPresent(어노테이션클래스)	인자로 지정된 어노테이션의 적용 여부 반환
Annotation	getAnnotation(어노테이션클래스)	인자로 지정된 어노테이션 객체 반환
Annotation[]	getAnnotations()	적용된 모든 어노테이션 객체의 배열을 반환
Annotation[]	getDeclaredAnnotations()	직접 적용된 모든 어노테이션 객체의 배열을 반환

리스트 4-25의 9번째 줄은 MyClass 클래스로부터 기본 생성자를 사용해서 객체를 생성하고 그 참조 값을 myObject에 저장한다. 10번째 줄은 자바의 리플렉션 기능을 통해 myObject가 참조하는 객체의 getClass 메소드를 호출해서 Class 객체를 반환받고 다시 이 객체의 getDeclaredMethods 메소드를 호출해서 메소드들의 정보를 담은 배열 객체를 반환받는다. methods는 이 배열 객체를 참조한다.

12번째 줄은 methods가 참조하는 배열 내의 각 Method 객체에 대해 getAnnotation 메소드를 호출해서 적용된 어노테이션 객체를 반환받는다. 이때 인자로는 MyAnnot.class처럼 어노테이션의 클래스 파일을 지정한다. 리스트 4-24에서 @MyAnnot 어노테이션을 MyClass 클래스의 method2 메소드와 method4 메소드에 적용했기 때문에 method1 메소드와 method2 메소드는 14~16번째 줄의 if절을 수행하지 않는다. 14~16번째 줄은 그림 4-46처럼 method2 메소드와 method4 메소드에 적용된 어노테이션의 원소 값들을 출력한다.

Rectangle 응용에 적용한 어노테이션

이번 절에서는 3장의 실습 과제인 RectApplication 프로그램에 어노테이션을 적용해서 그려질 사각형의 색을 빨간색, 초록색, 파란색, 검은색 중 하나로 선택할 수 있도록 해본다. 리스트 4-26은 @UseColor 어노테이션을 정의하는 UseColor.java 파일을 보여준 것이다.

리스트 4-26 CardAdd3-2 프로젝트의 UseColor.java

```
01  // custom annotation UseColor
02
03  import static java.lang.annotation.ElementType.METHOD;
04  import static java.lang.annotation.RetentionPolicy.RUNTIME;
05
06  import java.lang.annotation.Retention;
07  import java.lang.annotation.Target;
08
09  @Retention(RUNTIME)
10  @Target(METHOD)
11  public @interface UseColor {
12      String color() default "black";
13  }
```

클래스의 static 멤버에 접근하려면 클래스명.멤버명으로 접근하지만 3번째 줄처럼 static import 문장으로 클래스나 열거형 멤버의 사용을 선언하면 10번째 줄처럼 해당 클래스나 열거형의 static 멤버를 클래스명 없이 멤버명으로 바로 접근해서 사용할 수 있다. 다음 코드는 System 클래스의 static 멤버인 out의 사용을 static import 문장으로 선언하고 System.out 대신 out만으로 println 메소드를 호출하는 예이다. static import 기능은 자주 사용하는 static 멤버에 대한 접근 코드를 간결하게 해주지만 코드의 가독성과 관리를 어렵게 할 수 있기 때문에 꼭 필요한 경우에만 사용하는 것이 좋다.

```
import static java.lang.System.out;
class StaticImportApp {
  public static void main(String args[]) {
    out.println("Hello");      // System.out 대신 out만 명시
  }
}
```

리스트 4-26의 3, 4번째 줄처럼 static import 문장으로 ElementType 열거형의 METHOD static 상수와 RetentionPolicy 열거형의 RUNTIME static 상수의 사용을 선언했기 때문에 9, 10번째 줄처럼 클래스명 없이 METHOD와 RUNTIME static 상수명을 바로 사용할 수 있다. 11~13번째 줄은 한 개의 문자열 원소(color())를 갖는 @UseColor 어노테이션형을 정의한다. 기본값은 'black'으로 지정한다. 리스트 4-27은 Rect 클래스의 정의를 담은 Rect.java 파일의 일부를 보여준 것이다.

리스트 4-27 CardAdd3-2 프로젝트의 Rect.java(일부)

```
01  @UseColor(color = "green")
02  public void draw(Graphics g) {
03  //  g.setColor(Color.blue);
04    int width = lowerRightX - upperLeftX;
05    int height = lowerRightY - upperLeftY;
06    g.drawRect(upperLeftX, upperLeftY, width, height);
07  }
```

Rect 클래스의 moveTo, includes, draw 메소드 중 draw 메소드에 @UseColor 어노테이션을 적용하면서 color 원소를 'green'으로 설정한다. 그래픽 전담 객체의 색을 설정하는 3번째 줄은 어노테이션으로 색을 지정할 것이기 때문에 주석 처리한다. 리스트 4-28은 RectApp 클래스의 정의를 담은 RectApp.java 파일의 일부를 보여준 것이다.

리스트 4-28 CardAdd3-2 프로젝트의 RectApp.java(일부)

```
01  public void paint(Graphics g) {
02    if (theRectangle == null)
03      return;
04    Method[] methods = theRectangle.getClass().getDeclaredMethods();
05    for (Method method : methods) {
06     UseColor annos = method.getAnnotation(UseColor.class);
07     if (annos != null) {
08       switch (annos.color()) {
09       case "red": g.setColor(Color.red); break;
10       case "green": g.setColor(Color.green); break;
11       case "blue": g.setColor(Color.blue); break;
12       default: g.setColor(Color.black);
13       }
14       break;
```

```
15          }
16     }
17     theRectangle.draw(g);
18 }
```

paint 메소드에서 2번째 줄처럼 사각형 객체가 아직 생성되지 않았으면 3번째 줄처럼 바로 반환한다. 4번째 줄은 자바의 리플렉션 기능을 통해 theRectangle이 참조하는 사각형 객체의 getClass 메소드를 호출해서 Class 객체를 반환받고 다시 이 객체의 getDeclaredMethods 메소드를 호출해서 메소드들의 정보를 담은 배열 객체를 반환받는다. methods는 이 배열 객체를 참조한다.

6번째 줄은 methods가 참조하는 배열 내의 각 Method 객체에 대해 getAnnotation 메소드를 호출해서 적용된 어노테이션을 반환받는다. 인자로는 UseColor.class 클래스 파일을 지정한다. @UseColor 어노테이션을 draw 메소드에만 적용했기 때문에 moveTo와 includes 메소드는 8~14번째 줄의 if절을 수행하지 않는다. 8번째 줄의 switch문은 @UseColor 어노테이션의 color() 문자열에 따라 g가 참조하는 그래픽 전담 객체의 펜 색을 설정한다. 17번째 줄은 사각형 객체의 draw 메소드를 호출하면서 @UseColor 어노테이션에 의해 색이 설정된 그래픽 전담 객체 g의 참조 값을 인자로 보낸다. 프로그램을 실행하고 마우스를 클릭해 보면 리스트 4-27의 1번째 줄에서 @UseColor 어노테이션의 color 원소 값을 초록색으로 설정했기 때문에 사각형이 초록색으로 그려지는 것을 확인할 수 있다. @UseColor 어노테이션을 적용하는 리스트 4-27의 1번째 줄을 주석 처리한 후 프로그램을 실행해 보고 주석 처리하는 대신 color 원소 값을 'red', 'green', 'blue' 중 하나로 설정하고 프로그램을 다시 실행해 본다.

1. 실습 과제를 발전시킨다. 그림 4-47과 같이 마우스 오른쪽 버튼 클릭에는 두 번째 카드가 뒤집어지면서 3픽셀씩 아래로 이동한다.

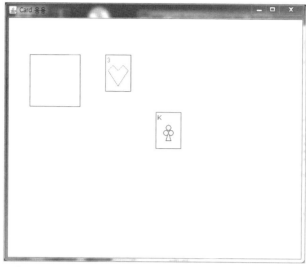

그림 4-47 카드 뒤집으면서 이동시키기

2. 실습 과제를 발전시킨다. 그림 4-48과 같이 오른쪽 버튼의 두 번 클릭으로 카드를 이동시킨다. 첫 번째 클릭으로 카드를 선택하고 이동시킬 위치에서 두 번째 클릭을 하면 선택된 카드가 이동된다.

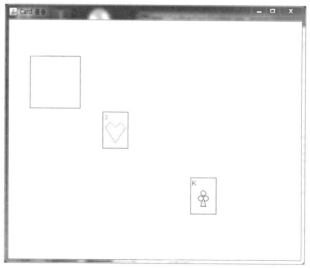

그림 4-48 카드 선택 후 이동시키기

3. 응용 과제 2를 발전시킨다. 왼쪽 버튼 클릭에는 그림 4-49와 같이 임의의 카드를 20개까지 생성하고, 오른쪽 버튼 클릭에는 생성된 카드들의 무늬별 숫자의 합을 그림 4-50과 같이 콘솔 윈도우에 출력한다.

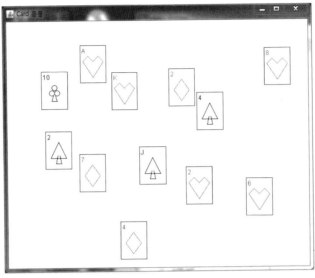

그림 4-49 임의의 카드 생성

그림 4-50 생성된 카드의 무늬별 숫자의 합 구하기

4. 응용 과제 4를 발전시킨다. 그림 4-51과 같이 오른쪽 버튼으로는 카드, 원, 선을 선택하고, 왼쪽 버튼으로는 선택된 도형을 생성한다. 선택된 도형이 카드이면 클릭점을 왼쪽 위 꼭짓점으로 하는 임의의 카드를 생성하고, 원이면 클릭점을 원점으로 하고 반지름이 40인 원을 생성하며, 선이면 클릭점을 시작점으로 하고 클릭점에서 50픽셀씩 더한 점을 끝점으로 하는 선을 생성한다. Line 클래스를 추가한다.

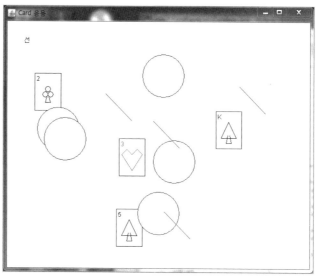

그림 4-51 선 추가해서 그리기

5. 응용 과제 4를 발전시킨다. 그림 4-52와 같이 오른쪽 버튼으로는 카드, 원, 선을 선택하고, 왼쪽 버튼으로는 선택된 도형을 생성한다. 선택된 도형이 카드이면 클릭점을 왼쪽 위 꼭짓점으로 하는 임의의 카드를 생성하고, 원이면 첫 번째 클릭점을 원점으로 하고 두 번째 클릭점을 원주상의 한 점으로 하는 원을 생성하며, 선이면 첫 번째 클릭점을 시작점으로 하고 두 번째 클릭점을 끝점으로 하는 선을 생성한다. Line 클래스를 추가한다.

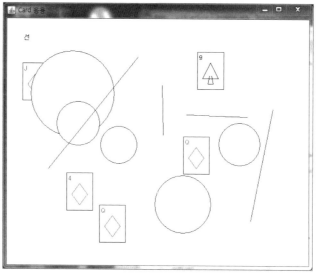

그림 4-52 두 번의 클릭으로 도형 그리기

6. 응용 과제 5를 발전시킨다. 오른쪽 버튼으로 카드, 원, 도형 삭제를 선택한다. 클릭 때마다 (40, 70) 위치에 선택을 표시한다. 왼쪽 버튼은 선택이 카드이면 클릭점을 왼쪽 위 꼭짓점으로 하는 임의의 카드를 생성하고, 원이면 클릭점이 원점이고 반지름이 40인 원을 생성하며, 도형 삭제이면 그림 4-53과 같이 왼쪽 버튼으로 선택된 도형을 삭제한다. 최대 도형의 개수는 20개이다.

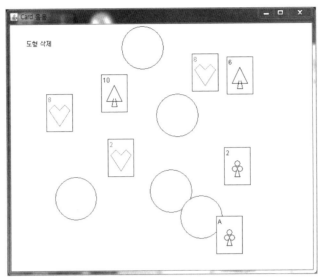

그림 4-53 도형 삭제하기

힌트 선택된 도형을 삭제하는 코드는 다음과 같다.

```
for(int i = figureCount-1; i >= 0; i--) {
  if(figures[i].includes(x, y)) {
    // 선택된 카드를 배열에서 지우기, 한 칸씩 앞으로 당기기
    figures[i] = null;
    for(int j = i; j < figureCount-1; j++) {
      figures[j] = figures[j+1];
    }
    figureCount--;
    break;
  }
}
```

for문으로 선택된 도형을 조사하는 순서를 살펴보면 제일 마지막 도형부터 시작해서 첫 번째 도형으로 조사가 이뤄진다. 선택된 도형은 null값을 배정해서 지운 후 내포된 for문으로 배열 내에서 선택된 도형부터 시작해서 제일 마지막 도형까지 한 칸씩 앞으로 당긴다.

7. 응용 과제 5를 발전시킨다. 오른쪽 버튼으로 카드, 원, 도형 선택을 선택한다. 클릭 때마다 (40, 70) 위치에 선택을 표시한다. 왼쪽 버튼은 선택이 카드이면 클릭점을 왼쪽 위 꼭짓점으로 하는 임의의 카드를 생성하고, 원이면 클릭점이 원점이고 반지름이 40인 원을 생성하며, 도형 선택이면 그림 4-54와 같이 첫 번째 클릭으로 선택된 도형이 초록색으로 변하고 두 번째 클릭으로 도형이 클릭점으로 이동된다. 최대 도형의 개수는 20개로 한다.

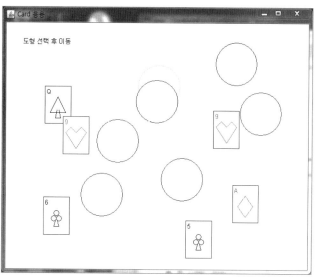

그림 4-54 도형 선택 후 이동

> **힌트** CardApp 클래스에 다음의 필드를 선언해서 활용한다.
>
> public Figure movingFigure;
>
> movingFigure는 오른쪽 버튼의 첫 번째 클릭으로 도형을 선택했을 때 선택된 도형을 참조하고, 오른쪽 버튼의 두 번째 클릭으로 이동점이 지정됐을 때 참조하는 도형을 이동시키는 데 사용한다.

8. 응용 과제 2를 발전시킨다. 2차원 배열을 이용한다. 무늬별로 다섯 개까지 임의의 카드를 생성해서 저장하고 그림 4-55와 같이 윈도우에 그린다. 무늬별 카드가 다섯 개 이상 생성돼서 배열에 저장하지 못할 경우는 그림 4-56과 같이 콘솔 윈도우에 상황 메시지를 출력한다. 2차원 배열은 1장의 '보충 문법'절을 참조한다.

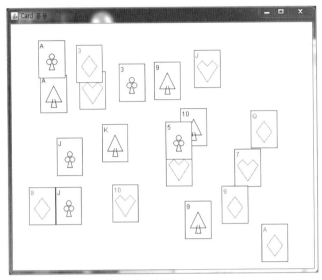

그림 4-55 무늬별 카드 다섯 개까지 생성하기

그림 4-56 무늬별 카드가 다 채워졌을 경우의 메시지 출력

힌트 다음과 같이 Card 클래스형의 2차원 배열을 사용한다.

```
public Card cards[][];
cards = new Card[4][5];
```

9. 응용 과제 3과 6을 발전시킨다. 오른쪽 버튼으로 카드, 원, 사각형, 이동을 선택한다. 선택된 사항은 윈도우의 (40, 70) 위치에 표시된다. 선택이 카드이면 클릭점을 왼쪽 위 꼭짓점으로 하는 임의의 카드를 생성하고, 원이면 클릭점이 원점이고 반지름이 40인 원을 생성한다. 선택이 사각형이면 클릭점을 왼쪽 위 꼭짓점으로 하고 클릭점에서 x축으로 70, y축으로 50만큼 더한 점을 오른쪽 아래 꼭짓점으로 하는 사각형을 생성한다. 선택이 이동이면 그림 4-57과 같이 마지막 도형을 클릭점으로 이동시킨다. 최대 도형의 개수는 20개이다. app과 lib 패키지를 생성해서 파일들을 그림 4-58과 같이 배치한다.

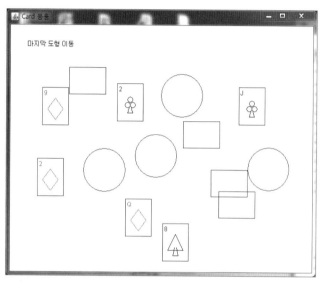

그림 4-57 마지막 도형 이동하기

그림 4-58 패키지의 구성

그림 4-59와 같이 프로그램을 실행시키면 600×400 크기의 윈도우가 생성되고 (200, 100) 위치에 반지름이 10인 첫 번째 파란 대포알(2D)이 생성돼 중력의 영향을 받으면서 움직인다. 중력의 영향을 받는다는 것은 시간이 지날수록 대포알이 아래로 끄는 힘 때문에 y축 방향의 반동 폭이 줄어든다는 의미이다. 대포알은 애니메이션되면서 윈도우의 네 면과 부딪치면 3장의 Ball 응용프로그램처럼 역시 튕긴다. 또한 마우스를 클릭할 때마다 클릭점을 시작점으로 하는 대포알이 추가로 열 개까지 생성돼 중력의 영향을 받으면서 애니메이션된다. 일정 시간 동안 대포알들의 움직임이 애니메이션된 후 프로그램이 종료된다.

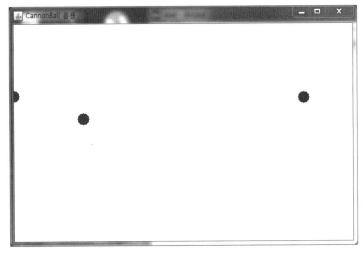

그림 4-59 CannonBall 응용프로그램의 실행

프로그램은 3장의 도전 과제에서 Ball 클래스를 구현한 Ball.java 파일, Ball 클래스를 상속받아 CannonBall 클래스를 구현한 CannonBall.java 파일, 대포알들을 생성해서 애니메이션시키는 CannonBallApp 클래스를 구현한 CannonBallApp.java 파일로 구성된다.

CannonBall 클래스의 인터페이스는 표 4-7, 4-8, 4-9와 같다. Ball 클래스로부터 상속받는 필드들 외에 추가되는 필드는 없다.

표 4-7 CannonBall 클래스의 필드

상수	설명
double GravityEffect = 0.5	대포알이 한 번 움직일 때마다 적용되는 y축 중력 성분

표 4-8 CannonBall 클래스의 생성자

생성자	설명
CannonBall(Point p, int r)	대포알의 시작점과 반지름을 인자로 지정된 값으로 초기화

표 4-9 CannonBall 클래스의 메소드

메소드	설명
void move()	중력의 영향을 주려고 Ball 클래스의 move 메소드를 재정의

CannonBallApp 클래스는 3장 도전 과제의 BallApp 클래스를 수정해서 프로그램을 완성한다. 대포알을 열 개까지 지원해야 하기 때문에 aBall 필드 대신 다음의 CannonBall 클래스형의 배열을 사용한다.

```
private CannonBall [] ballArray;
```

5장
Pile 응용프로그램

3장에서는 클래스의 개념을 다뤘고, 4장에서는 상속의 개념을 설명했다. 실습을 진행하기 전에 지금까지 윈도우 기반 응용프로그램의 틀로 사용해 왔던 기본 코드 틀을 3장의 실습 과제를 이용해 분석해 본다. 3장의 실습 과제는 윈도우 내에서 마우스를 클릭하면 클릭점을 왼쪽 위 꼭짓점으로 하는 사각형 객체가 생성돼 그려지는 것이었다. 이를 위해 우선 윈도우에 그리기 기능이 필요하고, 두 번째로는 마우스 클릭을 감지하고 이에 반응하는 기능이 필요하다. 자바는 이 두 기능을 클래스 형태로 제공한다. 그림 5-1은 다소 복잡해 보이나 이 두 기능을 RectApp이라는 응용 클래스에 상속을 통해 제공하는 클래스 계층 구조를 보여준다.

   java.awt 패키지는 윈도우를 제공하고 윈도우에 그리기 등의 윈도우 기능을 지원한다. java.awt.event 패키지는 마우스 클릭 감지를 위한 클래스를 제공한다. 물론 자바 가상 기계의 도움으로 마우스 클릭을 감지하지만 이 클래스의 객체가 직접 클릭을 감지하고 반응한다고 생각해도 무방하다. 사각형을 모델링한 Rect 클래스(Rect.java 파일)와 Rect 클래스를 활용하는 RectApp 클래스(RectApp.java 파일)는 함께 응용 패키지인 기본 패키지Default Package에 놓이게 된다. RectApp 클래스의 theRectangle 필드는 Rect 클래스로부터 생성된 사각형 객체의 참조 값을 가진다. 이와 같이 한 클래스가 자신의 필드로 다른 클래스의 객체를 소유하는 상황을 두 클래스 간에 포함 관계Composition Relationship가 성립한다고 한다. 'RectApp 클래스 해즈-어 Rect 클래스'라는 의미로 그림과 같이 RectApp 클래스 쪽에 속이 빈 다이아몬드 모양을 표시하고 두 클래스 사이에 선을 연결해서 표기한다. 두 클래스 간 상속 관계는 속이 빈 화살표로 표시한다.

윈도우 기능을 먼저 설명한다. java.awt 패키지는 시각 사용자 인터페이스^{GUI} 기반의 응용프로그램을 작성하는 다양한 클래스들을 제공한다. 시각 사용자 인터페이스 기반의 응용프로그램은 콘솔 기반 응용프로그램과 달리 윈도우, 메뉴, 버튼, 레이블 등과 같은 GUI 컴포넌트들을 활용해서 사용자와 대화한다. 이런 컴포넌트들의 공통 속성을 모델링해서 제공하는 클래스가 그림 5-1의 Component 클래스이다. 컨테이너란 윈도우나 다이얼로그 윈도우가 메뉴나 버튼을 포함하는 것과 같이 다른 컴포넌트를 담을 수 있는 컴포넌트를 말한다. 이런 컨테이너의 기능을 모델링해서 제공하는 클래스가 Container 클래스이며, Container 클래스는 Component 클래스의 자식으로 정의됐기 때문에 컨테이너는 컴포넌트로서 다른 컨테이너에 포함될 수도 있다. 3장의 그림 3-3에서 설명한 Window 클래스는 이 Container 클래스의 자식으로 선언되고, Frame 클래스와 Dialog 클래스는 Window 클래스의 자식으로 선언돼 Frame 클래스로부터 생성된 객체는 상속에 의해 컴포넌트이면서 컨테이너이고, 또한 윈도우의 속성을 갖고 있다. 3장 실습 과제의 RectApp 응용 클래스는 다시 Frame 클래스의 자식으로 선언됨으로써 java.awt 패키지 내의 Component, Container, Window, Frame 클래스의 필드와 메소드들을 공짜로 상속받아 메인 윈도우로서의 모습과 기능을 갖고 시작한다. 자바에서 모든 클래스의 최상위 클래스인 java.lang.Object 클래스는 객체로서 가져야 할 기본 속성들을 제공하며 그림 5-1 에서는 생략하기로 하자.

RectApp 클래스의 RectApp 생성자에서 사용했던 setSize 메소드는 Component 클래스에서 정의되나 Window 클래스에서 재정의된 것을 RectApp 클래스가 상속받는다. setTitle 메소드는 Frame 클래스에서 추가된 것을 상속받아 사용하게 된다. paint 메소드는 Component 클래스에서 처음 정의된 것을 Container 클래스가 재정의하고 RectApp 클래스에서 다시 재정의해 사용한다. setVisible, repaint, addMouseListener 메소드들도 클래스 계층 구조상에서 비슷하게 해석할 수 있다. 결론적으로 이 모든 메소드들이 제공하는 기능들을 다 가진 클래스가 RectApp 응용 클래스다. 아래에서 설명하겠지만 이런 RectApp 클래스로부터 생성된 객체가 메인 윈도우 객체가 되고, 이 객체가 모니터 화면상에 표시된 윈도우가 우리가 실습 과제를 통해 사용해 왔던 그 윈도우이다. Button, Label, List 등의 나머지 클래스들과 이들로 구성되는 클래스 계층 구조는 응용 과제 2 에서 설명한다.

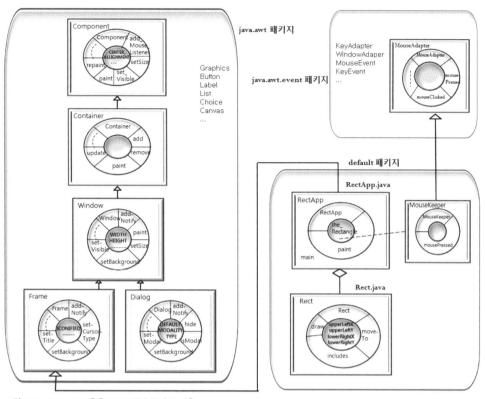

그림 5-1 Rectangle 응용프로그램의 클래스 계층 구조

　　이제 마우스 클릭에 반응하는 기능을 살펴본다. Rectangle 응용프로그램과 같은 윈도우 기반 프로그램은 C 프로그램과 달리 프로그램의 흐름이 사용자의 마우스 클릭이나 키 입력 등에 의해 결정된다. 마우스 클릭, 키 입력 등과 같은 사용자의 액션을 이벤트^{event}라고 하고, 이벤트 발생에 의해 프로그램의 실행 흐름이 결정되는 프로그램을 이벤트 기반 프로그램$^{Event-driven\ Program}$이라고 한다. 따라서 C 프로그램은 개발자에 의해 작성된 프로그램 내에서 모든 실행 흐름이 결정되고, Rectangle 응용프로그램은 마우스 클릭(클릭 위치, 왼쪽/오른쪽 클릭)에 따라 프로그램의 흐름이 결정되는 이벤트 기반 프로그램이다. 이벤트 기반 프로그램은 각 이벤트를 처리하는 이벤트 리스너$^{Event\ Listener}$ 또는 이벤트 어댑터$^{Event\ Adapter}$ 코드를 준비해서 이벤트가 발생될 때마다 해당 이벤트 리스너가 이 이벤트를 처리하도록 작성한다. 자바는 java.awt.event 패키지에 MouseAdapter, KeyAdapter 등과 같은 클래스들을 지원해서 이 클래스들로부터 생성된 객체들이 다양한 이벤트를 처리하기 위한 기본 기능들을 제공하는 리스너의 역할을 수행한다.

마우스 클릭에 반응하는 기본 기능은 MouseAdapter 클래스가 제공한다. 그러나 이 클래스는 마우스 클릭에 반응만 할 뿐 클릭에 작업을 연계시키려면 이 클래스를 상속받는 클래스에서 코딩해야 한다. 그림 5-1에서 MouseKeeper라는 RectApp 클래스의 내부 클래스가 이 역할을 담당한다. 내부 클래스란 특정 클래스 내에 다른 클래스가 정의되는 것을 말한다. 내부 클래스는 독립적이지는 않지만 외부 클래스가 하나의 멤버처럼 사용할 수 있다. 또한 내부 클래스는 외부 클래스의 모든 멤버들을 마치 자신의 멤버처럼 사용할 수 있는 장점이 있다. '보충 문법'절에서는 MouseKeeper 클래스를 독립된 일반 클래스로 구현하는 방법을 설명한다. RectApp 클래스에서 MouseKeeper 클래스의 접근자가 private로 지정됐기 때문에 MouseKeeper 클래스는 RectApp 클래스를 통해서만 사용이 가능한 내부 사용용이라고 할 수 있다. 그림 5-1에서 MouseKeeper 클래스는 MouseAdapter 클래스의 자식으로 선언되면서 mousePressed 메소드를 재정의했다. 따라서 MouseKeeper 클래스로부터 생성된 객체는 마우스 이벤트에 반응하는 마우스 이벤트 리스너 객체가 된다. 사용자가 마우스를 클릭할 때마다 이 객체의 mousePressed 메소드가 호출돼 마우스 클릭 이벤트를 처리한다. 이벤트 리스너 객체가 동작하려면 이 객체를 이벤트를 처리할 윈도우와 같은 컴포넌트에 등록시켜야 한다.

이벤트가 발생하면 이벤트 종류, 이벤트 소스, 이벤트가 발생한 윈도우상의 좌표, 클릭된 마우스 버튼의 종류 등 이벤트에 관한 여러 속성값을 가진 이벤트 객체가 생성돼 그 참조 값이 이벤트 리스너 객체의 해당 메소드에 인자로 전달된다. java.awt.event 패키지에는 다양한 이벤트 객체를 생성할 수 있는 클래스들도 제공된다. 마우스 클릭인 경우는 MouseEvent 클래스로부터 이벤트 객체가 생성돼 클릭점, 클릭 버튼의 종류 등의 데이터로 초기화된 후 그 참조 값이 이벤트 리스너의 해당 메소드에 전달된다. 이제 RectApp 응용프로그램을 분석할 준비가 됐고, 마우스 이벤트 외의 각종 이벤트 처리는 이어지는 응용 과제에서 다루기로 하자.

그림 5-2는 3장의 실습 과제인 Rectangle 응용프로그램(RectApp.java 파일과 Rect.java 파일)을 보여준 것이고, 그림 5-3은 이 프로그램이 실행되는 과정을 순서별로 보여준 것이다.

```java
import java.awt.*;
import java.awt.event.*;

public class RectApp extends Frame {
    public Rect theRectangle = null;

    public static void main(String[ ] args) {
        RectApp window = new RectApp();        ----------------------------------------1, 5
        window.setVisible(true);               ----------------------------------------6
    }

    public RectApp() {                         ----------------------------------------2
        setSize(600, 500);
        setTitle("Rect 응용");
        MouseKeeper  mouse = new MouseKeeper();  -------------------------------- 3
        addMouseListener(mouse);               ----------------------------------------4
    }

    private class MouseKeeper extends MouseAdapter {

        public void mousePressed(MouseEvent e) {  ----------------------------------8
            int x = e.getX();                  ----------------------------------------- 9
            int y = e.getY();
            if(theRectangle == null) {
                theRectangle = new Rect(x, y, x+70, y+50);      ----------10, 12
            }
            else {
                if(theRectangle.includes(x, y))
                    theRectangle.moveTo(x, y);
            }
            repaint();                         ----------------------------------------- 13
        }
    }

    public void paint(Graphics g) {
        if(theRectangle != null)
            theRectangle.draw(g);              ----------------------------------------- 7, 14
    }
}
```

```java
import java.awt.Color;
import java.awt.Graphics;

public class Rect {
    public int upperLeftX;
    public int upperLeftY;
    public int lowerRightX;
    public int lowerRightY;

    public Rect(int ulx, int uly, int lrx, int lry)  { ------------------------------11
        upperLeftX = ulx;
        upperLeftY = uly;
        lowerRightX = lrx;
        lowerRightY = lry;
    }

    public void moveTo(int ulx, int uly) {
        int width = lowerRightX - upperLeftX;
        int height = lowerRightY - upperLeftY;
        upperLeftX = ulx;
        upperLeftY = uly;
        lowerRightX = ulx + width;
        lowerRightY = uly + height;
    }

    public void draw(Graphics g) {
        g.setColor(Color.blue);               ----------------------------------------15
        int width = lowerRightX - upperLeftX;
        int height = lowerRightY - upperLeftY;
        g.drawRect(upperLeftX, upperLeftY, width, height); --------------------- 16

    }

    public boolean includes(int x, int y) {
        if((upperLeftX<x) && (lowerRightX>x))
            if((upperLeftY<y) && (lowerRightY>y))
                return true;
        return false;
    }
}
```

그림 5-2 Rectangle 응용프로그램

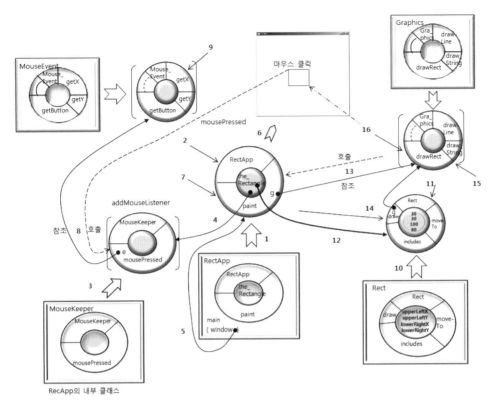

그림 5-3 Rectangle 응용프로그램의 실행 과정

두 그림에 매겨진 번호별로 실행 과정을 설명한다. 프로그램 실행의 시작은 그림 5-2의 main 메소드다.

1. RectApp 클래스로부터 메인 윈도우 객체를 생성한다.

2. RectApp 객체의 생성자가 실행된다. 생성자 내에서 Window 클래스로부터 상속 받은 setSize 메소드로 윈도우의 크기를 600×500으로 지정한다. Frame 클래 스로부터 상속받은 setTitle 메소드로 윈도우의 타이틀을 'Rect 응용'으로 지 정한다. 두 메소드 모두 상속받은 것이기 때문에 this.setSize(600, 500), this. setTitle("Rect 응용")과 같이 this 참조 변수를 사용해서 호출해도 된다.

3. MouseKeeper 내부 클래스로부터 마우스 클릭 감지 객체(마우스 리스너)를 생성한 다. MouseKeeper 클래스에 생성자를 제공하지 않았기 때문에 컴파일러에 의해 주 어진 아무런 작업도 수행하지 않는 기본 생성자가 실행된다. MouseKeeper 객체의

참조 값은 mouse 지역 변수에 저장된다.

4. Component 클래스로부터 상속받은 addMouseListener 메소드를 이용해서 MouseKeeper 객체를 윈도우에 등록한다. 이제 RectApp 객체는 MouseKeeper 객체를 참조하게 된다.

5. RectApp 생성자의 실행이 종료되고 프로그램의 흐름은 다시 static으로 선언된 main 메소드의 첫 문장으로 돌아와서 RectApp 객체의 참조 값이 main 메소드의 지역 변수 window에 저장된다. 이제 window 변수는 RectApp 객체를 참조하게 된다.

6. window가 참조하는 RectApp 객체에게 Component 클래스로부터 상속받은 setVisible 메소드를 호출해서 모니터 화면상에 RectApp 윈도우 객체를 표시한다.

7. 윈도우가 처음으로 표시된 후 RectApp 객체의 paint 메소드가 호출된다. theRectangle 참조 필드의 값이 null이기 때문에 paint 메소드는 바로 종료된다.

   paint 메소드가 실행된 후 자바 가상 기계는 무한 루프를 실행하면서 마우스 클릭, 키 입력 등과 같은 이벤트에 대비한다. 이벤트가 발생되면 이벤트 소스와 이벤트 종류를 결정하고 이에 따라 이벤트 객체를 생성해서 이 이벤트를 처리할 이벤트 리스너 객체를 찾아 호출한다. 그림 5-3에서 사용자가 윈도우 내에서 마우스를 클릭했다고 가정하자.

8. 이 마우스 이벤트는 자바 가상 기계에 의해 마우스 이벤트로 감지되고 마우스 리스너로 등록된 MouseKeeper 객체의 mousePressed 메소드가 호출된다. 이때 마우스 이벤트 속성을 담은 MouseEvent 객체가 생성돼 그 참조 값이 e 인자로 제공된다. 따라서 e가 MouseEvent 객체를 참조하게 된다.

9. MouseEvent 객체의 getX와 getY 메소드를 호출해서 마우스 클릭의 좌표점을 지역 변수 x와 y에 저장한다.

10. 아직 사각형 객체가 생성되지 않기 때문에 theRectangle 필드의 값은 null이다. Rect 클래스로부터 사각형 객체가 생성된다.

11. Rect 객체의 생성자가 호출돼서 Rect 객체의 왼쪽 위 꼭짓점은 클릭점으로 초기화되고, 오른쪽 아래 꼭짓점은 클릭점에서 x축으로 70, y축으로 50만큼 더한 점으로 초기화된다.

12. 프로그램의 흐름은 다시 mousePressed 메소드의 Rect 객체 생성문으로 돌아와서 Rect 객체의 참조 값이 theRectangle 필드에 저장된다. 이제 RectApp 객체의 필드인 theRectangle은 생성된 Rect 객체를 참조하게 된다.

13. repaint 메소드에 의해 자바 가상 기계는 Graphics 객체를 생성해 그 참조 값을 인자로 제공하면서 RectApp 객체의 paint 메소드를 호출한다. 따라서 paint 메소드의 인자 g는 Graphics 객체를 참조하게 된다.

14. paint 메소드 내에서 theRectangle 필드의 값이 null이 아니므로 theRectangle이 참조하는 Rect 객체에게 draw 메소드가 호출된다. 이때 paint 메소드의 g에 저장된 참조 값이 참조 전달 호출 방식으로 draw 메소드의 g로 전달되기 때문에 draw 메소드의 g도 같은 Graphics 객체를 참조하게 된다.

15. g가 참조하는 Graphics 객체에게 setColor 메소드를 호출해서 펜의 색을 파란색으로 설정한다.

16. Graphics 객체에게 drawRect 메소드를 호출해서 Rect 객체를 그린다.

    Rect 객체의 draw 메소드가 종료되고 이를 호출한 RectApp 객체의 paint 메소드가 종료되며 이를 호출한 mousePressed 메소드가 종료돼 실행의 흐름은 다시 자바 가상 기계의 무한 루프로 되돌아가서 다음 이벤트에 대기한다. 사용자가 다시 마우스를 클릭하면 8번부터의 과정이 반복된다.

5장에서는 카드들이 겹쳐 쌓인 형태인 카드 파일Card Pile 두 개를 윈도우에 표시하고, 한 파일에서 마우스 버튼을 클릭하면 다른 파일로 제일 위 카드가 넘어가는 프로그램을 작성한다.

5.1 | Pile 응용프로그램 실습

[포함 관계를 통한 재사용, 상속 관계를 통한 재사용]

52장의 카드들이 임의의 순으로 쌓인 카드 파일Card Pile이 그림 5-4와 같이 윈도우의 왼쪽 위에 위치한다. 카드 파일은 카드들이 겹쳐 쌓인 묶음으로 모든 카드들은 뒷면인 상태이다. 오른쪽에는 빈 카드 파일이 위치한다. 왼쪽 파일 위에서 마우스의 버튼을 클릭하면 제일 위 카드가 오른쪽에 위치한 파일에 뒤집어져서 앞면인 상태로 이동한다. 왼쪽 파일의 52장의 카드들이 소진될 때까지 이 과정이 반복된다. 왼쪽 파일을 데크 파일 Deck Pile이라고 하고, 오른쪽 파일을 디스카드 파일Discard Pile이라고 하자. 데크 파일은 카드 를 공급하는 파일을 의미하고, 디스카드 파일은 카드가 버려지는 파일을 의미한다.

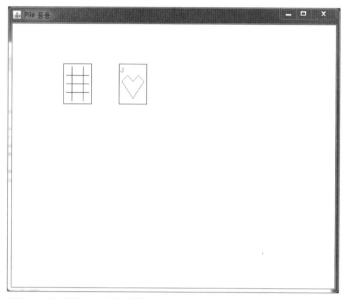

그림 5-4 Pile 응용프로그램의 실행

과정 01 CardPile 클래스

카드 파일이란 카드들이 겹쳐 쌓인 묶음을 말하며, Pile 응용프로그램은 데크 파일과 디 스카드 파일의 두 카드 파일을 사용한다. 카드 파일pile의 파일과 응용 과제 5에서 설명 하는 파일file 입출력의 파일은 문맥에 따라 구분하기로 하자. 객체지향적으로 생각해 보 면 이 두 개의 파일도 객체로 볼 수 있어야 한다. 카드 파일 객체는 겹쳐 쌓인 카드 객체 들을 그림 5-5와 같이 소유하면서 이들을 관리하는 역할을 한다. 여기서 관리란 새로운 카드를 받아들이고 요구되는 카드를 반환해 주는 등의 행위를 말한다. 그렇다면 카드 파일 객체는 소유와 관리 역할을 위해 어떤 데이터적인 속성과 기능적인 속성을 필요로 하는지 생각해 보자. 우선 카드 파일 객체도 윈도우상에 자신의 모습을 스스로 그릴 수 있어야 하기 때문에 display란 메소드를 정의한다. 따라서 자신의 왼쪽 위 꼭짓점을 나 타내는 x와 y의 필드가 필요하다. 카드 소유의 역할을 수행하려면 현재 소유한 카드 객 체들을 저장할 필드가 필요하다. 이 필드로 배열을 사용한다.

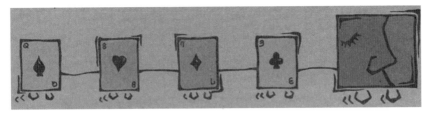

그림 5-5 카드들을 소유한 카드 파일

그림 5-6에서 CardPile 클래스는 지금 정의하려는 카드 파일 클래스이고, theDiscard 참조 변수가 참조하는 객체는 이 클래스로부터 생성된 파일 객체이다.

파일 객체는 4장에서 구현된 Card 클래스의 카드 객체들을 소유하므로 CardPile 클래스와 Card 클래스는 포함 관계이다. 이 포함 관계는 CardPile 클래스에서 Card 클래스 형으로 선언된 thePile 필드를 통해 구현된다. thePile 필드가 참조하는 배열 객체의 원소들이 Card 클래스의 객체들을 참조한다. 그림에서는 thePile이 참조하는 배열 객체가 현재 세 개의 카드 객체들을 소유한 상태를 나타낸다. 따라서 CardPile 클래스는 4장의 Card 클래스를 포함을 통해 재사용하고 있다. 4장에서 살펴봤듯이 Card 클래스는 Rect 클래스의 자식으로 선언돼서 Card 클래스는 Rect 클래스를 상속을 통해 재사용하고 있다.

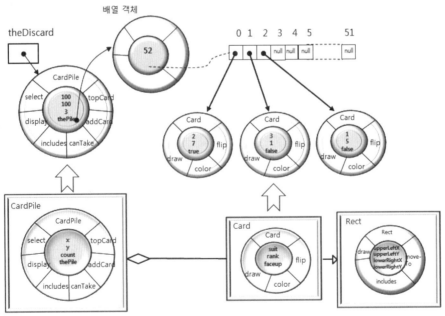

그림 5-6 CardPile 클래스와 Card 클래스의 포함 관계

CardPile 클래스는 현재 소유한 카드들의 개수를 나타내는 정수 필드 count도 필요
하다. 이 count 필드는 새로운 카드를 받을 때 그 카드의 참조 값을 삽입할 배열 내의 인
덱스 값이기도 하다. 그림에서 CardPile 객체는 현재 세 개의 카드 객체들을 배열을 통
해 소유하기 때문에 count 필드의 값은 3이 된다. 이후에는 우리의 클래스와 객체 표기
방식에서 그림 5-6의 배열 객체는 그림 5-7과 같이 생략해서 표기하도록 하자.

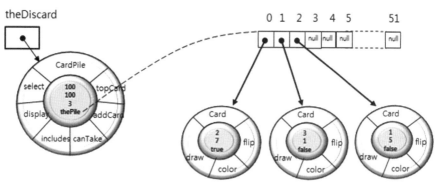

그림 5-7 이후 사용할 카드 파일의 표기 방식

데이터적인 속성은 x, y, thePile, count 필드로 정의하고, 기능적인 속성을 나타내
는 메소드들을 생각해 보자. 자신의 모습을 그리는 display 메소드 외에 카드 파일 객
체는 카드 객체처럼 마우스 클릭점이 내부점인지 판단하는 includes 메소드가 필요하
다. 또한 카드의 관리 역할을 위해 새로운 카드를 받아들여 thePile이 참조하는 배열에
삽입할 수 있는 addCard 메소드와 현재 소유한 카드들 중 제일 위 카드를 thePile이 참
조하는 배열에서 빼서 반환할 수 있는 topCard 메소드도 정의한다. 마우스 클릭으로 파
일이 선택됐을 때 파일이 수행해야 할 작업은 select 메소드에 코딩한다. 6장에서 완
성할 카드게임을 위해 필요한 기능인 canTake 메소드도 여기서 정의해 놓도록 하자. 따
라서 CardPile 클래스는 그림 5-6과 같이 display, includes, addCard, topCard, select,
canTake 메소드들을 가진다.

CardPile 클래스로부터 생성된 파일 객체는 실습 과제에서 요구된 오른쪽에 위치할
디스카드 파일의 역할을 display, includes, topCard, addCard 메소드들로 충분히 해낼 수
있다. 디스카드 파일 객체는 프로그램 초기에는 소유한 카드가 없이 시작하지만 왼쪽의
데크 파일을 클릭하면 데크 파일의 제일 위 카드가 뒤집어져 앞면인 상태로 참조 값이

넘어오게 되고, 넘어온 카드의 참조 값을 디스카드 파일 객체의 addCard 메소드가 받아 thePile이 참조하는 배열에 넣게 된다. 카드가 뒤집어지는 기능은 카드 객체들이 갖고 있는 flip 메소드에 의해 수행된다.

Rect 클래스와 Card 클래스는 4장의 Rect.java 파일과 Card.java 파일을 그대로 사용한다. CardPile.java 파일에 정의되는 CardPile 클래스는 리스트 5-1과 같다.

리스트 5-1 PileApplication 프로젝트의 CardPile.java

```
01  // CardPile class
02
03  import java.awt.Color;
04  import java.awt.Graphics;
05
06  public class CardPile {
07      final static int MAXCARDS = 52;
08      // 필드
09      public int x;
10      public int y;
11      public Card thePile[];
12      public int count;
13
14      // 생성자
15      public CardPile(int xl, int yl) {
16        x = xl; y = yl;
17        thePile = new Card[MAXCARDS];
18        count = 0;
19      }
20
21      // 메소드
22      public void addCard(Card aCard) {
23        if(count < MAXCARDS) {
24          thePile[count] = aCard;
25          aCard.moveTo(x, y);
26          count = count + 1;
27        }
28      }
29
30      public Card topCard() {
31        if(count > 0) {
32          count = count - 1;
```

```
33        return thePile[count];
34      }
35      return null;
36    }
37
38    public boolean includes(int tx, int ty) {
39      return x <= tx && tx <= x + Card.cardWidth &&
40             y <= ty && ty <= y + Card.cardHeight;
41    }
42
43    public void select(int tx, int ty) {
44      // do nothing
45    }
46
47    public void display(Graphics g) {
48      g.setColor(Color.orange);
49      if(count == 0)
50        g.drawRect(x, y, Card.cardWidth, Card.cardHeight);
51      else
52        thePile[count-1].draw(g);
53    }
54
55    public boolean canTake(Card aCard) {
56      return false;
57    }
58 }
```

카드가 52장이므로 파일 객체가 저장할 수 있는 최대 카드의 개수는 52이다. 7번째 줄에서 MAXCARDS에 final static 속성을 지정하고 52를 저장함으로써 MAXCARDS를 전역 상수로 선언한다. 9, 10번째 줄의 x와 y 필드는 파일 객체의 왼쪽 위 꼭짓점 좌표를 저장한다. 11번째 줄의 thePile은 카드들을 저장할 배열의 참조 필드이고, 12번째 줄의 count 필드는 현재 소유한 카드의 개수를 나타낸다.

15번째 줄의 CardPile 생성자는 왼쪽 위 꼭짓점((x, y))을 16번째 줄처럼 인자로 제공받은 값으로 초기화하고, 18번째 줄처럼 count값은 소유한 카드 객체가 처음에는 없는 상태이므로 0으로 초기화한다. 17번째 줄에서 52개 카드 객체의 참조 값을 저장할 배열을 생성해서 그 참조 값을 thePile 필드에 저장한다. 배열의 각 원소는 null값으로 초기화된다.

그림 5-8은 22번째 줄의 addCard 메소드가 theDiscard.addCard(new Card(0, 0, 2, 7)); 문장을 처리하는 과정을 자세하게 나타낸 것이다. theDiscard는 CardPile 클래스로 부터 생성된 파일 객체를 참조한다.

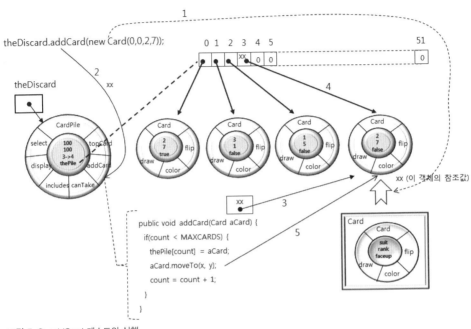

그림 5-8 addCard 메소드의 실행

디스카드 파일 객체가 현재 세 개의 카드 객체들을 소유하고 theDiscard.addCard(new card(0, 0, 2, 7); 문장에 의해 네 번째 카드 객체를 받아 배열에 삽입하는 과정은 다음 과 같다.

1. 우선 new Card(0, 0, 2, 7)이 실행돼 카드 객체가 메모리에 생성되고 그 객체의 참조 값이 반환된다. 반환되는 참조 값을 편의상 xx라 하자.

2. theDiscard.addCard(xx);이 실행되는데 이때 인자 값은 () 안에 반환된 xx이다. 이 xx는 호출된 addCard 메소드의 aCard 인자에 전달된다.

3. aCard 인자도 xx를 가지므로 생성된 카드 객체를 참조하게 된다.

4. addCard 메소드 내에서 디스카드 파일 객체의 count 필드의 값이 3이므로 배열 의 총 개수인 52보다 작아 if문의 조건절을 만족한다. count 필드는 소유한 카

드의 개수를 나타내며 새로 삽입될 카드 객체의 배열 내 인덱스 값이기도 하다. thePile[count] = aCard; 문장에 의해 thePile[3]에 xx가 배정돼 thePile[3]은 새로운 카드 객체를 참조하게 된다. 새로운 카드는 thePile 배열의 오른쪽 끝에 삽입되기 때문에 디스카드 파일의 제일 위 카드는 thePile이 참조하는 배열의 제일 오른쪽 카드 객체가 된다.

5. aCard.moveTo(x, y); 문장에 의해 aCard가 참조하는 카드 객체에게 moveTo 메소드가 호출된다. 새로 생성된 카드 객체는 디스카드 파일 객체의 왼쪽 위 꼭짓점 ((x, y))으로 이동된다. Pile 응용프로그램에서는 디스카드 파일에 카드들이 겹쳐 쌓이게 되므로 파일의 위치와 카드들의 위치가 동일하다. count값을 1만큼 증가시켜 4가 되고, 이 값은 다음 카드 객체가 삽입될 배열 내 인덱스 값이 된다.

30번째 줄의 topCard 메소드는 thePile이 참조하는 배열 내의 제일 오른쪽 카드(파일 객체의 제일 위 카드)를 빼내 그 참조 값을 반환한다. 그림 5-9는 디스카드 파일 객체가 현재 네 개의 카드 객체들을 소유하고 있을 때 Card c = theDiscard.topCard(); 문장이 실행되는 과정을 보여준 것이다.

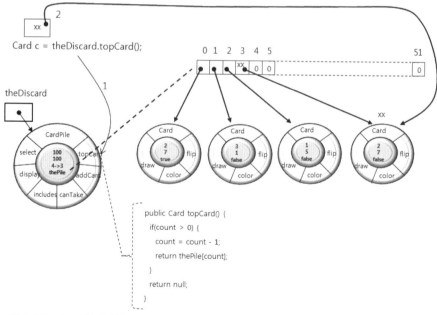

그림 5-9 topCard 메소드 실행

1. theDiscard.topCard(); 문장에 의해 디스카드 파일 객체에게 topCard 메소드가 호출되면 topCard 메소드 내에서 먼저 count 필드의 값을 조사한다. count 필드의 값이 0이면 소유한 카드가 없으므로 null값을 반환한다. 메소드의 반환형이 Card 클래스형으로 지정됐기 때문에 반환값이 없을 경우 null값을 반환한다. count 필드의 현재 값이 4이므로 1만큼 감소시켜 count 필드에 3을 배정한다. 이 값은 디스카드 파일 객체의 제일 위 카드의 배열 내 인덱스 값을 나타낸다.

2. return thePile[count];의 문장으로 thePile[3]의 값인 xx가 반환된다. 이 값은 c 참조 변수에 배정된다. 따라서 c 변수는 반환된 카드 객체를 참조하게 된다. 다음 카드가 삽입될 thePile 배열 내의 인덱스 값은 3이며 thePile[3]의 값인 xx는 그때 새로 삽입될 카드의 참조 값을 배정받게 되므로 일부러 thePile[3]의 값을 지워서 반환된 객체와의 연결을 끊을 필요는 없다. count 필드의 값이 3이 돼 thePile[3]의 값이 지워진 효과를 가져 온다.

Pile 응용프로그램인 경우 그림 5-4와 같이 디스카드 파일의 카드들이 정확하게 겹쳐 쌓이므로 디스카드 파일 객체가 점유하는 영역과 디스카드 파일이 소유한 카드 객체들이 점유하는 영역이 정확하게 일치한다. 따라서 38번째 줄의 includes 메소드는 디스카드 파일 객체의 왼쪽 위 꼭짓점((x, y))을 기준으로 카드의 크기 내에 인자로 제공된 클릭점((tx, ty))이 존재하는지 39번째 줄처럼 조사해서 그 결괏값을 boolean형 값으로 반환한다.

47번째 줄의 display 메소드를 살펴보자. Pile 응용프로그램에서 파일이 점유한 영역은 그 파일이 소유한 카드들이 점유한 영역과 정확하게 일치하기 때문에 제일 위 카드의 모습을 그리면 그 카드가 속한 파일의 모습을 그리는 것이다. 48번째 줄에서 펜의 색을 오렌지색으로 변경한다. 49번째 줄에서는 count 필드의 값을 조사해서 소유한 카드 객체가 없으면 파일 객체의 왼쪽 위 꼭짓점을 기준으로 빈 파일을 나타내는 카드 크기만한 오렌지색의 사각형을 그린다. 소유한 카드 객체들이 있을 경우에는 52번째 줄처럼 thePile[count-1]이 참조하는 제일 위 카드 객체에게 draw 메소드를 호출해서 제일 위 카드가 자신의 모습을 그리도록 함으로써 파일 객체의 모습을 그린다.

43번째 줄의 select 메소드는 디스카드 파일이 마우스 버튼으로 선택됐을 때 수행해야 할 작업을 코딩한다. 디스카드 파일 객체는 마우스 클릭으로 선택됐을 때 수행해야할 작업이 없기 때문에 CardPile 클래스의 select 메소드는 44번째 줄처럼 빈 바디로 구현한다. 6장에서 재정의해서 사용할 55번째 줄의 canTake 메소드는 일단 false값을 반환하는 것으로 구현한다.

과정 02 DeckPile 클래스

이제 실습 과제에서 요구되는 윈도우 왼쪽 위에 위치할 데크 파일 객체를 생각해 보자. 이 데크 파일 객체는 theDeck 참조 변수가 참조하도록 한다. 데크 파일 객체는 CardPile 클래스로부터 생성돼 오른쪽에 위치할 디스카드 파일 객체와 무엇이 다른가? 카드의 소유와 관리 기능 외에 6장의 카드게임을 위해 사용될 카드 생성과 공급의 역할이 더 주어진다. 카드게임은 카드를 생성해서 임의로 섞는 과정이 반드시 필요하다. 이 작업은 데크 파일 객체가 생성되면서 호출되는 데크 파일 객체의 생성자에서 수행하도록 하자. 데크 파일의 생성자에서 52장의 카드 객체들을 생성해서 그 참조 값들을 배열에 넣은 후 카드 객체들을 섞도록 한다. 섞인 카드들을 한 장씩 공급하면 카드게임을 위해 카드 생성과 공급의 역할을 수행하게 된다. 또한 데크 파일은 마우스 클릭으로 선택되면 제일 위 카드를 뽑고 그 카드를 뒤집어서 디스카드 파일로 보내야 한다. 이 작업은 데크 파일 객체의 select 메소드에서 수행하도록 하자. 따라서 데크 파일 객체는 CardPile 클래스로부터 직접 생성해서 사용할 수 없고, CardPile 클래스의 자식인 DeckPile 클래스를 그림 5-10과 같이 정의한 후 DeckPile 클래스로부터 생성해서 사용한다. DeckPile 클래스는 CardPile 클래스의 카드 관리 기능을 상속받고 select 메소드를 재정의한다. DeckPile 생성자에는 카드 생성과 섞는 작업을 코딩한다. DeckPile 클래스에 추가되는 필드는 없다. 따라서 DeckPile 클래스는 CardPile 클래스를 상속을 통해 재사용한다.

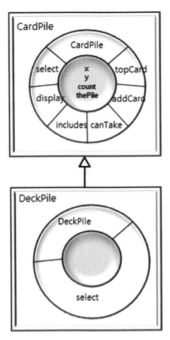

그림 5-10 CardPile 클래스를 상속받는 DeckPile 클래스

PileApp.java 파일에 함께 정의한 DeckPile 클래스와 PileApp 클래스는 리스트 5-2와 같다.

리스트 5-2 PileApplication 프로젝트의 PileApp.java

```
01  //================================================
02  // Simple Pile Application in Java
03  //================================================
04
05  import java.awt.*;
06  import java.awt.event.*;
07  import java.util.Random;
08
09  class DeckPile extends CardPile {
10
11      DeckPile(int x, int y) {
12          // 부모 생성자 실행
13          super(x, y);
14          // 52장의 카드 생성, thePile에 저장
15          for(int i = 0; i < 4; i++)
```

```
16        for (int j = 0; j <= 12; j++)
17          addCard(new Card(0, 0, i, j));
18      // 카드 섞기
19      Random generator = new Random();
20      for(int i = 0; i < 52; i++) {
21        int j = Math.abs(generator.nextInt() % 52);
22        // 카드 치환
23        Card tempCard = thePile[i];
24        thePile[i] = thePile[j];
25        thePile[j] = tempCard;
26      }
27    }
28
29    public void select(int tx, int ty) {
30      if(count == 0)
31        return;
32      Card tempCard = topCard();
33      tempCard.flip();
34      PileApp.theDiscard.addCard(tempCard);
35    }
36 }
37
38 public class PileApp extends Frame {
39    public static DeckPile theDeck;
40    public static CardPile theDiscard;
41
42    public static void main(String[ ] args) {
43      PileApp window = new PileApp();
44      window.setVisible(true);
45    }
46
47    public PileApp() {
48      setSize(600, 500);
49      setTitle("Pile 응용");
50      MouseKeeper mouse = new MouseKeeper();
51      addMouseListener(mouse);
52
53      theDeck = new DeckPile(100, 100);
54      theDiscard = new CardPile(200, 100);
55    }
56
```

```
57    private class MouseKeeper extends MouseAdapter {
58
59      public void mousePressed(MouseEvent e) {
60        int x = e.getX();
61        int y = e.getY();
62        if(theDeck.includes(x, y))
63          theDeck.select(x, y);
64        repaint();
65      }
66    }
67
68    public void paint(Graphics g) {
69      theDeck.display(g);
70      theDiscard.display(g);
71    }
72  }
```

9~36번째 줄은 DeckPile 클래스의 정의이고, 38~72번째 줄은 PileApp 클래스의 정의이다. 9번째 줄에서 DeckPile 클래스를 CardPile 클래스의 자식으로 선언한다. 카드를 섞을 때 난수 발생기 부품이 필요하므로 7번째 줄에 java.util.Random 클래스의 사용을 선언한다. 11번째 줄의 DeckPile 생성자는 13번째 줄처럼 super() 함수로 CardPile 생성자를 호출해서 상속받는 x, y, thePile, count 필드들을 초기화한다. 15~17번째 줄에서는 내포된 for문으로 각 무늬별 13장의 Card 객체를 생성해서 그 참조 값들을 상속받은 addCard 메소드로 thePile이 참조하는 배열에 저장한다. 15번째 줄에서 변수 i는 suit값의 0(하트^{heart})부터 3(클로버^{club})까지 변하고 각 suit값에 대해 rank값을 나타내는 16번째 줄의 j가 0부터 12까지 변하면서 카드 객체들을 차례대로 생성한다. 생성된 카드 객체들의 왼쪽 위 꼭짓점은 (0, 0)점으로 지정되며 이 값은 addCard 메소드에서 데크 파일 객체의 왼쪽 위 꼭짓점((x, y))으로 조정된다. 따라서 52장의 카드 객체들은 데크 파일 객체의 위치에 겹쳐 쌓이게 된다.

19~26번째 줄은 생성된 52장의 Card 객체들을 섞는 코드다. 19번째 줄에서는 카드를 임의로 섞을 경우 Random 객체를 생성해서 generator 변수가 참조하도록 한다. 20번째 줄의 for문으로 생성된 각 Card 객체에 대해 섞기 작업을 수행한다. 21번째 줄에서는 Random 객체가 nextInt 메소드에 의해 반환하는 임의의 정수를 52로 나눈 나머지에 절

댓값 연산을 적용해서 0부터 52 사이에 있는 임의의 양의 정수를 얻어 j 변수에 저장한다. 그림 5-11은 for문의 i의 값이 15이고, j의 값이 26일 경우 23~25번째 줄에 의해 두 Card 객체가 치환되는 과정을 보여준 것이다.

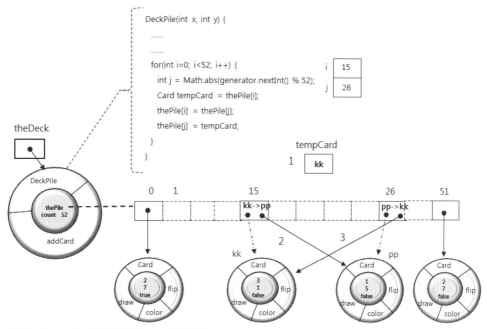

그림 5-11 DeckPile 생성자에서 두 카드 객체의 치환

thePile[15]에 저장된 Card 객체의 참조 값이 kk이고, thePile[26]에 저장된 Card 객체의 참조 값은 pp라고 가정하자. 두 카드 객체가 치환되는 과정은 다음과 같다.

1. Card tempCard = thePile[i]; 문장에 의해 i의 값이 15이므로 tempCard 변수에 thePile[15]의 값인 kk값이 저장된다.

2. thePile[i] = thePile[j]; 문장에 의해 thePile[15]에는 thePile[26]의 값인 pp가 저장돼 thePile[15]가 참조하는 Card 객체가 변경된다.

3. thePile[j] = tempCard; 문장에 의해 thePile[26]에는 tempCard의 값인 kk가 저장돼 thePile[26]이 참조하는 Card 객체가 변경되면서 치환이 완료된다.

이 과정이 for문에 의해 모든 카드 객체에 대해 52번 실행되면 데크 파일 객체가 소유한 52장의 카드들이 완전히 섞이게 된다.

사용자가 마우스로 데크 파일을 선택하면 호출되는 29번째 줄의 select 메소드는 소유한 카드가 없으면 return문으로 바로 반환된다. 메소드의 반환형이 void로 명시됐기 때문에 null값 없이 return문만 명시하면 된다. 소유한 카드가 있으면 32번째 줄처럼 topCard 메소드를 호출해서 반환되는 자신의 제일 위 카드의 참조 값을 tempCard 지역 변수에 저장한다. 33번째 줄에서는 이 카드 객체를 뒤집어서 앞면인 상태로 변경하고, 34번째 줄처럼 tempCard의 값을 인자로 제공하면서 디스카드 파일 객체의 addCard 메소드를 호출한다. 디스카드 파일 객체는 addCard 메소드로 배열에 카드의 참조 값을 삽입해서 소유하게 된다. theDiscard 변수는 PileApp 클래스에서 public static 필드로 지정돼 전역 변수의 역할을 한다. 이 전역 변수의 접근은 PileApp.theDiscard와 같이 클래스명.필드명으로 한다.

과정 03 PileApp 클래스

PileApp 클래스는 39, 40번째 줄처럼 theDeck과 theDiscard 필드를 public static 속성으로 선언해서 전역 변수로 지정한다. PileApp 생성자에서는 53, 54번째 줄처럼 두 파일 객체를 윈도우의 왼쪽 위 영역에 나란히 생성해서 배치한다. 데크 파일 객체는 왼쪽 위 꼭짓점이 (100, 100)인 위치로 지정하고, 디스카드 파일 객체는 (200, 100)인 위치로 지정한다. 마우스 클릭에 반응하는 mousePressed 메소드에서는 클릭점의 좌표를 얻은 후 62번째 줄처럼 이 점이 데크 파일의 내부점인지 조사한다. 내부점이면 63번째 줄처럼 데크 파일 객체에게 select 메소드를 호출한다. 앞에서 설명했듯이 데크 파일 객체의 select 메소드는 제일 위 카드를 빼서 뒤집은 후 디스카드 파일에 삽입한다.

64번째 줄의 repaint 메소드에 의해 호출되는 68번째 줄의 paint 메소드에서 69, 70번째 줄처럼 데크 파일 객체와 디스카드 파일 객체에게 display 메소드를 호출해 스스로 자신의 모습을 그리게 한다. paint 메소드는 프로그램 초기에 윈도우가 처음 표시될 때도 호출되는데 데크 파일 객체는 제일 위 카드의 모습을 그리고, 디스카드 파일 객체는 소유한 카드가 없기 때문에 빈 파일의 의미로 오렌지색 사각형을 그리게 된다.

5.2 | 응용 과제

이번 절에서는 실습 과제를 응용하고 자바의 필수 문법을 다루는 일곱 개의 응용 과제를 다룬다.

5.2.1 응용 과제 1

[키 이벤트 처리]

실습 과제와 4장의 응용 과제 5를 발전시킨다. 그림 5-12와 같이 윈도우의 (30, 70) 위치에 '사각형(r) 원(c) 삭제(d)'의 선택 메뉴를 표시하고, 사용자의 r, c, d키 입력에 따라 마우스 버튼으로 해당되는 도형을 생성하거나 생성된 도형을 삭제한다. 최대 도형의 개수는 15개로 한다.

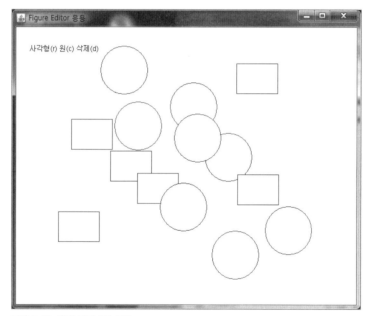

그림 5-12 응용 과제 1의 실행

4장에서는 콘솔 윈도우를 통한 키 입력이나 마우스 버튼의 클릭으로 생성할 도형을 선택하는 선택 메뉴를 구현했다. 이번 과제에서는 키 이벤트를 처리해서 선택 메뉴를 구현하는 방법을 설명한다. 지금까지 사용한 윈도우 기반 프로그램을 위한 기본 코드틀은 마우스 이벤트를 처리해서 마우스 클릭에 반응하는 프로그램이었다. 이제 키 이벤트도 처리해서 키 입력에 반응하는 프로그램으로 확장해 보자. 키 이벤트는 사용자가 키를 입력할 때 발생되는 이벤트이다. 모니터 화면에 탐색기, 이클립스의 윈도우, 실습 과제에서 생성한 응용 윈도우 등이 생성돼 표시됐다고 가정하자. 마우스 이벤트인 경우 이 윈도우들 중 어느 하나의 윈도우에서 클릭하게 되고 해당 윈도우가 이 마우스 클릭에 반응해서 마우스 이벤트를 처리해야 하는 윈도우가 된다. 키 이벤트인 경우 키를 입력하게 되면 이 윈도우들 중에서 타이틀바가 진하게 표시돼 포커스^{focus}를 취득한 윈도우가 이 키 입력에 반응해서 키 이벤트를 처리해야 하는 윈도우가 된다. 따라서 실습을 진행하면서 프로그램에서 생성한 응용 윈도우가 포커스를 취득해서 타이틀바가 진하게 표시돼 있는지 유의해야 한다. 자판의 Tap키나 마우스 클릭으로 포커스를 윈도우들 간에 이동시킬 수 있다.

이번 과제에서 Card 클래스는 사용하지 않는다. 우선 4장 응용 과제 5의 파일들 중에서 Figure.java 파일을 조금 수정한다. 4장의 응용프로그램들은 사각형을 그릴 때 면이 확보되지 않아 두 사각형이 겹칠 때 어느 사각형이 먼저 생성된 것인지 알 수 없었다. 원은 면이 확보돼 겹쳐지더라도 선후를 알 수 있었다. 이제 사각형도 그림 5-12와 같이 겹쳐지더라도 면이 확보될 수 있도록 한다. Figure.java 파일 내의 Rect 클래스의 정의에서 draw 메소드의 g.drawRect(x, y, width, height); 문장 전에 다음의 문장을 삽입한다.

```
g.clearRect(x, y, width, height);
```

g가 참조하는 Graphics 객체의 clearRect 메소드는 지정된 사각형을 윈도우 바탕색 (기본 흰색)으로 깨끗이 지우는 역할을 하기 때문에 이 과정에서 면이 확보된다.

4장의 응용 과제 5에서는 도형 객체들을 저장할 배열을 생성하고 이 배열에 도형을 넣고 빼는 역할을 CardApp 클래스에서 직접 수행했다. 이제 FigureManager라는 클래스를 정의해서 이 클래스가 도형의 넣기, 빼기, 색 변경, 도형의 개수 유지 등의 관리 기능을 수행하도록 한다. 따라서 FigureManager 클래스로부터 생성된 객체는 도형 관리 전담 객체가 된다. 도형을 관리하는 FigureManager 클래스는 실습 과제의 카드를 관리하는 CardPile 클래스와 비슷한 관리 역할을 수행하는 클래스이다. 독립된 FigureManager. java 파일에 구현된 FigureManager 클래스는 리스트 5-3과 같다.

```java
01  // FigureManager class
02
03  import java.awt.Color;
04  import java.awt.Graphics;
05
06  public class FigureManager {
07    // 상수, 필드
08    final static int MAXFIGURES = 10;
09    Figure theFigures[];
10    int count;
11    int maxFigures;
12
13    // 생성자
14    public FigureManager() {
15      theFigures = new Figure[MAXFIGURES];
16      maxFigures = MAXFIGURES;
17      count = 0;
18    }
19
20    public FigureManager(int max) {
21      theFigures = new Figure[max];
22      maxFigures = max;
23      count = 0;
24    }
25
26    // 메소드
27    public void addFigure(Figure aFigure) {
28      if(count < maxFigures) {
29        theFigures[count] = aFigure;
30        count = count + 1;
31      }
32    }
33
34    public Figure topFigure() {
35      if(count > 0) {
36        count = count - 1;
37        return theFigures[count];
38      }
39      return null;
40    }
```

```
41
42      public void deleteFigure(int x, int y) {
43        for(int i = count-1; i >= 0; i--) {
44          if(theFigures[i].includes(x, y)) {
45            for(int j = i; j < count-1; j++)
46              theFigures[j] = theFigures[j+1];
47            count = count - 1;
48            break;
49          }
50        }
51      }
52
53      public void display(Graphics g) {
54        for(int i = 0; i < count i++)
55          theFigures[i].draw(g);
56      }
57    }
```

8번째 줄에서 도형의 최대 개수를 나타내는 MAXFIGURES라는 static 상수를 선언하고 그 값을 10으로 지정한다. 9번째 줄의 theFigures는 도형 객체들의 참조 값을 저장할 배열의 참조 필드이고, 10번째 줄의 count는 생성된 도형의 개수와 다음 도형 객체의 참조 값이 삽입될 인덱스 값을 나타내는 두 역할을 담당한다.

14번째 줄에서 기본 생성자를 선언하고, 20번째 줄에서는 도형의 최대 개수를 max 인자로 제공받는 생성자를 선언해서 생성자를 오버로딩시킨다. 기본 생성자는 MAXFIGURES 크기의 배열을 생성하고, 20번째 줄의 생성자는 인자로 제공받은 max 크기로 배열을 생성한다. 11번째 줄에 선언된 maxFigures 필드에 16, 22번째 줄처럼 배열의 크기를 저장해서 두 생성자 중 어느 것으로 FigureManager 객체를 생성하더라도 maxFigures 필드가 도형의 최대 개수를 갖도록 한다. count 필드는 아직 생성된 도형이 없기 때문에 17, 23번째 줄처럼 0으로 초기화된다.

27번째 줄의 addFigure 메소드는 도형 객체의 참조 값을 인자로 제공받아 현재 도형의 개수가 최대 도형의 개수를 넘지 않으면 배열에 삽입하고 count 필드의 값을 1만큼 증가시킨다. 34번째 줄의 topFigure 메소드는 현재 도형의 개수가 한 개 이상이면 count 필드의 값을 1만큼 감소시키고 그 위치의 참조 값을 반환한다. 실습 과제의 CardPile 클래스에서 이미 설명한 작업이기 때문에 여기서는 자세한 설명을 생략한다.

42번째 줄의 deleteFigure 메소드는 클릭점((x, y))을 인자로 제공받아 소유하고 있는 도형들 중 이 좌표점으로 선택된 도형을 찾아 지운다. 그림 5-13은 d키를 입력한 후 지우고 싶은 도형을 마우스 클릭으로 선택한 경우를 나타낸다. 다섯 개의 도형이 생성됐다고 가정한다. 클릭점은 두 번째 생성된 도형인 사각형과 세 번째 생성된 도형인 원이 겹친 영역 내이다. 겹친 상태로 봐 원이 사각형보다 나중에 생성된 것이고 사용자가 삭제하고 싶은 도형은 원일 것이다. deleteFigure 메소드에서 인자로 제공받은 클릭점을 갖고 처음 생성된 도형부터 이 점이 도형의 내부점인지를 조사한다면 그림에서 두 번째 생성된 사각형의 내부점으로 판단돼 사각형을 지우게 된다. 내부점인지 여부에 대해 마지막에 생성된 도형부터 조사한다면 사용자의 의도대로 세 번째 생성된 원을 지우게 된다.

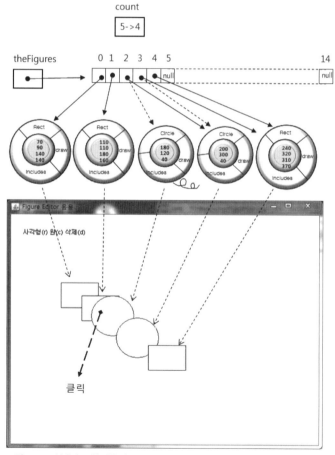

그림 5-13 선택된 도형 지우기

deleteFigure 메소드는 43번째 줄처럼 for문을 count-1부터 거꾸로 순회하면서 44번째 줄처럼 클릭점을 포함한 도형을 includes 메소드로 찾는다. 그림 5-13에서는 i의 값이 2일 때 세 번째 생성된 원이 true값을 반환할 것이다. 이제 45번째 줄의 for문으로 배열의 인덱스 2부터 4까지 46번째 줄처럼 원소들을 한 칸씩 앞으로 복사해서 당기면 세 번째 도형인 원 객체는 참조를 잃어 지워진 효과를 낼 것이다. 참조를 잃은 객체는 가비지 컬렉터에 의해 가용 메모리로 환원된다. 47번째 줄에서 count의 값을 1만큼 감소시키고, 48번째 줄에서는 break문으로 43번째 줄의 for문을 빠져나온다. 이 break문이 없다면 43번째 줄의 for문이 끝까지 순회해서 두 번째 사각형도 삭제된다. theFigures[4]는 마지막 도형을 참조하지만 count 필드의 값이 4가 되기 때문에 다음 도형의 삽입 때 그 참조 값이 theFigures[4]에 저장된다. 53번째 줄의 display 메소드는 보유한 도형들에게 차례대로 draw 메소드를 호출해서 그리기를 수행한다.

주 클래스인 FigureEditorApp 클래스는 간단한 도형 편집 기능을 제공한다. FigureEditorApp 클래스를 구현한 FigureEditorApp.java 파일의 내용은 리스트 5-4와 같다.

리스트 5-4 PileApp1 프로젝트의 FigureEditorApp.java

```
01  //=====================================================
02  // Simple Figure Editor Application in Java
03  // 키 입력 r, c, d로 사각형, 원, 삭제 선택
04  // 마우스 버튼으로 도형 생성 및 삭제
05  // 도형의 최대 개수 15개
06  // Rect 클래스의 draw 메소드는 면 확보 코드 추가
07  //=====================================================
08
09  import java.awt.*;
10  import java.awt.event.*;
11
12  public class FigureEditorApp extends Frame {
13    public FigureManager theManager;
14    public int choice = 1;                    // 1 사각형, 2 원, 3 삭제
15
16    public static void main(String[ ] args) {
17      FigureEditorApp window = new FigureEditorApp();
18      window.setVisible(true);
19    }
```

```
20
21    public FigureEditorApp() {
22      setSize(600, 500);
23      setTitle("Figure Editor 응용");
24      MouseKeeper mouse = new MouseKeeper();
25      addMouseListener(mouse);
26      KeyKeeper key = new KeyKeeper();
27      addKeyListener(key);
28      theManager = new FigureManager(15);
29    }
30
31    private class MouseKeeper implements MouseListener {
32
33      public void mousePressed(MouseEvent e) {
34        int x = e.getX();
35        int y = e.getY();
36
37        switch(choice) {
38        case 1: Rect rect = new Rect(x, y, 70, 50);
39                theManager.addFigure(rect);
40                break;
41        case 2: Circle circle = new Circle(x, y, 40);
42                theManager.addFigure(circle);
43                break;
44        case 3: theManager.deleteFigure(x, y);
45        }
46        repaint();
47      }
48
49      public void mouseClicked(MouseEvent e) {};
50      public void mouseEntered(MouseEvent e) {};
51      public void mouseExited(MouseEvent e) {};
52      public void mouseReleased(MouseEvent e) {};
53    }
54
55    private class KeyKeeper extends KeyAdapter {
56
57      public void keyPressed(KeyEvent e) {
58        char keyChar = e.getKeyChar();
59
60        if(keyChar == 'r')
```

```
61        choice = 1;
62      else if(keyChar == 'c')
63        choice = 2;
64      else if(keyChar == 'd')
65        choice = 3;
66      else
67        System.out.println("입력오류!!");
68    }
69  }
70
71  public void paint(Graphics g) {
72    g.drawString("사각형(r) 원(c) 삭제(d)", 30, 70);
73    theManager.display(g);
74  }
75 }
```

14번째 줄의 choice 필드는 사용자의 선택이 무엇인지를 나타내는 정수를 저장한다. 1은 사각형, 2는 원, 3은 삭제를 의미한다. 13, 28번째 줄에서는 도형 매니저 객체를 생성하고 그 참조 값을 theManager 필드에 저장한다. FigureManager 클래스에 두 개의 생성자가 오버로딩돼 존재하기 때문에 두 가지 방식으로 객체 생성이 가능하다. 28번째 줄에서는 매니저 객체의 배열 크기를 인자 값 15로 지정해서 생성하는 방식을 택한다.

24, 25번째 줄에서 생성하고 윈도우에 등록시킨 마우스 리스너 객체는 31번째 줄에 선언된 MouseKeeper 내부 클래스로부터 생성된다. 그러나 이 MouseKeeper 클래스는 지금까지와는 달리 MouseAdapter 클래스를 상속받아 구현된 것이 아니라 MouseListener라는 인터페이스를 구현함으로써 정의된다. 그림 5-14와 같이 java.awt.event 패키지는 마우스 클릭 감지와 처리를 위해 MouseListener 인터페이스와 MouseAdapter 클래스를 모두 지원한다.

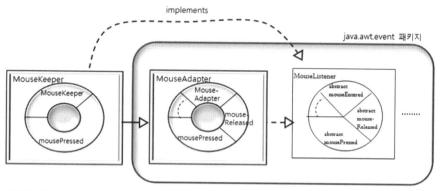

그림 5-14 MouseListener 인터페이스를 구현한 MouseAdapter 클래스

이 두 개가 서로 무관한 것이 아니라 MouseAdapter 클래스는 MouseListener 인터페이스의 다섯 개 추상 메소드를 모두 빈 바디로 구현한 클래스이다. MouseListener 인터페이스가 제공하는 다섯 개의 추상 메소드는 표 5-1과 같이 mouseEntered, mouseExited, mouseReleased, mouseClicked 그리고 우리가 지금까지 재정의해서 사용해 왔던 mouse Pressed이다.

표 5-1 MouseListener 인터페이스의 추상 메소드

추상 메소드	마우스 이벤트가 발생하는 경우
void mouseEntered(MouseEvent e)	마우스가 컴포넌트 위에 올라갈 때
void mouseExited(MouseEvent e)	마우스가 컴포넌트 위에서 내려올 때
void mousePressed(MouseEvent e)	마우스 버튼이 눌렸을 때
void mouseReleased(MouseEvent e)	눌려진 마우스가 떼어졌을 때
void mouseClicked(MouseEvent e)	마우스로 컴포넌트를 클릭했을 때

프로그램에서 MouseListener 인터페이스를 직접 구현할 경우는 정의된 모든 추상 메소드를 구현해야 하기 때문에 49~52번째 줄처럼 불필요한 메소드는 빈 바디로라도 처리해야 한다. 이런 불편함을 다소 해결해 주려고 java.awt.event 패키지는 이 인터페이스를 모두 빈 바디로 구현한 MouseAdapter 클래스도 함께 제공한다. 따라서 MouseAdapter 클래스를 상속받아 구현하면 mousePressed와 같이 필요한 메소드만 재정의해서 사용하면 되기 때문에 편리하다. 표 5-1에서 컴포넌트란 윈도우, 버튼, 레이블 등과 같이 그림 5-1에 나타낸 Component 클래스를 상속받는 모든 클래스의 객체를 말한다.

34, 35번째 줄에서는 MouseEvent 객체로부터 클릭점의 x와 y의 좌푯값을 얻는다. 사용자의 마우스 클릭을 클래스로 모델링한 MouseEvent 클래스의 주요 메소드들은 표 5-2와 같다.

표 5-2 MouseEvent 클래스의 주요 메소드

메소드	제공하는 정보
int getX()	클릭점의 x 위치 반환
int getY()	클릭점의 y 위치 반환
Point getPoint()	클릭점에 해당하는 Point 객체를 생성해서 그 참조 값을 반환
int getClickCount()	클릭 횟수 반환(더블클릭 등)
int getButton()	클릭된 버튼의 번호를 반환 (NOBUTTON, BUTTON1, BUTTON2, BUTTON3의 상수)

37번째 줄에서 choice의 값이 1이면 38번째 줄처럼 Rect 객체를 생성한다. 39번째 줄에서는 도형 매니저 객체의 addFigure 메소드를 호출하면서 사각형 객체의 참조 값을 인자로 제공해 사각형 객체를 삽입한다. choice의 값이 2이면 원 객체를 생성해서 42번째 줄처럼 삽입한다. choice의 값이 3이면 44번째 줄처럼 클릭점을 인자로 제공하면서 도형 매니저 객체의 deleteFigure 메소드를 호출한다. deleteFigure 메소드에 의해 클릭점을 포함한 도형이 삭제될 것이다.

java.awt.event 패키지는 키 이벤트 처리를 위해서도 KeyListener 인터페이스와 이를 구현한 KeyAdapter 클래스를 모두 제공한다. KeyListener 인터페이스에는 표 5-3과 같이 keyPressed, keyReleased, keyTyped의 추상 메소드가 정의돼 있다.

표 5-3 KeyListener 인터페이스의 추상 메소드

추상 메소드	키 이벤트가 발생하는 경우
void mousePressed(KeyEvent e)	키를 누르는 순간
void keyReleased(KeyEvent e)	누른 키를 떼는 순간
void keyTyped(KeyEvent e)	누른 키를 떼는 순간 (유니 코드 키 경우에만 추가적으로 발생)

55번째 줄의 KeyKeeper 클래스는 KeyAdapter 클래스를 상속받아 구현한다. 키가 눌려지면 호출되는 57번째 줄의 keyPressed 메소드는 마우스 클릭을 모델링한 MouseEvent 객체와 마찬가지로 키 눌림을 모델링한 KeyEvent 객체의 참조 값을 인자 e로 제공받는다. 표 5-4는 KeyEvent 클래스가 제공하는 메소드들이다.

표 5-4 KeyEvent 클래스의 주요 메소드

메소드	제공하는 정보
char getKeyChar()	입력된 키의 유니 코드 문자 값을 반환
int getKeyCode()	모든 키에 대한 정수형 키 코드 값을 반환

26번째 줄에서는 KeyKeeper 클래스로부터 키 리스너 객체를 생성하고, 27번째 줄처럼 이 객체를 addKeyListener 메소드로 윈도우에 등록시켜야 키 눌림을 감지하고 처리할 수 있다. 58번째 줄처럼 인자 e가 참조하는 KeyEvent 객체의 getKeyChar 메소드를 호출해서 눌려진 키의 문자 값을 얻어 문자 변수 keyChar에 저장한다. 60~67번째 줄에서는 눌려진 문자 값에 따라 해당되는 정수를 choice 필드에 저장한다.

paint 메소드에서 72번째 줄의 drawString 메소드는 윈도우 왼쪽 위에 메뉴를 표시한다. 73번째 줄에서는 도형 매니저 객체의 display 메소드를 호출해서 도형 매니저가 소유한 모든 도형을 그리게 한다.

이제 마우스가 클릭되면 mousePressed 메소드가 호출되고, 키가 눌려지면 keyPressed 메소드가 호출된다. 따라서 사용자가 c키를 누르면 keyPressed 메소드 내에서 choice의 값이 2로 설정되고, 이어 마우스를 클릭하면 mousePressed 메소드 내에서 원 객체가 생성돼 도형 매니저 객체에 삽입된다.

5.2.2 응용 과제 2

[awt 패키지, awt.event 패키지, 윈도우 이벤트 처리, Button 클래스, Label 클래스, 배치관리자]

실습 과제와 응용 과제 1을 발전시킨다. 데크 파일 내의 마우스 클릭에는 실습 과제처럼 동작한다. 데크 파일의 외부에서 클릭하면 디스카드 파일의 제일 위 카드가 그림 5-15와 같이 클릭점으로 이동하며 따라다닌다. 윈도우 아래쪽에는 '원위치'라는 버튼을 생성하는데 이 버튼을 클릭하면 이동됐던 카드가 원위치(디스카드 파일)로 되돌아간다. 윈도우 위쪽에는 '마우스 버튼으로 디스카드 파일의 제일 위 카드 이동'이란 레이블을 표시한다. 또한 윈도우 타이틀바 오른쪽의 닫기 버튼이 동작해서 클릭하면 프로그램이 종료된다.

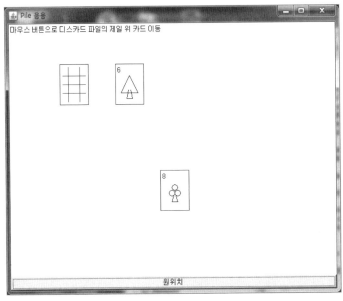

그림 5-15 카드 이동시키기

Rect 클래스와 Card 클래스는 실습 과제의 것을 그대로 사용한다. 실습 과제에서 CardPile 클래스의 display 메소드는 소유한 카드들이 겹쳐 쌓이는 형태이기 때문에 제일 위 카드만 그리면 충분했다. 그러나 이번 과제에서는 제일 위 카드가 이동해도 바로 밑의 카드가 보여야 한다. 디스카드 파일 객체를 생성하는 CardPile 클래스의 display 메소드는 리스트 5-5와 같이 수정된다.

리스트 5-5 PileApp2 프로젝트의 CardPile.java(일부)

```
01    public void display(Graphics g) {
02      g.setColor(Color.orange);
03      if(count == 0)
04        g.drawRect(x, y, Card.cardWidth, Card.cardHeight);
05      else
06        for(int i = 0; i < count; i++)
07          thePile[i].draw(g);
08    }
```

3번째 줄에서 소유한 카드가 없으면 4번째 줄처럼 오렌지색의 빈 사각형을 그리는 것은 실습 과제와 같다. 실습 과제에서는 소유한 카드가 한 장이라도 있으면 thePile[count-1].draw; 문장으로 제일 위 카드만 그렸다. 이번 과제에서는 6, 7번째 줄처럼 소유한 모든 카드를 for문으로 그린다. 이제 제일 위 카드가 이동해도 바로 밑의 카드가 보일 것이다.

PileApp.java 파일의 DeckPile 클래스는 실습 과제와 같고, PileApp 클래스는 리스트 5-6과 같다.

리스트 5-6 PileApp2 프로젝트의 PileApp.java(일부)

```
01  public class PileApp extends Frame {
02    public static DeckPile theDeck;
03    public static CardPile theDiscard;
04
05    public static void main(String[ ] args) {
06      PileApp window = new PileApp();
07      window.setVisible(true);
08    }
09
10    public PileApp() {
11      setSize(600, 500);
12      setTitle("Pile 응용");
13      MouseKeeper mouse = new MouseKeeper();
14      addMouseListener(mouse);
15      theDeck = new DeckPile(100, 100);
16      theDiscard = new CardPile(200, 100);
17
18      WindowKeeper win = new WindowKeeper();
19      addWindowListener(win);
20
21      Label aLabel = new Label("마우스 버튼으로"
22                            + " 디스카드 파일의 제일 위 카드 이동");
23      add("North", aLabel);
24
25      Button backButton = new Button("원위치");
26      backButton.addActionListener(new BackButtonListener());
27      add("South", backButton);
28    }
29
```

```
30    private class MouseKeeper extends MouseAdapter {
31
32      public void mousePressed(MouseEvent e) {
33        int x = e.getX();
34        int y = e.getY();
35        if(theDeck.includes(x, y))
36          theDeck.select(x, y);
37        else
38          if(theDiscard.count > 0)
39            theDiscard.thePile[theDiscard.count-1].moveTo(x, y);
40        repaint();
41      }
42    }
43
44    private class WindowKeeper implements WindowListener {
45
46      public void windowClosing(WindowEvent e) {
47        System.exit(0);
48      }
49
50      public void windowClosed(WindowEvent e) {};
51      public void windowActivated(WindowEvent e) {};
52      public void windowDeactivated(WindowEvent e) {};
53      public void windowIconified(WindowEvent e) {};
54      public void windowDeiconified(WindowEvent e) {};
55      public void windowOpened(WindowEvent e) {};
56    }
57
58    private class BackButtonListener implements ActionListener {
59
60      public void actionPerformed(ActionEvent e) {
61        int x = theDiscard.x;
62        int y = theDiscard.y;
63        for(int i = 0; i < theDiscard.count; i++)
64          theDiscard.thePile[i].moveTo(x, y);
65        repaint();
66      }
67    }
68
69    public void paint(Graphics g) {
70      theDeck.display(g);
```

```
71        theDiscard.display(g);
72    }
73 }
```

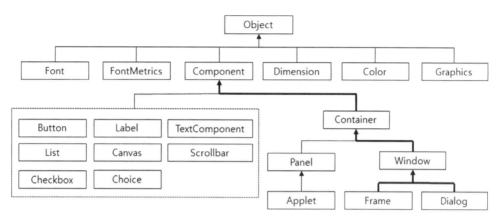

그림 5-16 java.awt 패키지의 클래스 계층 구조

그림 5-1에서 java.awt 패키지 중 윈도우와 관련된 일부 클래스들의 클래스 계층 구조를 살펴봤다. 그림 5-16은 자바의 최상위 클래스인 java.lang.Object 클래스를 포함해서 java.awt 패키지 내의 클래스들과 그들 간의 클래스 계층 구조를 보여준 것이다.

클래스는 사각형으로 표시하고 그림 5-1에서 보여준 클래스 계층 구조는 굵은 선으로 표시한다. 윈도우 기반 자바 응용프로그램은 윈도우, 메뉴, 버튼 등의 GUI 컴포넌트들로 구성되며 java.awt 패키지는 다양한 기본 GUI 부품들을 생성할 수 있는 클래스들을 제공한다. 메인 윈도우를 생성하는 Frame 클래스는 지금까지 상속을 통해 사용해 왔다. 다양한 색을 지원하는 Color 클래스와 그래픽 전담 객체를 생성하는 Graphics 클래스도 많이 사용했다. 이번 과제에서는 Button 클래스와 Label 클래스를 사용해 본다. 그림 5-16에서 보듯이 Button 객체와 Label 객체 등은 다른 컴포넌트를 담을 수 있는 컨테이너 컴포넌트가 아니라 Frame 객체와 Dialog 객체 등과 같은 컨테이너 컴포넌트에 담길 수 있는 일반 컴포넌트이다.

지금까지 작성한 프로그램이 생성한 윈도우에서 타이틀바의 왼쪽에 있는 시스템 메뉴나 오른쪽에 있는 시스템 버튼 중 닫기 버튼은 동작하지 않았다. 윈도우의 시스템 메뉴나 닫기 버튼에 반응하려면 java.awt.event 패키지 내의 WindowListener 인터페이스를 직접 구현하거나 WindowAdapter 클래스를 상속받아 구현한 클래스의 객체를 윈도우에 등록시켜야 한다. 마우스 이벤트나 키 이벤트와 같은 방식으로 윈도우 이벤트도 처리된다. WindowListener 인터페이스에는 표 5-5와 같은 추상 메소드가 정의돼 있다.

표 5-5 WindowListener 인터페이스의 추상 메소드

추상 메소드	윈도우 이벤트가 발생하는 경우
void windowOpened(WindowEvent e)	윈도우가 생성돼 처음 보이게 될 때
void windowClosing(WindowEvent e)	시스템 메뉴나 버튼에서 닫기를 시도할 때
void windowIconified(WindowEvent e)	윈도우가 아이콘화될 때
void windowDeiconified(WindowEvent e)	아이콘 상태에서 원래 상태로 복귀할 때
void windowClosed(WindowEvent e)	윈도우가 닫혔을 때
void windowActivated(WindowEvent e)	윈도우가 활성화될 때
void windowDeactivated(WindowEvent e)	윈도우가 비활성화될 때

44~56번째 줄에서 WindowKeeper 클래스는 WindowListener 인터페이스를 직접 구현한다. 시스템 닫기 버튼 처리 시 windowClosing 추상 메소드를 46번째 줄처럼 구현하고 47번째 줄처럼 System.exit 메소드를 호출해서 프로그램을 종료시킨다. System.exit은 java.lang.System 클래스의 static 메소드로 구현돼 프로그램을 종료시키는 메소드이다. 나머지 추상 메소드들은 빈 바디로 구현한다. 마우스 리스너와 마찬가지로 18번째 줄에서 윈도우 리스너 객체를 생성하고, 19번째 줄처럼 addWindowListener 메소드를 호출해서 윈도우에 등록시킨다.

그림 5-16의 Container 클래스로부터 속성을 상속받은 윈도우 객체는 여러 개의 컴포넌트들을 담을 수 있다. 컨테이너에 담기는 컴포넌트들의 위치와 크기는 컨테이너 내부의 배치관리자^{Layout Manager}에 의해 결정된다. 컨테이너 객체에는 배치관리자가 한 개씩 존재한다. 배치관리자는 컨테이너의 크기가 변경되면 컨테이너 내부의 모든 컴포넌트들의 위치와 크기를 재조정한다. 자바는 여러 종류의 배치관리자를 지원한다. 대표적인 네 가지 배치관리자로는 BorderLayout, FlowLayout, GridLayout, CardLayout이 있다. 우리가 상속받아 사용하고 있는 Frame 윈도우 객체에는 기본 배치관리자로 BorderLayout 배치관리자가 주어진다. BorderLayout 배치관리자는 컨테이너의 공간을 동(EAST), 서(WEST), 남(SOUTH), 북(NORTH), 가운데(CENTER)의 다섯 개 영역으로 나누고 프로그램이 지정한 영역

에 컴포넌트를 배치한다. 그림 5-17은 윈도우 컨테이너에 다섯 개의 버튼 컴포넌트들을 담을 때 윈도우 내의 BorderLayout 배치관리자가 다섯 개의 버튼을 배치한 것이다.

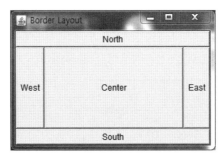

그림 5-17 BorderLayout 배치관리자가 배치한 다섯 개의 버튼

21번째 줄에서 그림 5-15에 나타낸 Label 객체를 생성해서 그 참조 값을 aLabel 참조 변수에 저장한다. Label 객체는 단순 문자열을 지원하는 컴포넌트로 생성할 때 생성자의 인자로 원하는 문자열을 명시하면 그 문자열을 가진 Label 객체가 생성된다. 23번째 줄에서는 생성된 Label 객체를 윈도우의 add 메소드를 호출해서 북쪽에 부착시킨다. Label 객체의 문자열은 왼쪽 정렬이 기본 설정이다. 윈도우의 기본 배치관리자인 BorderLayout 배치관리자가 Label 객체를 북쪽에 배치한다. 23번째 줄은 다음과 같이 BorderLayout 클래스에 정의된 static 상수 NORTH를 사용해도 된다. 배치관리자에 대한 자세한 설명은 '보충 문법'절에서 다룬다.

```
add(aLabel, BorderLayout.NORTH);
```

25번째 줄에서는 Button 클래스로부터 객체를 생성해서 그 참조 값을 backButton 참조 변수에 저장한다. 생성자의 인자로 주어진 '원위치'는 버튼에 붙여질 문자열 버튼명이다. 버튼은 윈도우와 마찬가지로 마우스 클릭에 반응해서 지정된 작업을 수행하는 컴포넌트이므로 리스너 객체를 생성해서 버튼 객체에 등록시켜야 한다. 이 리스너 객체를 생성하는 클래스는 26번째 줄의 BackButtonListener 클래스이며, 58~67번째 줄에 의해 정의된다. 다른 리스너 클래스들과 마찬가지로 java.awt.event 패키지는 버튼의 리스너 객체를 위해 ActionListener 인터페이스를 제공한다. ActionListener 인터페이스에는 actionPerformed라는 단 한 개의 추상 메소드가 존재한다. 따라서 마우스, 키, 윈도우 경우와 달리 어댑터 클래스를 지원할 필요가 없다.

원위치 버튼이 클릭되면 호출되는 60번째 줄의 actionPerformed 메소드는 마우스 버튼 클릭으로 그동안 이동된 모든 카드들을 원위치시켜야 한다. 61, 62번째 줄에서 디스카드 파일의 왼쪽 위 꼭짓점을 x와 y 변수에 저장한다. 63번째 줄에서는 for문으로 디스카드 파일이 소유한 모든 카드들을 디스카드 파일의 왼쪽 위 꼭짓점인 (x, y)점으로 이동시킨다. 원위치된 상황을 가시적으로 사용자에게 보여주려면 65번째 줄에서는 repaint 메소드를 호출한다. 버튼에서 마우스가 클릭되면 자바 가상 기계는 ActionEvent 객체를 생성해서 그 참조 값을 actionPerformed 메소드의 인자로 제공한다. ActionEvent 클래스의 주요 메소드는 표 5-6과 같다.

표 5-6 ActionEvent 클래스의 주요 메소드

메소드	제공하는 정보
String getActionCommand()	버튼명을 문자열로 반환
long getWhen()	이벤트가 발생한 시간을 반환

BackButtonListener 클래스로부터 생성된 리스너 객체는 26번째 줄에서 addAction Listener 메소드를 호출해서 backButton이 참조하는 버튼 객체에 부착되고, 리스너가 부착된 버튼 객체는 최종적으로 27번째 줄처럼 윈도우의 남쪽에 배치된다.

마우스를 클릭하면 호출되는 32번째 줄의 mousePressed 메소드는 35번째 줄에서 클릭점이 데크 파일 객체의 내부이면 실습 과제와 같이 데크 파일 객체의 select 메소드를 호출하고, 내부점이 아니면 38번째 줄처럼 디스카드 객체에 이동시킬 카드가 있는지 조사한다. 이동시킬 카드가 있으면 39번째 줄처럼 제일 위 카드인 theDiscard.count-1 위치의 카드를 클릭점으로 이동시킨다. 디스카드 파일의 배열 객체는 theDiscard.thePile 로 접근한다.

5.2.3 응용 과제 3
[다중 상속]

응용 과제 2를 발전시킨다. 그림 5-18과 같이 마우스 오른쪽 버튼으로 디스카드 파일의 카드들을 접고 펼친다. 아래쪽에는 '다시' 버튼을 생성하고 클릭 시 디스카드 파일의 모든 카드들을 데크 파일에 다시 삽입한다. 타이틀바의 닫기 시스템 버튼을 클릭하면 프

로그램이 종료된다.

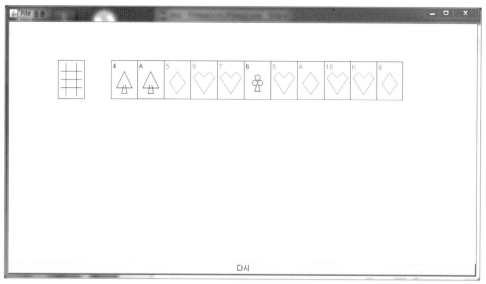

그림 5-18 디스카드 파일 접고 펼치기

카드들이 접혀진 상태에서 디스카드 파일의 영역은 제일 위 카드가 차지하는 영역과 같지만 펼쳐진 상태에서 디스카드 파일이 차지하는 영역은 펼쳐진 카드들이 차지하고 있는 전 영역이 된다. 디스카드 파일 객체는 CardPile 클래스로부터 생성된다. 실습 과제에서 사용한 CardPile 클래스의 includes 메소드는 디스카드 파일의 왼쪽 위 꼭짓점에서 카드 크기만큼의 사각형 내에 클릭점이 존재하는지를 판단하면 됐지만 펼쳐진 상태까지 고려한다면 includes 메소드는 리스트 5-7과 같이 수정돼야 한다.

리스트 5-7 PileApp3 프로젝트의 CardPile.java(일부)

```
01    public boolean includes(int tx, int ty) {
02      for(int k = count; k > 0; k--)
03        if(thePile[k-1].includes(tx, ty))
04          return true;
05      return false;
06    }
```

디스카드 파일 객체가 인자로 제공받은 클릭점((tx, ty))이 내부점인지 판단하려면 2번째 줄처럼 소유한 카드들에 대해 for문을 거꾸로 순회하면서 3번째 줄처럼 각 카드에 includes 메소드를 호출해서 클릭점의 포함 여부를 조사한다. for문의 k 변수가 count 필드의 값부터 시작하기 때문에 k-1의 값은 제일 위 카드의 인덱스 값부터 시작된다. 카드들 중 하나가 true값을 반환한다는 의미는 곧 디스카드 파일 객체가 클릭점을 포함한다는 것이므로 4번째 줄처럼 true값을 반환하고, 모든 카드들이 false값을 반환하면 디스카드 파일 객체도 5번째 줄처럼 false값을 반환한다.

실습 과제에서 CardPile 클래스의 display 메소드는 소유한 카드들 중 제일 위 카드만 그리면 충분했다. 이번 과제에서는 펼쳐진 상태도 그려야 하기 때문에 모든 카드들을 펼쳐 그리는 기능도 있어야 한다. 자바에서 허용되는 오버로딩을 이용해 리스트 5-8의 display 메소드가 CardPile 클래스에 추가된다.

리스트 5-8 PileApp3 프로젝트의 CardPile.java(일부)

```java
01    public void display(Graphics g, int xOffset) {
02       g.setColor(Color.orange);
03       if(count == 0)
04         g.drawRect(x, y, Card.cardWidth, Card.cardHeight);
05       else {
06         int tx = 0;
07         for(int i = count; i > 0; i--) {
08           thePile[i-1].moveTo(x+tx, y);
09           thePile[i-1].draw(g);
10           tx = tx + xOffset;
11         }
12       }
13    }
```

1번째 줄에서 xOffset 인자는 펼칠 때 얼마만큼 빗겨 펼쳐야 하는지를 나타낸다. 소유한 카드가 없을 때는 4번째 줄처럼 실습 과제의 display 메소드와 같이 오렌지색 사각형을 그리면 된다. 소유한 카드가 있을 때는 6번째 줄처럼 빗겨야 할 누적 증분값 tx를 일단 0으로 초기화한다. 7번째 줄의 for문은 소유한 모든 카드에 대해 8번째 줄처럼 각 카드를 x축으로 tx만큼 이동시킨 후 9번째 줄처럼 그 카드를 그린다. 10번째 줄에서는 누적 증분값에 지정된 xOffset만큼을 더해 다음 카드의 x축 증분값으로 사용한다.

PileApp.java 파일의 DeckPile 클래스는 실습 과제와 같고, PileApp 클래스는 리스트 5-9와 같이 수정된다.

```
01  public class PileApp extends Frame {
02    public static DeckPile theDeck;
03    public static CardPile theDiscard;
04    public boolean wideDisplay = false;
05
06    public static void main(String[ ] args) {
07      PileApp window = new PileApp();
08      window.setVisible(true);
09    }
10
11    public PileApp() {
12      setSize(900, 500);
13      setTitle("Pile 응용");
14      theDeck = new DeckPile(100, 100);
15      theDiscard = new CardPile(200, 100);
16
17      AllListener all = new AllListener();
18
19      addMouseListener(all);
20      addWindowListener(all);
21
22      Button againButton = new Button("다시");
23      againButton.addActionListener(all);
24      add("South", againButton);
25    }
26
27    private class AllListener extends MouseAdapter
28                            implements ActionListener, WindowListener {
29      // Mouse
30      public void mousePressed(MouseEvent e) {
31        int x = e.getX();
32        int y = e.getY();
33        if(e.getButton() == MouseEvent.BUTTON3) {
34          if(theDiscard.includes(x, y)) {
35            if(wideDisplay)
36              wideDisplay = false;
37            else {
38              Card topCard = theDiscard.thePile[theDiscard.count-1];
39              if(topCard.includes(x, y))
40                wideDisplay = true;
```

```
41                }
42              repaint();
43            }
44          }
45        else {
46          if(theDeck.includes(x, y))
47            theDeck.select(x, y);
48          repaint();
49        }
50      }
51      // Button
52      public void actionPerformed(ActionEvent e) {
53        // theDiscard의 count를 우선 확보
54        // for 루프 안에서 topCard에 의해 theDiscard.count 변경!
55        int cardCount = theDiscard.count;
56        for(int i = 0; i < cardCount; i++) {
57          Card c = theDiscard.topCard();
58          c.flip();
59          theDeck.addCard(c);
60        }
61        wideDisplay = false;
62        repaint();
63      }
64      // Window
65      public void windowClosing(WindowEvent e) {
66        System.exit(0);
67      }
68      public void windowClosed(WindowEvent e) {};
69      public void windowActivated(WindowEvent e) {};
70      public void windowDeactivated(WindowEvent e) {};
71      public void windowIconified(WindowEvent e) {};
72      public void windowDeiconified(WindowEvent e) {};
73      public void windowOpened(WindowEvent e) {};
74    }
75
76    public void paint(Graphics g) {
77      theDeck.display(g);
78      if(wideDisplay)
79        theDiscard.display(g, Card.cardWidth);
80      else
81        theDiscard.display(g);
```

```
82    }
83  }
```

지금까지 다룬 상속은 자식 클래스를 정의할 때 부모 클래스가 하나인 경우로서 이를 단일 상속^{Single Inheritance}이라고 한다. 두 개 이상의 부모 클래스로부터 자식 클래스를 정의하는 경우는 다중 상속^{Multiple Inheritance}이라고 한다. 단일 상속에서는 자식 클래스가 부모 클래스의 세분화된 형태를 나타내며, 다중 상속에서는 자식 클래스가 부모 클래스들의 조합^{combination}된 형태를 나타낸다.

다중 상속이 필요한 예로 한 호텔의 요리사 출신인 부장(요리부장)을 생각할 수 있다. 요리부장은 부장으로서의(관리자로서의) 역할과 요리사로서의 역할을 둘 다 수행해야 한다. 단일 상속만 사용하는 경우 정보의 중복 정의 없이 요리부장을 표현하기가 쉽지 않다. 다시 말해 요리부장을 요리사 클래스만의 자식 클래스로 정의한다면 부장의 데이터와 기능적인 속성들을 요리부장 클래스에 추가해야 한다. 그러나 요리부장만 있는 것이 아니고 경호원 출신의 경호부장, 기술자 출신의 기술부장 등이 있어서 이 객체들을 모두 표현해야 한다면 부장에 대한 속성들을 각 클래스에 중복 정의해야 한다. 요리부장을 부장 클래스만의 자식 클래스로 정의하는 경우도 비슷한 문제가 발생된다. 따라서 요리부장(CookHead) 클래스를 그림 5-19와 같이 요리사(Cook)와 부장(Head) 클래스의 자식으로 정의하면 중복 문제를 해결할 수 있다.

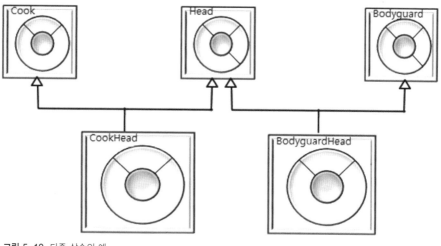

그림 5-19 다중 상속의 예

응용 환경에 따라 단일 상속만으로도 충분한 경우가 많다. 예를 들면 대학원의 교육 조교를 단일 상속만으로 표현해 보자. 교육 조교는 대학원생으로서의 역할과 강사로서의 역할을 둘 다 수행해야 한다. 그러나 교육 조교를 대학원생 클래스만의 자식 클래스로 정의하고 이 클래스에 강사로서의 속성들을 추가해도 직원 조교 등이 현실적으로 존재하지 않으므로 중복 정의의 가능성이 희박하다.

자바에서 클래스 간에는 단일 상속만 지원한다. 그러나 한 개의 클래스를 상속받으면서 한 개 이상의 인터페이스를 구현함으로써 다중 상속의 효과를 누릴 수는 있다. 그림 5-20에서 AllListener 클래스는 MouseAdapter 클래스를 상속받으면서 WindowListener 인터페이스와 ActionListener 인터페이스를 구현한다. 따라서 AllListener 객체는 마우스 리스너, 윈도우 리스너, 버튼 리스너의 역할을 모두 수행할 수 있게 된다.

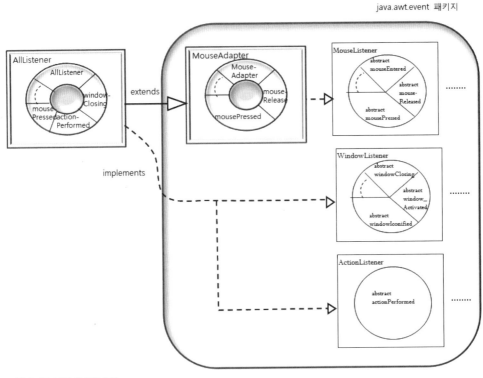

그림 5-20 다중 상속의 효과

27번째 줄에서 AllListener 클래스를 정의하면서 extends 키워드로 MouseAdapter 클래스를 명시해 MouseAdapter 클래스를 상속받는다. 또한 28번째 줄처럼 implements 키워드로 ActionListener 인터페이스와 WindowListener 인터페이스를 콤마(,)로 분리해 명시함으로써 두 인터페이스의 구현을 명시한다. MouseAdapter 클래스와는 상속 관계이기 때문에 30번째 줄에서 mousePressed 메소드만 재정의하면 되고, ActionListener 인터페이스와는 구현 관계이나 ActionListener 인터페이스가 한 개의 추상 메소드만 가지므로 52번째 줄처럼 actionPerformed 메소드를 구현하면 된다. WindowListener 인터페이스와도 구현 관계이기 때문에 65번째 줄의 windowClosing 메소드를 포함해서 모든 추상 메소드들을 68~73번째 줄처럼 구현한다.

다시 코드의 처음으로 돌아가서 4번째 줄의 wideDisplay 필드는 프로그램 내에서 디스카드 파일의 접고 펼친 상태를 boolean형의 값으로 나타낸다. 12번째 줄에서는 카드들을 펼칠 공간을 위해 윈도우의 크기를 900×500으로 설정한다.

마우스 클릭에 호출되는 30번째 줄의 mousePressed 메소드에서 33번째 줄처럼 클릭된 마우스 버튼의 종류를 조사해 오른쪽 버튼이 아니면 45~49번째 줄처럼 실습 과제와 같다. 오른쪽 버튼이면 34번째 줄처럼 클릭점이 디스카드 파일 객체의 내부점인지를 판단할 때 앞에서 개선된 CardPile 클래스의 includes 메소드를 호출한다. 내부점인 경우 wideDisplay 필드의 상태에 따라 디스카드 파일이 현재 펼쳐진 상태이면 36번째 줄처럼 wideDisplay 필드에 false값을 저장한다. 현재 접힌 상태이면 38번째 줄처럼 디스카드 파일이 소유한 카드들 중 제일 위 카드가 39번째 줄처럼 클릭점을 포함하는지 다시 조사해 봐야 한다. 왜냐하면 34번째 줄의 조사를 통과했어도 접혀진 상태라면 클릭점이 디스카드 파일의 왼쪽 위 꼭짓점을 기준으로 카드 크기만큼의 사각형 내여야 하기 때문이다. 제일 위 카드가 true값을 반환하면 40번째 줄처럼 wideDisplay 필드에 true값을 배정하고, 42번째 줄의 repaint 메소드를 호출해서 76번째 줄의 paint 메소드를 실행시킨다. 78번째 줄에서는 wideDisplay 필드의 값에 따라 펼쳐진 상태이면 오버로딩된 두 display 메소드들 중 79번째 줄처럼 카드를 빗겨 출력하는 display 메소드를 호출하고, 접힌 상태이면 실습 과제의 display 메소드를 호출한다.

버튼을 클릭하면 호출되는 52번째 줄의 actionPerformed 메소드에서는 디스카드 파일의 모든 카드들을 다시 데크 파일에 삽입한다. 이를 위해 먼저 55번째 줄처럼 현재 디스카드 파일의 카드 개수를 cardCount 지역 변수에 저장한다. 디스카드 파일이 소유한 카드의 개수를 cardCount 변수에 저장하고 이 값을 이용해서 for문으로 순회하는 이유는 theDiscard.count의 값을 for문의 상한값으로 바로 이용할 경우 for문 내에서 topCard 메소드에 의해 theDiscard.count의 값이 계속 줄어들기 때문이다. 56번째 줄의 for문에서 디스카드 파일의 모든 카드에 대해 57번째 줄처럼 topCard 메소드를 호출해서 카드를 뽑고, 58번째 줄처럼 빼온 카드를 뒤집는다. 데크 파일에는 카드들이 뒷면인 상태로 삽입돼야 한다. 59번째 줄에서는 이 카드를 데크 파일의 addCard 메소드를 호출해서 삽입한다. 프로그램을 초기 상태로 돌리려면 61번째 줄처럼 wideDisplay 필드의 값을 false값으로 설정하고, 62번째 줄에서는 repaint 메소드를 호출해서 파일들을 다시 그린다.

17번째 줄에서 AllListener 클래스로부터 생성한 all이 참조하는 객체는 이제 마우스 리스너 겸 윈도우 리스너 겸 버튼 리스너이다. 19, 20번째 줄에서는 all이 참조하는 객체를 윈도우에 addMouseListener와 addWindowListener 메소드를 호출해서 등록시킨다. 리스너가 같더라도 등록은 해당 메소드를 호출해서 각각 등록시킨다. 22번째 줄에서는 버튼 객체를 생성하고, 23번째 줄에서는 all이 참조하는 객체를 이 버튼 객체에 부착시킨다. 24번째 줄에서 이 버튼 객체를 다시 윈도우에 등록시킨다.

5.2.4 응용 과제 4
[예외 처리]
응용 과제 3을 발전시킨다. 그림 5-21과 같이 두 개의 디스카드 파일을 사용하며 각 디스카드 파일 내에서 오른쪽 버튼을 클릭하면 접고 펼치기가 수행된다. 데크 파일을 클릭하면 두 개의 디스카드 파일에 번갈아 카드가 분배된다.

Rect 클래스와 Card 클래스는 실습 과제의 것을 그대로 사용한다. 응용 과제 3에서는 디스카드 파일의 접고 펼쳐진 상태를 나타낼 때 PileApp 클래스의 boolean형 필드 wideDisplay를 사용했다. 이번 과제에서는 디스카드 파일을 두 개 사용할 것이므로 다음의 wideDisplay 변수를 CardPile 클래스의 필드로 추가한다.

```
public boolean wideDisplay;
```

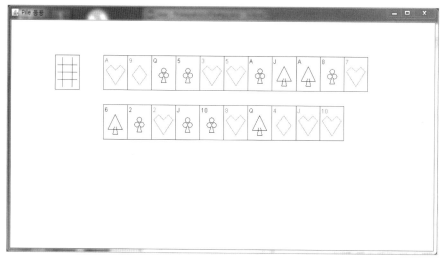

그림 5-21 카드의 분배

CardPile 클래스의 생성자에서는 추가된 wideDisplay 필드를 다음과 같이 접혀진 상태를 나타내는 false값으로 초기화한다.

```
wideDisplay = false;
```

PileApp.java 파일 내의 DeckPile 클래스의 정의는 리스트 5-10과 같이 수정된다.

리스트 5-10 PileApp4 프로젝트의 PileApp.java(일부)

```
01  //=======================================================
02  // Card Application in Java
03  // 오른쪽 버튼으로 디스카드 파일 접고 펼치기
04  // 두 개의 디스카드 파일을 사용하는 프로그램으로 발전시킴
05  // 데크 파일을 클릭하면 디스카드 파일에 번갈아 카드가 삽입됨
06  // CardPile 클래스에 wideDisplay 필드 추가
07  // DeckPile 클래스의 select 메소드 수정
08  // DeckPile 클래스에 Exception 처리
09  //=======================================================
10
11  import java.awt.*;
12  import java.awt.event.*;
13  import java.util.Random;
14
15  class DeckPile extends CardPile {
```

```
16
17    DeckPile(int x, int y) {
18      // 부모 생성자 실행
19      super(x, y);
20      // 52장의 카드 생성, thePile에 저장
21      try {
22        for (int i = 0; i < 4; i++)
23          for (int j = 0; j <= 12; j++)
24            addCard(new Card(0, 0, i, j));
25      }
26      catch(Exception ex) {
27        System.out.println("out of memory!");
28      }
29      // 카드 섞기
30      Random generator = new Random();
31      try{
32        for (int i = 0; i < 55; i++) {          // 예외 유도 55로
33          int j = Math.abs(generator.nextInt() % 52);
34          // 카드 치환
35          Card tempCard = thePile[i];
36          thePile[i] = thePile[j];
37          thePile[j] = tempCard;
38        }
39      }
40      catch(ArrayIndexOutOfBoundsException ae) {
41        System.out.println("배열을 넘겼습니다");
42      }
43      catch(Exception e) {
44        System.out.println("예외 발생");
45      }
46      finally {
47        System.out.println("여기는 반드시 거쳐 감");
48      }
49    }
50
51    public void select(int tx, int ty) {
52      if(count == 0)
53        return;
54      Card tempCard = topCard();
55      tempCard.flip();
56      if(PileApp.discard1) {
```

392

```
57        PileApp.theDiscard1.addCard(tempCard);
58        PileApp.discard1 = false;
59    }
60    else {
61        PileApp.theDiscard2.addCard(tempCard);
62        PileApp.discard1 = true;
63    }
64  }
65 }
```

객체나 변수를 생성하려는데 컴퓨터에 사용할 수 있는 메모리가 부족한 경우, 파일을 생성하고자 하는데 하드디스크의 용량이 부족한 경우, 존재하지 않는 객체를 참조로 접근하는 경우, 배열의 크기를 벗어나 접근하는 경우 등은 대부분 프로그램이 비정상적으로 갑자기 종료되는 경우들이다. 이런 상황을 예외exception가 발생됐다고 표현한다. 자바는 예외가 발생할 경우 21~28번째 줄처럼 try-catch 블록으로 이에 대처할 수 있는 기능을 제공한다. 이 코드는 52장의 카드를 생성하는 내포된 for문을 try-catch 블록으로 처리한 것이다.

자바에서 예외의 종류는 많다. 이 중에서 자주 발생되는 예외를 클래스로 모델링한 클래스 계층 구조는 그림 5-22와 같고, 각 클래스가 모델링하는 예외 상황은 표 5-7과 같다.

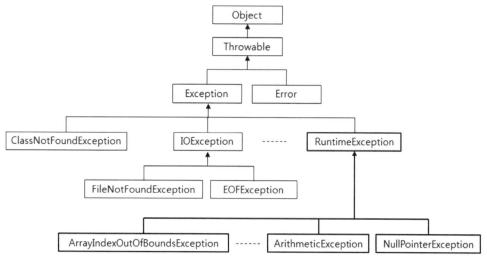

그림 5-22 예외 클래스의 계층 구조

표 5-7 자주 발생되는 예외

예외 클래스	예외 발생 상황
ArithmeticException	수를 0으로 나눌 때
NullPointerException	null값을 참조할 때
ArrayIndexOutOfBoundsException	배열의 범위를 벗어나서 접근할 때
ClassNotFoundException	클래스에 접근할 수 없을 때
FileNotFoundException	지정된 파일을 찾을 수 없을 때
EOFException	입력 중 예기치 않게 파일의 끝에 도달할 때

그림 5-22에서 Throwable 클래스는 모든 예외 클래스들의 부모이고, Runtime Exception 클래스를 부모로 하는 굵게 표시된 클래스들은 예외 처리가 선택적인 비체크 예외^{Unchecked Exception} 클래스들이다. 개발자의 부주의로 발생하는 비체크 예외와는 달리 나머지 클래스들은 외부 조건에 의해 발생될 수 있는 예외들을 모델링한 체크 예외 ^{Checked Exception} 클래스들로 반드시 예외 처리를 해줘야 한다. Exception 클래스는 체크와 비체크 예외 클래스들의 부모로 모든 예외 객체들의 공통적인 속성을 제공한다.

21~25번째 줄의 try 블록은 52개의 카드 객체들을 생성하는 부분을 예외가 발생될 수 있는 범위로 지정한다. 26~28번째 줄의 catch 블록은 예외가 발생할 경우 이에 대처하는 코드로 27번째 줄처럼 콘솔 윈도우에 예외 상황을 알리는 메시지를 출력한다. 예외 객체는 예외 상황을 모델링한 표 5-7의 해당 예외 클래스로부터 생성된다. try 블록 내에서 메모리가 부족해 예외가 발생하면 그 지점에서 예외 객체가 발생되고 프로그램의 흐름은 즉시 catch 블록으로 넘어간다. 이때 26번째 줄처럼 함수 형태의 문법을 갖는 catch 블록의 ex 인자로 발생된 예외 객체의 참조 값이 전달된다. 26번째 줄처럼 Exception 클래스형으로 선언된 인자 ex는 그림 5-22에서 자식 클래스들로부터 생성된 예외 객체의 참조 값을 저장할 수 있다. 예외가 발생하지 않는 경우는 catch 블록을 건너뛰고 try-catch 블록의 다음 문장인 30번째 줄로 프로그램의 흐름이 이어진다.

31번째 줄에서는 try-catch-finally 블록으로 52장의 카드들을 섞는 코드를 처리한다. 40, 43번째 줄처럼 catch절은 한 개 이상 나열할 수 있다. 자바 가상 기계는 try 블록에서 발생된 예외 객체의 종류에 따라 나열된 catch절들 중 첫 번째 catch절 인자에 예외 객체의 참조 값이 배정될 수 있는지 조사한다. 인자의 클래스형이 예외 객체의 형과 정확하게 일치하거나 인자가 부모 클래스형이면 예외 객체의 참조 값이 배정될 수 있기 때문에 그 catch절이 실행된다. 나머지 catch절들은 무시된다. 형이 일치하지 않으면 다음 catch절의 인자에 배정될 수 있는지 순차적으로 조사한다. 따라서 catch절을 여러 개 나열할 경우에는 그림 5-22의 클래스 계층 구조에서 하위 클래스형의 인자를 선언한 catch절부터 시작해서 경로를 따라 상위 클래스형의 인자를 선언한 catch절들을 나열한다. 이는 우리가 감기에 걸렸을 때 무조건 종합 감기약(Exception 클래스)을 복용하는 것보다는 병원에 가서 코감기(ArrayIndexOutOfBoundsException 클래스), 목감기(ArithmeticException 클래스) 등의 정확한 처방을 받는 것이 바람직한 것에 비유할 수 있다. 40번째 줄에서 ArrayIndexOutOfBoundsException 클래스형의 인자를 선언한 catch절을 명시하고, 43번째 줄에서는 그 부모의 부모인 Exception 클래스형의 인자를 선언한 catch절을 명시한다. 46번째 줄의 finally절은 선택절로 생략해도 상관없으며 실제 많은 경우 생략한다. finally절이 존재하고 try 블록 실행 중 예외가 발생하면 해당 catch절이 실행되고 finally 블록이 순차적으로 실행된다. 예외가 발생하지 않아도 finally절은 무조건 실행된다.

32번째 줄처럼 for문의 상한값을 55로 지정해서 ArrayOutOfBoundsException 객체가 발생되도록 유도해 보자. 이 예외 객체는 두 catch절 중 첫 번째 것과 일치하기 때문에 40번째 줄의 블록이 실행되고, 이어서 46번째 줄의 finally 블록도 실행돼 그림 5-23과 같이 콘솔 윈도우에 메시지를 출력한다. 프로그램은 예외 처리가 됐으므로 예외가 발생했더라도 멈추지 않고 계속 실행된다. 지금까지 개발자의 실수로 발생되는 비체크 예외를 처리해 봤다. 예외 처리를 반드시 해줘야 하는 체크 예외는 이어지는 실습에서 계속 다룬다.

그림 5-23 예외 발생 메시지

이런 예외 처리 기능이 꼭 필요한 경우를 생각해 보자. 그림 5-24와 같이 미사일에 탑재돼 바람, 온도 등을 분석해서 목표 지점을 조정하는 미사일 유도 프로그램인 경우 예외 처리가 안 된 상태로 날아가는 도중 어떤 이유로 예외 상황이 발생하면 프로그램이 갑자기 종료되고 그 결과로 인해 엉뚱한 지점에 미사일이 떨어지는 상황을 맞게 될 것이다. 이런 경우 try-catch 블록을 이용하면 예외가 발생하더라도 자폭 등의 대처가 가능한 안전한 프로그램을 만들 수 있다. 군사용 프로그램뿐만 아니라 일반적으로 민감한 상황을 다루는 프로그램에서 예외 처리는 필수이다. 예외 처리에 대한 설명은 응용 과제 5에서 이어간다.

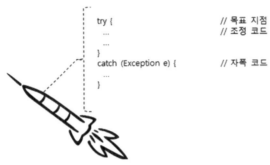

그림 5-24 미사일 유도 프로그램

데크 파일은 select 메소드에서 56~63번째 줄처럼 두 개의 디스카드 파일에 번갈아 카드를 공급한다. PileApp 클래스에서 public static 전역 변수로 선언된 discard1 필드의 값에 따라 첫 번째 디스카드 파일(theDiscard1이 참조하는) 차례이면 57번째 줄처럼 카드를 첫 번째 디스카드 파일 객체에 삽입하고, 두 번째 디스카드 파일 차례이면 61번째 줄처럼 두 번째 디스카드 파일 객체에 삽입한다.

PileApp 클래스의 정의는 리스트 5-11과 같다.

리스트 5-11 PileApp4 프로젝트의 PileApp.java(일부)

```
01  public class PileApp extends Frame {
02     public static DeckPile theDeck;
03     public static CardPile theDiscard1, theDiscard2;
04     public static boolean discard1 = true;
05
06     public static void main(String[ ] args) {
07        PileApp window = new PileApp();
```

```
08      window.setVisible(true);
09    }
10
11    public PileApp() {
12      setSize(900, 500);
13      setTitle("Pile 응용");
14      MouseKeeper mouse = new MouseKeeper();
15      addMouseListener(mouse);
16
17      theDeck = new DeckPile(100, 100);
18      theDiscard1 = new CardPile(200, 100);
19      theDiscard2 = new CardPile(200, 200);
20    }
21
22    private class MouseKeeper extends MouseAdapter {
23
24      public void mousePressed(MouseEvent e) {
25        int x = e.getX();
26        int y = e.getY();
27
28        if(e.getButton() == MouseEvent.BUTTON3) {
29          if(theDiscard1.includes(x, y)) {
30            if(theDiscard1.wideDisplay)
31              theDiscard1.wideDisplay = false;
32            else
33              if(theDiscard1.thePile[theDiscard1.count-1].includes(x, y))
34                theDiscard1.wideDisplay = true;
35            repaint();
36          }
37
38          if(theDiscard2.includes(x, y)) {
39            if(theDiscard2.wideDisplay)
40              theDiscard2.wideDisplay = false;
41            else
42              if(theDiscard2.thePile[theDiscard2.count-1].includes(x, y))
43                theDiscard2.wideDisplay = true;
44            repaint();
45          }
46        }
47        else {
48          if(theDeck.includes(x, y))
```

```
49          theDeck.select(x, y);
50        repaint();
51      }
52    }
53  }
54
55  public void paint(Graphics g) {
56    theDeck.display(g);
57
58    if(theDiscard1.wideDisplay)
59      theDiscard1.display(g, Card.cardWidth);
60    else
61      theDiscard1.display(g);
62
63    if(theDiscard2.wideDisplay)
64      theDiscard2.display(g, Card.cardWidth);
65    else
66      theDiscard2.display(g);
67  }
68 }
```

3번째 줄에서 두 개의 디스카드 파일 객체를 참조할 theDiscard1과 theDiscard2 필드를 public static으로 지정해서 전역 객체로 선언한다. 4번째 줄에서는 데크 파일로부터 카드를 번갈아 디스카드 파일로 삽입하려고 discard1 필드를 public static으로 지정해서 전역 변수로 선언한다. true값이면 theDiscard1이 참조하는 첫 번째 디스카드 파일 객체로, false값이면 theDiscard2가 참조하는 두 번째 디스카드 파일 객체로 카드를 삽입한다. 18, 19번째 줄은 두 개의 디스카드 파일 객체를 지정된 위치에 생성한다.

mousePressed 메소드 내에서 28번째 줄처럼 if문의 조사로 오른쪽 버튼의 클릭이 아니고 클릭점이 데크 파일 객체상이면 49번째 줄처럼 데크 파일 객체의 select 메소드를 호출한다. 오른쪽 버튼이면 29~36번째 줄에서는 첫 번째 디스카드 파일 객체에 대해 응용 과제 3과 같게 처리되고, 38~45번째 줄에서는 두 번째 디스카드 파일 객체에 대해 응용 과제 3과 같게 처리된다. 55번째 줄의 paint 메소드도 응용 과제 3과 같게 처리된다.

5.2.5 응용 과제 5

[파일 입출력(기본), 예외 처리, 배치관리자]

응용 과제 3을 발전시킨다. 응용 과제 3과 같이 마우스 오른쪽 버튼으로 디스카드 파일의 접고 펼치기가 실행되고 그림 5-25처럼 최대 카드 정보가 표시되고 파일[file]에 저장되는 응용을 작성한다. 윈도우의 위쪽에 표시된 '최대 숫자 카드' 버튼을 클릭하면 디스카드 파일의 카드 중 숫자가 제일 큰 첫 번째 카드를 선택해서 그 카드의 무늬와 숫자를 (100, 300) 위치에 표시하고 (100, 310) 위치에 카드를 그린다. 또한 선택된 카드의 무늬와 숫자를 out.txt 파일에 누적해서 저장하고 저장된 카드들의 무늬와 숫자를 바로 읽어서 그림처럼 콘솔 창에 표시한다. '최대 숫자 카드' 버튼 옆에는 '종료' 버튼을 표시하고 이 버튼을 클릭하면 프로그램이 종료된다.

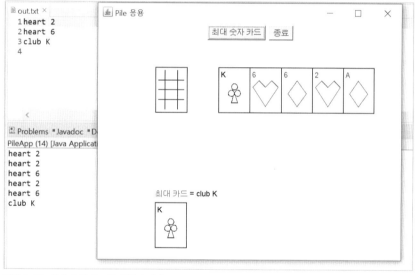

그림 5-25 최대 숫자 카드의 선택과 저장

PileApp 클래스를 제외한 나머지 클래스들은 응용 과제 3과 같다. 우선 파일 입출력을 위해서 필요한 클래스들을 PileApp.java 파일에 다음 코드처럼 import문으로 선언한다. 이 클래스들의 용도는 클래스들을 사용할 때 설명한다.

```
import java.io.FileInputStream;
import java.io.FileOutputStream;
import java.io.IOException;
```

```
import java.nio.file.Files;
import java.nio.file.Path;
import java.nio.file.Paths;
import java.nio.file.StandardOpenOption;
```

PileApp 클래스의 정의는 리스트 5-12와 같다.

리스트 5-12 PileApp5 프로젝트의 PileApp.java(일부)

```
01  public class PileApp extends Frame {
02    public static DeckPile theDeck;
03    public static CardPile theDiscard;
04    public boolean wideDisplay = false;
05    public Card maxCard;
06    중략 ..........
07    public PileApp() {
08      setSize(800, 500);
09      setTitle("Pile 응용");
10      setLayout(new FlowLayout());
11      MouseKeeper mouse = new MouseKeeper();
12      addMouseListener(mouse);
13
14      theDeck = new DeckPile(100, 100);
15      theDiscard = new CardPile(200, 100);
16
17      Button maxCardButton = new Button("최대 숫자 카드");
18      Button exitButton  = new Button("종료");
19      ButtonListener buttonListener = new ButtonListener();
20      maxCardButton.addActionListener(buttonListener);
21      exitButton.addActionListener(buttonListener);
22      add(maxCardButton);
23      add(exitButton);
24    }
25    중략 ...............
26    private class ButtonListener implements ActionListener {
27
28      public void actionPerformed(ActionEvent e) {
29        String com = e.getActionCommand();
30        if(com.equals("종료"))
31          System.exit(0);
32        else if(com.equals("최대 숫자 카드")) {
33          int maxRank = 0;
```

```
34        for(int i = 0; i < theDiscard.count; i++) {
35          if(theDiscard.thePile[i].rank >= maxRank) {
36            maxRank = theDiscard.thePile[i].rank;
37            maxCard = theDiscard.thePile[i];
38          }
39        }
40      }
41      repaint();
42    }
43  }
44
45  public void paint(Graphics g) {
46    theDeck.display(g);
47    if(wideDisplay)
48      theDiscard.display(g, Card.cardWidth);
49    else
50      theDiscard.display(g);
51
52    if(maxCard != null) {
53      String names[] = {"A", "2", "3", "4", "5", "6",
54                        "7", "8", "9", "10", "J", "Q", "K"};
55      String suit = null;
56      switch (maxCard.suit) {
57        case Card.club: suit = "club"; break;
58        case Card.diamond: suit = "diamond"; break;
59        case Card.heart: suit = "heart"; break;
60        case Card.spade: suit = "spade";
61      }
62
63      String str = suit + " " + names[maxCard.rank] + "\n";
64      g.setColor(Color.black);
65      g.drawString("최대 카드 = " + str, 100, 300);
66      maxCard.moveTo(100, 310);
67      maxCard.draw(g);
68      maxCard = null;
69      // FileInputStream과 FileOutputStream 객체 사용
70      byte[] bytes = str.getBytes();
71      try(FileOutputStream out = new FileOutputStream("out.txt", true);
72              FileInputStream in = new FileInputStream("out.txt")) {
73        out.write(bytes);
74        int i = 0;
```

```
75        while((i = in.read()) != -1) {
76          char c = (char) i;
77          System.out.write(c);
78        }
79      } catch(IOException e) {
80          e.printStackTrace();
81      }
82      /*
83      // java.nio.file 패키지 사용
84      try {
85        Path path = Paths.get("out.txt")
86        if(!Files.exists(path)) {
87          Files.createFile(path);
88        }
89        Files.writeString(path, str, StandardOpenOption.APPEND);
90        String s = Files.readString(path);
91        System.out.println(s);
92      } catch (IOException e) {
93          e.printStackTrace();
94      }
95      */
96    }
97  }
98 }
```

'최대 숫자 카드' 버튼이 클릭되면 디스카드 파일의 카드 중 숫자가 제일 큰 첫 번째 카드를 골라 그 카드 객체의 참조 값을 저장할 maxCard 필드를 5번째 줄처럼 정의한다. 10번째 줄은 setLayout 메소드를 호출해서 Frame 윈도우 컨테이너에게 기본적으로 주어지는 BorderLayout 배치관리자를 FlowLayout 배치관리자로 변경한다. FlowLayout 배치관리자는 컴포넌트를 컨테이너 공간 내의 위쪽에 가운데 정렬로 배치하고 더 이상 공간이 없다면 아래로 내려와서 다시 가운데 정렬로 배치한다. 그림 5-26은 윈도우 컨테이너에 아홉 개의 버튼 컴포넌트를 담을 때 윈도우 내의 FlowLayout 배치관리자가 아홉 개의 버튼을 배치한 것이다. 따라서 '최대 숫자 카드' 버튼과 '종료' 버튼은 윈도우의 위쪽 가운데에 나란히 배치된다. '보충 문법'절에서는 배치관리자들을 자세하게 다룬다.

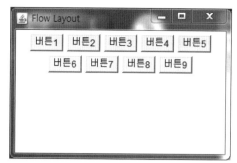

그림 5-26 FlowLayout 배치관리자가 가운데 정렬로 배치한 아홉 개의 버튼

17번째 줄에서 '최대 숫자 카드' 버튼 객체를 생성하고 그 참조 값을 maxCardButton 참조 변수에 저장한다. 18번째 줄에서는 '종료' 버튼 객체를 생성하고 그 참조 값을 exitButton 참조 변수에 저장한다. 19~21번째 줄은 26번째 줄의 ButtonListener 클래스로부터 버튼 리스너 객체를 생성해서 두 개의 버튼 객체에 부착시킨다. 한 개의 버튼 리스너 객체가 두 버튼 객체의 리스너 역할을 한다. 22, 23번째 줄은 두 개의 버튼을 윈도우에 등록한다.

두 개의 버튼에 같은 버튼 리스너 객체를 부착시켰기 때문에 둘 중 어느 하나를 클릭하면 28번째 줄의 actionPerformed 메소드가 호출된다. actionPerformed 메소드 내에서 어느 버튼이 클릭됐는지를 조사해야 한다. 29번째 줄처럼 e가 참조하는 ActionEvent 객체에게 getActionCommand 메소드를 호출하면 클릭된 버튼의 버튼명 문자열 객체의 참조 값이 반환된다. 이 문자열 객체에게 30번째 줄처럼 equals 메소드를 호출해서 '종료' 문자열인지 조사한다. '종료' 문자열이면 31번째 줄처럼 프로그램을 종료한다. 32번째 줄에서 이 문자열이 '최대 숫자 카드'이면 최대 숫자 카드를 고르는 작업을 진행한다. 우선 33번째 줄처럼 maxRank 정수 변수의 값을 0으로 하고, 34번째 줄의 for문으로 디스카드 파일이 소유한 각 카드에 대해 maxRank의 값과 비교해서 크거나 같으면 그 값을 36번째 줄처럼 새로운 maxRank의 값으로 한다. 37번째 줄에서는 이 값을 갖는 카드 객체의 참조 값을 5번째 줄의 maxCard 필드에 저장한다. for문이 끝나면 최대 숫자는 maxRank 변수에 저장되고 최대 숫자 카드는 maxCard 필드가 참조하게 된다. 최대 숫자 카드를 그리려면 41번째 줄처럼 repaint 메소드를 호출한다.

45번째 줄의 paint 메소드도 응용 과제 3의 paint 메소드와 같으나 52번째 줄부터 최대 숫자 카드를 그리고 파일에 저장하는 부분이 추가된다. 52번째 줄에서 maxCard 필드의 값이 null이 아니라는 의미는 최대 숫자 카드를 사용자가 골랐다는 것이다. 따라서 53번째 줄처럼 카드의 숫자에 해당하는 문자열들을 문자열 배열에 준비하고, 55번째 줄에서는 무늬에 대한 문자열을 참조하는 String 클래스형 변수 suit를 준비한다. 56번째 줄의 switch문은 최대 숫자 카드의 무늬(maxCard.suit)에 따라 suit 변수가 해당 무늬의 문자열 객체를 참조하도록 한다. 63번째 줄은 무늬 문자열과 숫자 문자열을 합치고 줄바꿈 문자열('\n')을 추가한 String 객체를 생성해서 그 참조 값을 str 변수에 저장한다. 65번째 줄은 최대 숫자 카드의 무늬와 숫자를 (100, 300) 위치에 drawString 메소드로 표시하고, 66번째 줄은 최대 숫자 카드를 (100, 310) 위치로 이동시키고, 67번째 줄은 이 카드를 그린다. 최대 숫자 카드를 표시하고 그렸기 때문에 68번째 줄은 다음 최대 숫자 카드의 선택 작업을 위해서 maxCard 변수에 null을 배정한다.

69~95번째 줄은 선택된 최대 숫자 카드를 파일에 저장하고 바로 읽어 콘솔 창에 표시하기 위한 코드이다. 모니터에 출력을 담당하는 System.out 객체는 1장의 실습 과제에서 다뤘고 키보드로부터 입력을 담당하는 System.in 객체와 Scanner 객체는 1장의 응용 과제 1에서 설명했다. 모니터를 표준 출력 장치라고 하고, 키보드를 표준 입력 장치라고 하기 때문에 System.out과 System.in을 표준 입출력을 담당하는 객체라고 부른다. 모니터와 키보드의 조합은 콘솔console이라는 용어를 사용한다. 자바에서 스트림stream이라는 용어는 데이터의 흐름을 의미하는데 System.out은 프로그램으로부터 모니터로 이어지는 데이터 통로를 내고 이 통로를 통해 출력 스트림OutputStream을 모니터로 내보내는 작업을 수행하고, System.in은 키보드로부터 프로그램으로 이어지는 데이터 통로를 내고 이 통로를 통해 입력 스트림InputStream을 받아오는 작업을 수행한다.

파일 입출력도 그림 5-27에 나타낸 것처럼 콘솔 입출력과 크게 다르지 않다. 파일로부터의 입력 스트림을 처리할 때, FileInputStream 클래스로부터 생성된 객체를 사용하고 파일로의 출력 스트림을 처리할 때 FileOutputStream 클래스로부터 생성된 객체를 사용한다. System.in 객체와 System.out 객체는 프로그램이 시작되면 자동으로 전역 객체로 생성되고 키보드와 모니터에 연결되는 통로가 제공되지만 파일 스트림을 처리하는 FileInputStream 객체와 FileOutputStream 객체는 프로그램 내에서 생성하고 파일과 연결하는 통로를 형성해서 사용한다.

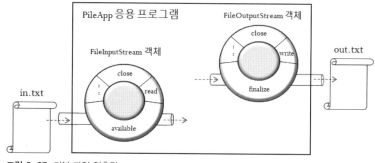

그림 5-27 기본 파일 입출력

java.io 패키지는 다양한 방식의 입출력을 지원하는 클래스들을 제공하는데 그림 5-28은 그중 일부를 보여준 것이다. 프로그램 외부와의 입력 스트림과 출력 스트림을 처리하는 방식에 따라 클래스들을 구분하는데 우리는 가장 많이 사용하는 FileInputStream 클래스와 FileOutputStream 클래스를 지금 살펴보고 가장 고급 입출력 기능을 제공하는 ObjectInputStream 클래스와 ObjectOutputStream 클래스는 다음 절인 응용 과제 6에서 설명한다. 여기서 프로그램 외부라 함은 비단 파일에 국한된 것이 아니고 네트워크상에 존재하거나 메모리상에 존재하는 자원일 수도 있다. 우리는 파일 입출력에 국한해서 살펴보자.

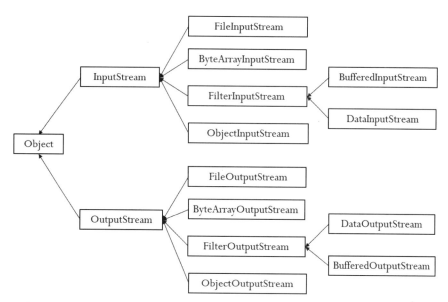

그림 5-28 java.io 패키지의 클래스 계층 구조(일부)

그림 5-27의 FileInputStream 클래스는 여러 생성자를 제공해서 다양한 방식으로
객체를 생성할 수 있게 한다. 그중 많이 사용하는 객체 생성 방식은 다음 코드처럼 생성
자에 전달할 인자로 문자열을 지정하는 것이다.

```
FileInputStream is = new FileInputStream("C:/Users/사용자계정/Desktop/in.txt");
```

윈도우 운영체제를 가정한 이 문자열은 바탕 화면의 'in.txt'라는 파일을 의미한다.
여기서 /를 폴더 구분자라고 하는데 자바는 /를 운영체제가 사용하는 구분자로 자동 변
환해 주는 기능을 제공하기 때문에 맥OS도 /를 일관되게 사용하면 된다. 맥OS에서 바
탕 화면의 'in.txt'라는 파일은 "/Users/사용자계정/Desktop/in.txt"라고 명시하면 된
다. 다음 코드처럼 객체를 생성하는 방식도 많이 사용한다.

```
File f = new File("C:/Users/사용자계정/Desktop/in.txt");
FileInputStream is = new FileInputStream(f);
```

java.io.File 객체를 먼저 생성하고 이를 FileInputStream 클래스의 생성자 인자
로 제공한다. FileInputStream 객체가 생성되면 이 객체는 그림 5-27과 같이 지정
한 파일과 연결된 데이터 통로를 형성하고 입력 스트림을 처리할 준비 상태로 진입
한다. FileInputStream 객체는 바이트(8비트) 단위로 데이터를 읽어 오는데 표 5-8은
FileInputStream 클래스의 메소드 중 일부를 나타낸 것이다. read 메소드는 한 바이트를
파일로부터 읽어 정수로 반환해 주기 때문에 문자로 활용하려면 이 정수를 char형으로
변환한다.

표 5-8 FileInputStream 클래스의 주요 메소드

메소드	설명
int read()	한 바이트씩 내용을 읽어 정수로 반환함
int read(byte[] r)	내용을 한번에 모두 읽어서 바이트 배열에 저장함
void close()	FileInputStream 객체를 소멸시킴
int available()	읽을 수 있는 총 바이트 수를 반환함

파일에는 데이터의 위치를 가리키는 파일 포인터[pointer]라는 개념이 있다. 파일에서
데이터를 읽거나 저장하는 작업은 파일 포인터가 가리키는 곳부터 시작하며 작업이 끝

나면 작업한 만큼 파일 포인터가 이동한다. 파일 포인터의 초기 위치는 파일의 첫 데이 터이다. read 메소드를 실행하면 파일 포인터가 위치한 한 바이트의 데이터를 읽어 오고 포인터는 다음 데이터로 이동한다. 이 작업은 read 메소드가 실행될 때마다 반복되며 모든 데이터를 읽으면 파일 포인터는 파일의 끝을 가리킨다. 포인터가 파일의 끝을 가리 킬 때 read 메소드를 실행하면 read 메소드는 -1을 반환한다.

FileOutputStream 클래스도 여러 생성자를 제공해서 다양한 방식으로 객체를 생성할 수 있게 한다. 그중 많이 사용하는 객체 생성 방식은 다음 코드처럼 생성자에 전달할 인 자로 문자열을 지정하는 것이다.

```
FileOutputStream os = new FileOutputStream("out.txt");
```

FileOutputStream 클래스는 FileInputStream 클래스와 달리 연결하려고 하는 'out. txt' 파일이 존재하지 않으면 자동으로 파일을 생성한다. 다음 코드에서 생성자의 두 번 째 인자는 boolean형인데 true를 지정하면 기존 파일의 내용에 추가해서 저장하는 모드 를 설정하는 것이고, false를 지정하면 기존 파일을 무시하고 새로운 파일을 생성한다. File 객체를 사용하는 방식도 FileInputStream 객체의 생성 방식과 유사하다.

```
FileOutputStream os = new FileOutputStream("out.txt", true);
```

표 5-9는 FileOutputStream 클래스의 메소드 중 일부를 보여준 것이다.

표 5-9 FileOutputStream 클래스의 주요 메소드

메소드	설명
void write(int w)	w로 지정된 바이트를 저장함
void write(byte[] w)	w로 지정된 바이트 배열의 내용을 저장함
void close()	FileOutputStream 객체를 소멸시킴

다시 리스트 5-12로 돌아가서 70번째 줄은 String 객체의 getBytes 메소드를 호출 해서 str이 참조하는 문자열 객체를 바이트 배열 객체로 변환하고 그 참조 값을 bytes 변수에 저장한다. 71~81번째 줄은 예외 처리를 위한 try-with-resources 문장인데 이 문장은 파일과 같은 컴퓨터 자원을 사용하는 코드에서 발생되는 체크 예외를 간결하고

편리하게 처리하는 데 사용한다. 다음 코드는 try-with-resources 문장을 사용하지 않고 일반 try-catch-finally 문장으로 같은 작업(71~81번째 줄)을 처리한 것이다.

```java
FileOutputStream out = null;
FileInputStream in = null;
try {
  out = new FileOutputStream("out.txt", true);
  in = new FileInputStream("out.txt");
  out.write(bytes);
  int i = 0;
  while((i = in.read()) != -1) {
    char c = (char) i;
    System.out.write(c);
  }
} catch(IOException e) {
    e.printStackTrace();
} finally {
  try {
    if(out != null)
      out.close();
    if(in != null)
      in.close();
  } catch(IOException e) {
      Systme.err.println("file close exception");
  }
}
```

이 코드에서 finally절을 사용하는 이유는 try절의 코드에서 예외가 발생하든 아니든 close 메소드를 호출해서 자원을 해제하기 위함인데 71~81번째 줄의 try-with-resources 문장은 try절이 정상적으로 실행되든 아니든 try-catch 문장이 완료되면 finally절을 지정하지 않아도 자동으로 자원을 해제하기 때문에 코드가 간결해지고 가독성도 높아진다. finally절에서 사용한 close 메소드도 체크 예외를 발생시키는 메소드이기 때문에 다시 try-catch 문장으로 처리해 줘야 하는데 위의 코드처럼 복잡해지고 가독성도 떨어진다. try-with-resources 문장은 71번째 줄처럼 () 안에서 try-catch 문장이 완료되면 자동으로 해제될 자원 객체를 생성한다. () 안에서 여러 객체를 생성할 경우 객체 생성 문장을 세미콜론(;)으로 구분한다. 단, () 안에서 생성할 객체는 java.

lang.AutoCloseable 인터페이스를 구현한 객체만 가능하다. AutoCloseable 인터페이스는 close 추상 메소드 하나만 갖고 있는데 FileInputStream과 FileOutputStream은 AutoCloseable 인터페이스를 구현한 클래스이기 때문에 () 안에서 생성된 out과 in 객체는 close 메소드를 갖고 있다. 코드에서 in과 out 객체는 모두 같은 out.txt 파일과 연결되는데 이는 파일과 연결되는 통로가 단방향이기 때문에 입력과 출력 스트림을 한 개씩 설정하기 위함이다. out 객체는 기존 파일의 내용에 추가해서 데이터를 저장하는 모드로 설정한다.

70번째 줄은 선택된 카드에 대한 문자열을 바이트 배열로 변환하고, 73번째 줄은 이 바이트 배열을 out 객체를 통해서 out.txt 파일에 저장한다. 74~78번째 줄은 파일로부터 파일의 끝까지 한 바이트씩 읽어 문자로 변환하고 이 문자를 모니터에 출력하는 작업을 수행한다. 파일에서 데이터를 모두 읽은 후 read 메소드를 실행하면 read 메소드는 -1을 반환하기 때문에 while문으로 read 메소드의 반환값이 -1일 때까지 한 바이트씩 읽어 문자로 변환하고 이를 모니터에 출력한다. 80번째 줄은 예외가 발생할 경우 예외 객체의 printStackTrace 메소드를 호출하는데 printStackTrace 메소드는 에러 메시지의 발생 근원지를 찾아서 단계별로 에러를 출력한다.

이제 프로그램을 실행하고 디스카드 파일을 펼치기 모드로 변경한 후에 데크 파일과 '최대 숫자 카드' 버튼을 클릭해서 프로그램의 진행 상황을 관찰해 본다. Package Explorer 뷰의 PileApp5 프로젝트를 선택하고 마우스 오른쪽 버튼을 클릭한 후 Refresh 항목을 선택하면 out.txt 파일이 프로젝트 폴더에 생성된 것을 확인할 수 있다. 프로젝트 폴더에 생성된 이 파일을 더블클릭하면 그 내용이 편집 창에 표시된다.

주석 처리된 84~94번째 줄은 java.nio.file 패키지의 클래스를 활용해서 70~81번째 줄의 코드와 같은 파일 입출력 기능을 제공한다. 여기서 nio란 new input/output의 약자로 java.io 패키지의 스트림 방식의 입출력에 비해 java.nio.file 패키지는 채널channel 입출력 방식을 지원한다. java.nio.file 패키지에는 Files라는 클래스가 있는데 Files 클래스는 파일과 폴더를 손쉽게 다룰 수 있는 static 메소드들을 제공한다. Files 클래스는 주로 Path 인터페이스, Paths 클래스 등과 함께 사용된다. 85번째 줄은 Paths 클래스의 get 메소드를 사용해서 out.txt 파일의 경로 객체를 생성한다. 86번째 줄처럼 exists 메소드로 이 파일의 존재 여부를 조사해서 존재하지 않으면 87번째 줄처럼 Files 클래스의 createFile 메소드로 파일을 생성한다. 89번째 줄은 writeString 메소드를 호출해서 str이 참조하는 문자열을 파일에 저장하는데 세 번째 인자로 지정한 StandardOpenOption.APPEND 열거 상수는 추가 저장 모드를 지정한다. FileOutputStream 객체가 바이트 단위로 데이터를 저장하는 데 비해 Files 클래스의 writeString 메소드는 문자열을 저장한다. 90번째 줄은 파일에 저장된 데이터 전부를 한 개의 문자열로 읽는 readString 메소드를 호출해서 읽은 문자열 객체의 참조 값을 s에 저장한다. 이 문자열은 줄바꿈 문자('\n')들도 포함하는데 이 문자열을 91번째 줄처럼 모니터에 출력하면 그림 5-25의 콘솔 창 결과를 얻을 수 있다. 이와 같이 java.nio.file 패키지를 사용하면 java.io 패키지를 사용하는 것보다 쉽고 간결하게 파일 입출력 작업을 처리할 수 있다.

5.2.6 응용 과제 6

[파일 입출력(고급), serialVersionUID 상수, 예외 던지기]

응용 과제 1과 응용 과제 4를 발전시킨다. 도형의 생성과 삭제는 응용 과제 1과 같이 동작한다. 그림 5-29와 같이 '저장(s)'과 '복원(i)' 메뉴를 추가해서 저장을 선택하면 그 시점까지의 모든 도형을 파일^{file}에 저장하며, 복원을 선택하면 저장됐던 도형들이 복원된다. 윈도우 아래쪽에는 도형들 중 현재 사각형의 개수와 원의 개수가 표시된다.

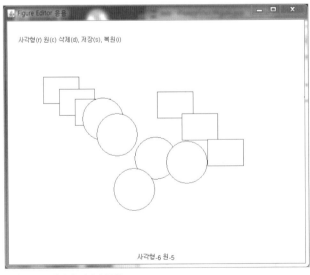

그림 5-29 객체의 저장과 복원

자바는 정수, 실수 등과 같은 기본 데이터형의 값을 파일에 저장하고 파일로부터 읽어 들이는 기능을 수행하는 클래스들을 여러 개 제공한다. 우리는 자바로 객체지향 프로그래밍을 학습하는 입장이기 때문에 이번 절에서는 기본 데이터형의 값은 물론 클래스형의 객체를 직접 파일에 저장하고 파일로부터 읽어 들이는 기능을 수행하는 수준 높은 클래스들을 다룬다. 생성된 도형 객체들을 파일에 저장하고 저장된 객체들을 파일로부터 읽어 복원시키려면 자바가 제공하는 ObjectOutputStream 클래스, ObjectInputStream 클래스, Serializable 인터페이스를 사용한다.

스트림이란 데이터의 흐름을 말한다. 입력 스트림은 키보드, 파일, 네트워크 등과 같은 입력 장치로부터 입력된 데이터가 순서대로 프로그램으로 흘러 들어가는 데이터의 흐름을 의미하고, 출력 스트림은 프로그램에서 출력된 데이터가 콘솔, 파일, 프린터, 네트워크 등과 같은 출력 장치로 순서대로 전송되는 데이터의 흐름을 의미한다. 스트림을 통해 흘러가는 데이터의 기본 단위는 바이트이다. 바이트 단위의 입출력은 응용 과제 5에서 다뤘다. ObjectOutputStream 객체는 객체들을 바이트 단위로 분해해서 출력 스트림으로 내보내고, ObjectInputStream 객체는 입력 스트림으로 받은 바이트들을 조합해서 객체로 복원시킨다. 객체들을 바이트 단위로 분해하는 과정을 객체 직렬화^{Object Serialization}라고 한다. 객체를 직렬화할 때는 그 객체를 생성한 클래스가 Serializable 인터페이스를 만족해야 한다. Serializable 인터페이스는 추상 메소드가 한 개도 없는 빈 인터페이스로 클래스를 선언할 때에 implements 키워드로 Serializable 인터페이스를 구현한다고 명시만 해주면 된다. Serializable 인터페이스처럼 빈 인터페이스를 마커 인터페이스^{marker interface}라고 하는데 마커 인터페이스는 객체에 대한 추가 정보를 컴파일러와 자바 가상 기계에서 제공하는 역할을 한다. 객체 직렬화는 객체를 파일에 저장하는 수단일 뿐만 아니라 네트워크를 통해 다른 기계에서 실행되는 프로그램에 객체를 인자로 전달할 때도 사용된다.

Figure.java 파일에서 Figure 클래스의 선언은 implements Serializable을 넣어 다음과 같이 수정된다.

```
public abstract class Figure implements Serializable {
```

부모 클래스인 Figure에 Serializable 인터페이스의 구현을 선언하면 이 속성도 자식 클래스들에 상속되므로 Rect 클래스와 Circle 클래스는 별도의 선언 없이 Serializable 인터페이스를 만족하게 된다. Serializable 인터페이스는 java.io 패키지 소속이므로 Figure.java 파일에 다음과 같이 import문도 추가된다.

```
import java.io.Serializable;
```

FigureManager.java 파일에서도 도형들을 담은 FigureManager 객체를 최종적으로 저장할 것이기 때문에 도형 클래스뿐만 아니라 FigureManager 클래스도 다음과 같이 선언돼서 Serializable 인터페이스를 만족한다.

```
public class FigureManager implements Serializable {
```

물론 다음의 import문도 FigureManager.java 파일에 추가된다.

```
import java.io.Serializable;
```

그림 5-29의 아래쪽에 표시되는 사각형과 원의 개수를 표시하기 위해 리스트 5-13의 두 메소드가 FigureManager 클래스에 추가된다.

리스트 5-13 PileApp5 프로젝트의 FigureManager.java(일부)

```
01    public int getRectCount() {
02      int rectCount = 0;
03      for(int i = 0; i < count; i++) {
04        String str = theFigures[i].getClass().getName();
05        if(str.equals("Rect"))
06          rectCount = rectCount + 1;
07      }
08      return rectCount;
09    }
10
11    public int getCircleCount() {
12      int circleCount = 0;
13      for(int i = 0; i < count; i++) {
14        String str = theFigures[i].getClass().getName();
15        if(str.equals("Circle"))
16          circleCount = circleCount + 1;
```

```
17        }
18        return circleCount;
19    }
```

응용 과제 1에서 FigureManager 객체는 소유한 도형의 개수를 count 필드로 관리하지만 세부적으로 Rect 객체와 Circle 객체의 수를 따로 관리하지는 않는다. 그림 5-29와 같이 사각형과 원의 개수를 실시간으로 표시하려면 사각형과 원의 개수를 파악하고 있어야 한다. 사각형과 원의 개수의 관리를 위해 사각형과 원의 개수를 FigureManager 클래스의 필드로 모델링하는 방법도 있지만 여기서는 1, 11번째 줄의 getRectCount 메소드와 getCircleCount 메소드로 개수가 요구될 때마다 계산해서 반환하기로 하자.

getRectCount 메소드는 일단 2번째 줄에서 rectCount 지역 변수를 0으로 초기화한다. 3~7번째 줄에서는 for문으로 소유한 각 도형에 대해 사각형인지 아니면 원인지를 가려서 사각형의 개수를 계산한다. 4번째 줄에서 java.lang.Object 클래스로부터 상속받은 getClass 메소드를 각 도형에 대해 호출한다. getClass 메소드는 4장의 응용 과제 1에서 다뤘다. getClass 메소드가 반환하는 java.lang.Class 객체는 실행 중인 자바 응용프로그램에 포함된 실행 클래스와 인터페이스들을 나타내는 객체이다. 이 객체에 getName 메소드를 호출하면 각 도형의 클래스명을 문자열로 반환한다. 5번째 줄에서 이 클래스명이 Rect 문자열인지 조사해서 Rect 문자열이면 6번째 줄처럼 rectCount의 값을 1만큼 증가시킨다. 모든 도형에 대한 조사가 끝나면 8번째 줄처럼 누적된 개수를 반환한다. 11~19번째 줄의 getCircleCount 메소드도 비슷하게 동작한다.

FigureEditorApp.java 파일의 내용은 리스트 5-14와 같다.

리스트 5-14 PileApp5 프로젝트의 FigureEditorApp.java

```
001  //============================================================
002  // Simple Figure Editor Application in Java
003  // 키 입력 r, c, d로 사각형, 원, 삭제 선택
004  // 마우스 버튼으로 도형 생성 및 삭제
005  // 도형의 개수 15개
006  // Rect 클래스 draw 메소드는 면 확보 코드 추가
007  // 키 입력 s, i로 파일 저장, 복원 메뉴 추가
008  // FigureManager 클래스에 getRectCount와 getCircleCount 메소드 추가
009  //============================================================
010
```

```
011  import java.awt.*;
012  import java.awt.event.*;
013  import java.io.*;
014
015  public class FigureEditorApp extends Frame {
016    public FigureManager theManager;
017    public int choice = 1;                        // 1 사각형, 2 원, 3 삭제
018    public Label theLabel;
019    public int numRects = 0;
020    public int numCircles = 0;
021
022    public static void main(String[ ] args) {
023      FigureEditorApp window = new FigureEditorApp();
024      window.setVisible(true);
025    }
026
027    public FigureEditorApp() {
028      setSize(600, 500);
029      setTitle("Figure Editor 응용");
030      MouseKeeper mouse = new MouseKeeper();
031      addMouseListener(mouse);
032      KeyKeeper key = new KeyKeeper();
033      addKeyListener(key);
034      theManager = new FigureManager(15);
035
036      theLabel = new Label();
037      theLabel.setAlignment(Label.CENTER);
038      add("South", theLabel);
039    }
040
041    private class MouseKeeper implements MouseListener {
042
043      public void mousePressed(MouseEvent e) {
044        int x = e.getX();
045        int y = e.getY();
046        switch(choice) {
047          case 1: Rect rect = new Rect(x, y, 70, 50);
048                  theManager.addFigure(rect);
049                  break;
050          case 2: Circle circle = new Circle(x, y, 40);
051                  theManager.addFigure(circle);
```

414

```
052            break;
053       case 3: theManager.deleteFigure(x, y);
054     }
055     numRects = theManager.getRectCount();
056     numCircles = theManager.getCircleCount();
057     repaint();
058   }
059
060   public void mouseClicked(MouseEvent e) {};
061   public void mouseEntered(MouseEvent e) {};
062   public void mouseExited(MouseEvent e) {};
063   public void mouseReleased(MouseEvent e) {};
064 }
065
066 private class KeyKeeper extends KeyAdapter {
067
068   public void keyPressed(KeyEvent e) {
069     char keyChar = e.getKeyChar();
070
071     if(keyChar == 'r')
072       choice = 1;
073     else if(keyChar == 'c')
074       choice = 2;
075     else if(keyChar == 'd')
076       choice = 3;
077     else if(keyChar == 's')
078       storeFigures();
079     else if(keyChar == 'i') {
080       restoreFigures();
081       repaint();
082     }
083     else
084       System.out.println("입력 오류!!");
085   }
086 }
087
088 public void paint(Graphics g) {
089   String str = "사각형" + numRects + " 원" + numCircles;
090   theLabel.setText(str);
091
092   g.drawString("사각형(r) 원(c) 삭제(d), 저장(s), 복원(i)", 30, 70);
```

```
093        theManager.display(g);
094      }
095
096      private void storeFigures() {
097        try {
098          FileOutputStream fout = new FileOutputStream("figure.ser");
099          ObjectOutputStream oos = new ObjectOutputStream(fout);
100          oos.writeInt(numRects);
101          oos.writeInt(numCircles);
102          oos.writeObject(theManager);
103          oos.close();
104          System.out.println("save done!");
105        } catch(IOException ex) {
106          ex.printStackTrace();
107        }
108      }
109
110      private void restoreFigures() {
111        try {
112          FileInputStream fin = new FileInputStream("figure.ser");
113          ObjectInputStream ois = new ObjectInputStream(fin);
114          numRects = ois.readInt();
115          numCircles = ois.readInt();
116          theManager = (FigureManager) ois.readObject();
117          ois.close();
118          System.out.println("restore done!");
119        } catch(IOException ex) {
120          ex.printStackTrace();
121        } catch(ClassNotFoundException ex) {
122          System.out.println("received class exception " + ex);
123        }
124      }
125    }
```

13번째 줄에서 객체의 저장과 복원을 위해 필요한 ObjectInputStream과 ObjectOut putStream 클래스가 속한 java.io 패키지의 사용을 선언한다. 18번째 줄에서는 그림 5-29의 아래쪽에 사각형과 원의 개수를 표시할 레이블 객체의 참조 필드 theLabel을 선 언한다. 19, 20번째 줄처럼 사각형과 원의 개수를 저장할 필드 numRects와 numCircles를 선언하고 0으로 초기화한다.

36번째 줄에서 레이블 객체를 생성해서 그 참조 값을 theLabel에 저장한다. 생성자의 인자에 문자열을 명시하지 않았기 때문에 빈 레이블 객체가 생성된다. 37번째 줄에서는 나중에 레이블에 입힐 문자열의 정렬 방식을 setAlignment 메소드를 호출해서 가운데 정렬(Label.CENTER)로 지정한다. 기본 정렬 방식은 왼쪽 정렬(Label.LEFT)이다. 레이블 객체는 38번째 줄처럼 윈도우의 아래쪽에 배치한다.

마우스 클릭에 반응하는 mousePressed 메소드의 수정 사항을 살펴본다. 55, 56번째 줄에서는 도형 매니저 객체의 getRectCount와 getCircleCount 메소드를 호출해서 사각형과 원의 개수를 numRects와 numCircles 필드에 저장한다. 46번째 줄의 switch문에서 사각형과 원을 생성해 추가할 시점에 최대 도형의 개수를 초과하면 addFigure 메소드가 사각형이나 원을 추가하지 않기 때문에 정확한 개수는 55, 56번째 줄처럼 getRectCount와 getCircleCount 메소드를 호출해서 그때그때 얻는다.

키 입력에 반응하는 keyPressed 메소드의 수정 사항을 살펴본다. 77번째 줄에서 입력된 키의 값이 s이면 도형들과 도형의 개수(사각형의 개수와 원의 개수)를 파일에 저장하려고 96번째 줄의 storeFigures 메소드를 호출한다. 입력된 키의 값이 i이면 저장된 도형들과 도형의 개수를 복원하려고 110번째 줄의 restoreFigures 메소드를 호출하고, 복원된 도형들을 시각적으로 표시하려고 repaint 메소드를 81번째 줄처럼 호출한다.

96번째 줄의 storeFigures 메소드는 그 시점까지 생성된 도형들을 ObjectOutputStream 객체와 FileOutputStream 객체를 이용해서 지정된 파일에 저장한다. 이 메소드는 FigureEditorApp 클래스 내부에서만 사용할 것이기 때문에 private 접근자를 지정하기로 하자. 객체의 직렬화를 수행하는 ObjectOutputStream 객체는 그림 5-30과 같이 데이터를 파일에 바이트 단위로 저장하는 FileOutputStream 객체를 기반으로 한다.

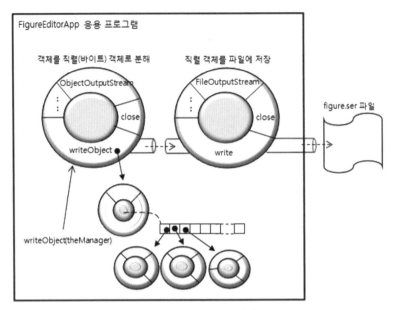

그림 5-30 ObjectOutputStream 객체와 FileOutputStream 객체

    ObjectOutputStream 객체가 저장할 객체들을 바이트 단위로 분해해서 자신의 출력 스트림으로 내보내면 FileOutputStream 객체가 ObjectOutputStream 객체의 출력 스트림과 연결된 자신의 입력 스트림으로부터 데이터를 읽어 바이트 단위로 출력 스트림과 연결된 파일에 저장하는 작업을 수행한다. 그림에서는 이 책의 클래스와 객체 표기 방식으로 저장할 객체들을 표시했지만 실제 직렬화는 객체의 메소드는 빼고 필드들에만 적용된다. 그림 5-22에서 보듯이 파일 입출력 작업은 체크 예외를 발생시킬 수 있기 때문에 97번째 줄처럼 반드시 try-catch 블록으로 처리해야 한다. 98번째 줄에서 FileOutputStream 객체를 생성하면서 파일명을 생성자의 인자로 제공하면 그림의 FileOutputStream 객체가 생성되고 출력 스트림은 프로젝트 폴더 내에 지정된 파일인 'figure.ser' 파일과 연결된다. 파일이 존재하지 않으면 생성해서 연결시킨다. 확장자는 직렬화 파일임을 나타내려고 편의상 ser로 붙인다. FileOutputStream 객체를 이용해서 데이터를 바이크 단위로 파일에 저장하게 되면 이 파일은 바이너리 파일이 된다. 바이너리 파일은 사람이 읽을 수 있는 텍스트 문자뿐만 아니라 모든 바이너리 정보를 저장할 수 있다. 같은 이름의 파일이 이미 존재하면 기존의 데이터를 무시하고 새로 저장하게 된다. 생성된 FileOutputStream 객체의 참조 값은 fout 참조 변수에 저장된다. 이클립

스가 아닌 명령 창에서 이 프로그램을 실행시키면 프로그램을 실행시킨 폴더에 이 파일이 생성된다. 윈도우 운영체제인 경우 다음과 같이 파일의 절대 경로로 지정해도 된다.

```
FileOutputStream fout = new FileOutputStream("C:/Users/사용자계정명/Desktop/figure.ser");
```

99번째 줄에서는 ObjectOutputStream 객체를 생성하면서 FileOutputStream 객체의 참조 값을 생성자의 인자로 제공한다. 그러면 그림의 ObjectOutputStream 객체가 생성되고 출력 스트림은 FileOutputStream 객체의 입력 스트림과 연결된다. ObjectOutputStream 객체의 참조 값은 oos 참조 변수에 저장된다. ObjectOutputStream 객체는 객체뿐만 아니라 자바의 기본 데이터형의 값들도 저장할 수 있다. 표 5-10은 ObjectOutputStream 클래스의 주요 메소드들이다.

표 5-10 ObjectOutputStream 클래스의 주요 메소드

메소드	설명
void close()	ObjectOutputStream 객체를 소멸시킴
void write(int val)	정수 val에 대한 바이트를 출력 스트림으로 내보냄
void writeInt(int val)	정수 val(32비트)을 출력 스트림으로 내보냄
void writeLong(long val)	정수 val(64비트)을 출력 스트림으로 내보냄
void writeBoolean(boolean val)	boolean형 val을 출력 스트림으로 내보냄
void writeChar(char val)	문자 val(16비트)을 출력 스트림으로 내보냄
void writeChars(String str)	str이 참조하는 문자열을 출력 스트림으로 내보냄
void writeDouble(double val)	실수 val(64비트)을 출력 스트림으로 내보냄
void writeFloat(float val)	실수 val(32비트)을 출력 스트림으로 내보냄
void writeObject(Object obj)	obj가 참조하는 객체를 출력 스트림으로 내보냄

100, 101번째 줄에서 oos가 참조하는 ObjectOutputStream 객체의 writeInt 메소드를 호출해서 사각형의 개수(numRects)와 원의 개수(numCircles)를 파일에 저장한다. 102번째 줄에서는 writeObject 메소드를 호출해서 그림 5-30과 같이 theManager가 참조하는 도형 매니저 객체를 저장한다. 도형 매니저 객체를 저장하면 도형 매니저 객체의 필드인 theFigures 배열도 저장되는데 이 배열은 도형 객체들의 참조 값들을 갖고 있다. 이 배열과 함께 도형 객체들도 같이 저장되기 때문에 객체들과 참조 값으로 맺어진 그들 간

의 관계가 모두 자동으로 저장된다. 따라서 도형 매니저 객체를 저장함으로써 도형 매니저 객체와 도형 매니저 객체가 소유하고 있는 모든 도형 객체들이 저장되고, 나중에 복원했을 경우 저장됐을 때와 똑같은 상태로 복원된다. 저장 작업이 끝났으므로 103번째 줄처럼 close 메소드를 호출해서 ObjectOutputStream 객체를 소멸시키고, 저장 성공을 알리는 문자열을 104번째 줄처럼 콘솔 윈도우에 출력한다.

파일 입출력 작업은 그림 5-22에서 적어도 Exception 예외 객체만큼은 반드시 처리해야 한다. 105번째 줄에서는 Exception 클래스의 자식인 IOException 예외 객체를 처리한다. IOException 예외가 발생하면 106번째 줄처럼 ex가 참조하는 예외 객체의 printStackTrace 메소드를 호출한다. printStackTrace 메소드는 예외가 발생할 때까지 실행된 모든 함수들을 콘솔 윈도우에 순서대로 나열해 줌으로써 디버깅 정보를 제공한다.

110번째 줄의 restoreFigures 메소드도 storeFigures 메소드와 비슷하다. 112번째 줄에서 FileInputStream 객체를 생성해서 그 참조 값을 fin 참조 변수에 저장한다. 이 객체는 데이터를 지정된 'figure.ser' 파일에서 바이트 단위로 읽는다. 113번째 줄에서는 fin 참조 변수의 값을 생성자의 인자로 해서 ObjectInputStream 객체를 생성하고 그 참조 값을 ois 참조 변수에 저장한다. ObjectInputStream 객체는 객체뿐만 아니라 자바의 기본 데이터형의 값들도 읽을 수 있다. 표 5-11은 ObjectInputStream 클래스의 주요 메소드들이다.

표 5-11 ObjectInputStream 클래스의 주요 메소드

메소드	설명
void close()	ObjectInputStream 객체를 소멸시킴
int read()	입력 스트림에서 데이터를 바이트 단위로 읽음
int readInt()	입력 스트림에서 정수(32비트)를 읽음
double readLong()	입력 스트림에서 정수(64비트)를 읽음
boolean readBoolean()	입력 스트림에서 boolean값을 읽음
char readChar()	입력 스트림에서 문자 val(16비트)을 읽음
double readDouble()	입력 스트림에서 실수(64비트)를 읽음
float readFloat()	입력 스트림에서 실수(32비트)를 읽음
Object readObject()	입력 스트림에서 객체를 읽음(읽은 객체는 반드시 해당 클래스형으로 형 변환 후 사용)

읽는 순서는 저장된 순서대로 진행한다. 114, 115번째 줄에서 ObjectInputStream 객체의 readInt 메소드를 호출하고 사각형의 개수와 원의 개수를 읽어 numRects와 numCircles 필드에 저장한다. 116번째 줄에서는 readObject 메소드를 호출해서 도형 매니저 객체를 복원한다. ObjectInputStream 객체는 읽어 들인 바이트들을 조합해서 객체를 복원하는데 복원된 객체의 형은 알 수 없다. 따라서 반드시 객체의 클래스형으로 형 변환을 명시해야 한다. 이때 저장됐던 객체의 필드들이 복원되면서 프로그램 내에서 객체의 메소드들도 연계된다. 도형 매니저 객체는 저장됐을 때와 똑같은 상태로 복원된다. 복원 작업이 끝났으므로 117번째 줄처럼 close 메소드를 호출해서 ObjectInputStream 객체를 소멸시키고 복원 성공을 알리는 문자열을 118번째 줄처럼 콘솔 윈도우에 출력한다.

직렬화된 객체를 읽어 들여 복원하는 경우에는 직렬화했을 때와 같은 클래스를 사용해야 한다. 클래스명이 같더라도 클래스 내용이 변경되면 클래스에 부여된 serialVersionUID가 다르기 때문에 복원에 실패한다. serialVersionUID는 2장의 실습 과제에서 소개했다. serialVersionUID는 같은 클래스임을 알려주는 식별자 역할을 하는데 Serializable 인터페이스를 구현한 클래스를 컴파일하면 자동적으로 serialVersionUID static 필드가 추가된다. 2장의 실습 과제에서 PenApp 클래스는 java.awt.Frame 클래스를 상속받는데 이 Frame 클래스가 Serializable 인터페이스를 구현하기 때문에 serialVersionUID 필드를 추가하라는 경고 메시지를 받게 된 것이다. 무시하면 컴파일러가 자동적으로 이 필드를 추가한다. 클래스를 변경해서 재컴파일하면 다른 serialVersionUID가 주어지기 때문에 복원 시 오류가 발생된다. 불가피하게 클래스의 수정이 필요한 경우 클래스 작성 시 serialVersionUID를 다음과 같이 명시적으로 선언해 주면 컴파일 시에 serialVersionUID 필드가 추가되지 않기 때문에 클래스를 수정해도 동일한 값을 유지할 수 있다.

```java
public class FigureManager implements Serializable {
  final static long serialVersionUID = 53600253;
```

serialVersionUID의 값은 임의의 정수를 사용하면 되지만 클래스마다 다른 값을 유지할 수 있도록 명령 창에서 해당 .class 파일이 있는 폴더로 이동해 'serialver 클래스명' 명령어를 실행시키면 자바가 생성해 주는 값을 이용할 수 있다.

입력 작업에 대해 Exception 예외 객체를 처리하는 대신에 119번째 줄처럼 IOException 예외 객체를 처리할 경우 readObject 메소드에서 ClassNot FoundException 예외 객체가 발생될 수도 있기 때문에 121번째 줄처럼 ClassNot FoundException 예외 객체도 처리해 줘야 한다. 그림 5-22에서 IOException 클래스와 ClassNotFoundException 클래스는 같은 레벨이다. 122번째 줄처럼 ex가 참조하는 예외 객체를 System.out. println 메소드로 출력하면 예외 상황에 대한 간단한 설명이 문자열로 출력된다.

메소드 내부에서 예외가 발생할 수 있는 코드를 try-catch 블록으로 예외 처리하는 것이 기본이지만 경우에 따라서는 throws 키워드를 사용해서 메소드를 호출한 곳으로 예외를 던져 떠넘길 수도 있다. 리스트 5-15의 코드는 예외 던지기의 예를 위해 restoreFigures 메소드와 이 메소드를 호출하는 keyPressed 메소드를 수정한 것이다.

리스트 5-15 PileApp5 프로젝트의 FigureEditorApp.java(수정)

```
01    private class KeyKeeper extends KeyAdapter {
02
03      public void keyPressed(KeyEvent e) {
04        char keyChar = e.getKeyChar();
05
06        if(keyChar == 'r')
07          choice = 1;
08        else if(keyChar == 'c')
09          choice = 2;
10        else if(keyChar == 'd')
11          choice = 3;
12        else if(keyChar == 's')
13          storeFigures();
14        else if(keyChar == 'i') {
15          try {
16            restoreFigures();
17          } catch(IOException ex) {
18              ex.printStackTrace();
19          } catch(ClassNotFoundException ex) {
20              System.out.println("received class exception " + ex);
21          }
22          repaint();
23        }
```

```
24        else
25          System.out.println("입력오류!!");
26      }
27    }
28
29    // 중략........
30
31    private void restoreFigures() throws IOException,
32                                    ClassNotFoundException {
33      FileInputStream fin = new FileInputStream("figure.ser");
34      ObjectInputStream ois = new ObjectInputStream(fin);
35      numRects = ois.readInt();
36      numCircles = ois.readInt();
37      theManager = (FigureManager) ois.readObject();
38      ois.close();
39      System.out.println("restore done!");
40    }
```

　　원래는 예외를 발생시킬 수 있는 코드 블록인 33~39번째 줄에 대해 try-catch 블록으로 IOException과 ClassNotFoundException 예외를 직접 처리했다. 이 try-catch 블록을 해제하는 대신에 이 코드가 속한 restoreFigures 메소드의 헤더에서 31번째 줄처럼 throws 키워드를 명시해 IOException이나 ClassNotFoundException 예외가 발생되면 이 예외를 restoreFigures 메소드를 호출한 곳으로 던진다. 던질 예외가 여러 개이면 콤마(,)로 분리해서 명시한다. 던져진 예외는 restoreFigures 메소드를 호출한 곳인 16번째 줄로 전달된다. 16번째 줄은 던져진 예외를 대신 처리하려고 15~21번째 줄처럼 try-catch 블록으로 restoreFigures 호출문을 처리한다.

5.3 | 보충 문법

지금까지 마우스 클릭 감지 객체를 생성하는 MouseKeeper 클래스를 내부 클래스로 정의해 사용해 왔다. 이번 절에서는 MouseKeeper 클래스를 일반 클래스로 정의해 사용하는 방법을 다룬다. 또한 자바가 java.awt.event 패키지에 제공하는 MouseMotionListener 인터페이스를 구현해서 마우스 드래깅을 처리하는 방법을 설명하고, 응용 과제 2와 응용 과제 5에서 소개한 배치관리자에 대해 자세히 알아본다. 마지막으로 자바 전문가들이 자주 사용하는 익명 클래스와 람다식의 사용법을 소개한다.

5.3.1 내부 클래스

2장의 실습 과제인 Pen 응용프로그램에서 사용했던 PenApp 클래스의 MouseKeeper 내부 클래스^{Inner Class}를 일반 클래스로 구현한다. PenApp 클래스는 윈도우 기능을 제공하고, MouseKeeper 클래스는 마우스 클릭을 감지하는 기능을 제공한다. MouseKeeper 클래스는 독립적이지는 않지만 PenApp 클래스가 하나의 멤버처럼 사용할 수 있고, PenApp 클래스의 모든 멤버들을 마치 자신의 멤버처럼 사용할 수 있는 장점이 있었다.

MouseKeeper 클래스를 일반 클래스로 독립시키면 이런 장점들이 사라지는 반면에 MouseKeeper 클래스를 다른 클래스에서 사용할 수 있고 다른 응용프로그램에서 재사용할 수도 있다. MouseKeeper 클래스를 일반 클래스로 변경하는 방법에는 크게 두 가지가 있다. 간단한 방법을 먼저 살펴보자.

리스트 5-16의 코드는 첫 번째 방법으로 2장 실습 과제의 PenApp.java 파일을 수정한 것이다.

리스트 5-16 PileAdd1-1 프로젝트의 PenApp.java

```
01  //=========================================================
02  // Inner Class Example1
03  //=========================================================
04
05  import java.awt.*;
06  import java.awt.event.*;
07
08  public class PenApp extends Frame {
09      public int oldx = 0;
10      public int oldy = 0;
11      public int newx = 0;
12      public int newy = 0;
13
14      public static PenApp window;
15
16      public static void main(String[ ] args) {
17          window = new PenApp();
18          window.setVisible(true);
19      }
```

```
20
21    public PenApp() {
22      setSize(600, 500);
23      setTitle("Pen 응용");
24      MouseKeeper mouse = new MouseKeeper();
25      addMouseListener(mouse);
26    }
27
28    public void paint(Graphics g) {
29      g.drawLine(oldx, oldy, newx, newy);
30      g.drawString("Hello", newx, newy);
31      oldx = newx;
32      oldy = newy;
33    }
34  }
35
36  class MouseKeeper extends MouseAdapter {
37
38    public void mousePressed(MouseEvent e) {
39      PenApp.window.newx = e.getX();
40      PenApp.window.newy = e.getY();
41      PenApp.window.repaint();
42    }
43  }
```

PenApp 클래스 내부에 존재하던 MouseKeeper 클래스를 36~43번째 줄처럼 외부로
빼내서 일반 클래스로 정의한다. MouseKeeper 클래스는 더 이상 PenApp 클래스의 oldx,
oldy 등의 필드에 직접 접근할 수 없고 PenApp 클래스가 상속받은 repaint 메소드도 직
접 호출할 수 없다. PenApp 객체는 윈도우 기능을 제공하고, MouseKeeper 객체는 윈도우
에 부착돼 마우스 클릭을 감지하는 기능을 수행하기 때문에 두 객체가 협력할 수 있도
록 연결 고리가 필요하다. 연결을 위해 17번째 줄에서 main 메소드의 지역 변수로 선언
됐던 window 참조 변수를 14번째 줄처럼 public static 필드로 선언해서 전역 변수로
변경하면 MouseKeeper 클래스에서 이 전역 변수를 연결 고리로 해서 PenApp 객체의 멤버
들에게 접근할 수 있다. 전역 변수의 역할을 하는 public static 필드는 3장의 응용 과
제 3에서 이미 다뤘다.

마우스가 클릭되면 호출되는 mousePressed 메소드에서 39번째 줄처럼 PenApp 객체의 newx 필드는 PenApp.window와 같이 전역 변수 window를 통해 접근한다. 41번째 줄에서는 같은 방법으로 PenApp 객체의 repaint 메소드를 호출해서 28번째 줄의 paint 메소드를 간접 호출한다.

전역 변수의 사용을 가급적 피하고 싶을 때 사용하는 두 번째 방법은 리스트 5-17과 같다.

리스트 5-17 PileAdd1-2 프로젝트의 PenApp.java

```
01  //=========================================================
02  // Inner Class Example2
03  //=========================================================
04
05  import java.awt.*;
06  import java.awt.event.*;
07
08  public class PenApp extends Frame {
09    public int oldx = 0;
10    public int oldy = 0;
11    public int newx = 0;
12    public int newy = 0;
13
14    public static void main(String[ ] args) {
15      PenApp window = new PenApp();
16      window.setVisible(true);
17    }
18
19    public PenApp() {
20      setSize(600, 500);
21      setTitle("Pen 응용");
22      MouseKeeper mouse = new MouseKeeper(this);
23      addMouseListener(mouse);
24    }
25
26    public void paint(Graphics g) {
27      g.drawLine(oldx, oldy, newx, newy);
28      g.drawString("Hello", newx, newy);
29      oldx = newx;
30      oldy = newy;
```

```
31    }
32  }
33
34  class MouseKeeper extends MouseAdapter {
35    PenApp window;
36
37    public MouseKeeper(PenApp win) {
38      window = win;
39    }
40
41    public void mousePressed(MouseEvent e) {
42      window.newx = e.getX();
43      window.newy = e.getY();
44      window.repaint();
45    }
46  }
```

34~46번째 줄에 정의된 MouseKeeper 클래스는 35번째 줄처럼 PenApp 클래스형의 참조 필드 window를 선언한다. 이 필드가 PenApp 객체를 참조하는 연결 고리 역할을 한다. 37번째 줄에서는 생성자를 정의해서 인자 win으로 받은 PenApp 객체의 참조 값을 window 필드에 저장함으로써 연결 작업을 수행한다. 42번째 줄에서 이 window 필드를 통해 PenApp 객체의 newx 필드에 접근하고, 44번째 줄에서는 PenApp 객체의 repaint 메소드를 호출한다.

PenApp 클래스의 생성자에서는 22번째 줄처럼 MouseKeeper 객체를 생성하면서 그림 5-31과 같이 this 참조 변수의 값을 MouseKeeper 생성자의 인자로 제공한다. this 참조 변수는 현재 메소드를 실행하는 객체의 참조 값을 갖도록 자바 가상 기계에 의해 항시 조정되는 시스템 변수이다. this 자기 참조 변수는 3장의 응용 과제 4에서 설명했다. 22번째 줄을 실행할 때 this 참조 변수의 값은 PenApp 객체의 참조 값인 xx이다. 이 값이 MouseKeeper 생성자의 인자로 넘어가 window 필드에 저장되기 때문에 MouseKeeper 객체의 window 필드는 PenApp 객체를 참조해서 연결 고리 역할을 한다. 참고로 MouseKeeper 생성자 메소드가 실행되는 순간 이 메소드를 실행하는 객체는 MouseKeeper 객체이기 때문에 this 참조 변수의 값은 yy로 변경된다.

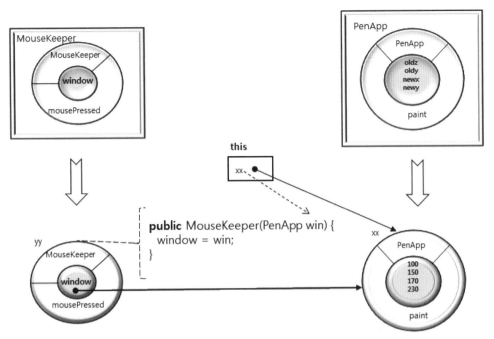

그림 5-31 MouseKeeper 생성자의 실행

5.3.2 MouseMotionListener 인터페이스

지금까지의 응용프로그램과 응용 과제 1에서의 마우스 이벤트를 처리하는 방법을 설명했다. 자바가 제공하는 MouseListener 인터페이스와 MouseAdapter 클래스는 마우스를 누르거나 떼는 것과 같이 단발성 이벤트를 처리하는 데 사용한다. 마우스를 클릭한 채 끌거나(드래깅하거나) 그냥 움직이는 상황에서 마우스의 이동 경로에 따라 연속적인 작업이 필요할 경우를 위해 자바는 java.awt.event 패키지에 그림 5-32와 같이 MouseMotionListener 인터페이스와 이를 구현한 MouseMotionAdapter 클래스를 제공한다.

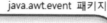
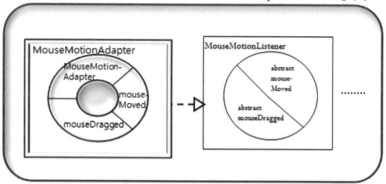

그림 5-32 MouseMotionListener 인터페이스와 MouseMotionAdapter 클래스

MouseMotionListener 인터페이스에 선언된 두 개의 추상 메소드 mouseMoved와 mouseDragged는 MouseListener 인터페이스와 같이 MouseEvent 객체의 참조 값을 인자로 취한다. 인터페이스는 달라도 마우스 클릭의 상황 정보를 얻는 MouseEvent 객체는 같은 것을 사용한다.

3장의 실습 과제인 Rectangle 응용프로그램을 발전시켜 MouseMotionListener 인터페이스를 활용해 보자. 그림 5-33은 3장의 실습 과제에서 생성된 사각형을 마우스로 클릭한 후 끌면(드래깅하면), 사각형이 빨간색으로 변해 끌려다니는 것을 보여준 것이다.

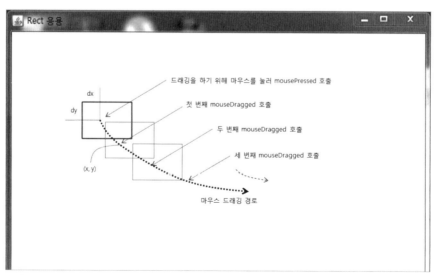

그림 5-33 마우스로 사각형 드래깅하기

그림은 프로그램이 실행된 후 첫 번째 마우스 클릭으로 기본색인 검은색 사각형이 생성된 이후의 처리 과정을 보여준다. 드래깅하려고 마우스를 사각형 내에서 누르면 mousePressed 메소드가 호출된다. 이 메소드 내에서 클릭점을 얻어 사각형의 왼쪽 위 꼭짓점까지의 dx와 dy값을 구하고 드래깅이 시작됐음을 알리는 boolean형 변수 dragMode의 값을 true로 설정한다. 드래깅이 시작되면 드래깅 경로를 따라 mouseDragged 메소드가 일정 간격으로 계속 호출된다. 이 간격은 컴퓨터 시스템의 그때그때 상황에 따라 다를 수 있다. 첫 번째 mouseDragged 메소드가 호출되면 이 메소드 내에서 현재 드래깅 모드인지 dragMode의 값을 조사한다. 드래깅 모드인 경우 마우스의 좌표점((x, y))을 얻어 놓고 사각형을 이동시키기 전에 펜을 바탕색인 흰색으로 변경해서 사각형을 현재 위치에서 다시 그리면 바탕색과 같은 색으로 그려지기 때문에 사각형이 지워진 효과를 낸다. 사각형의 왼쪽 위 꼭짓점이 이동될 새로운 위치는 (x-dx, y-dy)점이다. 이 점으로 사각형을 이동시키고 펜의 색을 빨간색으로 변경해서 사각형을 다시 그리면 새로운 위치에 빨간색 사각형이 그려진다. 이 과정에서 직전 사각형은 지워지고 새로운 위치에 빨간색 사각형이 그려진다. mouseDragged 메소드의 호출 때마다 이 과정이 반복되면 빨간 사각형이 드래깅 경로를 따라다니게 된다. 드래깅을 끝내고자 할 경우 마우스 버튼을 떼면 mouseReleased 메소드가 호출된다. 이 메소드 내에서 dragMode의 값을 드래깅의 끝을 알리는 false로 변경하고 사각형을 다시 그리면 사각형은 원래의 색인 검은색으로 그려진다.

Rect 클래스의 draw 메소드에서 setColor 메소드 호출문을 주석 처리해서 기본색인 검은색 펜을 사용한다. 수정된 RectApp 클래스는 리스트 5-18과 같다.

리스트 5-18 PileAdd2 프로젝트의 RectApp.java

```
01  //=========================================================
02  // MouseMotionListener interface Example
03  // Rect 클래스의 draw 메소드에서 setColor 호출문 주석 처리
04  //=========================================================
05
06  import java.awt.*;
07  import java.awt.event.*;
08
09  public class RectApp extends Frame {
10      public Rect theRectangle = null;
```

```
11      public int dx, dy;
12      public boolean dragMode = false;
13
14      public static void main(String[ ] args) {
15        RectApp window = new RectApp();
16        window.setVisible(true);
17      }
18
19      public RectApp() {
20        setSize(600, 500);
21        setTitle("Rect 응용");
22        MouseKeeper mouse = new MouseKeeper();
23        addMouseListener(mouse);
24        addMouseMotionListener(mouse);
25      }
26
27      private class MouseKeeper extends MouseAdapter
28        implements MouseMotionListener {
29
30        public void mousePressed(MouseEvent e) {
31          int x = e.getX();
32          int y = e.getY();
33
34          if(theRectangle == null) {
35            theRectangle = new Rect(x, y, x+70, y+50);
36            repaint();
37          }
38          else {
39            if(theRectangle.includes(x, y)) {
40              dragMode = true;
41              dx = x - theRectangle.upperLeftX;
42              dy = y - theRectangle.upperLeftY;
43            }
44          }
45        }
46
47        public void mouseReleased(MouseEvent e) {
48          if(dragMode) {
49            dragMode = false;
50            repaint();
51          }
```

```
52        }
53
54    public void mouseDragged(MouseEvent e) {
55      if(dragMode) {
56        int x = e.getX();
57        int y = e.getY();
58        Graphics tempG = getGraphics();
59        tempG.setColor(Color.white);
60        theRectangle.draw(tempG);
61        theRectangle.moveTo(x-dx, y-dy);
62        tempG.setColor(Color.red);
63        theRectangle.draw(tempG);
64      }
65    }
66
67    public void mouseMoved(MouseEvent e) {};
68  }
69
70  public void paint(Graphics g) {
71    if(theRectangle != null)
72      theRectangle.draw(g);
73  }
74 }
```

11번째 줄에서 dx와 dy 정수 변수를 필드로 선언한다. 12번째 줄에서는 드래깅의 시작과 끝을 알리는 dragMode boolean형 필드를 선언하고 false값으로 초기화한다. 27번째 줄의 MouseKeeper 클래스는 MouseAdapter 클래스를 상속받고 MouseMotionListener 인터페이스를 구현하는 것으로 선언한다. 따라서 MouseKeeper 객체는 마우스 리스너 겸 마우스 모션 리스너의 역할을 수행한다.

30번째 줄의 mousePressed 메소드에서 이미 사각형 객체가 생성됐고 클릭점이 사각형의 내부점이면 40~42번째 줄처럼 dx와 dy값을 구해 저장하고, dragMode 필드의 값을 드래깅의 시작을 알리는 true로 설정한다.

54번째 줄의 mouseDragged 메소드에서 드래깅 모드이면 56, 57번째 줄처럼 mouseDragged 메소드 호출 시점의 좌표점을 얻어 x와 y 변수에 저장한다. 58번째 줄에서 getGraphics 메소드를 호출하면 앞에 this.이 생략된 표현이기 때문에 윈도우 객체가 사용하는 Graphics 객체의 참조 값을 반환받는다. getGraphics 메소드는 paint 메소드가 아닌 프로그램의 다른 부분에서 Graphics 객체의 참조 값을 얻어 그래픽을 임시로 하는데 사용한다. 59, 60번째 줄은 이 Graphics 객체를 이용해서 사각형의 현재 위치에 흰색 사각형을 그려 사각형을 지운다. 61번째 줄에서는 사각형을 새로운 위치인 (x-dx, y-dy) 점으로 이동시킨다. 62, 63번째 줄에서는 빨간색 사각형을 새로운 위치에 그린다. 마우스 버튼을 누르지 않은 상태에서 마우스를 이동시키면 일정 간격으로 호출되는 67번째 줄의 mouseMoved 메소드는 빈 바디로 구현된다.

47번째 줄의 mouseReleased 메소드에서 드래깅 모드이면 dragMode 필드의 값을 false로 변경해서 드래깅을 끝내고, 50번째 줄처럼 사각형을 현재 위치에 검은색 사각형으로 다시 그린다. 22~24번째 줄에서 MouseKeeper 객체를 생성해서 addMouseListener와 addMouseMotionListener 메소드로 윈도우에 각각 등록시킨다.

5.3.3 배치관리자

응용 과제 2에서 BorderLayout 배치관리자^{Layout Manager}를 소개했고, 응용 과제 5에서 FlowLayout 배치관리자를 소개했다. 이번 절에서는 두 배치관리자를 좀 더 다루고 GridLayout 배치관리자와 배치관리자가 없는 경우를 설명한다. 윈도우, 애플릿 윈도우, 다이얼로그 윈도우 등의 컨테이너 객체가 생성될 때 표 5-12와 같이 자동적으로 기본 배치관리자가 배정된다.

표 5-12 컨테이너의 기본 배치관리자

컨테이너	기본 배치관리자
Window	BorderLayout
Frame	BorderLayout
Dialog	BorderLayout
Applet	FlowLayout

BorderLayout 배치관리자

BorderLayout 배치관리자는 컨테이너 공간을 동(EAST), 서(WEST), 남(SOUTH), 북(NORTH), 가운데(CENTER)의 다섯 개 영역으로 나누고 응용프로그램이 지정한 영역에 컴포넌트를 배치한다. 따라서 단지 다섯 개의 컴포넌트만 배치할 수 있다. BorderLayout 배치관리자는 컨테이너의 크기가 변하면 새로운 크기에 맞도록 컴포넌트의 크기를 재조정한다.
BorderLayout 배치관리자를 생성할 때 실행되는 BorderLayout 클래스의 생성자는 표
5-13과 같다.

표 5-13 BorderLayout 클래스의 생성자

생성자	설명
BorderLayout(int hGap, int vGap)	hGap은 좌우 두 컴포넌트 사이의 수평 간격, vGap은 상하 두 컴포넌트 사이의 수직 간격, 픽셀 단위
BorderLayout()	기본 생성자, hGap과 vGap은 0

첫 번째 생성자를 이용해 BorderLayout 객체를 생성하고 활용한 코드는 리스트 5-19
와 같고, 실행 화면은 그림 5-34와 같다.

리스트 5-19 PileAdd3-1 프로젝트의 BorderLayoutApp.java

```
01  //====================================================
02  // BorderLayout class Example
03  //====================================================
04
05  import java.awt.*;
06
07  public class BorderLyaoutApp extends Frame {
08
09    public static void main(String[ ] args) {
10      BorderLyaoutApp window = new BorderLyaoutApp();
11      window.setVisible(true);
12    }
13
14    public BorderLyaoutApp() {
15      setSize(300, 200);
16      setTitle("Border Layout");
17      setLayout(new BorderLayout(30, 20));
18      Button btn1 = new Button("North");
19      Button btn2 = new Button("South");
20      Button btn3 = new Button("East");
21      Button btn4 = new Button("West");
22      Button btn5 = new Button("Center");
23      add(btn1, BorderLayout.NORTH);
24      add(btn2, BorderLayout.SOUTH);
```

```
25      add(btn3, BorderLayout.EAST);
26      add(btn4, BorderLayout.WEST);
27      add(btn5, BorderLayout.CENTER);
28   }
29 }
```

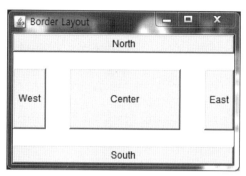

그림 5-34 컴포넌트 간격을 두는 BorderLayout 배치관리자

17번째 줄에서 Frame 윈도우 컨테이너에 기본적으로 주어진 BorderLayout 객체를 setLayout 메소드를 호출해서 좌우 컴포넌트 간 30픽셀, 상하 컴포넌트 간 20픽셀 띄우는 BorderLayout 객체로 변경한다. 기본적으로 주어진 BorderLayout 객체는 이 간격을 0으로 배치한다. 18~22번째 줄은 다섯 개의 버튼 객체를 버튼명(North, South, East, West, Center)을 지정해서 생성한다. 23~27번째 줄은 다섯 개의 버튼을 윈도우에 add 메소드를 호출해서 부착시킨다. BorderLayout.NORTH, BorderLayout.SOUTH, BorderLayout.EAST, BorderLayout.WEST, BorderLayout.CENTER는 BorderLayout 클래스에 정의된 상수다.

FlowLayout 배치관리자

FlowLayout 배치관리자가 컴포넌트를 정렬하는 방식에는 세 가지가 있다. FlowLayout은 가운데 정렬을 하는 배치관리자로 컴포넌트를 컨테이너 공간 내의 위쪽에 가운데 정렬로 배치하고, 더 이상 공간이 없다면 바로 아래로 내려와서 다시 가운데 정렬로 배치한다. 컨테이너의 크기가 변하면 크기에 맞도록 컴포넌트가 재배치된다. FlowLayout 클래스의 생성자는 표 5-14와 같다.

표 5-14 FlowLayout 클래스의 생성자

생성자	설명
FlowLayout(int align, int hGap, int vGap)	align은 컴포넌트 정렬 방식 • 왼쪽 정렬: FlowLayout.LEFT • 오른쪽 정렬: FlowLayout.RIGHT • 가운데 정렬: FlowLayout.CENTER hGap은 좌우 두 컴포넌트 사이의 수평 간격, vGap은 상하 두 컴포넌트 사이의 수직 간격, 픽셀 단위
FlowLayout(int align)	align 방식으로 정렬, hGap과 vGap은 5
FlowLayout()	기본 생성자, align은 가운데, hGap과 vGap은 5

첫 번째 생성자를 이용해 FlowLayout 객체를 생성하고 활용한 코드는 리스트 5-20 과 같고, 실행 결과는 그림 5-35와 같다.

리스트 5-20 PileAdd3-2 프로젝트의 FlowLayoutApp.java

```
01  //======================================================
02  // FlowLayout class Example
03  //======================================================
04
05  import java.awt.*;
06
07  public class FlowLyaoutApp extends Frame {
08
09      public static void main(String[ ] args) {
10          FlowLyaoutApp window = new FlowLyaoutApp();
11          window.setVisible(true);
12      }
13
14      public FlowLyaoutApp() {
15          setSize(400, 200);
16          setTitle("Flow Layout");
17          setLayout(new FlowLayout(FlowLayout.LEFT, 20, 20));
18          Button btn1 = new Button("버튼1");
19          Button btn2 = new Button("버튼2");
20          Button btn3 = new Button("버튼3");
21          Button btn4 = new Button("버튼4");
22          Button btn5 = new Button("버튼5");
23          Button btn6 = new Button("버튼6");
24          Button btn7 = new Button("버튼7");
```

```
25      Button btn8 = new Button("버튼8");
26      Button btn9 = new Button("버튼9");
27      add(btn1); add(btn2); add(btn3);
28      add(btn4); add(btn5); add(btn6);
29      add(btn7); add(btn8); add(btn9);
30    }
31  }
```

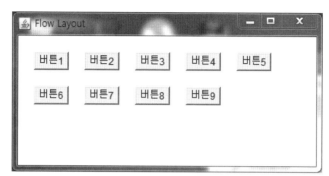

그림 5-35 컴포넌트를 왼쪽 정렬로 배치하는 FlowLayout 배치관리자

17번째 줄에서 Frame 윈도우 컨테이너에 기본적으로 주어진 BorderLayout 객체를 setLayout 메소드를 호출해서 왼쪽 정렬을 하고 컴포넌트 간 수평 간격과 수직 간격을 20픽셀로 유지하는 FlowLayout 객체로 변경한다. 왼쪽 정렬이기 때문에 컴포넌트를 왼쪽에서 오른쪽으로 배치해 나가고, 공간이 모자라면 바로 아래로 내려 다시 왼쪽에서 오른쪽으로 컴포넌트들을 배치해 나간다. 18~26번째 줄에서 아홉 개의 버튼 객체를 생성하고, 27~29번째 줄에서는 add 메소드로 윈도우에 이 버튼 객체들을 부착시킨다.

GridLayout 배치관리자

GridLayout 배치관리자는 컨테이너 공간을 사각형의 격자 모양으로 분할해서 격자의 각 셀에 하나의 컴포넌트를 배치한다. 왼쪽에서 오른쪽으로, 위에서 아래로 순서대로 배치해 나간다. 격자의 셀 수보다 많은 컴포넌트가 추가되면 생성자에서 지정된 행렬의 수가 지켜지지 않고 모든 컴포넌트가 수용되도록 행렬의 수가 적절하게 변경된다. GridLayout 클래스의 생성자는 표 5-15와 같다.

표 5-15 GridLayout 클래스의 생성자

생성자	설명
GridLayout(int rows, int clos, int hGap, int vGap)	컨테이너 공간을 rows×cols로 분할, hGap은 좌우 두 컴포넌트 사이의 수평 간격, vGap은 상하 두 컴포넌트 사이의 수직 간격, 픽셀 단위
GridLayout(int rows, int cols)	rows×cols로 분할, hGap과 vGap은 0
GridLayout()	기본 생성자, rows와 cols는 1, hGap과 vGap은 0

생성자의 인자 중 rows나 cols값을 0으로 지정하면 배치할 컴포넌트의 개수에 따라 0으로 지정된 숫자가 적절히 변해도 좋다는 의미이다. 첫 번째 생성자를 이용해서 Grid Layout 객체를 생성하고 활용한 코드는 리스트 5-21과 같고, 실행 결과는 그림 5-36과 같다.

리스트 5-21 PileAdd3-3 프로젝트의 GridLayoutApp.java

```
01  //=======================================================
02  // GridLayout class Example
03  //=======================================================
04
05  import java.awt.*;
06
07  public class GridLyaoutApp extends Frame {
08
09    public static void main(String[ ] args) {
10      GridLyaoutApp window = new GridLyaoutApp();
11      window.setVisible(true);
12    }
13
14    public GridLyaoutApp() {
15      setSize(500, 300);
16      setTitle("Grid Layout");
17      setLayout(new GridLayout(0, 4, 20, 10));
18      Button btn1 = new Button("버튼1");
19      Button btn2 = new Button("버튼2");
20      Button btn3 = new Button("버튼3");
21      Button btn4 = new Button("버튼4");
22      Button btn5 = new Button("버튼5");
23      Button btn6 = new Button("버튼6");
24      Button btn7 = new Button("버튼7");
```

```
25      Button btn8 = new Button("버튼8");
26      Button btn9 = new Button("버튼9");
27      add(btn1); add(btn2); add(btn3);
28      add(btn4); add(btn5); add(btn6);
29      add(btn7); add(btn8); add(btn9);
30   }
31 }
```

그림 5-36 컴포넌트를 격자에 배치하는 GridLayout 배치관리자

17번째 줄에서 Frame 윈도우 컨테이너에 기본적으로 주어진 BorderLayout 객체를 setLayout 메소드를 호출해서 열이 4인 격자를 생성하고 격자 셀 간 수평 간격을 20픽셀, 수직 간격을 10픽셀로 유지하는 GridLayout 객체로 변경한다. 행의 값을 0으로 지정했기 때문에 열의 값인 4에 따라 격자의 행은 유연하게 변경된다. 18~26번째 줄에서 아홉 개의 버튼 객체를 생성하고, 27~29번째 줄에서 add 메소드로 윈도우에 이 버튼 객체들을 부착시킨다.

수동 배치

컴포넌트의 크기나 위치를 임의로 지정하고 싶을 때나 컴포넌트들이 겹치는 효과를 내고 싶을 때는 자동 배치관리자를 해제하고 수동 배치를 한다. 배치관리자를 해제시킨 컨테이너에 컴포넌트를 추가하면 컴포넌트는 0×0 크기로 설정돼 보이지 않게 되므로 컴포넌트를 컨테이너에 부착시키기 전에 위치와 크기를 설정해 줘야 한다.

수동 배치로 버튼을 배치하는 코드는 리스트 5-22와 같고, 실행 결과는 그림 5-37과 같다.

리스트 5-22 PileAdd3-4 프로젝트의 NullLayoutApp.java

```
01 //========================================================
02 // 수동 배치 Example
03 //========================================================
04
05 import java.awt.*;
06
07 public class NullLyaoutApp extends Frame {
08
09   public static void main(String[ ] args) {
10     NullLyaoutApp window = new NullLyaoutApp();
11     window.setVisible(true);
12   }
13
14   public NullLyaoutApp() {
15     setSize(400, 300);
16     setTitle("수동 배치");
17     setLayout(null);
18     for(int i = 1; i < 5; i++) {
19       Button btn = new Button("버튼" + Integer.toString(i));
20       btn.setSize(50, 20);
21       btn.setLocation(i*20, 50+i*15);
22       add(btn);
23     }
24     Button bigBtn = new Button("버튼5");
25     bigBtn.setBounds(200, 100, 80, 50);
26     add(bigBtn);
27   }
28 }
```

그림 5-37 수동 배치

17번째 줄에서 setLayout 메소드를 호출하면서 인자로 null을 지정하면 윈도우에 설정됐던 BorderLayout 배치관리자가 해제되고 수동 배치로 변경된다. 18번째 줄의 for 문은 네 개의 버튼을 생성해서 윈도우에 부착시킨다. 19번째 줄에서 버튼 객체를 생성하면서 버튼명을 지정한다. Integer 래퍼 클래스의 toString static 메소드는 정수를 문자열로 변환해서 그 참조 값을 반환한다. 20번째 줄에서 Button 클래스가 java.awt. Component 클래스로부터 상속받은 setSize 메소드로 버튼의 크기를 설정한다. 21번째 줄에서는 setLocation 메소드로 버튼의 위치를 지정한다. 22번째 줄처럼 크기와 위치가 설정된 버튼을 add 메소드로 윈도우에 부착시키면 네 개의 버튼이 겹쳐 표시된다. 컴포넌트들끼리 겹쳐질 때는 나중에 추가된 컴포넌트가 밑에 배치된다. 24번째 줄에서는 다섯 번째 버튼을 생성하고, 25번째 줄에서는 java.awt.Component 클래스로부터 상속받은 setBounds 메소드로 크기와 위치를 함께 지정한다. setBounds 메소드의 인자로는 사각형의 왼쪽 위 꼭짓점, 폭, 높이를 지정한다. 26번째 줄처럼 다섯 번째 버튼을 윈도우에 부착시키면 윈도우 오른쪽에 큰 버튼이 표시된다. 6장의 응용 과제 6은 수동 배치로 레이블 객체들을 배치하는 예이다.

5.3.4 익명 클래스

인터페이스는 구현 클래스를 정의해서 사용하는 것이 원칙이고 이렇게 구현된 클래스는 재사용할 수도 있기 때문에 편리하지만 일회성의 구현 객체를 생성해서 사용할 경우에는 코드의 길이를 줄이려고 종종 자바가 제공하는 익명 클래스^{Anonymous Class}의 기능을 사용하기도 한다. 익명 클래스는 클래스 정의 부분과 객체 생성 부분이 하나로 합쳐져 있는 클래스를 말한다. 응용 과제 2에서는 '원위치' 버튼에 부착되는 리스너 객체를 내부 클래스로 구현했다. 리스트 5-23은 응용 과제 2의 PileApp.java 파일에서 '원위치' 버튼에 부착시킬 리스너 객체의 구현 코드를 다시 보여준 것이다.

리스트 5-23 PileApp2 프로젝트의 PileApp.java(일부)

```
01    // PileApp 생성자에서...
02        Button backButton = new Button("원위치");
03        backButton.addActionListener(new BackButtonListener());
04        add("South", backButton);
05
```

```
06
07   // 내부 클래스로 구현...
08     private class BackButtonListener implements ActionListener {
09
10       public void actionPerformed(ActionEvent e) {
11         int x = theDiscard.x;
12         int y = theDiscard.y;
13         for(int i = 0; i < theDiscard.count; i++)
14           theDiscard.thePile[i].moveTo(x, y);
15         repaint();
16       }
17     }
```

PileApp 생성자에서 2번째 줄은 '원위치' 버튼 객체를 생성한다. 3번째 줄은 8번째 줄에 정의된 BackButtonListener 클래스로부터 리스너 객체를 생성해서 버튼에 부착시킨다. BackButtonListener 클래스는 ActionListener 인터페이스를 구현한 클래스이다. 4번째 줄에서는 이 버튼 객체를 윈도우의 남쪽에 등록시킨다.

버튼이 클릭될 때마다 호출되는 10번째 줄의 actionPerformed 메소드는 11~14번째 줄처럼 디스카드 파일의 모든 카드들을 디스카드 파일의 왼쪽 위 꼭짓점으로 이동시킨다. 15번째 줄에서는 repaint 메소드를 호출해서 paint 메소드가 디스카드 파일을 다시 그려서 카드의 이동을 시각적으로 반영한다.

리스트 5-24는 앞의 두 코드 부분을 하나의 익명 클래스로 구현한 코드이다.

리스트 5-24 PileAdd4 프로젝트의 PileApp.java(일부)

```
01     Button backButton = new Button("원위치");
02     ActionListener listener = new ActionListener() {
03       public void actionPerformed(ActionEvent e) {
04         int x = theDiscard.x;
05         int y = theDiscard.y;
06         for(int i = 0; i < theDiscard.count; i++)
07           theDiscard.thePile[i].moveTo(x, y);
08         repaint();
09       }
10     };
11     backButton.addActionListener(listener);
12     add("South", backButton);
```

익명 클래스는 이 경우와 같은 GUI 프로그램이나 6장에서 설명할 다중 스레드 프로그램에서 자주 사용된다. 안드로이드 앱 개발자도 익명 클래스 기능을 즐겨 사용한다. 2번째 줄에서 new 연산자 다음에는 클래스명이 와야 하는데 클래스명이 없다. ActionListener 인터페이스명 다음의 {}는 {} 내에 명시된 인터페이스를 구현하는 클래스를 정의한다는 의미이다. new 연산자는 이렇게 구현된 클래스로부터 객체를 생성해서 그 참조 값을 ActionListener 인터페이스형의 listener 참조 변수에 저장한다. 3~9번째 줄의 내용은 BackButtonListener 클래스의 내용과 같다. 주의할 점은 2~10번째 줄이 객체를 생성하는 하나의 실행문이기 때문에 끝은 10번째 줄처럼 ;을 붙여야 한다는 것이다. {} 내에서 인터페이스에 정의된 모든 메소드들을 구현해야 하는 것은 구현 클래스를 따로 정의할 때와 마찬가지이다. 익명 클래스도 일종의 내부 클래스이기 때문에 외부 클래스의 멤버에 접근할 수 있다. 그러나 코드의 가독성이 떨어지고, {} 내에 추가적으로 선언한 필드와 메소드는 익명 클래스 내에서만 사용할 수 있다는 단점이 있다.

5.3.5 람다식

기본 데이터형을 제외하고 자바의 모든 것이 객체로 표현되기 때문에 자바 8 이전에는 클래스의 정의 없이 함수(메소드)를 단독으로 정의할 수 없었다. 또한 함수를 다른 함수의 인자로 전달할 수 없었고, 함수를 반환하는 함수를 정의할 수도 없었다. 이런 결함은 자바가 함수를 값으로 취급하지 않기 때문에 발생한다. C나 파이썬 등과 같은 다른 언어의 함수를 자바는 메소드라고 부르기 때문에 지금부터는 함수 대신 메소드라는 용어를 사용하자. 기본 데이터형의 정수 값, 실수 값, 클래스형의 객체는 모두 값으로 취급되기 때문에 변수에 저장될 수 있고 메소드의 인자로 전달될 수 있으며 메소드의 반환값이 될 수 있다. 물론 클래스로부터 생성된 객체는 변수에 직접 저장되는 것이 아니고 그 참조 값이 저장되는 것이지만 개발자는 이를 객체가 변수에 저장되는 것으로 간주할 수 있다.

메소드를 값으로 취급할 수 있게 도입된 기능이 람다식^{Lambda Expression}이다. 메소드가 값으로 취급된다는 의미는 메소드를 값으로 변수에 저장할 수 있어야 하고 메소드를 다른 메소드의 인자 값으로 전달할 수 있어야 하며 메소드가 메소드를 값으로 반환할 수 있어야 한다는 것이다. 람다식은 주로 6장에서 다룰 시각 사용자 인터페이스 프로그램,

컬렉션 프레임워크, 다중 스레드를 사용하는 프로그램(병렬 프로그램) 등에 많이 사용되는데 람다식을 사용하면 코드가 간결해지고 함수를 필요로 하는 곳에 클래스의 정의 없이 바로 람다식을 정의해서 제공할 수 있는 등 여러 가지 이점을 제공한다.

그러나 자바가 처음부터 메소드를 값으로 취급할 수 있게 설계된 언어가 아니다 보니 람다식이 메소드를 정의하는 형태의 문법을 지원하지만 내부적으로는 객체로 구현된다. 람다식이 객체로 구현되고 객체는 클래스나 인터페이스와 연계돼야 하기 때문에 람다식은 함수 인터페이스^{Functional Interface}라고 부르는 인터페이스형과 연계해서 사용해야 하는 제약이 있다. 반면에 Swift나 Kotlin과 같은 모던 프로그래밍 언어는 처음부터 함수를 완벽하게 값으로 취급할 수 있게 설계된 언어이고, C++ 언어는 자바보다 더 개선된 람다 기능을 제공하는 언어이다.

람다식을 한마디로 요약하면 사용될 현장에서 바로 정의해서 실행시키는 일회용 무명 함수이다. 일회용 무명 함수의 의미는 이어지는 예제 프로그램에서 설명하기로 한다. 컴파일러는 람다식으로부터 함수 객체^{Functional Object}를 생성하는데 이 둘을 구분하는 것이 무의미하기 때문에 이 책에서는 람다식과 함수 객체를 구분하지 않고 그냥 람다식이라고 부른다. 변수에 저장할 수 있는 람다식, 반환값으로 람다식을 반환하는 메소드, 메소드의 인자 값으로 전달되는 람다식의 순으로 예제 프로그램을 갖고 람다식의 개념과 장점을 설명한다.

변수에 저장할 수 있는 람다식

리스트 5-25는 람다식을 변수에 저장하는 예이고, 그림 5-38은 그 실행 결과를 보여준 것이다.

리스트 5-25 PileAdd5-1 프로젝트의 HelloLambdaApp.java

```
01  // variable that stores lambda
02
03  public class HelloLambdaApp {
04    static String messageField = "Hi, ";
05
06    public static void main(String[] args) {
07      String messageLocal = "Nice to see you, "; // final 속성
08
```

```
09     // 괄호와 중괄호 사용
10     HelloService helloService1 = (name) -> {
11       name = "Wonjin";
12       System.out.println("Hello, " + name);
13     };
14
15     // 괄호와 중괄호 생략, 필드(messageField) 사용
16     HelloService helloService2 = name ->
17         System.out.println(messageField + name);
18
19     // 바깥 영역의 지역 변수(messageLocal)와 인자(args)는 final 속성
20     HelloService helloService3 = (String name) -> {
21       // messageLocal = "Good to see you, ";
22       System.out.println(messageLocal + name);
23     };
24
25     helloService1.sayHello("Doohun");
26     helloService2.sayHello("Doohun");
27     helloService3.sayHello("Doohun");
28   }
29
30   @FunctionalInterface
31   interface HelloService {
32     void sayHello(String name);
33   }
34 }
```

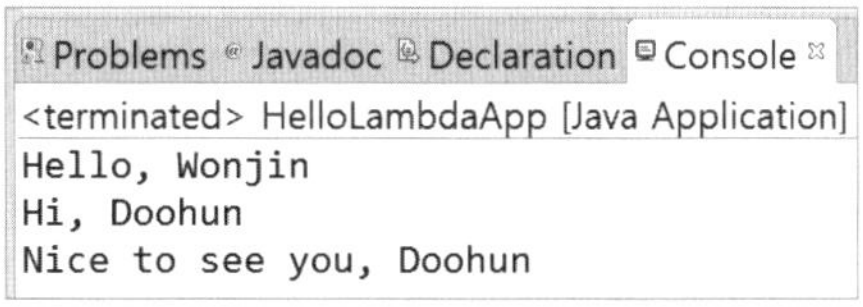

```
Problems  Javadoc  Declaration  Console
<terminated> HelloLambdaApp [Java Application]
Hello, Wonjin
Hi, Doohun
Nice to see you, Doohun
```

그림 5-38 HelloLambdaApp의 실행

3번째 줄에 정의한 HelloLambdaApp 클래스의 내부 인터페이스로 31번째 줄의 HelloService 인터페이스를 정의한다. HelloService 인터페이스처럼 단 한 개의 추상 메소드(sayHello)만 갖는 인터페이스를 함수 인터페이스라고 하는데 람다식은 이런 함수 인터페이스와 연계된다. 30번째 줄의 @FunctionalInterface 어노테이션은 선택 사항인데 붙여주면 두 개 이상의 추상 메소드가 선언되지 않도록 컴파일러가 검증해 준다. 4

번째 줄은 HelloLambdaApp 클래스의 static 필드로 messageField를 정의하고 'Hi, ' 문자열로 초기화하고, 7번째 줄은 main 메소드의 지역 변수로 messageLocal을 정의하고 'Nice to see you, ' 문자열로 초기화한다.

10~13번째 줄의 배정문에서 왼쪽 항은 HelloService 인터페이스형의 helloService1 참조 변수를 정의하면서 이 변수에 그림 5-39처럼 오른쪽 항의 람다식으로부터 생성된 함수 객체의 참조 값을 배정한다.

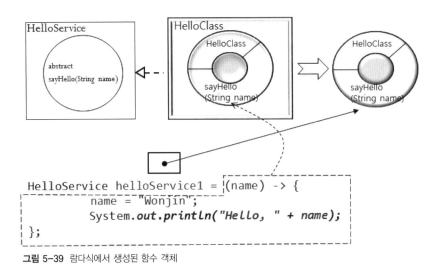

그림 5-39 람다식에서 생성된 함수 객체

그림에서 점선 테두리로 표시한 람다식은 (인자) -> {몸체}의 함수 형태로 정의하는데 이 람다식은 name 인자 하나와 11, 12번째 줄의 두 문장으로 구성되는 몸체를 가진다. 11번째 줄은 name 인자로 전달받은 문자열을 'Wonjin' 문자열로 대체하고, 12번째 줄은 'Hello, Wonjin' 문자열을 출력한다. 문법적으로 보면 메소드(함수) 형태의 람다식이 helloService1 변수에 저장된 것이다.

람다식은 문법적으로 메소드나 함수의 정의와 비슷하지만 실제적으로는 객체 생성을 명시하는 표현식이다. 컴파일러는 이 람다식을 만나면 그림 5-39처럼 HelloService 인터페이스를 구현하는 HelloClass 클래스를 내부적으로 생성하는데 컴파일러는 점선 화살표로 표시한 것과 같이 람다식을 인터페이스의 sayHello 추상 메소드를 구현하는 용도로 사용한다. 이해를 도우려고 컴파일러가 HelloClass라는 이름의 클래스를 생성하는 것처럼 그림에 표기했지만 실상은 5.3.4절에서 설명한 익명 클래스 형태로 클래스를 생성한다. 람다식의 name 인자는 String name과 같이 형을 지정할 수도 있지만 연계된 HelloService 인터페이스의 32번째 줄로부터 컴파일러가 그 형을 유추할 수 있기 때문에 형을 생략하는 것이 일반적이다. 람다식의 반환형도 연계된 인터페이스의 추상 메소드로부터 유추할 수 있기 때문에 람다식에 반환형은 지정하지 않는다. 자바 가상 기계는 프로그램 실행 시 이 익명 클래스로부터 함수 객체를 생성해서 그 참조 값을 helloService1 참조 변수에 저장한다. 따라서 helloService1 변수는 이 함수 객체를 참조한다.

컴파일러가 16, 17번째 줄을 만나면 다시 그림 5-39과 같은 거쳐 새로운 익명 클래스를 내부적으로 생성하고 자바 가상 기계는 이 클래스로부터 생성된 함수 객체의 참조 값을 helloService2 참조 변수에 저장한다. 따라서 helloService1 참조 변수와 helloService2 참조 변수는 서로 다른 함수 객체를 참조한다. 16, 17번째 줄에 정의한 람다식처럼 인자가 한 개이면 괄호를 생략할 수 있고, 몸체를 구성하는 문장이 한 개이면 중괄호도 생략할 수 있다. 인자가 없는 경우는 ()처럼 빈 괄호를 명시한다. 20~23번째 줄도 같은 방식으로 처리돼 helloService3 변수는 또 다른 함수 객체를 참조한다.

람다식도 일반 메소드처럼 람다식 내에 정의된 인자나 지역 변수의 유효 범위를 의미하는 스코프를 형성한다. 리스트 5-25는 HelloLambdaApp 클래스가 규정하는 스코프가 main 메소드가 규정하는 스코프를 품고 있고 main 메소드의 스코프는 다시 세 개의 람다식이 규정하는 스코프들을 품는 구조를 갖고 있다. 따라서 main 메소드의 스코프와 HelloLambdaApp 클래스의 스코프는 각 람다식 스코프의 바깥 스코프가 된다. 람다식을 정의하면서 17번째 줄처럼 바깥 스코프에서 필드로 정의된 4번째 줄의 messageField는 인자로 전달받지 않았어도 사용하는 것(읽고 쓰기)이 허용된다. 바깥 스코프의 메소드 호출도 가능하다. 주석 처리된 21번째 줄은 바깥 스코프에서 지역 변수로 정의된 messageLocal 변수의 값을 변경하려는 것인데 바깥 스코프의 지역 변수나 인자는 final 속성(상수화)이 주어지기 때문에 22번째 줄처럼 읽는 것은 가능하지만 쓰기 용도로는 사용할 수 없다. 바깥 스코프의 필드는 읽고 쓰기가 가능하지만 지역 변수는 읽기만 가능하다. 이처럼 람다식이 바깥 스코프의 변수를 사용하는 것을 람다 캡처^{Lambda Capture} 기능이라고 한다. 25~27번째 줄처럼 helloService1, helloService2, helloService3이 참조하는 함수 객체들에게 sayHello 메소드를 호출하면 그림 5-38의 실행 결과를 얻는다.

반환값으로 람다식을 반환하는 메소드

리스트 5-26은 람다식을 반환하는 메소드의 예이고, 그림 5-40은 그 실행 결과이다.

리스트 5-26 PileAdd5-2 프로젝트의 HelloLambdaApp2.java

```
01  // lambda as a return value of method
02
03  public class HelloLambdaApp2 {
04
05    public static void main(String[] args) {
06      HelloService helloService1 = helloGenerator("how are you?");
07      HelloService helloService2 = helloGenerator("nice to see you");
08      helloService1.sayHello("Doohun");
09      helloService2.sayHello("Youngmi");
10    }
11
12    public static HelloService helloGenerator(String message) {
13      HelloService temp = name ->
14        System.out.println(name + ", " + message);
15      return temp;
16    }
17
18    @FunctionalInterface
19    interface HelloService {
20      void sayHello(String name);
21    }
22  }
```

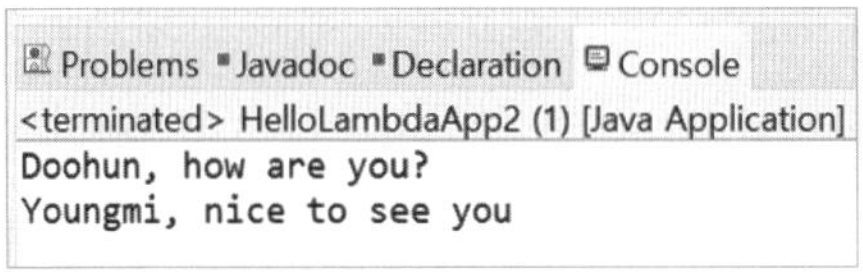

```
Problems  Javadoc  Declaration  Console
<terminated> HelloLambdaApp2 (1) [Java Application]
Doohun, how are you?
Youngmi, nice to see you
```

그림 5-40 HelloLambdaApp2의 실행

3번째 줄에 정의한 HelloLambdaApp2 클래스의 내부 인터페이스로 19번째 줄의 HelloService 함수 인터페이스를 정의한다. 12번째 줄에 정의한 helloGenerator 메소드는 HelloService 인터페이스형을 반환형으로 지정하고 message 문자열 인자를 받는다. 13번째 줄의 배정문에서 오른쪽 항은 람다식인데 이 람다식은 name 인자를 받아 name이 참조하는 문자열과 message가 참조하는 문자열을 합쳐 출력하는 함수 형태이다. 이 람다

식은 temp 지역 변수에 저장되고, 15번째 줄처럼 helloGenerator 메소드의 반환값으로 반환된다. 메소드가 반환값으로 람다식을 반환하는 것이다.

6번째 줄은 helloGenerator 메소드를 호출하면서 'how are you?' 문자열을 인자 값으로 전달한다. helloGenerator 메소드가 반환하는 람다식은 helloService1 변수에 저장된다. 반환되는 람다식은 name -> System.out.println(name + ", " + "how are you?") 이다. 7번째 줄은 helloGenerator 메소드를 호출하면서 'nice to see you' 문자열을 인자 값으로 전달한다. helloGenerator 메소드가 반환하는 람다식은 helloService2 변수에 저장된다. 반환되는 람다식은 name -> System.out.println(name + ", " + "nice to see you")이다. 8, 9번째 줄처럼 helloService1과 helloService2가 참조하는 함수 객체들에게 sayHello 메소드를 호출하면 그림 5-40의 실행 결과를 얻는다.

람다식이 값으로 취급되기 때문에 helloGenerator 메소드는 다음 코드처럼 name -> System.out.println(name + ", " + messsage)의 값을 직접 반환하는 것으로 수정할 수 있다.

```
public static HelloService helloGenerator(String message) {
  return name -> System.out.println(name + ", " + message);
}
```

메소드의 인자 값으로 전달되는 람다식

리스트 5-27은 함수 형태의 람다식을 변수에 저장하고 이 람다식을 인자의 값으로 메소드에 전달하는 예이고, 그림 5-41은 실행 결과다.

리스트 5-27 PileAdd5-3 프로젝트의 MathLambdaApp.java

```
01  // lambda as parameter value of method
02
03  public class MathLambdaApp {
04
05    public static void main(String[] args) {
06
07      // return문과 중괄호 사용
08      MathOperation addition = (a, b) -> {
09        return a + b;
10      };
```

```
11
12    // return문과 중괄호 생략
13    MathOperation subtraction = (a, b) -> a - b;
14
15    System.out.println("10 + 5 = " + operate(10, 5, addition));
16    System.out.println("10 - 5 = " + operate(10, 5, subtraction));
17
18    // 람다가 생성하는 익명 객체 사용
19    System.out.println("10 x 5 = " + operate(10, 5, (a, b) -> a * b));
20  }
21
22  interface MathOperation {
23    int operation(int a, int b);
24  }
25
26  private static int operate(int a, int b, MathOperation mathOperation) {
27    return mathOperation.operation(a, b);
28  }
29 }
```

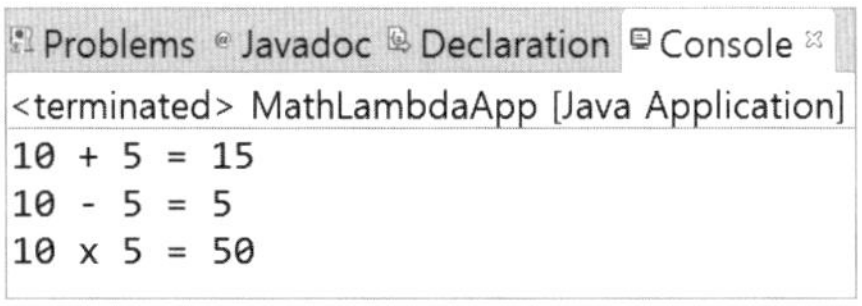

```
Problems  Javadoc  Declaration  Console
<terminated> MathLambdaApp [Java Application]
10 + 5 = 15
10 - 5 = 5
10 x 5 = 50
```

그림 5-41 MathLambdaApp의 실행

3번째 줄의 MathLambdaApp 클래스는 22번째 줄처럼 MathOperation 함수 인터페이스의 정의를 포함한다. MathOperation 인터페이스는 정수 인자 두 개를 취하는 23번째 줄의 operation 추상 메소드 한 개를 가진다. 26번째 줄은 operate라는 정적 메소드를 정의하는데 이 메소드는 더하기, 빼기, 곱하기 등의 연산에 적용할 두 정수와 MathOperation 인터페이스형의 람다식(함수 객체)을 인자로 전달받는다. 컴파일러가 람다식을 함수 객체로 구현해 주기 때문에 람다식과 함수 객체를 같은 것으로 취급하기로 하자. 27번째 줄은 함수 객체의 operation 메소드를 호출하면서 두 정수를 인자로 제공한다.

8~10번째 줄의 배정문에서 왼쪽 항은 MathOperation 인터페이스형의 addition 참조 변수를 정의하면서 이 변수에 오른쪽 항의 람다식으로부터 생성된 함수 객체의 참조 값

을 저장한다. 문법적으로는 메소드 형태의 람다식을 addition 변수에 저장하는(메소드를 변수에 저장하는) 효과를 가져 온다. 이 람다식은 두 개의 인자를 전달받아 그 합을 반환하는데 연계된 MathOperation 인터페이스의 23번째 줄에서 인자의 형과 반환형을 컴파일러가 유추할 수 있기 때문에 인자의 형과 반환형을 명시하지 않는다. 13번째 줄에서 유사한 과정을 거쳐 subtraction 참조 변수에 새롭게 생성된 함수 객체의 참조 값이 저장된다. 람다식에서 {} 내에 return문만 있을 경우 return 키워드를 사용하지 않고 13번째 줄의 a - b처럼 표현식만 작성하는 것이 일반적이다.

15번째 줄은 26번째 줄의 operate 메소드를 호출하는데 10, 5, addition 참조 변수의 값(함수 객체의 참조 값)은 각각 a, b, mathOperation 인자로 복사돼 넘어간다. 따라서 mathOperation 인자는 addition이 참조하는 함수 객체를 참조하게 된다. 문법적으로는 람다식을 인자의 값으로 넘기는 효과를 가져 온다. 27번째 줄은 이 함수 객체의 operation 메소드를 호출하면서 a와 b를 인자로 제공하기 때문에 두 수를 더한 15가 그림 5-41처럼 반환돼 출력된다. 16번째 줄도 비슷한 과정을 거쳐 처리된다.

19번째 줄의 operate 메소드 호출에서 세 번째 인자는 람다식 자체를 인자의 값으로 넘기는데 전달 과정에서 다음의 문장이 성립하기 때문에 컴파일러는 내부적으로 익명 클래스를 생성하고 자바 가상 기계는 이 클래스로부터 함수 객체를 생성해서 mathOperation 인자가 이 함수 객체를 참조하게 된다.

```
MathOperation mathOperation = (a, b) -> a * b;
```

일반적으로 C 언어의 개발자는 함수명을 붙여 함수를 먼저 정의하고 이후 프로그램의 이곳저곳에서 함수명으로 이 함수를 호출해서 사용한다. 라면은 냄비에 먼저 조리한 이후 그릇에 담아 먹는다. 반면에 컵라면은 냄비와 그릇의 역할을 함께하는 일회용 용기를 사용하기 때문에 간편하지만 이 용기를 재사용하지는 않는다. 람다식을 컵라면에 비유한다면 람다식은 프로그램의 필요한 곳에서 즉석 정의해서 사용하고 마는 일회용 함수라고 할 수 있다. (a, b) -> a * b의 람다식은 이름이 없는 일회용 무명 함수(메소드)의 형태로 operate 메소드의 세 번째 인자로 전달할 목적으로 즉석 정의해서 사용하고 만다. 이는 람다식이 값으로 취급되기 때문에 가능한 일이다.

Pile 응용에 적용한 람다식

이벤트 기반 프로그래밍이나 다중 스레드 프로그래밍에서 람다식은 코드를 간결하게 해줄 수 있기 때문에 많이 사용한다. 또한 람다식을 사용하면 6장에서 다룰 컬렉션 프레임워크에서 컬렉션 요소를 검색하거나 매핑해서 원하는 결과를 쉽게 얻을 수 있기도 하다. 리스트 5-28은 5.3.4절에서 설명한 익명 클래스(리스트 5-24)를 람다식으로 대체한 예이다.

리스트 5-28 PileAdd5-4 프로젝트의 PileApp.java(일부)

```
01    Button backButton = new Button("원위치");
02    /* 익명 클래스
03    backButton.addActionListener(new ActionListener() {
04      public void actionPerformed(ActionEvent e) {
05        int x = theDiscard.x;
06        int y = theDiscard.y;
07        for(int i = 0; i < theDiscard.count; i++)
08          theDiscard.thePile[i].moveTo(x, y);
09        repaint();
10      }
11    });
12    */
13    // 람다식 A
14    ActionListener listener = (e) -> {
15      int x = theDiscard.x;
16      int y = theDiscard.y;
17      for(int i = 0; i < theDiscard.count; i++)
18        theDiscard.thePile[i].moveTo(x, y);
19      repaint();
20    };
21    backButton.addActionListener(listener);
22    /* 람다식 B
23    backButton.addActionListener((e) -> {
24      int x = theDiscard.x;
25      int y = theDiscard.y;
26      for(int i = 0; i < theDiscard.count; i++)
27        theDiscard.thePile[i].moveTo(x,  y);
28      repaint();
29    });
30    */
31    add("South", backButton);
```

리스트의 익명 클래스 방식, 람다식 A 방식, 람다식 B 방식 중 하나를 사용한다. 1번째 줄은 '원위치' 버튼 객체를 생성하고 그 참조 값을 backButton 참조 변수에 저장한다. 3~11번째 줄은 한 문장인데 이 문장은 리스트 5-24의 2, 11번째 줄의 두 문장을 한 문장으로 합친 것이다. 이 문장은 ActionListener 인터페이스로부터 익명 클래스를 생성한 후 이 클래스로부터 리스너 객체를 생성해서 버튼에 부착한다.

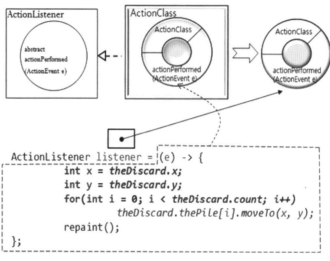

그림 5-42 람다식에서 생성된 리스너 객체

ActionListener 인터페이스는 그림 5-42처럼 actionPerformed 추상 메소드를 한 개 갖는 함수 인터페이스이기 때문에 14~20번째 줄처럼 람다식을 사용해서 리스너 객체를 생성하고 이 객체를 21번째 줄처럼 버튼에 부착한다. 23~29번째 줄은 리스너 객체를 생성하고 부착하는 과정을 람다식을 사용해서 한 문장으로 간결하게 작성한 것이다.

이 람다식은 람다 캡처 기능을 통해 바깥 스코프에 정의된 theDiscard 필드와 paint 메소드를 호출하는 repaint 메소드를 사용하고 있다. 문법적으로는 14번째 줄에서 람다식을 정의해서 listener 변수에 저장하고, 21번째 줄처럼 이 람다식을 addAction Listener 메소드의 인자로 제공하는 형식을 취하고 있다.

현재는 자바나 코틀린^{Kotlin} 언어를 안드로이드 프로그래밍에 사용한다. 버튼 객체를 스마트폰 화면에 배치하고 사용자가 이 버튼을 터치할 때 이에 반응하는 코딩 작업을 자주 하게 된다. 자바를 사용하는 경우 개발자는 이를 위해서 리스너 객체를 생성해서 버튼에 부착하는 리스트 5-28의 익명 클래스 방식, 람다식 A 방식, 람다식 B 방식 중 익명 클래스 방식과 람다식 B 방식을 주로 사용한다.

1. 실습 과제를 발전시킨다. 실습 과제와 같이 동작하고, 그림 5-43과 같이 마우스 오른쪽 버튼으로 데크 파일을 클릭하면 데크 파일 바로 밑에 데크 파일에 남은 카드의 개수를 표시한다.

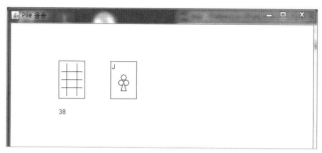

그림 5-43 데크 파일에 남은 카드 개수 표시하기

2. 응용 과제 1을 발전시킨다. 그림 5-44와 같이 키 입력 r, c, d, m으로 사각형, 원, 삭제, 색 변경을 선택하고 마우스를 클릭한다. 사각형과 원인 경우는 응용 과제 1처럼 클릭점에 도형이 생성되고 삭제인 경우도 응용 과제 1처럼 클릭점을 포함하는 도형이 삭제된다. 색 변경인 경우는 클릭점을 포함하는 도형의 색이 빨간색으로 변경된다. 색 변경을 위해 FigureManager 클래스에 다음의 메소드를 추가한다.

public void modifyColor(Color aColor, int x, int y)

modifyColor 메소드는 인자로 제공된 클릭점((x, y))을 포함하는 도형의 색을 aColor값으로 변경한다.

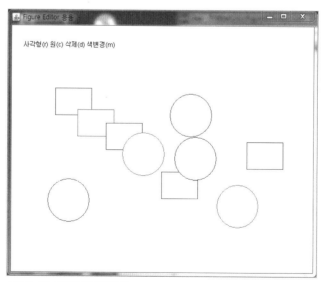

그림 5-44 도형의 색 변경하기

3. 응용 과제 2를 발전시킨다. 데크 파일에 더 이상의 카드가 없어 빈 파일일 경우 데크 파일을 클릭하면 디스카드 파일의 모든 카드들이 데크 파일에 재삽입된다. 윈도우 위쪽에는 그림 5-45와 같이 '종료' 버튼을 생성하고 클릭 시 프로그램을 종료시킨다. 카드의 재삽입을 위해 DeckPile 클래스의 select 메소드를 수정하고 프로그램의 테스트를 위해 DeckPile 클래스의 생성자에서는 52장의 카드를 생성하는 대신에 하트 13장만 생성한다.

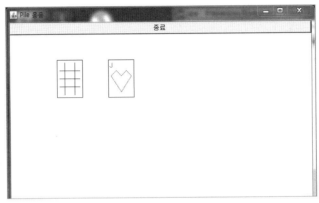

그림 5-45 디스카드 파일의 카드를 데크 파일에 재삽입하기

4. 응용 과제 3을 발전시킨다. 응용 과제 3과 같이 마우스 오른쪽 버튼으로 디스카드 파일을 접고 펼친다. 그림 5-46과 같이 디스카드 파일이 펼쳐진 상태에서 마우스 왼쪽 버튼으로 카드의 개별적 뒤집기가 가능하도록 수정한다. 윈도우 아래쪽에는 '모두 뒷면' 버튼이 생성돼 클릭 시 디스카드 파일의 모든 카드들을 뒷면으로 변경한다. 윈도우 타이틀바의 닫기 버튼을 클릭하면 프로그램이 종료된다. '모두 뒷면' 버튼과 윈도우 닫기 버튼의 리스너는 다중 상속을 이용해 구현한다.

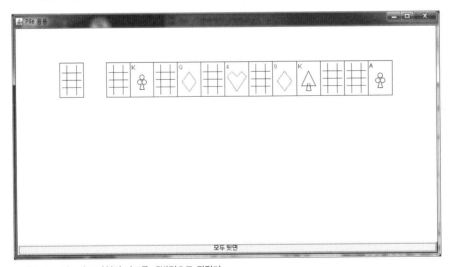

그림 5-46 디스카드 파일의 카드를 개별적으로 뒤집기

힌트 DeckPile 클래스의 select 메소드에서 다음의 문장을 삭제해 카드가 뒷면인 상태로 디스카드 파일로 이동하게 한다.

```
tempCard.flip();
```

5. 응용 과제 4를 발전시킨다. 응용 과제 4와 같이 동작하지만 두 개의 디스카드 파일의 카드들은 그림 5-47과 같이 마우스 왼쪽 버튼 클릭으로 개별적 뒤집기가 가능하게 한다.

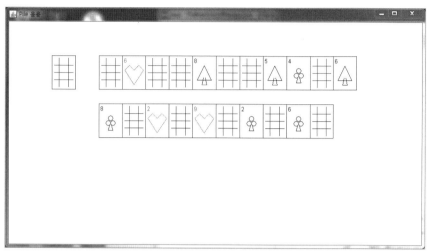

그림 5-47 두 디스카드 파일의 카드를 개별적으로 뒤집기

6. 응용 과제 4를 발전시킨다. 디스카드 파일이 펼쳐진 상태에서 임의의 카드를 마우스 왼쪽 버튼으로 클릭하면 그림 5-48과 같이 제일 위 카드부터 클릭된 카드까지 두 번째 디스카드 파일에 삽입된다.

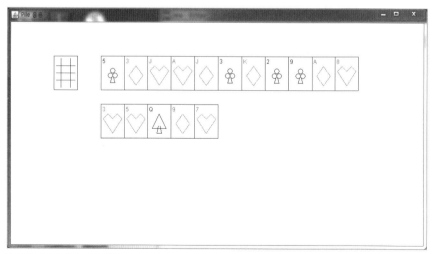

그림 5-48 카드의 그룹 이동

힌트 두 개의 디스카드 파일을 사용하고, 6장의 응용 과제 4에서 자세하게 설명할 Stack 객체를 미리 활용해 본다. 자바가 제공하는 Stack 클래스로부터 생성되는 Stack 객체는 배열처럼 항목들을 저장하는 소프트 웨어 부품이다. 배열과 다른 점은 한 쪽이 막혀 있어서 항목의 저장과 인출이 다른 한 쪽 끝에서만 이뤄진 다는 것이다. 따라서 항목들은 저장된 순의 역순으로 인출된다. 우선 java.util.Stack 클래스를 사용하려면 다음의 import문을 PileApp.java 파일에 선언한다.

import java.util.Stack;

다음은 펼쳐진 디스카드 파일에서 임의의 카드를 왼쪽 버튼으로 클릭했을 때 실행되는 코드를 보여준 것이다.

```
01  if(theDiscard1.includes(x, y) && theDiscard1.wideDisplay) {
02    for(int k = theDiscard1.count; k > 0; k--) {
03      if(theDiscard1.thePile[k-1].includes(x, y)) {
04        Stack cardStack = new Stack();
05        int cnt = theDiscard1.count;
06        for(int j = cnt; j > k-1; j--)
07          cardStack.push(theDiscard1.topCard());
08        for(int m = k-1; m < cnt; m++)
09          theDiscard2.addCard((Card) cardStack.pop());
10        break;
11      }
12    }
13  }
```

4번째 줄에서 Stack 객체를 생성해서 그 참조 값을 cardStack 참조 변수에 저장한다. Stack 객체는 카드 항목들을 저장해서 저장된 순서의 역순으로 인출하는 용도로 사용된다. Stack 객체에 항목을 저장할 때는 7번째 줄처럼 push 메소드를 호출하고, Stack 객체로부터 항목을 인출할 때는 9번째 줄처럼 pop 메소드 를 호출한다. pop 메소드로 반환된 항목은 9번째 줄처럼 항목의 클래스형인 (Card)로 형 반환을 해서 사 용한다.

7. 응용 과제 4를 발전시킨다. 그림 5-49와 같이 윈도우 아래쪽에 'fold/unfold' 버튼이 생성되고 클릭 시 디스카드 파일의 접고 펼치기가 수행된다. 디스카드 파일이 펼쳐진 상태에서 마우스 왼쪽 버튼으로 카드의 개별적 뒤집기가 가능하다. 마우스 오른쪽 버튼으로는 첫 번째 클릭으로 디스카드 파일의 카드를 선택하고, 두 번째 클릭으로 그 카드를 이동시킨다.

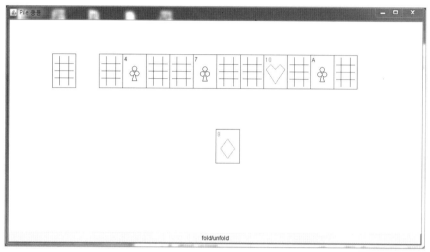

그림 5-49 버튼으로 디스카드 파일 접고 펼치기와 카드 이동

8. 응용 과제 4와 응용 과제 5를 발전시킨다. 데크 파일을 클릭하면 첫 번째와 두 번째 디스카드 파일로 카드가 번갈아 삽입된다. 디스카드 파일이 펼쳐진 상태에서 첫 번째 디스카드 파일의 임의의 카드를 마우스 왼쪽 버튼으로 클릭하면 두 번째 디스카드 파일에서 이 카드와 숫자가 같은 첫 번째 카드가 뽑혀 그림 5-50과 같이 세 번째 디스카드 파일에 삽입된다.

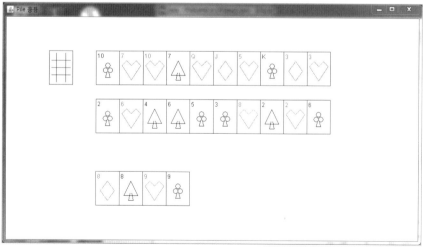

그림 5-50 같은 숫자 카드 고르기

9. 응용 과제 3과 응용 과제 6을 발전시킨다. 응용 과제 3과 같이 디스카드 파일의 접고 펼치기를 수행한다. 윈도우 아래쪽에는 그림 5-51과 같이 '저장' 버튼이 생성되고, 위쪽에는 '복원' 버튼이 생성된다. '저장' 버튼을 클릭하면 데크 파일과 디스카드 파일이 'pile.ser' 파일에 저장된다. '복원' 버튼을 클릭하면 'pile.ser' 파일에 저장된 파일 객체들이 복원된다. 응용 과제 3의 PileApp 클래스에서 디스카드 파일의 펼쳐진 상태를 나타내는 wideDisplay 필드도 저장하고 복원한다. 윈도우 타이틀바의 '닫기' 버튼도 동작한다.

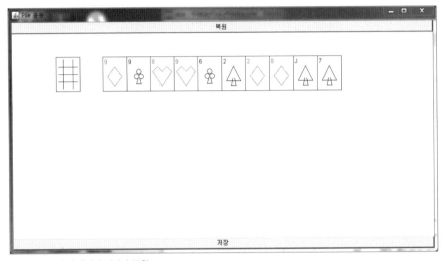

그림 5-51 파일 객체의 저장과 복원

그림 5-52와 같이 프로그램을 실행시키면 600×400 크기의 윈도우가 생성되고 왼쪽 아래에 대포^{Cannon}가 그려진다. 마우스를 클릭하면 대포에서 대포 포신의 각도에 맞게 반지름이 5인 파란색 대포알이 발사되고 애니메이션된다. 애니메이션은 대포알이 날아가서 바닥에 떨어지면 끝난다. u키를 누르면 포신이 5도만큼 위로 조정돼 그래픽되고, d키를 누르면 5도만큼 아래로 조정돼 그래픽된다. u와 d키를 이용해서 새로운 각도로 대포알을 발사할 수 있다.

그림 5-52 캐논볼게임 응용프로그램의 실행

4장 도전 과제의 Ball.java 파일과 CannonBall.java 파일은 그대로 사용한다. 대포를 모델링해서 구현한 Cannon 클래스의 구현은 Cannon.java 파일에 코딩한다. 이들을 사용해서 캐논볼게임을 완성하는 CannonGame 클래스는 4장 도전 과제의 CannonBallApp 클래스를 기반으로 해서 CannonGame.java 파일에 구현한다.

Cannon 클래스는 대포를 그리기 위한 좌표와 포신의 각도에 맞는 발사 각도를 계산할 때 sin, cos 같은 수학 함수들을 사용한다. 우리에게 익숙한 수학 좌표계와 윈도우 좌표계는 그림 5-53과 같다. x축은 두 체계가 동일하나 y축이 서로 반대이다. 캐논볼게임은 고정된 윈도우 크기(FrameWidth×FramHeight)를 사용하기 때문에 Cannon 클래스에 다음의 dy 메소드를 정의해서 y 좌표는 항상 이 메소드를 이용해서 계산한다면 Cannon 클래스 내부에서는 우리에게 익숙한 수학 좌표계를 사용할 수 있다. 그림에서 수학 좌표계의 (300, 250)점은 y 좌표에 dy 메소드를 씌우면 y 좌표가 FrameHeight값인 400에서 250을 뺀 150이 돼서 윈도우 좌표계의 (300, 150)점으로 변환된다.

```
public int dy(int y) {
  return CannonGame.FrameHeight - y;
}
```

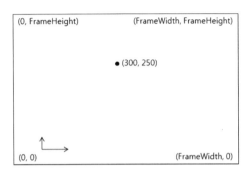
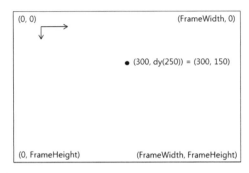

수학 좌표계   윈도우 좌표계

그림 5-53 수학 좌표계와 윈도우 좌표계

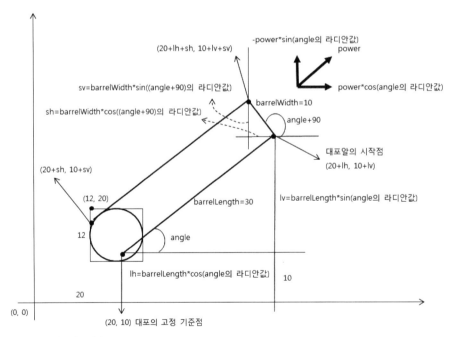

그림 5-54 대포의 그래픽

Cannon 클래스에서 대포의 그래픽은 수학 좌표계를 기반으로 그림 5-54와 같이 그린다. 윈도우 좌표계로의 변환은 y 좌푯값에 dy 메소드를 씌워주면 된다.

대포의 기준점은 (20, 10)점이다. 대포의 포신 길이(barrelLength)는 30이고, 포신 너비 (barrelWidth)는 10으로 한다. 대포 몸체에 해당하는 원을 그릴 때 이 원을 외접하는 사각형의 왼쪽 위 꼭짓점은 (12, 20)점으로 하고 폭과 높이는 12로 한다.

포신을 그리는 데 필요한 네 점은 대포 포신의 각도인 angle에 의해 결정된다. 그림에서 $lv^{long\ vertical}$, $lh^{long\ horizontal}$, $sv^{short\ vertical}$, $sh^{short\ horizontal}$ 성분은 포신의 길이와 너비에 sin 함수와 cos 함수를 적용해서 구한다. 우리가 사용할 Math 클래스의 sin 메소드와 cos 메소드는 라디안 각도를 인자로 취하기 때문에 다음과 같이 라디안 각도를 계산해서 사용한다. sh의 값은 cos 메소드에 의해 음수가 반환된다.

```
double radianAngle = angle * Math.PI / 180.0;
```

발사 속도를 나타내는 power값도 angle값에 따라 x축 성분과 y축 성분으로 계산해서 적용한다. 이 성분은 3장의 공이 한 번 움직일 때마다 이동하는 x 증분과 y 증분의 역할을 한다. y 증분값은 윈도우 좌표계를 고려해서 음의 값을 사용한다. 대포알이 생성돼 애니메이션이 시작되는 시작점은 편의상 (20+lh, 10+lv)점으로 한다. 파란색 대포알의 크기는 반지름 5로 생성한다.

살펴본 사항들을 종합해서 이제 Cannon 클래스를 표 5-16, 5-17, 5-18, 5-19와 같이 모델링한다.

표 5-16 Cannon 클래스의 상수

상수	설명
int barrelLength = 30	포신의 고정 길이
int barrelWidth = 10	포신의 고정 너비

표 5-17 Cannon 클래스의 필드

필드	설명
Point p	대포의 기준점
int angle	대포의 각도

필드	설명
double power	대포의 발사 속도
CannonBall cannonBall	대포알의 참조 값 저장

표 5-18 Cannon 클래스의 생성자

생성자	설명
Cannon()	기준점은 (20, 10), 초기 각도는 45, 발사 속도는 15.0, cannonBall은 null로 초기화

표 5-19 Cannon 클래스의 메소드

메소드	설명
int dy(int y)	수학 좌표계를 윈도우 좌표계로 변환하는 용도
void setAngle(int newAngle)	대포의 각도를 인자로 주어진 값으로 변경
void setPower(double p)	대포의 발사 속도를 인자로 주어진 값으로 변경
void fireCannon()	발사 속도의 x축과 y축 성분을 구하고 대포알을 생성해 시작점에서 애니메이션될 수 있도록 준비
void draw(Graphics g)	대포를 angle값에 따라 그래픽

　　CannonGame 클래스는 대포 객체를 생성하고 마우스가 클릭되면 대포 객체가 소유한 대포알을 애니메이션시킨다. 애니메이션을 끝내는 조건은 대포가 소유한 대포알의 중심점의 y 좌표가 FrameHeight값보다 커지는 순간이다. 키 이벤트를 처리해서 대포의 각도가 u와 d키에 따라 5도씩 변경돼 그려지고, 대포알이 그리는 포물선도 이 각도에 따라 달리 애니메이션된다.

6장
Game 응용프로그램

객체지향 프로그래밍에서 핵심이 되는 세 가지 개념은 캡슐화^{encapsulation}, 상속과 포함^{inheritance and containment}, 다형성^{polymorphism}이다. 하나의 프로그램이 객체지향 프로그램인지 여부를 판단하는 데 이 세 가지 개념의 적용 여부가 기준이 된다. 앞선 장들에서는 실습을 통해 이 개념들을 설명했다. 여기서는 우리가 구현한 클래스들을 이용해서 그 개념을 다시 정리해 보자.

캡슐화

캡슐화란 연관된 데이터와 이 데이터를 처리하는 함수들을 결합해서 캡슐로 만드는 것을 말한다. 데이터와 함수의 구현은 캡슐로 싸서 은닉시키고, 함수의 헤더만 캡슐 밖에 내놔 외부와의 인터페이스로 제공한다. 캡슐로 싸는 것을 객체지향 용어로는 정보의 은닉^{Information Hiding}이라고 한다. 3장에서는 이런 캡슐을 CD 플레이어와 같은 하드웨어 부품에 비유했고 캡슐화를 박스 처리에 비유했다. CD 플레이어의 인터페이스는 재생, 정지, 앞으로 빨리 감기 등의 버튼들이다. 자바에서 클래스의 정의는 곧 이런 캡슐을 생성해낼 수 있는 캡슐 틀의 정의다.

5장의 응용 과제 1에서 구현한 **FigureEditorApp** 클래스의 메인 인도우 객체를 CD 플레이어에 비유한다면 **FigureManager** 클래스로부터 생성된 도형 매니저 객체는 CD 플레이어의 핵심 부품에 비유할 수 있을 것이다. 실제 CD 플레이어의 핵심 부품을 그림 6-1의 하드웨어 칩이라고 가정하자.

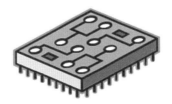

그림 6-1 하드웨어 칩

하드웨어 칩은 내부의 복잡한 회로와 동작 원리를 캡슐화시켜 패키지 처리한 부품이다. 외부와의 인터페이스는 핀들이며, 이 핀들은 1번부터 시작되는 번호가 부여된다. 칩은 특정 핀에 전기 신호가 들어오면 그 핀과 연결된 내부 회로를 동작시켜 해당 기능을 수행하고, 필요하다면 결과 신호를 핀으로 내보낸다. 이 칩을 사용하는 입장에서는 내부의 어떤 회로가 어떻게 동작하는지 알 필요가 없고, 단지 몇 번 핀이 어떤 기능을 수행하는 핀인지만 알면 된다. 따라서 도형 매니저 객체와 같은 객체를 객체지향 용어로 소프트웨어 칩이라고 부르기도 한다.

그림 6-2의 왼쪽 그림은 3장의 응용 과제 1에서 구현한 Rect 클래스로부터 생성된 사각형 객체를 소프트웨어 칩으로 표현한 것이다. 이 사각형 객체는 thisRect 참조 변수가 참조한다고 하자.

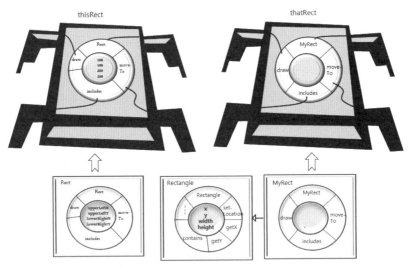

그림 6-2 Rect 클래스와 MyRect 클래스로부터 생성된 소프트웨어 칩

메소드들의 헤더는 핀에 연결돼 외부와의 인터페이스 역할을 한다. 3장의 응용 과제 1에서 Rect 클래스는 upperLeftX, upperLeftY, lowerRightX, lowerRightY의 필드들이 private 접근자로 선언돼 패키지 처리됐고(우리의 클래스 표기 방식에서 내부 원에 표시), Rect 생성자와 moveTo, includes, draw, getUpperLeftX, getUpperLeftY 등의 메소드들의 헤더들은 public 접근자로 선언돼 외부와의 인터페이스로 제공됐다. 메소드들의 구현 정보(메소드의 바디), 예를 들면 draw는 어떻게 구현된 메소드인지에 대한 정보도 패키지 내에 존재한다. 필드들이 은닉됨에 따라 이 값들을 반환하고 변경하는 getUpperLeftX, setUpperLeftX 등의 접근 메소드와 변경 메소드들이 필요하다. 그림에서 접근 메소드와 변경 메소드의 표시는 생략하기로 하자.

정보의 은닉은 이런 객체를 사용하는 프로그램에서 이 객체에 대해 알 필요 없는 정보를 하드웨어 칩과 같이 객체 내에 은닉시켜 가능한 한 독립적인 소프트웨어 부품으로 만드는 데 사용된다. 정보의 은닉은 알 필요 없는 정보를 캡슐화시켜 객체와의 불필요한 결합을 피하고 필요한 정보만 public 접근자로 정의함으로써 이 객체와의 인터페이스를 최소화하고자 함이다. 그 결과로 프로그램에서 객체의 필드나 메소드의 구현을 변경하고 싶을 때 프로그램의 나머지 부분에 큰 영향을 주지 않고 수정할 수 있다.

4장의 응용 과제 1에서는 java.awt.Rectangle 클래스를 상속받는 MyRect 클래스를 이용해서 Rect 응용프로그램을 다시 작성했다. MyRect 클래스로부터 생성된 그림 6-2의 사각형 객체를 사용하는 경우를 생각해 보자. 이 사각형 객체는 thatRect 참조 변수가 참조한다고 하자. 이 경우 우리는 Rectangle 클래스의 필드와 메소드들을 상속받고 메소드들을 재정의함으로써 메소드의 헤더(반환형, 메소드명, 인자 리스트)를 Rect 클래스와 같게 했다. 메소드의 헤더에 영향을 주지 않는 한 이 인터페이스만을 사용하는 RectApp 클래스는 Rect 클래스를 MyRect 클래스로 교체한 것에 대해 전혀 영향을 받지 않았다. 이는 그림 6-3과 같이 칩이 나머지 회로와 연결되는 소켓에 Rect 객체 대신 MyRect 객체를 그냥 꼽아 사용할 수 있는 것에 비유할 수 있다.

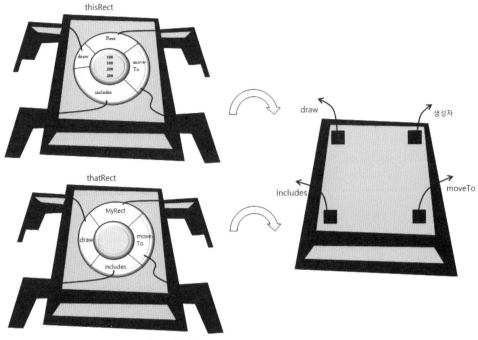

그림 6-3 Rect 객체와 MyRect 객체의 동일한 사용

　　나머지 회로로부터 이 소켓을 통해 메소드 호출로 includes, draw 등과 같은 전기 신호가 나온다. includes 메소드가 반환하는 boolean형 값은 includes 신호가 나온 핀으로 다시 전달돼 나머지 회로에 공급된다. 따라서 Rect 클래스를 MyRect 클래스로 수정함으로써 발생되는 파급 효과를 MyRect 클래스 내로 지역화localization시킬 수 있었다. 이와 같이 캡슐화는 코드 수정의 효과를 지역화시켜 프로그램의 관리를 용이하게 해준다. 그림 1-3에 보인 객체지향 프로그램의 이상적인 작성과 관리 환경을 다시 생각해 보자. 캡슐화는 프로그램 수정 과정에서 수정이 필요한 소프트웨어 부품만 꺼내서 수정 후 재삽입할 수 있게 해준다.

상속과 포함

상속과 포함은 이미 앞에서 여러 번 다뤄 그 개념을 잘 알고 있을 것이다. 여기서는 5장의 응용 과제 1을 이용해서 정리해 보자. 포함을 먼저 생각해 보면 그림 6-4에서 FigureManager 클래스는 도형 클래스들의 부모인 Figure 추상 클래스와 포함 관계로

FigureManager 객체는 필드 theFigures가 참조하는 배열을 통해 '해즈-어' 관계로 도형 객체들을 포함해서 사용한다. 따라서 FigureManager 클래스는 4장에서 구현된 Rect, Circle 등과 같은 도형 클래스들을 포함을 통해 재사용한다.

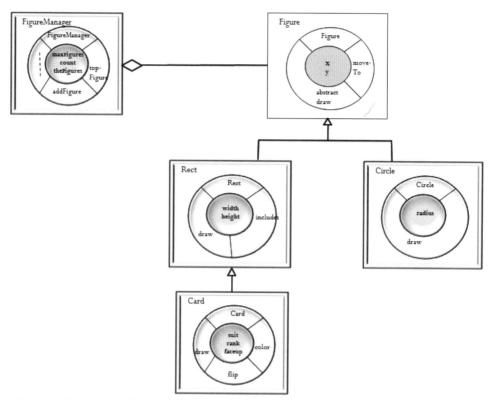

그림 6-4 클래스 간 상속과 포함을 통한 재사용

상속 관계를 살펴보자. 부모 클래스에서 상속 관계를 이용해 자식 클래스를 정의하는 방법에는 자식 클래스에 멤버를 추가 정의하는 방법과 부모 클래스의 메소드를 재정의하는 방법이 있다. 대부분 두 가지 방법을 함께 사용한다. 그림 6-4에서 Rect 클래스는 부모인 Figure 클래스에 width와 height 필드를 추가했고 draw 메소드를 재정의했으며 includes 메소드를 추가했다. Circle 클래스는 Figure 클래스에 radius 필드를 추가했고 draw 메소드를 재정의했다. Card 클래스는 다시 Rect 클래스에 suit, rank, faceup 필드를 추가했고 draw 메소드를 재정의했으며 flip과 color 메소드를 추가했다. 자식 클래스로 내려갈수록 클래스가 세분화되고 구체화된다. 부모 클래스로부터 자식 클래

를 정의할 때 유의할 점은 부모 자식 간의 '이즈-어' 관계가 유지되도록 해야 한다는 것이다. 너무 많은 멤버들을 추가하거나 재정의한 결과 자식 클래스의 특성이 부모 클래스의 특성과 완전히 달라졌다면 이는 프로그램을 혼란스럽게 만드는 원인이 된다. 이런 경우는 자식 클래스가 필요한 것이 아니라 새로운 클래스가 필요한 상황이다.

상속이 제공하는 장점은 응용프로그램들 간의 코드 재사용이다. C 스타일 방식에 의해 소프트웨어를 개발하는 개발자는 이전에 다른 소프트웨어 작성 시 구현했던 같은 기능의 코드를 응용프로그램의 조건에 따라 다시 구현해야 하는 것이 일반적이다. 그러나 java.awt 패키지 내의 Frame 클래스와 같은 범용 클래스의 구현은 소프트웨어 칩을 구현하는 것으로써 하드웨어 칩과 같이 여러 응용프로그램들에서 재사용되는 소프트웨어 부품을 구현하는 것을 의미한다. 메인 윈도우를 제공하는 Frame 클래스는 PenApp, RectApp, CardApp, PileApp 클래스의 구현 시 상속을 통해 재사용됐다.

상속과 포함은 코드의 재사용을 통해 신속하고 쉽게 프로그램을 작성할 수 있게 해준다. 그림 1-3에서 소프트웨어 부품 라이브러리의 집 부품은 집을 제작할 때 상속을 통해 재사용되며 기와, 처마 등의 부품들은 집 부품에 포함돼 재사용된다.

다형성

객체지향 프로그램에서 다형성은 멤버의 오버로딩을 통해 이뤄진다. 멤버의 오버로딩이 제공하는 장점을 먼저 생각해 보자. 그림 6-4에서 draw 메소드는 Figure, Rect, Circle, Card 클래스에서 각각 한 개씩 네 개가 오버로딩돼 존재한다. Rect, Circle, Card 클래스는 자신의 모습을 그리는 방식이 서로 다르다. 자신의 모습을 그린다는 의미는 같으나 세부적인 방법에 차이가 있어 서로 다른 방법들에 대해 다른 메소드 이름을 부여해야 한다면 대형 프로그램에서 이름들을 관리하는 데 많은 어려움이 따르게 된다. 이름들의 개수를 최소화시킬 수 있다면 프로그래밍 과정을 간략화할 수 있고 프로그램의 가독성readability을 증대시킬 수 있다.

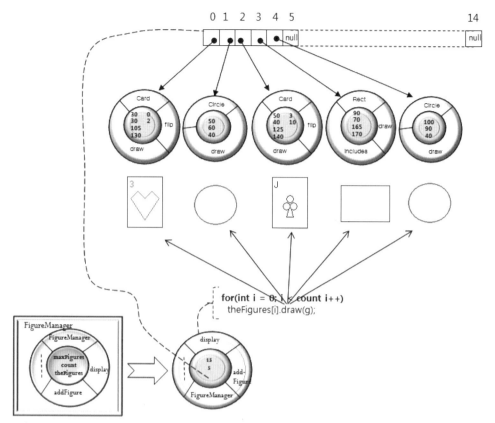

그림 6-5 다형성을 이용한 display 메소드의 실행

　프로그래밍 언어에서 다형성이란 같은 코드로 여러 형의 데이터를 처리할 수 있는 기능을 말한다. 그림 6-5는 FigureManager 객체가 현재 다섯 개의 도형을 소유한 상태에서 display 메소드를 수행하는 상황을 보여준 것이다. 다섯 개의 도형은 카드, 사각형, 원의 세 종류이지만 이들을 그리는 display 메소드의 구현은 매우 간결하다. 도형 객체들의 소유는 도형 매니저 객체의 theFigures 필드가 참조하는 배열에 의해 구현된다. theFigures 필드는 세 종류의 도형 객체를 모두 참조할 수 있는 다형 변수이다. display 메소드의 for문에서 이 다형 변수가 소유하는 도형 객체들에게 그 종류에 상관없이 모두 draw 메소드를 호출하면 4장의 '보충 문법'절에서 소개한 메소드의 동적 결합에 의해 각 도형에 맞는 draw 메소드가 자동적으로 결합돼 실행된다. 다형성 기능에 의해 도형 (데이터)의 종류와 상관없이 같은 draw 메소드 호출문(같은 코드)으로 그래픽 작업을 수행할 수 있어서 간결한 코드가 가능하다.

다형성은 오버로딩과 다형 변수가 동시에 사용될 때 그 힘을 발휘한다. 다형성은 객체들을 좀 더 독립적으로 만들어 주며, 새로운 객체를 추가할 때 기존 객체들의 수정을 최소화시켜 프로그램의 확장성을 높여줄 수 있다. 그림 6-4에서 삼각형, 선 등의 클래스를 추가하는 경우 기존의 클래스 계층 구조를 변경하지 않고 새로운 클래스를 Figure 클래스의 자식으로 쉽게 선언할 수 있다. 새로운 클래스도 draw, includes 등의 메소드를 오버로딩해서 재정의하면 도형 매니저의 display 메소드는 새로운 도형을 그릴 때 수정할 필요가 없다. 일반적으로 상속과 다형성은 함께 제공된다. 그림 1-3에서 추상 클래스나 인터페이스를 구현하는 규격화된 부품들을 사용한다면 이 규격을 만족하는 새로운 부품들은 다형성 기능에 의해 기존 부품들과 잘 조립돼 시공이 신속하고 간결해지며 확장 시공도 용이해진다.

앞에서 객체지향 프로그래밍의 세 가지 핵심 개념들을 분리해서 설명했지만 이 개념들은 java.awt 패키지가 구현된 것처럼 복합적으로 적용돼 가능한 한 독립적인 소프트웨어 부품 만들기와 이 부품의 재사용이라는 객체지향 기술의 목적을 가능하게 해주는 역할을 한다. 6장에서는 이 책의 목표인 카드게임을 완성한다. 1장의 실습 과제에서 System.out 객체를 처음 사용했을 때와 비교해서 다양한 객체들이 생성돼 프로그램을 구성하고, 프로그램의 실행은 이 객체들이 상호작용하는 패턴으로 진행된다.

6.1 | Game 응용프로그램 실습

[상속과 포함의 활용, 다형성의 활용]

카드게임의 게임 환경은 그림 6-6과 같이 윈도우의 아래쪽에 위치한 일곱 개의 테이블 파일$^{Table\ Pile}$, 위쪽에 위치한 한 개의 데크 파일$^{Deck\ Pile}$, 한 개의 디스카드 파일$^{Discard\ Pile}$, 네 개의 수트 파일$^{Suit\ Pile}$들로 구성된다. 프로그램 실행 초기에 일곱 개의 테이블 파일들은 각각 차례대로 한 개부터 일곱 개까지의 임의의 카드들로 구성되며, 각 테이블 파일의 제일 위에 위치한 카드를 제외한 나머지 카드들은 뒷면인 상태에서 시작된다. 오른쪽 위에 위치하는 네 개의 수트 파일들은 처음에 비어 있는 상태에서 시작되며 게임이 진행됨에 따라 다이아몬드, 하트, 클로버, 스페이드의 각 무늬에 대해 에이스부터 킹까지 차례대로 쌓이게 된다. 카드게임은 52장의 카드를 네 개의 수트 파일에 무늬별로 차례대로 쌓으면 이기고 진행 중에 막히면 지는 방식이다.

처음에 테이블 파일들에는 임의로 카드들이 배정되며 24장의 나머지 카드들은 데크 파일에 뒷면인 상태로 위치한다. 데크 파일의 카드들은 마우스 버튼 클릭에 따라 한 장씩 디스카드 파일에 앞면인 상태로 놓이게 되고, 여기서 마우스 버튼 클릭에 의해 테이블 또는 수트 파일로 이동하게 된다. 이 과정에서 데크 파일이 소진되고 더 이상의 카드 이동이 불가능하면 게임이 끝나게 된다.

하나의 카드가 테이블 파일로 이동하려면 테이블 파일의 앞면 상태인 제일 위 카드보다 숫자가 하나 작아야 하고 색깔이 반대여야 한다. 무늬는 상관없다. 또한 하나의 카드가 수트 파일로 이동하려면 수트 파일의 제일 위 카드와 같은 무늬여야 하고 숫자는 하나 위여야 한다. 빈 수트 파일에 에이스는 항상 이동할 수 있다. 게임이 진행되는 과정에서 빈 테이블 파일이 생길 수 있으며, 이 파일에는 숫자가 킹(12)인 카드만이 위치할 수 있다. 테이블과 디스카드 파일의 제일 위 카드는 항상 이동할 수 있는 카드다.

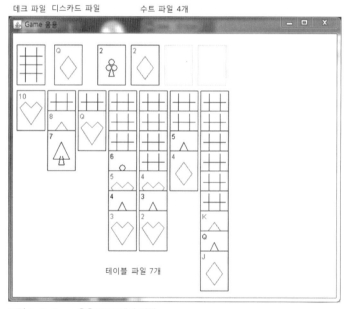

그림 6-6 Game 응용프로그램의 실행

게임 규칙에서 알 수 있듯이 카드게임의 대부분은 그림 6-6의 카드 파일들이 카드들을 주고받으면서 진행된다. 따라서 카드게임을 객체지향 방식으로 구현하려면 각 파일을 객체로 보고 이 객체에 대한 데이터적인 속성과 기능적인 속성들을 모델링한다. 5장의 실습 과제에서는 CardPile 클래스를 정의해서 이 클래스의 객체를 디스카드 파일 객체로 사용했고, CardPile 클래스의 자식인 DeckPile 클래스를 정의해서 이 클래스의 객체를 데크 파일 객체로 사용했다. 카드게임에서 디스카드 파일은 5장의 디스카드 파일과 달리 제일 위 카드를 수트 파일이나 테이블 파일로 보내는 중간 저장소의 역할을 수행한다. 따라서 CardPile 클래스의 자식인 DiscardPile 클래스를 따로 정의해서 이 클래스의 객체를 디스카드 파일 객체로 사용한다.

데크 파일, 디스카드 파일, 수트 파일, 테이블 파일의 네 종류 파일들은 많은 속성들이 공통이다. 파일에 대한 공통적인 속성들은 이미 5장의 CardPile 클래스에서 대부분 구현됐다. CardPile 클래스의 모델링을 다시 정리해 보자. CardPile 객체는 현재 소유하고 있는 카드들의 배열(thePile이 참조하는), 소유 카드의 개수(count), 왼쪽 위 꼭짓점의 위치((x, y)) 등을 필드로 가지며, 카드의 삽입(addCard 메소드), 카드의 인출(topCard 메소드), 클릭점의 포함 여부 판단(includes 메소드), 자기 모습 그리기(display 메소드), 새로운 카드를 받아들일지 여부의 판단(canTake 메소드), 선택됐을 때 수행할 작업(select 메소드) 등의 기능을 수행하는 메소드들을 가진다. CardPile 클래스의 select 메소드는 빈 바디를 가지며 자식 클래스들이 이 메소드를 필요에 따라 재정의해야 함을 명시하는 역할을 한다. canTake 메소드는 카드를 받을지 여부를 판단하는 메소드로 CardPile 클래스에서는 false값을 반환하는 한 문장으로 구현됐다.

네 종류의 파일들이 공통으로 가져야 할 데이터적이고 기능적인 속성들이 5장에서 CardPile 클래스로 정의됐으므로 이제 그림 6-7과 같이 CardPile 클래스를 부모로 하는 클래스 계층 구조를 생각해 보자.

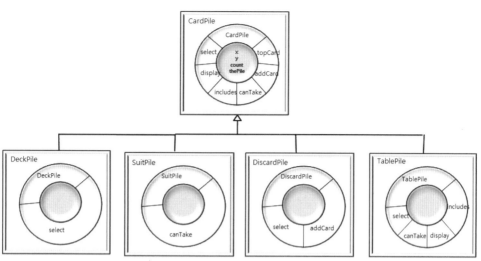

그림 6-7 파일 클래스의 계층 구조

DeckPile 클래스는 5장 실습 과제의 DeckPile 클래스와 같다. DeckPile 생성자는 52장의 카드를 생성하고 이들을 섞는다. select 메소드는 데크 파일이 마우스 클릭으로 선택됐을 때 자신으로부터 카드를 한 장 꺼내고 그 카드를 뒤집어서 디스카드 파일에 삽입하는 작업을 수행한다.

SuitPile 클래스의 canTake 메소드는 인자로 제공되는 카드가 에이스(rank값이 0)이고 현재 자신이 소유한 카드가 없을 때 true값을 반환한다. 또한 인자로 제공되는 카드가 소유한 카드들과 같은 무늬이고 소유한 카드들 중 제일 위 카드보다 숫자가 하나 위일 때에도 true값을 반환한다. 수트 파일은 마우스 클릭으로 선택됐을 때 특별히 수행해야 할 작업이 없기 때문에 부모 클래스인 CardPile 클래스의 select 메소드를 상속받아 그대로 사용한다.

DiscardPile 클래스의 select 메소드는 디스카드 파일이 선택됐을 때 제일 위 카드를 수트 파일이나 테이블 파일로 이동시킬 수 있는지 조사해서 이동시킬 수 있다면 해당 파일에 이 카드를 삽입하는 행위를 수행한다. 디스카드 파일은 데크 파일이 넘겨준 카드 외에는 새로운 카드를 다른 파일로부터 받을 수 없다. 따라서 부모인 CardPile 클래스의 canTake 메소드를 상속받아 그대로 사용한다. addCard 메소드는 인자로 주어진 카드를 앞면인 상태로 변경한 후 자신에게 삽입한다.

TablePile 클래스의 canTake 메소드는 인자로 제공되는 카드가 킹(rank값이 12)이고 현재 자신이 소유한 카드가 없을 때 true값을 반환한다. 또한 인자로 제공되는 카드가 소유한 카드들 중 제일 위 카드와 색깔이 반대이고 숫자가 하나 아래일 때도 true값을 반환한다. select 메소드는 DiscardPile 클래스의 select 메소드와 비슷하나 수트 파일과 자신을 제외한 나머지 테이블 파일들이 자신의 제일 위 카드를 받을 수 있는지 조사해서 받을 수 있는 파일이 있다면 그 파일에게 제일 위 카드를 삽입하는 행위를 수행한다. display 메소드는 다른 파일들과 달리 소유하고 있는 카드들을 한 장씩 아래로 빗겨 그려야 하기 때문에 재정의된다. includes 메소드는 다른 파일들과 비교해서 차지하고 있는 영역이 다르기 때문에 재정의된다. 그림 6-7의 클래스들이 CardPile 클래스를 상속받으면서 재정의하는 메소드들은 표 6-1과 같다. ○은 정의됨을 의미하고, ×는 정의되지 않음을 의미한다.

표 6-1 파일 클래스들의 메소드 재정의

메소드 클래스	select	display	includes	canTake	addCard	topCard
CardPile	○	○	○	○	○	○
DeckPile	○	×	×	×	×	×
SuitPile	×	×	×	○	×	×
DiscardPile	○	×	×	×	○	×
TablePile	○	○	○	○	×	×

Rect, Card, CardPile 클래스를 구현한 5장 실습 과제의 Rect.java, Card.java, CardPile.java 파일들은 그대로 사용한다. GameApp.java 파일의 DeckPile 클래스에서 select 메소드 내의 다음 문장은 디스카드 파일에 카드를 삽입하는 문장이었다.

```
PileApp.theDiscard.addCard(tempCard);
```

이번 과제에서 이 문장은 PileApp 클래스가 GameApp 클래스로 변경되고 theDiscard 참조 필드는 discardPile 참조 필드로 변경되기 때문에 다음 문장으로 수정된다.

```
GameApp.discardPile.addCard(tempCard);
```

discardPile 참조 필드는 GameApp 클래스에서 public static 필드로 선언된 전역 변수이기 때문에 DeckPile 클래스에서 접근이 가능하다.

GameApp.java 파일에서 DeckPile 클래스의 정의에 이어 그림 6-7에서 모델링된 SuitPile, DiscardPile, TablePile 클래스들의 정의가 리스트 6-1과 같이 추가된다.

리스트 6-1 GameApplication 프로젝트의 GameApp.java(일부)

```
001  class SuitPile extends CardPile {
002
003    SuitPile(int x, int y) {
004      super(x, y);
005    }
006
007    public boolean canTake(Card aCard) {
008      if(count == 0)
009        return aCard.rank == 0;
010      Card tempCard = thePile[count-1];
011      return (aCard.suit == tempCard.suit) &&
012            (aCard.rank == tempCard.rank +1);
013    }
014  }
015
016  class DiscardPile extends CardPile {
017
018    DiscardPile(int x, int y) {
019      super(x, y);
020    }
021
022    public void addCard(Card aCard) {
023      if(!aCard.faceup)
024        aCard.flip();
025      super.addCard(aCard);
026    }
027
028    public void select(int tx, int ty) {
029      if(count == 0)
030        return;
031      // 제일 위 카드를 빼서 이 카드를 수트 파일이 받을 수 있는지 조사
032      Card tempCard = topCard();
033      for(int i = 0; i < 4; i++) {
```

```
034        if(GameApp.suitPile[i].canTake(tempCard)) {
035          GameApp.suitPile[i].addCard(tempCard);
036          return;
037        }
038      }
039      // 테이블 파일이 받을 수 있는지 조사
040      for(int i = 0; i < 7; i++) {
041        if(GameApp.tablePile[i].canTake(tempCard)) {
042          GameApp.tablePile[i].addCard(tempCard);
043          return;
044        }
045      }
046      // 받을 파일이 없으면 카드를 다시 자신에게 삽입
047      addCard(tempCard);
048    }
049 }
050
051 class TablePile extends CardPile {
052
053    TablePile(int x, int y, int c) {
054      super(x, y);
055      // 테이블 파일에 카드 배분
056      for(int i = 0; i < c; i++)
057        addCard(GameApp.deckPile.topCard());
058      // 제일 위 카드를 뒤집어서 앞면으로
059      thePile[count-1].flip();
060    }
061
062    public boolean canTake(Card aCard) {
063      if(count == 0)
064        return aCard.rank == 12;
065      Card tempCard = thePile[count-1];
066      return (aCard.color() != tempCard.color()) &&
067             (aCard.rank == tempCard.rank-1) && tempCard.faceup;
068    }
069
070    public boolean includes(int tx, int ty) {
071      // 테이블 파일이 소유한 모든 카드들이 차지하는 영역 내이면
072      return x <= tx && tx <= x + Card.cardWidth && y <= ty;
073 }
074
```

```
075    public void select(int tx, int ty) {
076      if(count == 0)
077        return;
078      // 제일 위 카드가 뒷면이면 앞면으로
079      Card tempCard = thePile[count-1];
080      if(!tempCard.faceup) {
081        tempCard.flip();
082        return;
083      }
084      // 제일 위 카드가 앞면이면 이 카드를 수트 파일이 받을 수 있는지 조사
085      for(int i = 0; i < 4; i++) {
086        if(GameApp.suitPile[i].canTake(tempCard)) {
087          GameApp.suitPile[i].addCard(topCard());
088          return;
089        }
090      }
091      // 테이블 파일이 받을 수 있는지 조사
092      for(int i = 0; i < 7; i++) {
093        if(GameApp.tablePile[i].canTake(tempCard)) {
094          GameApp.tablePile[i].addCard(topCard());
095          return;
096        }
097      }
098    }
099
100    public void display(Graphics g) {
101      int localy = y;
102      for(int i = 0; i < count; i++) {
103        thePile[i].moveTo(x, localy);
104        thePile[i].draw(g);
105        localy += 35;
106      }
107    }
108  }
```

3번째 줄의 SuitPile 생성자는 CardPile 클래스의 생성자를 super() 함수로 호출하고 추가 작업은 없다. 7번째 줄의 canTake 메소드는 인자로 제공되는 카드를 받을 수 있는지 판단한다. 소유한 카드가 없을 경우 인자로 제공된 카드의 rank값이 0(에이스)인지 조사해서 9번째 줄처럼 그 결괏값을 반환한다. 9번째 줄에서 사용된 연산자는 == 비교

연산자이다. 소유한 카드가 있을 경우에는 thePile[count-1]이 참조하는 제일 위 카드 객체의 suit 및 rank값을 인자로 제공된 aCard가 참조하는 카드 객체의 suit 및 rank값과 11번째 줄처럼 비교해서 suit값이 같고 제일 위 카드의 rank값이 제공된 카드의 rank보다 1만큼 작은지 조사한 후 그 결괏값을 반환한다.

18번째 줄의 DiscardPile 생성자는 CardPile 생성자와 같다. 22번째 줄의 addCard 메소드는 인자로 제공된 카드가 뒷면일 경우 24번째 줄처럼 앞면으로 변경한다. 25번째 줄에서는 super.으로 CardPile 클래스의 addCard 메소드를 호출해서 제공된 카드를 자신에게 삽입한다. 마우스 클릭으로 디스카드 파일이 선택되면 실행될 28번째 줄의 select 메소드는 소유한 카드가 없을 경우에는 30번째 줄처럼 select 메소드를 바로 종료시킨다. 소유한 카드가 있을 경우에는 32번째 줄처럼 제일 위 카드를 topCard 메소드로 꺼내 그 참조 값을 tempCard 지역 변수에 저장한다. topCard 메소드의 호출은 앞에 this.이 생략된 표현으로 상속받아 소유한 자신의 topCard 메소드의 호출을 의미한다. 33번째 줄의 for문은 네 개의 수트 파일 객체들에게 34번째 줄처럼 canTake 메소드를 호출해서 꺼낸 카드를 받을 수 있는지 조사한다. GameApp 클래스에서 전역 변수로 선언된 suitPile은 네 개의 수트 파일 객체의 참조 값을 저장하는 배열 객체를 참조한다. 받을 수 있다고 답하는 객체에게 35번째 줄처럼 addCard 메소드를 호출해서 꺼낸 카드를 삽입한 후 36번째 줄의 return문으로 select 메소드를 종료시킨다. 꺼낸 카드를 받을 수트 파일이 없을 경우 40~45번째 줄처럼 같은 작업을 일곱 개의 테이블 파일 객체들에게 수행한다. 47번째 줄까지 프로그램의 흐름이 왔다는 의미는 받을 수 있는 파일 객체가 없다는 것이므로 addCard 메소드를 호출해서 꺼낸 카드를 자신에게 다시 삽입한다.

53번째 줄의 TablePile 생성자는 우선 CardPile 생성자를 호출해서 상속받은 필드들을 초기화한다. 일곱 개의 테이블 파일은 프로그램 실행 초기에 순서대로 한 장부터 일곱 장까지의 카드를 갖고 시작하고, 제일 위 카드는 앞면인 상태여야 한다. 56, 57번째 줄에서는 인자로 받은 c의 개수만큼 데크 파일로부터 카드를 topCard 메소드로 뽑아서 자신에게 삽입하고, 59번째 줄처럼 flip 메소드를 호출해서 제일 위 카드를 뒤집어 앞면인 상태로 변경한다. 62번째 줄의 canTake 메소드는 63번째 줄처럼 소유한 카드가 없고 인자로 제공된 카드의 rank값이 12(킹)인지 조사해서 그 결괏값을 반환한다. 소유한 카드가 있을 경우에는 thePile[count-1]이 참조하는 제일 위 카드 객체의 참조 값을 65번째 줄처럼 tempCard 지역 변수에 저장한다. 66번째 줄에서는 tempCard가 참조하는 카드 객체의 색과 인자로 제공받은 aCard가 참조하는 카드 객체의 색이 다른지 조사한다. 또한 tempCard가 참조하는 카드 객체가 앞면이고 rank값이 aCard가 참조하는 카드 객체의 rank값보다 1만큼 큰지 조사한다. 조사해서 그 결괏값을 반환한다. 70번째 줄의 includes 메소드는 인자로 주어진 클릭점((tx, ty))이 자신의 내부점인지 조사한다. tx의 값이 자신의 왼쪽 위 꼭짓점의 x 좌표와 x에 Card 클래스에서 정의된 cardWidth 상수를 더한 값 사이이고, ty의 값이 왼쪽 위 꼭짓점의 y 좌표보다 큰지 조사해서 그 결괏값을 반환한다. ty의 값이 제일 위 카드의 오른쪽 아래 꼭짓점의 y 좌표보다 작은지에 대한 조사는 생략했다. 따라서 마우스를 이용한 테이블 파일의 선택은 그림 6-8과 같이 클릭점이 테이블 파일이 차지하는 영역에서 x 좌표의 좌우 경계와 y 좌표의 위쪽 경계 내이기만 하면 된다.

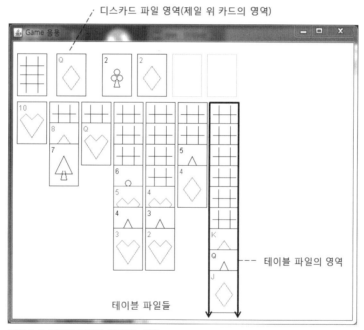

그림 6-8 테이블 파일이 차지하는 영역

75번째 줄의 select 메소드는 테이블 파일 위에서 마우스 클릭이 이뤄졌을 때 호출된다. 76, 77번째 줄처럼 소유한 카드가 없으면 바로 반환한다. 소유한 카드가 있을 경우 제일 위 카드가 뒷면이면 79~82번째 줄처럼 제일 위 카드에 flip 메소드를 호출해서 앞면인 상태로 변경하고 select 메소드를 종료한다. 제일 위 카드가 앞면이면 85번째 줄에서 for문으로 이 카드가 이동할 수 있는 수트 파일 객체를 조사한다. 92번째 줄에서는 테이블 파일들에 대해 같은 조사를 한다. 이때 28번째 줄의 DiscardPile 클래스의 select 메소드와 다른 점은 DiscardPile 클래스의 select 메소드는 일단 제일 위 카드를 32번째 줄처럼 꺼낸 다음에 꺼낸 카드로 수트 파일과 테이블 파일들에 대해 조사하지만 TablePile 클래스의 select 메소드는 꺼내지 않고 thePile[count-1]이 참조하는 제일 위 카드인 채로 수트 파일과 나머지 테이블 파일들에 대해 조사한다는 것이다. 그 이유는 그림 6-9의 두 번째 테이블 파일의 제일 위 카드인 스페이드 6의 경우를 예로 들어 설명한다.

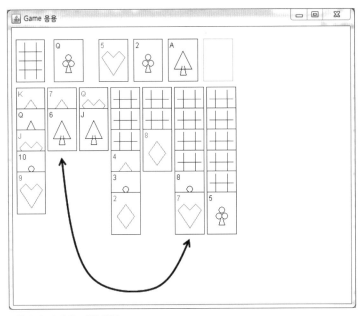

그림 6-9 스페이드 6의 이동

그림에서 스페이드 6은 여섯 번째 테이블 파일로도 이동할 수 있다. 따라서 사용자가 두 번째 테이블 파일 위에서 클릭하면 스페이드 6은 여섯 번째 테이블 파일로 이동하고, 여섯 번째 테이블 파일에서 클릭하면 두 번째 테이블 파일로 다시 이동한다. 다시 말해 사용자의 마우스 클릭에 의해 스페이드 6은 두 번째와 여섯 번째 테이블 파일로 번갈아 이동될 수 있어야 한다. 이렇게 동작시키려면 92번째 줄의 for문에서 자신을 뺀 나머지 여섯 개 테이블 파일들에 대해 조사해야 한다. 스페이드 6을 꺼내지 않고 조사했을 때 스페이드 6을 현재 소유한 테이블 파일은 자신의 제일 위 카드가 아직 스페이드 6이기 때문에 같은 카드인 스페이드 6에 대해 검사하게 되고 결국 false값을 반환해서 자신을 뺀 효과를 낼 수 있다.

100번째 줄의 display 메소드는 소유한 카드들을 아래로(y축으로) 35픽셀만큼 한 장씩 빗겨 그린다. 제일 위 카드는 thePile[count-1]이 참조하고 제일 밑의 카드는 thePile[0]이 참조하므로 102번째 줄의 for문에서 thePile[0]이 참조하는 카드부터 차례대로 103번째 줄처럼 moveTo 메소드를 호출해서 이동시키고, 104번째 줄처럼 draw 메소드를 호출해서 빗겨 그린다.

과정 02 **GameApp 클래스**

GameApp.java 파일에서 **GameApp** 클래스의 정의는 리스트 6-2와 같다.

리스트 6-2 GameApplication 프로젝트의 GameApp.java(일부)

```
01  public class GameApp extends Frame {
02    public static DeckPile deckPile;
03    public static DiscardPile discardPile;
04    public static TablePile tablePile[ ];
05    public static SuitPile suitPile[ ];
06    public static CardPile allPiles[ ];
07
08    public static void main(String [ ] args) {
09      GameApp window = new GameApp();
10      window.setVisible(true);
11    }
12
13    public GameApp() {
14      setSize(600, 500);
15      setTitle("Game 응용");
```

```
16        MouseKeeper mouse = new MouseKeeper();
17        addMouseListener(mouse);
18        init();
19    }
20
21    public void init() {
22        // 배열 할당
23        allPiles = new CardPile[13];
24        suitPile = new SuitPile[4];
25        tablePile = new TablePile[7];
26        // 배열 채우기
27        allPiles[0] = deckPile = new DeckPile(15, 50);
28        allPiles[1] = discardPile = new DiscardPile(82, 50);
29        for(int i = 0; i < 4; i++)
30          allPiles[2+i] = suitPile[i] =
31                          new SuitPile(160 + (Card.cardWidth+10) * i, 50);
32        for(int i = 0; i < 7; i++)
33          allPiles[6+i] = tablePile[i] =
34                          new TablePile(15 + (Card.cardWidth+5) * i,
35                                      Card.cardHeight + 60, i +1);
36    }
37
38    private class MouseKeeper extends MouseAdapter {
39
40      public void mousePressed(MouseEvent e) {
41        int x = e.getX();
42        int y = e.getY();
43        for(int i = 0; i < 13; i++) {
44          if(allPiles[i].includes(x, y)) {
45            allPiles[i].select(x, y);
46            repaint();
47            break;
48          }
49        }
50      }
51    }
52
53    public void paint(Graphics g) {
54      for(int i = 0; i < 13; i++)
55        allPiles[i].display(g);
56    }
57 }
```

2~5번째 줄은 파일 객체들을 생성해서 그 참조 값을 저장할 필드들의 선언이다. 네 개의 수트 파일 객체들과 일곱 개의 테이블 파일 객체들은 배열로 관리된다. 6번째 줄의 allPiles 필드는 CardPile 클래스형의 배열로 선언됐기 때문에 모든 파일 객체들의 참조 값을 저장할 수 있는 다형 변수이다. allPiles가 참조하는 배열 객체는 다형성 기능을 이용해서 13개의 파일 객체들을 효율적으로 조작하는 데 사용된다. 파일 객체들을 참조하는 필드들을 모두 public static으로 선언한 이유는 이 필드들을 전역 변수화해서 DiscardPile과 TablePile 클래스에서 파일 객체들에 접근해 사용할 수 있게 하기 위함이다.

18번째 줄에서 호출한 21번째 줄의 init 메소드는 배열 객체와 파일 객체들을 생성하는 작업을 수행한다. 23~25번째 줄에서 배열 객체들을 생성해서 그 참조 값을 4~6번째 줄에 선언한 필드들에 저장한다. 27번째 줄에서 DeckPile 객체를 (15, 50) 위치에 생성하고 그 참조 값을 deckPile 필드와 allPiles가 참조하는 배열 객체의 첫 번째 원소에 저장한다. 28번째 줄에서는 DiscardPile 객체를 (82, 50) 위치에 생성하고 그 참조 값을 discardPile 필드와 allPiles가 참조하는 배열 객체의 두 번째 원소에 저장한다. 29~31번째 줄에서 for문으로 네 개의 SuitPile 객체들을 지정된 위치에 생성해서 그 참조 값을 suitPile과 allPiles가 참조하는 배열 객체의 해당 원소에 저장한다. 32~35번째 줄에서는 일곱 개의 TablePile 객체들을 지정된 위치에 생성해서 그 참조 값을 tablePile과 allPiles가 참조하는 배열 객체의 해당 원소에 저장한다. 35번째 줄에서 TablePile 생성자의 마지막 인자로 제공된 i+1은 1, 2, 3, ..., 7이 TablePile 생성자에 전달돼 프로그램이 시작될 때 테이블 파일 객체들이 1, 2, 3, ..., 7장의 카드를 갖고 시작할 수 있게 한다.

40번째 줄의 mousePressed 메소드는 13개의 파일 객체들에게 43, 44번째 줄처럼 차례대로 includes 메소드를 호출해서 클릭점의 포함 여부를 조사한다. 클릭점을 포함하는 파일 객체가 있으면 그 객체에게 45번째 줄처럼 select 메소드를 호출해서 그 파일 객체가 자신이 선택됐을 때 수행해야 할 작업을 할 수 있도록 한다. 46번째 줄에서는 repaint 메소드를 이용해서 paint 메소드를 간접 호출한다. 53번째 줄의 paint 메소드는 55번째 줄처럼 모든 파일 객체들에게 display 메소드를 호출해서 각자 자신의 모습을 그리도록 한다.

파일들은 마우스 클릭으로 선택됐을 때 수행해야 할 작업이 종류별로 다르다. 데크 파일은 자신이 소유한 카드 객체들로부터 제일 위 카드를 꺼내 그 카드를 뒤집어 앞면인 상태로 디스카드 파일에 삽입한다. 수트 파일은 카드들을 종류별로 쌓는 역할만 수행하기 때문에 선택 시 수행해야 할 작업이 없다. 따라서 부모 클래스인 CardPile 클래스의 빈 바디를 갖는 select 메소드를 그대로 상속받아 사용하면 된다. 디스카드 파일은 선택 시 자신의 제일 위 카드를 네 개의 수트 파일 객체들과 일곱 개의 테이블 파일 객체들이 받을 수 있는지 조사해서 받을 수 있는 파일 객체가 있으면 그 파일 객체에 이 카드를 삽입한다. 테이블 파일은 네 개의 수트 파일 객체들과 자신을 제외한 여섯 개의 나머지 테이블 객체들에게 자신의 제일 위 카드를 받을 수 있는지 조사해서 받을 수 있는 파일 객체가 있으면 그 파일 객체에 이 카드를 삽입한다.

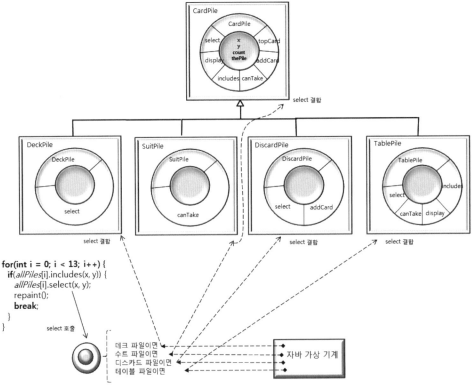

그림 6-10 select 메소드 호출 대 해당 select 메소드의 동적 결합

488

그림 6-10은 43번째 줄의 for문에서 45번째 줄의 select 메소드의 호출에 대한 해당 select 메소드의 동적 결합이 자바 가상 기계에 의해 어떻게 이뤄지는지를 보여준 것이다. 메소드의 호출에 대한 해당 메소드의 동적 결합은 4장의 '보충 문법'절에서 자세히 다뤘다. 자바 가상 기계는 실행 시 select 메소드가 호출된 파일 객체를 생성한 클래스에 가서 select 메소드가 있는지 찾고 없으면 부모 클래스를 조사하거나 조부모 클래스를 조사하는 등 클래스 계층 구조를 따라 올라가면서 처음 만나는 select 메소드를 실행하게 된다. 따라서 파일 객체의 종류에 따라 그에 적합한 select 메소드가 실행 시 동적으로 결합돼 수행된다. 따라서 파일별로 다른 작업을 수행하는 select 메소드의 호출이 44, 45번째 줄의 문장으로 깔끔하게 처리된다. 이는 다형성 기능을 활용했기 때문이다. 다형성을 이용하려고 클래스 계층 구조를 형성했고 각 클래스에서 select 메소드를 오버라이딩해서 재정의했으며 다형 변수 allPiles를 사용했다. paint 메소드도 54, 55번째 줄처럼 다형성 기능을 사용해서 두 줄로 깔끔하게 처리된다.

과정 03 동작 분석

Game 응용프로그램은 메인 윈도우, 파일, 카드, 마우스 리스너 등의 다양한 객체들로 구성되고, 프로그램의 실행은 이 객체들 간의 상호작용 패턴으로 진행된다. Game 응용프로그램을 실행시키고 데크 파일 위에서 마우스 버튼을 클릭해 제일 위 카드를 앞면인 상태로 디스카드 파일로 이동시키는 데까지의 동작 과정은 순서별로 그림 6-11과 같다.

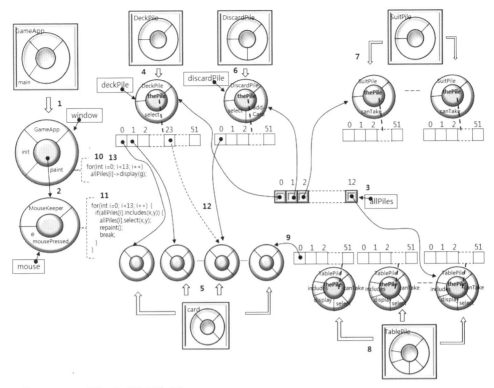

그림 6-11 Game 응용프로그램의 동작 과정

프로그램을 실행시키면 프로그램의 흐름은 GameApp 클래스의 main 메소드에서 시작된다.

1. 리스트 6-2의 9번째 줄에서 GameApp 클래스로부터 메인 윈도우 객체를 생성하고 그 참조 값을 window 지역 변수에 저장한다. 13번째 줄의 GameApp 생성자가 실행되고 윈도우의 크기와 타이틀이 지정된다.

2. 16, 17번째 줄에서 MouseKeeper 클래스로부터 마우스 리스너 객체가 생성되고, 이 객체는 메인 윈도우 객체에 등록된다. 18번째 줄에서 init 메소드가 호출된다.

3. 23번째 줄에서 CardPile 클래스형의 배열 객체가 생성되고 그 참조 값은 allPiles 필드에 저장된다. 이 배열 객체는 그림에서 생략하고 배열만 표기하자. 24, 25번째 줄에서 생성되는 suitPile과 tablePile이 참조하는 배열 객체도 생략한다.

4. 27번째 줄에서 DeckPile 객체가 생성되고 그 참조 값이 deckPile 필드와 allPiles 가 참조하는 배열의 첫 번째 원소에 저장된다. 따라서 allPiles[0]이 DeckPile 객체를 참조한다.

5. DeckPile 생성자가 실행돼서 Card 클래스로부터 52개의 카드 객체들이 생성되고 그 참조 값들은 DeckPile 객체의 thePile 필드가 참조하는 배열에 저장된다. 따라서 그림에서 DeckPile 객체의 thePile[0]은 첫 번째 카드 객체를 참조하고 thePile[1]은 두 번째 카드 객체를 참조한다. DeckPile 생성자에서 카드 객체들이 섞인다.

6. 28번째 줄에서 DiscardPile 객체가 생성되고 그 참조 값은 allPiles가 참조하는 배열의 두 번째 원소에 저장된다. 따라서 allPiles[1]은 DiscardPile 객체를 참조한다. DiscardPile 생성자가 실행된다.

7. 29번째 줄에서 네 개의 SuitPile 객체가 생성되고 그 참조 값들은 allPiles가 참조하는 배열의 3~6번째 원소에 저장된다. 따라서 allPiles[2]~allPiles[5]는 네 개의 SuitPile 객체를 참조한다. 이 과정에서 SuitPile 생성자는 네 번 실행된다.

8. 32번째 줄에서 일곱 개의 TablePile 객체가 생성되고 그 참조 값들은 allPiles가 참조하는 배열의 7~13번째 원소에 저장된다. 따라서 allPiles[6]~allPiles[12]는 일곱 개의 TablePile 객체를 참조한다. 이 과정에서 TablePile 생성자는 일곱 번 실행된다.

9. 각 TablePile 생성자에서 DeckPile 객체로부터 카드 객체들을 배분받아 소유한다. 따라서 그림에서 첫 번째 TablePile 객체의 thePile[0]은 마지막 카드 객체를 참조한다. init 메소드가 종료되고 있어서 GameApp 생성자도 종료된다. 프로그램의 흐름은 다시 main 메소드의 두 번째 문장인 10번째 줄로 돌아가서 메인 윈도우 객체의 setVisible 메소드가 호출된다. setVisible 메소드에 의해 윈도우가 모니터 화면에 표시되고 paint 메소드가 호출된다.

10. 53번째 줄의 paint 메소드에서 allPiles가 참조하는 배열에 저장된 13개의 파일 객체들에게 display 메소드가 호출돼 초기 화면이 완성된다.

paint 메소드가 실행된 후에는 자바 가상 기계가 무한 루프를 실행하면서 마우스 클릭, 키 입력 등과 같은 이벤트가 발생되면 이벤트 소스와 이벤트 종류를 결정하고, 이에 따라 이벤트 객체를 생성해서 이 이벤트를 처리할 이벤트 리스너 객체를 찾아 해당 메소드를 호출한다. 사용자가 마우스로 데크 파일을 클릭했다고 가정하자.

11. 마우스가 클릭되면 40번째 줄의 mousePressed 메소드가 자바 가상 기계에 의해 호출된다. 43번째 줄의 for문에서 allPiles가 참조하는 배열의 첫 번째 원소에 참조 값이 저장된 데크 파일 객체가 44번째 줄의 includes 메소드 호출에 대해 true값을 반환한다. 45번째 줄에서는 데크 파일 객체에게 select 메소드가 호출된다.

12. 데크 파일 객체의 select 메소드는 자신이 소유한 카드들 중 제일 위 카드를 뽑고 뒤집어 그 참조 값을 인자로 보내면서 디스카드 파일 객체의 addCard 메소드를 호출한다. 9번에 의해 데크 파일 객체가 테이블 파일들에게 카드들을 배분한다. 그 후 데크 파일 객체의 제일 위 카드 객체의 참조 값은 thePile[23]에 위치한다. 디스카드 파일 객체는 인자로 전달된 카드가 앞면인지 확인한 후 자신에게 삽입한다. 따라서 디스카드 파일 객체의 thePile[0]은 전달된 카드 객체를 참조한다.

13. 46번째 줄의 repaint 메소드에 의해 paint 메소드가 다시 호출돼 파일들을 다시 그린다. 디스카드 파일 객체는 이제 한 장의 카드를 소유하기 때문에 데크 파일 객체로부터 한 장의 카드를 넘겨받은 효과가 그림으로 표현된다. paint 메소드가 종료되고 mousePressed 메소드도 종료되며 프로그램의 흐름은 다시 자바 가상 기계가 실행하는 이벤트 루프로 되돌아가서 다음 마우스 클릭을 대기한다.

6.2 | 응용 과제

이번 절에서는 실습 과제를 응용하고 자바의 필수 문법을 다루는 여덟 개의 응용 과제들을 다룬다.

6.2.1 응용 과제 1

[스윙 패키지, 복합 객체, JPanel 클래스, JButton 클래스]

실습 과제를 발전시킨다. 실습 과제와 같이 동작하나 그림 6-12와 같이 윈도우가 스윙 외관으로 표시되고 위쪽에 '새 게임' 버튼이 배치돼 클릭하면 새로운 게임이 시작된다. 윈도우 타이틀바의 닫기 버튼을 클릭하면 프로그램이 종료된다.

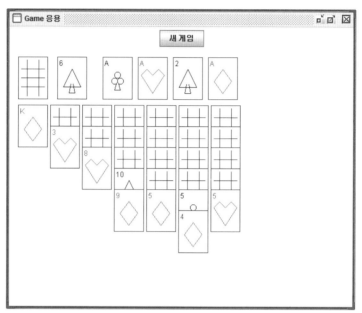

그림 6-12 스윙 외관의 카드게임

지금까지 사용해 왔던 Frame, Button, Label 등의 클래스들이 속한 java.awt 패키지는 자바가 윈도우 프로그래밍을 위해 처음 제공한 라이브러리이다. 이후 자바는 스윙swing 이라는 개선된 윈도우 프로그래밍 라이브러리를 제공하고 있는데 그림 6-13은 java.awt와 javax.swing 패키지의 클래스 계층 구조를 함께 보여준다. 그림에서 보듯이 스윙은 awt를 기반으로 개선된 윈도우 프로그래밍 방식을 제공한다. 스윙은 awt와 달리 운영체제의 자원을 활용하지 않고 순수하게 자바로 구현돼 awt보다 다양하고 효율적인 경량 GUI 요소들을 제공한다. 따라서 윈도우, 맥OS, 리눅스 등의 운영체제에서 동일한 GUI 외관을 지원한다. 그러나 이벤트 처리와 배치 관리 등은 상당 부분 기존의 awt 방식을 그대로 사용하고 있다. 스윙 패키지의 경로는 javax.swing이며 스윙 패키지 내의 클래스명은 J로 시작하는 것이 특징이다.

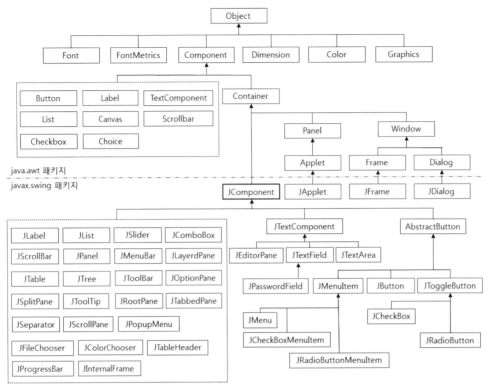

그림 6-13 java.awt 패키지와 javax.swing 패키지

　　그림에서 JComponent 클래스는 awt의 Component와 Container 클래스의 모든 기능
들을 상속받고, 여기에 향상된 기능들을 추가해서 Component 클래스를 재모델링했다.
JComponent 클래스가 제공하는 표 6-2의 메소드들은 자식 클래스들에게 공통적으로 필
요한 기능들이다.

표 6-2 JComponent 클래스가 제공하는 주요 메소드

메소드	설명
int getWidth(), int getHeight()	컴포넌트의 폭과 높이를 반환
int getX(), int getY()	컴포넌트의 좌표 반환
void setLocation(int x, int y)	컴포넌트의 위치 지정
void setSize(int width, int height)	컴포넌트의 크기 지정
Graphics getGraphics()	Graphics 객체의 참조 값을 반환
void paint(Graphics g)	컴포넌트를 그림

메소드	설명
void setBackground(Color col)	컴포넌트의 바탕색 지정
void setForeground(Color col)	컴포넌트의 글자색 지정
void setFont(Font font), Font getFont()	컴포넌트의 폰트 지정과 반환
void setEnabled(boolean enabled)	컴포넌트의 활성화/비활성화 지정
void setVisible(boolean visible)	컴포넌트 보이기/숨기기 지정
Component add(Component com)	자식 컴포넌트 추가
void remove(Component com)	자식 컴포넌트 제거
void removeAll()	모든 자식 컴포넌트 제거
Component[] getComponents()	자식 컴포넌트 리스트 반환

이런 JComponent 클래스를 상속받아 구현된 클래스들 중에서 우리는 JPanel, JLabel, JButton, JList, JComboBox, JTextField, JPasswordField 등을 실습에 활용한다. '보충 문법'절에서는 JCheckBox와 JRadioButton 클래스를 다루고, 도전 과제에서는 JScrollBar 클래스를 사용한다. 또한 Frame 클래스를 상속받아 향상시킨 JFrame 클래스로부터 메인 윈도우 객체를 생성한다. JFrame, JApplet, JDialog 클래스는 JComponent 클래스의 자식은 아니며 JComponent 객체들을 담을 최상위 컨테이너^{Top Level Container} 클래스라고 한다.

그림 6-14는 스윙 윈도우를 구성하는 객체들의 포함 관계를 계층 구조로 보여준 것이다. 윈도우는 크게 최상위 컨테이너인 JFrame 객체, JFrame 객체에 선택적으로 부착되는 JMenuBar 객체, 모든 최상위 컨테이너에게 기본적으로 주어지는 콘텐트 페인^{contentPane} 객체로 구성된다.

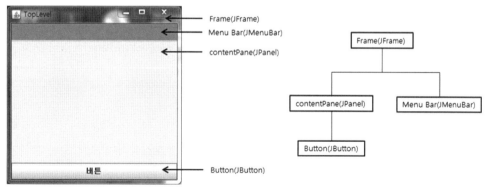

그림 6-14 스윙 윈도우를 구성하는 객체들의 포함 관계

스윙 응용프로그램은 적어도 한 개의 최상위 컨테이너를 가진다. 데스크톱 응용프로그램인 경우는 그림 6-14와 같이 JFrame 객체가 최상위 컨테이너이다. 애플릿인 경우는 JApplet 객체가 최상위 컨테이너 객체이고, 다이얼로그인 경우는 JDialog 객체가 최상위 컨테이너 객체이다. 데스크톱 응용프로그램이 한 개의 메인 윈도우와 한 개의 다이얼로그로 구성된다면 응용프로그램은 최상위 컨테이너를 두 개 가진다. JMenuBar 객체는 JMenu와 JMenuItem 객체를 사용해서 꾸며진다. 이 책에서 메뉴 기능은 다루지 않는다. 콘텐트 페인은 JComponent 객체들을 담아 시각적으로 표시하는 역할은 담당한다. 그림에서 콘텐트 페인 객체는 한 개의 버튼 객체를 포함하고 있다. 콘텐트 페인 객체의 실체는 JPanel 객체이다.

그림 6-14와 같이 JFrame 객체가 JPanel 객체와 JMenuBar 객체를 갖고, JPanel 객체는 다시 JButton 객체를 갖는 포함 관계에 의한 계층 구조는 4장에서 다뤘던 클래스 계층 구조와는 다르다. 포함 관계는 객체 또는 클래스 간의 '해즈-어' 관계이고, 상속 관계는 '이즈-어' 관계이다. 그림 6-14의 포함 관계에서 JFrame 객체와 같은 객체를 객체지향 용어로는 복합 객체$^{Complex\ Object}$라고 한다. 복합 객체는 다른 객체를 포함하는 객체를 말한다. 복합 객체에 포함된 객체는 다시 복합 객체일 수 있고 이런 내포 관계는 여러 레벨에 걸쳐 정의될 수 있다. 6장의 도입 글에서는 5장 응용 과제 1의 FigureEditorApp 클래스로부터 생성된 메인 윈도우 객체를 CD 플레이어에 비유했고, FigureManager 클래스로부터 생성된 도형 매니저 객체를 CD 플레이어의 핵심 부품에 비유했다. 도형 매니저 객체는 다시 도형 객체들을 소유하기 때문에 메인 윈도우, 도형 매니저, 도형 간에는 포함에 의한 계층 구조가 성립된다. 따라서 메인 윈도우 객체와 도형 매니저 객체는 복합 객체가 된다.

콘텐트 페인 객체를 활용해서 그래픽을 하거나 컴포넌트들을 배치하는 방법은 크게 두 가지이다. 첫 번째 방법은 다음과 같이 JFrame 객체의 getContentPane 메소드를 호출해서 콘텐트 페인 객체의 참조 값을 얻어 사용하는 것이다.

```
Container contentPane = frame.getContentPane();
```

getContentPane 메소드는 그림 6-13에서 Container 클래스형의 참조 값을 반환하기 때문에 JComponent 클래스에서 개선된 멤버들을 사용할 수 없다. 따라서 개선된 기능을 사용하려면 다음과 같이 JPanel 클래스형으로 다운캐스팅해서 사용한다. 콘텐트 페인 객체의 기본 배치관리자는 BorderLayout 배치관리자다.

```
JPanel contentPane = (JPanel) frame.getContentPane();
```

우리가 사용할 두 번째 방법은 그림 6-15와 같이 일상에서 사용하는 게시판을 스윙의 GUI 요소들에 비유해 설명한다.

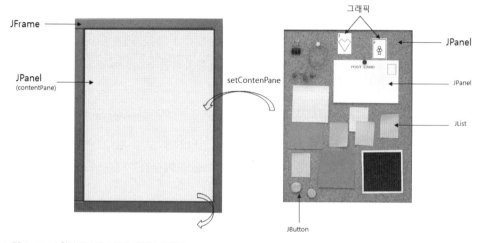

그림 6-15 스윙의 GUI 요소들과 게시판의 비유

지금까지의 실습은 awt의 Frame 클래스가 제공하는 메인 윈도우 객체에 그래픽 작업을 직접 했다. Label 객체와 Button 객체도 이 윈도우에 부착시켜 사용했다. 스윙의 JFrame 객체는 메인 윈도우 용도(게시판의 틀 용도)로만 사용하는 것이 일반적이다. 그래픽, JLabel 객체의 부착, JButton 객체의 부착과 같은 실제 작업은 독립적인 JPanel 객체(게시판의 판넬)에 하고, 이 JPanel 객체를 최종적으로 JFrame 객체의 기본 콘텐트 페인 객체와 setContentPane 메소드로 교체한다. 따라서 지금까지 Frame 객체에 해왔던 모든 프로그래밍 작업은 이제 JPanel 객체에 하게 된다. 판넬은 빈 캔버스와 같이 아무 모양도 없는 단순한 컴포넌트이면서 컨테이너이지만 그래픽을 포함해서 다른 JPanel 객체나 JButton 객체 등의 다양한 GUI를 포함시켜 구성할 수 있기 때문에 많이 사용된다. JPanel 객체에 주어지는 기본 배치관리자는 FlowLayout 배치관리자이다.

실습 과제에서 수정돼야 할 부분을 설명한다. 우선 GameApp.java 파일의 import문들이 다음과 같이 수정된다.

```java
import java.awt.Graphics;
import java.awt.Color;
import java.awt.event.*;
import java.util.Random;
import javax.swing.*;
```

awt 패키지의 Graphics 클래스와 Color 클래스는 그래픽을 위해 사용된다. 스윙 GUI 들도 이벤트 처리는 대부분 기존의 awt 방식을 사용하기 때문에 java.awt.event 패키지를 사용한다. JFrame, JPanel, JButton 클래스를 사용하려면 javax.swing 패키지를 포함시킨다.

실습 과제에서 GameApp 윈도우 객체의 역할을 앞으로는 GameAppPanel 객체가 대신하기 때문에 DeckPile 클래스의 select 메소드에서 다음 문장에 있는 GameApp 클래스의 discardPile 전역 변수 사용을 그다음 문장처럼 GameAppPanel 클래스의 discardPile 전역 변수 사용으로 변경한다.

```java
GameApp.discardPile.addCard(tempCard);
```

```java
GameAppPanel.discardPile.addCard(tempCard);
```

이와 같은 클래스명의 변경은 DiscardPile 클래스의 select 메소드에서 두 번, TablePile 클래스의 생성자에서 한 번, TablePile 클래스의 select 메소드에서 두 번 더 존재하므로 찾아서 확인한다.

실습 과제의 Rect.java, Card.java, CardPile.java 파일과 GameApp.java 파일의 DeckPile, DiscardPile, SuitPile, TablePile 클래스는 그대로 사용한다. GameApp.java 파일의 GameApp 클래스의 정의는 리스트 6-3과 같이 GameApp 클래스와 GameAppPanel 클래스의 정의로 변경된다. GameApp 클래스로부터 생성된 객체는 그림 6-15의 JFrame 객체의 역할을 수행하고, GameAppPanel 클래스로부터 생성된 객체는 오른쪽 그림의 JPanel 객체의 역할을 수행한다.

```
01  public class GameApp extends JFrame {
02    public GameAppPanel panel;
03
04    public static void main(String [ ] args) {
05      JFrame.setDefaultLookAndFeelDecorated(true);
06      GameApp window = new GameApp();
07      window.setVisible(true);
08    }
09
10    public GameApp() {
11      setSize(600, 500);
12      setTitle("Game 응용");
13      setDefaultCloseOperation(JFrame.EXIT_ON_CLOSE);
14      panel = new GameAppPanel();
15      setContentPane(panel);
16    }
17  }
18
19  class GameAppPanel extends JPanel {
20    public static DeckPile deckPile;
21    public static DiscardPile discardPile;
22    public static TablePile tablePile[ ];
23    public static SuitPile suitPile[ ];
24    public static CardPile allPiles[ ];
25
26    public GameAppPanel() {
27      setBackground(Color.white);
28
29      MouseKeeper mouse = new MouseKeeper();
30      addMouseListener(mouse);
31      init();
32      // App1
33      JButton newButton = new JButton("새 게임");
34      newButton.addActionListener(new NewButtonListener());
35      add(newButton);
36    }
37
38    public void init() {
39      // 배열 할당
40      allPiles = new CardPile[13];
```

```java
      suitPile = new SuitPile[4];
      tablePile = new TablePile[7];
      // 배열 채우기
      allPiles[0] = deckPile = new DeckPile(15, 50);
      allPiles[1] = discardPile = new DiscardPile(82, 50);
      for(int i = 0; i < 4; i++)
        allPiles[2+i] = suitPile[i] =
                          new SuitPile(160 + (Card.cardWidth+10) * i, 50);
      for(int i = 0; i < 7; i++)
        allPiles[6+i] = tablePile[i] =
                          new TablePile(15 + (Card.cardWidth+5) * i,
                                        Card.cardHeight + 60, i +1);
    }

    private class MouseKeeper extends MouseAdapter {

      public void mousePressed(MouseEvent e) {
        int x = e.getX();
        int y = e.getY();
        for(int i = 0; i < 13; i++) {
          if(allPiles[i].includes(x, y)) {
            allPiles[i].select(x, y);
            repaint();
            break;
          }
        }
      }
    }
    // App1
    private class NewButtonListener implements ActionListener {

      public void actionPerformed(ActionEvent e) {
        for(int i = 1; i < 13; i++) {
          while(allPiles[i].count > 0) {
            Card c = allPiles[i].topCard();
            c.faceup = false;
            deckPile.addCard(c);
          }
        }

        for(int m = 1; m <= 7; m++)
```

```
82          for(int n = 1; n <= m n++)
83             allPiles[m+5].addCard(deckPile.topCard());
84
85       for(int p = 6; p <= 12; p++)
86         allPiles[p].select(0, 0);
87
88       repaint();
89     }
90   }
91
92   public void paintComponent(Graphics g) {
93     super.paintComponent(g);
94     for (int i = 0; i < 13; i++)
95       allPiles[i].display(g);
96   }
97 }
```

코드는 크게 1~17번째 줄의 GameApp 클래스와 19~97번째 줄의 GameAppPanel 클래스의 두 부분으로 나눠진다. 1번째 줄에서 GameApp 클래스는 스윙의 JFrame 클래스를 상속받음으로써 메인 윈도우 객체를 생성하는 역할을 한다. 19번째 줄에서 JPanel 클래스를 상속받는 GameAppPanel 클래스는 실습 과제의 GameApp 클래스의 역할을 그대로 담당한다.

6번째 줄에서 선언된 window 변수는 메인 윈도우 역할을 담당할 메인 윈도우 객체의 참조 값을 저장하고, 2번째 줄에서 선언된 pannel 필드는 윈도우에 부착될 판넬 객체의 참조 값을 저장하게 된다. 5번째 줄에서 JFrame 클래스의 static 메소드인 setDefault LookAndFeelDecorated를 호출해서 스윙 스타일의 윈도우 외관을 지정한다. 인자를 false 값으로 주거나 이 메소드를 사용하지 않으면 운영체제에 종속된 스타일로 윈도우가 표시된다. 윈도우 운영체제이면 실습 과제와 같은 윈도우 스타일로 표시된다.

10번째 줄의 GameApp 생성자에는 메인 윈도우에 관한 사항만 초기화한다. 윈도우의 크기와 타이틀을 설정한 후 13번째 줄에서 setDefaultCloseOperation 메소드를 호출해 윈도우 타이틀바의 닫기 버튼이 동작하도록 지정한다. awt 패키지의 Frame 윈도우인 경우는 윈도우 이벤트를 처리해서 타이틀바의 닫기 버튼을 동작시켰던 것과 비교해서 한 문장으로 같은 작업이 이뤄진다. 인자로는 JFrame 클래스에 정의된 상수인 JFrame.EXIT_ON_CLOSE를 지정한다. 14번째 줄에서는 GameAppPanel 객체를 생성해서 그 참조 값을

pannel 필드에 저장하고, 이 판넬을 15번째 줄처럼 setContentPane 메소드로 그림 6-15
와 같이 기본 판넬인 콘텐트 페인 객체와 교체한다. 새로운 콘텐트 페인의 역할을 수행
하는 판넬은 윈도우 크기에 맞게 조정돼 교체된다.

19번째 줄의 GameAppPanel 클래스는 실습 과제의 GameApp 클래스와 거의 같다. 26
번째 줄의 GameAppPanel 생성자는 14번째 줄에서 GameAppPanel 객체를 생성할 때 실
행된다. JPanel 클래스가 지원하는 기본 바탕색은 회색이다. 따라서 27번째 줄처럼
setBackground 메소드를 호출해서 판넬의 바탕색을 흰색으로 변경한다. 29번째 줄에서
마우스 리스너 객체를 생성해서 30번째 줄처럼 판넬에 부착시킨다. 31번째 줄에서 호
출한 init 메소드는 실습 과제처럼 파일 객체들과 카드 객체들을 생성한다.

33번째 줄에서 JButton 객체인 '새 게임' 버튼을 생성한다. JButton 클래스의 생성자는
표 6-3과 같다.

표 6-3 JButton 클래스의 생성자

생성자	설명
JButton()	문자열이나 이미지가 없는 버튼 생성
JButton(Icon image)	이미지를 가진 버튼 생성
JButton(String text)	문자열을 가진 버튼 생성
JButton(String text, Icon image)	문자열과 이미지를 가진 버튼 생성

34번째 줄에서는 awt 이벤트 처리와 마찬가지로 버튼에 버튼 리스너를 부착시키고,
35번째 줄처럼 버튼을 판넬에 등록시킨다. JPanel 객체에 설정되는 기본 배치관리자는
표 6-4와 같이 FlowLayout 배치관리자이다. 기본 배치관리자는 언제든지 setLayout 메
소드를 이용해서 원하는 배치관리자로 교체할 수 있다.

표 6-4 스윙 컨테이너의 기본 배치관리자

스윙 컨테이너	기본 배치관리자
JFrame	BorderLayout
JDialog	BorderLayout
JPanel	FlowLayout
JApplet	FlowLayout

55번째 줄의 MouseKeeper 내부 클래스는 실습 과제의 MouseKeeper 클래스와 같다. '새 게임' 버튼이 클릭되면 게임을 다시 시작해야 한다. 70번째 줄의 NewButton Listener 클래스에서 actionPerformed 메소드는 윈도우 위쪽에 배치된 '새 게임' 버튼을 클릭하면 호출된다. 73번째 줄처럼 13개의 모든 파일 객체들에 대해 74번째 줄의 while문으로 현재 소유한 카드들을 모두 빼서 뒷면으로 한 후 데크 파일 객체에 삽입함으로써 새 게임을 위한 작업을 시작한다. 81~83번째 줄의 내포된 for문은 데크 파일 객체로부터 카드들을 빼서 일곱 개의 테이블 파일들에게 각각 1, 2, 3, ..., 7장을 배분하는 작업을 수행한다. 85, 86번째 줄에서는 테이블 파일의 제일 위 카드가 앞면이 되도록 일곱 개의 테이블 파일들에게 select 메소드를 호출해서 초기화를 완성한다.

paint 메소드 대신 사용된 92번째 줄의 paintComponent 메소드는 JComponent 클래스의 추상 메소드로 선언됐기 때문에 모든 스윙 컴포넌트가 오버라이딩해서 갖고 있다. JLabel 클래스의 paintComponent 메소드는 레이블 내부에 텍스트나 이미지를 그리고, JTextField 클래스의 paintComponent 메소드는 입력 창을 그린다. JPanel 클래스의 paintComponent 메소드는 판넬상에 그려진 이전 내용을 모두 지운다. 따라서 93번째 줄처럼 super.paintComponent 메소드를 제일 먼저 호출해서 판넬을 지우고 새로 그리는 방식을 사용한다. JPanel 객체와 같은 Container 객체의 paintComponent 메소드를 호출하면 Container 객체의 paintComponent 내의 작업 후 부착된 컴포넌트 객체들에게 paintComponent 메소드가 차례대로 호출된다. 따라서 pannel이 참조하는 판넬 객체의 paintComponent 메소드가 실행돼 95번째 줄처럼 파일 객체들이 그려진 후 판넬에 부착된 newButton이 참조하는 버튼 객체에게 paintComponent 메소드가 호출돼 버튼도 자기 모습을 다시 그리게 된다.

6.2.2 응용 과제 2

[JLabel 클래스]

응용 과제 1을 발전시킨다. 그림 6-16과 같이 마우스 버튼으로 파일을 선택했을 때 카드가 이동될 수 없으면 '이동 불가!' 레이블을 위쪽에 표시한다.

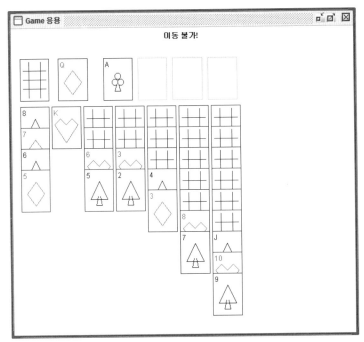

그림 6-16 '이동 불가!' 레이블의 표시

　　마우스로 파일을 클릭하면 mousePressed 메소드에서 클릭점을 포함하는 파일에게 select 메소드가 호출된다. 수트 파일은 카드를 쌓는 역할만 담당하고 이동시키는 일은 하지 않는다. 데크 파일은 소유한 카드가 있으면 항상 제일 위 카드를 뽑아 이 카드를 뒤집어 디스카드 파일로 이동시킨다. 디스카드 파일과 테이블 파일의 카드 이동 여부는 게임 규칙에 따라 다르다. 따라서 카드의 이동 가능 여부는 각 파일 클래스의 select 메소드에서 결정된다. 리스트 6-4는 GameApp.java 파일의 DeckPile, DiscardPile, TablePile의 select 메소드를 수정한 것이다.

리스트 6-4 GameApp2 프로젝트의 GameApp.java(일부)

```
01  //=====> DeckPile 클래스의 select 메소드
02    public void select(int tx, int ty) {
03      if(count == 0)
04        return;
05      // App2-데크 파일은 카드가 있으면 항상 이동 가능
06      GameAppPanel.canMove = true;
07      Card tempCard = topCard();
08      tempCard.flip();
```

```
09        GameAppPanel.discardPile.addCard(tempCard);
10      }
11
12
13  //=====> DiscardPile 클래스의 select 메소드
14    public void select(int tx, int ty) {
15        if(count == 0)
16          return;
17        // 제일 위 카드를 빼서 이 카드를 수트 파일이 받을 수 있는지 조사
18        Card tempCard = topCard();
19        for(int i = 0; i < 4; i++) {
20          if(GameAppPanel.suitPile[i].canTake(tempCard)) {
21            GameAppPanel.suitPile[i].addCard(tempCard);
22            // App2-수트 파일로 카드 이동 가능
23            GameAppPanel.canMove = true;
24            return;
25          }
26        }
27        // 테이블 파일이 받을 수 있는지 조사
28        for(int i = 0; i < 7; i++) {
29          if(GameAppPanel.tablePile[i].canTake(tempCard)) {
30            GameAppPanel.tablePile[i].addCard(tempCard);
31            // App2-테이블 파일로 카드 이동 가능
32            GameAppPanel.canMove = true;
33            return;
34          }
35        }
36        // 받을 파일이 없으면 카드를 다시 디스카드 파일에 삽입
37        addCard(tempCard);
38        // App2-카드 이동 불가
39        GameAppPanel.canMove = false;
40      }
41
42
43  //=====> TablePile 클래스의 select 메소드
44    public void select(int tx, int ty) {
45        if(count == 0)
46          return;
47        // 제일 위 카드가 뒷면이면 앞면으로
48        Card tempCard = thePile[count-1];
49        if(!tempCard.faceup) {
```

```
50        tempCard.flip();
51        return;
52      }
53      // 제일 위 카드가 앞면이면 이 카드를 수트 파일이 받을 수 있는지 조사
54      for(int i = 0; i < 4; i++) {
55        if(GameAppPanel.suitPile[i].canTake(tempCard)) {
56          GameAppPanel.suitPile[i].addCard(topCard());
57          // App2-수트 파일로 카드 이동 가능
58          GameAppPanel.canMove = true;
59          return;
60        }
61      }
62      // 테이블 파일이 받을 수 있는지 조사
63      for(int i = 0; i < 7; i++) {
64        if(GameAppPanel.tablePile[i].canTake(tempCard)) {
65          GameAppPanel.tablePile[i].addCard(topCard());
66          // App2-테이블 파일로 카드 이동 가능
67          GameAppPanel.canMove = true;
68          return;
69        }
70      }
71      // App2-카드 이동 불가
72      GameAppPanel.canMove = false;
73    }
```

다음에서 살펴볼 GameAppPanel 클래스에 canMove라는 public static boolean 필드를 정의해서 이 전역 변수의 값에 따라 카드의 이동 여부를 판단해서 레이블에 표시한다. 데크 파일, 디스카드 파일, 테이블 파일의 select 메소드에서는 카드 이동 가능성에 따라 이 필드의 값을 조정한다. 3번째 줄에서 데크 파일이 소유한 카드가 없으면 4번째 줄처럼 바로 반환되기 때문에 프로그램의 흐름이 6번째 줄까지 왔다는 것은 소유한 카드가 있다는 의미이다. 따라서 canMove 필드에 이동 가능의 의미로 true값을 저장한다.

디스카드 파일인 경우 23번째 줄까지 프로그램의 흐름이 왔다면 수트 파일로 카드가 이동이 가능하기 때문에 canMove 필드에 true값을 저장하고 반환한다. 32번째 줄까지 프로그램의 흐름이 왔다면 테이블 파일로 카드가 이동이 가능하기 때문에 역시 canMove 필드에 true값을 저장하고 반환한다. 제어가 39번째 줄까지 왔다는 것은 카드가 이동할 수 없다는 뜻이므로 canMove 필드에 false값을 저장한다. 테이블 파일인 경우도 비슷한

위치(58, 67, 72번째 줄)에서 canMove 필드의 값을 조정한다.

수정된 GameAppPanel 클래스는 리스트 6-5와 같다.

리스트 6-5 GameApp2 프로젝트의 GameApp.java(일부)

```
01  class GameAppPanel extends JPanel {
02    public static DeckPile deckPile;
03    public static DiscardPile discardPile;
04    public static TablePile tablePile[ ];
05    public static SuitPile suitPile[ ];
06    public static CardPile allPiles[ ];
07    // App2-각 파일의 select 메소드에서 canMove 필드를 조정함
08    public static boolean canMove = true;
09    public JLabel moveLabel;
10
11    public GameAppPanel() {
12      setBackground(Color.white);
13
14      MouseKeeper mouse = new MouseKeeper();
15      addMouseListener(mouse);
16      init();
17
18      moveLabel = new JLabel();
19      moveLabel.setHorizontalAlignment(SwingConstants.CENTER);
20      add(moveLabel);
21    }
22
23    public void init() {
24      // 배열 할당
25      allPiles = new CardPile[13];
26      suitPile = new SuitPile[4];
27      tablePile = new TablePile[7];
28      // 배열 채우기
29      allPiles[0] = deckPile = new DeckPile(15, 50);
30      allPiles[1] = discardPile = new DiscardPile(82, 50);
31      for(int i = 0; i < 4; i++)
32        allPiles[2+i] = suitPile[i] =
33                      new SuitPile(160 + (Card.cardWidth+10) * i, 50);
34      for(int i = 0; i < 7; i++)
35        allPiles[6+i] = tablePile[i] =
36                      new TablePile(15 + (Card.cardWidth+5) * i,
37                                      Card.cardHeight + 60, i+1);
```

```
38      }
39
40      private class MouseKeeper extends MouseAdapter {
41
42        public void mousePressed(MouseEvent e) {
43          int x = e.getX();
44          int y = e.getY();
45          for(int i = 0; i < 13; i++) {
46            if(allPiles[i].includes(x, y)) {
47              allPiles[i].select(x, y);
48              repaint();
49              break;
50            }
51          }
52          // App2-카드 이동 가부 레이블 처리
53          if(canMove)
54            moveLabel.setText("");
55          else {
56            moveLabel.setText("이동불가!");
57            canMove = true;
58          }
59        }
60      }
61
62      public void paintComponent(Graphics g) {
63        super.paintComponent(g);
64        for (int i = 0; i < 13; i++)
65          allPiles[i].display(g);
66      }
67    }
```

8번째 줄에서 canMove 필드를 public static boolean형으로 선언하고 true값으로 초기화한다. 9번째 줄에서는 윈도우 위쪽에 배치할 JLabel 객체를 참조하는 moveLabel 필드를 선언한다. mousePressed 메소드에서 이 레이블 객체에 접근해 레이블 텍스트를 설정하기 때문에 moveLable은 GameAppPanel 클래스의 필드로 정의한다. GameAppPanel 생성자에서 18번째 줄처럼 JLabel 객체를 생성하고 그 참조 값을 moveLabel 필드에 저장한다. 레이블 텍스트를 인자로 명시하지 않았기 때문에 빈 레이블 객체가 생성된다.

JLabel 클래스의 생성자는 표 6-5와 같다.

표 6-5 JLabel 클래스의 생성자

생성자	설명
JLabel()	문자열이나 이미지가 없는 빈 레이블 생성
JLabel(Icon image)	이미지를 가진 레이블 생성
JLabel(String text)	문자열을 가진 레이블 생성
JLabel(String text, Icon image, int hAlignment)	문자열과 이미지를 가진 레이블 생성

표에서 hAlignment 인자는 레이블 영역 내에서 문자열과 이미지의 수평 위치를 지정하는 상수이다. javax.swing.SwingConstants 인터페이스가 제공하는 SwingConstants. CENTER, SwingConstants.LEFT, SwingConstants.RIGHT 중의 하나를 사용할 수 있다. 이미지 레이블의 사용은 응용 과제 6에서 설명한다. 19번째 줄에서는 표시할 문자열을 레이블의 가운데 정렬하려고 setHorizontalAlignment 메소드를 호출한다. 수직 정렬을 할 때는 setVerticalAlignment 메소드를 호출하면서 인자로 SwingConstants.CENTER, SwingConstants.TOP, SwingConstants.BOTTOM 중 하나를 지정한다. 20번째 줄과 같이 판넬에 레이블을 추가하면 기본 FlowLayout 배치관리자에 의해 윈도우 위쪽 중앙에 배치된다.

마우스 클릭에 반응하는 mousePressed 메소드 내에서 47번째 줄처럼 클릭된 파일 객체의 select 메소드가 호출되면 상황에 따라 카드의 이동 여부를 알리는 canMove 필드 값이 설정된다. 53번째 줄처럼 이 canMove 필드 값을 조사해서 true이면 moveLabel이 참조하는 레이블 객체의 setText 메소드를 호출해서 공백문자("")를 설정하고, false이면 '이동 불가!' 문자열을 지정한다. 62번째 줄의 paintComponent 메소드가 실행된 후에는 부착된 moveLabel이 참조하는 레이블 객체의 paintComponent 메소드가 호출돼 윈도우 위쪽의 레이블에 설정된 메시지가 표시된다.

6.2.3 응용 과제 3

[JList 클래스, 제네릭 클래스, ListSelectionListener 인터페이스]

응용 과제 2를 발전시킨다. 그림 6-17과 같이 윈도우 오른쪽 위에 13개의 파일을 항목으로 하는 리스트가 표시되고, 이 리스트 중에서 한 파일을 선택하면 왼쪽 옆에 그 파일이 현재 소유한 카드의 개수가 레이블에 표시된다. 카드의 개수는 게임 진행 중에 계속 갱신된다.

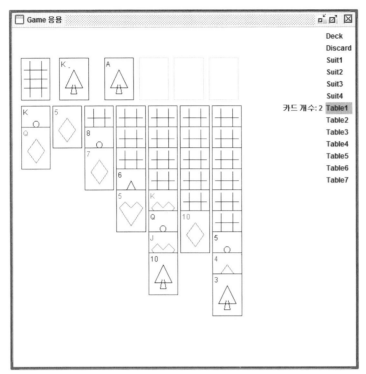

그림 6-17 각 파일의 소유 카드 개수 표시

　　JPanel 객체의 기본 배치관리자는 컴포넌트들을 가운데 정렬로 배치하는 FlowLayout 배치관리자이다. 그림 6-17에서 레이블과 리스트를 오른쪽에 배치하려면 이 기본 FlowLayout 배치관리자의 참조 값을 얻어 컴포넌트들을 오른쪽 정렬로 배치하도록 배치 관리자에 지정해야 한다. 따라서 FlowLayout 클래스를 사용하려면 GameApp.java 파일에 다음의 import문이 추가된다.

```
import java.awt.FlowLayout;
```

　　또한 리스트에서 항목을 선택하면 발생하는 ListSelectionEvent 이벤트 객체를 처리하고 이 이벤트를 감지하는 ListSelectionListener 인터페이스를 사용하려면 다음의 import문으로 이 둘의 사용을 선언한다. ListSelectionEvent 클래스와 ListSelection Listener 인터페이스는 javax.swing.event 패키지에 존재한다.

```
import javax.swing.event.ListSelectionListener;
import javax.swing.event.ListSelectionEvent;
```

수정된 GameAppPanel 클래스는 리스트 6-6과 같다.

리스트 6-6 GameApp3 프로젝트의 GameApp.java(일부)

```
01  class GameAppPanel extends JPanel {
02      public static DeckPile deckPile;
03      public static DiscardPile discardPile;
04      public static TablePile tablePile[ ];
05      public static SuitPile suitPile[ ];
06      public static CardPile allPiles[ ];
07      // App3
08      JList<String> pileList;
09      JLabel countLabel;
10      int pileIndex;
11
12      public GameAppPanel() {
13          setBackground(Color.white);
14          // App3
15          FlowLayout manager = (FlowLayout) getLayout();
16          manager.setAlignment(FlowLayout.RIGHT);
17
18          MouseKeeper mouse = new MouseKeeper();
19          addMouseListener(mouse);
20          init();
21
22          // App3
23          countLabel = new JLabel();
24          add(countLabel);
25          String [] pileString = {"Deck", "Discard", "Suit1", "Suit2", "Suit3",
26                                  "Suit4", "Table1", "Table2", "Table3",
27                                  "Table4", "Table5", "Table6", "Table7"};
28          pileList = new JList<String>(pileString);
29          pileList.setBackground(Color.yellow);
30          pileList.addListSelectionListener(new ListListener());
31          pileList.setSelectedIndex(1);
32          add(pileList);
33      }
34
35      public void init() {
```

```
36      // 배열 할당
37      allPiles = new CardPile[13];
38      suitPile = new SuitPile[4];
39      tablePile = new TablePile[7];
40      // 배열 채우기
41      allPiles[0] = deckPile = new DeckPile(15, 50);
42      allPiles[1] = discardPile = new DiscardPile(82, 50);
43      for(int i = 0; i < 4; i++)
44        allPiles[2+i] = suitPile[i] =
45                          new SuitPile(160 + (Card.cardWidth+10) * i, 50);
46      for(int i = 0; i < 7; i++)
47        allPiles[6+i] = tablePile[i] =
48                          new TablePile(15 + (Card.cardWidth+5) * i,
49                                        Card.cardHeight + 60, i +1);
50    }
51
52    private class MouseKeeper extends MouseAdapter {
53
54      public void mousePressed(MouseEvent e) {
55        int x = e.getX();
56        int y = e.getY();
57        for(int i = 0; i < 13; i++) {
58          if(allPiles[i].includes(x, y)) {
59            allPiles[i].select(x, y);
60            repaint();
61            break;
62          }
63        }
64      }
65    }
66    // App3
67    private class ListListener implements ListSelectionListener {
68
69      public void valueChanged(ListSelectionEvent e) {
70        pileIndex = pileList.getSelectedIndex();
71        repaint();
72      }
73    }
74
75    public void paintComponent(Graphics g) {
76      super.paintComponent(g);
```

```
77      for (int i = 0; i < 13; i++)
78        allPiles[i].display(g);
79      // App3
80      countLabel.setText("카드 개수: " +
81                        Integer.toString(allPiles[pileIndex].count));
82    }
83  }
```

8번째 줄에서 JList 클래스의 참조 필드 pileList를 선언한다. 리스트는 항목들을 나열하고 사용자로부터 항목 선택을 입력받는 데 사용된다. 리스트에 담길 항목은 그림 6-17과 같이 문자열이 일반적이지만 이미지를 넣을 수도 있고 레이블 객체를 넣을 수도 있다. 모든 종류의 객체를 리스트의 항목으로 사용할 수 있다. 따라서 자바의 JList 클래스는 제네릭 클래스$^{Generic\ Class}$로 구현됐다. 제네릭 클래스란 JList 클래스처럼 클래스를 정의할 때 항목으로 사용될 형을 고정시키지 않고 형을 나타내는 인자를 둬 그림 6-18과 같이 일반적으로 정의하는 클래스를 말한다.

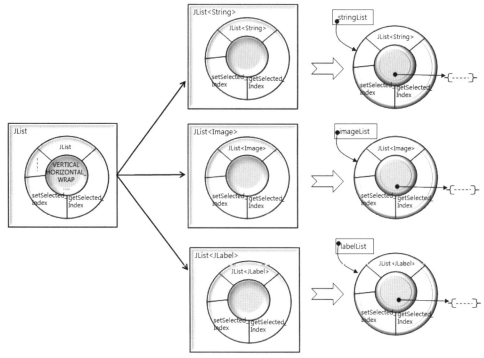

그림 6-18 제네릭 JList 클래스

리스트의 항목으로 문자열을 지정하고 싶으면 8번째 줄처럼 클래스명인 JList에 이어 인자로 String 클래스형을 꺾쇠 괄호(‹ ›)로 묶어 명시한다. 컴파일러는 인자로 명시된 String을 이용해서 문자열을 저장하는 JList‹String› 클래스를 그림과 같이 생성한다. 실행 때에는 이 클래스로부터 객체가 생성된다. 이미지를 항목으로 지정하고 싶으면 ‹Image›로 지정한다. 인자를 지정하지 않으면 자바의 최상위 클래스인 ‹Object›로 설정되기 때문에 리스트로부터 선택된 항목을 읽어 올 때 반드시 알맞은 형으로 형 변환을 해줘야 하는 불편함이 따른다. 제네릭 클래스는 응용 과제 4에서도 다루고 '보충 문법' 절에서 자세히 설명한다.

9번째 줄에서 선언된 countLabel 필드는 카드의 개수를 표시할 레이블 객체의 참조 값을 저장한다. 10번째 줄의 pileIndex 정수 필드는 리스트에서 선택된 항목의 인덱스 값을 저장한다. 이 인덱스 값은 배열처럼 0부터 시작된다. 23번째 줄에서 빈 레이블 객체를 생성해서 그 참조 값을 countLabel 필드에 저장하고, 24번째 줄처럼 판넬에 등록시킨다.

25번째 줄에서는 JList 객체에 나열할 문자열 항목들을 pileString이 참조하는 문자열 배열 객체에 준비한다. 28번째 줄에서는 제네릭 클래스인 JList 클래스로부터 객체를 생성하고 생성자의 인자로 준비한 문자열 배열을 전달한다. JList‹E› 클래스의 주요 생성자는 표 6-6과 같다. 여기서 E는 String과 같은 클래스명을 의미한다.

표 6-6 JList‹E› 클래스의 주요 생성자

생성자	설명
JList‹E›()	항목이 없는 빈 리스트 생성
JList‹E›(E[] items)	items가 참조하는 배열로부터 항목을 공급받는 리스트 생성

29번째 줄에서 JList 객체의 배경색을 setBackground 메소드를 호출해서 노란색으로 지정한다. setBackground 메소드는 표 6-2와 같이 JComponent 클래스가 제공하는 메소드이므로 모든 컴포넌트들이 상속받는다. 30번째 줄에서는 리스트 리스너 객체를 addListSelectionListener 메소드를 호출해서 리스트에 부착시킨다. 31번째 줄에서 리스트 객체의 setSelectedIndex 메소드를 호출해서 초기 선택 항목으로 리스트의 1번 인덱스에 저장된 디스카드 파일을 지정한다. setSelectedIndex 메소드를 호출하면 아래에

서 설명할 리스트 리스너 객체의 valueChanged 메소드가 호출된다. 32번째 줄처럼 리스트 객체를 판넬에 등록시킨다.

15번째 줄에서 판넬의 기본 배치관리자 객체의 참조 값을 getLayout 메소드를 호출해서 FlowLayout 클래스형의 manager 변수에 저장한다. 16번째 줄에서는 이 배치관리자 객체에게 setAlignment 메소드를 호출해서 오른쪽 정렬로 지정한다. 따라서 판넬에 추가된 레이블과 리스트는 삽입된 순서대로 그림 6-17과 같이 오른쪽으로 정렬돼 배치된다.

ListSelectionListener 인터페이스는 valueChanged 추상 메소드 한 개만 갖는 함수 인터페이스이다. 리스트에서 항목을 마우스로 선택할 때마다 69번째 줄의 valueChanged 메소드가 호출된다. 따라서 5.3.5절에서 다룬 람다식을 사용해서 코드를 깔끔하게 작성할 수 있다. 이미 선택된 항목을 클릭하면 선택값이 변경되지 않았기 때문에 이 메소드는 호출되지 않는다. 70번째 줄에서 리스트 객체의 getSelectedIndex 메소드를 호출해서 새로 선택된 항목의 인덱스값을 pileIndex 필드에 저장한다. 선택된 파일 항목의 카드 개수를 즉시 표시하려면 71번째 줄처럼 repaint 메소드로 paintComponent 메소드를 호출한다.

판넬의 paintComponent 메소드는 78번째 줄처럼 파일 객체들을 그리고, 80번째 줄처럼 allPiles가 참조하는 배열에서 리스트의 항목 중 선택된 파일 객체의 count 필드의 값을 레이블의 문자열로 지정한다. 이후 판넬에 등록된 JLabel 객체와 JList 객체의 paintComponent 메소드가 호출돼 두 객체가 스스로 자신의 새로운 모습을 그린다.

6.2.4 응용 과제 4

[JComboBox 클래스, 컬렉션 클래스, Stack 클래스]

응용 과제 3을 발전시킨다. 데크 파일이 카드를 다 소진하면 빈 데크 파일의 클릭에 디스카드 파일의 카드들이 데크 파일로 재삽입된다. 또한 그림 6-19와 같이 테이블 파일 간 카드들의 그룹 이동이 지원된다. 다섯 번째 테이블 파일의 숫자가 7인 카드를 클릭하면 이 카드로 시작되는 세 장의 카드 그룹이 네 번째 테이블 파일의 숫자가 8인 카드 밑으로 이동된다. 윈도우 오른쪽 위에는 플레이어의 이름을 담은 콤보 박스가 표시되고, 콤보 박스에서 이름을 선택하면 왼쪽 옆에 배치된 레이블에 환영 메시지가 표시된다.

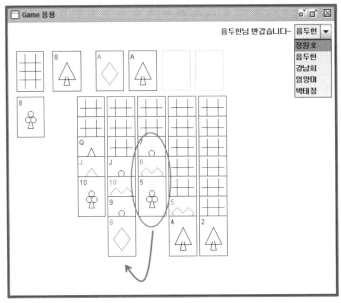

그림 6-19 테이블 파일 간 카드 그룹의 이동

GameApp.java 파일에 다음의 import문이 추가돼서 java.util.Stack 클래스의 사용을 선언한다. Stack 클래스는 뒤에서 설명한다.

```
import java.util.Stack;
```

데크 파일이 소진됐을 때 디스카드 파일의 카드들을 재삽입하려면 데크 파일이 선택됐을 때 호출되는 DeckPile 클래스의 select 메소드를 리스트 6-7과 같이 수정한다.

리스트 6-7 GameApp4 프로젝트의 GameApp.java(일부)

```
01    // App4
02    public void select(int tx, int ty) {
03      if(count == 0) {
04        int cardCount = GameAppPanel.discardPile.count;
05        for(int i = 0; i < cardCount; i++) {
06          Card c = GameAppPanel.discardPile.topCard();
07          c.faceup = false;
08          this.addCard(c);
09        }
10      }
11      else {
```

```
12        Card tempCard = topCard();
13        tempCard.flip();
14        GameAppPanel.discardPile.addCard(tempCard);
15      }
16    }
```

2번째 줄의 select 메소드에서 소유한 카드가 있을 경우는 11~15번째 줄처럼 실습 과제와 같다. 카드가 한 장도 없을 경우는 4번째 줄처럼 디스카드 파일 객체가 현재 소유한 카드의 개수를 저장한 count 필드의 값을 cardCount 지역 변수에 저장한다. 5번째 줄에서는 cardCount에 저장된 개수만큼 6번째 줄처럼 디스카드 파일 객체로부터 topCard 메소드로 카드를 빼서 뒷면으로 한 후 8번째 줄처럼 자신에게 삽입한다.

테이블 파일 간 카드의 그룹 이동의 지원을 위해 TablePile 클래스의 select 메소드가 리스트 6-8과 같이 수정된다.

리스트 6-8 GameApp4 프로젝트의 GameApp.java(일부)

```
01    // App4
02    public void select(int tx, int ty) {
03      if(count == 0)
04        return;
05      // 제일 위 카드가 클릭됐으면
06      if(thePile[count-1].includes(tx, ty)) {
07        // 제일 위 카드가 뒷면이면 앞면으로
08        Card tempCard = thePile[count-1];
09        if(! tempCard.faceup) {
10          tempCard.flip();
11          return;
12        }
13        // 제일 위 카드가 앞면이면 이 카드를 수트 파일이 받을 수 있는지 조사
14        for(int i = 0; i < 4; i++)
15          if(GameAppPanel.suitPile[i].canTake(tempCard)) {
16            GameAppPanel.suitPile[i].addCard(topCard());
17            return;
18          }
19        // 테이블 파일이 받을 수 있는지 조사
20        for(int i = 0; i < 7; i++)
21          if(GameAppPanel.tablePile[i].canTake(tempCard)) {
22            GameAppPanel.tablePile[i].addCard(topCard());
23            return;
```

```
24          }
25        }
26      else {   // 테이블 파일 간 그룹 이동
27        for(int k = count; k > 0; k--) {
28          if(thePile[k-1].includes(tx, ty) && thePile[k-1].faceup) {
29            for(int i = 6; i <= 12; i++) {
30              if(GameAppPanel.allPiles[i].canTake(thePile[k-1])) {
31                Stack<Card> cardStack = new Stack<Card>();
32                int cnt = count;
33                for(int j = cnt; j > k-1; j--)
34                  cardStack.push(topCard());
35                for(int m = cnt; m > k-1; m--)
36                  GameAppPanel.allPiles[i].addCard(cardStack.pop());
37                break;
38              }
39            }
40            break;
41          }
42        }
43      }
44    }
```

코드 설명에 앞서 이 코드에서 사용되는 Stack(스택)이라는 제네릭 클래스를 먼저 설명한다. 응용 과제 3에서 소개한 JList 객체, 이번 과제에서 사용하는 JComboBox 객체, Stack 클래스로부터 생성되는 Stack 객체 등은 여러 개의 항목들을 저장할 수 있는 컬렉션^{collection}이라고 한다. 지금까지 여러 개의 항목들을 저장할 수 있는 객체로 배열을 사용해 왔다. 컬렉션은 고정 크기의 배열이 갖는 단점을 극복하고 가변 개수의 객체들을 쉽게 삽입, 삭제, 검색할 수 있게 한다. 이외에도 컬렉션을 구현한 클래스에는 항목들을 저장하는 방식과 삽입, 인출, 검색하는 방식에 따라 Vector, ArrayList, Hashtable, LinkedList 등이 있다. 모든 컬렉션 클래스는 저장될 항목이 최상위 클래스인 Object 클래스형으로 주어지기 때문에 실제 저장될 항목의 클래스형을 인자로 지정해서 컬렉션 객체를 생성할 수 있는 제네릭 클래스 형태로 제공된다. 여기서는 당장 사용할 Stack 클래스를 먼저 살펴보고 '보충 문법'절에서는 자주 사용되는 컬렉션 클래스들을 설명한다.

스택이란 물건들을 쌓아 올린 더미를 말한다. 뷔페식당에서 접시들을 쌓아 올린 접시 더미를 생각해 보자. 접시에 1번부터 10번까지 번호를 매긴 후 1번 접시부터 쌓았다

면 10번 접시는 제일 위에 놓이게 된다. 접시를 하나씩 꺼내 사용하는 경우 10번 접시가 제일 먼저 꺼내지고 1번 접시가 제일 나중에 꺼내질 것이다. 이와 같이 접시 스택은 LIFO^{Last In First Out} 구조를 갖는 접시의 저장소이다. LIFO 구조는 제일 나중에 들어간 것이 제일 먼저 나오는 형태이다. 접시 스택에 접시를 놓는 행위를 푸시^{push}라고 하고, 꺼내는 행위를 팝^{pop}이라고 한다.

그림 6-20의 1, 2, 3이 담긴 정수 스택에서 pop 연산을 수행하면 1, 2가 남고, 여기에 push(4) 연산을 수행하면 정수 스택은 1, 2, 4를 저장하게 된다. push(5)와 pop 연산을 다시 실행시키면 정수 스택은 최종적으로 1, 2, 4를 저장하게 된다. 스택은 가변 길이를 지원하며 항목을 저장하고 인출하는 것이 한쪽 끝으로 제한된 배열이라고 생각해도 좋다. 원소의 저장과 인출이 한쪽 끝으로 제한되기 때문에 스택은 그 한쪽 끝을 항시 가리키는 top을 유지해서 저장과 인출이 top에서 이뤄지도록 한다. top은 push 연산으로 다음에 저장될 원소의 삽입 위치를 가리킨다.

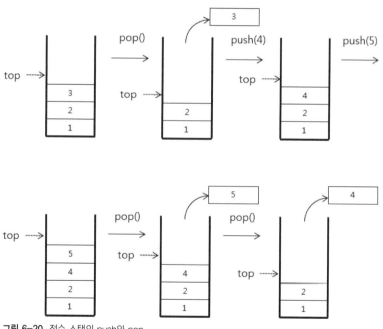

그림 6-20 정수 스택의 push와 pop

LIFO 구조를 지원하는 Stack 객체는 항목들을 삽입한 순서의 역순으로 반환하는 컬렉션이다. 그림 6-19에서 카드의 그룹 이동 형태를 살펴보면 다섯 번째 테이블 파일에서 카드의 숫자가 5, 6, 7인 카드를 순서대로 topCard 메소드로 빼서 네 번째 테이블 파일에 역순인 7, 6, 5의 순으로 addCard 메소드를 이용해 삽입하게 된다. 따라서 카드 그룹이 몇 장이 될지 모르겠지만 다섯 번째 테이블 파일에서 빼온 카드를 push 메소드로 스택에 저장했다가 pop 메소드로 꺼내 네 번째 테이블 파일에 삽입하면 카드의 그룹 이동이 완성된다.

코드로 다시 돌아가서 클릭점이 테이블 파일이 차지하고 있는 영역 내이기만 하면 테이블 파일의 select 메소드가 호출된다. 카드의 그룹 이동을 지원하려면 이제 클릭이 소유한 카드들 중 어느 카드에서 이뤄졌는지를 가려야 한다. 3번째 줄처럼 소유한 카드가 없으면 가릴 필요 없이 바로 반환한다. 소유한 카드가 있으면 6번째 줄처럼 제일 위 카드에서 클릭된 경우(6~25번째 줄)와 그 외의 카드에서 클릭된 경우(26~43번째 줄)로 나눈다. 제일 위 카드에서 클릭된 경우 8~24번째 줄처럼 실습 과제와 같이 동작하게 하고, 그 외의 카드에서 클릭된 경우는 두 장 이상의 카드를 다루게 되므로 카드의 그룹 이동 작업을 시작한다.

카드 그룹의 이동은 그림 6-19에서 숫자가 7인 카드를 클릭했을 경우를 참고하면서 코드를 따라가자. 우선 27번째 줄처럼 소유한 카드들을 for문으로 거꾸로 조사해야 겹쳐진 카드들에 대해 사용자가 의도한 클릭의 대상이 정확히 어떤 카드인지 가릴 수 있다. 28번째 줄에서는 각 카드에 대해 클릭점을 포함하고 앞면인 상태인지를 조사한다. 뒷면인 상태의 카드는 클릭점을 포함하더라도 이동시킬 수 없다. 그림 6-19의 경우에는 k의 값이 3일 때 숫자가 7인 카드가 true값을 반환한다. 이런 카드가 있을 경우 29번째 줄의 for문으로 이 카드를 받을 수 있는지를 테이블 파일들에게 30번째 줄처럼 canTake 메소드를 호출해서 조사한다. allPiles가 참조하는 배열 내에서 테이블 파일들의 인덱스 값은 6부터 12까지이다. true값을 반환하는 테이블 파일 객체가 있다면 카드 그룹을 옮기는 작업을 시작한다. 그림 6-19인 경우 i의 값이 9일 때 네 번째 테이블 파일이 true값을 반환한다. 먼저 31번째 줄처럼 Stack 제네릭 클래스로부터 Card 객체들을 저장하는 Stack 객체를 생성해서 그 참조 값을 cardStack 지역 변수에 저장한다. Stack 제네릭 클래스의 <> 안의 인자로는 Card 객체들을 항목으로 저장할 것이기 때문에 Card로 지정한다. 32번째 줄에서는 테이블 파일이 소유하고 있는 카드의 개수를 cnt 지역 변수에 저장한다. 34번째 줄에서 topCard를 실행하면 테이블 파일이 소유한 카드들의 개수를 나타내는 count 필드의 값이 감소되기 때문에 테이블 파일의 현재 카드 개수를 cnt 변수에 임시로 저장하는 것이다. 그림 6-19인 경우 cnt의 값은 5이다. cnt-(k-1)의 값이 이동할 그룹의 카드 개수이므로 33번째 줄의 for문에서 이 개수만큼 topCard로 카드들을 빼내고 이들을 Stack 객체에 푸시한다. 그림 6-19의 경우 cnt-(k-1)은 5-(3-1)이 되기 때문에 세 장이 이동시킬 카드의 개수가 된다. 35번째 줄의 for문은 true값을 반환했던 파일 객체(allPiles[i]가 참조하는 객체)에게 빼내온 역순으로 카드들을 Stack 객체로부터 팝해서 addCard 메소드로 삽입하는 작업을 수행한다. 그림 6-19인 경우는 allPiles[9]가 참조하는 네 번째 테이블 파일에게 카드들을 삽입하게 된다. true값을 반환했던 파일 객체에 대해 카드 그룹을 옮기는 작업이 완료되면 더 이상 다른 파일 객체들을 조사할 필요가 없으므로 37번째 줄의 break문으로 29번째 줄의 for문을 벗어난다. 40번째 줄의 break문은 더 이상 카드들을 조사할 필요가 없기 때문에 27번째 줄의 for문을 벗어나기 위함이다.

콤보 박스와 레이블을 동작시키려면 수정된 GameAppPanel 클래스는 리스트 6-9와 같다.

리스트 6-9 GameApp4 프로젝트의 GameApp.java(일부)

```
01  class GameAppPanel extends JPanel {
02    public static DeckPile deckPile;
03    public static DiscardPile discardPile;
04    public static TablePile tablePile[ ];
05    public static SuitPile suitPile[ ];
06    public static CardPile allPiles[ ];
07    // App4
08    String [] nameString = {"정원호", "음두헌", "강남희", "임양미", "박태정"};
09    JLabel welcomeLabel;
10
11    public GameAppPanel() {
12      setBackground(Color.white);
13      FlowLayout manager = (FlowLayout) getLayout();
14      manager.setAlignment(FlowLayout.RIGHT);
15
16      MouseKeeper mouse = new MouseKeeper();
17      addMouseListener(mouse);
18      init();
19      // App4
```

```
20      welcomeLabel = new JLabel();
21      add(welcomeLabel);
22      JComboBox<String> nameCombo = new JComboBox<String>(nameString);
23      nameCombo.addActionListener(new ComboListener());
24      nameCombo.setSelectedIndex(1);
25      add(nameCombo);
26    }
27
28    public void init() {
29      // 배열 할당
30      allPiles = new CardPile[13];
31      suitPile = new SuitPile[4];
32      tablePile = new TablePile[7];
33      // 배열 채우기
34      allPiles[0] = deckPile = new DeckPile(15, 50);
35      allPiles[1] = discardPile = new DiscardPile(82, 50);
36      for(int i = 0; i < 4; i++)
37        allPiles[2+i] = suitPile[i] =
38                          new SuitPile(160 + (Card.cardWidth+10) * i, 50);
39      for(int i = 0; i < 7; i++)
40        allPiles[6+i] = tablePile[i] =
41                          new TablePile(15 + (Card.cardWidth+5) * i,
42                                          Card.cardHeight + 60, i +1);
43    }
44
45    private class MouseKeeper extends MouseAdapter {
46
47      public void mousePressed(MouseEvent e) {
48        int x = e.getX();
49        int y = e.getY();
50        for(int i = 0; i < 13; i++) {
51          if (allPiles[i].includes(x, y)) {
52            allPiles[i].select(x, y);
53            repaint();
54            break;
55          }
56        }
57      }
58    }
59    // App4
60    public class ComboListener implements ActionListener {
```

```
61
62    public void actionPerformed(ActionEvent e) {
63      JComboBox<String> cb = (JComboBox<String>) e.getSource();
64      int index = cb.getSelectedIndex();
65      welcomeLabel.setText(nameString[index] + "님 반갑습니다~");
66    }
67  }
68
69    public void paintComponent(Graphics g) {
70      super.paintComponent(g);
71      for (int i = 0; i < 13; i++)
72        allPiles[i].display(g);
73    }
74  }
```

8번째 줄에서 콤보 박스에 담을 문자열 배열을 생성하고 그 참조 값을 nameString 필드에 저장한다. 9번째 줄의 welcomeLabel 필드는 환영 메시지를 표시할 레이블 객체의 참조 값을 저장하게 된다. 20번째 줄에서 빈 레이블 객체를 생성하고 그 참조 값을 welcomeLabel 필드에 저장한다. 21번째 줄에서는 이 레이블 객체를 판넬에 등록시킨다.

그림 6-19에서 콤보 박스는 ▼ 버튼을 클릭하면 드롭다운 항목 리스트가 아래로 펼쳐지고, 리스트에서 항목을 선택하면 버튼 옆의 텍스트 필드에 선택 항목이 표시된다. 콤보 박스에 담길 항목은 이 프로그램처럼 문자열이 일반적이지만 이미지를 넣을 수도 있고 레이블 객체를 넣을 수도 있다. 모든 종류의 객체를 콤보 박스의 항목으로 사용할 수 있다. 따라서 JComboBox 클래스는 제네릭 클래스로 구현됐다. 22번째 줄에서는 JComboBox<String> 클래스로부터 객체를 생성해서 그 참조 값을 nameCombo 변수에 저장한다. 인자로 nameString이 참조하는 배열 객체를 지정해서 콤보 박스에 표시할 항목을 공급한다. JComboBox<E> 클래스의 주요 생성자는 표 6-7과 같다.

표 6-7 JComboBox〈E〉 클래스의 주요 생성자

생성자	설명
JComboBox〈E〉()	항목이 없는 빈 콤보 박스 생성
JComboBox〈E〉(E[] items)	items가 참조하는 배열로부터 항목을 공급받는 콤보 박스 생성

사용자가 콤보 박스에서 항목을 선택하면 Action 이벤트와 Item 이벤트가 동시에 발생된다. Action 이벤트는 버튼을 클릭했을 때 발생되는 이벤트와 같은 이벤트다. 항목 선택에 대해 작업을 연계시키려면 Action 이벤트를 처리하고, 단순히 항목을 선택하거나 해제하는 것을 처리하려면 Item 이벤트를 처리한다. 여기서는 Action 이벤트를 처리하고, '보충 문법'절에서 JCheckBox 클래스를 다룰 때 Item 이벤트를 처리하는 방법을 설명한다. 23번째 줄에서 60번째 줄의 ComboListener 클래스로부터 Action 이벤트 리스너 객체를 생성해서 콤보 박스에 부착시킨다. 24번째 줄에서는 콤보 박스의 항목 중 두 번째 항목인 '음두헌' 문자열을 setSelectedIndex 메소드를 호출해 선택한다. setSelectedIndex 메소드의 호출로 아래에서 설명할 62번째 줄의 actionPerformed 메소드가 실행된다. 25번째 줄에서 콤보 박스를 판넬에 등록시킨다.

콤보 박스에서 항목의 선택에 Action 이벤트를 연계시켰기 때문에 사용자가 마우스로 항목을 선택하거나 24번째 줄처럼 setSelectedIndex 메소드로 항목을 선택하면 62번째 줄의 actionPerformed 메소드가 호출된다. actionPerformed 메소드에서 인자로 받은 ActionEvent 객체의 getSource 메소드를 63번째 줄처럼 호출해서 이벤트를 발생시킨 콤보 박스 객체의 참조 값을 cb 참조 변수에 저장한다. 반환되는 콤보 박스 객체는 형 변환을 명시적으로 사용한다. 64번째 줄에서는 콤보 박스 객체의 getSelectedIndex 메소드를 호출해서 사용자가 선택한 항목의 인덱스 값을 index 변수에 저장한다. 65번째 줄에서는 nameString이 참조하는 배열에서 이 index값에 해당하는 문자열을 이용해 환영 메시지를 레이블에 표시한다.

24번째 줄과 25번째 줄 사이에 다음의 문장을 삽입하고 실행시켜 본다. setEditable 메소드는 콤보 박스의 선택된 항목을 사용자가 편집할 수 있게 편집 필드를 활성화시킨다.

```
nameCombo.setEditable(true);
```

6.2.5 응용 과제 5
[이미지 처리, JTextField 클래스, JPasswordField 클래스]

응용 과제 1과 응용 과제 3을 발전시킨다. 그림 6-21과 같이 카드게임을 시작하기 전에 이름과 비번을 텍스트 필드 창에 입력하고 '등록' 버튼을 클릭해서 등록해야 게임을 시작할 수 있다. 이름은 'game', 비번은 '1234'로 한다. 카드는 그래픽 대신 이미지로 처리된다. 등록을 위한 컴포넌트들은 독립된 판넬에 격자 형식으로 배치해서 주 판넬의 오른쪽 위에 부착시킨다.

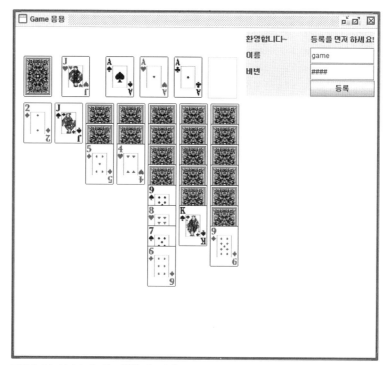

그림 6-21 이미지 카드를 이용한 카드게임

카드의 이미지 처리를 위해 Card 클래스는 리스트 6-10과 같이 수정된다. Card 클래스를 수정한 효과가 이를 이용하는 다른 클래스들에게 파급되지 않고 Card 클래스 내로 국한된다. 6장의 도입 글에서 이런 기능을 객체지향 기술의 캡슐화가 제공하는 장점이라고 설명했다.

리스트 6-10 GameApp5 프로젝트의 Card.java

```
01  // Card class
02
03  import java.awt.Color;
04  import java.awt.Graphics;
05  import java.awt.Image;
06  import javax.swing.ImageIcon;
```

```
07
08  public class Card extends Rect {
09      // 카드의 폭, 높이, 각 무늬를 상수 필드로 지정
10      final public static int cardWidth = 50;
11      final public static int cardHeight = 70;
12      final public static int heart = 0;
13      final public static int spade = 1;
14      final public static int diamond = 2;
15      final public static int club = 3;
16      // 각 카드의 앞뒷면 상태, 숫자, 무늬를 필드로 선언
17      public boolean faceup;
18      public int rank;
19      public int suit;
20      // App5-뒷면 이미지는 한 개만 필요하기 때문에 static
21      // command line에서 실행시키려면 "resources/53.png"로 명시
22      public static Image backImage =
23                      (new ImageIcon("src/resources/53.png")).getImage();
24      // 각 카드의 앞면 이미지
25      public Image cardImage;
26
27      // 생성자
28      public Card(int xv, int yv, int sv, int rv) {
29          super(xv, yv, xv+cardWidth, yv+cardHeight);
30          suit = sv; rank = rv; faceup = false;
31          // App5-해당 이미지 로드
32          int which = suit * 13 + rank + 1;
33          // command line에서 실행시키려면 "resources/" + which + ".png"로 명시
34          String imgfile = "src/resources/" + which + ".png";
35          ImageIcon cardIcon = new ImageIcon(imgfile);
36          cardImage = cardIcon.getImage();
37      }
38
39      // 메소드
40      public void flip() {
41          faceup = ! faceup;
42      }
43
44      public Color color() {
45          if (faceup)
46              if (suit == heart || suit == diamond)
47                  return Color.red;
48              else
```

```
49        return Color.black;
50     return Color.blue;
51   }
52   // App5
53   public void draw(Graphics g) {
54     if(faceup)
55       g.drawImage(cardImage, upperLeftX, upperLeftY,
56                     cardWidth, cardHeight, GameApp.panel);
57     else
58       g.drawImage(backImage, upperLeftX, upperLeftY,
59                     cardWidth, cardHeight, GameApp.panel);
60   }
61 }
```

5번째 줄에서 카드의 이미지 처리를 위해 Image 클래스의 사용을 선언한다. 6번째 줄에서는 스윙 패키지의 ImageIcon 클래스의 사용도 선언한다. 그림 6-22는 이미지 카드를 위해 Card 클래스를 재모델링한 것이다.

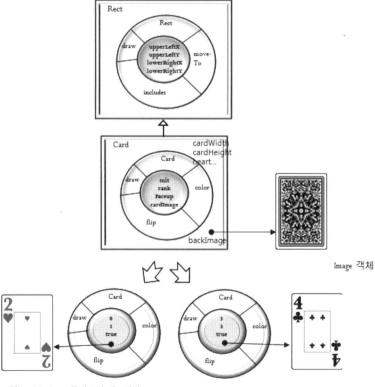

Image 객체

그림 6-22 Card 클래스의 재모델링

Card 클래스의 필드로 Image 객체에 대한 참조 값을 갖는 cardImage를 25번째 줄처럼 추가한다. cardImage 필드로 그림 6-22와 같이 각 카드는 자신의 이미지를 갖는 이미지 객체를 소유한다. 카드의 뒷면 이미지는 모든 카드들이 공유하는 것이므로 Card 클래스의 static 필드로 선언한다. backImage 필드를 22번째 줄처럼 선언해서 이 필드가 뒷면 이미지 객체를 참조하도록 한다. backImage 필드는 선언과 동시에 이미지 객체를 생성해서 참조하는데 이에 대해서는 아래에서 설명한다.

여기서는 resources라는 폴더(패키지)를 이클립스를 이용해 생성하고, 이번 과제에서 필요한 카드 이미지 파일들을 그 폴더에 넣는 방법을 설명한다. resources 폴더에는 이 책에서 제공하는 52장의 카드 앞면 이미지와 카드 뒷면 이미지가 .png 파일 형식으로 저장된다. 자바는 .jpg, .gif 파일 형식의 이미지도 지원한다. 다른 형식의 이미지 파일은 이미지 파일을 변환해서 사용한다.

이 책에서 제공하는 GameApp5 프로젝트명을 변경해서 보관하고, 새롭게 GameApp5 프로젝트를 생성해서 작업하기로 하자. Package Explorer 뷰에서 GameApp5 프로젝트를 선택하고, 마우스 오른쪽 버튼을 클릭한 후 Refactor > Rename 항목을 선택해서 그림 6-23의 대화 상자를 표시한다.

그림 6-23 프로젝트명의 변경

New name 필드에 GameApp5-2라고 입력하고 OK 버튼을 클릭하면 GameApp5 프로젝트명이 GameApp5-2로 변경된다.

이클립스에서 GameApp5 프로젝트를 새롭게 생성한다. GameApp5 프로젝트가 생성됐으면 Package Explorer 뷰의 GameApp5 프로젝트가 선택된 상태에서 메뉴의 File > New > package 항목을 선택하거나 **마우스 오른쪽 버튼**을 클릭한 후 New > package 항목을 선택한다. 그림 6-24와 같이 패키지 생성 윈도우에서 Name 필드에 resources라고 입력해 resources 패키지를 생성한다.

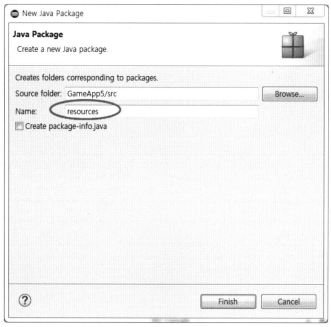

그림 6-24 resources 패키지의 생성

그림 6-25와 같이 resources 패키지가 생성된 것을 확인한다.

그림 6-25 GameApp5 프로젝트의 구성

이 책에서 제공하는 CardImage 폴더의 모든 파일들을 선택하고 복사하기를 한 후 그림 6-25의 resources 패키지에서 마우스 오른쪽 버튼을 클릭하고 붙여넣기^{paste}를 선택한다. Package Explorer 뷰의 GameApp5-2 폴더에서 Card.java, CardPile.java, GameApp.java, Rect.java 파일들을 복사copy한다. GameApp5 폴더의 src 폴더에서 마우스 오른쪽 버튼을 클릭하고 붙여넣기를 해서 모든 파일들을 가져온다. 그림 6-25와 같은 구성이 완성된 것을 확인한다.

저장된 이미지들은 그림 6-26과 같이 1.png부터 53.png까지의 파일 이름이 부여된다. 그림에서 ha는 하트 에이스heart ace, h2는 하트 2heart 2, cj는 클로버 잭club jack, sq는 스페이드 퀸spade queen, dk는 다이아몬드 킹diamond king 등이고 카드 뒷면 이미지의 파일명은 53.png이다.

파일	1	2	3	4	5	6	7	8	9	10	11	12	13
카드	ha	h2	h3	h4	h5	h6	h7	h8	h9	h10	hj	hq	hk

파일	14	15	16	17	18	19	20	21	22	23	24	25	26
카드	sa	s2	s3	s4	s5	s6	s7	s8	s9	s10	sj	sq	sk

파일	27	28	29	30	31	32	33	34	35	36	37	38	39
카드	da	d2	d3	d4	d5	d6	d7	d8	d9	d10	dj	dq	dk

파일	40	41	42	43	44	45	46	47	48	49	50	51	52
카드	ca	c2	c3	c4	c5	c6	c7	c8	c9	c10	cj	cq	ck

파일	53
카드	뒷면

그림 6-26 resources 패키지 내의 카드 이미지 파일명

다시 코드로 돌아가서 28번째 줄의 생성자에서 각 카드는 32번째 줄처럼 suit값에 13을 곱하고 rank값을 더한 후 1을 더하면 resources 폴더 내에서 정확하게 자신의 이미지를 담은 파일 이름의 번호와 일치한다. 34번째 줄에서는 경로를 포함한 파일명을 'src/resources/1.png', 'src/resources/2.png', 'src/resources/3.png' 등과 같은 String 문자열로 완성한다. 이클립스는 프로젝트 폴더를 기준으로 src 폴더를 생성해서 소스 파일(.java)들을 관리한다. 소스 파일은 컴파일하면 bin이라는 폴더에 그 클래스 파

일(.class)이 저장된다. resources 폴더는 이클립스에 의해 src와 bin 폴더 내에 중복 생성된다.

35번째 줄에서 경로를 포함한 파일명을 인자로 주고 ImageIcon 객체를 생성해서 그 참조 값을 cardIcon 지역 변수에 저장한다. ImageIcon 객체에게 getImage 메소드를 호출하면 이미지 객체가 반환되는데 그 참조 값을 36번째 줄처럼 cardImage 필드에 저장한다. 명령 창에서 프로그램을 실행시키려면 이클립스가 생성한 src 폴더를 자바 가상 기계가 알지 못하기 때문에 다음과 같이 src 폴더를 빼고 경로와 파일명을 지정해야 한다.

```
String imgfile = "resources/" + which + ".png";
```

22번째 줄에서 카드의 뒷면 이미지를 읽어 들여 저장한다. 뒷면 이미지는 한 개만 필요하기 때문에 static으로 선언된다. 34~36번째 줄처럼 이미지를 ImageIcon 객체로 읽어 들여 Image 객체를 얻는 작업을 한 줄로 명시한다. 25번째 줄의 cardImage 필드는 그림 6-22와 같이 카드마다 다른 앞면 이미지를 참조한다.

53번째 줄의 draw 메소드는 카드가 앞면이면 55번째 줄처럼 cardImage 필드가 참조하는 이미지를 Graphics 객체의 drawImage 메소드로 그리고, 뒷면이면 58번째 줄처럼 backImage static 필드가 참조하는 이미지를 그린다. drawImage 메소드의 첫 번째 인자로는 그릴 이미지를 지정한다. 다음 두 인자는 그릴 이미지가 위치할 판넬상의 왼쪽 위 꼭짓점이고 네 번째와 다섯 번째 인자는 이미지의 폭과 높이이며 마지막 인자는 이미지가 그려질 대상 객체로서 판넬에 그릴 것이므로 GameApp 클래스에 public static으로 선언된 panel이 참조하는 GameAppPanel 객체를 지정한다. Graphics 객체의 drawImage 메소드로 이미지를 그리면 원 이미지의 크기와 상관없이 크기를 마음대로 조정해서 그릴 수 있다.

GameApp.java 파일의 GameApp 클래스에서 panel이 참조하는 GameAppPanel 객체는 Card 클래스의 draw 메소드가 drawImage 메소드로 이미지를 그릴 때 마지막 인자로 사용되기 때문에 panel 필드는 다음과 같이 public static 키워드를 붙여서 전역 변수로 선언된다.

```
public static GameAppPanel panel;
```

GameAppPanel 클래스는 그림 6-21의 오른쪽 위에 배치된 등록 관련 컴포넌트들을 동작시킬 때 수정된다. GameAppPanel 클래스는 이 컴포넌트들을 배치하는 데 FlowLayout 과 GridLayout 클래스를 사용한다. 따라서 다음의 두 import문이 GameApp.java 파일에 추가된다.

```
import java.awt.FlowLayout;
import java.awt.GridLayout;
```

GameAppPanel 클래스의 정의는 리스트 6-11과 같다.

리스트 6-11 GameApp5 프로젝트의 GameApp.java(일부)

```
01  class GameAppPanel extends JPanel {
02    public static DeckPile deckPile;
03    public static DiscardPile discardPile;
04    public static TablePile tablePile[ ];
05    public static SuitPile suitPile[ ];
06    public static CardPile allPiles[ ];
07    // App5
08    public JTextField nameField;
09    public JPasswordField pwdField;
10    public boolean login = false;
11
12    public GameAppPanel() {
13      setBackground(Color.white);
14      FlowLayout layout = (FlowLayout) getLayout();
15      layout.setAlignment(FlowLayout.RIGHT);
16
17      MouseKeeper mouse = new MouseKeeper();
18      addMouseListener(mouse);
19      init();
20      // App5
21      JLabel welcomeLabel = new JLabel("환영합니다~");
22      JLabel directionLabel = new JLabel("등록을 먼저 하세요!");
23      JLabel nameLabel = new JLabel("이름");
24      JLabel pwdLabel = new JLabel("비번");
25      nameField = new JTextField(10);
26      pwdField = new JPasswordField(10);
27      pwdField.setEchoChar('#');
28      JButton loginButton = new JButton("등록");
```

```
29      loginButton.addActionListener(new LoginButtonListener());
30
31      JPanel loginPanel = new JPanel();
32      loginPanel.setLayout(new GridLayout(4, 0));
33      loginPanel.add(welcomeLabel);
34      loginPanel.add(directionLabel);
35      loginPanel.add(nameLabel);
36      loginPanel.add(nameField);
37      loginPanel.add(pwdLabel);
38      loginPanel.add(pwdField);
39      loginPanel.add(new JLabel());
40      loginPanel.add(loginButton);
41      add(loginPanel);
42    }
43
44    public void init() {
45      // 배열 할당
46      allPiles = new CardPile[13];
47      suitPile = new SuitPile[4];
48      tablePile = new TablePile[7];
49      // 배열 채우기
50      allPiles[0] = deckPile = new DeckPile(15, 50);
51      allPiles[1] = discardPile = new DiscardPile(82, 50);
52      for(int i = 0; i < 4; i++)
53        allPiles[2+i] = suitPile[i] =
54                       new SuitPile(160 + (Card.cardWidth+10) * i, 50);
55      for(int i = 0; i < 7; i++)
56        allPiles[6+i] = tablePile[i] =
57                       new TablePile(15 + (Card.cardWidth+5) * i,
58                                     Card.cardHeight + 60, i +1);
59  }
60
61    private class MouseKeeper extends MouseAdapter {
62
63      public void mousePressed(MouseEvent e) {
64        if(!login)
65          return;
66        int x = e.getX();
67        int y = e.getY();
68        for(int i = 0; i < 13; i++) {
69          if(allPiles[i].includes(x, y)) {
```

```
70          allPiles[i].select(x, y);
71          repaint();
72          break;
73        }
74      }
75    }
76  }
77  // App5
78  private class LoginButtonListener implements ActionListener {
79
80    public void actionPerformed(ActionEvent e) {
81      String nameString = nameField.getText();
82      String pwdString = new String(pwdField.getPassword());
83      if(nameString.equals("game"))
84        if(pwdString.equals("1234"))
85          login = true;
86    }
87  }
88
89  public void paintComponent(Graphics g) {
90    super.paintComponent(g);
91    for (int i = 0; i < 13; i++)
92      allPiles[i].display(g);
93  }
94  }
```

8번째 줄에서 스윙의 JTextField 클래스형의 필드 nameField를 선언한다. JTextField 는 한 줄짜리 문자열 입력 창을 구현한 컴포넌트 클래스다. 9번째 줄에서는 JPassword Field 클래스형의 필드 pwdField를 선언한다. JPasswordField는 JTextField 클래스의 자식으로서 암호와 같이 입력되는 문자가 보이지 않고 다른 문자가 출력되도록 구현 한 텍스트 필드 클래스이다. 기본적으로 표시되는 다른 문자는 별표(*)이다. 그림 6-13 의 Swing 패키지의 클래스 계층 구조에서 JTextComponent 클래스는 JTextField 클래스의 부모이기 때문에 표 6-8의 JTextComponent 클래스의 메소드들이 JTextField와 JPasswordField 클래스에도 상속돼 적용된다.

표 6-8 JTextComponent 클래스의 주요 메소드

메소드	설명
void setText(String text)	text가 참조하는 문자열을 설정
String getText()	입력된 문자열의 참조 값을 반환
void copy(), void cut(), void paste()	선택된 문자열의 복사, 자르기, 클립보드의 문자열 붙이기
String getSelectedText()	선택된 문자열의 참조 값을 반환
void setEditable(boolean editable)	문자열 편집 가능 여부를 지정
void replaceSelection(String text)	현재 선택된 문자열을 str이 참조하는 문자열로 대체

JTextField 클래스의 생성자는 표 6-9와 같다.

표 6-9 JTextField 클래스의 생성자

생성자	설명
JTextField()	기본 텍스트 필드 생성
JTextField(int cols)	입력 창이 cols개의 문자 크기인 텍스트 필드 생성
JTextField(String text)	text가 참조하는 문자열로 초기화된 텍스트 필드 생성
JTextField(String text, int cols)	창의 크기가 cols개의 문자 크기이고 text가 참조하는 문자열로 초기화된 텍스트 필드 생성

10번째 줄에서는 사용자가 옳게 등록됐음을 알리는 역할의 login 필드가 선언되고 false로 초깃값이 주어진다. 8~10번째 줄의 세 필드는 mousePressed와 actionPerformed 메소드에서 사용되기 때문에 클래스 전체 스코프를 갖는 필드로 선언된다.

14, 15번째 줄에서 판넬의 기본 배치관리자인 FlowLayout 배치관리자의 참조 값을 얻어 이 배치관리자에게 컴포넌트를 오른쪽 정렬로 배치할 것을 지정한다. 21~24번째 줄에서 판넬에 표시할 문자열 레이블들을 생성한다. 25번째 줄에서 10개의 문자 크기인 텍스트 필드 객체를 생성하고 그 참조 값을 nameField 필드에 저장한다. 26번째 줄에서는 10개 문자 크기의 패스워드 필드 객체를 생성하고 그 참조 값을 pwdField 필드에 저장한다. 패스워드 필드의 암호 문자 대신 표시되는 * 문자를 # 문자로 변경하려면 setEchoChar 메소드를 호출한다. 28, 29번째 줄에서는 '등록' 버튼을 생성하고 버튼 리스너 객체를 부착시킨다.

31번째 줄에서 등록 관련 컴포넌트들을 담을 JPanel 객체를 생성해서 그 참조 값을 loginPanel 변수에 저장한다. 32번째 줄에서는 컴포넌트들을 격자 형식으로 배치하려고 기본 배치관리자를 GridLayout 배치관리자로 변경한다. 33~40번째 줄에서 이 패널 객체에 컴포넌트들을 추가해 격자 형식으로 배치한다. 39번째 줄은 '등록' 버튼을 텍스트 필드와 패스워드 필드에 줄맞춤하려고 빈 레이블 객체를 추가한 것이다. 41번째 줄에서 주 패널의 FlowLayout 배치관리자를 이용해 등록 관련 컴포넌트들을 담은 패널 객체를 add 메소드로 오른쪽에 배치한다.

63번째 줄의 mousePressed 메소드는 64, 65번째 줄처럼 login 필드의 값이 false값이면 바로 반환하기 때문에 login 변수의 값이 true값이 될 때까지 마우스 클릭이 동작하지 않는 효과를 낸다. 80번째 줄의 actionPerformed 메소드는 텍스트 필드와 패스워드 필드에 입력된 문자열을 지정된 문자열과 비교해서 두 개 다 일치하면 login 필드의 값을 true값으로 변경한다. 81번째 줄에서 텍스트 필드 객체로부터 getText 메소드로 텍스트 필드에 입력된 문자열을 읽어 그 참조 값을 nameString 지역 변수에 저장한다. 82번째 줄에서는 패스워드 필드로부터 getPassword 메소드로 문자열을 읽어 오는데 getPassword 메소드는 읽은 문자열을 자바의 char[] 형식의 문자 배열로 반환한다. 이 문자 배열을 인자로 해서 String 객체를 생성하고 그 참조 값을 pwdString 변수에 저장한다. 83~85번째 줄에서 저장된 두 문자열을 equals 메소드로 지정된 'game' 및 '1234' 문자열과 일치하는지 조사하고, 일치하면 login 필드의 값을 true값으로 변경한다. 이후부터는 mousePressed 메소드에서 마우스 클릭을 처리하게 된다.

6.2.6 응용 과제 6

[이미지 레이블]

응용 과제 2와 응용 과제 5를 발전시킨다. 그림 6-27과 같이 레이블로 카드를 구현해서 실습 과제의 카드게임을 완성한다.

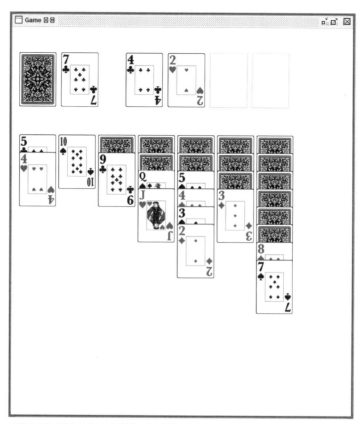

그림 6-27 레이블 카드로 구현한 카드게임

    스윙 컴포넌트들 중에서 JLabel 객체는 기본적으로 사각형 형태이고 무엇보다도 이 미지를 입혀 이미지 레이블을 만들 수 있기 때문에 카드게임의 Rect 클래스의 대용으로 활용하면 여러 가지 장점이 있다. 따라서 프로젝트에서 Rect.java 파일은 제거하고 Card 클래스를 그림 6-28과 같이 JLabel 클래스의 자식으로 선언한다.

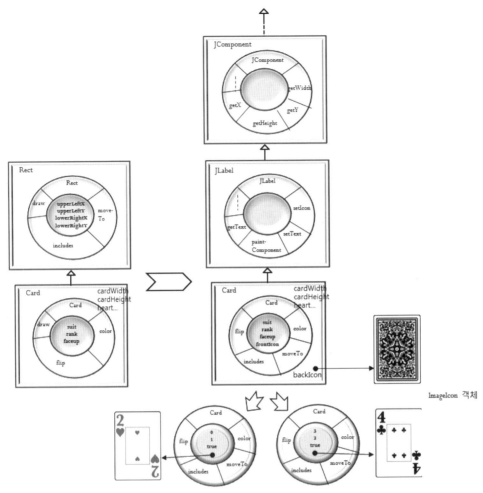

그림 6-28 JLabel 클래스를 상속받는 Card 클래스

그림 6-28에서 왼쪽 그림은 Card 클래스를 Rect 클래스의 자식으로 선언해서 지금까지 사용해 왔던 모델링 방식이고, 오른쪽 그림은 Card 클래스를 JLabel 클래스의 자식으로 선언해서 모델링한 것이다. 그림에서 보여준 것과 같이 이제 Card 클래스는 JLabel 클래스를 상속받기 때문에 스윙 컴포넌트 클래스의 일원이 된다. JLabel 클래스의 필드로는 상위 클래스들로부터 상속받은 레이블의 왼쪽 위 꼭짓점, 폭, 높이 등이 있다. 그림에서는 편의상 Card 클래스의 상위 클래스들의 필드들은 표기하지 않았다. 그러나 이들은 모두 private 가시성이기 때문에 직접 접근할 수 없다. 대신에 상속받은 getX, getY, getWidth, getHeight 등의 접근 메소드를 통해 간접적으로 접근할 수 있기 때문에 접근

538

메소드와 변경 메소드로 필드들의 값을 사용한다. 또한 상위 클래스로부터 상속받은 setLocation 메소드는 인자로 지정된 좌표로 레이블을 이동시킨다.

상속받은 setIcon 메소드는 인자로 지정된 ImageIcon 객체를 레이블에 입힌다. 레이블에 이미지를 입힐 때는 응용 과제 5와 같이 ImageIcon 객체로부터 이미지를 추출할 필요가 없다. 모든 스윙 컴포넌트가 갖고 있는 paintComponent 메소드는 레이블의 모습을 그린다. JLabel 클래스의 getText, setText 메소드는 문자열 레이블에서 문자열을 반환하고 설정한다.

JLabel 클래스를 상속받는 Card 클래스의 필드로 ImageIcon 객체에 대한 참조 값을 갖는 frontIcon을 추가한다. frontIcon 필드로 그림과 같이 각 카드가 자신의 이미지를 갖는 ImageIcon 객체를 소유한다. 카드의 뒷면 이미지는 모든 카드들이 공유하는 것이므로 Card 클래스의 backIcon static 필드를 선언해서 이 필드가 뒷면 ImageIcon 객체를 참조하도록 한다.

Card 클래스의 메소드를 생각해 보자. JLabel 클래스의 paintComponent 메소드에 의해 레이블 카드가 그려질 것이기 때문에 draw 메소드가 필요 없다. Rect 클래스로부터 상속받아 사용했던 includes 메소드는 이제 JLabel 클래스를 상속받기 때문에 더 이상 사용할 수 없다. 따라서 includes 메소드를 Card 클래스에 추가한다. moveTo 메소드는 JLabel 클래스에서 상속받는 setLocation 메소드를 사용하면 되지만 GameAppPanel 클래스에서 예전처럼 Card 클래스를 사용할 수 있게 moveTo 메소드를 추가해서 setLocation 메소드의 이름만 moveTo로 바꾸기로 하자.

JLabel 클래스를 상속받는 Card 클래스의 정의는 리스트 6-12와 같다.

리스트 6-12 GameApp6 프로젝트의 Card.java

```
01  // class Card
02
03  import java.awt.Color;
04  import javax.swing.JLabel;
05  import javax.swing.ImageIcon;
06
07  // App6
08  public class Card extends JLabel {
09      // 카드의 폭, 높이, 각 무늬를 상수 필드로 지정
10      final public static int cardWidth = 75;
```

```java
   final public static int cardHeight = 107;
   final public static int heart = 0;
   final public static int spade = 1;
   final public static int diamond = 2;
   final public static int club = 3;
   final public static ImageIcon backIcon =
                                    new ImageIcon("src/resources/53.png");

   // 각 카드의 앞뒷면 상태, 숫자, 무늬를 필드로 선언
   public boolean faceup;
   public int rank;
   public int suit;
   public ImageIcon frontIcon;

   // 생성자
   public Card(int xv, int yv, int sv, int rv) {
     setLocation(xv, yv);
     setSize(cardWidth, cardHeight);
     suit = sv; rank = rv; faceup = false;
     int which = suit * 13 + rank + 1;
     String imgfile = "src/resources/" + which + ".png";
     frontIcon = new ImageIcon(imgfile);
     setIcon(backIcon);
   }

   // 메소드
   public void moveTo(int ulx, int uly) {
     setLocation(ulx, uly);
   }

   public boolean includes(int x, int y) {
     if((getX() < x) && (getX()+cardWidth > x))
       if((getY() < y) && (getY()+cardHeight > y))
         return true;
     return false;
   }

   public void flip() {
     if(faceup) {
       faceup = false;
       setIcon(backIcon);
```

```
52          }
53        else {
54          faceup = true;
55          setIcon(frontIcon);
56        }
57      }
58
59      public Color color() {
60        if (faceup)
61          if (suit == heart || suit == diamond)
62            return Color.red;
63          else
64            return Color.black;
65        return Color.blue;
66      }
67    }
```

4, 5번째 줄에서 스윙 패키지의 JLabel과 ImageIcon 클래스의 사용을 선언한다. 8번째 줄에서는 Card 클래스를 JLabel 클래스의 자식으로 선언한다. 레이블에 이미지를 입혀 표시할 때는 응용 과제 5에서 사용했던 Graphics 객체의 drawImage 메소드와는 달리 원본 이미지의 크기를 조정해서 그릴 수 없다. 따라서 10, 11번째 줄처럼 이 책에서 제공하는 원본 이미지의 크기인 75×107로 카드의 크기를 조정한다. 16번째 줄에서는 52장의 카드 객체들에게 공통인 뒷면 이미지를 읽어 static ImageIcon 객체를 생성하고 그 참조 값을 backIcon에 저장한다. 23번째 줄에서는 각 카드마다 갖게 되는 앞면 ImageIcon 객체의 참조 필드 frontIcon을 선언한다.

26번째 줄의 Card 생성자에서 인자로 제공되는 왼쪽 위 꼭짓점((xv, yv))은 27번째 줄처럼 상속받은 setLocation 메소드를 호출해서 레이블 카드의 왼쪽 위 꼭짓점으로 설정한다. 이어서 28번째 줄에서는 setSize 메소드로 폭과 높이를 설정한다. 30~32번째 줄에서는 resources 폴더로부터 각 카드에 해당하는 이미지를 읽어 ImageIcon 객체를 생성하고 그 참조 값을 frontIcon 필드에 저장한다. resources 폴더를 생성하고 카드 이미지 파일들을 폴더에 넣는 방법은 응용 과제 5와 같다. 카드가 처음 생성될 때는 뒷면 상태이므로 33번째 줄처럼 setIcon 메소드로 16번째 줄에서 생성된 뒷면 ImageIcon 객체를 입힌다.

37번째 줄의 moveTo 메소드는 상속받은 setLocation 메소드의 이름만 변경하는 역할을 한다. 41번째 줄의 includes 메소드는 getX와 getY 메소드로 레이블 카드의 왼쪽 위 꼭짓점을 얻어 와서 인자로 주어진 클릭점이 내부점인지를 조사한다. 48번째 줄의 flip 메소드는 현재 상태가 앞면이면 뒷면으로 하고, 51번째 줄처럼 setIcon 메소드를 호출해서 backIcon이 참조하는 ImageIcon 객체를 입힌다. 뒷면이면 앞면으로 하고, 55번째 줄처럼 앞면 ImageIcon 객체를 입힌다. 응용 과제 5와 달리 flip 메소드에서 카드의 앞 뒷면 이미지를 직접 처리하는 이유는 이제 레이블 카드는 스윙 컴포넌트의 일원이고 레이블 카드가 판넬에 넣어지면 레이블 카드의 paintComponent 메소드에 의해 자동적으로 자신의 모습을 그리게 되기 때문이다. Card 클래스에는 자신의 모습을 그리는 draw 메소드가 따로 정의되지 않는다.

CardPile 클래스의 display 메소드는 파일이 소유하는 레이블 카드들을 그릴 때 리스트 6-13과 같이 수정된다.

리스트 6-13 GameApp6 프로젝트의 CardPile.java(일부)

```
01    public void display(Graphics g) {
02      g.setColor(Color.orange);
03      if(count == 0)
04        g.drawRect(x, y, Card.cardWidth, Card.cardHeight);
05      else
06        GameApp.panel.add(thePile[count-1]);
07    }
```

Card 클래스는 JLabel 클래스를 상속받기 때문에 이제 카드 객체는 스윙 컴포넌트가 된다. 스윙에서 판넬과 같은 컨테이너 객체는 자신이 소유한 스윙 컴포넌트들을 관리한다. 여기서 관리란 컴포넌트들을 배치하고 그리는 작업을 의미한다. 컨테이너의 크기가 변경되면 컨테이너는 컴포넌트들을 재배치하고 다시 그린다. 컴포넌트의 배치는 사실상 컨테이너에게 주어지는 기본 배치관리자에 의해 이뤄진다.

컨테이너 객체를 그릴 때 컨테이너 객체에게 paintComponent 메소드가 호출되면 다음과 같은 순으로 메소드들이 자동적으로 실행된다.

1. 컨테이너 객체의 paintComponent 메소드가 실행된다.

2. 컨테이너 객체가 소유한 스윙 컴포넌트들에게 차례대로 paintComponent 메소드가 호출된다.

3. 각 스윙 컴포넌트의 paintComponent 메소드가 실행된다.

그림 6-13의 JComponent 클래스는 paintComponent 메소드를 추상 메소드 형태로 제공한다. 따라서 JComponent 클래스를 상속받는 모든 스윙 컴포넌트가 paintComponent 메소드를 구현해서 이미 갖고 있다. JLabel 클래스의 paintComponent 메소드는 레이블의 모습을 그리고, JButton 클래스의 paintComponent 메소드는 버튼의 모습을 그리는 코드로 구현돼 있다. 그림 6-28에서 Card 객체는 JLabel 클래스로부터 상속받은 paintComponent 메소드를 갖는 스윙 컴포넌트다. 따라서 1번째 줄의 display 메소드에서 파일 객체가 소유한 카드가 없으면 4번째 줄처럼 오렌지색의 사각형을 그리는 것은 이전 예제들과 같지만 소유한 카드가 있으면 6번째 줄처럼 제일 위 레이블 카드 객체를 add 메소드로 판넬에 넣기만 하면 레이블 카드의 그리기가 판넬 컨테이너 객체의 paintComponent 메소드에 의해 자동적으로 이뤄진다.

이제 GameAppPanel 클래스의 수정 사항을 살펴본다. 카드게임의 경우 카드들을 빗겨 그리는 테이블 파일들을 포함해서 13개 파일들을 지정된 위치에 배치해야 한다. 따라서 판넬에 배정되는 기본 배치관리자를 해제하고 수동 배치 모드를 사용해야 한다. 판넬 컨테이너에 배치관리자 없이 프로그램 내에서 수동 배치하려면 GameAppPanel 클래스의 GameAppPanel 생성자의 첫 줄에 다음의 문장이 삽입된다.

```
setLayout(null);
```

setLayout 메소드의 인자로 null값을 지정하면 FlowLayout 기본 배치관리자가 해제되고 수동 배치 모드로 전환된다.

카드의 크기가 75×107로 조정됐기 때문에 13개의 파일 객체들을 생성하고 배치하는 리스트 6-14의 init 메소드의 수정도 불가피하다. 코드는 12, 15, 16번째 줄의 상수 값들을 조정해서 파일 객체들의 위치를 조정한 것 외에는 실습 과제와 같다.

리스트 6-14 GameApp6 프로젝트의 GameApp.java(일부)

```
01   public void init() {
02     // 배열 할당
03     allPiles = new CardPile[13];
04     suitPile = new SuitPile[4];
05     tablePile = new TablePile[7];
06     // 배열 채우기
07     allPiles[0] = deckPile = new DeckPile(15, 50);
08     allPiles[1] = discardPile = new DiscardPile(100, 50);
09     // App6-카드 크기 조정에 따른 파일의 크기 및 간격 조정
10     for(int i = 0; i < 4; i++)
11       allPiles[2+i] = suitPile[i] =
12                         new SuitPile(230 + (Card.cardWidth+10) * i, 50);
13     for(int i = 0; i < 7; i++)
14       allPiles[6+i] = tablePile[i] =
15                         new TablePile(15 + (Card.cardWidth+5) * i,
16                                       Card.cardHeight + 70, i +1);
17   }
```

GameAppPanel 클래스의 paintComponent 메소드는 리스트 6-15와 같이 수정된다.

리스트 6-15 GameApp6 프로젝트의 GameApp.java(일부)

```
01   public void paintComponent(Graphics g) {
02     super.paintComponent(g);
03     removeAll();
04     for(int i = 0; i < 13; i++)
05       allPiles[i].display(g);
06     revalidate();
07   }
```

실습 과제처럼 카드와 파일의 모습을 그래픽으로 작업하는 것이 아니고 레이블 카드 컴포넌트들을 판넬에 넣었다 뺐다 하는 작업으로 변경된다. 따라서 3번째 줄처럼 removeAll 메소드를 호출해서 직전에 배치된 레이블 카드들을 모두 제거하고, 4, 5번째 줄처럼 13개 파일 객체들에게 display 메소드를 호출해서 파일들의 변경된 상태를 반영한다. 파일 객체의 display 메소드는 앞에서 살펴본 것처럼 레이블 카드 객체를 판넬에 넣는 작업을 한다. 레이블 카드 객체들이 판넬에 삽입되면 판넬의 paintComponent 메소드가 호출될 때 판넬이 배치된 레이블 카드 객체들에게 돌아가며 paintComponent 메소

드를 호출해서 레이블 카드들이 스스로 자기 모습을 그리게 된다.

마지막으로 TablePile 클래스의 display 메소드는 리스트 6-16과 같이 수정된다.

리스트 6-16 GameApp6 프로젝트의 GameApp.java(일부)

```
01    public void display (Graphics g) {
02      int localy = y;
03      for(int i = 0; i < count; i++)
04        localy = localy + 35;
05      for(int i = count-1; i >= 0; i--) {
06        thePile[i].moveTo(x, localy);
07        GameApp.panel.add(thePile[i]);
08        localy = localy - 35;
09      }
10    }
```

제일 위 레이블 카드만 표시하면 되는 다른 파일들과 달리 테이블 파일은 소유한 레이블 카드들을 빗겨 그려야 한다. 그러나 판넬은 포함하고 있는 컴포넌트들이 겹칠 경우 나중에 삽입된 컴포넌트를 먼저 삽입된 컴포넌트 밑에 그린다. 따라서 테이블 파일이 소유한 레이블 카드들을 판넬(GameApp.panel)에 삽입할 때 기존의 방식과 달리 제일 위 카드를 먼저 삽입하고 이후 순서대로 삽입해서 제일 밑의 레이블 카드를 마지막에 삽입해야 한다. 따라서 3, 4번째 줄에서 소유한 카드의 개수만큼 빗길 거리(localy 변수)를 for문으로 35픽셀만큼씩 누적해서 먼저 구한다. 5~9번째 줄에서는 누적된 거리에서 시작해 35 픽셀만큼 차감하면서 소유한 각 레이블 카드를 이동시키고 판넬에 추가한다.

6.2.7 응용 과제 7

[다중 스레드]

응용 과제 4를 발전시킨다. ScoreManager 클래스를 정의해서 카드게임에 점수를 도입한다. 디스카드 파일에서 테이블 파일로 카드가 이동되면 5점, 테이블 파일 간에 카드가 이동되면 5점, 디스카드 파일이나 테이블 파일에서 수트 파일로 카드가 이동되면 10점, 테이블 파일 간 카드 그룹이 이동되면 이동된 카드의 개수만큼 점수를 부여한다. 10초에 2점씩을 감점한다. 또한 그림 6-29에서 여섯 번째 테이블 파일의 스페이드 4가 일곱 번째 테이블 파일로 왕복 이동하는 것과 같은 의미 없는 이동에는 점수를 부여하지 않는다. 점수의 표시는 위쪽에 레이블로 처리한다. 데크 파일에 카드가 소진되면 디스카드 파일의 나머지 카드들을 감점 없이 데크 파일에 재삽입해서 게임을 계속한다.

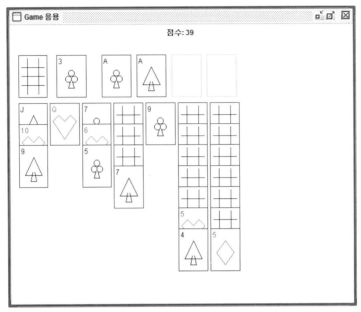

그림 6-29 점수를 도입한 카드게임

우선 점수를 관리하는 **ScoreManager** 클래스가 리스트 6-17과 같이 ScoreManager. java 파일에 정의된다. 점수 관리자는 카드게임뿐만 아니라 여러 게임에 활용될 수 있는 소프트웨어 부품이기 때문에 재사용성을 높이려면 독립된 파일에 정의하도록 한다.

리스트 6-17 GameApp7 프로젝트의 ScoreManager.java

```
01  // ScoreManager class
02
03  import java.awt.Graphics;
04  import java.awt.Color;
05
06  public class ScoreManager {
07    public int score;
08
09    public ScoreManager() {
10      score = 0;
11    }
```

```
12
13    public void plusScore(int s) {
14      score += s;
15    }
16
17    public void minusScore(int s) {
18      score -= s;
19    }
20
21    public int getScore() {
22      return score;
23    }
24
25    public void printScore(Graphics g) {
26      String str = "점수 " + score;
27      g.setColor(Color.black);
28      g.drawString(str, 450, 70);
29    }
30 }
```

누적된 점수를 저장하는 정수 필드 score를 7번째 줄처럼 선언한다. 생성자에서는 10번째 줄처럼 score 필드를 0으로 초기화한다. 13번째 줄의 plusScore 메소드는 인자로 받은 점수만큼 score 필드에 더한다. 17번째 줄의 minusScore 메소드는 인자로 받은 점수만큼 score 필드에서 뺀다. 21번째 줄의 getScore 메소드는 현재 score의 값을 반환한다. 이번 응용 과제에서는 사용하지 않지만 일반적인 점수 관리자를 위해 25번째 줄의 printScore 메소드를 정의해서 (450, 70) 위치에 점수를 출력한다.

응용 과제 4에서 테이블 파일 간 카드 그룹의 이동과 데크 파일 소진 시 디스카드 파일의 남은 카드 재삽입은 이미 다뤘다. 점수를 부여할 수 있는 카드의 이동은 DiscardPile 클래스의 select 메소드와 TablePile 클래스의 select 메소드에서 발생한다. 리스트 6-18은 DiscardPile 클래스의 select 메소드가 점수 부여를 위해 수정된 것이다.

리스트 6-18 GameApp7 프로젝트의 GameApp.java(일부)

```
01    public void select(int tx, int ty) {
02      if(count == 0)
03        return;
```

```
04      // 제일 위 카드를 빼서 이 카드를 수트 파일이 받을 수 있는지 조사
05      Card tempCard = topCard();
06      for(int i = 0; i < 4; i++) {
07        if(GameAppPanel.suitPile[i].canTake(tempCard)) {
08          // App7
09          GameAppPanel.scoreManager.plusScore(10);
10          GameAppPanel.suitPile[i].addCard(tempCard);
11          return;
12        }
13      }
14      // 테이블 파일이 받을 수 있는지 조사
15      for(int i = 0; i < 7; i++) {
16        if(GameAppPanel.tablePile[i].canTake(tempCard)) {
17          // App7
18          GameAppPanel.scoreManager.plusScore(5);
19          GameAppPanel.tablePile[i].addCard(tempCard);
20          return;
21        }
22      }
23      // 받을 파일이 없으면 카드를 다시 디스카드 파일에 삽입
24      addCard(tempCard);
25    }
```

scoreManager 필드가 참조하는 ScoreManager 클래스의 객체는 GameAppPanel 클래스에서 public static으로 선언돼서 전역 객체로 생성될 것이다. 9번째 줄까지 프로그램의 흐름이 왔다는 의미는 디스카드 파일에서 수트 파일로 카드의 이동이 가능하다는 것이다. 따라서 문제의 조건대로 scoreManager 객체의 plusScore 메소드를 호출해서 10점을 추가한다. 같은 이치로 18번째 줄에서는 디스카드 파일에서 테이블 파일로 카드의 이동이 가능하기 때문에 5점을 추가한다.

TablePile 클래스의 select 메소드는 점수 부여를 위해서 리스트 6-19와 같이 수정된다.

리스트 6-19 GameApp7 프로젝트의 GameApp.java(일부)

```
01    public void select(int tx, int ty) {
02      if(count == 0)
03        return;
04      // 제일 위 카드가 클릭됐으면
```

```
05      if(thePile[count-1].includes(tx, ty)) {
06        // 제일 위 카드가 뒷면이면 앞면으로
07        Card tempCard = thePile[count-1];
08        if(! tempCard.faceup) {
09          tempCard.flip();
10          return;
11        }
12        // 제일 위 카드가 앞면이면 이 카드를 수트 파일이 받을 수 있는지 조사
13        for(int i = 0; i < 4; i++)
14          if(GameAppPanel.suitPile[i].canTake(tempCard)) {
15            // App7
16            GameAppPanel.scoreManager.plusScore(10);
17            GameAppPanel.suitPile[i].addCard(topCard());
18            return;
19          }
20        // 테이블 파일이 받을 수 있는지 조사
21        for(int i = 0; i < 7; i++)
22          if(GameAppPanel.tablePile[i].canTake(tempCard)) {
23            // App7-의미 없는 이동인 경우 가리기, addCard 전에 경우를 조사
24            if(count >= 2 && thePile[count-2].faceup)
25              GameAppPanel.scoreManager.plusScore(0);
26            else if(count == 1 && tempCard.rank == 12)
27              GameAppPanel.scoreManager.plusScore(0);
28            else
29              GameAppPanel.scoreManager.plusScore(5);
30            GameAppPanel.tablePile[i].addCard(topCard());
31            return;
32          }
33      }
34      else {      // 테이블 파일 간 그룹 이동
35        for(int k = count; k > 0; k--) {
36          if(thePile[k-1].includes(tx, ty) && thePile[k-1].faceup) {
37            for(int i = 6; i <= 12; i++) {
38              if(GameAppPanel.allPiles[i].canTake(thePile[k-1])) {
39                // App7-이동 카드 개수만큼 점수 부여
40                // App7-의미 없는 이동인 경우 가리기, addCard 전에 경우를 조사
41                int cnt = count;
42                if(k-2 >= 0 &&  thePile[k-2].faceup)
43                  GameAppPanel.scoreManager.plusScore(0);
44                else if(k-1 == 0 && thePile[k-1].rank == 12)
45                  GameAppPanel.scoreManager.plusScore(0);
```

```
46            else
47               GameAppPanel.scoreManager.plusScore(cnt - k + 1);
48            Stack<Card> cardStack = new Stack<Card>();
49            for(int j = cnt; j > k-1; j--)
50               cardStack.push(topCard());
51            for(int m = cnt; m > k-1; m--)
52               GameAppPanel.allPiles[i].addCard(cardStack.pop());
53            break;
54         }
55       }
56       break;
57     }
58    }
59   }
60  }
```

응용 과제 4에서 다뤘던 테이블 파일 간 카드 그룹의 이동을 다시 정리해 보자. 클릭
점이 테이블 파일이 차지하고 있는 영역 내이기만 하면 그 테이블 파일의 select 메소드
가 호출된다. 카드의 그룹 이동을 지원하려면 이제 클릭이 테이블 파일이 소유한 카드
들 중 어느 카드에서 이뤄졌는지를 조사해야 한다. 3번째 줄처럼 소유한 카드가 없으면
가릴 필요 없이 바로 반환한다. 소유한 카드가 있으면 6번째 줄처럼 제일 위 카드에서
클릭된 경우(5~33번째 줄)와 그 외의 카드에서 클릭된 경우(34~59번째 줄)의 두 부분으
로 나눈다. 제일 위 카드에서 클릭된 경우는 7~32번째 줄처럼 제일 위 카드 한 장에 대
해 동작하게 하고, 그 외의 카드에서 클릭된 경우는 35~58번째 줄처럼 두 장 이상의 카
드들을 다루게 되므로 카드의 그룹 이동 작업을 처리한다.

한 장 카드의 이동인 경우 수트 파일로 이동될 경우에는 16번째 줄처럼 문제에서 주
어진 규칙대로 10점이 추가된다. 22번째 줄에서 tempCard 변수는 테이블 파일의 제일
위 카드를 참조한다. 테이블 파일 간에 한 장 카드의 이동을 처리하는 21번째 줄의 for
문에서 프로그램의 흐름이 24번째 줄까지 왔다는 의미는 제일 위 카드를 이동시킬 테이
블 파일이 있다는 것이다. 이때 점수를 부여하는 입장에서 보면 정상적인 경우와 그림
6-30에 보여준 것과 같이 점수를 부여하기에는 의미 없는 두 가지 경우를 포함해서 모
두 세 가지 경우가 발생한다.

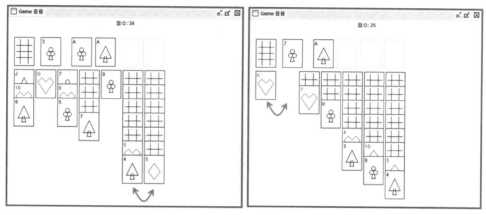

그림 6-30 테이블 파일 간 한 장의 카드 이동 시 의미 없는 이동

왼쪽 그림은 스페이드 4가 여섯 번째와 일곱 번째 테이블 파일 간을 왕복 이동하는 경우이고, 오른쪽 그림은 하트 K가 빈 테이블 파일 간을 왕복 이동하는 경우이다. 이런 왕복 이동에 점수를 부여할 수는 없다. 24~29번째 줄의 if-else문에서 이 세 가지 경우에 대해 점수 처리를 한다. 왼쪽 그림인 경우는 카드의 개수가 두 개 이상이고 제일 위 카드 바로 밑의 카드(thePile[count-2]가 참조하는)가 앞면인 경우(24번째 줄)이다. 바로 밑의 카드가 앞면이라는 의미는 이 카드가 게임 규칙에 의해 제일 위 카드보다 숫자가 하나 위고 색깔이 반대라는 것이다. 또한 현 테이블 파일의 제일 위 카드를 받을 수 있는 테이블 파일이 있다는 것은 받을 수 있는 테이블 파일의 제일 위 카드가 현 테이블 파일의 제일 위 카드보다 숫자가 하나 위고 색깔이 반대라는 의미로 두 조건이 일치하기 때문에 카드의 왕복 이동이 가능하다. 왼쪽 그림인 경우 하트 5와 다이아몬드 5가 스페이드 4에 대해 같은 조건을 갖기 때문에 스페이드 4의 왕복 이동이 가능하다. 이 경우 카드의 왕복 이동은 의미 없는 이동이기 때문에 25번째 줄처럼 0점을 추가한다. 26번째 줄에서는 오른쪽 그림의 경우인지를 조사한다. 카드의 개수가 한 개이고 그 카드의 rank 값이 12(킹)인지를 조사한다. 프로그램의 흐름이 이 시점까지 왔다는 의미는 이 카드를 받을 수 있는 빈 테이블 파일이 있다는 것이다. 따라서 역시 의미 없는 왕복 이동이 가능한 경우이기 때문에 27번째 줄처럼 0점을 추가한다. 이 두 경우를 제외한 경우에는 정상적인 카드의 이동이기 때문에 29번째 줄처럼 5점을 추가한다. 이런 세 경우에 대한 조사는 30번째 줄에서 카드를 이동시키기 전에 수행해야 한다.

두 장 이상의 카드를 그룹 이동시키는 경우도 그림 6-31과 같이 비슷하게 세 가지 경우가 발생한다.

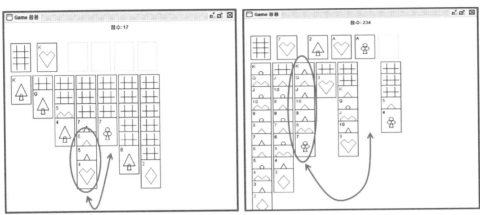

그림 6-31 테이블 파일 간 카드 그룹 이동 시 의미 없는 이동

왼쪽 그림은 숫자가 4, 5, 6인 카드 그룹이 숫자가 6인 카드를 클릭해서 네 번째와 다섯 번째 테이블 파일 간을 왕복 이동하는 경우이고, 오른쪽 그림은 클로버 7로 시작하는 카드 그룹이 숫자가 K인 카드를 클릭해서 세 번째와 여섯 번째 테이블 파일 간을 왕복 이동하는 경우이다. 프로그램의 흐름이 42번째 줄까지 왔다는 의미는 선택된 카드 그룹을 받을 테이블 파일이 존재한다는 것이다. 왼쪽 그림인 경우 응용 과제 4에서 설명했듯이 35번째 줄에서 k는 7부터 시작해서 k가 5일 때 숫자가 6인 클릭된 카드가 true 값을 반환하기 때문에 42번째 줄까지 진행한다. 42~47번째 줄의 if-else문에서 이 세 가지 경우에 대해 점수 처리를 한다. 왼쪽 그림인 경우는 클릭된 카드를 중심으로 제일 밑의 카드까지 카드의 개수가 두 개 이상 남았고(k-2 >= 0), 클릭된 카드 바로 밑의 카드(thePile[k-2]가 참조하는)가 앞면인 경우(42번째 줄)이다. 바로 밑의 카드가 앞면이라는 의미는 게임 규칙에 의해 클릭된 카드보다 숫자가 하나 위고 색깔이 반대라는 것이다. 왼쪽 그림인 경우 클릭된 숫자가 6인 카드(k가 5일 때)를 중심으로 제일 밑의 카드까지 네 장이 남았고(5-2 >= 0), 바로 밑의 숫자가 7인 카드(thePile[3]이 참조하는 카드)가 앞면이기 때문에 조건을 만족한다. 또한 현 테이블 파일의 클릭된 카드를 받을 수 있는 테이블 파일이 있다는 것은 받을 수 있는 테이블 파일의 제일 위 카드가 현 테이블 파일의 클릭된 카드보다 숫자가 하나 위고 색깔이 반대라는 의미로 두 조건이 일치하기 때문에

왕복 이동이 가능하다. 이 경우 카드 그룹의 왕복 이동은 의미 없는 이동이기 때문에 43번째 줄처럼 0점을 추가한다. 왼쪽 그림인 경우 스페이드 7과 클로버 7이 다이아몬드 6으로 시작하는 카드 그룹에 대해 같은 조건을 갖기 때문에 카드 그룹의 왕복 이동이 가능하다. 44번째 줄에서는 오른쪽 그림의 경우인지를 조사한다. 클릭된 카드를 중심으로 남은 카드의 개수가 없다면(k-1 == 0) 클릭된 카드가 제일 밑의 카드라는 의미이고 그 카드의 rank값이 12(킹)인지를 조사한다. 프로그램의 흐름이 이 시점까지 왔다는 의미는 이 카드를 받을 수 있는 빈 테이블 파일이 있다는 것이다. 따라서 역시 의미 없는 카드 그룹의 왕복 이동이 가능한 경우이기 때문에 45번째 줄처럼 0점을 추가한다. 이 두 경우를 제외한 상황이라면 정상적인 카드 그룹의 이동이기 때문에 47번째 줄처럼 카드 그룹의 카드 개수(cnt - k + 1)만큼의 점수를 추가한다.

이제 10초마다 2점씩 감점하는 작업을 시작한다. 실습 과제의 그림 6-11에서는 main 메소드에서 시작돼 사용자가 데크 파일을 클릭해 데크 파일의 제일 위 카드가 디스카드 파일로 옮겨질 때까지의 프로그램 흐름을 설명했다. 그림 6-32에서 스레드 A로 표시된 흐름은 그림 6-11의 제어 흐름 중 사용자가 데크 파일 위에서 마우스를 클릭했을 때부터(그림 6-11의 11번)의 흐름을 굵은 화살표로 표시한 것이다.

그림에서 스레드 A로 표시된 흐름을 번호별로 다시 정리해 보면 다음과 같다.

1. 사용자가 데크 파일에서 마우스를 클릭하면 마우스 리스너 객체의 mousePressed 메소드가 호출된다.

2. mousePressed 메소드 내에서 마우스 리스너 객체는 데크 파일 객체에게 includes 메소드를 호출한다.

3. 데크 파일 객체는 true값을 반환한다.

4. mousePressed 메소드 내에서 마우스 리스너 객체는 데크 파일 객체에게 select 메소드를 호출한다.

5. select 메소드 내에서 데크 파일 객체는 자신에게 topCard 메소드를 호출해서 제일 위 카드를 인출한다.

6. select 메소드 내에서 데크 파일 객체는 인출한 카드 객체에게 flip 메소드를 호출한다.

7. 카드 객체는 flip 메소드로 스스로 뒤집고 프로그램의 흐름은 다시 데크 파일 객체의 select 메소드로 돌아온다.

8. select 메소드 내에서 데크 파일 객체는 디스카드 파일 객체에게 addCard 메소드를 호출해서 인출한 카드를 삽입한다.

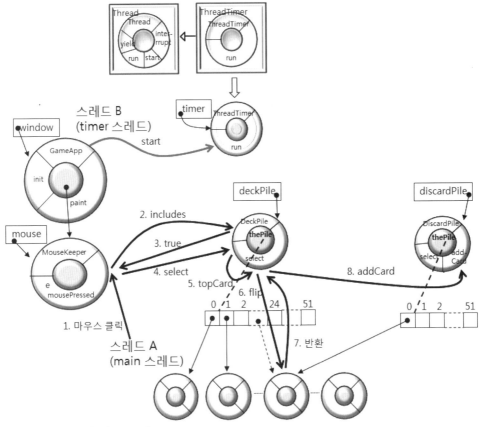

그림 6-32 main 스레드와 timer 스레드

이런 프로그램의 흐름을 자바에서는 스레드[thread]라고 한다. 스레드란 '실'이라는 의미인데 그림에서 보듯이 프로그램의 흐름이 마치 실타래와 같다고 해서 붙여진 이름이다. 하나의 실타래로 하나의 바느질밖에 하지 못하는 것처럼 카드게임에서는 필요한 객체들을 생성하고 이어서 사용자의 마우스 클릭 이벤트를 순차적으로 처리하는 작업 하나밖에는 하지 못한다. 자바 프로그램이 시작되면 자바 가상 기계는 main 메소드에서 시작하는 main 스레드를 기동시키고, 그 흐름의 일부를 살펴본 것이다.

자바에서는 이 main 스레드와 독립적으로 진행하면서 주어진 작업을 수행하는 스레드를 필요에 따라 추가적으로 생성해서 활용할 수 있다. 10초에 2점씩 감점하려면 사용자의 마우스 클릭에 따라 진행되는 main 스레드와는 무관하게 독립적으로 시간을 재서 2점씩 감점하는 실타래(스레드)가 추가적으로 필요하다. 따라서 하나의 자바 프로그램에 두 개 이상의 스레드를 생성해서 각각 독립적인 작업을 수행하는 멀티태스킹^{multitasking} 프로그램으로 발전시켜 보자. 멀티태스킹이란 여러 작업을 동시에 처리하는 것을 말한다. 자바에서 모든 것이 객체이듯이 스레드도 객체로 모델링된다. 그림 6-32에서는 main 스레드가 실행되면서 실습 과제 프로그램은 초기에 필요한 객체들을 GameApp 생성자에서 생성시킨다. 이때 GameApp 생성자에서 스레드 B(timer 스레드)도 생성해서 기동시키게 되면 이 timer 스레드 객체는 자신을 탄생시킨 main 스레드로부터 독립적으로 실행을 진행한다. 실습 과제에서 사용했던 awt 환경을 응용 과제 1부터는 스윙 환경으로 옮겼기 때문에 이번 과제에서는 GameApp 생성자가 아닌 GameAppPanel 생성자에서 timer 스레드를 생성시킨다.

자바 스레드를 생성하려면 java.lang.Thread 클래스를 상속받는 Timer Thread 클래스를 그림 6-32의 위쪽 그림과 같이 정의한다. Thread 클래스의 주요 메소드는 표 6-10과 같다.

표 6-10 Thread 클래스의 주요 메소드

메소드	설명
void start()	자바 가상 기계에게 스레드의 시작을 요청
void run()	자바 가상 기계에 의해 호출. 재정의해서 스레드 코드를 작성. run 메소드가 종료되면 스레드가 종료
void interrupt()	스레드를 강제 종료
static void yield()	다른 스레드에게 실행을 양보
int getPriority()	스레드의 우선순위 값을 반환

우리의 경우에는 시간을 재서 감점하는 TimerThread 클래스를 정의하고 run 메소드를 재정의해서 이 메소드에 독립적으로 진행할 스레드 코드를 작성한다. 스레드 클래스를 정의하는 방법은 두 가지인데 나머지 방법은 '보충 문법'절에서 다룬다.

GameApp.java 파일에 리스트 6-20의 TimerThread 클래스가 정의된다.

```
01  class TimerThread extends Thread {
02    ScoreManager scoreManager;
03
04    public TimerThread(ScoreManager sm) {
05      scoreManager = sm;
06    }
07
08    public void run() {
09      while(true) {
10        try {
11          Thread.sleep(10000);
12        }
13        catch(InterruptedException e) {
14          return;
15        }
16        scoreManager.minusScore(2);
17        GameApp.panel.repaint();
18      }
19    }
20  }
```

2번째 줄의 scoreManager 필드는 4번째 줄의 생성자가 실행될 때 인자로 제공받은 점수 관리자 객체의 참조 값을 저장한다. TimerThread 클래스는 내부 클래스가 아니기 때문에 5장의 내부 클래스 절에서 설명했듯이 scoreManager 필드와 같은 판넬 객체와의 연결 고리가 필요하다. 10초를 재서 그때마다 scoreManager 필드가 참조하는 점수 관리자 객체의 minusScore 메소드를 호출해서 2점씩 감점하게 된다. 8번째 줄의 run 메소드는 9번째 줄처럼 while문으로 무한 루프를 돌면서 10초 간격으로 2점씩 감점한다. 11번째 줄의 sleep 메소드는 인자로 지정된 10,000ms(10초) 동안 잠을 자는(실행을 일시 중지하는) 메소드이다. sleep 메소드는 Thread 클래스의 static 메소드로 제공된다. sleep 메소드는 InterruptedException 체크 예외를 발생시킬 수 있기 때문에 반드시 try-catch 블록으로 처리한다. catch 블록은 return문으로 예외 발생 시 바로 반환해서 run 메소드를 종료시키고 따라서 스레드를 종료시킨다. 10초 후 16번째 줄에서는 점수 관리자 객체의 minusScore 메소드를 호출해서 2점을 감점하고, 이를 판넬에 부착된 점수 레이블에 시각적으로 반영하려고 17번째 줄처럼 판넬 전역 객체의 repaint 메소드를 호출해서 판넬의 paintComponent 메소드가 실행되도록 한다.

GameAppPanel 클래스에는 다음과 같이 두 개의 필드가 추가된다. ScoreManager 객체의 참조 값을 저장할 scoreManager 필드와 판넬 위쪽에 점수를 표시하는 레이블 객체의 참조 값을 저장할 scoreLabel 필드를 선언한다.

```
public static ScoreManager scoreManager;
public JLabel scoreLabel;
```

timer 스레드를 생성시키는 GameAppPanel 클래스의 생성자는 리스트 6-21과 같다.

리스트 6-21 GameApp7 프로젝트의 GameApp.java(일부)

```
01    public GameAppPanel() {
02      setBackground(Color.white);
03
04      MouseKeeper mouse = new MouseKeeper();
05      addMouseListener(mouse);
06      init();
07      // App7
08      scoreManager = new ScoreManager();
09      scoreLabel = new JLabel("점수: " + scoreManager.getScore());
10      add(scoreLabel);
11      // Thread
12      TimerThread timer = new TimerThread(scoreManager);
13      timer.start();
14    }
```

8번째 줄에서 ScoreManager 클래스로부터 객체를 생성하고 그 참조 값을 score Manager 필드에 저장한다. 9번째 줄에서는 JLabel 객체를 생성해서 그 참조 값을 score Label 필드에 저장한다. 인자에서 호출된 scoreManager 객체의 getScore 메소드는 객체가 방금 생성됐기 때문에 0값을 반환한다. 10번째 줄처럼 scoreLabel 객체를 판넬의 위쪽에 부착시킨다.

12번째 줄에서 TimerThread 클래스로부터 스레드 객체를 생성하고 그 참조 값을 지역 변수 timer에 저장한다. 인자로는 ScoreManager 객체의 참조 값을 제공한다. 스레드 객체를 생성했다고 스레드가 바로 기동되는 것은 아니고 13번째 줄처럼 start 메소드를 호출해야 한다. start 메소드에 의해 자바 가상 기계는 생성된 스레드 객체를 스케줄링

이 가능한 상태로 준비하고, 준비가 완료되면 스레드 객체에게 run 메소드를 호출해서 스레드를 기동시킨다.

마지막으로 GameAppPanel 클래스의 paintComponent 메소드는 리스트 6-22와 같이 수정된다.

리스트 6-22 GameApp7 프로젝트의 GameApp.java(일부)

```
01    public void paintComponent(Graphics g) {
02        super.paintComponent(g);
03        for (int i = 0; i < 13; i++)
04          allPiles[i].display(g);
05        // App7
06        scoreLabel.setText("점수 " + scoreManager.getScore());
07    }
```

6번째 줄에서 점수를 표시하려면 scoreLabel 객체의 setText 메소드를 호출해서 누적된 점수를 표시한다.

6.2.8 응용 과제 8

[모듈]

4장의 응용 과제 6을 발전시킨다. 멀티패키지 작업으로 구성한 4장의 응용 과제 6과 똑같이 동작하지만 자바의 모듈^{module} 개념을 도입해서 그림 6-33과 같이 프로그램을 두 개의 모듈 프로젝트로 구성한다. GameApp8(AppModule) 프로젝트와 GameApp8(LibModule) 프로젝트는 각각 한 개씩의 모듈을 정의하는데 GameApp8(AppModule) 프로젝트가 정의하는 모듈은 app 패키지 한 개로 구성되고, GameApp8(LibModule) 프로젝트가 정의하는 모듈은 lib.card와 lib.figure의 두 패키지로 구성된다. app 패키지는 기본 코드 틀로 작성한 CardApp 클래스(CardApp.java 파일)를 포함한다. 또한 lib.card 패키지는 Card 클래스를 포함하고, lib.figure 패키지는 Figure 인터페이스와 Circle, Line, Rect, Triangle 클래스를 포함한다.

그림 6-33 모듈 작업을 한 프로그램의 구성

대형 소프트웨어를 개발할 때 주로 사용하는 모듈은 프로그램 코드와 메타데이터로 구성되는데 메타데이터는 모듈을 정의하고 다른 모듈과의 관계를 설정하는 역할을 한다. 개발 팀은 대형 소프트웨어를 상호 연계되는 여러 개의 모듈 조합으로 구성하는데 각 모듈은 전체 소프트웨어의 기능 중 일부를 담당한다. 소프트웨어의 원활한 유지와 보수를 위해 모듈은 가능한 한 상호 독립적으로 설계하는 것이 원칙이다. 가능한 한 독립적이라는 의미는 상호 동작하기 위해 필요한 특정 기능만 다른 모듈에게 인터페이스로 제공하고, 나머지 내부용 기능은 모듈 내에서 관리하고 유지한다는 것이다. 이는 소프트웨어 부품의 설계에 해당하는 클래스의 인터페이스 정의에서 public, private 등의 접근자로 멤버의 외부 접근 여부를 지정하는 것과 같은 이치이다. 물론 그림 6-33에 보여준 것처럼 모듈은 패키지들로 구성되고 패키지는 다시 클래스들로 구성되지만 가능한 한 독립적인 모듈로 만든다는 것은 클래스를 가능한 한 독립적으로 만드는 데 사용하는 캡슐화 개념을 모듈의 정의에도 그대로 적용한다는 의미이다. 모듈 내에서 내부용 기능을 제공하는 코드를 확장하려고 변경하는 경우 모듈의 인터페이스를 유지한다면 이 모듈을 사용하는 다른 모듈에 영향을 주지 않고 확장 작업을 진행할 수 있다. 내부용 코드는 그 정보를 외부에 공개하지 않기 때문에 보안성도 향상된다. 6장의 도입부에서 객체의 캡슐화가 제공하는 장점을 설명했는데 이 장점을 훨씬 큰 단위인 모듈에도 똑같이 적용할 수 있게 된다. A 모듈이 B 모듈을 사용하는 경우 A 모듈은 B 모듈에 의존한다는 표현을 사용한다. 클래스는 멤버에 public, private 등의 접근자를 지정해서 클래스의 외부 인터페이스를 정의하는 것처럼 A 모듈이 B 모듈의 사용을 자신의 메타데이터에 선언하고 B 모듈이 A 모듈이 사용하는 기능을 제공한다는 것을 자신의 메타데이터에 선언해서 모듈 간 인터페이스를 설정한다.

자바 9 이전에는 public, private 등의 클래스의 멤버 접근자와 패키지가 코드를 분류하고 관리하는 수단이었다. 자바가 제공하는 시스템 패키지와 개발자가 작성한 패키지는 모두 사용이 가능한 패키지의 단순 집합 형태를 이루기 때문에 특정 패키지에 대한 접근 제한을 설정할 수 없었고, 응용프로그램에서 사용하지 않는 패키지 내 클래스도 언제든지 사용할 수 있는 상태로 제공됐다. 이런 거대한 패키지의 집합을 연관된 패키지들끼리 모아 단위화한 것이 모듈인데 각 모듈은 여기에 더해 모듈 내 어떤 패키지를 모듈의 인터페이스로 내놓고 또 모듈 내 코드 실행 시 어떤 외부 모듈이 필요한지 등을 기술한 메타데이터를 포함한다.

이제 모듈 개념을 4장의 응용 과제 6에 적용하기 위해서 그림 6-34의 왼쪽 그림처럼 chapter4 워크스페이스를 이클립스에 올린다. 오른쪽 그림처럼 모듈 작업은 일단 chapter4 워크스페이스에서 하고 나중에 프로젝트명을 변경해서 chapter6 워크스페이스로 그림 6-33처럼 가져가기로 하자.

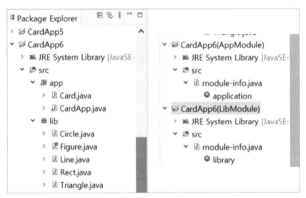

그림 6-34 chapter4 워크스페이스

멀티패키지로 구성한 CardApp6 프로젝트는 왼쪽 그림처럼 app 패키지와 lib 패키지로 구성된다. 멀티모듈로 프로그램을 재구성하려면 오른쪽 그림처럼 application 모듈을 구현하는 CardApp6(AppModule) 프로젝트와 library 모듈을 구현하는 CardApp6(LibModule) 프로젝트를 생성한다. CardApp6(AppModule) 프로젝트를 생성하려면 메뉴에서 File ❯ New ❯ Java Project 항목을 선택해서 그림 6-35의 New Java Project 윈도우를 생성한다.

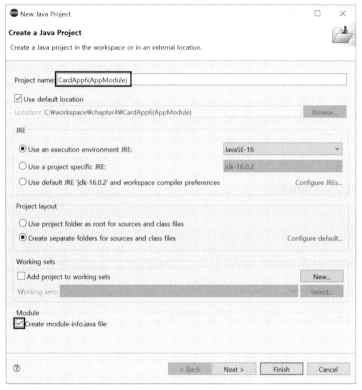

그림 6-35 CardApp6(AppModule) 프로젝트의 설정

Project Name 필드에 CardApp6(AppModule)이라고 입력하고 아래쪽 Module 섹션의 Create module-info.java file 항목을 체크한 후 Finish 버튼을 클릭한다. 모듈은 프로그램 코드와 모듈을 정의하는 메타데이터로 구성되는데 이 module-info.java 파일에 모듈을 설정하는 메타데이터 정보를 입력한다. 지금껏 이 책에서 사용하는 프로젝트는 모듈 작업을 하지 않았기 때문에 이 Module 섹션의 체크를 해제하고 프로젝트를 생

성해 왔다. 체크하지 않으면 기본 모듈이 자동으로 제공되는데 이는 패키지를 정의하지 않으면 기본 패키지^{Default Package}가 자동으로 제공되는 것과 같은 방식이다. Finish 버튼을 클릭하면 그림 6-36의 New module-info.java 윈도우가 생성된다.

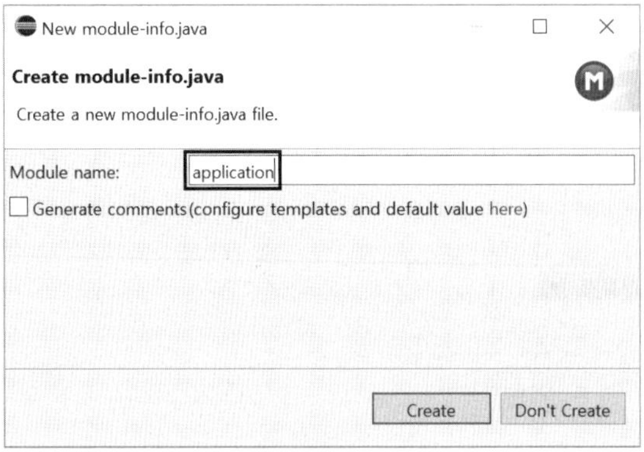

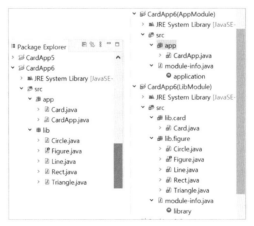

그림 6-36 application 모듈의 정의

Module name 필드에 application이라고 입력하고 Create 버튼을 클릭해서 그림 6-34의 오른쪽 그림처럼 CardApp6(AppModule) 프로젝트를 생성한다. 그림처럼 module-info.java 항목을 전개하면 설정한 모듈명이 표시된다. library 모듈을 구현하는 CardApp6(LibModule) 프로젝트도 같은 방법으로 생성한다.

그림 6-37의 왼쪽 그림은 CardApp6 프로젝트의 구성을 보여준 것이고, 오른쪽 그림은 application 모듈에 app 패키지를 생성하고 library 모듈에 lib.card 패키지와 lib. figure 패키지를 생성한 상황을 보여준 것이다.

그림 6-37 패키지의 생성

모듈 안에 패키지를 생성하는 방법은 4장의 응용 과제 6에서 설명했듯이 프로젝트 안에 패키지를 생성하는 것과 같다. CardApp6(AppModule) 프로젝트의 src 폴더에서 마우스 오른쪽 버튼을 클릭하고 New > Package 항목을 선택해서 그림 6-38의 New Java Package 윈도우를 생성한다.

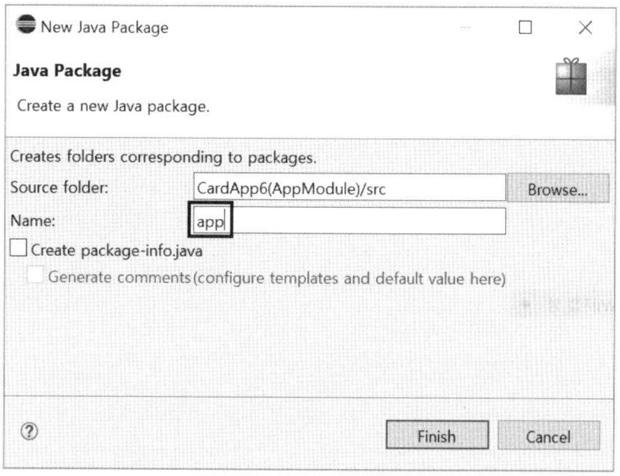

그림 6-38 패키지의 정의

Name 필드에 app이라고 입력하고 Finish 버튼을 클릭하면 그림 6-37의 오른쪽 그림처럼 app 패키지가 생성된다. 같은 방법으로 CardApp6(LibModule) 프로젝트에 lib. card 패키지와 lib.figure 패키지를 생성한다. 패키지명은 다른 개발자가 생성한 패키지명과 충돌이 생기지 않아야 하기 때문에 일반적으로 com.duksung.lib.card나 com. duksung.lib.figure와 같이 소프트웨어 개발 회사의 도메인을 거꾸로 명시하고 이어 패키지가 제공하는 기능을 대변하는 이름을 붙여 정하는 것이 관례이다. 적어도 두 개 이상의 마침표(.)를 사용하는 패키지명을 권장한다. 우리는 도메인을 사용하지 않고 단순히 라이브러리 내의 카드 기능과 도형 기능을 제공한다는 의미로 lib.card와 lib.figure로 지정하기로 하자.

패키지가 생성됐으므로 이제 CardApp6 프로젝트의 파일들을 CardApp6(App Module)과 CardApp6(LibModule)의 두 프로젝트로 복사해 온다. 그림 6-37의 왼쪽 그림에 보인 Circle.java, Figure.java, Line.java, Rect.java, Triangle.java 파일들을 모두 선택하고 오른쪽 마우스 버튼을 클릭해서 Copy 항목을 선택한다. 오른쪽 그림에 보인 CardApp6(LibModule) 프로젝트의 lib.figure 패키지를 선택하고 오른쪽 마우스 버튼을 클릭해서 Paste 항목을 선택하면 5개 파일이 lib.figure 패키지에 복사된다. 같은 방법으로 CardApp6의 Card.java 파일을 CardApp6(LibModule)의 lib.card 패키지로 복사하고, CardApp.java 파일은 CardApp6(AppModule)의 app 패키지로 복사해서 오른쪽 그림과 같은 구성을 완성한다. 일단 모든 파일에 오류 마크가 표시되는데 하나씩 해결해 나가자.

자바는 모듈 기반 환경으로 변경하면서 기존의 시스템 패키지들을 모듈들로 분류했는데 명령 창을 열고 그림 6-39처럼 `java --list-modules` 명령어를 주면 자바가 지원하는 모든 모듈을 확인할 수 있다. @ 문자 이전은 모듈명이고, @ 문자 이후는 버전을 나타낸다.

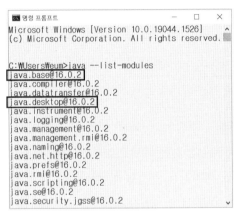

그림 6-39 시스템 모듈 목록

리스트 중 첫 번째 줄의 java.base 모듈을 베이스 모듈이라고 하는데 java.lang 패키지가 import문을 사용하지 않아도 모든 자바 프로그램에 기본 제공되듯이 베이스 모듈은 requires라는 지시어로 그 사용을 선언하지 않아도 모든 모듈(프로그램)에 기본 제공되는 시스템 모듈이다. requires는 import문으로 패키지의 사용을 선언하듯이 모듈의 사용을 선언할 때 사용하는 지시어이다. 베이스 모듈이 java.lang, java.io, java.util 등의 패키지를 포함하고 있기 때문에 이 패키지들은 모든 프로그램에 기본적으로 제공되는 효과를 가져 온다. 그림 6-39의 목록에서 4번째 줄의 java.desktop 모듈도 눈여겨볼 필요가 있다. 우리가 데스크톱 환경이라고 하면 노트북이나 PC를 사용하는 환경을 의미하며 이 환경은 윈도우 기반이 기본이다. 이 책의 2장부터 우리는 java.awt 패키지와 javax.

swing 패키지를 사용해서 기본 코드 틀 기반의 윈도우 프로그래밍을 진행해 왔다. 윈도우 프로그래밍에 필요한 이런 패키지들은 모두 java.desktop 모듈에 존재한다. 그림 6-40은 application 모듈과 library 모듈로 구성되는 우리 프로그램의 모듈 간 종속 관계를 보여주는 모듈 그래프다.

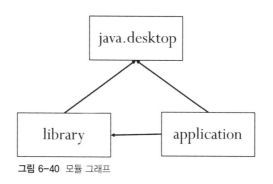

그림 6-40 모듈 그래프

모든 모듈에 기본적으로 제공되는 베이스 모듈은 그림에 표시하지 않았다. 프로그램을 구성하는 CardApp, Card, Rect 등의 클래스들과 Figure 인터페이스는 모두 java.awt 패키지를 사용하기 때문에 이 패키지를 포함하는 java.desktop 모듈의 사용을 library 모듈과 application 모듈로부터 화살표를 그어 표시한다. application 모듈은 library 모듈 내의 도형 클래스들과 카드 클래스를 사용하기 때문에 library 모듈의 사용을 application 모듈로부터 화살표를 추가로 그어 표시한다.

이제 그림 6-40에 보여준 모듈 간의 종속 관계를 코드에 반영해 보자. 그림 6-37의 CardApp6(LibModule) 프로젝트로 구현한 library 모듈의 module-info.java 파일을 더블클릭해서 리스트 6-23처럼 편집 창에 표시한다. module-info.java 파일은 모듈의 메타데이터를 담기 때문에 모듈 디스크립터 파일이라고도 한다.

리스트 6-23 library 모듈의 module-info.java 파일

```
01  // module descriptor(metadata) for library module
02
03  module library {
04      requires java.desktop;
05      exports lib.card;
06      exports lib.figure;
07  }
```

그림 6-40에 보여준 것과 같이 library 모듈은 4번째 줄처럼 requires 지시어로 java.desktop 모듈의 사용을 선언한다. requires 지시어는 모듈 단위에 적용한다. application 모듈의 CardApp 클래스는 library 모듈의 lib.card 패키지에 존재하는 Card 클래스를 사용하고 lib.figure 패키지에 존재하는 도형 클래스들을 사용한다. 이처럼 application 모듈이 library 모듈의 두 패키지를 사용하려면 library 모듈이 5, 6번째 줄처럼 exports 지시어로 두 패키지의 사용을 허락하는 선언을 해야 한다. exports 지시어는 패키지 단위에 적용한다. 이외에도 requires transitive, exports-to, uses, provides-with 등의 모듈 지시자가 있다. application 모듈이 Card 클래스만 사용한다면 Card 클래스를 담은 lib.card 패키지만 인터페이스로 제공하고, 도형 클래스들을 담은 lib.figure 패키지는 내부 용도로 지정할 수 있지만 우리 프로그램에서 application 모듈은 두 패키지를 모두 필요로 한다. 이제 library 모듈의 다른 모듈과의 인터페이스 정의가 완성됐다. 같은 방법으로 CardApp6(AppModule) 프로젝트로 구현한 application 모듈의 module-info.java 파일을 리스트 6-24처럼 완성한다.

리스트 6-24 application 모듈의 module-info.java 파일

```
01  // module descriptor(metadata) for application module
02
03  module application {
04      requires java.desktop;
05      requires library;
06  }
```

java.desktop은 시스템 모듈이기 때문에 모듈의 위치가 지정돼 있지만 우리가 작성한 library 모듈은 그 위치를 CardApp6(AppModule) 프로젝트의 빌드 패스에 지정해 줘야 application 모듈에서 접근해서 사용할 수 있다. 그림 6-37의 오른쪽 그림에서 보여준 CardApp6(AppModule) 프로젝트를 선택하고 오른쪽 마우스를 클릭한다. **Build Path > Configure Build Path** 항목을 선택해서 그림 6-41의 Java Build Path 윈도우를 생성한다.

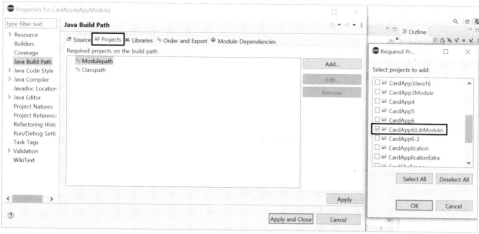

그림 6-41 빌드 패스 설정

상단의 **Projects** 탭을 선택하고 밑의 Modulepath 항목을 선택한 후 오른쪽의 **Add** 버튼을 클릭한다. 표시되는 팝업 창에서 오른쪽 그림처럼 library 모듈을 구현한 CardApp6(LibModule) 프로젝트를 체크한 후 **OK** 버튼을 클릭한다. **Apply** 버튼을 클릭하면 Modulepath 항목에 CardApp6(LibModule)이 추가된 것을 확인할 수 있다. **Apply and Close** 버튼을 클릭해서 Java Build Path 윈도우를 닫는다. 이쯤에서 이클립스 메뉴의 **File ➤ Save All** 항목을 선택해서 모든 파일을 저장하면 이클립스가 빌드 과정을 다시 거치게 되는데 많은 오류 마크가 사라진 것을 확인할 수 있다.

이제 Card.java 파일을 더블클릭해서 편집 창에 표시한다. CardApp6 프로젝트의 Card.java 파일을 그대로 복사해서 갖고 왔기 때문에 import문에서 오류가 발생한 것을 확인할 수 있다. 패키지명이 lib에서 lib.figure로 변경됐기 때문에 이 import문을 다음 코드처럼 수정하고 메뉴의 **File ➤ Save All** 항목을 다시 선택하면 오류가 사라진다. 모듈 내 패키지 간의 관계는 응용 과제 6에서 설명한 것과 같다.

```
import lib.figure.Rect;
```

CardApp.java 파일을 더블클릭해서 편집 창에 표시한다. 같은 이유로 오류가 발생한 import문을 다음 코드의 두 문장으로 대체하고 **File ➤ Save All** 항목을 선택하면 모든 오류가 사라진다. lib.figure 패키지와 lib.card 패키지는 library 모듈에 존재하지만 모듈 간의 관계를 디스크립터 파일로 설정했기 때문에 같은 모듈에 존재하는 패키지처럼 사용하면 된다.

```
import lib.figure.*;
import lib.card.Card;
```

CardApp6(AppModule) 프로젝트를 선택하고 **Run** 버튼을 클릭하면 모듈 작업을 하지 않은 CardApp6 프로젝트와 똑같이 실행될 것이다.

자바 11부터 모든 패키지는 모듈에 소속돼 있어야 하기 때문에 모듈에 속하지 않는 패키지를 사용할 수 없다. 모듈 작업이 필수라는 의미이다. 그렇다면 모듈 작업을 하지 않고 진행해 온 이 책의 모든 응용프로그램들은 어떻게 오류 없이 실행됐을까? 이유는 자바가 모듈 작업을 하지 않는 프로젝트에 기본 모듈을 물밑에서 제공하기 때문이다. 기본 모듈은 내부적으로 자동 생성되며 패키지들을 여기에 담는다. 패키지 작업은 권장하지만 아직 선택 사항이다. 패키지 작업을 하지 않으면 자바가 기본 패키지를 제공하고 이 패키지가 기본 모듈에 담기기 때문에 패키지 작업과 모듈 작업 없이도 이 책의 응용프로그램들에 문제가 발생하지 않았다. 또한 이 책의 응용프로그램들과 같이 자바 11 이전에 작성된 응용프로그램들도 같은 이유로 호환성을 유지할 수 있다. 패키지와 달리 모듈은 exports와 requires 문장으로 모듈 간의 관계를 설정해야 사용할 수 있는데 기본 모듈은 모듈 내 모든 패키지를 exports 문장으로 내놓고 모든 외부 모듈들을 requires 문장으로 사용하는 속성이 부여되기 때문에 모든 패키지를 단순하게 모아 놓은 자바 11 이전의 단순 패키지 집합 구성과 같은 효과를 가져온다.

CardApp6(LibModule) 프로젝트로 구현한 library 모듈은 독립적으로 실행하기 위한 목적이 아니고 다른 모듈에게 클래스 라이브러리를 제공할 목적으로 작성했다. 따라서 프로젝트 형태로 제공하는 것보다는 압축된 jar 파일 형태로 제공하는 것이 바람직하다. 프로젝트 압축 작업을 진행해서 jar 파일로 만들어 보자. CardApp6(LibModule) 프로젝트를 선택하고 오른쪽 마우스 버튼을 클릭한 후 Export 항목을 선택해서 그림 6-42의 Select 윈도우를 생성한다.

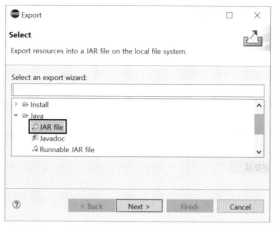

그림 6-42 프로젝트의 압축

Java 항목을 전개하고 **JAR file** 항목을 선택한다. **Next** 버튼을 클릭해서 그림 6-43의 JAR File Specification 윈도우를 생성한다.

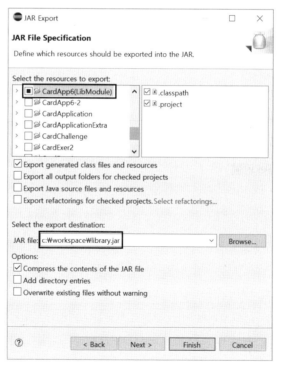

그림 6-43 압축 파일의 설정

그림처럼 CardApp6(LibModule) 프로젝트를 선택하고 JAR file 필드에는 c 드라이브의 workspace 폴더 밑에 library.jar라고 입력하고 Finish 버튼을 클릭한다. 혹 경고 창이 표시되면 이를 무시하고 OK 버튼을 클릭한다. 탐색기로 해당 폴더로 이동해서 library.jar 파일이 생성된 것을 확인한다.

이번에는 CardApp6(AppModule) 프로젝트를 선택하고 마우스 오른쪽 버튼을 클릭한다. Build Path ▶ Configure Build Path 항목을 선택해서 그림 6-44의 Java Build Path 윈도우를 생성한다.

그림 6-44 빌드 패스 설정(JAR 파일)

상단의 Projects 탭을 선택하면 표시되는 Modulepath 항목 밑에 그림 6-41에서 설정한 CardApp6(LibModule) 프로젝트가 존재한다. 이 프로젝트를 선택하고 오른쪽의 Remove 버튼을 클릭한다. 상단의 Libraries 탭을 선택하고 Modulepath 항목을 선택한 후 오른쪽의 Add External JARs 버튼을 클릭한다. 표시되는 탐색 창에서 c 드라이브의 workspace 폴더로 이동하고 library 파일을 선택한다. Apply 버튼을 클릭하고 이어 Apply and Close 버튼을 클릭한다. 이제 프로젝트로 설정했던 빌드 패스 경로를 프로젝트를 압축한 JAR 파일로 변경했다. CardApp6(AppModule) 프로젝트를 선택하고 Run 버튼을 클릭해서 프로그램의 실행을 확인한다.

마지막으로 CardApp6(AppModule) 프로젝트를 선택하고 오른쪽 마우스를 클릭한 후 Refactor ▶ Rename 항목을 선택해서 그림 6-45의 Rename Java Project 윈도우를 생성한다.

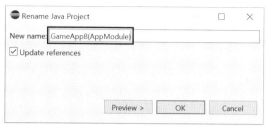

그림 6-45 프로젝트명의 변경

New name 필드에 GameApp8(AppModule)이라고 입력하고 OK 버튼을 클릭해서 프로젝트명을 변경한다. 같은 방법으로 CardApp6(LibModule) 프로젝트명을 GameApp8(LibModule)로 변경한다. 이제 GameApp8(AppModule) 프로젝트와 GameApp8(LibModule) 프로젝트를 chapter6 워크스페이스로 이동시킨다. 이동 후에 GameApp8(LibModule) 프로젝트에 오류 마크가 표시되는 경우 GameApp8(LibModule) 프로젝트를 선택한 후 이클립스 메뉴의 Project > Clean 항목을 선택해서 그림 6-46의 Clean 윈도우를 생성한다.

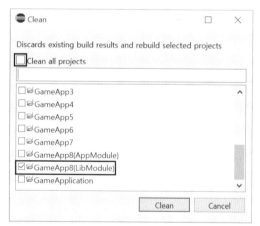

그림 6-46 프로젝트 Clean 윈도우

Clean all projects 항목의 체크를 해제하고 아래 리스트에서 GameApp8(LibModule) 프로젝트를 선택한 후 Clean 버튼을 클릭한다. 이제 GameApp8(AppModule) 프로젝트를 선택해서 실행하면 GameApp8(LibModule) 프로젝트가 재컴파일돼 오류 없이 GameApp8(AppModule) 프로젝트와 연동된다.

6.3 | 보충 문법

지금까지 윈도우 프로그래밍을 위해 자바가 제공하는 java.awt, java.awt.event, javax.swing, javax.swing.event 프레임워크를 활용해서 프로그램을 작성해 왔다. 이번 절에서는 이를 정리하고 추가로 JCheckBox와 JRadioButton 클래스를 사용하는 방법을 다룬다. 응용 과제 3에서 소개한 제네릭 클래스는 응용 과제 4에서 설명한 컬렉션과 자바 8부터 도입된 람다 표현식Lambda Expression 등에 널리 사용된다. 강한 형 검증을 통해 잘못된 코드의 작성을 미연에 방지해 주는 제네릭 기능을 이번 절에서 자세하게 설명한다. 대부분의 응용프로그램은 데이터를 저장, 검색, 삭제, 분석하는 등의 데이터 처리 작업을 포함한다. 자바는 이런 데이터 처리 작업을 지원하려고 java.util 패키지에 다양한 클래스와 인터페이스를 제공하는데 이를 총칭해서 컬렉션 프레임워크라고 부른다. 이번 절에서는 컬렉션 프레임워크 중에서 많이 사용되는 컬렉션 클래스와 인터페이스의 활용을 다룬다. 또한 응용 과제 7에서 소개한 스레드에 대해서도 좀 더 깊게 살펴본다. 프로그램을 작성하다 보면 단 한 개의 객체만을 생성하는 클래스가 필요한 경우가 있다. 이를 싱글톤 클래스라고 하는데 이번 절에서 싱글톤 클래스를 소개하고 응용 과제 7에 적용해 본다.

6.3.1 이벤트 종류와 이벤트 소스

5장에서는 마우스 이벤트, 키 이벤트, 윈도우 이벤트, Action 이벤트를 처리하는 방법을 설명했고, 6장에서는 이 이벤트를 발생시키는 JButton, JLabel, JList, JComboBox, JTextField, JPasswordField 객체들을 다루는 방법을 설명했다. 표 6-11은 이벤트의 종류, 이벤트를 발생시키는 이벤트 소스, 이벤트가 발생되는 경우를 요약한 것이다.

표 6-11 이벤트 종류와 이벤트 소스

이벤트 종류	이벤트 소스	발생되는 경우
MouseEvent	Component	마우스 버튼을 누르거나 뗄 때, 컴포넌트에 마우스가 올라가거나 내려올 때, 마우스가 이동되거나 드래깅될 때
KeyEvent	Component	키를 누르거나 뗄 때
WindowEvent	Window	윈도우가 활성화 또는 비활성화될 때, 윈도우가 아이콘화되거나 복구될 때, 윈도우의 열기/닫기/종료 때

이벤트 종류	이벤트 소스	발생되는 경우
ActionEvent	JButton	마우스나 키로 버튼을 클릭할 때
	JList	리스트에서 더블클릭으로 항목을 선택할 때
	JTextField	텍스트 입력 중 Enter키를 칠 때
	JMenuItem	메뉴에서 항목을 선택할 때
ItemEvent	JList	리스트에서 항목을 선택할 때
	JCheckBox	체크 박스를 선택하거나 해제할 때
	JCheckBoxMenuItem	체크 박스 메뉴 항목을 선택하거나 해제할 때
AdjustmentEvent	JScrollBar	스크롤바를 움직일 때
FocusEvent	Component	컴포넌트가 포커스를 받거나 잃을 때
TextEvent	TextField	텍스트가 변경될 때
	TextArea	
ContainerEvent	Container	컴포넌트가 추가되거나 삭제될 때
ComponentEvent	Component	컴포넌트가 사라지거나 나타날 때, 컴포넌트의 크기가 변경되거나 이동될 때

그림 6-13의 awt와 swing 패키지의 클래스 계층 구조에서 표의 이벤트 소스 클래스를 상속받는 클래스들은 모두 같은 이벤트 소스의 역할을 수행한다. java.awt.event와 javax.swing.event 패키지에 제공되는 이벤트 리스너의 인터페이스명은 ActionListener, KeyListener 등과 같이 모두 이벤트명에 Listener를 붙이며, 인자로는 ActionEvent, KeyEvent 클래스 등에서 생성된 해당 객체를 제공받는다. 마우스는 마우스 버튼을 누르거나 떼는 것과 같은 단발성 이벤트는 MouseListener 인터페이스로 처리하고, 마우스의 이동이나 드래깅 같은 연발성 이벤트는 MouseMotionListener 인터페이스로 처리한다. 그러나 두 인터페이스 모두 같은 MouseEvent 객체를 인자로 제공받는다. MouseMotionListener 인터페이스의 활용은 5장의 '보충 문법'절에서 설명했다. 이번 절에서는 JCheckBox와 JRadioButton 클래스의 활용을 추가로 설명한다.

JCheckBox 클래스

체크 박스는 이 절의 예제인 그림 6-47의 아래쪽에 배치된 것과 같이 선택과 해제의 두 가지 상태를 갖는 컴포넌트이다. 그림 6-47에는 세 개의 체크 박스가 사용된다. JCheckBox

클래스의 생성자는 표 6-12와 같다. JCheckBox 객체는 ItemEvent 객체를 발생시키고
ItemListener 인터페이스로 처리한다.

표 6-12 JCheckBox 클래스의 생성자

생성자	설명
JCheckBox()	문자열이나 이미지가 없는 빈 체크 박스 생성. 해제 상태가 기본
JCheckBox(Icon image)	이미지를 갖는 체크 박스 생성
JCheckBox(Icon image, boolean selected)	이미지를 갖는 체크 박스 생성. selected가 true이면 선택 상태, false이면 해제 상태
JCheckBox(String str)	문자열을 갖는 체크 박스 생성
JCheckBox(String str, boolean selected)	문자열을 갖는 체크 박스 생성. selected가 true이면 선택 상태, false이면 해제 상태
JCheckBox(String str, Icon image)	문자열과 이미지를 갖는 체크 박스 생성
JCheckBox(String str, Icon image, boolean selected)	문자열과 이미지를 갖는 체크 박스 생성. selected가 true이면 선택 상태, false이면 해제 상태

사각형, 타원, 선을 체크 박스로 선택하고 마우스의 두 번 클릭으로 선택된 도형들을
그리는 프로그램을 작성해 보자. 중복 선택을 하면 선택된 도형들을 모두 그린다. 리스
트 6-25는 이 프로그램의 코드이고, 그림 6-47은 실행 결과다.

리스트 6-25 GameAdd1-1 프로젝트의 PenApp.java

```
01  //========================================================
02  // JCheckBox class Example
03  //========================================================
04
05  import java.awt.Graphics;
06  import java.awt.Color;
07  import java.awt.Point;
08  import java.awt.BorderLayout;
09  import java.awt.event.*;
10  import javax.swing.*;
11
12  public class PenApp extends JFrame {
13      public PenAppPanel panel;
14
15      public static void main(String [ ] args) {
```

```
16      JFrame.setDefaultLookAndFeelDecorated(true);
17      PenApp window = new PenApp();
18      window.setVisible(true);
19    }
20
21    public PenApp() {
22      setSize(600, 500);
23      setTitle("Pen 응용");
24      setDefaultCloseOperation(JFrame.EXIT_ON_CLOSE);
25      panel = new PenAppPanel();
26      setContentPane(panel);
27    }
28  }
29
30  class PenAppPanel extends JPanel {
31    Point p1, p2;
32    boolean firstClick = true;
33    boolean rectangle = false;
34    boolean oval = false;
35    boolean line = false;
36    JCheckBox figure[] =  new JCheckBox[3];
37    String figureName[] = {"사각형", "타원", "선"};
38
39    public PenAppPanel() {
40      setBackground(Color.white);
41      setLayout(new BorderLayout());
42
43      MouseKeeper mouse = new MouseKeeper();
44      addMouseListener(mouse);
45
46      JPanel choicePanel = new JPanel();
47      for(int i = 0; i < figure.length; i++) {
48        figure[i] = new JCheckBox(figureName[i]);
49        figure[i].setBorderPainted(true);
50        figure[i].addItemListener(new FigureListener());
51        choicePanel.add(figure[i]);
52      }
53      add(choicePanel, BorderLayout.SOUTH);
54    }
55
56
```

```
57    private class MouseKeeper extends MouseAdapter {
58
59      public void mousePressed(MouseEvent e) {
60        if(firstClick) {
61          p1 = e.getPoint();
62          firstClick = false;
63        }
64        else {
65          p2 = e.getPoint();
66          firstClick = true;
67          repaint();
68        }
69      }
70    }
71
72    private class FigureListener implements ItemListener {
73
74      public void itemStateChanged(ItemEvent e) {
75        if(e.getItem() == figure[0]) {
76          if(e.getStateChange() == ItemEvent.SELECTED)
77            rectangle = true;
78          else
79            rectangle = false;
80        }
81        else if(e.getItem() == figure[1]) {
82          if(e.getStateChange() == ItemEvent.SELECTED)
83            oval = true;
84          else
85            oval = false;
86        }
87        else {
88          if(e.getStateChange() == ItemEvent.SELECTED)
89            line = true;
90          else
91            line = false;
92        }
93      }
94    }
95
96    public void paintComponent(Graphics g) {
97      super.paintComponent(g);
```

```
98      if(rectangle)
99        g.drawRect(p1.x, p1.y, p2.x-p1.x, p2.y-p1.y);
100     if(oval)
101       g.drawOval(p1.x, p1.y, p2.x-p1.x, p2.y-p1.y);
102     if(line)
103       g.drawLine(p1.x, p1.y, p2.x, p2.y);
104   }
105 }
```

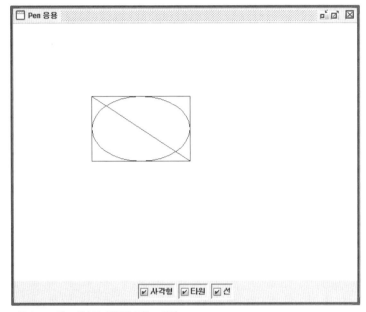

그림 6-47 체크 박스로 선택된 도형 그리기

7번째 줄에서 Point 클래스의 사용을 선언한다. 8번째 줄에서는 판넬의 기본 배치관
리자인 FlowLayout 배치관리자를 BorderLayout 배치관리자로 변경하려고 BorderLayout
클래스의 사용을 선언한다.

31번째 줄에서 첫 번째 클릭점과 두 번째 클릭점을 지정하려고 Point 클래스의 참소
필드 p1과 p2를 선언한다. 32~35번째 줄에서는 도형 선택 사항을 알리는 boolean 필드
들을 선언하고 false값으로 초기화한다. 36번째 줄에서는 세 개의 체크 박스를 저장할
배열을 생성해서 그 참조 값을 figure 필드에 저장한다. 37번째 줄에서는 체크 박스에
표시할 문자열 배열을 생성한다.

41번째 줄처럼 setLayout 메소드를 호출해서 판넬의 기본 배치관리자를 Border Layout 배치관리자로 변경한다. 46번째 줄에서 세 개의 체크 박스를 담을 선택 판넬을 생성한다. 47번째 줄의 for문에서 세 개의 체크 박스 객체를 생성한다. 각 체크 박스 객체에 대해 48번째 줄처럼 체크 박스 객체를 생성하면서 인자로는 37번째 줄에서 준비한 문자열을 제공한다. 49번째 줄에서는 체크 박스의 외곽선이 보이도록 setBorderPainted 메소드를 호출해서 설정한다. 50번째 줄에서는 72번째 줄에 선언된 FigureListener 객체를 생성해서 체크 박스에 부착시키고, 51번째 줄처럼 체크 박스를 선택 판넬에 추가한다. 세 개의 체크 박스에 같은 FigureListener 객체가 부착된다. 53번째 줄에서 선택 판넬을 PenAppPanel 객체의 남쪽에 배치한다.

마우스 클릭에 호출되는 59번째 줄의 mousePressed 메소드에서 첫 번째 클릭이면 클릭점을 61번째 줄처럼 p1이 참조하게 하고, 두 번째 클릭이면 클릭점을 p2가 참조하게 한다. 67번째 줄에서는 두 점이 확보됐기 때문에 도형을 그리려고 repaint 메소드를 호출한다.

사용자가 마우스나 키보드로 체크 박스를 선택하거나 해제하면 Item 이벤트가 발생된다. Item 이벤트는 프로그램 내에서 다음과 같이 setSelected 메소드를 호출해도 발생된다.

```
figure[0].setSelected(true);
```

Item 이벤트를 처리하는 72번째 줄의 FigureListener 클래스는 ItemListener 인터페이스를 구현한다. ItemListener 인터페이스는 itemStateChanged 메소드 한 개만 가진다. Item 이벤트가 발생되면 itemStateChanged 메소드가 호출되면서 ItemEvent 객체가 인자로 제공된다.

75번째 줄처럼 ItemEvent 객체의 getItem 메소드를 호출해서 이벤트를 발생시킨 체크 박스 객체의 참조 값을 반환받고, 첫 번째 체크 박스 객체를 참조하는 figure[0]의 값과 비교한다. 두 값이 일치하면 첫 번째 체크 박스에서 선택 또는 해제가 발생했다는 의미이기 때문에 76번째 줄처럼 ItemEvent 객체의 getStateChange 메소드를 호출해서 체크 박스의 선택 또는 해제 상태를 조사한다. getStateChange 메소드의 반환값이 ItemEvent 클래스에 정의된 SELECTED 상수이면 33번째 줄에서 선언된 rectangle 필드의 값을 true로 변경해서 사각형 체크 박스가 선택됐음을 알린다. 81, 87번째 줄은 타원과 선의 체크 박스에 대해 같은 작업을 수행한다.

96번째 줄의 paintComponent 메소드는 98번째 줄처럼 사각형이 선택됐으면 첫 번째 클릭점을 왼쪽 위 꼭짓점으로 하고 두 번째 클릭점을 오른쪽 아래 꼭짓점으로 하는 사각형을 그린다. 같은 방식으로 101, 103번째 줄에서는 타원과 선을 그린다.

JRadioButton 클래스

라디오 버튼은 이 절의 예제인 그림 6-48의 위쪽에 배치된 것과 같이 여러 버튼들을 하나의 그룹으로 묶어서 그중 한 개의 버튼만 선택이 가능하도록 만든 버튼이다. 라디오 버튼 객체의 생성과 이벤트 처리 방법은 JCheckBox와 동일하다. 파란색, 빨간색, 초록색을 라디오 버튼으로 선택하고 마우스의 두 번 클릭으로 선택된 색으로 선을 그리는 프로그램을 작성해 보자. 색의 선택은 한 개만 가능하다. 리스트 6-26은 이 프로그램의 코드이고, 그림 6-48은 실행 결과다.

리스트 6-26 GameAdd1-2 프로젝트의 PenApp.java

```
01  //==========================================================
02  // JRadioButton class Example
03  //==========================================================
04
05  import java.awt.Graphics;
06  import java.awt.Color;
07  import java.awt.Point;
08  import java.awt.BorderLayout;
09  import java.awt.event.*;
10  import javax.swing.*;
11
12  public class PenApp extends JFrame {
13    public PenAppPanel panel;
14
15    public static void main(String [ ] args) {
16      JFrame.setDefaultLookAndFeelDecorated(true);
17      PenApp window = new PenApp();
18      window.setVisible(true);
19    }
20
```

```java
21    public PenApp() {
22       setSize(600, 500);
23       setTitle("JRadioButton 응용");
24       setDefaultCloseOperation(JFrame.EXIT_ON_CLOSE);
25       panel = new PenAppPanel();
26       setContentPane(panel);
27    }
28 }
29
30 class PenAppPanel extends JPanel {
31    Point p1, p2;
32    boolean firstClick = true;
33    Color col;
34    JRadioButton color[] =  new JRadioButton[3];
35    String colorName[] = {"파란색", "빨간색", "초록색"};
36
37    public PenAppPanel() {
38       setBackground(Color.white);
39       setLayout(new BorderLayout());
40
41       MouseKeeper mouse = new MouseKeeper();
42       addMouseListener(mouse);
43
44       JPanel colorPanel = new JPanel();
45       ButtonGroup group = new ButtonGroup();
46       for(int i = 0; i < color.length; i++) {
47          color[i] = new JRadioButton(colorName[i]);
48          group.add(color[i]);
49          color[i].setBorderPainted(true);
50          color[i].addItemListener(new ColorListener());
51          colorPanel.add(color[i]);
52       }
53       add(colorPanel, BorderLayout.NORTH);
54       color[1].setSelected(true);
55    }
56
57
58    private class MouseKeeper extends MouseAdapter {
59
60       public void mousePressed(MouseEvent e) {
61          if(firstClick) {
```

```
62          p1 = e.getPoint();
63          firstClick = false;
64        }
65      else {
66        p2 = e.getPoint();
67        firstClick = true;
68        repaint();
69      }
70    }
71  }
72
73  private class ColorListener implements ItemListener {
74
75    public void itemStateChanged(ItemEvent e) {
76      if(e.getStateChange() == ItemEvent.DESELECTED)
77        return;
78      if(color[0].isSelected())
79        col = Color.blue;
80      else if(color[1].isSelected())
81        col = Color.red;
82      else
83        col = Color.green;
84    }
85  }
86
87  public void paintComponent(Graphics g) {
88    super.paintComponent(g);
89    if(p2 != null) {
90      g.setColor(col);
91      g.drawLine(p1.x, p1.y, p2.x, p2.y);
92    }
93  }
94 }
```

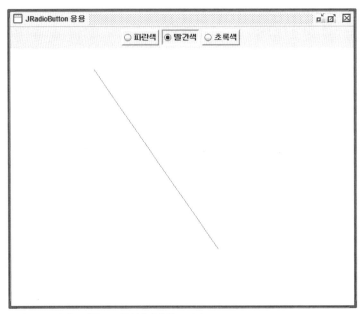

그림 6-48 라디오 버튼으로 색 선택해서 선 그리기

31번째 줄에서 Point 클래스의 참조 필드 p1과 p2를 선언한다. 32번째 줄에서는 첫 번째 클릭점인지를 나타내는 firstClick 필드를 선언한다. 33번째 줄에서 선택된 색을 저장할 참조 필드 col을 선언하고, 34번째 줄에서는 세 개의 라디오 버튼 객체를 담을 배열을 생성해서 그 참조 값을 color 필드에 저장한다. 35번째 줄에서 버튼에 표시될 문자열 배열을 생성한다.

39번째 줄에서 기본 배치관리자를 BorderLayout 배치관리자로 교체한다. 44번째 줄에서는 라디오 버튼들을 배치할 색 선택 판넬을 생성한다. 45번째 줄에서는 세 개의 라디오 버튼을 담아 그중 한 개만 선택되도록 하는 ButtonGroup 객체를 생성한다. ButtonGroup 클래스는 javax.swing 패키지 소속이다. 46번째 줄의 for문에서 세 개의 라디오 버튼 객체를 생성한다. 각 라디오 버튼 객체에 대해 47번째 줄처럼 생성하면서 인자로는 35번째 줄에서 준비한 문자열을 제공한다. 48번째 줄에서는 라디오 버튼 객체를 ButtonGroup 객체에 넣는다. 49번째 줄에서는 라디오 버튼의 외곽선이 보이도록 setBorderPainted 메소드를 호출해서 설정한다. 50번째 줄에서는 73번째 줄에 선언된 ColorListener 객체를 생성해서 라디오 버튼에 부착시키고, 51번째 줄처럼 라디오 버튼을 색 선택 판넬에 추가한다. 53번째 줄에서 색 선택 판넬을 PenAppPanel 객체의 북쪽에 배치한다. 54번째 줄에서는 두 번째 라디오 버튼 객체인 빨간색 버튼을 setSelected 메소드를 호출해서 초기 선택 상태로 설정한다.

마우스 클릭에 호출되는 60번째 줄의 mousePressed 메소드에서 첫 번째 클릭이면 클릭점을 62번째 줄처럼 p1이 참조하게 하고, 두 번째 클릭이면 클릭점을 p2가 참조하게 한다. 68번째 줄에서 두 점이 확보됐기 때문에 선을 그리려고 repaint 메소드를 호출한다.

사용자가 마우스나 키보드로 라디오 버튼을 선택하거나 해제해서 처음 상태와 달라지면 Item 이벤트가 발생된다. Item 이벤트는 프로그램 내에서 54번째 줄처럼 setSelected 메소드를 호출해도 발생된다. 체크 박스는 개별적으로 동작하기 때문에 하나의 체크 박스를 선택하면 그 체크 박스에만 Item 이벤트가 발생한다. 그러나 라디오 버튼은 그룹으로 동작하기 때문에 하나의 라디오 버튼을 선택하면 직전에 선택됐던 버튼이 해제되면서 Item 이벤트가 발생되고, 새롭게 선택된 버튼에서도 Item 이벤트가 발생한다. 직전에 선택된 버튼을 다시 선택하면 상태에 변화가 없기 때문에 Item 이벤트는 발생하지 않는다. Item 이벤트를 처리하는 ItemListener 인터페이스는 itemStateChanged 메소드 한 개만 가진다. Item 이벤트가 발생되면 itemStateChanged 메소드가 호출되면서 ItemEvent 객체가 인자로 제공된다.

75번째 줄의 itemStateChanged 메소드에서 76, 77번째 줄은 앞에 설명한 것처럼 사용자가 라디오 버튼을 선택하면 직전에 선택됐던 버튼이 해제되면서 발생된 Item 이벤트를 처리한다. 이 경우는 ItemEvent 객체의 getStateChange 메소드의 반환값이 ItemEvent.DESELECTED 상수이기 때문에 바로 반환한다. 새롭게 선택된 버튼에서 발생된 Item 이벤트인 경우 76번째 줄을 통과하고, 78~83번째 줄처럼 라디오 버튼의 isSelected 메소드를 호출해서 선택 상태인 라디오 버튼에 따라 33번째 줄에 선언된 col 필드 값을 설정한다.

87번째 줄의 paintComponent 메소드에서 89번째 줄은 프로그램 실행 초기에 paintComponent 메소드가 호출될 때 실행 오류가 나는 것을 방지하려고 두 번째 Point 객체가 생성됐는지 조사한다. 두 번째 Point 객체까지 생성됐을 경우에만 90번째 줄처럼 색을 선택된 색으로 변경해서 91번째 줄처럼 선을 그린다.

6.3.2 제네릭 클래스와 제네릭 메소드의 정의

자바는 인자 다형성$^{Parametric\ Polymorphism}$의 지원을 위해 제네릭 기능을 제공한다. 인자 다형성이란 같은 클래스(인터페이스) 또는 메소드를 갖고 인자로 제공되는 여러 형의 데이터를 처리할 수 있는 것을 말한다. 제네릭 클래스와 인터페이스를 제네릭형$^{Generic\ Type}$이라고 한다. 응용 과제 3과 응용 과제 4에서는 제네릭 클래스인 JList 클래스와 Stack 클래스를 사용해 봤다. 제네릭 기능에는 제네릭형과 제네릭 메소드가 있는데 이번 절에서는 제네릭 클래스와 메소드를 정의해서 활용해 본다.

제네릭을 사용하는 코드는 비제네릭 코드에 비해 컴파일러가 컴파일 시 강한 형 검증을 할 수 있기 때문에 실행 전에 데이터형에 대한 문제점을 조기에 찾아낼 수 있게 한다. 실행 시 데이터형 때문에 오류가 발생하면 찾아 수정하기가 쉽지 않다. 또한 비제네릭 코드는 불필요한 형 변환을 해야 하기 때문에 프로그램의 성능을 저하시키는 요인이 된다. 응용 과제 4에서 사용했던 Stack 제네릭 클래스를 비제네릭 형식과 제네릭 형식으로 사용해 보자. 다음의 Stack 객체는 문자열을 Object 클래스형으로 저장하기 때문에 pop 메소드로 원소를 인출해 올 때는 반드시 원소의 형을 String 클래스형으로 변환해 줘야 한다.

```
Stack stringStack = new Stack();
stringStack.push("Hello")
String str = (String) stringStack.pop();
```

다음과 같이 제네릭 코드로 수정하면 Stack 객체에 저장되는 형을 String으로 제한하기 때문에 원소를 꺼내 올 때 형 변환을 할 필요가 없다.

```
Stack<String> stringStack = new Stack<String>();
stringStack.push("Hello");
String str = stringStack.pop();
```

제네릭 클래스의 정의

제네릭 클래스란 데이터형을 인자로 갖는 클래스를 말한다. 리스트 6-27은 응용 과제 4에서 설명한 자바의 java.util.Stack 제네릭 클래스를 사용자 정의 제네릭 클래스인 MyStack 클래스로 구현 및 활용한 예이고, 그림 6-49는 실행 결과다.

```
01  //========================================================
02  // MyStack class Example
03  //========================================================
04
05  class MyStack<T> {
06    int top;
07    T[] elements;
08
09    public MyStack(int capacity) {
10      top = 0;
11      elements = (T[]) (new Object[capacity]);
12    }
13
14    public void push(T element) {
15      if(top == elements.length)
16        return;
17      elements[top] = element;
18      top = top + 1;
19    }
20
21    public T pop() {
22      if(top == 0)
23        return null;
24      top = top - 1;
25      return elements[top];
26    }
27
28    public T top() {
29      if(top == 0)
30        return null;
31      return elements[top-1];
32    }
33  }
34
35  public class StackApp {
36
37    public static void main(String[] args) {
38      MyStack<String> nameStack = new MyStack<String>(15);
39      nameStack.push("정원호");
40      nameStack.push("음두헌");
```

```
41      nameStack.push("강남희");
42      nameStack.push("임양미");
43      nameStack.push("박태정");
44      System.out.println(nameStack.pop());
45      System.out.println(nameStack.pop());
46      System.out.println(nameStack.pop());
47      System.out.println(nameStack.pop());
48      System.out.println(nameStack.pop());
49
50      MyStack<Integer> intStack = new MyStack<Integer>(10);
51      intStack.push(100);
52      intStack.push(200);
53      intStack.push(300);
54      intStack.push(400);
55      intStack.push(500);
56      System.out.println(intStack.pop());
57      System.out.println(intStack.pop());
58      System.out.println(intStack.pop());
59      System.out.println(intStack.pop());
60      System.out.println(intStack.pop());
61    }
62 }
```

그림 6-49 제네릭 스택 클래스의 활용

    제네릭 클래스의 정의 방법은 5번째 줄처럼 클래스명 뒤에 <>로 형 인자$^{Type\ Parameter}$ 를 명시하는 것이다. T로 명시된 형 인자명은 변수명을 정의하듯이 임의로 지정할 수 있 지만 표 6-13과 같이 제네릭 기능에 관례적으로 많이 사용되는 인자의 형을 사용하는 것이 좋다.

표 6-13 제네릭에 사용되는 형 인자

인자	설명
E	Element를 의미하며 원소의 형을 표시할 때 사용
T	Type을 의미하며 형 인자를 표시할 때 사용
V	Value를 의미하며 값의 형을 의미할 때 사용
K	Key를 의미하며 키의 형을 의미할 때 사용

T는 MyStack 객체를 생성할 때 구체적인 형으로 변경된다. 따라서 클래스의 구현 중 데이터형을 표시할 모든 위치에 T로 명시한다.

스택은 원소의 저장과 인출이 한쪽 끝으로 제한된 배열로 볼 수 있다. 따라서 MyStack 클래스를 배열로 구현한다. 6, 7번째 줄에서 T형 배열의 참조 필드 elements를 선언하면서 저장과 인출이 이뤄질 한쪽 끝의 인덱스 값을 가질 top 필드를 선언한다. top 필드는 다음 저장될 원소의 인덱스 값을 가진다. 9번째 줄의 생성자는 인자로 제공된 크기의 배열을 생성하고 top 필드의 초깃값을 0으로 지정한다. 자바의 제네릭 기능에는 한 가지 제약 사항이 있는데 이는 다음과 같이 형 인자의 배열을 직접 생성할 수 없다는 것이다.

```
elements = new T[capacity];
```

따라서 11번째 줄처럼 Object 클래스형의 배열을 대신 생성하고 T[]형으로 형 변환을 한다.

14번째 줄의 push 메소드는 T형 인자를 받아 elements가 참조하는 배열의 top이 가리키는 인덱스 위치에 17번째 줄처럼 저장한다. top 필드의 값은 1만큼 증가시켜 다음 원소의 저장 위치로 갱신한다. 15번째 줄에서 top 필드의 값이 배열의 크기와 같다면 더 이상 원소를 저장할 공간이 없다는 의미이고, 메소드가 void형이기 때문에 바로 반환한다. java.util.Stack 클래스로부터 생성된 스택 객체는 가변 길이를 지원한다는 것이 우리의 MyStack 객체와 크게 다른 점이다. 21번째 줄의 pop 메소드는 top 필드의 값을 1만큼 감소시킨 위치의 원소를 25번째 줄처럼 T형으로 반환한다. 22번째 줄에서는 top 필드의 값이 0이라면 빈 스택이라는 의미이기 때문에 반환할 원소가 없어 null값을 반환한다. 28번째 줄의 top 메소드는 pop 메소드와 달리 원소를 유지한 채 제일 마지막에 저장된 원소를 31번째 줄처럼 반환한다.

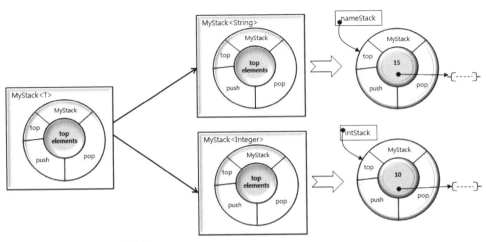

그림 6-50 MyStack〈T〉 객체의 생성

MyStack 클래스를 활용하는 35번째 줄의 StackApp 클래스에서 38번째 줄처럼 MyStack 클래스의 객체를 생성하면서 <> 내의 인자로 String을 명시하면 컴파일러에 의해 MyStack 클래스의 모든 T는 String으로 변경된다. 생성자의 인자로 15를 제공하기 때문에 크기가 15인 String 클래스형의 MyStack 객체가 그림 6-50과 같이 생성되고 그 참조 값은 nameStack에 저장된다.

39~43번째 줄에서 다섯 개의 이름을 MyStack<String> 객체에 push 메소드로 저장한다. 44~48번째 줄에서는 pop 메소드를 호출해서 MyStack<String> 객체로부터 다섯 개의 이름을 인출한 후 출력한다. 이름은 저장한 순서의 역순으로 출력된다.

50번째 줄에서는 형 인자로 Integer를 명시해서 정수 객체들을 저장하는 MyStack<Integer> 객체를 그림 6-50과 같이 생성하고 그 참조 값을 intStack에 저장한다. 51~55번째 줄에서 다섯 개의 정수를 MyStack<Integer> 객체에 push 메소드로 저장한다. 51~55번째 줄처럼 push 메소드의 인자로 int형을 제공해도 3.3.2절에서 설명한 자동 박싱 기능이 적용돼서 정수 객체가 저장된다. 56~60번째 줄에서는 pop 메소드를 호출해서 MyStack<String> 객체로부터 다섯 개의 정수 객체를 인출하고 출력한다. 따라서 제네릭 클래스의 코드는 MyStack<T> 클래스처럼 임의의 클래스형에 적용될 수 있도록 일반적으로 작성돼야 한다.

1장의 도입부에서 소프트웨어 부품(객체)을 냉장고의 온도조절기 하드웨어 부품과 비유해 설명했다. 이번에는 일상에서 많이 사용하는 그림 6-51의 만능드라이버를 생각해 보자.

그림 6-51 제네릭 부품

만능드라이버는 on, off, 1단, 2단, 역방향 등의 기능을 실행하는 기능적인 면과 가격, 제품번호, 무게, 제조사 등의 데이터적인 면을 함께 갖고 있는 부품이다. 그러나 만능드라이버는 일반 드라이버와 달리 일자, 십자 등과 같은 다양한 형과 크기의 나사를 지원한다. 이와 같은 부품을 제네릭 부품이라고 하는데 MyStack<T> 제네릭 클래스를 만능드라이버의 설계에 비유한다면 MyStack<T> 클래스로부터 그림 6-50의 과정을 거쳐 생성된 MyStack<String> 객체, MyStack<Integer> 객체 등은 일자 나사를 끼운 만능드라이버, 십자 나사를 끼운 만능드라이버 등에 비유할 수 있다. 따라서 제네릭 클래스는 제네릭 소프트웨어 부품을 생성할 수 있는 틀인 것이다.

제네릭 메소드의 정의

제네릭 메소드는 인자형과 반환형에 표 6-13의 형 인자를 사용하는 메소드를 말한다. 리스트 6-28의 코드는 MyStack<T> 클래스를 사용하는 제네릭 메소드를 정의해서 활용하는 에이고, 그림 6-52는 그 실행 결과이다.

리스트 6-28 GameAdd2-2 프로젝트의 StackApp.java(일부)

```
01  public class StackApp {
02
03      public static void main(String[] args) {
```

```
04      MyStack<String> nameStack = new MyStack<String>(10);
05      nameStack.push("정원호");
06      nameStack.push("음두헌");
07      nameStack.push("강남희");
08      nameStack.push("임양미");
09      nameStack.push("박태정");
10      printStack(nameStack);
11
12      MyStack<Integer> intStack = new MyStack<>(15);
13      intStack.push(100);
14      intStack.push(200);
15      intStack.push(300);
16      intStack.push(400);
17      intStack.push(500);
18      printStack(intStack);
19
20      nameStack.push("정원호");
21      nameStack.push("음두헌");
22      nameStack.push("강남희");
23      nameStack.push("임양미");
24      nameStack.push("박태정");
25      nameStack = reverse(nameStack);
26      printStack(nameStack);
27
28      intStack.push(100);
29      intStack.push(200);
30      intStack.push(300);
31      intStack.push(400);
32      intStack.push(500);
33      intStack = reverse(intStack);
34      printStack(intStack);
35   }
36
37  public static <T> void printStack(MyStack<T> stack) {
38     int count = stack.top;
39     for(int i = 0; i < count; i++)
40        System.out.println(stack.pop());
41  }
42
43  public static <T> MyStack<T> reverse(MyStack<T> stack) {
44     MyStack<T> stk = new MyStack<T>(stack.elements.length);
```

```
45      int count = stack.top;
46      for(int i = 0; i < count; i++)
47        stk.push(stack.pop());
48      return stk;
49    }
50  }
```

그림 6-52 제네릭 메소드의 활용

제네릭 메소드를 선언하는 방법은 반환형 앞의 <> 내에 메소드에서 사용할 형 인자를 명시한 후에 형 인자를 사용한 반환형, 메소드명, 형 인자를 사용한 인자 리스트를 명시하는 것이다. 반환형과 인자 리스트에 사용되는 형 인자는 필요한 경우에 명시한다. 메소드 구현에서 필요한 데이터형은 T로 명시한다. 37번째 줄에 선언된 printStack 메소드는 반환형 앞에 <T>를 명시하고 반환형은 void로 명시하며 인자의 형으로는 MyStack<T>형을 명시한다. 38번째 줄에서 인자로 받은 스택의 top 필드의 값을 count 지역 변수에 저장한다. 따라서 count 변수는 스택에 저장된 원소의 개수를 저장하게 된다. 39, 40번째 줄에서는 count 변수의 값만큼 for문으로 스택의 원소를 pop 메소드로 인출해서 출력한다. 43번째 줄의 reverse 메소드는 인자로 주어진 스택의 원소를 역순으로 재구성하는 함수이다. 따라서 MyStack<T>형의 인자를 받아 역순으로 재구성한 스택을 MyStack<T>형으로 반환한다. 우선 44번째 줄처럼 인자로 받은 스택의 elements가 참조하는 배열의 크기인 MyStack<T>형 배열을 생성해서 그 참조 값을 stk 변수에 저장한다. 46, 47번째 줄의 for문에서는 stack이 참조하는 스택으로부터 pop 메소드로 원소를 인출해서 stk가 참조하는 스택에 push 메소드로 저장하면 stack이 참조하는 스택에 저장된 원소들의 역순으로 stk가 참조하는 스택에 저장된다. 48번째 줄처럼 stk의 값을 반환하면 메소드가 완성된다.

10번째 줄의 printStack 메소드의 호출로 저장된 이름의 역순으로 이름이 출력되며, 18번째 줄의 printStack 메소드의 호출로 저장된 정수의 역순으로 정수가 출력된다. 12번째 줄에서 MyStack<Integer> 객체를 생성하면서 new 연산자 다음에 MyStack<>로만 명시하고 <> 내에 클래스형을 지정하지 않았다. <>를 다이아몬드 연산자라고도 하는데 이는 컴파일러가 충분히 그 클래스형을 유추할 수 있을 때 클래스형의 생략이 가능함을 의미한다. 10번째 줄의 printStack 메소드의 호출로 스택이 빈 상태가 됐기 때문에 20~24번째 줄처럼 다시 다섯 개의 이름을 저장한다. 25번째 줄의 reverse 메소드의 호출로 nameStack이 참조하는 배열은 저장된 이름의 역순으로 재구성된 스택으로 변경된다. nameStack이 참조하던 직전 스택은 참조하는 변수가 더 이상 없기 때문에 가비지 컬렉터에 의해 가용 메모리로 환원된다. 26번째 줄의 printStack 메소드의 호출로 역순으로 된 스택을 출력해서 이를 확인한다. 다섯 개의 이름을 스택에 저장한 후 출력하면 역순으로 출력되지만, 다섯 개의 이름을 스택에 저장한 후 역순으로 만든 다음에 출력하면 저장된 순서대로 출력된다. 28~34번째 줄은 intStack이 참조하는 스택에 대해서도 같은 작업을 수행한다.

4장의 실습 과제에서 다형성과 다형 변수의 개념을 다뤘다. 일반적으로 다형성은 여러 형태라는 의미를 지니는데 프로그램인 경우의 다형성은 같은 코드로 여러 데이터형을 처리할 수 있는 기능을 의미한다. 제네릭 클래스와 제네릭 메소드도 다형성을 지원하는 기능이다. 제네릭 클래스와 제네릭 메소드가 제공하는 다형성을 인자 다형성 _{Parametric Polymorphism}이라고 하는데 이와의 구분을 위해 4장에서 설명한 다형성은 객체지향 다형성이라고 부르자. 제네릭 클래스나 제네릭 메소드는 같은 클래스나 메소드 코드로 여러 데이터형을 처리하는데 T와 같은 형 인자로 데이터형을 지정하기 때문에 제네릭 클래스나 제네릭 메소드가 지원하는 다형성을 인자 다형성이라고 부른다. 4장의 실습 과제와 이번 절에서 설명했듯이 인자 다형성은 컴파일 시 제공되는 기능이고, 객체지향 다형성은 실행 시 제공되는 기능이라는 특징이 있다.

6.3.3 컬렉션 프레임워크

컬렉션 프레임워크$^{Collection\ Framework}$란 데이터의 저장, 검색, 삭제, 가공 등의 처리를 효율적이고 신속하게 할 수 있도록 도와주는 클래스, 인터페이스, 메소드들의 모음을 말한다. 지금까지 사용해 왔던 배열이 이런 기능을 제공하고 있지만 배열은 생성될 때 그 크기가 결정되기 때문에 예측할 수 없는 큰 크기의 데이터를 저장하기에는 적합하지 않다. 또한 배열의 중간 원소를 삭제하는 경우에는 이후 원소들을 한 칸씩 앞당겨 채워줘야 하고, 중간에 한 원소를 삽입할 경우에는 그 자리를 내려고 이후 원소들을 한 칸씩 밀어내야 하는 번거로움이 뒤따른다. 이런 문제점들을 해결하려고 자바는 java.util 패키지에 컬렉션 프레임워크를 제공한다. 컬렉션의 사전적 의미는 '항목들을 모아 놓은 것'으로 자바의 컬렉션은 데이터 객체들을 저장하는 객체를 말한다. 자바의 컬렉션은 객체를 저장하고 검색하는 방식에 따라 그림 6-53과 같이 세분화된다. 그림은 컬렉션 프레임워크 중에서 주요 인터페이스와 컬렉션 객체들을 생성하는 클래스를 보여준 것이다.

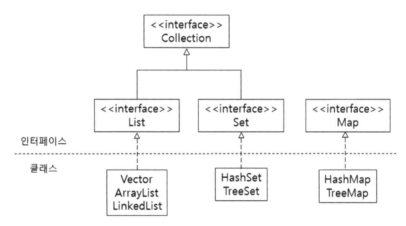

그림 6-53 컬렉션 프레임워크의 주요 인터페이스와 클래스

자바에서는 인터페이스들끼리도 클래스와 같이 상속 관계가 가능하다. List와 Set 인터페이스는 Collection 인터페이스에 정의된 추상 메소드와 상수들을 상속받는다. 그림에서 인터페이스와 클래스는 크게 List, Set, Map의 세 그룹으로 나눠진다. List와 Set 인터페이스는 원소 객체를 추가, 삭제, 검색하는 방법에 공통점이 많기 때문에 공통 메소드들을 모아 Collection 인터페이스에 정의한다. 컬렉션은 다양한 클래스형의 객체들을 모아서 관리하기 때문에 컬렉션 클래스들은 제네릭 클래스로 정의된다. 표 6-14는

Collection<E> 인터페이스의 주요 메소드들을 나타낸 것이다.

표 6-14 Collection⟨E⟩ 인터페이스의 주요 메소드

메소드	설명
int size()	원소의 개수 반환
boolean add(E element)	element 객체를 추가, 추가되면 true를 반환
boolean remove(Object element)	element 객체를 삭제, 삭제되면 true를 반환
boolean isEmpty()	원소가 없으면 true를 반환
boolean contains(Object element)	element 객체가 있으면 true를 반환
Iterator⟨E⟩ iterator()	저장된 데이터를 Iterator 객체로 반환

이번 절의 표에서는 표 6-14의 두 번째 설명처럼 'element 객체를 추가'라는 표현은 'element가 참조하는 객체를 추가'의 의미로 해석하기로 한다. 참고로 C++ 언어에서는 자바의 참조 변수를 레퍼런스라고 부르는데 C++ 언어의 레퍼런스는 사실 포인터 변수 이지만 일반 변수처럼 사용할 수 있어서 개발자에게 포인터(주소 값)에 대한 고민을 덜어 주는 역할을 한다. 따라서 C++ 언어에서 'element 객체를 추가'라는 표현은 'element 포인터 변수가 참조하는 객체를 추가'라는 의미이지만 일반 변수처럼 'element 변수에 저장된 객체를 추가'로 생각할 수 있게 한다. 이 책에서는 지금까지 'element가 참조하는 객체를 추가'라는 표현을 사용해 왔지만 이번 절의 표에서만 C++ 언어의 레퍼런스 처럼 'element 변수에 저장된 객체를 추가'라는 의미로 해석하기로 한다. 혼란스럽다면 이 책이 C++ 언어를 다루는 것은 아니므로 이 참고 사항은 무시하기로 하자. 표에서 저 장된 데이터를 Iterator 객체로 반환하는 Iterator<E> 인터페이스의 iterator 메소드에 대한 설명은 아래에서 예제 코드를 설명할 때 다루기로 한다.

리스트 6-29의 코드는 그림 6-53에 소개한 클래스들 중에서 각 그룹의 대표 클래 스의 활용을 보여준 것이고, 그림 6-54는 그 실행 결과이다.

리스트 6-29 GameAdd3-1 프로젝트의 CollectionApp.java

```
01  //======================================================
02  // Collection class Example
03  //======================================================
04
```

```
05  import java.util.*;
06
07  public class CollectionApp {
08
09    public static void main(String[] args) {
10      Vector<String> vectorData = new Vector<String>();
11      vectorData.add("정원호");
12      vectorData.add("음두헌");
13      vectorData.add("강남희");
14      vectorData.add("임양미");
15      vectorData.add("박태정");
16      displayElements(vectorData);
17      Collections.sort(vectorData);
18      System.out.println("순차정렬: " + vectorData);
19      Collections.sort(vectorData, Collections.reverseOrder());
20      System.out.println("역순정렬: " + vectorData);
21
22      HashSet<String> hashSetData = new HashSet<String>();
23      hashSetData.add("정원호");
24      hashSetData.add("음두헌");
25      hashSetData.add("음두헌");
26      hashSetData.add("강남희");
27      hashSetData.add("임양미");
28      hashSetData.add("박태정");
29      displayElements(hashSetData);
30
31      HashMap<String, String> hashMapData = new HashMap<String, String>();
32      hashMapData.put("한국", "서울");
33      hashMapData.put("일본", "도쿄");
34      hashMapData.put("태국", "방콕");
35      hashMapData.put("영국", "런던");
36      hashMapData.put("프랑스", "파리");
37      hashMapData.put("페루", "리마");
38      hashMapData.put("호주", "시드니");
39      displayElements(hashMapData.keySet());
40      displayElements(hashMapData.values());
41    }
42
43    static void displayElements(Collection<String> collection) {
44      System.out.print(collection.getClass().getName() + ": ");
45      Iterator<String> iterator = collection.iterator();
```

```
46        while(iterator.hasNext()) {
47            String str = iterator.next();
48            System.out.print(str + " ");
49        }
50        System.out.println();
51    }
52 }
```

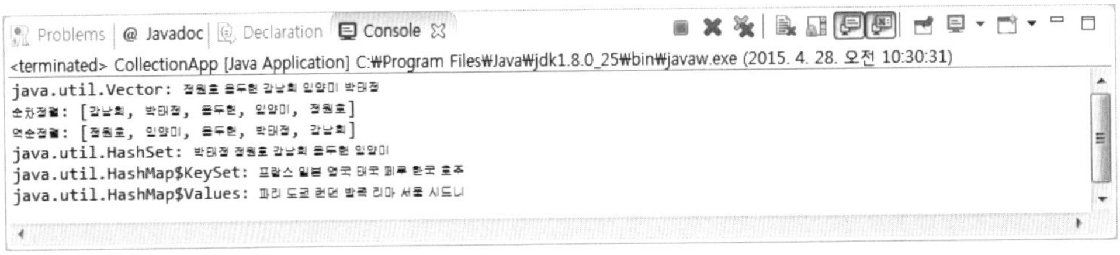

```
🔲 Problems | @ Javadoc | 🔍 Declaration | 🖳 Console ✕
<terminated> CollectionApp [Java Application] C:₩Program Files₩Java₩jdk1.8.0_25₩bin₩javaw.exe (2015. 4. 28. 오전 10:30:31)
java.util.Vector: 정원호 홍두현 강남희 임앙미 박태정
순차정렬: [강남희, 박태정, 홍두현, 임앙미, 정원호]
역순정렬: [정원호, 임앙미, 홍두현, 박태정, 강남희]
java.util.HashSet: 박태정 정원호 강남희 홍두현 임앙미
java.util.HashMap$KeySet: 프랑스 일본 영국 태국 페루 한국 호주
java.util.HashMap$Values: 파리 도쿄 런던 방콕 리마 서울 시드니
```

그림 6-54 컬렉션 클래스들의 활용

10번째 줄에서 생성하는 Vector 클래스의 객체는 가변 길이의 배열 객체와 같은 역할을 수행하기 때문에 생성자의 인자로 그 크기를 지정할 필요가 없다. Vector 클래스는 그림 6-53에서 List 그룹에 속하며, List<E> 인터페이스의 주요 메소드는 표 6-15와 같다.

표 6-15 List〈E〉 인터페이스의 주요 메소드

메소드	설명
void add(int index, E element)	index에 element 객체를 추가
E get(int index)	index의 객체를 반환
int indexOf(Object element)	element 객체를 찾아 그 인덱스 값 반환
E remove(int index)	index의 객체를 삭제하고 반환
E set(int index, E element)	index의 객체를 element 객체로 대체하고 이전 객체를 반환

List 그룹의 컬렉션은 값이 같은 데이터의 중복 저장을 허용하고 저장된 데이터에 순서가 존재하는 컬렉션이다. 데이터의 순서는 일반적으로 컬렉션에 추가되는 순이며, 임의의 위치에 데이터를 추가할 수 있고 삭제할 수도 있다. 추가된 위치 이후의 데이터들은 자동적으로 하나씩 뒤로 밀리고, 삭제된 위치 이후의 데이터들은 자동적으로 하나씩 앞당겨진다. 표 6-15의 메소드들은 Collection 인터페이스에서 상속받은 메소드들에 순서가 있기 때문에 추가된 것들이다. 11~16번째 줄에서 다섯 개의 이름을 저장한

후 이름을 출력하려면 43번째 줄의 displayElements 메소드를 호출한다.

List와 Set 그룹의 클래스들은 Collection 인터페이스를 구현했기 때문에 43번째 줄처럼 이 클래스들로부터 생성된 객체의 참조 값을 Collection 인터페이스형 인자인 collection으로 받을 수 있다. 44번째 줄에서는 Object 클래스의 getClass 메소드와 Class 클래스의 getName 메소드를 이용해서 클래스명을 출력한다. 표 6-14와 같이 Collection 객체는 iterator라는 메소드가 있어서 45번째 줄처럼 호출하면 Iterator 객체를 반환한다. Iterator 객체는 while문과 함께 사용되는 것이 일반적인데 컬렉션에 저장된 원소들을 순차적으로 처리하기에 편리한 형태로 구성한 객체이다. 원래 컬렉션 객체는 유지되고 새롭게 Iterator 객체가 생성돼서 사용된다. 표 6-16에 보여준 Iterator<E> 인터페이스의 메소드들은 어떤 객체라도 Iterator 인터페이스만 구현하면 사용할 수 있다.

표 6-16 Iterator〈E〉 인터페이스의 메소드

메소드	설명
boolean hasNext()	다음 원소가 있으면 true를 반환
E next()	다음 원소를 반환
void remove()	마지막으로 반환된 원소를 삭제

46~49번째 줄에서 while문으로 Iterator 객체로부터 각 원소를 순차적으로 꺼내 그림 6-54의 첫 번째 줄처럼 출력한다. 45번째 줄에서 Iterator 객체는 지역 객체로 생성됐기 때문에 메소드가 종료하면 소멸된다.

17번째 줄에서는 java.util.Collections 클래스에 정의된 static 메소드인 sort를 사용해서 Vector 객체에 저장된 원소들을 작은 것부터 큰 것의 순(순차 정렬, 오름차순 정렬)으로 정렬한다. 18번째 줄처럼 System.out.println 메소드의 인자로 Vector 객체를 제공하면 [] 내에 문자열 원소들이 그림 6-54의 두 번째 줄처럼 나열된다. 19번째 줄은 Vector 객체에 저장된 데이터를 역순(내림차순)으로 정렬한다. Collections 클래스는 컬렉션에 저장된 데이터를 가공하는 다양한 메소드들을 static 형태로 제공한다. Collection 인터페이스와 Collections 클래스를 혼돈하지 않도록 주의한다.

22번째 줄에서 생성하는 HashSet 클래스의 객체는 입력된 원소의 순서와 상관없이 Set 그룹의 저장 규칙에 따라 원소를 저장한다. HashSet 클래스는 그림 6-53의 Set 그룹에 속한다. Set<E> 인터페이스는 Collection<E> 인터페이스를 상속받고 Set<E> 인터페이스에 추가되는 메소드는 없다. Set 그룹의 컬렉션은 값이 같은 데이터의 중복 저장을 허용하지 않는다. 23~29번째 줄에서 다섯 개의 이름을 저장한 후 이름을 출력한다. 출력된 이름은 그림 6-54의 네 번째 줄처럼 입력된 순과 무관하며, 25번째 줄의 add 메소드호출로 추가하는 '음두헌'은 같은 이름이 이미 존재하기 때문에 추가되지 않는다.

31번째 줄에서 생성된 HashMap 객체는 두 개의 문자열 객체를 쌍(키, 값)으로 저장하는 특징이 있다. 쌍 데이터가 저장되는 순서는 입력된 순서가 아니고 키의 값에 의해 Map 그룹이 정하는 규칙에 따른다. Map 그룹은 키 값이 같은 데이터의 중복 저장을 허용하지 않는다. Map이란 이름은 키를 값에 매핑한다는 의미를 내포한다. 형 인자를 두 개 사용하는 Map<K, V> 인터페이스의 주요 메소드들은 표 6-17과 같다.

표 6-17 Map〈K, V〉 인터페이스의 주요 메소드

메소드	설명
void clear()	모든 원소를 삭제
int size()	(키, 값)의 개수 반환
Set〈K〉 keySet()	키로만 구성되는 Set 객체를 반환
Collection〈V〉 values()	값으로만 구성되는 Collection 객체를 반환
V put(K key, V value)	(key, value)를 삽입
V get(Object key)	key를 갖는 값을 반환, 없으면 null 반환
V remove(Object key)	key를 갖는 값을 삭제, 삭제된 값을 반환

32~38번째 줄에서 일곱 개의 국가명과 수도를 (키, 값) 형태로 저장한다. Map 그룹은 (키, 값)의 쌍으로 데이터를 저장하기 때문에 키의 값과 값의 값을 39, 40번째 줄처럼 keySet과 values 메소드로 따로 뽑을 수 있다. K와 V가 모두 String이기 때문에 표 6-17에서 보듯이 keySet 메소드는 키의 값들을 모아 Set<String> 형태로 반환하고, values 메소드는 값의 값들을 모아 Collection<String> 형태로 반환한다. 따라서 43번째 줄의 displayElements 메소드를 사용해서 저장된 데이터를 출력할 수 있다.

Vector 클래스와 HashMap 클래스를 2장의 실습 과제와 연관해서 활용해 보자.

Vector 클래스

리스트 6-30은 Vector 클래스를 사용해서 2장의 응용 과제 5를 다시 작성한 것이고, 그림 6-55와 그림 6-56은 그 실행 결과이다.

리스트 6-30 GameAdd3-2 프로젝트의 PenApp.java

```java
01  //=======================================================
02  // Vector class Example
03  //=======================================================
04
05  import java.awt.*;
06  import java.awt.event.*;
07  import javax.swing.*;
08  import java.awt.Point;
09  import java.util.Iterator;
10  import java.util.Vector;
11
12  public class PenApp extends JFrame {
13    public PenAppPanel panel;
14
15    public static void main(String [ ] args) {
16      JFrame.setDefaultLookAndFeelDecorated(true);
17      PenApp window = new PenApp();
18      window.setVisible(true);
19    }
20
21    public PenApp() {
22      setSize(600, 500);
23      setTitle("Pen 응용");
24      setDefaultCloseOperation(JFrame.EXIT_ON_CLOSE);
25      panel = new PenAppPanel();
26      setContentPane(panel);
27    }
28  }
29
30  class PenAppPanel extends JPanel {
31    public Vector<Point> points = new Vector<Point>();
32    public Point startPoint = new Point(0, 0);
33
34    public PenAppPanel() {
35      setBackground(Color.white);
```

```
36      MouseKeeper mouse = new MouseKeeper();
37      addMouseListener(mouse);
38    }
39
40    private class MouseKeeper extends MouseAdapter {
41
42      public void mousePressed(MouseEvent e) {
43        Point tempPoint = e.getPoint();
44        points.add(tempPoint);
45        System.out.println("Vector 용량: " + points.capacity());
46        System.out.println("Vector 크기: " + points.size());
47        repaint();
48      }
49    }
50
51    public void paintComponent(Graphics g) {
52      super.paintComponent(g);
53      Point oldPoint = startPoint;
54      for(int i = 0; i < points.size(); i++) {
55        Point newPoint = points.get(i);
56        g.drawLine(oldPoint.x, oldPoint.y, newPoint.x, newPoint.y);
57        oldPoint = newPoint;
58      }
59      /*
60      Iterator<Point> iterator = points.iterator();
61      while(iterator.hasNext()) {
62        Point newPoint = iterator.next();
63        g.drawLine(oldPoint.x, oldPoint.y, newPoint.x, newPoint.y);
64        oldPoint = newPoint;
65      }
66      */
67    }
68  }
```

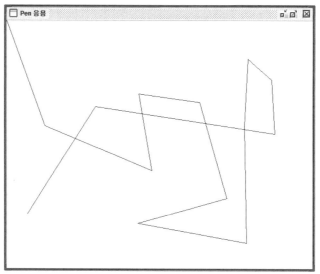

그림 6-55 Vector 클래스를 이용한 선 그리기

그림 6-56 Vector 객체의 용량과 크기 변화

8~10번째 줄에서 Point 클래스, Iterator 인터페이스, Vector 클래스의 사용을 선언한다. 31번째 줄에서는 Point 객체들을 저장할 Vector<Point> 객체를 생성하고 그 참조 값을 points 필드에 저장한다. 초기의 용량은 그림 6-56에서 보듯이 10으로 자동 설

정된다. 32번째 줄에서는 (0, 0)점으로 초기화된 Point 객체를 생성하고 그 참조 값을 startPoint 필드에 저장한다.

마우스 클릭 때마다 호출되는 42번째 줄의 mousePressed 메소드에서 클릭점을 반환받아 44번째 줄처럼 Vector 객체에 저장한다. 45, 46번째 줄은 클릭점이 저장될 때마다 Vector 객체의 용량과 실제 크기를 살펴볼 때 capacity와 size 메소드를 사용한다. 마우스 클릭 때마다 크기는 1씩 증가하고 용량은 초기에 10으로 설정됐다가 다 차면 자동적으로 두 배로 늘어나는 것을 그림 6-56과 같이 확인할 수 있다.

Vector 객체에 저장된 Point 객체들을 잇는 선을 차례대로 그리는 51번째 줄의 paintComponent 메소드에서 53번째 줄은 시작점 객체를 oldPoint 지역 변수가 참조하도록 한다. 54~58번째 줄은 for문으로 Point 객체를 Vector 객체로부터 한 개씩 꺼내 선을 이어 그린다. 주석 처리된 59~66번째 줄은 Iterator 객체를 이용해서 54번째 줄의 for문과 같은 작업을 수행한다.

HashMap 클래스

리스트 6-31은 HashMap 클래스를 사용해서 2장의 응용 과제 5를 다시 작성한 것이고, 그림 6-57은 그 실행 결과이다.

리스트 6-31 GameAdd3-3 프로젝트의 PenApp.java

```java
01 //========================================================
02 // HashMap class Example
03 //========================================================
04
05 import java.awt.*;
06 import java.awt.event.*;
07 import javax.swing.*;
08 import java.awt.Point;
09 import java.util.HashMap;
10
11 public class PenApp extends JFrame {
12     public PenAppPanel panel;
13
14     public static void main(String [ ] args) {
15         JFrame.setDefaultLookAndFeelDecorated(true);
16         PenApp window = new PenApp();
```

```
17        window.setVisible(true);
18      }
19
20    public PenApp() {
21      setSize(600, 500);
22      setTitle("Pen 응용");
23      setDefaultCloseOperation(JFrame.EXIT_ON_CLOSE);
24      panel = new PenAppPanel();
25      setContentPane(panel);
26    }
27  }
28
29  class PenAppPanel extends JPanel {
30    public HashMap<String, Point> pointMap = new HashMap<String, Point>();
31    public Point startPoint = new Point(0, 0);
32    public int keyCount = 1;
33
34    public PenAppPanel() {
35      setBackground(Color.white);
36      MouseKeeper mouse = new MouseKeeper();
37      addMouseListener(mouse);
38    }
39
40    private class MouseKeeper extends MouseAdapter {
41
42      public void mousePressed(MouseEvent e) {
43        Point tempPoint = e.getPoint();
44        String str = "p" + keyCount++;
45        pointMap.put(str, tempPoint);
46        repaint();
47      }
48    }
49
50    public void paintComponent(Graphics g) {
51      super.paintComponent(g);
52      Point oldPoint = startPoint;
53      for(int i = 0; i < pointMap.size(); i++) {
54        int k = i + 1;
55        String str = "p" + k;
56        Point newPoint = pointMap.get(str);
57        g.drawLine(oldPoint.x, oldPoint.y, newPoint.x, newPoint.y);
```

```
58        g.drawString(str, newPoint.x, newPoint.y);
59        oldPoint = newPoint;
60      }
61    }
62  }
```

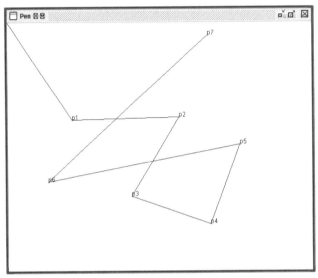

그림 6-57 HashMap 클래스를 이용한 선 그리기

9번째 줄에서 HashMap 클래스의 사용을 선언하고, 30번째 줄에서는 HashMap<String, Point> 객체를 생성해서 그 참조 값을 pointMap 필드에 저장한다. 키는 String 문자열 객체를 사용하고, 값은 Point 객체를 사용한다. 32번째 줄의 keyCount 필드는 키 값을 p1, p2, p3, …, pn으로 생성하는 데 사용한다. 마우스 클릭 때마다 호출되는 42번째 줄의 mousePressed 메소드에서 클릭점을 반환받고 44번째 줄처럼 키 값을 생성한다. 45번째 줄은 (키, 값)을 HashMap 객체에 저장한다. 50번째 줄의 paintComponent 메소드에서 54, 55번째 줄은 HashMap 객체로부터 꺼내 올 Point 객체의 키 값을 생성한다. 53번째 줄의 for문으로 Point 객체를 56번째 줄처럼 키 값을 인자로 해서 한 개씩 꺼내 선을 이어 그리고, 58번째 줄처럼 클릭점에 연계되는 키 값을 표시한다.

6.3.4 스레드의 활용

응용 과제 7인 10초에 2점씩 감점할 경우 독립적인 타이머 스레드를 생성해서 활용했다. 응용 과제 7의 실행 환경은 main 스레드와 timer 스레드가 동시에 실행되는 다중 스레드 환경이었다. 이번 절에서는 응용 과제 7을 발전시켜 다중 스레드 프로그램에서 발생할 수 있는 동시성 문제를 방지하기 위한 동시성 제어와 응용 과제 7에서 사용했던 스레드 생성 방법 외에 다른 방법을 소개한다.

동시성 제어

응용 과제 7에서는 데크 파일에 카드가 소진되면 디스카드 파일의 나머지 카드들을 감점 없이 데크 파일에 재삽입해서 게임이 계속됐지만 이번에는 데크 파일 소진 시 2점을 감점하기로 하자. main 스레드에서 실행되는 리스트 6-32의 코드는 데크 파일이 마우스 클릭으로 선택됐을 때 실행되는 DeckPile 클래스의 select 메소드를 2점을 감점하려고 수정한 것이다.

리스트 6-32 GameAdd4 프로젝트의 GameApp.java(일부)

```
01    public void select(int tx, int ty) {
02      if(count == 0) {
03        int cardCount = GameAppPanel.discardPile.count;
04        for(int i = 0; i < cardCount; i++) {
05          Card c = GameAppPanel.discardPile.topCard();
06          c.faceup = false;
07          this.addCard(c);
08        }
09        // Add4
10        GameAppPanel.scoreManager.minusScore(2);
11      }
12      else {
13        Card tempCard = topCard();
14        tempCard.flip();
15        GameAppPanel.discardPile.addCard(tempCard);
16      }
17    }
```

기존의 코드에 10번째 줄이 추가된다. 10번째 줄은 2번째 줄에서 소유한 카드가 없을 때 3~8번째 줄처럼 디스카드 파일의 나머지 카드들을 자신에게 삽입한 후 ScoreManager 객체의 minusScore 메소드를 호출해서 2점을 감점한다. 타이머 스레드는 이와는 독립적으로 시간을 재서 10초마다 ScoreManager 객체의 minusScore 메소드를 호출해서 2점씩 감점한다. 다중 스레드 프로그램에서 ScoreManager 객체와 같이 두 개 이상의 스레드가 공유하는 객체를 공유 객체라고 한다.

단일 스레드 프로그램에서는 한 개의 스레드가 객체를 독차지해서 사용하지만 다중 스레드 프로그램에서는 스레드들이 ScoreManager 등의 객체를 공유해서 작업해야 하는 경우가 있다. 그림 6-58은 ScoreManager 공유 객체를 사용할 때 발생할 수 있는 문제점을 보여준 것이다.

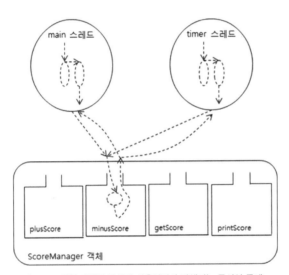

그림 6-58 공유 객체를 동시에 사용하면서 발생되는 동시성 문제

그림에서는 ScoreManager 객체의 메소드들을 방에 비유한다. main 스레드에서는 데크 파일이 소진되면 minusScore 메소드를 호출해서 2점을 감점하려고 minusScore 방에 들어가고, timer 스레드에서는 10초마다 minusScore 메소드를 호출해서 2점을 감점하려고 minusScore 방에 들어간다. 두 스레드가 동시에 minusScore 방에 들어가는 경우에 문제가 발생한다. 리스트 6-33은 두 스레드가 minusScore 방에서 충돌하는 것을 실험하려고 ScoreManager 클래스의 minusScore 메소드를 수정해서 방에 머무는 시간을 늘려 본 것이다.

```
01    public void minusScore(int s) {
02      score -= s;
03      try {
04      Thread.sleep(2000);
05      }
06      catch(InterruptedException e) {}
07      System.out.println(Thread.currentThread().getName() +
08                        ": " + this.score);
09    }
```

각 스레드는 minusScore 메소드를 호출해서 방에 들어가자마자 2번째 줄처럼 score 필드의 값에서 2점을 빼고, 3~6번째 줄처럼 2초를 쉰 다음에 7번째 줄처럼 score 필드에 다시 접근해서 그 값을 출력한다. sleep 메소드는 현재 실행되는 스레드가 main 스레드이면 main 스레드를, timer 스레드이면 timer 스레드를 잠자게 한다. 7번째 줄에서 Thread 클래스에 정의된 currentThread static 메소드를 호출해서 현재 스레드 객체를 얻고, 이 객체에 다시 getName 메소드를 호출해서 자바 가상 기계가 부여한 스레드명을 점수와 함께 출력한다. main 스레드는 데크 파일이 소진되면 minusScore 메소드를 호출하기 때문에 프로그램을 실행시키고 데크 파일이 두 번 정도 소진될 때까지 데크 파일을 계속 클릭해서 충돌을 유도해 본 결과는 그림 6-59와 같다. 이 과정에서 timer 스레드도 10초가 경과되면 minusScore 메소드를 호출해서 방에 진입하게 된다.

그림 6-59 minusScore 방에서 충돌하는 두 스레드

그림에서 AWT-EventQueue-0은 main 스레드를 나타내고, Thread-1은 timer 스레드를 나타낸다. 정상적이라면 main 스레드는 방에 들어간 후 score 필드의 값에서 2를 빼고 2초간 방에 머물며 쉬었다가 다시 score 필드의 값을 출력하기 때문에 자기가 감점한 2점만 그림 6-60과 같이 반영돼 있어야 한다. 그림 6-59의 세 번째와 네 번째 줄에서 main 스레드가 -6을 출력했다가 그다음에는 -10을 출력한다는 것은 -6에서 2점을 감점해서 score 필드의 값을 -8로 만들고, 2초를 쉬는 사이에 timer 스레드가 방에 들어와서 score 필드의 값을 -10으로 만들었다는 의미가 된다. 카드게임과 같은 프로그램에서는 이런 상황이 큰 문제가 아닐 수 있지만 은행의 입출금 관리 프로그램이나 군사용 프로그램처럼 민감한 데이터를 다루는 경우에는 큰 문제가 발생할 수 있다.

그림 6-60 minusScore 방에서 충돌을 방지한 결과

이런 충돌로 인한 동시성 문제를 해결하려면 한 스레드가 방을 사용하는 중에는 다른 스레드가 사용하지 못하도록 방에 잠금을 걸어서 동시성 제어[Concurrency Control]를 하면 된다. 다중 스레드 프로그램에서 단 하나의 스레드만 실행할 수 있는 코드 영역을 임계 영역[Critical Section]이라고 한다. 자바는 임계 영역을 지정할 경우 동기화 메소드[Synchronized Method]와 동기화 블록[Synchronized Block]을 제공한다. 동기화 메소드를 지정하는 방법은 다음과 같이 메소드 선언에 synchronized 키워드를 붙이는 것이다.

```
public synchronized void minusScore(int s) {
```

그림 6-60은 minusScore 메소드를 동기화 메소드로 선언해서 실행시킨 결과이다. 동기화 메소드는 메소드 전체가 임계 영역이기 때문에 main 스레드가 minusScore 동기

화 메소드를 실행하는 즉시 ScoreManager 공유 객체에는 잠금이 발생되고, main 스레드가 minusScore 동기화 메소드를 종료하면 잠금이 풀린다. 이 시간 동안 timer 스레드가 minusScore 메소드를 호출한다면 main 스레드가 minusScore 메소드를 종료할 때까지 대기 상태가 된다. 따라서 minusScore방은 한 순간 한 스레드만 사용이 가능하다. ScoreManager 객체에게 잠금이 발생한다는 것은 ScoreManager 객체의 임계 영역에 잠금이 발생한다는 뜻으로 ScoreManager 객체의 일반 메소드는 다른 스레드가 사용할 수 있음을 의미한다.

메소드 전체를 임계 영역으로 지정하는 대신에 리스트 6-34와 같이 임계 영역이 필요한 코드 부분만 동기화 블록으로 지정할 수도 있다.

리스트 6-34 GameAdd4 프로젝트의 ScoreManager.java(minusScore 메소드를 대체)

```
01    public void minusScore(int s) {
02      synchronized(this) {
03        score -= s;
04        try {
05          Thread.sleep(2000);
06        }
07        catch(InterruptedException e) {};
08        System.out.println(Thread.currentThread().getName() +
09                          ": " + this.score);
10      }
11    }
```

2~10번째 줄의 synchronized 키워드로 명시된 동기화 블록 이외의 코드는 여러 스레드가 동시에 실행시킬 수 있지만 내부 코드는 한 번에 한 스레드만 실행시킬 수 있다. synchronized 키워드 다음에는 () 내에 공유 객체를 명시한다. 2번째 줄에서 인자로 명시된 this는 현재 이 메소드를 실행시키는 객체이기 때문에 ScoreManager 객체를 지정하는 것이다. 이 코드는 minusScore 메소드의 내용 전체를 동기화 블록으로 지정했기 때문에 minusScore 메소드를 동기화 메소드로 지정하는 것과 같은 효과를 가져 온다.

한 객체 내에 동기화 메소드나 블록이 여러 개 존재하면 그림 6-61과 같이 스레드 A가 공유 객체에 잠금을 걸면서 이들 중 한 임계 영역을 실행할 때 스레드 B는 모든 동기화 메소드나 블록을 실행시킬 수 없다. 그러나 일반 메소드는 실행이 가능하다. 물론 공유 객체를 소유한 스레드 A는 모든 임계 영역과 메소드의 실행이 가능하다.

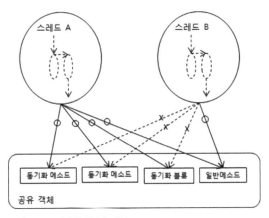

그림 6-61 자바의 동시성 제어

Runnable 인터페이스

응용 과제 7에서는 `java.lang.Thread` 클래스를 상속받는 `TimerThread` 클래스를 정의하고, `GameAppPanel` 생성자에서 다음과 같이 `TimerThread` 클래스로부터 스레드 객체를 생성했다.

```
TimerThread timer = new TimerThread(scoreManager);
timer.start();
```

이번 절에서는 Thread 클래스로부터 스레드 객체를 직접 생성하는 방법을 다룬다. 우선 응용 과제 7에서 위의 코드를 다음의 코드로 대체한다.

```
Runnable timer = new Timer(scoreManager);
Thread timerThread = new Thread(timer);
timerThread.start();
```

첫 번째 줄에서 사용된 `java.lang.Runnable` 인터페이스는 스레드가 실행하는 작업 코드를 가진 객체를 생성할 때 사용한다. Runnable 인터페이스는 run 메소드 한 개만 정의됐기 때문에 run 메소드만 클래스로 구현하면 된다. Runnable 인터페이스를 구현한 클래스로부터 생성된 객체는 작업 코드만 가진 객체일 뿐 TimerThread 객체처럼 스레드 객체는 아니다. TimerThread 객체는 스레드 객체이자 작업 객체이다. 첫 번째 줄에서 생성한 작업 객체를 두 번째 줄처럼 Thread 클래스로부터 스레드 객체를 직접 생성하면서 인자로 제공한다. 세 번째 줄에서는 이 스레드 객체를 start 메소드로 기동시킨다.

리스트 6-35는 Runnable 인터페이스를 구현해서 작업 객체를 생성할 Timer 클래스(앞 코드의 Timer 클래스)의 정의이다. 응용 과제 7에서 GameApp.java 파일의 TimerThread 클래스는 이 Timer 클래스의 정의로 대체된다. TimerThread 클래스와 10초를 재서 2점씩 감점하는 코드 내용은 같다.

리스트 6-35 GameAdd4 프로젝트의 GameApp.java(일부)

```
01  class Timer implements Runnable {
02    ScoreManager scoreManager;
03
04    public Timer(ScoreManager sm) {
05      scoreManager = sm;
06    }
07
08    public void run() {
09      while(true) {
10        try {
11          Thread.sleep(10000);
12        }
13        catch(InterruptedException e) {
14          return;
15        }
16        scoreManager.minusScore(2);
17        GameApp.panel.repaint();
18      }
19    }
20  }
```

코드의 길이를 줄이려고 Thread 객체를 생성할 때 5장의 '보충 문법'절에서 소개한 Runnable 익명 객체를 인자로 사용할 수도 있다. 리스트 6-36의 코드는 앞의 두 코드를 대체한다.

리스트 6-36 GameAdd4 프로젝트의 GameApp.java(앞의 두 코드를 대체)

```
01    Thread timerThread = new Thread(new Runnable() {
02      public void run() {
03        while(true) {
04          try {
```

```
05              Thread.sleep(10000);
06          }
07          catch(InterruptedException e) {
08              return;
09          }
10          scoreManager.minusScore(2);
11          GameApp.panel.repaint();
12      }
13    }
14  });
15  timerThread.start();
```

1~14번째 줄은 한 문장이기 때문에 14번째 줄의 끝에는 ;를 붙여준다. 스레드는 생성되는 즉시 실행되는 것이 아니라 15번째 줄처럼 start 메소드를 호출해야만 비로소 실행된다.

내부 클래스로 구현되는 익명 클래스는 외부 스코프의 필드를 접근해서 사용할 수 있기 때문에 10번째 줄처럼 GameAppPanel에 정의된 scoreManager 필드에 접근해서 minusScore 메소드를 호출한다. Runnable 인터페이스는 추상 메소드(run 메소드) 한 개만 갖는 함수 인터페이스이기 때문에 람다식을 사용해서 코드를 더 간결하게 작성할 수 있다.

6.3.5 싱글톤

클래스를 정의하면서 이 클래스로부터 단 한 개의 객체만 생성되도록 보장해야 하는 경우가 있다. 이런 클래스를 싱글톤 클래스^{Singleton Class}라고 한다. 싱글톤 클래스를 정의하려면 클래스 외부에서 new 연산자로 생성자를 호출할 수 없도록 막아야 한다. 응용 과제 7에서 정의한 ScoreManager 클래스를 리스트 6-37과 같이 싱글톤 클래스로 정의해 보자.

리스트 6-37 GameAdd5 프로젝트의 ScoreManager.java

```
01  // ScoreManager class - 싱글톤
02
03  import java.awt.Graphics;
04  import java.awt.Color;
05
06  public class ScoreManager {
07    public int score;
08    // static 필드
```

```
09    private static ScoreManager theManager = new ScoreManager();
10
11    private ScoreManager() {
12      score = 0;
13    }
14
15    // static 메소드
16    public static ScoreManager getInstance() {
17      return theManager;
18    }
19
20    public void plusScore(int s) {
21      score += s;
22    }
23
24    public void minusScore(int s) {
25      score -= s;
26    }
27
28    public int getScore() {
29      return score;
30    }
31
32    public void printScore(Graphics g) {
33      String str = "점수 : " + score;
34      g.setColor(Color.black);
35      g.drawString(str, 450, 70);
36    }
37 }
```

11번째 줄의 생성자 앞에 private 접근자를 지정함으로써 외부에서 생성자의 호출을 제한한다. 9번째 줄처럼 자신의 클래스형인 static 필드 theManager를 선언하고 자신의 객체를 생성해서 그 참조 값으로 초기화한다. 이와 같이 클래스 내부에서도 new 연산사는 사용할 수 있다. 이 필드도 private 접근자를 지정해서 외부 접근을 제한한다. 그 대신에 16번째 줄처럼 외부에서 호출할 수 있는 static 메소드인 getInstance를 정의하고, static 싱글톤 객체를 참조하는 theManager의 참조 값을 반환한다. 나머지 코드는 응용 과제 7의 ScoreManager 클래스와 같다.

리스트 6-38의 코드는 ScoreManager 객체를 생성해 사용하는 GameAppPanel 클래스의 생성자까지만 보여준 것이다.

리스트 6-38 GameAdd5 프로젝트의 GameApp.java(일부)

```
01  class GameAppPanel extends JPanel {
02    public static DeckPile deckPile;
03    public static DiscardPile discardPile;
04    public static TablePile tablePile[ ];
05    public static SuitPile suitPile[ ];
06    public static CardPile allPiles[ ];
07    // Add5
08    public static ScoreManager scoreManager, scoreManager2;
09    public JLabel scoreLabel;
10
11    public GameAppPanel() {
12      setBackground(Color.white);
13
14      MouseKeeper mouse = new MouseKeeper();
15      addMouseListener(mouse);
16      init();
17      // Add5
18      scoreManager = ScoreManager.getInstance();
19      scoreLabel = new JLabel("점수: " + scoreManager.getScore());
20      add(scoreLabel);
21      // Thread
22      // Add5
23      scoreManager2 = ScoreManager.getInstance();
24      TimerThread timer = new TimerThread(scoreManager2);
25      timer.start();
26    }
27    // 중략.....
```

이제 외부에서 ScoreManager 객체를 얻는 유일한 방법은 getInstance 메소드를 호출하는 것이다. 8번째 줄에서 ScoreManager 클래스의 참조 필드 scoreManager와 scoreManager2를 선언한다. scoreManager는 main 스레드에서 사용할 필드이고, scoreManager2는 timer 스레드에서 사용할 필드이다. 18번째 줄에서 getInstance 메소드로 ScoreManager 객체의 참조 값을 반환받아 scoreManager 필드에 저장한다. 23번째

줄에서는 ScoreManager 객체의 참조 값을 반환받아 scoreManager2 필드에 저장한다. 24
번째 줄처럼 timer 스레드를 생성하면서 scoreManager2 필드의 값을 인자로 제공한다.
프로그램을 실행시키면 ScoreManager 객체가 두 개 생성되는 것이 아니고, scoreManager
필드와 scoreManager2 필드는 동일한 싱글톤 객체를 참조하기 때문에 응용 과제 7과 같
이 점수가 정상적으로 갱신된다.

1. 응용 과제 1을 발전시킨다. 게임 중에 마우스 오른쪽 버튼을 클릭하면 그림 6-62와 같이 새로운 게임이 시작된다.

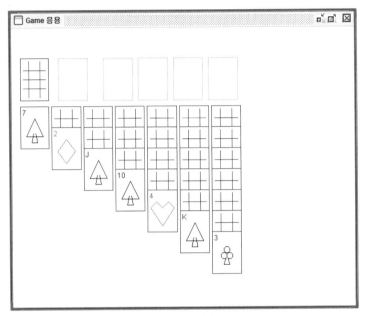

그림 6-62 마우스 오른쪽 버튼으로 새 게임 시작하기

> 힌트 새 게임을 위해 데크 파일을 제외한 나머지 12개 파일들이 소유한 카드들을 데크 파일에 재삽입하는 코드는 다음과 같다.
>
> ```
> for(int i = 1; i < 13; i++)
>   while(allPiles[i].count > 0) {
>     Card c = allPiles[i].topCard();
>     c.faceup = false;
>     deckPile.addCard(c);
>   }
> ```

2. 응용 과제 2를 발전시킨다. 그림 6-63과 같이 디스카드 파일이나 테이블 파일에서 카드가 이동될수 있으면 2점씩 부여하고 점수를 위쪽 레이블에 표시한다. 점수는 표 6-18, 6-19, 6-20과 같은 ScoreManager 클래스를 정의해서 처리한다.

표 6-18 ScoreManager 클래스의 필드

필드	설명
int score	누적 점수를 저장

표 6-19 ScoreManager 클래스의 생성자

생성자	설명
ScoreManager()	score를 0으로 초기화

표 6-20 ScoreManager 클래스의 메소드

메소드	설명
void plusScore(int s)	score에 s만큼 점수를 더함
void minusScore(int s)	score에서 s만큼 점수를 뺌
int getScore()	score값을 반환

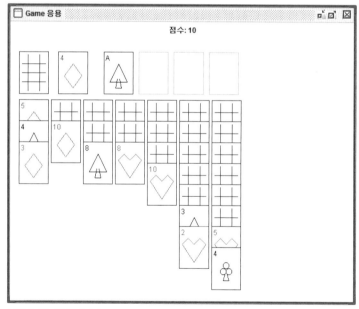

그림 6-63 점수 매기기

3. 응용 과제 3을 발전시킨다. 그림 6-64와 같이 리스트에서 파일 항목을 선택하면 그 파일상에서 사용자가 마우스를 클릭한 횟수를 옆의 레이블에 표시한다. 클릭 횟수는 게임이 진행되는 동안 실시간으로 갱신된다.

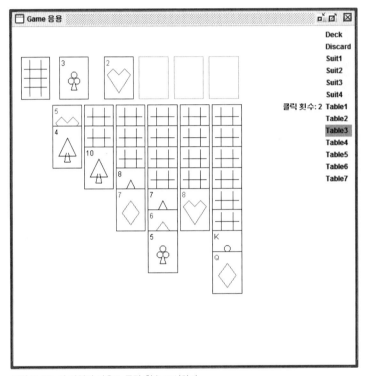

그림 6-64 각 파일의 마우스 클릭 횟수 표시하기

4. 응용 과제 3과 응용 과제 4를 발전시킨다. 응용 과제 3과 같이 동작하나 그림 6-65와 같이 윈도우 오른쪽에 콤보 박스가 표시되고, 콤보 박스의 항목으로는 13개 파일들이 소유한 카드의 개수가 실시간으로 반영된다.

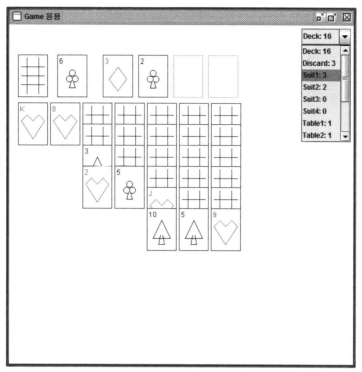

그림 6-65 실시간으로 파일들의 소유 카드 개수 표시하기

힌트 콤보 박스에 항목을 제공하는 문자열 배열을 다음과 같이 준비하고, 콤보 박스의 모든 항목을 제거하는 removeAllItems 메소드와 프로그램 실행 중 항목을 추가할 수 있는 addItem 메소드를 사용한다.

```
String [] comboString = new String[13];
comboString[0] = "Deck: " + deckPile.count;
comboString[1] = "Discard: " + discardPile.count;
comboString[2] = "Suit1: " + suitPile[0].count;
comboString[3] = "Suit2: " + suitPile[1].count;
comboString[4] = "Suit3: " + suitPile[2].count;
comboString[5] = "Suit4: " + suitPile[3].count;
comboString[6] = "Table1: " + tablePile[0].count;
comboString[7] = "Table2: " + tablePile[1].count;
comboString[8] = "Table3: " + tablePile[2].count;
comboString[9] = "Table4: " + tablePile[3].count;
comboString[10] = "Table5: " + tablePile[4].count;
```

```
comboString[11] = "Table6: " + tablePile[5].count;
comboString[12] = "Table7: " + tablePile[6].count;
pileCombo.removeAllItems();
for(int i = 0; i < 13; i++)
  pileCombo.addItem(comboString[i]);
```

5. 응용 과제 4를 발전시킨다. 그림 6-66과 같이 테이블 파일을 마우스 오른쪽 버튼으로 클릭하면 그 파일의 모든 카드들이 앞면으로 뒤집어져 어떤 카드들인지 확인이 가능하다. 왼쪽 버튼을 클릭하면 게임은 원래 상태로 복원된다.

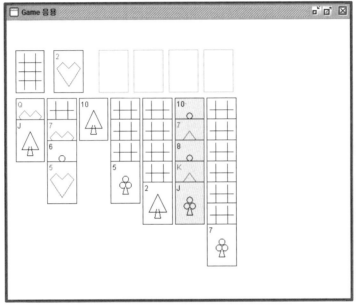

그림 6-66 테이블 파일의 모든 카드 확인하기

힌트 mousePressed 메소드 내에서 오른쪽 버튼이 클릭됐을 때 클릭된 테이블 파일을 찾는 코드는 다음과 같다.

```
CardPile selectedPile = null;
boolean pileSelected = false;
for(int i = 6; i < 13; i++)
  if(allPiles[i].includes(x, y)) {
    selectedPile = allPiles[i];
    pileSelected = true;
    break;
  }
```

또한 클릭된 테이블 파일의 모든 카드들을 앞면으로 변경해 그리려면 mousePressed 메소드에서 getGraphics() 메소드를 호출해서 Graphics 객체를 임시로 취득한 후 사용한다. getGraphics 메소드는 paintComponent 메소드 외에서 임시로 Graphics 객체의 참조 값을 얻어 활용할 때 사용한다.

6. 응용 과제 4와 응용 과제 5를 발전시킨다. 그림 6-67과 같이 카드를 이미지로 처리한다. 데크 파일 소진 시 디스카드 파일의 카드들을 데크 파일에 재삽입해서 게임이 이어진다. 테이블 파일 간 카드의 그룹 이동을 지원한다. 윈도우 위쪽에는 이름 입력 텍스트 필드를 두고, 사용자가 이름을 입력하면 환영 레이블을 출력한다.

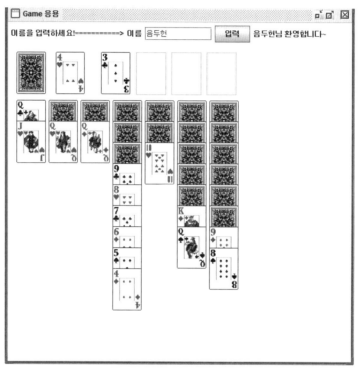

그림 6-67 이미지 카드를 사용한 카드게임

7. 응용 과제 4와 응용 과제 6을 발전시킨다. 그림 6-68과 같이 카드를 JLabel 클래스를 상속받은 Card 클래스로 구현한다. 데크 파일 소진 시 디스카드 파일의 남은 카드들을 데크 파일에 재삽입해서 게임이 이어진다. 테이블 파일 간 카드의 그룹 이동을 지원한다.

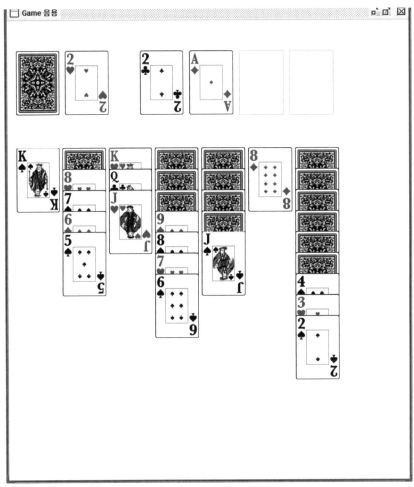

그림 6-68 레이블 카드 객체를 사용한 카드게임

> **힌트** DeckPile 클래스의 select 메소드에서 카드를 앞면 또는 뒷면인 상태로 변경하는 문장은 다음과 같이 flip 메소드를 호출해서 처리해야 한다. 그러면 flip 메소드에서 앞면 또는 뒷면 이미지가 입혀진다.
>
> c.flip();

8. 응용 과제 7을 발전시킨다. 디스카드 파일에서 테이블 파일로 카드가 이동되면 5점, 테이블 파일 간 카드 이동 시 5점, 디스카드 파일이나 테이블 파일에서 수트 파일로 카드가 이동되면 10점을 각각 부여한다. 테이블 파일 간 카드 그룹의 이동은 이동된 카드의 개수만큼 점수를 부여한다. 그리고 10초에 2점씩 감점한다. 그림 6-69와 같이 윈도우 위쪽에 점수 레이블과 10초의 시간을 재는 타이머 레이블을 표시한다. ScoreManager 클래스를 정의해서 점수를 처리한다. 테이블 파일 간 의미 없는 카드의 이동에는 점수를 부여하지 않는다.

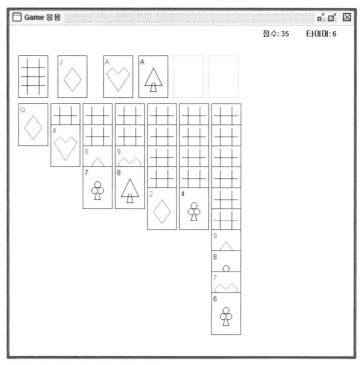

그림 6-69 타이머를 활용한 점수 매기기

힌트 TimerThread 클래스의 생성자를 표 6-21과 같이 수정한다.

표 6-21 TimerThread 클래스의 생성자

생성자	설명
TimerThread(ScoreManager sm, JLabel tl)	점수 객체와 시간(초)을 표시할 타이머 레이블 객체의 참조 값을 인자로 받음

9. 응용 과제 4와 5장의 응용 과제 6을 발전시킨다. '저장'과 '이어하기' 버튼을 그림 6-70과 같이 윈도 우 위쪽에 배치한다. 저장 버튼을 클릭하면 현 게임 상태를 파일(file)에 저장하고, 이어하기 버튼을 클릭하면 파일에 저장된 게임을 복원한다. 데크 파일 소진 시 디스카드 파일의 남은 카드들이 데크 파일에 재삽입돼서 게임이 이어진다. 테이블 파일 간 카드의 그룹 이동을 지원한다.

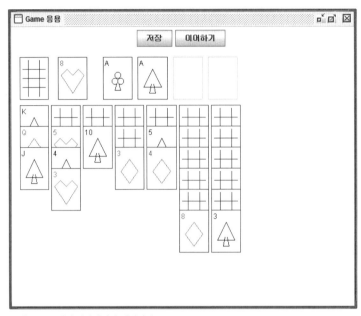

그림 6-70 게임 저장하기와 이어하기

10. 응용 과제 4를 발전시킨다. 그림 6-71과 같이 데크 파일을 클릭하면 카드를 세 장씩 디스카드 파일에 삽입한다. 세 장의 카드 중 제일 위 카드부터 순서대로 이동이 가능하며, 데크 파일 소진 시 디스카드 파일의 카드들을 데크 파일에 재삽입해서 게임이 이어진다. 테이블 파일 간 카드의 그룹 이동을 지원한다.

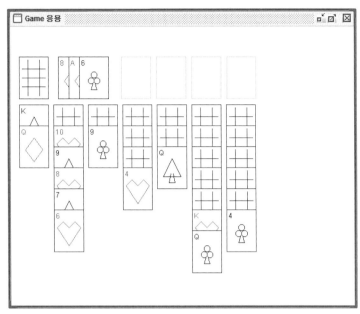

그림 6-71 세 장씩 배분하기

11. 응용 과제 4를 발전시킨다. 그림 6-72와 같이 카드게임을 프리셀게임으로 발전시킨다. 프리셀게임의 초기 화면은 왼쪽 그림과 같이 빈 버퍼 파일 네 개, 빈 수트 파일 네 개, 테이블 파일 여덟 개로 구성된다. 테이블 파일들 중 왼쪽에 위치한 네 개의 테이블 파일에는 일곱 장의 카드들이 임의로 배분되고, 나머지 네 개의 테이블 파일에는 여섯 장씩 배분된다. 데크 파일은 존재하나 화면에 표시되지 않는다. 게임은 오른쪽 그림과 같이 진행돼서 수트 파일에 무늬별로 에이스부터 킹까지 쌓으면 이기고, 중간에 막히면 진다. 수트 파일, 테이블 파일은 실습 과제인 카드게임의 수트 파일, 테이블 파일과 똑같이 동작한다. 단, 빈 테이블 파일이 생기면 카드게임인 경우는 이 파일에 킹 카드만 이동될 수 있지만 프리셀게임은 어떤 카드라도 이동될 수 있다. 또한 카드게임과 달리 카드 그룹의 이동은 허용되지 않는다. 버퍼 파일은 한 장의 카드를 임시로 보관하는 파일로 한 장 이상의 카드를 저장할 수 없다. 각 파일은 마우스 버튼 클릭에 다음과 같이 반응한다.

① 테이블 파일: 마우스 왼쪽 버튼을 클릭하면 나머지 테이블 파일 또는 수트 파일 중에서 제일 위 카드를 받을 수 있는 파일로 카드가 이동된다. 마우스 오른쪽 버튼을 클릭하면 제일 위 카드가 빈 버퍼 파일로 이동된다.

② 버퍼 파일: 마우스 왼쪽 버튼을 클릭하면 수트 파일 또는 테이블 파일 중에서 현재 카드를 받을 수 있는 파일로 카드가 이동된다. 마우스 오른쪽 버튼에는 반응하지 않는다.

③ 수트 파일: 마우스 왼쪽과 오른쪽 버튼에 반응하지 않는다.

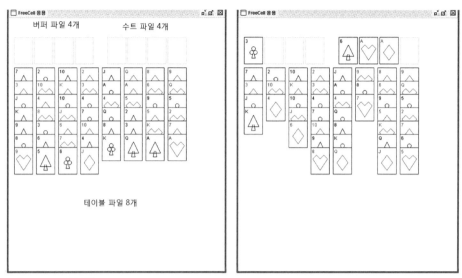

그림 6-72 프리셀게임

그림 6-73은 카드게임(실습 과제)의 카드 파일 클래스 계층 구조를 프리셀게임에 맞게 변경한 것이다. 카드게임의 DiscardPile 클래스는 BufferPile 클래스로 변경되고 추가되는 메소드는 진하게 표시되며 삭제되는 메소드는 삭제 기호로 표시됐다. 데크 파일은 화면에 표시되지는 않지만 초기에 테이블 파일에 임의의 카드들을 배분하는 데 사용된다.

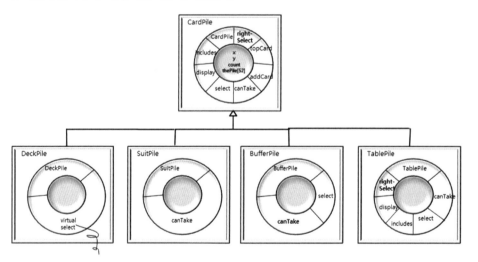

그림 6-73 프리셀게임의 카드 파일 클래스 계층 구조

그림 6-74와 같이 프로그램을 실행시키면 600×400 크기의 스윙 스타일의 윈도우가 생성되고 왼쪽 아래에 대포가 그려지며 오른쪽 아래에는 타깃이 그려진다. 위쪽에는 '발사' 버튼이 배치되고 오른쪽에는 스크롤바가 배치된다. '발사' 버튼을 클릭하면 대포 알이 발사되어 애니메이션되고, 스크롤바로는 대포의 각도를 0도부터 90도까지 조정 한다. 윈도우 중앙에는 스크롤바로 각도를 조절할 때 각도 값이 문자열로 표시된다. 애 니메이션 결과로 대포알이 타깃에 명중하면 '명중!' 문자열로 변하고, 실패하면 '실패...' 문자열로 변한다.

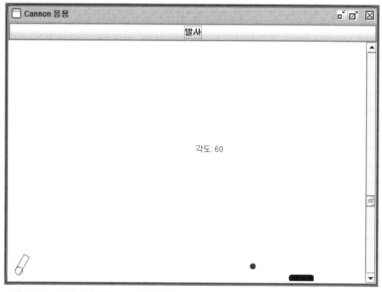

그림 6-74 캐논볼게임 응용프로그램의 실행

지금까지의 애니메이션은 FrameWidth(600)×FrameHeight(400)로 크기가 고정된 Frame 윈도우를 기반으로 이뤄졌다. 이번 과제에서는 스윙 GUI를 사용할 경우 그림 6-75와 같이 JFrame 윈도우는 틀을 제공하는 역할을 하고, 버튼 부착, 스크롤바 부착, 애니메이 션 등의 실제 작업은 캔버스의 역할을 하는 판넬에서 이뤄진다. 이 방식은 응용 과제 1 에서 이미 다뤘다. 작업이 다 된 판넬은 윈도우의 기본 콘텐트 페인과 교체해서 프로그 램 윈도우를 구성하게 된다. 판넬의 크기가 600×400이 되려면 윈도우의 높이를 타이틀바의 높이인 38을 더한 값으로 잡아줘야 한다. 따라서 윈도우의 크기는 FrameWidth×FrameHeight+38로 지정된다.

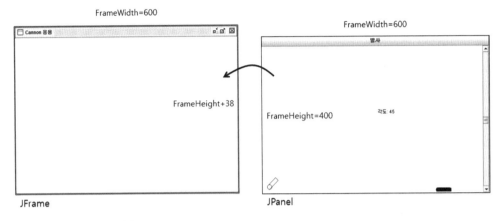

그림 6-75 윈도우 크기의 설정

Ball.java, CannonBall.java, Cannon.java 파일들은 그대로 사용하고, Target 클래스를 구현한 Target.java 파일을 추가한다. Target 클래스의 인터페이스는 표 6-22, 6-23, 6-24와 같다.

표 6-22 Target 클래스의 필드

필드	설명
Point p	타깃의 왼쪽 위 꼭짓점
int width	타깃의 폭
int height	타깃의 높이

표 6-23 Target 클래스의 생성자

생성자	설명
Target()	타깃의 왼쪽 위 꼭짓점을 (FrameWidth−150, FrameHeight−10) 점으로 초기화, 폭은 40, 높이는 10으로 초기화
Target(Point np, int nw, int nh)	타깃의 왼쪽 위 꼭짓점을 인자로 제공된 점으로 초기화, 폭은 nw, 높이는 nh로 초기화

표 6-24 Target 클래스의 메소드

메소드	설명
boolean hit(CannonBall cBall)	인자로 제공된 대포알 중심점의 x 좌표가 타깃의 x 좌표 사이이면 true를, 아니면 false를 반환
void moveTo(Point np)	인자로 제공된 점으로 타깃을 이동
void draw(Graphics g)	타깃을 그래픽 처리

CannonGame.java 파일에는 발사 버튼과 각도 스크롤바(JScrollBar 객체)를 배치해서 동작시키고 대포로부터 발사된 대포알을 애니메이션시킨다. 또한 판넬 중앙에는 현재 각도 값을 문자열로 표시하고, 애니메이션이 끝나면 명중 여부를 조사해서 결과를 알리는 문자열로 변경한다.

부록

A.1 | 객체지향 소프트웨어의 설계

이번 절에서는 여러 객체지향 분석과 설계 방법론 중 책임의 위임에 의해 진행되는 객체지향 소프트웨어 설계 기법을 설명한다. 이런 설계 기법을 책임중심 설계Responsibility-driven Design 또는 CRCClass Responsibility Collaborator 설계 기법이라고 한다. 또한 이 책에서 최종적으로 구현한 카드게임을 책임중심 설계 기법으로 설계하는 과정도 다룬다. 책임중심 설계 기법은 소프트웨어의 요구 사항에서 출발하며, 이를 점진적으로 세분화해 구체적인 구현 단계로 유도하는 기법으로 중소형 소프트웨어의 설계에 적합하다. 소프트웨어는 상호작용하는 소프트웨어 컴포넌트들로 구성되는데 설계 과정은 이런 소프트웨어 컴포넌트들을 도출해내는 과정을 거쳐 자연스럽게 진행된다. 여기서 우리는 책임이라는 단어의 의미를 생각해 볼 필요가 있다. 교수가 학생에게 학점 관리는 학생의 책임이라고 말했을 때 그 교수는 이미 학생에게 학점 관리에 대한 자율권을 준 것이다. 교수가 그 학생이 몇 시에 등교하고 도서관에서 몇 시간을 보내는지 등에 대해 일일이 지시 감독하는 것이 아니라 학생이 독립적이고 자율적으로 공부해서 학점을 관리하라는 의미일 것이다. 따라서 책임이라는 단어는 어느 정도의 독립성을 내포하고 있다.

책임중심 설계 기법은 구축하고자 하는 선제 소프트웨어의 기능들을 정의하고 세분화해서 세분화된 기능의 수행에 대한 책임을 가진 독립적인 소프트웨어 컴포넌트(클래스)들을 설정해 나가는 방식으로 이뤄진다. 책임중심 설계 기법으로 소프트웨어를 설계하는 것은 정부의 내각 구성에 비유할 수 있다. 정부가 수행해야 할 전체 기능들은 각각의 장관에게 그 책임을 위임함으로써 구체화된다. 소프트웨어 컴포넌트는 추상적인 설계 엔티티entity로 이 컴포넌트에 우리는 세부 기능들을 수행하는 책임을 연계시킬 수 있다. 소프트웨어 엔티티는 결과적으로 클래스, 메소드, 모듈 또는 기타의 형태로 구현된다. 따라서 하나의 컴포넌트는 잘 정의된 연관된 책임들이 연계돼야 하며, 다른 컴포넌트와는 가능한 한 최소로 상호작용할 수 있어야 한다.

처음에는 구현해야 하는 소프트웨어의 요구 사항이 모호하므로 필요한 소프트웨어의 기능들을 정의할 때 소프트웨어 사용에 대한 시나리오를 전개해 나가면서 구체화시킨다. 즉, 소프트웨어가 완성됐다고 가정하고 다양한 사용 시나리오를 전개시키면서 설계가 진행된다. 시나리오를 전개하는 과정에서 필요한 모든 기능은 소프트웨어 컴포넌트를 설정해 그 컴포넌트의 책임 사항으로 배정한다. 일반적으로 응용 소프트웨어의 기능은 특정 도메인 책임Domain-specific Responsibility을 담당하는 기능과 그렇지 않은 기능Non-domain-specific Responsibility의 두 가지로 나눠 볼 수 있다. 특정 도메인 책임은 응용 담당 컴포넌트들에서 처리되고 이 프로그램 내에서만 의미가 있는 반면에 그렇지 않은 컴포넌트들은 다른 응용프로그램에서도 재사용이 가능하다.

설계가 진행되면서 각 컴포넌트에 대한 설계 사항들을 기록할 때는 그림 A-1과 같은 CRC 카드가 사용된다. CRC 카드는 가로 약 15cm, 세로 약 10cm의 색인 카드로 카드 앞면은 클래스명, 책임 사항, 협력자collaborator의 세 영역으로 구성된다.

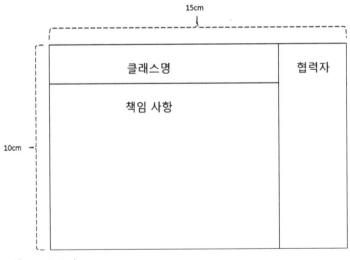

그림 A-1 CRC 카드

클래스명 영역은 세분된 기능을 담당할 컴포넌트의 이름을 결정해서 기록하는 곳이다. 이름은 전체 소프트웨어 기능의 문맥에 맞는 간단명료한 것을 택한다. 예를 들면 다음 절에서 다룰 현금 자동 출납기 시스템의 경우 이 시스템의 전체 기능들 중에서 카드를 읽어 해석하는 기능을 담당하는 클래스명으로는 CardReader가 전체 문맥에 맞는 간단명료한 것이라고 할 수 있다. 설계가 진행되는 중에 객체와 클래스의 구분이 명확하지 않을 수 있으나 설계 마무리 단계에서 객체는 클래스화되므로 상관없다. 책임 사항 영역에는 전체 기능들 중 하나의 클래스가 책임지고 수행해야 할 세부 기능들을 기술한다. 계약서를 작성하듯이 간단명료한 문장으로 기술할 경우 능동 동사가 사용된다. CardReader 클래스인 경우 '환영 메시지를 출력하고 카드의 삽입을 대기한다.'가 책임 사항 기술로 좋은 예이다. 이 책임 사항은 '무엇'에 대한 기술이며, '어떻게'에 대한 사항은 나중에 구현 단계에서 고려한다. 너무 복잡하고 많은 책임을 수행하는 클래스를 피하려고 색인 카드의 크기를 $10\mathrm{cm} \times 15\mathrm{cm}$ 정도로 제한하나 이는 단지 가이드라인일 뿐이다. 하나의 클래스는 자신의 책임을 수행할 때 일반적으로 다른 클래스의 도움을 받는다. 도움을 받는 클래스는 도움을 주는 클래스를 협력자로 CRC 카드의 협력자 영역에 기록한다.

CRC 카드를 설계에 사용함으로써 소프트웨어에 대한 구성 컴포넌트들 간의 논리적인 경계를 물리적으로 분리시킬 수 있기 때문에 개념적으로 컴포넌트들 간의 결합도 coupling를 최소화하고 한 컴포넌트의 응집도cohesion를 극대화시킬 수 있다. 소프트웨어의 응집도는 한 소프트웨어 컴포넌트의 책임 사항들이 모여 전체적으로 그 컴포넌트를 얼마만큼 의미 있는 독립적인 단위로 만들 수 있는지를 나타낸다. 소프트웨어 응집도의 극대화는 관계되는 기능들을 한 컴포넌트에 연계시킴으로써 얻어진다. 소프트웨어에서 기능들은 일반적으로 공통 데이터를 접근할 필요성에 의해 연관된다.

소프트웨어의 결합도는 소프트웨어 컴포넌트들 간의 연결 정도를 말한다. 일반적으로 소프트웨어의 결합은 소프트웨어의 개발, 수성, 재사용이 용이하도록 최소화돼야 한다. 결합도는 한 소프트웨어 컴포넌트가 작업을 수행하려고 다른 소프트웨어 컴포넌트의 데이터에 직접 접근할 때 증가하게 된다. 이런 작업을 데이터를 소유하고 있는 컴포넌트의 책임 사항으로 위임하면 결합도를 낮출 수 있다.

책임중심 설계 기법은 기존의 절차적 설계에서 사용하는 톱다운^{top-down}이나 버텀업^{bottom-up} 설계 방식과 구분되며, 굳이 이름을 붙인다면 '알고 있는 것으로부터 모르는 것으로^{known to unknown}'의 설계 방식이라 할 수 있다. 사용 시나리오를 전개할 때 확실히 알고 있는 사실로부터 '만약 상황이 이렇게 변화되면 어떻게 될까?', '또 저렇게 되면 어떻게 될까?' 등의 질문들을 통해 발생할 수 있는 모든 가능한 시나리오를 도출해 나가게 된다. 시나리오 전개 시 변화하는 상황에 적절한 그때그때의 기능들을 생각하게 되고, 이런 세분된 기능을 책임지고 담당해 줄 컴포넌트 또는 클래스들을 정의하게 된다. 모든 가능한 시나리오가 시뮬레이션된 후 우리는 전체 소프트웨어가 수행해야 할 기능들이 세분화되고 분산돼 적절한 클래스들에 위임된 설계를 얻게 된다.

설계 시 정의되는 클래스들은 책임 사항에 따라 다양하나 성격상 다음과 같은 네 종류로 나눌 수 있다. 물론 이런 네 종류에 속하지 않는 클래스들도 정의될 수 있다.

첫째로, 데이터 관리자^{Data Manager}로서의 범주에 속하는 클래스들은 그 주된 책임이 데이터 관리이다. 예를 들면 카드게임을 객체지향 방식으로 구현하고자 할 때 카드게임의 종류에 상관없이 52장 카드들의 무늬와 숫자에 대한 데이터를 관리하고 다른 객체의 요구 시 그 값을 반환해 줄 수 있는 객체들이 필요하다. 따라서 52장의 카드 객체들을 생성할 수 있는 카드 클래스의 정의가 필요하다. 카드 클래스는 대표적인 데이터 관리자 클래스의 예라고 할 수 있다.

둘째로, 데이터 싱크^{Data Sink}와 데이터 소스^{Data Source}를 생각할 수 있다. 이 범주에 속하는 클래스의 주된 책임은 데이터를 생성하고 소진시키는 것이다. 예를 들면 시뮬레이션 프로그램인 경우 일반적으로 난수 발생기가 필요하고 이 난수 발생기의 주된 역할은 나머지 프로그램에게 난수 데이터를 제공하는 것이다. 따라서 난수 발생기 클래스는 데이터 소스 클래스의 역할을 담당한다. 데이터 싱크 클래스의 예로는 파일 저장자를 들 수 있다. 파일 저장자는 프로그램에서 생성된 결괏값들을 파일에 저장할 필요가 있을 때 그 결괏값들을 파일에 기록하는 역할을 담당한다.

셋째로, 뷰^{view} 클래스를 들 수 있다. 소프트웨어의 현재 트렌드는 사용자가 쉽게 사용할 수 있는 기능에 초점을 맞추고 있으므로 시각 사용자 인터페이스를 제공하는 것이 기본이다. 객체지향 모델링이 이런 시각 사용자 인터페이스 설계에 적합하며, 이런 소프트웨어를 설계할 때 데이터를 모니터와 같은 출력 장치에 그래픽 처리하는 책임의 클래스가 필요하다. 데이터 관리자 클래스의 예로 우리는 카드 클래스를 생각했다. 데이터 관리의 책임과 함께 그래픽 기능의 책임도 카드 클래스에 위임할 수 있다. 즉, 52개의 카드 객체는 무늬와 숫자의 데이터를 관리하는 것 외에 스스로 화면에 자기 자신의 이미지를 그래픽 처리할 수 있게 모델링하는 것이 가능하다. 이 책에서 우리가 구현한 Card 클래스는 이 두 가지 역할을 모두 담당하는 클래스였다. 그러나 그래픽 기능은 모니터와 같은 하드웨어에 종속되는 것으로 하드웨어 종속 기능에 대한 책임은 독립적인 객체를 정의해서 수행시키는 것이 바람직하다. 카드게임의 경우 데이터 관리자로서의 카드 클래스와 카드 이미지의 그래픽 기능을 제공하는 카드뷰^{CardView} 클래스를 따로 정의함으로써 여러 카드게임에 대해 하드웨어 종속이 아닌 카드 클래스는 재사용이 가능하도록 하는 것이 바람직하다. 이 경우 카드 클래스를 모델^{model}이라고 하고, 카드뷰 클래스를 뷰^{view}라고 한다. 하나의 모델은 여러 개의 뷰를 가질 수 있다. 예를 들면 회계 데이터(모델)인 경우 그 뷰로 테이블, 바 차트, 파이 차트 등을 생각할 수 있기 때문에 모델과 뷰를 분리해서 설계하는 것이 좋다.

넷째로, 도우미^{helper} 클래스 범주를 생각할 수 있는데 그 자체적으로는 관리하는 상태 정보가 없거나 미약하며 주된 책임은 다른 객체의 복잡한 책임 사항 수행에 도움을 주는 것이다.

소프트웨어 설계는 팀 단위로 이뤄지는 것이 일반적이다. 책임중심 설계는 팀장의 주도하에 시나리오를 전개시켜 나가면서 이뤄지며, 클래스가 정의될 때마다 팀원들이 차례대로 CRC 카드의 기술을 담당한다. 전체 시나리오가 시뮬레이션되면 각 팀원은 한 개 이상의 클래스를 담당하게 된다. 책임중심 설계는 세 단계를 통해 이뤄진다.

첫 번째 단계에서는 시나리오를 전개하면서 책임 위임의 방식에 의해 클래스들과 각 클래스가 어떤 세부 책임이 있는지를 분석한다. 첫 번째 단계의 결과물은 도출된 클래스들에 대한 클래스명, 책임 사항, 협력자들을 기술한 CRC 카드들이다. 이 단계에서는 소프트웨어 컴포넌트의 기능에 초점을 맞추는 '무엇'에 대한 분석이 수행된다. 그 결과로 나중에 한 개발자가 클래스를 구현할 때 다른 개발자에 의해 구현되는 컴포넌트가 어떻게 구현되는지에 상관없이 그 클래스를 구현할 수 있다. 각 클래스의 기능(책임 사항)들은 구현 단계에서 그 클래스의 메소드들로 구현된다.

두 번째 단계에서는 '어떻게'에 대한 분석이다. 각 CRC 카드에 대해 책임 사항들을 어떻게 구현할지에 대한 분석이며, 책임 사항에 대한 '어떻게'의 분석에서 우리는 자연스럽게 필요한 데이터들을 도출하게 된다. 데이터는 크게 소프트웨어 내에서 일시적으로 필요한 것과 장기적으로 필요한 것으로 구분된다. 장기적으로 사용될 데이터는 관리돼야 한다. 관리돼야 할 데이터가 도출되면 팀원들의 논의를 거쳐 어떤 클래스에 이 데이터의 관리를 위임할 것인지를 결정한다. 위임할 클래스가 결정되면 그 클래스의 CRC 카드 뒷면(네 번째 영역)에 그 클래스의 필드로 기록한다. 이렇게 데이터를 뒷면에 기록하는 것은 객체지향 개념에서 데이터가 은닉돼야 한다는 것(캡슐화)과 물리적으로 상응한다고 할 수 있다. 두 번째 단계가 끝나면 앞면과 뒷면의 네 영역들에 대한 기술이 완성된 CRC 카드들을 결과물로 얻게 된다.

세 번째 단계에서는 상속 관계의 정립이다. 상속 관계는 톱다운과 버텀업 방식에 의해 설정된다. 먼저 톱다운 방식을 고려한다. 대부분의 객체지향 언어는 다양한 클래스들을 포함하는 클래스 라이브러리를 제공한다. 이 클래스들은 여러 응용에서 필요한 클래스들이며 대표적인 것이 윈도우 클래스이다. 윈도우 클래스의 기능들로는 윈도우 그래픽, 아이콘화, 이동, 크기 조절 등이 있다. 설계된 클래스들 중에 라이브러리 클래스로부터 기능을 상속받아 활용할 클래스가 존재한다면 상속을 통해 그 기능을 재사용할 수 있다. 다음으로 버텀업 방식은 설계된 클래스들 중에 공통적인 기능들이 있을 때 이 클래스들의 부모 클래스를 정의해서 공통 기능과 데이터를 부모 클래스에서 정의하고 상속받아 공유할 수 있다. 세 번째 단계가 끝난 다음 두 번째 단계의 CRC 카드들과 함께 클래스 계층 구조를 기술한 문서를 추가로 얻게 된다.

이와 같은 문서들 이외에 일반적으로 설계와 병행해서 사용자 매뉴얼과 설계 문서를 작성한다. 사용자 매뉴얼에는 사용자의 관점에서 본 소프트웨어와의 상호작용을 기술한다. 시나리오를 전개하면서 설계 팀이 내렸던 결정들은 사용자가 궁극적으로 응용프로그램을 사용할 때 내려야 하는 결정들과 부합되기 때문에 사용자 매뉴얼을 만들어 나가는 과정은 시나리오를 전개하는 과정과 매우 흡사하다. 설계 문서에는 소프트웨어 설계 시 내린 중요한 결정 사항들을 기록한다. 주요 설계 문서로는 CRC 카드들을 들 수 있으며 CRC 카드에 반영되지 않은 사항들은 따로 적어 관리한다. 즉, 중요한 결정 사항에 대한 찬반 의견, 결정 요인 등도 기록해 놓도록 한다. 사용자 매뉴얼과 설계 문서는 소프트웨어 설계가 진행됨에 따라 소프트웨어 설계가 세분화되듯이 더 세분되고 발전한다.

다음 절에서는 현금 자동 출납 시스템의 책임중심 설계 예를 다루고, 이를 바탕으로 그다음 절에서는 이 책에서 구현한 카드게임을 책임중심 설계 기법으로 설계해 본다.

A.1.1 현금 자동 출납기 시스템의 설계

은행에서 사용하는 현금 자동 출납기^{ATM, Automatic Teller Machine}는 예금, 출금 등의 기능을 제공한다. 이번 절에서 이 현금 자동 출납기를 책임중심 설계 기법으로 설계해 본다. 현금 자동 출납기의 설계는 나중에 소프트웨어와 하드웨어의 조합으로 구현되기 때문에 이번 설계는 현금 자동 출납기 시스템의 설계가 된다.

'무엇'에 대한 분석: 첫 번째 단계

이미 현금 자동 출납기 시스템이 구현됐다고 가정하고 시스템 사용 시나리오를 전개해 보자. 우리가 현금 자동 출납기를 사용하려고 접근하면 가장 먼저 접하는 것이 화면상의 환영 인사와 함께 카드를 삽입하라는 메시지이다. 이 메시지를 출력하는 작업이 시스템이 수행해야 할 첫 번째 기능이다. 이 책임을 담당하는 소프트웨어 컴포넌트로 간단명료한 이름의 CardReader 클래스를 설정한다. 이제 팀원들 중 한 사람이 CardReader 클래스의 CRC 카드를 담당하게 되고, 클래스명 영역에 CardReader라 기입하는 동시에 첫 번째 책임 사항인 '환영 메시지 출력, 카드 삽입 대기'의 사항을 그림 A-2와 같이 기록한다.

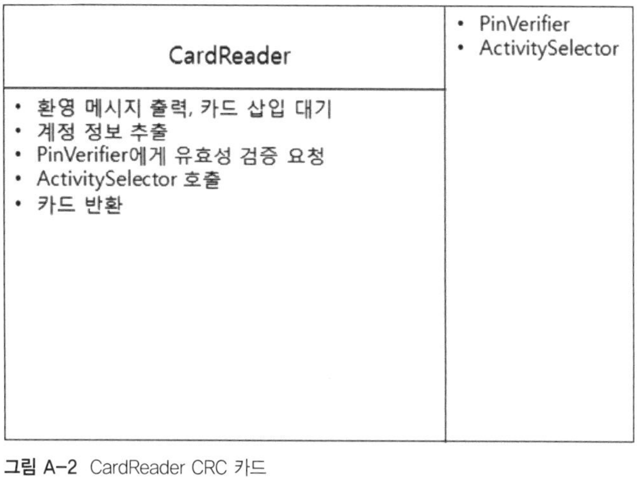

CardReader	• PinVerifier • ActivitySelector
• 환영 메시지 출력, 카드 삽입 대기 • 계정 정보 추출 • PinVerifier에게 유효성 검증 요청 • ActivitySelector 호출 • 카드 반환	

그림 A-2 CardReader CRC 카드

시나리오를 더 진행시켜 보자. 이제 시스템은 삽입된 카드의 IC 칩으로부터 계정 정보를 추출해야 한다. 추출된 계정 정보를 갖고 사용자의 계정 데이터베이스에 접근해서 비밀번호를 검색하고, 사용자가 입력한 비밀번호와 비교해서 등록된 사용자인지를 판별해야 한다. 시스템이 수행해야 할 두 번째 기능을 도출했으며 이 기능을 세분화해서 담당할 클래스를 결정한다. 계정 정보를 추출하는 작업은 CardReader 클래스의 책임 사항으로 정하고, CardReader 클래스의 두 번째 책임 사항으로 CRC 카드에 기재한다. 여기서 팀원들은 비밀번호 비교 작업도 CardReader 클래스에 위임할 것인지를 결정해야 한다. 비밀번호 비교 작업도 CardReader 클래스의 책임 사항으로 위임하는 설계도 가능하나 PinVerifier^{Personal Identification Number Verifier}라는 클래스를 새로 정의해서 이 클래스에 위임하도록 한다. 팀원들 중 다음 사람이 새로운 클래스인 PinVerifier의 CRC 카드를 담당하며 그림 A-3과 같이 클래스명 영역에 PinVerifier라 기재한다.

PinVerifier	• AccountManager
• AccountManager에게 비밀 번호 요청 • 비밀 번호 입력 메시지 출력 • 비밀 번호 검증 • CardReader에게 검증 결과 반환	

그림 A-3 PinVerifier CRC 카드

PinVerifier 클래스의 첫 번째 책임 사항은 비밀번호 검증인데 이 작업은 좀 더 세분화가 필요하다. 등록된 비밀번호와 사용자가 입력한 비밀번호를 비교해서 검증하기 때문에 등록된 비밀번호를 검색하는 기능, 사용자에게 비밀번호를 입력받는 기능, 두 비밀번호를 비교 검증하는 기능으로 세분화된다. 등록된 비밀번호를 검색하는 기능은 AccountManager 클래스를 따로 설정해서 위임하고, 사용자로부터 비밀번호를 입력받고 비교 검증하는 기능은 PinVerifier 클래스의 책임 사항으로 위임하기로 하자. 따라서 PinVerifier 클래스는 CardReader 클래스가 넘겨준 계정 정보를 이용해서 AccountManager 클래스에게 시스템에 등록된 사용자의 비밀번호를 반환받는다. 그림 A-4의 AccountManager 클래스에 대한 CRC 카드는 또 다른 팀원이 담당한다. PinVerifier 클래스는 사용자에게 비밀번호를 입력하라는 메시지를 출력하고, 비밀번호를 입력받아 등록된 비밀번호와 비교한 결과를 CardReader 클래스에게 반환한다.

그림 A-4 AccountManager CRC 카드

등록된 사용자라 가정하고 시나리오를 더 진행해 나간다. 등록된 사용자라고 가정한 시나리오가 모두 시뮬레이션되면 이 지점으로 돌아와서 등록되지 않은 사용자인 경우의 시나리오를 시뮬레이션하게 된다. 다음으로 사용자가 접하게 될 시스템의 메시지는 예금, 출금, 조회 등의 작업 선택 메뉴이다. 작업 선택 메뉴를 표시하는 책임 사항을 CardReader에게 위임할 수도 있지만 새로운 클래스인 ActivitySelector를 설정해서 작업 선택에 대한 책임을 위임하는 것이 바람직하다. 따라서 CardReader 클래스에는 'ActivitySelector 호출'이라는 책임 사항을 기재한다. 그림 A-5와 같이 ActivitySelector 클래스의 책임 사항은 작업 선택 메뉴를 표시히고 사용사의 선택을 입력받아 해당 클래스를 호출한다. 현금 자동 인출기가 지원하는 작업들은 각각 적절한 클래스를 정의해서 해당 기능을 담당하게 하며, 이 중에서 출금 작업을 담당하는 WithdrawManager의 CRC 카드는 그림 A-6과 같다.

ActivitySelector	• DepositManager • WithdrawManager
• 작업 선택 메뉴 표시 • 해당 작업 담당 클래스 호출	

그림 A-5 ActivitySelector CRC 카드

WithdrawManager	• AccountManager • CashDispenser
• 인출 금액 입력 메시지 출력 • AccountManager에게 잔고 조회 • 인출 가능 여부 판단 • CashDispenser에게 금액 지급 요청	

그림 A-6 WithdrawManager CRC 카드

그림 A-7은 실제 현금을 지급하고 예금을 위한 봉투를 내보내는 등의 기계적인 기능을 담당하는 클래스인 ElectronicDrawer에 대한 CRC 카드이다.

ElectronicDrawer	• WithdrawManager • DepositManager
• 현금 지급 • 시간이 찍힌 예금 봉투 지급 • 예금 봉투 회수	

그림 A-7 ElectronicDrawer CRC 카드

이와 같은 방식으로 모든 가능한 시나리오를 전개하고 시스템의 전체 기능을 세분화하면서 세분된 기능들을 책임지는 클래스들을 설정하고 분석된 사항들을 CRC 카드들에 기입해 나간다. 첫 번째 단계는 '무엇' 또는 '어떤 기능'이 필요한지에 대한 분석이며, 현금 자동 출납기 시스템의 나머지 클래스들에 대한 정의는 생략한다. 설계는 팀원들의 개성이 반영되는 작업으로 한 가지의 해답이 존재하는 것은 아니나 소프트웨어 컴포넌트의 응집도를 극대화하고 결합도를 최소화하는 방향으로 진행한다.

'어떻게'에 대한 분석: 두 번째 단계

정의된 클래스들 중에 오직 한 개의 기능만을 수행하는 클래스가 있는지를 조사한다. 이런 클래스는 클래스로 구현하기보다는 메소드 또는 다른 클래스의 기능으로 귀속시키는 것이 바람직하다. 설계의 두 번째 단계에서는 메소드로 구현될 각 CRC 카드의 책임 사항을 차례대로 어떻게 구현할지를 분석하고 메소드명을 부여한다. 메소드명과 함께 각 책임 사항을 수행하는 데 필요한 데이터가 도출되기 때문에 두 번째 단계는 주로 클래스의 필드들을 정의하는 단계가 된다. 데이터는 시스템 내에서 장기적으로 필요한 것과 일시적으로 필요한 것의 두 가지로 구분할 수 있다. 예를 들면 은행 잔고balance는 현금 자동 출납기가 동작하고 있는 동안 장기간에 걸쳐 필요한 데이터인 반면에 사용자가 입력한 비밀번호는 등록된 비밀번호와 비교한 후 나머지 시나리오에서는 필요하지 않은 일시적인 데이터이다.

시스템에서 장기간 필요한 데이터는 정의된 클래스들 중 하나에 의해 관리돼야 한다. 다른 객체들이 이 데이터가 필요한 경우에는 접근 메소드를 호출해서 반환값으로 제공받는다. 정의된 데이터를 관리할 클래스가 결정되면 그 클래스를 담당한 팀원은 해당 CRC 카드의 뒷면(CRC 카드의 네 번째 영역)에 필드명을 기입한다. 다시 말하지만 네 번째 필드 영역은 물리적으로 뒷면이기 때문에 객체지향 개념의 하나인 정보의 은닉과도 일치하는 기입 방식이라 할 수 있다.

예를 들면 은행 잔고는 AccountManager 클래스에 의해 관리돼야 하고, 계좌 번호 accountNumber는 비록 CardReader 클래스가 IC 칩으로부터 추출하나 그 이후의 시나리오에서 CardReader와는 무관하므로 역시 AccountManager 클래스에 의해 관리되는 것이 바람직하다. 이와 같이 두 번째 단계에서 각 클래스의 책임 사항들에 대한 '어떻게'의 분석에서 데이터들이 정의되고 이들은 해당 클래스의 필드로 등록된다. 또한 각 책임 사항은 반환형, 메소드명, 인자 리스트로 구성되는 메소드 헤더의 형태로 발전된다.

상속 관계의 정립: 세 번째 단계

비록 상속이 객체지향 기술의 근간이 되는 개념이지만 상속은 설계 기술이라기보다는 오히려 다음 과정인 구현 기술로 볼 수 있다. 설계로 정의된 클래스들 간의 연관 관계 중 '이즈-어'와 '해즈-어' 관계가 중요하며, 이즈-어 관계에 의한 부모-자식 클래스들은 클래스 계층 구조로 표현된다. 상속은 이런 부모-자식 클래스 간에 적용되는 개념이다. 해즈-어 관계는 한 클래스를 정의할 때 포함되는 객체를 필드로 정의함으로써 모델링된다.

이즈-어 관계에 의한 상속 관계는 톱다운과 버텀업 방식에 의해 도출될 수 있다. 먼저 톱다운 방식은 구현 언어의 클래스 라이브러리를 조사해서 설계된 클래스들에 대해 이즈-어 관계인 클래스가 존재하는지 찾는 과정이다. 대부분의 객체지향 언어는 다양한 클래스들을 제공하는 클래스 라이브러리를 지원한다. 이 클래스들은 여러 응용에서 일반적으로 필요로 하는 표준 클래스들이며 대표적인 것이 윈도우, 메뉴, 컬렉션 등의 클래스들이다. 우리의 현금 자동 출납기 시스템의 예에서 ActivitySelector 클래스의 객체가 수행해야 할 기능은 메뉴를 출력하고 사용자의 선택을 입력받는 작업이다. 이런 기능들은 이미 라이브러리의 Menu 클래스에 의해 기본적으로 구현된 것들이기 때문에 그림 A-8과 같이 ActivitySelector 클래스를 Menu 클래스의 자식 클래스로 선언해서 기능들을 상속받을 수 있다. 즉, 응용프로그램에서 필요한 기능들을 구현하지 않고 상속에 의해 무료로 얻게 되는 것이다.

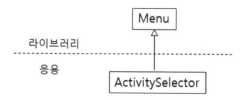

그림 A-8 톱다운 상속 관계 설정

한편 버텀업 방식은 설계된 클래스들 중에 공통적인 기능들이 있을 때 이 클래스들의 부모 클래스를 정의해서 공통 기능과 필드들을 부모 클래스에 정의하고 자식 클래스들은 상속을 통해 공유한다. 그림 A-9와 같이 우리의 설계에서 PinVerifier, ActivitySelector, CardReader 클래스들이 공통적으로 수행해야 할 기능은 사용자와 대화^{dialog}를 하는 것이다. 이런 대화에 필요한 기능들을 세 클래스들의 부모 클래스인 DialogManager를 정의해 구현함으로써 세 클래스들이 중복 구현 없이 공유할 수 있다. 세 클래스들은 각자 추가로 필요한 기능과 필드를 정의해서 세분화된다.

그림 A-9 버텀업 상속 관계 설정

A.1.2 카드게임의 설계

이 책에서 다룬 6장의 카드게임이 완성됐다고 가정하고, 사용 시나리오를 전개해 나가면서 CRC 설계를 진행해 보자.

'무엇'에 대한 분석: 첫 번째 단계

사용자가 프로그램을 실행시키면 카드게임은 윈도우를 생성하고 그 위에 카드들이 배정된 데크 파일, 디스카드 파일, 수트 파일, 테이블 파일들을 생성해서 초기 화면을 디스플레이해야 한다. 이 책임 사항을 좀 더 세분화하면 윈도우 생성, 파일들 생성, 카드 생성과 파일에 배정, 디스플레이 작업으로 나눌 수 있다. 우선 윈도우 생성은 그림 A-10과 같이 GameManager라는 클래스를 정의해서 이 클래스의 첫 번째 책임 사항으로 배정하자. 파일들의 생성 작업도 GameManager의 두 번째 책임 사항으로 돌리자.

카드 생성과 배정 작업은 GameManager의 세 번째 책임 사항으로 지정할 수도 있지만 이미 파일들이 생성됐으므로 각 파일이 스스로 필요한 개수의 카드들을 생성해서 소유하는 것이 클래스의 응집도를 높이는 바람직한 객체지향 설계이다. 카드 생성과 배정 작업을 좀 더 들여다보면 52장의 카드들이 임의 순으로 생성돼 일곱 개의 테이블 파일들이 각각 1장, 2장, 3장, 4장, 5장, 6장, 7장을 가지며 나머지 24장은 데크 파일이 갖고 시작한다. 디스카드 파일과 수트 파일은 빈 상태로 출발한다. 따라서 누군가가 카드들이 중복 생성되지 않도록 52장의 카드들을 임의 순으로 한꺼번에 생성해서 배분해야 한다. 이 책임을 맡을 클래스로 그림 A-11과 같이 DeckPile 클래스를 정의해서 카드들을 생성하고, 테이블 파일들에게 필요한 개수만큼 배분하는 일을 시키자. 테이블 파일이 카드를 배분받으려면 그림 A-12와 같이 TablePile 클래스를 정의하고 카드 삽입 기능을 첫 번째 책임 사항으로 명시한다.

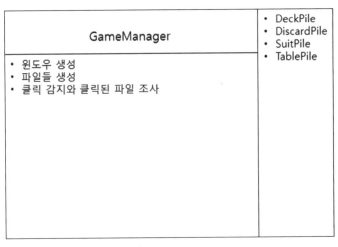

그림 A-10 GameManager CRC 카드

DeckPile	• Card • TablePile • DiscardPile
• 임의 순으로 52장의 카드 생성 • 테이블 파일들에 카드 배분 • 디스플레이 • 소유 카드들 중 제일 위 카드 빼기 • 뺀 카드 디스카드 파일에 넘기기	

그림 A-11 DeckPile CRC 카드

TablePile	• Card • SuitPile
• 소유 카드들에 새 카드 삽입 • 디스플레이(소유 카드 빗겨 출력) • 새로운 카드를 받을지 판단 • 소유 카드들 중 제일 위 카드 빼기 • 빼낸 카드를 받을 수 있는 파일 조사	

그림 A-12 TablePile CRC 카드

디스플레이 작업인 경우 테이블 파일들은 소유 카드들을 빗겨 그리고, 나머지 파일들은 제일 위 카드만 그리면 된다. 따라서 DeckPile 클래스에 디스플레이 작업을 책임 사항으로 지정함과 동시에 그림 A-13과 그림 A-14와 같이 DiscardPile 클래스, SuitPile 클래스들을 정의하고 디스플레이 작업을 첫 번째 책임 사항으로 지정한다. 파일의 그래픽 작업은 소유한 카드들을 순차적으로 출력해서 이뤄지게 하는 것이 객체지향적인 설계이므로 그림 A-15와 같이 Card 클래스를 정의해서 카드의 그래픽 작업을 배정한다.

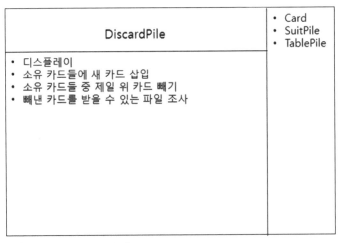

DiscardPile	• Card • SuitPile • TablePile
• 디스플레이 • 소유 카드들에 새 카드 삽입 • 소유 카드들 중 제일 위 카드 빼기 • 빼낸 카드를 받을 수 있는 파일 조사	

그림 A-13 DiscardPile CRC 카드

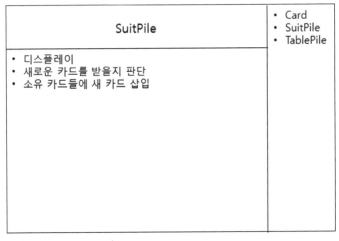

SuitPile	• Card • SuitPile • TablePile
• 디스플레이 • 새로운 카드를 받을지 판단 • 소유 카드들에 새 카드 삽입	

그림 A-14 SuitPile CRC 카드

이제 사용 시나리오를 더 전개시켜 보자. 사용자가 한 개의 데크 파일, 한 개의 디스카드 파일, 네 개의 수트 파일, 일곱 개의 테이블 파일들로 구성되는 윈도우의 임의의 위치에서 클릭했다고 가정하자. 카드게임은 이 클릭을 감지하고 그 클릭 위치가 어느 파일에 속하는지를 조사해야 한다. 이 작업은 전체 파일들을 관리하는 역할을 담당한 GameManager의 세 번째 책임 사항으로 배정한다. 여기서 어느 파일에서 클릭이 이뤄졌는지에 따라 시나리오는 여러 갈래로 진행된다. 우선 사용자의 클릭이 데크 파일에서 이뤄졌다고 가정하고 시나리오를 더 발전시켜 보자. 카드게임은 데크 파일의 제일 위 카드를 한 장 빼내 이 카드를 뒤집어서 디스카드 파일에 삽입해야 한다. 데크 파일의 제일 위 카드 빼기 작업은 당연히 데크 파일이 소유한 카드들 중에서 제일 위 카드를 빼서 반환해 줘야 하므로 데크 파일의 책임 사항으로 배정한다. 빼낸 카드의 뒤집기는 객체지향의 기본 개념에 의해 카드 스스로 뒤집는 것이 바람직하므로 Card 클래스의 두 번째 책임 사항으로 지정한다. 이 카드를 받아 소유한 카드들에 삽입하는 기능은 DiscardPile 클래스의 몫이다.

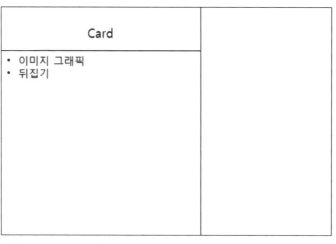

그림 A-15 Card CRC 카드

　이번에는 사용자가 디스카드 파일을 클릭했다고 가정해 보자. 카드게임은 디스카드 파일이 소유한 카드들 중에 제일 위 카드를 빼서 네 개의 수트 파일들과 일곱 개의 테이블 파일들 중 이 카드를 받을 수 있는 파일을 조사한 후 그 파일에 삽입해야 한다. 디스카드 파일에서 제일 위 카드를 빼내는 작업은 당연히 DiscardPile 클래스가 해야 할 일이다. 이 카드를 수트 파일들과 테이블 파일들이 받을 수 있는지를 조사하는 작업은 GameManager가 할 수도 있지만 카드를 뺀 주체가 DiscardPile 클래스이므로 이 조사 작업도 그림 A-13과 같이 DiscardPile 클래스가 담당하는 것으로 한다. 이를 위해 수트 파일과 테이블 파일이 각자 소유한 카드들에 더해 새로운 카드를 받을 수 있는지를 판단해야 하기 때문에 SuitPile 클래스와 TablePile 클래스에 이 판단 작업을 그림 A-12와 그림 A-14와 같이 책임 사항으로 위임한다. 여기서 이 카드를 받을 수 있는 파일이 있는 경우와 없는 경우를 고려해 볼 수 있다. 받을 수 있는 경우를 위해 SuitPile 클래스와 TablePile 클래스에 카드 삽입 작업에 대한 책임 사항을 명시한다. 받을 수 있는 파일이 없는 경우에는 빼낸 카드를 다시 디스카드 파일에 삽입한다.

사용자가 테이블 파일을 클릭했을 경우도 비슷하게 시나리오를 전개하면서 이뤄진다. 사용자가 테이블 파일을 클릭했다고 가정해 보자. 카드게임은 테이블 파일이 소유한 카드들 중 제일 위 카드를 빼서 네 개의 수트 파일들과 여섯 개의 나머지 테이블 파일들 중 이 카드를 받을 수 있는 파일을 조사해 그 파일에 삽입해야 한다. 테이블 파일에서 제일 위 카드를 빼내는 작업은 TablePile 클래스가 해야 할 일이다. 이 카드를 수트 파일들과 테이블 파일들이 받을 수 있는지 조사하는 작업은 GameManager가 할 수도 있지만 카드를 뺀 주체가 TablePile 클래스이므로 이 조사 작업도 그림 A-12와 같이 TablePile 클래스가 담당하는 것으로 한다. 빼낸 카드를 받을 수 있는 경우는 그 파일에 삽입 작업이 진행되고, 받을 수 있는 파일이 없는 경우에는 빼낸 카드를 다시 테이블 파일에 삽입한다.

사용자가 수트 파일을 클릭했을 때는 무시돼야 하기 때문에 카드게임이 할 기능이 없다. 또한 윈도우에서 파일들이 차지한 영역 외를 사용자가 클릭했을 경우도 무시된다.

'어떻게'에 대한 분석: 두 번째 단계

첫 번째 단계에서 여섯 개의 클래스들이 정의됐다. 이제 각 클래스의 책임 사항들을 한 개씩 섭렵하면서 어떻게 메소드로 구현할지를 고민해야 한다. 각 책임 사항에 대해 메소드의 헤더(반환형, 메소드명, 인자 리스트)가 결정돼야 한다. 또한 클래스에서 유지하고 관리할 필드들도 정해야 한다. 한 번만 실행할 책임 사항들은 모아 클래스명과 같은 이름의 생성자에서 구현한다.

그림 A-16은 GameManager 클래스에 대해 두 번째 단계를 진행해 얻은 CRC 카드의 앞뒷면이다. 첫 번째와 두 번째 책임 사항인 윈도우 생성과 파일들 생성 작업은 한 번만 이뤄지면 되는 것이므로 클래스명과 같은 생성자 메소드로 구현한다. 세 번째 책임 사항인 클릭된 파일을 GameManager가 조사하려면 각 파일이 클릭점이 자신의 내부점인지 판단하는 기능이 필요하고, GameManager는 전체 파일들에게 클릭점이 내부점인지 물어봄으로써 구현될 수 있다. 따라서 DeckPile, DiscardPile, SuitPile, TablePile 클래스에 클릭점이 내부점인지를 판단하는 책임 사항을 추가한다. 생성된 13개의 파일들은

GameManager 클래스에 의해 관리돼야 하기 때문에 이들을 저장할 13개의 필드들을 CRC 카드의 뒷면에 지정한다.

GameManager	• DeckPile • DiscardPile • SuitPile • TablePile		• DeckPile deckPile; • DiscardPile discardPile; • SuitPile suit1, suit2, suit3, suit4; • TablePile table1, table2, table3, table4, table5, table6, table7;

• 윈도우 생성
  void GameManager();
• 파일들 생성
  void GameManager();
• 클릭 감지와 클릭된 파일 조사
  void decideClickedPile(int x, int y);			

그림 A-16 GameManager CRC 카드(두 번째 단계)

그림 A-17부터 A-20까지는 파일 클래스들에 대해 두 번째 단계를 진행한 결과이다. 클릭점이 내부점인지를 판단하는 메소드인 includes가 추가됐다.

DeckPile	• Card • TablePile • DiscardPile		• int x, y; • Card thePile[];

• 임의 순으로 52장의 카드 생성
  void DeckPile();
• 테이블 파일들에 카드 배분
  void DeckPile();
• 디스플레이
  void display();
• 소유 카드들 중 제일 위 카드 빼기
  Card topCard();
• 뺀 카드 디스카드 파일에 넘기기
  void select();
• 클릭점이 내부점인지 판단
  boolean includes(int x, int y);			

그림 A-17 DeckPile CRC 카드(두 번째 단계)

TablePile	• Card • SuitPile		• int x, y; • Card thePile[];

• 소유 카드들에 새 카드 삽입
  void addCard(Card aCard);
• 디스플레이(소유 카드 빗겨 출력)
  void display();
• 새로운 카드를 받을지 판단
  boolean canTake(Card aCard);
• 소유 카드들 중 제일 위 카드 빼기
  void topCard();
• 빼낸 카드를 받을 수 있는 파일 조사
  void select();
• 클릭점이 내부점인지 판단
  boolean includes(int x, int y);			

그림 A-18 TablePile CRC 카드(두 번째 단계)

DiscardPile	• Card • SuitPile • TablePile		• int x, y; • Card thePile[];

• 디스플레이
 void display();
• 소유 카드들에 새 카드 삽입
 void addCard(Card aCard);
• 소유 카드들 중 제일 위 카드 빼기
 Card topCard();
• 빼낸 카드를 받을 수 있는 파일 조사
 void select();
• 클릭점이 내부점인지 판단
 boolean includes(int x, int y);			

그림 A-19 DiscardPile CRC 카드(두 번째 단계)

SuitPile	• Card		• int x, y; • Card thePile[];

• 디스플레이
 void display();
• 새로운 카드를 받을지 판단
 boolean canTake(Card aCard);
• 소유 카드들에 새 카드 삽입
 void addCard(Card aCard);
• 클릭점이 내부점인지 판단
 boolean includes(int x, int y);			

그림 A-20 SuitPile CRC 카드(두 번째 단계)

마지막으로 그림 A-21의 Card 클래스는 데이터 관리자 역할을 담당하고 모든 종류의 카드게임에서 재사용이 가능한 클래스이므로 첫 번째 단계에서 배정된 책임 사항 외에 책임 사항과 필드들을 추가해서 더 일반적으로 정의한다.

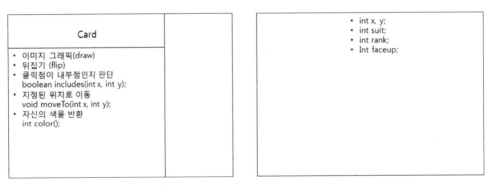

Card		• int x, y; • int suit; • int rank; • Int faceup;

• 이미지 그래픽(draw)
• 뒤집기 (flip)
• 클릭점이 내부점인지 판단
 boolean includes(int x, int y);
• 지정된 위치로 이동
 void moveTo(int x, int y);
• 자신의 색을 반환
 int color();		

그림 A-21 Card CRC 카드(두 번째 단계)

상속 관계의 정립: 세 번째 단계

세 번째 단계에서는 구현할 언어와 개발 환경을 정해야 한다. 여기서는 자바와 이클립스 환경으로 구현해 보자. 윈도우 기반 자바 프로그램은 이 책에서 다뤘듯이 awt나 swing 패키지(응용 프레임워크)를 사용해서 구현된다. awt 응용 프레임워크를 사용하기로 하고 톱다운과 버텀업 상속 관계를 정립해 보자. 우선 첫 번째 단계에서 정한 GameManager 클래스는 그 이름을 GameApp 클래스로 수정하자. 톱다운 상속 관계는 그림 A-22와 같이 GameApp 클래스를 awt 패키지의 Frame 클래스의 자식 클래스로 정의함으로써 윈도우의 모든 기능을 상속받고 시작할 수 있다.

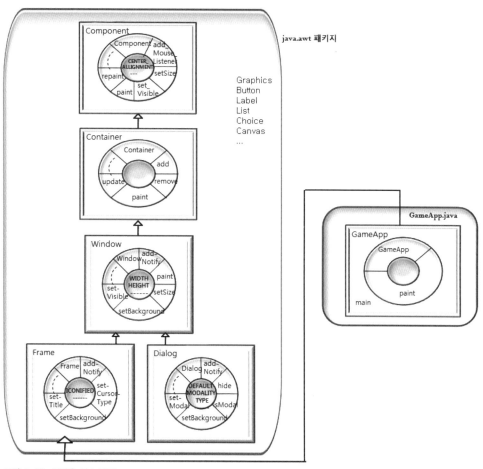

그림 A-22 톱다운 상속 관계

버텀업 상속 관계는 첫 번째 단계에서 도출된 클래스들을 살펴 공통된 기능들을 갖는 클래스들이 있다면 이 기능들을 부모 클래스를 정의해서 올리는 것이다. DeckPile, DiscardPile, SuitPile, TablePile 클래스들은 모두 파일 클래스들이기 때문에 파일로서 가져야 할 공통적인 속성들은 공유한다. 따라서 공통인 기능들을 그림 A-23과 같이 CardPile 클래스를 정의해서 구현하고, 자식 클래스들에게 이 기능들을 상속할 수 있게 설계를 수정한다.

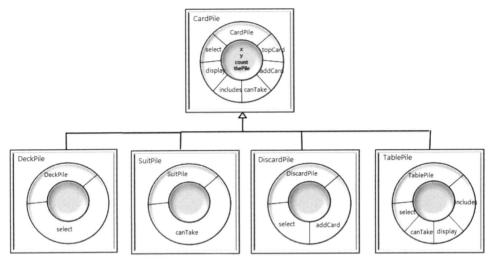

그림 A-23 버텀업 상속 관계

A.1.3 일반적인 설계 오류

다음은 CRC 카드를 이용해서 설계할 때 범하기 쉬운 오류들이다.

1. 다른 클래스의 은닉된 데이터에 직접 접근해서 갱신하는 클래스의 정의

    다른 클래스의 은닉된 데이터에 직접 접근하는 것은 책임중심 설계의 근간인 캡슐화를 어기는 것이고, 그 결과 클래스들 간에 불필요한 연결 고리를 형성하게 된다.

2. 지나치게 많은 책임이 부여된 클래스의 정의

    10cm×15cm의 카드에 기술할 수 없는 클래스는 책임 기능들 중 일부를 도우미 클래스에 분할 위임하는 것이 바람직하다.

3. 책임이 없는 클래스의 정의

　　일반적으로 설계 시 물리적으로 존재하는 실 객체를 논리적인 클래스로 표현한다. CardReader와 ElectronicDrawer 클래스는 실제 장치들을 표현한 예이지만 물리적인 존재와 논리적인 존재의 연관이 항상 성립하지 않는 경우도 간혹 있다. 우리의 현금 자동 출납기 시스템에서 돈^{money}은 물리적인 존재이기는 하지만 전체 시나리오에서 필요한 기능이 없기 때문에 객체로 표현되지 않았다. 책임이 없는 클래스는 삭제돼야 한다.

4. 정의됐으나 사용하지 않는 책임을 갖는 클래스의 정의

　　클래스를 정의할 때는 항상 전체 시나리오 안에서 그 기능을 모델링해야 한다. 단독으로 클래스를 정의할 경우 종종 사용하지 않는 책임을 표현하는 수가 있지만 이는 설계를 불필요하게 복잡하게 만드는 요인이 되므로 피해야 한다.

5. 혼돈을 주는 클래스명

　　클래스에 정의된 책임 사항들을 대표할 수 있는 클래스명을 붙임으로써 불필요한 혼돈을 피해야 한다.

6. 클래스들 간에 부적절한 상속 관계의 정의

　　클래스들 간의 연관이 '이즈-어'가 아닌 경우 두 클래스를 억지로 부모-자식 클래스로 정의하는 것은 피해야 한다.

A.2 | Mac에서 실습 환경 구축

이 책의 실습 환경을 macOS Monterey 버전에 구축하는 과정을 설명한다. 그림 1-7에서 설명한 것처럼 맥OS용 JDK를 설치하면 이 책의 모든 실습 과제를 Mac 환경에서 그대로 사용할 수 있다. Mac에도 명령 창(터미널)과 이클립스의 실습 환경이 모두 가능하다. 자바 프로그램을 실행할 수 있는 내장 JRE의 설치를 이클립스 설치 프로그램이 지원하지만 우리는 JDK를 따로 설치하고 이클립스는 이 JDK가 지원하는 JRE를 사용하도록 설정할 것이다. 우선 내가 사용하는 Mac의 사양을 확인한다. 그림 A-24와 같이 시스템 메뉴에서 **이 Mac에 관하여** 항목을 선택하면 맥OS 버전과 CPU 칩의 종류를 확인할 수 있다. 칩은 애플 실리콘 칩(M 계열)과 인텔 칩의 두 종류가 존재한다.

그림 A-24 맥OS와 CPU 칩 종류 확인

　　오라클 다운로드 사이트(https://www.oracle.com/java/technologies/downloads)에 접속한다. 페이지를 아래로 내려보면 Java 18 버전과 Java 17 버전을 선택할 수 있는 탭이 보이는데 자바 17 버전이 오랜 기간 업데이트 서비스가 지원되는 LTS[Long-Term Support] 버전이므로 그림 A-25처럼 Java 17 탭을 클릭해서 자바 17 버전을 선택하기로 하자. 그리고 대상 운영체제가 맥OS이므로 macOS 탭을 선택한다.

Java 18 and Java 17 available now

Java 17 LTS is the latest long-term support release for the Java SE platform. JDK 18 and JDK 17 binaries are free to use in production and free to redistribute, at no cost, under the Oracle No-Fee Terms and Conditions.

JDK 18 will receive updates under these terms, until September 2022 when it will be superseded by JDK 19

JDK 17 will receive updates under these terms, until at least September 2024.

Java 18　Java 17

Learn about Java SE Subscription

Java SE Development Kit 17.0.2 downloads

Thank you for downloading this release of the Java™ Platform, Standard Edition Development Kit (JDK™). The JDK is a development environment for building applicat components using the Java programming language.

The JDK includes tools for developing and testing programs written in the Java programming language and running on the Java platform.

Linux　macOS　Windows

Product/file description	File size	Download
Arm 64 Compressed Archive	167.32 MB	https://download.oracle.com/java/17/latest/jdk-17_macos-aarch64_bin.tar.gz (sha256 ☑)
Arm 64 DMG Installer	169.25 MB	https://download.oracle.com/java/17/latest/jdk-17_macos-aarch64_bin.dmg (sha256 ☑)
x64 Compressed Archive	169.85 MB	https://download.oracle.com/java/17/latest/jdk-17_macos-x64_bin.tar.gz (sha256 ☑)
x64 DMG Installer	169.25 MB	https://download.oracle.com/java/17/latest/jdk-17_macos-x64_bin.dmg (sha256 ☑)

그림 A-25 JDK 다운로드 사이트

내 맥의 CPU 칩 종류가 애플 실리콘(M 계열)이면 Arm 64 DMG Installer 항목의 링크를 클릭하고, 인텔 칩이면 x64 DMG Installer 항목의 링크를 클릭해서 DMG 설치 파일을 다운로드받는다.

다운로드가 완료되면 설치 파일을 더블클릭해서 실행한다. 그림 A-26의 설치 윈도우로 시작되는 설치 과정을 따라 설치를 완료한다.

그림 A-26 JDK 설치

JDK의 설치가 완료되면 잘 설치됐는지 테스트해 보자. 우선 그림 A-27처럼 바탕 화면 오른쪽 위의 Spotlight 아이콘을 클릭하고, 검색 필드에 'terminal'이라고 입력한다. 검색된 터미널 앱을 클릭해서 실행한다.

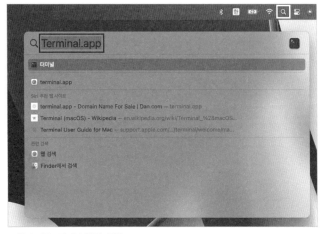

그림 A-27 터미널 앱의 실행

그림 A-28과 같이 터미널 윈도우가 생성되면 사용자의 명령어를 받는 eum@ Doohunui-MacBookPro ~ %의 프롬프트에 javac -version 명령어를 입력하고 Enter 키를 친다. 그림처럼 자바 컴파일러의 버전이 표시되면 설치가 잘된 것이다.

그림 A-28 자바 컴파일러의 실행

이제 이클립스 설치를 위해 그림 A-29와 같이 https://www.eclipse.org/downloads 사이트로 이동한다. Download 버튼을 클릭하는 대신 애플 칩 또는 인텔 칩에 맞는 파일을 다운로드받으려면 Download Packages 링크를 클릭한다.

그림 A-29 이클립스 다운로드 사이트

그림 A-30 이클립스 다운로드 페이지

그림 A-30과 같이 다운로드 페이지가 표시되면 Eclipse IDE for Java Developers 섹션의 macOS 항목 중 애플 칩 사용자는 AArch64 링크를 클릭하고, 인텔 칩 사용자는 x86_64 링크를 클릭해서 파일의 다운로드를 시작한다. 다운로드가 완료되면 다운로드받은 DMG 파일을 더블클릭해서 실행하고, 생성된 그림 A-31의 설치 윈도우에서 Eclipse 아이콘을 Applications 폴더로 끌어다 놔 설치를 시작한다.

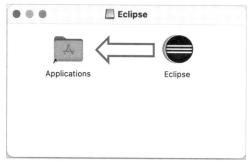

그림 A-31 이클립스의 설치

설치가 완료되면 파인더^{Finder} 앱을 실행하고 그림 A-32처럼 응용프로그램^{Applications} 폴더를 선택한 후 설치된 Eclipse 아이콘을 확인한다. 이 아이콘을 바탕 화면 밑의 도크^{Dock}에 끌어다 놔 다음부터는 도크에 배치된 아이콘을 클릭해서 손쉽게 이클립스를 실행하기로 하자.

그림 A-32 설치된 이클립스 아이콘

이 책에서 제공하는 ws.zip 압축 파일을 다운로드받아 압축을 풀고 ws 폴더 안의 workspace 폴더를 그림 A-33처럼 문서^{Documents} 폴더로 끌어다 놓는다.

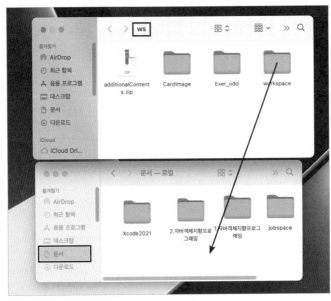

그림 A-33 Documents 폴더에 workspace 폴더 배치

도크의 이클립스 아이콘을 클릭해서 이클립스를 실행하면 그림 A-34와 같은 워크스페이스 설정 윈도우가 표시된다.

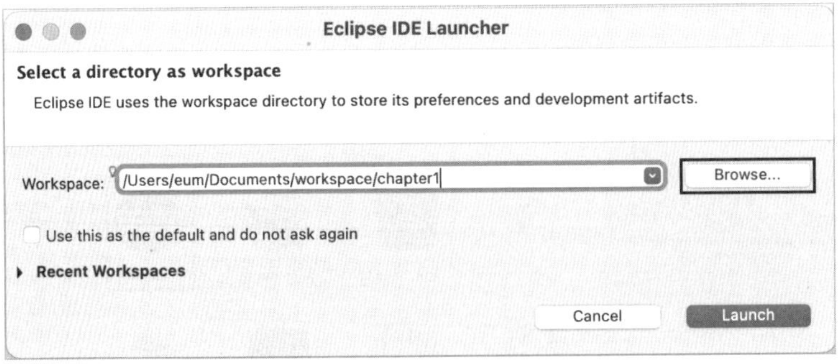

그림 A-34 워크스페이스의 설정

간혹 워크스페이스 설정 윈도우 대신 Eclipse 응용프로그램 실행 오류 윈도우가 표시되면 그림 A-35처럼 터미널 앱을 실행하고 codesign –force –deep –sign - /Applica tions/Eclipse.app/Contents/MacOS/eclipse 명령어를 터미널에 입력한다. 여기서 --는 하이픈(-) 두 개를 연달아 입력한다는 것에 주의한다. --sign과 /Applications/.... 사이의 -는 하이픈 한 개이다. 맥OS는 이클립스처럼 인터넷으로 다운로드받은 앱에 대해서 보안 검증을 하는데 앱을 누가 만들었는지를 알 수 없거나 악성 코드 체크가 이뤄지지 않은 경우 사용자에게 물어보거나 설정에 따라서 실행을 아예 막아버리기도 한다. 이 명령어는 설치한 이클립스 앱에 강제적으로 인증을 부여하는 작업을 수행한다. 이제 터미널을 닫고 도크의 이클립스 아이콘을 다시 클릭해서 이클립스를 실행한다.

그림 A-35 이클립스에 강제 인증 부여

그림 A-34의 **Browse** 버튼을 클릭해서 그림 A-36의 워크스페이스 선택 윈도우를 표시한 후 Documents의 workspace 폴더 밑의 chapter1 워크스페이스 폴더를 선택하고 **Open** 버튼을 클릭한다.

그림 A-36 chapter1 워크스페이스의 선택

이클립스 버전이 업그레이드되면서 이전 버전의 워크스페이스에 대한 업데이트 여부를 묻는 윈도우가 생성되는 경우 Continue 버튼을 클릭해서 업데이트를 수용하기로

하자. 이클립스가 실행돼 chapter1 워크스페이스를 그림 A-37처럼 로드하면 Package Explorer 뷰에 오류 마크가 붙은 프로젝트 폴더가 존재한다. 몇 가지 설정 작업을 진행해서 이 오류 마크를 제거해 보자.

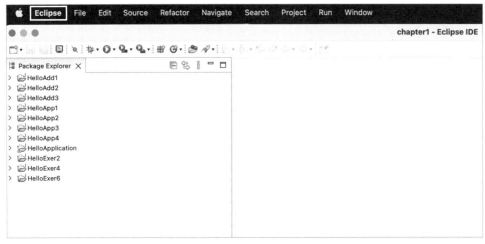

그림 A-37 이클립스의 실행

그림 1-7에서 설명한 것처럼 윈도우 운영체제에서 작성한 자바 프로그램은 이제 맥 OS에서도 그대로 실행돼야 하지만 두 운영체제가 기본적으로 사용하는 텍스트 인코딩 방식이 다르기 때문에 인코딩 방식을 조정한다. 이클립스 메뉴의 Eclipse ❯ Preferences 항목을 선택해서 그림 A-38의 Preferences 윈도우를 생성한다.

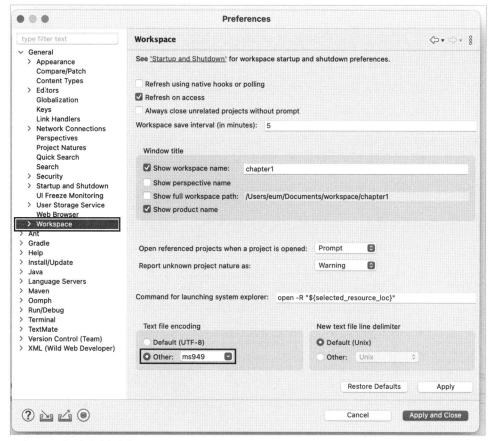

그림 A-38 인코딩 방식의 변경

    왼쪽 General 항목을 전개하고 Workspace 항목을 선택한다. 맥OS에 설치된 이클립스가 기본적으로 사용하는 UTF-8 방식을 윈도우 운영체제에 설치된 이클립스가 기본적으로 사용하는 ms949 방식으로 변경해 줘야 프로그램에 포함된 한글 텍스트가 깨지지 않는다. Textfile encoding 섹션의 **Other** 버튼을 클릭하고 콤보 박스를 전개해도 ms949 항목은 없지만 텍스트 필드에 직접 ms949라고 입력하고 **Apply** 버튼을 클릭하면 인코딩 방식이 변경된다. Package Explorer 뷰에 존재했던 오류 마크가 사라진 것을 확인한다.

　자바 프로그램을 실행할 수 있는 내장 JRE의 설치를 이클립스 설치 프로그램이 지원하지만 우리는 JDK를 따로 설치했기 때문에 우리가 설치한 JDK가 지원하는 JRE를 사용하도록 설정하자. Preferences 윈도우의 Java 항목을 전개하고 Installed JREs 항목을 그림 A-39처럼 선택한다. /Library의 하위 폴더에 설치된 Java SE JDK 항목을 체크한 후 Apply and Close 버튼을 클릭한다.

　이 책에서 제공하는 chapter1, chapter2, ..., chapter6 워크스페이스는 모두 윈도우 환경에서 작성됐고 우리가 설치한 JDK의 JRE가 기본 JRE로 잡히지 않기 때문에 맥OS를 사용하는 경우 각 워크스페이스에서 인코딩 방식과 JRE의 설정을 이처럼 변경한다.

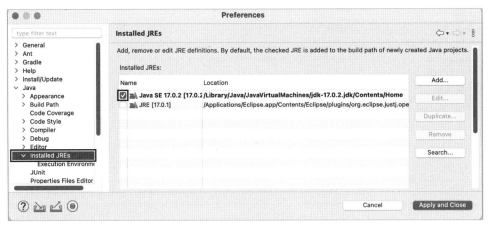

그림 A-39 기본 JRE의 변경

　마지막으로 이 책에서 제공하는 응용프로그램을 맥OS에서 실행할 때 유의해야 하는 두 가지 사항을 설명한다. 이 책에서 제공하는 응용프로그램은 콘솔을 사용하는 콘솔 응용, 윈도우를 사용하는 윈도우 응용, 콘솔과 윈도우를 모두 사용하는 하이브리드 응용으로 분류할 수 있다. chapter1 워크스페이스의 응용프로그램들은 모두 콘솔 응용이고, chapter2 워크스페이스부터는 윈도우 응용이 주를 이룬다. 한글 지원을 위해 맥OS가 지원하는 콘솔은 UTF-8 인코딩 방식을 사용하고, 윈도우 운영체제가 지원하는 명령 창은 ms949 인코딩 방식을 사용한다. 이 책에서 제공하는 프로그램이 콘솔을 사용하는 응용이라면 Run 버튼을 클릭해서 프로그램을 실행하는 대신 해당 프로젝트를 그림 A-40처럼 오른쪽 마우스 버튼으로 선택하면 표시되는 항목 중 Run As ❯ Run

Configurations 항목을 선택해서 초기 실행 환경 설정을 변경한다. 생성된 설정 윈도우의 Common 탭을 선택하고 Encoding 섹션의 Other 버튼을 클릭한 후 UTF-8 항목을 선택한다. 이제 Apply 버튼을 클릭하고 Run 버튼을 클릭해서 프로그램을 실행한다. 이처럼 설정된 프로그램은 다음부터 Run 버튼을 클릭해서 바로 실행할 수 있다. 콘솔을 사용하지 않는 윈도우 응용인 경우는 이 과정이 필요 없고 Run 버튼 클릭으로 바로 실행된다.

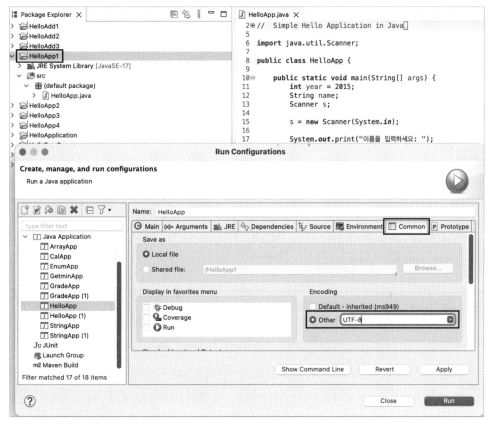

그림 A-40 콘솔의 인코딩 방식 변경

이제 프로그램은 윈도우 운영체제와 똑같이 실행되지만 윈도우 운영체제가 제공하는 윈도우의 기본 바탕색은 흰색인 반면에 맥OS가 제공하는 윈도우의 기본 바탕색은 회색 계통인 차이가 존재한다. 문제는 없으나 윈도우 운영체제와 똑같이 흰 바탕색의 윈도우에 실행 결과를 얻으려면 윈도우의 기본 바탕색을 흰색으로 변경해 준다. 2장부터 6장의 실습 과제까지 사용하는 기본 코드 틀의 11번째과 12번째 줄 사이에 그림

A-41처럼 setBackground(Color.white); 문장을 추가해 주면 된다. 이 책의 본문에서 제공하는 프로그램 리스트들과 줄 번호를 맞추려면 setBackground(Color.white); 문장을 12번째 줄의 setSize(600, 500); 문장과 같은 줄에 삽입한다.

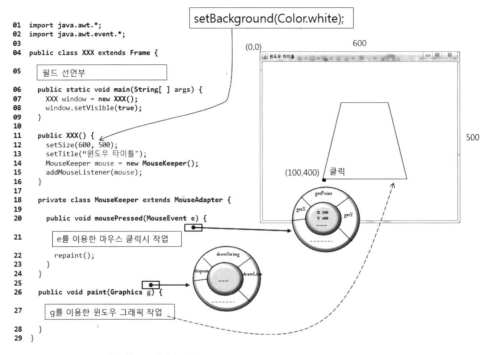

```
01   import java.awt.*;
02   import java.awt.event.*;
03
04   public class XXX extends Frame {

05     │ 필드 선언부 │

06     public static void main(String[ ] args) {
07       XXX window = new XXX();
08       window.setVisible(true);
09     }
10
11     public XXX() {
12       setSize(600, 500);
13       setTitle("윈도우 타이틀");
14       MouseKeeper mouse = new MouseKeeper();
15       addMouseListener(mouse);
16     }
17
18     private class MouseKeeper extends MouseAdapter {
19
20       public void mousePressed(MouseEvent e) {

21         │ e를 이용한 마우스 클릭시 작업 │

22         repaint();
23       }
24     }
25
26     public void paint(Graphics g) {

27       │ g를 이용한 윈도우 그래픽 작업 │

28     }
29   }
```

setBackground(Color.white);

그림 A-41 기본 코드 틀에서 윈도우 배경색 설정

이클립스를 사용하지 않고 워크스페이스 안의 자바 프로그램을 실행하는 방법을 살펴보자. 그림 A-42와 같이 터미널 앱을 실행하고, cd /Users/계정명/Documents/workspace/chapter1/HelloApp1/bin의 명령어로 chapter1 워크스페이스의 HelloApp1 폴더 안의 bin 폴더로 이동한다.

```
● ● ●                    ■ bin — -zsh — 86×11
[eum@Doohunui-MacBookPro ~ % cd /Users/eum/Documents/workspace/chapter1/HelloApp1/bin
[eum@Doohunui-MacBookPro bin % ls
HelloApp.class
[eum@Doohunui-MacBookPro bin % java HelloApp
이름을 입력하세요 : 음두헌
현재 연도를 입력하세요 : 2022
Hello 음두헌
Good Luck in 2022
[eum@Doohunui-MacBookPro bin %
eum@Doohunui-MacBookPro bin % █
```

ls 명령어를 주면 HelloApp.class 파일이 표시되는데 이 파일은 main 메소드를 담고 있는 HelloApp 주 클래스를 이클립스가 컴파일한 파일이다. java HelloApp 명령어를 주면 그림처럼 터미널에서 프로그램이 실행된다. 이번에는 그림 A-43처럼 cd /Users/계정명/Documents/workspace/chapter2/PenApp1/bin의 명령어로 chapter2 워크스페이스의 PenApp1 폴더 안의 bin 폴더로 이동한다.

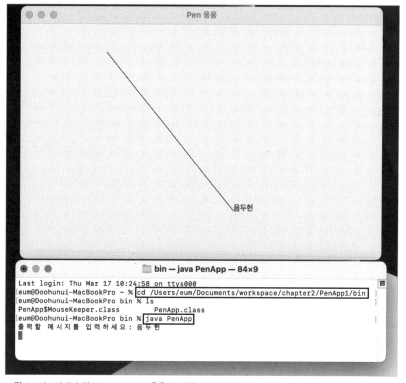

그림 A-43 터미널 앱으로 PenApp1 응용의 실행

java PenApp 명령어를 주면 그림처럼 윈도우와 터미널을 사용해서 프로그램이 실행된다. 두 윈도우 중 원하는 윈도우의 타이틀바를 클릭하면 그 윈도우가 활성화돼 입력을 받을 수 있는 상태가 된다. 프로그램의 종료는 터미널에서 control-c키(control키와 c키를 동시에)를 누르면 된다.

찾아보기

자바 객체지향 프로그래밍 입문 2/e

발 행 | 2022년 5월 31일

지은이 | 음 두 헌

펴낸이 | 권 성 준
편집장 | 황 영 주
편 집 | 이 지 은
         김 다 예
디자인 | 윤 서 빈

에이콘출판주식회사
서울특별시 양천구 국회대로 287 (목동)
전화 02-2653-7600, 팩스 02-2653-0433
www.acornpub.co.kr / editor@acornpub.co.kr

책값은 뒤표지에 있습니다.